Olivia

V

MONDES

Monde contemporain

2e cycle du secondaire · 3e année

Isabelle Beaulieu
Marie-Ève Chrétien
Chantal Gauthier

Maude Ladouceur
France Lord
Geneviève Paiement-Paradis

Avec la collaboration de
Nancy Marando et
François-Nicolas Pelletier

Manuel de l'élève

GRAFICOR
CHENELIÈRE ÉDUCATION

Mondes
Monde contemporain
2ᵉ cycle du secondaire, 3ᵉ année

Isabelle Beaulieu, Marie-Ève Chrétien, Chantal Gauthier,
Maude Ladouceur, France Lord, Geneviève Paiement-Paradis

© 2010 Chenelière Éducation inc.

Édition : Audrée-Isabelle Tardif
Coordination : Caroline Brosseau, Christiane Gauthier, Marie-Noëlle Hamar,
   Dominique Lapointe et Solange Tétreault
Coordination à l'Atlas : Julie Benoit
Révision linguistique : Jean-Pierre Leroux et Claire St-Onge
Correction d'épreuves : Michèle Levert
Conception graphique et infographie : Matteau Parent graphisme
   et communication inc. (Chantale Richard-Nolin)
Conception de la couverture : Matteau Parent graphisme et communication
   inc. (Chantale Richard-Nolin)
Recherche iconographique : Marie-Chantal Laforge, Melina Schoenborn
   et Rachel Irwin
Cartographie : Carto-Média et Yanick Vandal (Groupe Colpron)
Impression : Imprimeries Transcontinental

GRAFICOR

CHENELIÈRE ÉDUCATION

7001, boul. Saint-Laurent
Montréal (Québec) Canada H2S 3E3
Téléphone : 514 273-1066
Télécopieur : 450 461-3834 / 1 888 460-3834
info@cheneliere.ca

ISBN 978-2-7652-1138-9

Dépôt légal : 1ᵉʳ trimestre 2010
Bibliothèque et Archives nationales du Québec
Bibliothèque et Archives Canada

Imprimé au Canada

1 2 3 4 5 ITIB 13 12 11 10 09

Nous reconnaissons l'aide financière du gouvernement du Canada par
l'entremise du Programme d'aide au développement de l'industrie de l'édition
(PADIÉ) pour nos activités d'édition.

Gouvernement du Québec – Programme de crédit d'impôt pour l'édition de
livres – Gestion SODEC.

Remerciements

L'Éditeur tient à remercier Stéphanie Béreau, Jannie-Pascale
Groulx et Alain Parent pour leur précieuse collaboration.

Pour leur travail de révision scientifique réalisé avec soin et
promptitude, l'Éditeur remercie les personnes suivantes :

Khalid Adnane, Université de Sherbrooke, École de politique
   appliquée (Chapitre 3 : La richesse) ;

Valérie Bruneau, Collège Édouard-Montpetit, Département
   d'économie (Introduction) ;

Christopher Bryant, Université de Montréal, Département
   de géographie (Chapitre 1 : L'environnement) ;

Charles Létourneau, Collège Édouard-Montpetit, Département
   de science politique (Chapitre 5 : Les tensions et les conflits) ;

Pierre Monforte, Université de Montréal, chercheur
   (Chapitre 2 : La population) ;

Karine Prémont, Collège André-Grasset, Département de
   science politique (Chapitre 4 : Le pouvoir) ;

Jacques Provost, Collège Édouard-Montpetit, Département
   de science politique (Chapitre 4 : Le pouvoir et Introduction) ;

Patrice Régimbald, Cégep du Vieux-Montréal, Département
   d'histoire (Survol de l'histoire du xxᵉ siècle) ;

Ari Van Assche, HEC Montréal, Service de l'enseignement
   des affaires internationales (Introduction et Chapitre 3 :
   La richesse).

Pour leur généreuse contribution à titre de consultants
pédagogiques, l'Éditeur remercie également :

Danielle Bellemare, École Thérèse-Martin, C.S. des Samares ;

Jean-Etienne Bergeron, École Horizon Jeunesse, C.S. Laval ;

Guy Bolduc, École secondaire Antoine-Brossard, C.S. Marie-
Victorin ;

Jacques Breton, École de la Montée, Pavillon Le Ber, C.S.
de la Région-de-Sherbrooke ;

Nathalie Briand, École Baie St-François, C.S. Vallée-des-
Tisserands ;

Stéphane Couture, École Cité-des-Jeunes, C.S. Trois-Lacs ;

Bernard Drouin, École secondaire La Camaradière, C.S. de
la Capitale ;

Nancy Gagné, École secondaire d'Anjou, C.S. Pointe-de-L'Île ;

Jean Greussard, Polyvalente Paul-Germain-Ostiguy, C.S.
Hautes-Rivière ;

Mario Harvey, Polyvalente de Charlesbourg, C.S. Premières-
Seigneuries ;

Philippe Lamoureux, École secondaire Mont-Royal, C.S.
Marguerite-Bourgeois ;

Daniel Leblanc, Polyvalente C.-E. Pouliot, C.S. des Chics-Chocs ;

Marie-Laïde Lormestoir, École Jeanne-Mance, CSDM ;

Martin Olivier, École Beaurivage, C.S. des Navigateurs ;

Gilles Viens, École Édouard-Montpetit, CSDM ;

ainsi que tous les enseignantes et les enseignants qui ont
participé aux différentes étapes d'élaboration de ce manuel.

TABLE DES MATIÈRES

Chapitre 5 LES TENSIONS ET LES CONFLITS

SURVOL DE L'HISTOIRE DU XXᵉ SIÈCLE

ATLAS

LES CLÉS DE L'INFO

STATISTIQUES DES PAYS DU MONDE

L'ORGANISATION du manuel

Votre manuel comprend une introduction au monde contemporain présentant les concepts communs et les deux compétences disciplinaires à développer, cinq chapitres et cinq sections de référence : le Survol de l'histoire du XXe siècle, l'Atlas, Les clés de l'info, les Statistiques des pays du monde et le Glossaire-index.

Chaque chapitre permet d'aborder un thème selon un problème et deux enjeux. De plus, chacun correspond à une situation d'apprentissage et d'évaluation.

Le début d'un chapitre

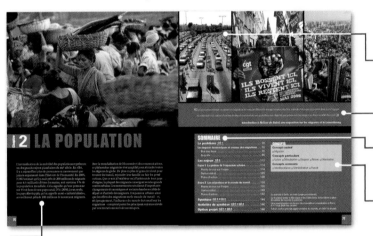

L'ouverture du chapitre présente en un coup d'œil le thème à l'étude.

Les documents iconographiques mettent en évidence les principaux éléments de contenu.

La citation sert de piste de réflexion sur le thème.

Le sommaire donne un aperçu du contenu du chapitre et des compétences disciplinaires mobilisées.

Les concepts abordés dans le chapitre apparaissent sous forme de liste.

Le court texte introduit le thème, le problème et les enjeux du chapitre.

Le problème

Les pages « Le problème » présentent, en deux parties, les contenus relatifs au problème (objet d'interprétation) du chapitre.

La partie « État des lieux » propose une vue d'ensemble pour cerner le problème (manifestations du problème, contexte global, acteurs, etc.).

La partie « Enquête » présente le contenu nécessaire pour analyser le problème (causes, conséquences, intérêts des acteurs, rapports de force, etc.).

Le texte suivi et les nombreux documents (documents écrits et iconographiques, cartes, graphiques, tableaux, etc.) permettent d'interpréter le problème selon l'objet d'interprétation.

Les concepts au programme figurent en marge de certains titres.

Les pictogrammes **CD 1** et **CD 2** indiquent la ou les compétences disciplinaires qui peuvent être mobilisées dans la partie.

La rubrique « Questions d'interprétation » pose des questions relatives au contenu lié à la compétence disciplinaire 1 (Interpréter un problème du monde contemporain).

La rubrique « Vu d'ici » établit un lien avec un aspect de contenu relatif au Québec ou au Canada.

Les définitions des mots complexes écrits en bleu dans le texte apparaissent dans la marge et dans le Glossaire-index.

La rubrique « Perspective » présente des rappels de connaissances historiques ou des phénomènes historiques de longue durée.

Les enjeux

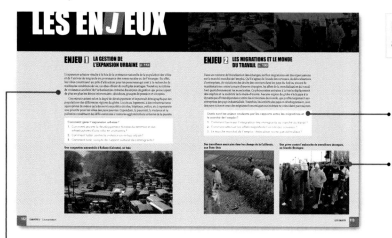

Les pages d'ouverture présentent brièvement les deux enjeux qui sont au choix.

Le sommaire de l'enjeu apparaît dans un encadré.

Les documents iconographiques montrent un aperçu d'un ou de deux aspects de l'enjeu.

Le texte résume le contenu abordé dans l'enjeu.

La partie « Points de vue sur l'enjeu » permet aux élèves d'examiner différents points de vue de façon à prendre position sur un enjeu.

Le texte suivi et les nombreux documents (documents écrits et iconographiques, cartes, graphiques, tableaux, etc.) permettent d'aborder l'enjeu et de prendre position.

La rubrique « Brève culturelle » met en valeur des éléments de culture générale du monde contemporain.

La partie « Option débat » propose une activité qui incite les élèves à élaborer une argumentation pertinente en vue de débattre d'un aspect de l'enjeu.

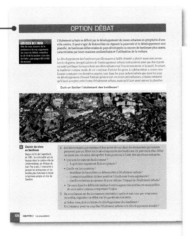

La rubrique « Médias » amène les élèves à exercer leur sens critique quant au traitement de l'information dans les médias.

La rubrique « Questions de point de vue » pose des questions relatives au contenu lié à la compétence disciplinaire 2 (Prendre position sur un enjeu du monde contemporain).

La partie « Pistes d'action » est une activité qui amène à réfléchir à des solutions possibles de l'enjeu.

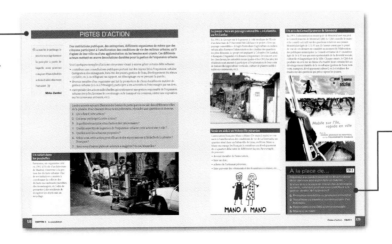

La rubrique « À la place de... » permet de reconnaître des types d'actions qui pourraient servir de pistes de solution à l'enjeu.

La fin d'un chapitre

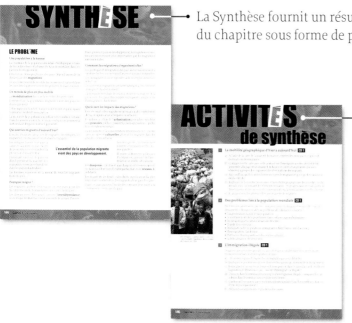

La Synthèse fournit un résumé des contenus du chapitre sous forme de phrases clés.

L'Option projet présente les deux projets facultatifs du chapitre.

Les Activités de synthèse proposent des activités portant sur les concepts et les objets d'apprentissage liés au problème et à chacun des enjeux.

Les sections de référence du manuel

Le Survol de l'histoire du XXe siècle fournit les renseignements nécessaires pour comprendre sept événements ou thèmes de l'histoire de ce siècle.

L'Atlas comprend des cartes thématiques et des cartes géographiques pertinentes.

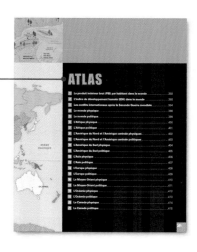

Les clés de l'info présentent du contenu relatif aux médias et des clés portant sur des techniques utiles en univers social.

Les Statistiques des pays du monde rassemblent des données qui permettent d'avoir une vue d'ensemble du monde contemporain.

Le Glossaire-index regroupe toutes les définitions mentionnées dans le manuel. Il renvoie aux pages où les mots définis apparaissent pour la première fois.

DES COMPÉTENCES
à développer

Le programme *Monde contemporain* vise le développement de deux compétences disciplinaires.

CD 1 Interpréter un problème du monde contemporain

Cette compétence vise à comprendre un problème du monde contemporain. Une démarche de recherche permettra de faire ressortir les différents aspects du contexte dans lequel le problème se manifeste dans le monde. À partir de sources d'information variées et pertinentes. Cette compétence permet d'interpréter un problème en analysant les points de vue de différents acteurs et en reconnaissant le rapport de force qui s'établit entre eux. Interpréter un problème, c'est aussi comprendre ses origines et ses effets sur le monde, que ce soit sur un plan local, régional, national ou international, afin de dégager de grandes tendances mondiales. C'est enfin mettre en relation différentes approches (géographique, politique, économique et historique) afin d'envisager le problème dans sa complexité.

Dans le manuel, cette compétence peut être développée dans les sections suivantes.
- L'ouverture des chapitres
- La partie « Le problème » et ses sections « État des lieux » et « Enquête »
- Les rubriques « Questions d'interprétation », « Brève culturelle » et « Vu d'ici »
- Les parties « Synthèse » et « Activités de synthèse »
- La partie « Option projet »
- La partie « Survol de l'histoire du XXᵉ siècle »
- La partie « Les clés de l'info »

CD 2 Prendre position sur un enjeu du monde contemporain

Le développement de cette compétence nécessite la prise en compte de divers points de vue liés au problème à l'étude. Il s'agit de déceler les valeurs et les intérêts de chacun pour ensuite prendre position sur ces enjeux, soit en participant à un débat ou en déterminant des façons d'agir pour résoudre l'enjeu. Pour ce faire, il est essentiel de s'appuyer sur des arguments clairs, élaborés à partir d'informations pertinentes. De plus, il est important de savoir reconnaître l'influence des messages diffusés par les médias sur sa propre opinion, de façon à exprimer une position nuancée.

Dans le manuel, cette compétence peut être développée dans les sections suivantes.
- La partie « Les enjeux » et ses sections « Points de vue sur l'enjeu », « Option débat » et « Pistes d'action »
- Les rubriques « Questions de point de vue » et « À la place de... »
- Les parties « Synthèse » et « Activités de synthèse »
- La partie « Option projet »
- La partie « Les clés de l'info »

INTRODUCTION

Le monde contemporain est de moins en moins cloisonné. Même si des particularités régionales persistent, la mondialisation efface peu à peu les frontières et rapproche les sociétés humaines. Elle soulève des enjeux auxquels les sociétés doivent faire face.

Interpréter le monde d'aujourd'hui exige par conséquent de bien saisir les différentes facettes des enjeux qui le caractérisent et les concepts qui servent à le définir. C'est ce que les disciplines de l'univers social permettent d'accomplir.

L'analyse du monde contemporain peut être abordée selon quatre approches. L'approche géographique nous aide à saisir les réalités humaines et physiques de la planète tout en situant les enjeux sur des territoires précis. L'approche politique nous fait comprendre les relations de pouvoir qui caractérisent le monde actuel. L'approche économique nous éclaire sur l'effet de l'accroissement des rapports économiques. Enfin, l'approche historique nous permet de retracer les origines des enjeux actuels.

De façon générale, cette analyse des enjeux du monde

SOMMAIRE

CONCEPTS

Concepts communs

□ Interdépendance □ Mondialisation □ Pouvoir

Les concepts utilisés dans le cadre de cette introduction sont abordés plus en détail dans les prochains chapitres.

Les mots en bleu renvoient au glossaire-index à la fin du manuel.

Un bassin d'eau salée dans le Sahara libyen : une zone désertique et peu peuplée (page précédente, à gauche) ;

Une rencontre de l'Organisation des États américains, en 2009 (page précédente, à droite) ;

Une Japonaise devant les cours de la Bourse de Tōkyō, en 2009 (à gauche) ;

En août 2009, une cérémonie à la mémoire des victimes de la bombe atomique d'Hiroshima, larguée par les États-Unis lors de la Seconde Guerre mondiale, en 1945 (à droite).

Des concepts communs

Les différentes disciplines de l'univers social (histoire et éducation à la citoyenneté, géographie, monde contemporain) s'organisent autour de concepts communs : mondialisation, interdépendance et pouvoir. Ces trois concepts permettent d'utiliser un même vocabulaire pour décrire certaines réalités fondamentales.

■ Mondialisation

La mondialisation n'est pas un nouveau concept. Déjà, au XVIe siècle, des empires échangeaient des marchandises, des idées et des techniques sur leur immense territoire. Ce processus s'est considérablement accentué depuis les années 1980 avec l'arrivée des nouvelles technologies de l'information et des communications (Internet, liaisons par satellite, téléphonie par câble, etc.), la réduction des coûts de transport et l'élimination graduelle des barrières tarifaires. Sur le plan économique, la mondialisation diminue l'importance des frontières et rend ainsi les pays plus interdépendants. Mais la mondialisation fait aussi sentir ses effets dans les domaines de la vie sociale et culturelle.

Sur le plan économique

Sur le plan économique, la mondialisation accélère la production et la vente de biens entre plusieurs pays. La mondialisation économique se caractérise entre autres par une multiplication des importations et des exportations. Quant au processus de distribution, il profite des améliorations dans le domaine du transport. Enfin, avec le développement des nouvelles technologies, les échanges de capitaux peuvent se dérouler 24 heures sur 24.

Pour certains, la mondialisation a des effets bénéfiques, car elle contribue à créer de la richesse et à réduire le prix de certains produits. D'autres la considèrent comme néfaste parce qu'elle peut avoir des répercussions sur les emplois, par exemple.

> « La mondialisation est l'expression conjointe de l'État et du marché, du privé et du public, des logiques nationales et transnationales. »
>
> **Jean-Christophe Graz**

1 La mondialisation de la mode

Japon, Arabie saoudite, Égypte, Chine, Canada, France, Suède : depuis la mondialisation des marchés, la mode n'a plus de frontières. De grandes chaînes ont désormais des boutiques un peu partout sur la planète.

Sur les plans social et culturel

Sur les plans social et culturel, l'efficacité des moyens de communication (le réseau Internet, par exemple) facilite la circulation des idées et des cultures. Par exemple, grâce au cyberespace, deux personnes situées à des milliers de kilomètres peuvent discuter de politique, d'environnement, etc.

Par ailleurs, certaines cultures exercent une influence internationale. Ainsi, le mode de vie à l'américaine est largement répandu par l'entremise des grandes chaînes de restauration et des productions culturelles, qu'il s'agisse de musique ou de cinéma.

Certains estiment que la circulation des idées est bénéfique aux sociétés, puisqu'elle leur permet de se développer et d'innover. D'autres croient que la mondialisation entraîne une uniformisation de la culture qui met en péril les identités nationales. Chose certaine, la mondialisation présente des enjeux qui touchent l'ensemble des populations du globe.

■ Interdépendance

Le monde contemporain se caractérise par une multiplication des rapports économiques, politiques, sociaux et culturels. En accélérant les échanges, la mondialisation ouvre les frontières et atténue certaines caractéristiques nationales. Ces interactions constantes témoignent de l'interdépendance des États, des structures politiques, des populations et des activités humaines.

L'interdépendance est évidente dans la production de biens. Ainsi, un produit fabriqué en Asie, à partir de ressources naturelles en provenance d'Afrique et consommé en Amérique du Nord, peut rapporter des bénéfices à une entreprise européenne qui en organise la production.

Le phénomène est aussi présent dans la gestion d'enjeux de société, telle la pollution atmosphérique. Qu'elles soient favorables ou nuisibles à l'environnement, les politiques des différents pays dans ce domaine ont des répercussions sur l'ensemble de la planète, puisque la pollution n'a pas de frontières. La gestion des problèmes environnementaux nécessite donc la coopération entre les pays afin que des normes environnementales globales soient mises en place.

Dans tous les domaines, les conséquences des enjeux de société sont interdépendantes et interreliées. Ces enjeux exigent donc la coopération des pays dans la mise sur pied de solutions globales.

2 **Des militants de Greenpeace font connaître leurs idées**

Greenpeace organise des actions à la grandeur de la planète afin d'attirer l'opinion publique mondiale sur ce qu'il considère comme des menaces à l'environnement.

« Avec la mondialisation, nous sommes tous interdépendants. On disait autrefois : lorsque les États-Unis éternuent, le Mexique s'enrhume. Aujourd'hui, lorsque les États-Unis éternuent, une grande partie du monde attrape la grippe. »

Joseph Stiglitz

3 **Production et surpopulation**

L'affluence de main-d'œuvre vers les villes, principaux lieux de production, peut entraîner une surpopulation des centres urbains, comme ici à Lagos au Nigeria.

■ Pouvoir

Les enjeux du monde contemporain sont également définis par les rapports au pouvoir qu'entretiennent les différents acteurs d'une société.

Il existe trois types de pouvoir : le pouvoir de force, le pouvoir de persuasion ou d'influence, et le pouvoir de rémunération. L'État est le seul à détenir le pouvoir d'imposer sa volonté par la force. En effet, lui seul peut formuler des lois et les faire appliquer, donc utiliser la force pour faire respecter ses décisions. Toutefois, tous les acteurs (États, organisations internationales, médias, entreprises, citoyens) peuvent exercer un pouvoir de persuasion ainsi qu'un pouvoir de rémunération, qui permet d'obtenir un service ou un bien en échange d'argent. Par exemple, lorsque des consommateurs apprennent que des produits sont fabriqués par des enfants dans un pays en développement, ils peuvent exercer un pouvoir de persuasion en décidant de ne pas acheter ces produits.

Par ailleurs, la mondialisation affecte le pouvoir des États. En effet, les multinationales exercent un contrôle sur l'exploitation des ressources et de la main-d'œuvre, grâce à leur pouvoir sur l'économie mondiale. Leur poids économique (certaines multinationales possèdent des revenus supérieurs au budget de certains États) leur permet d'influencer les décisions des gouvernements. Les ONG (Oxfam, par exemple) et les organisations internationales (l'ONU, entre autres) jouent aussi un rôle sur la scène internationale. Elles influencent les décisions des États en ce qui concerne le développement durable, l'immigration, etc.

L'équilibre des pouvoirs constitue donc un défi de taille dans la recherche de solutions aux enjeux du monde contemporain.

4 Un pouvoir d'influence

Un artiste, tel Bono du groupe U2, peut utiliser sa tribune et sa popularité pour influencer l'opinion publique. Il exerce alors un pouvoir d'influence.

5 Fuir le pouvoir

Lorsque le pouvoir exerce des pressions sur les collectivités, il arrive que des populations, comme ici au Darfour en 2006, doivent se déplacer pour fuir la répression.

L'approche géographique

Le monde compte de nombreuses frontières qui délimitent le territoire d'environ 200 pays. Malgré les nombreux rapprochements facilités par la mondialisation, chaque pays est unique. Par contre, chaque pays est différent en ce qui concerne la superficie de son territoire et la densité de sa population.

La répartition de la population dans le monde

La population mondiale, qui comptait environ 6,8 milliards d'êtres humains en 2009, est inégalement répartie sur la planète : certaines régions sont densément peuplées, alors que d'autres sont pratiquement inhabitées. De nombreux facteurs géographiques, historiques et sociaux peuvent expliquer cette situation.

De façon générale, les populations ont tendance à s'installer près des cours d'eau, une ressource essentielle aux activités humaines, et à se concentrer dans les milieux urbains. En effet, les grandes villes jouent un rôle prépondérant dans les activités politiques et économiques mondiales puisqu'on y trouve les plus importantes institutions économiques de la planète (banques, places boursières, sièges sociaux de multinationales, etc.). Cependant, même si elles regroupent une grande partie de la population mondiale, les agglomérations urbaines n'occupent que 2 % de la surface de la Terre.

6 **La densité et la répartition de la population dans le monde**

Les grandes agglomérations regroupent les plus fortes densités de population, et ce, quel que soit le continent.

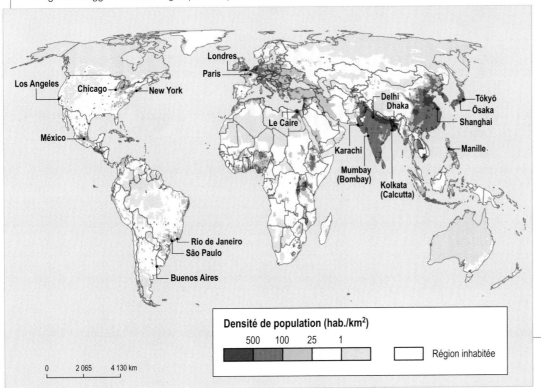

Densité de population (hab./km²)

500   100   25   1

Région inhabitée

0   2 065   4 130 km

D'après *The Times Comprehensive Atlas of the World*, 2005.

● Pourquoi les populations ont-elles tendance à se regrouper autour des grandes agglomérations ?

Les frontières : un enjeu du monde contemporain

Le territoire de chaque État est délimité par des frontières internationales. Celles-ci ne peuvent cependant pas empêcher certaines formes d'intrusion. Par exemple, la pollution atmosphérique produite par un pays peut en toucher plusieurs autres et des trafiquants de toutes sortes (drogues, armes, êtres humains) déjouent régulièrement les contrôles frontaliers. Par ailleurs, les frontières militarisées entre certains États demeurent une réalité bien concrète, tout comme les frontières que doivent franchir les migrants qui cherchent à quitter le pays pour améliorer leurs conditions de vie.

7 Une frontière militarisée

Des soldats sud-coréens patrouillent la frontière entre la Corée du Sud et la Corée du Nord, en juin 2009. La ligne de démarcation entre les deux pays a été fixée au lendemain de la Seconde Guerre mondiale. Elle constitue la frontière la plus militarisée du monde.

LES MÉDIAS et la géographie

Internet permet de rapprocher les gens des événements et d'éliminer les distances. Aujourd'hui, les médias diffusent des informations en continu en provenance de différentes régions du monde, et ce, presque en temps réel. Les médias électroniques utilisent, entre autres, des outils perfectionnés, telles les images satellitaires, qui nous aident à situer les événements sur la planète. Ils offrent en quelque sorte la possibilité de « lire » le monde et même, parfois, de voyager sans avoir à se déplacer.

8 Vers un effacement des frontières ?

La mondialisation effacerait les frontières, selon certains. Toutefois, plusieurs contestent cette affirmation.

« Le monde contemporain est traversé de plus de 226 000 kilomètres de frontières terrestres. Alors que l'Union européenne est engagée depuis longtemps dans un processus de dévaluation de ces barrières, que les organisations "sans frontières" sont innombrables et que la mondialisation appelle à effacer les obstacles à la circulation des hommes, des produits et des images, jamais on n'a autant parlé des questions de frontières. »

Michel Foucher (géographe), *Introduction à l'exposition* Frontières [en ligne], Lyon, 2007, réf. du 15 octobre 2009.

- Selon vous, le monde contemporain fait-il face à une multiplication ou à un effacement des frontières ? Expliquez votre réponse.

Un développement inégal

Pour mieux comprendre l'espace mondial contemporain et les différentes réalités des sociétés actuelles, il faut savoir lire les contrastes, les situer, les interpréter et les définir. Ainsi, pour distinguer le niveau de vie des populations du monde, il faut recourir à certains concepts, comme celui de développement humain.

Ce concept permet de décrire les conditions de vie d'une population sur le plan quantitatif (par exemple, il est possible de comparer le **Produit intérieur brut (PIB) par habitant** d'un État à un autre) et sur le plan qualitatif (par exemple, en mesurant la capacité des individus à réaliser leur plein potentiel grâce à l'accès à l'éducation ou aux services de santé).

- Les pays développés sont les pays où les besoins vitaux de la majorité de la population sont comblés et qui présentent un PIB par habitant assez élevé. La majorité de ces pays sont situés dans l'hémisphère nord du globe. Ils sont fréquemment désignés sous l'appellation « pays du Nord ».

- Les pays en développement (ou en voie de développement) sont les pays où les besoins vitaux d'une partie de la population ne sont pas toujours comblés et dont le PIB par habitant est plus faible que celui des pays développés. Ces pays, situés principalement dans l'hémisphère sud, sont souvent appelés « pays du Sud ».

- Les pays moins avancés (PMA) sont les pays où les besoins essentiels de la majorité de la population ne sont pas comblés. Ces pays, parfois qualifiés de « sous-développés », sont surtout concentrés en Afrique et en Asie.

- Certains États autrefois en développement – ou moins avancés – vivent des transformations majeures. Ces pays qualifiés d'« émergents » connaissent une croissance économique rapide. Leur PIB par habitant reste toutefois inférieur à celui des pays développés. La Chine, l'Inde et le Brésil sont considérés comme des pays émergents.

9 Un pays émergent

Le Brésil accueille une usine de montage de la multinationale allemande Volkswagen.

10 Quelques mesures du niveau de développement dans certains pays

Pays	PIB/hab. selon le PPA (en $ US)	Population	Espérance de vie (en années)	Taux d'alphabétisation (% de la pop.)	Taux de mortalité infantile (sur 1000 naissances)
Canada	33 375	33 487 208	81	99,0 %	5,04
États-Unis	41 890	307 212 123	79	99,0 %	6,26
Allemagne	29 461	82 329 758	80	99,0 %	3,99
Roumanie	9 060	22 215 421	73	97,3 %	22,90
Chine	6 757	1 338 612 968	73	90,9 %	20,25
Inde	3 452	1 166 079 217	64	61,0 %	30,15
Sierra Leone	806	6 440 053	47	35,1 %	154,43

PIB : UNDP, *Human Development Report 2007/2008* [en ligne] ; Population, Taux d'alphabétisation et Taux de mortalité : CIA – *The World Factbook* [en ligne] ; Espérance de vie : ONU, *World Population Prospects : The 2008 Revision* [en ligne], réf. du 15 octobre 2009.

- Est-ce qu'un PIB élevé garantit de meilleures conditions de vie ? Expliquez votre réponse.

L'approche politique

Pour interpréter les enjeux politiques du monde d'aujourd'hui, il faut saisir ce qu'est un échiquier politique, comprendre le concept de démocratie et reconnaître les particularités des systèmes politiques qui déterminent les régimes politiques.

L'échiquier politique : de gauche à droite

Le pouvoir politique est généralement accordé au gouvernement par la population qui élit des représentants politiques selon les valeurs et les intérêts qu'ils défendent. Un parti ou un mouvement politique regroupe donc des représentants qui partagent des objectifs similaires.

Il est possible de classer les partis politiques selon leurs valeurs et leurs objectifs : on obtient ainsi un axe gauche-droite, appelé « échiquier politique ». Cette façon simplifiée de présenter les positions des différents acteurs de la scène politique peut donner lieu à des interprétations divergentes. Par exemple, certaines personnes considèrent qu'elles se situent au centre de l'échiquier, alors que les médias ou la population les voient plutôt à droite.

11 À la gauche et à la droite du roi

Dans les assemblées qui ont précédé la révolution française de 1789, les personnes assises à la droite du roi prônaient le maintien du pouvoir du monarque, alors que celles qui se tenaient à sa gauche étaient favorables au change-ment d'où les expressions « gauche » et « droite ».

Charles Monnet, *Ouverture des États généraux*, date inconnue.

12 L'échiquier politique

LA GAUCHE	LE CENTRE	LA DROITE
Personnes ou partis favorables au change-ment social et au progrès ; aussi appelés « progressistes ». La gauche privilégie le respect du principe d'égalité, la solidarité sociale et le bien de la collectivité.	Personnes ou partis qui partagent certaines valeurs de la gauche, mais aussi de la droite.	Personnes ou partis qui prônent le *statu quo* ou qui veulent revenir à un système antérieur, aussi appelés « conservateurs ».
Elle cherche à satisfaire les besoins de la société en prônant l'intervention de l'État dans l'économie et les programmes sociaux.	Les « centristes » appuient le progrès social, tout en étant attachés à certaines tradi-tions et à l'ordre établi.	La droite défend l'ordre, le travail et la famille, dans une perspective de stabilité et de légalité. Elle privilégie les libertés individuelles et tente de limiter l'intervention de l'État dans l'économie ou les programmes sociaux.

Qu'est-ce qui distingue la droite de la gauche ?

Des idéologies multiples

Tous les partis ou mouvements politiques adhèrent à une ou à des idéologies de base.
Les idéologies qu'ils défendent servent à déterminer leur place sur l'échiquier politique.

13 **Les principales idéologies politiques**

Chaque idéologie présente plusieurs courants et peut se manifester différemment dans le cadre d'actions politiques.

Idéologie	Principes	Exemples
L'anarchisme	Préconise l'abolition de l'État, rejette l'autorité et refuse toute législation qui impose des contraintes aux individus.	Les anarchistes se rassemblent afin de contester ou de dénoncer certaines situations qu'ils jugent intolérables. Ils peuvent par exemple inciter la population à boycotter une élection.
Le communisme	Prône l'abolition de la propriété privée et la redistribution des richesses par la mise en commun des moyens de production contrôlés par l'État.	L'URSS jusqu'à son démantèlement en 1991, la Chine et le régime castriste à Cuba.
Le socialisme	Condamne les inégalités sociales, privilégie les intérêts de la collectivité et favorise l'intervention de l'État.	Le Parti socialiste français, le Parti social-démocrate suédois, etc.
L'écologisme	Vise le respect de l'environnement. L'écologisme prône un développement qui prend en compte les conséquences des actions humaines sur la nature et la société afin d'assurer l'avenir des générations futures.	Le Parti vert du Canada, les Verts en Allemagne, le parti Ecolo de Belgique, etc.
Le libéralisme	Cherche à garantir les libertés individuelles et à défendre la démocratie politique. Le libéralisme économique tente de garantir les libertés économiques et le libre marché en limitant le rôle de l'État dans l'économie et les programmes sociaux.	Le Parti libéral du Canada, le Parti démocrate américain, le Parti libéral-démocrate d'Allemagne, etc.
Le conservatisme	Marque un attachement aux valeurs traditionnelles et à l'ordre social établi. Il s'oppose généralement aux idées progressistes.	Le Parti conservateur du Canada, le Parti républicain aux États-Unis, l'Union pour un mouvement populaire en France, etc.
Le fascisme	Rejette les idéologies basées sur la démocratie et le communisme. Le fascisme tire ses fondements d'un nationalisme fort et d'un État autoritaire qui contrôle la société civile.	Le Parti national-fasciste de Benito Mussolini en Italie, le Parti national social chrétien d'Adrien Arcand au Québec, le Ku Klux Klan aux États-Unis, le Parti national-socialiste d'Adolf Hitler, etc.

● Selon vous, à quelles idéologies adhèrent les principaux partis au Québec et au Canada ?

14 **Les idéologies politiques : de gauche à droite**

Les principales idéologies politiques peuvent être positionnées sur l'axe gauche-droite de l'échiquier politique, de l'extrême gauche jusqu'à l'extrême droite. Toutefois, il s'agit d'une simple représentation des nuances entre les différentes idéologies.

Anarchisme Communisme Écologisme Conservatisme Fascisme
Socialisme Libéralisme

Différents degrés de démocratie

De façon générale, l'idéologie du parti au pouvoir va influencer le système politique d'un État. Les systèmes politiques regroupent de nombreux types d'organisations ou de régimes politiques qui permettent d'organiser et d'administrer l'État. Ces régimes politiques peuvent entre autres être définis par leur niveau de démocratie. En effet, plusieurs gouvernements choisissent d'adhérer à des valeurs démocratiques telles l'égalité, la liberté et la justice. D'autres adoptent plutôt des régimes politiques et des types d'organisations politiques plus autoritaires.

Les régimes démocratiques

Un régime dit « démocratique » respecte quatre principes de base :

- La séparation des pouvoirs : le pouvoir exécutif (pouvoir de faire appliquer les lois), le pouvoir législatif (pouvoir de faire les lois) et le pouvoir judiciaire (pouvoir d'interpréter les lois et de rendre justice). Cette séparation des pouvoirs vise à éviter la concentration des pouvoirs dans les mains d'un seul groupe ou d'un seul individu.

- La souveraineté du peuple : le pouvoir d'une nation et de ses citoyens suppose une participation à la vie politique, entre autres par l'élection de représentants.

- Le pluralisme politique : la possibilité, pour plusieurs partis politiques, de faire valoir leurs points de vue et opinions, et de les diffuser.

- Le respect des droits et des libertés tels la liberté d'expression et d'association, l'interdiction de la torture, le droit à des conditions de travail décentes, etc.

Il existe plusieurs types de régimes démocratiques. C'est le cas des républiques (par exemple, la France et les États-Unis) et de certains types de monarchies. Ainsi, les monarchies constitutionnelles (comme le Canada) limitent les pouvoirs du monarque par une constitution. Celle-ci détermine des lois applicables et prévoit une séparation des pouvoirs semblable à ce qui existe dans les républiques. Dans le cas d'une monarchie parlementaire, comme le Royaume-Uni et la Belgique, le pouvoir souverain est détenu par un Parlement dont les membres sont élus par l'ensemble des citoyens.

Des pratiques démocratiques

Les pratiques démocratiques les plus répandues sont le droit de vote, la liberté d'opinion, d'association et d'expression.

Les régimes autoritaires

Dans les régimes autoritaires, le pouvoir est détenu par un seul individu, un seul groupe ou un seul parti. La personne ou le parti en place ne peut pas être destitué, sauf par la force. Dans ces types de régimes, le droit de vote n'est pas toujours assuré. De plus, il n'est pas rare que la police et l'armée soient au service de l'autorité en place et non pas du peuple. Par conséquent, les droits humains sont souvent bafoués, de même que la liberté d'expression et la liberté d'association.

C'est le cas de certaines dictatures militaires où, à la suite d'un coup d'État, les forces armées prennent le pouvoir et dirigent le gouvernement. Par exemple, la Birmanie (Myanmar) est contrôlée par l'armée depuis le coup d'État survenu en septembre 1988. Certains pays d'Asie centrale, comme le Kazakhstan et l'Ouzbékistan, sont également considérés comme des régimes autoritaires, puisque la presque totalité du pouvoir est détenue par l'organe exécutif du gouvernement.

Les monarchies absolues sont elles aussi classées parmi les régimes autoritaires. Elles concentrent l'ensemble des pouvoirs entre les mains d'un monarque ou de sa famille et laissent peu de place aux principes démocratiques et à la participation citoyenne. C'est le cas de la monarchie du Brunei, dirigée par un sultan à la tête du seul parti autorisé, le Parti national solidarité, et chef religieux de la nation.

Le Kazakhstan et les entorses aux droits et libertés

En octobre 2009, le président du Kazakhstan rencontrait le président de la France afin de conclure des ententes commerciales. Le président français continue de négocier avec les autorités en place malgré les entorses aux droits humains dans ce pays.

Les régimes totalitaires

Les régimes totalitaires, en plus d'être autoritaires, cherchent à imposer une idéologie radicale (comme le fascisme ou le communisme) qui doit être respectée par l'ensemble de la société. En plus de gérer la vie publique, les régimes totalitaires tendent à intervenir dans la vie privée des individus, par exemple en encadrant la formation de la jeunesse.

Dans ce type de régimes, les citoyens ont peu de droits et leurs libertés sont généralement bafouées. Utilisant souvent la force pour réprimer les opposants, les régimes totalitaires se servent aussi de la propagande pour diffuser leur idéologie.

Le XXe siècle a connu quelques régimes totalitaires, notamment celui d'Adolf Hitler, dans l'Allemagne nazie, et celui de Joseph Staline, en URSS.

Une célébration en l'honneur de l'ancien chef du Parti communiste chinois, en 2009

Encore aujourd'hui, certains États à parti unique utilisent les médias (affiches, films, publicité, messages radio, journaux, etc.) pour s'assurer que l'ensemble de la population adhère à leur idéologie.

L'approche économique

Les théories économiques nous aident à comprendre comment les collectivités et les individus utilisent les ressources dont ils disposent pour satisfaire leurs besoins. Elles servent aussi à expliquer comment les sociétés s'organisent pour produire et distribuer les biens et les services qu'elles consomment.

Les différents systèmes économiques

Un système économique est le mode d'organisation de l'ensemble des activités économiques (production, distribution, consommation) d'une société. Au lendemain de la Seconde Guerre mondiale, deux systèmes économiques existaient dans le monde : l'économie de marché, inspirée du libéralisme, et l'économie planifiée, inspirée du communisme. Avec le temps, la majorité des pays occidentaux ont adopté une économie mixte qui combine les caractéristiques des deux systèmes.

L'économie de marché

L'économie de marché se situe dans le même courant que le libéralisme économique, qui accorde la priorité à l'individu et à la libre entreprise. Dans ce type d'économie, les facteurs de production (capital physique et financier, matières premières, capital humain) appartiennent surtout au particulier. Les prix sont déterminés par le mécanisme du marché. Le prix d'un bien ou d'un service est librement négocié sur le marché, jusqu'à ce que la quantité offerte par le producteur (offreur) égale la quantité demandée par le consommateur (demandeur). Grâce au jeu de l'offre et de la demande, le marché assure l'équilibre entre les intentions d'achat des consommateurs et les intentions de vente des producteurs. En principe, l'État n'intervient pas dans ce type de système.

L'équilibre du marché

Le marché met en relation l'offre et la demande en fonction du prix d'un bien et des quantités disponibles. Lorsque les prix montent, la quantité de biens offerte par les producteurs augmente et la quantité de biens demandée par les consommateurs diminue. Il existe toutefois sur le marché un point d'équilibre où les acheteurs et les vendeurs s'entendent sur un prix et une quantité. Lorsque le prix d'équilibre est atteint, le nombre d'échanges se multiplie.

15 La relation entre l'offre et la demande

L'offre représente la quantité d'un bien que les producteurs sont prêts à produire et à mettre en marché à différents prix. D'après la courbe de l'offre, le producteur peut obtenir un plus grand profit lorsque les prix augmentent. La quantité offerte va donc augmenter. La demande représente la quantité d'un bien que les consommateurs sont prêts à se procurer sur le marché à différents prix. D'après la courbe de la demande, la quantité d'un bien ou d'un service augmente lorsque les prix diminuent.

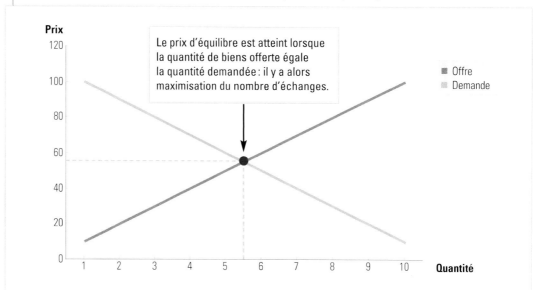

Le prix d'équilibre est atteint lorsque la quantité de biens offerte égale la quantité demandée : il y a alors maximisation du nombre d'échanges.

L'économie planifiée

Dans un système planifié, l'économie est centralisée : l'État (ou une autre autorité) établit toutes les décisions économiques. Les différentes ressources du pays sont alors affectées à la réalisation de cette planification centralisée, et l'ensemble des moyens de production sont la propriété de l'État. Les prix sont eux aussi fixés en fonction du plan établi.

Avant 1990, les économies planifiées étaient une réalité pour un grand nombre de pays, tels la Chine, les pays de l'Europe de l'Est, le Viêtnam, la Corée du Nord, Cuba, etc. Cependant, depuis le démembrement de l'URSS et la chute du mur de Berlin, les économies qui fonctionnent selon ce type de système sont de plus en plus rares.

L'économie mixte

Entre l'économie de marché et l'économie planifiée, plusieurs États ont choisi une économie mixte. Ce type d'économie préserve les principes de la libre entreprise tout en laissant l'État intervenir dans l'économie.

Même si le secteur privé occupe une bonne place dans ce système, la contribution du secteur public favorise l'atteinte des objectifs économiques et sociaux déterminés par l'État. La majorité des États occidentaux fonctionnent selon ce type d'économie.

16 Faire la file pour acheter de la viande en Russie, en 1987

Dans les économies planifiées, les prix sont établis en fonction du plan central : ils ne sont pas négociés sur les marchés. Toute demande qui dépasse l'offre prévue par l'autorité centrale entraîne une pénurie. Les consommateurs doivent régulièrement faire la file pendant des heures pour se procurer ce dont ils ont besoin.

Quels peuvent être les inconvénients d'une économie planifiée ?

17 Les caractéristiques des principaux systèmes économiques

Système économique	Fondement	Propriété	Mécanisme
Économie de marché	Libéralisme économique : recherche de l'intérêt individuel	Propriété privée des moyens de production et de plusieurs ressources	Fixation des prix selon le mécanisme de l'offre et de la demande
Économie mixte	Libéralisme nuancé par l'intervention de l'État dans l'économie	Coexistence de la propriété privée et de la propriété publique quant aux ressources et aux moyens de production jugés essentiels à l'économie	Fixation des prix par les marchés, mais intervention de l'État pour tenter de corriger les instabilités des marchés
Économie planifiée	Communisme : recherche d'une société égalitaire	Propriété collective (gérée par l'État) des moyens de production et des ressources	Régulation et contrôle de l'activité économique par l'État ou une autre autorité

Quel type de système économique est le plus répandu ?

L'économie dans un contexte de mondialisation

Les échanges économiques ne cessent d'augmenter entre les pays. Le libre-échange permet de multiplier les transactions commerciales, ce qui accélère le processus de mondialisation. Dans cette économie mondialisée, certains États ou regroupements d'États exercent leur domination tandis que d'autres ont de la difficulté à se tailler une place. Cette mondialisation de l'économie n'a donc pas que des retombées positives. Elle peut affecter les populations, la répartition de la richesse, l'environnement et l'organisation du pouvoir à la grandeur de la planète.

Quelques caractéristiques de la mondialisation de l'économie

La mondialisation se caractérise par :

- un accroissement des échanges de biens, de services, de main-d'œuvre et de technologies ;
- l'utilisation accrue des communications et des technologies de l'information ;
- l'élimination progressive des obstacles (taxes, droits de douane, etc.) au commerce et à l'investissement ;
- l'interdépendance des marchés ;
- une augmentation des transactions financières et la circulation des capitaux.

---

18 **Des avis partagés sur la mondialisation**

Certains apprécient la mondialisation alors que d'autres redoutent ses effets.

« Le terme "mondialisation" possède une forte charge émotive. D'aucuns voient dans la mondialisation un processus bénéfique – qui contribuera de façon décisive au développement économique mondial – inévitable et irréversible. D'autres sont hostiles à ce processus, voire le redoutent, estimant qu'il accroît les inégalités au sein des pays et entre eux, menace l'emploi et le niveau de vie et entrave le progrès social. »

FMI, « La mondialisation : faut-il s'en réjouir ou la redouter ? » [en ligne], avril 2001, réf. du 26 octobre 2009.

- Quels peuvent être les avantages de la mondialisation ? Les inconvénients ?

19 **Les grandes entreprises et la mondialisation**

Les entreprises et les multinationales, telle Nokia, contribuent à la mondialisation de l'économie. Ce sont elles qui en retirent le plus de bénéfices. Comme la plupart de ces entreprises sont originaires des pays développés, c'est dans ces pays qu'elles concentrent une grande partie des profits issus du commerce mondial. Les grandes entreprises attirent d'ailleurs l'attention de plusieurs groupes et ONG qui souhaitent une répartition plus équitable de la richesse.

- Quel est le rôle des grandes entreprises dans la mondialisation de l'économie ?

Des outils pour échanger

Aucun pays ne dispose de tous les biens et services nécessaires aux besoins de sa population. Les pays sont donc obligés d'importer ce qu'ils ne produisent pas ou ce qu'ils produiraient à un coût plus élevé que ce qu'ils payent pour importer. Pour faciliter les transactions, ils doivent se doter d'outils communs, ce qui soulève la question de la monnaie.

Chaque pays doit connaître la valeur de sa monnaie par rapport à celle des autres pays, d'où la nécessité de fixer des **taux de change**. Ces taux sont négociés dans le cadre du marché de change. Les offreurs et les demandeurs qui participent à ce marché international sont reliés par un réseau technologique qui leur permet de négocier rapidement.

> **Taux de change** Valeur d'une monnaie par rapport à une autre. Par exemple, la valeur du dollar canadien exprimée en dollars américains.

Des échanges inégaux

En économie, l'expression « termes de l'échange » désigne le rapport entre l'indice des prix des exportations et celui des importations. Les pays comptent sur les revenus de leurs exportations comme source de capital. Lorsqu'un pays exporte des produits dont les indices de prix diminuent, il y a une dégradation des termes de l'échange.

C'est ce qui se produit dans plusieurs pays en développement, qui n'ont pas les moyens d'investir dans les infrastructures de production. Ainsi, ces pays consacrent la majeure partie de leurs activités économiques à l'exportation de matières premières. Lorsque les indices de prix de ces exportations baissent, les termes de l'échange se détériorent. Cette détérioration diminue les revenus des pays en développement, ce qui limite leur accès au capital.

La Bourse

La Bourse est un outil qui permet aux demandeurs et aux offreurs de négocier des valeurs, de fixer des indices de prix (pour l'or, le blé, le soya, par exemple), de transiger des titres, etc. La Bourse est particulièrement utile aux entreprises qui désirent se développer. Par exemple, une entreprise à la recherche de capitaux pour financer son expansion émet des actions qui correspondent à d'infimes parties de ses avoirs. Des investisseurs ou des épargnants achètent des actions de cette entreprise, qui obtient ainsi les capitaux dont elle a besoin. En augmentant les possibilités d'échange, la Bourse contribue à la mondialisation de l'économie.

La Bourse de New York

- Comment la Bourse contribue-t-elle à la mondialisation de l'économie?

Le libre-échange

Le libre-échange est un système de commerce international qui vise l'élimination des barrières tarifaires ou non tarifaires. Au cours du XXe siècle, le libre-échange a permis d'augmenter la circulation des biens et des services dans le monde. Vers la fin de la Seconde Guerre mondiale, plusieurs pays occidentaux se sont réunis pour mettre en place un ensemble de règles et d'institutions susceptibles de rétablir l'économie mondiale en encourageant les échanges internationaux.

De nos jours, les États se regroupent de plus en plus pour négocier des accords de libre-échange. En plus d'éliminer des barrières commerciales, ils s'entendent pour adopter des politiques favorables à la circulation de certaines marchandises.

Le libre-échange repose sur la théorie des **avantages comparatifs**. Selon cette théorie, les États devraient exporter les marchandises qu'ils produisent le plus efficacement et importer les biens que d'autres pays produisent plus efficacement qu'eux.

Plusieurs économistes s'accordent pour dire que tout obstacle aux échanges nuit au commerce mondial. Ainsi, si un pays décide d'imposer des barrières tarifaires à l'importation de marchandises, les pays qui les produisent seront moins portés à les exporter. Le pays qui impose les barrières tarifaires devra donc produire lui-même ces marchandises, alors qu'il pourrait se les procurer à meilleur coût à l'étranger. D'après cette théorie, la libre circulation des marchandises permet à chaque pays de se spécialiser et d'accroître sa production afin de combler ses besoins tout en répondant à la demande internationale.

19 Des effets négatifs du libre-échange

Pour certains, le libre-échange favorise la croissance économique ; pour d'autres, il constitue un obstacle au développement. En effet, la concurrence internationale force les producteurs à abaisser leurs prix afin de répondre à la demande. Les producteurs doivent par conséquent réduire leurs coûts de production (le coût de la main-d'œuvre, par exemple), ce qui peut se traduire par des pertes d'emplois, comme ici à Pasadena, en Californie.

Le protectionnisme

Le protectionnisme s'oppose au libre-échange. Il vise à protéger l'économie d'un pays contre la concurrence étrangère. Bien que le libre-échange soit considéré par de nombreux économistes comme rentable pour l'économie mondiale, le protectionnisme s'est tout de même imposé dans certains pays industrialisés et dans des pays en développement.

Les mesures protectionnistes visent essentiellement à réduire les importations. Un État peut, par exemple, appliquer des tarifs douaniers élevés sur les produits en provenance de l'extérieur et encourager les exportations par diverses subventions.

Des pays peuvent avoir recours à des mesures protectionnistes lorsqu'ils décident de développer un nouveau secteur économique. Ils imposent alors des barrières tarifaires à certains produits de l'extérieur qui pourraient faire concurrence au secteur qu'ils souhaitent développer. Ces barrières sont habituellement provisoires, et l'ouverture à la concurrence est rétablie lorsque la production devient compétitive.

20 **Différents types de barrières commerciales**

Type de barrières	Exemples
Barrières tarifaires	• Imposition de taxes et de droits de douane sur les produits d'importation • Subventions à la production locale
Barrières non tarifaires	• Fixation de quotas précisant la quantité maximale d'un produit d'importation • Imposition de normes sanitaires ou techniques sévères auxquelles doivent répondre les produits importés pour avoir accès au marché local • Imposition de procédures de dédouanement longues et compliquées visant à ralentir l'accès des produits étrangers au marché local • Rejet de candidatures de certaines entreprises étrangères pour le développement de contrats publics

Selon vous, pourquoi certains États décident-ils d'imposer des barrières non tarifaires ?

21 **Des mesures protectionnistes**

Les États-Unis ont, à plusieurs reprises, voté des lois protectionnistes. En 2009, la clause « *Buy American* » invitait les Américains à privilégier les produits locaux. Le Canada, dont une bonne part de l'économie repose sur ses exportations vers les États-Unis, s'est élevé contre cette mesure.

LES MÉDIAS et l'économie

Les médias jouent un rôle crucial dans l'économie. Au cours des années 2000, le développement des technologies de l'information et des communications a permis de relier les investisseurs, les producteurs et les marchés à l'échelle mondiale. En plus de faciliter les transactions, les médias informent la population et les institutions financières, qui s'appuient sur ces informations pour gérer leurs investissements.

Les médias ont également une grande influence dans le domaine de la consommation. Depuis la Seconde Guerre mondiale, la publicité dans les différents médias incite la population à consommer toujours plus. Ces habitudes de consommation stimulent le commerce. Des produits issus de divers pays sont publicisés sur toute la planète, ce qui contribue encore une fois à la mondialisation de l'économie.

L'approche historique

Le terme «contemporain» désigne à la fois le monde d'aujourd'hui et la période historique qui a débuté avec l'ère des sociétés industrielles, période qui se poursuit de nos jours. Les événements de cette période nous aident à comprendre et à interpréter les enjeux des sociétés actuelles.

L'ère des sociétés industrielles (1880-1914)

Au tournant du XXe siècle, l'industrialisation se poursuit. Une série d'innovations technologiques entraînent une hausse de la production et une croissance économique. L'Europe regroupe de grandes puissances industrielles qui étendent leur influence dans le monde en créant des colonies et des protectorats. La concurrence entre ces grands empires nationalistes contribue à aggraver les tensions qui mèneront à la Première Guerre mondiale.

La Première Guerre mondiale (1914-1918)

Les rivalités entre les puissances industrielles sont à l'origine de la Première Guerre mondiale, qui éclate en 1914. Les Alliés (France, Royaume-Uni et Russie) s'opposent aux Puissances centrales (Allemagne, Autriche-Hongrie et Empire ottoman). Le conflit, extrêmement meurtrier, mobilise de nombreuses ressources et déstabilise l'économie mondiale. Les conditions sévères imposées aux vaincus à la fin de la guerre vont contribuer à la Seconde Guerre mondiale.

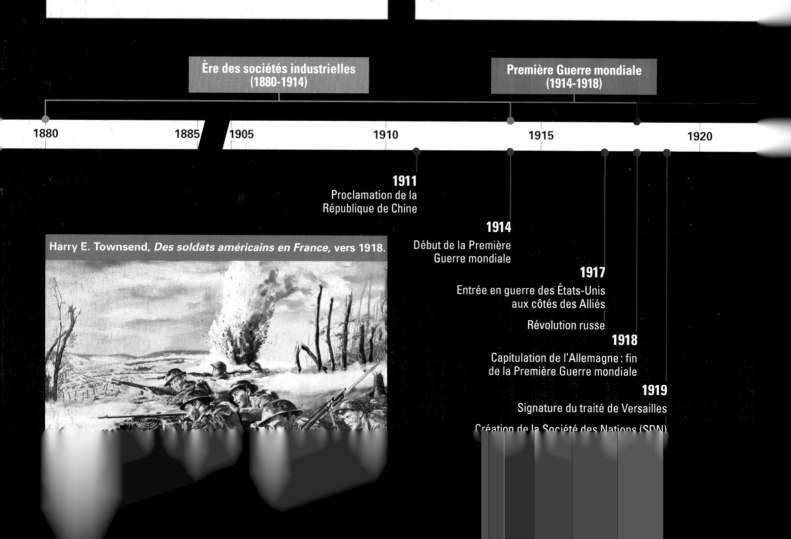

Ère des sociétés industrielles (1880-1914)

Première Guerre mondiale (1914-1918)

1880   1885   1905   1910   1915   1920

1911
Proclamation de la
République de Chine

1914
Début de la Première
Guerre mondiale

1917
Entrée en guerre des États-Unis
aux côtés des Alliés

Révolution russe

1918
Capitulation de l'Allemagne : fin
de la Première Guerre mondiale

1919
Signature du traité de Versailles

Création de la Société des Nations (SDN)

Harry E. Townsend, *Des soldats américains en France*, vers 1918.

La Crise des années 1930 (1929-1939)

En 1929, le krach de la Bourse de New York provoque une crise économique mondiale. Un nombre important d'ouvriers se retrouvent sans emploi et le taux de chômage grimpe. La Crise entraîne une remise en question du libéralisme économique et incite les gouvernements à intervenir dans l'économie. La misère favorise l'essor de nouveaux partis et mouvements politiques.

Des New-Yorkais devant la Bourse de New York lors du krach de 1929

La Seconde Guerre mondiale (1939-1945)

La misère qui résulte de la Crise des années 1930 provoque le mécontentement populaire et attise les tensions internationales. La Seconde Guerre mondiale s'enclenche lorsque l'Allemagne nazie envahit la Pologne, en 1939. Elle oppose les puissances de l'Axe (Allemagne, Italie) et le Japon aux Alliés (Royaume-Uni, France, URSS, États-Unis, etc.). Cette guerre, considérée comme la plus dévastatrice de l'histoire, donne lieu à un génocide et inaugure l'utilisation de la bombe atomique.

La libération du camp de Dachau en Allemagne, en 1945

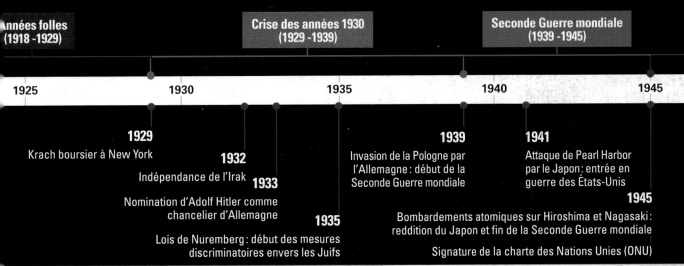

Années folles (1918 -1929) — Crise des années 1930 (1929 -1939) — Seconde Guerre mondiale (1939 -1945)

1925 — 1930 — 1935 — 1940 — 1945

1929
Krach boursier à New York

1932
Indépendance de l'Irak

1933
Nomination d'Adolf Hitler comme chancelier d'Allemagne

1935
Lois de Nuremberg : début des mesures discriminatoires envers les Juifs

1939
Invasion de la Pologne par l'Allemagne : début de la Seconde Guerre mondiale

1941
Attaque de Pearl Harbor par le Japon : entrée en guerre des États-Unis

1945
Bombardements atomiques sur Hiroshima et Nagasaki : reddition du Japon et fin de la Seconde Guerre mondiale

Signature de la charte des Nations Unies (ONU)

Les Années folles (1918-1929)

Aux années de rationnement de la Première Guerre mondiale succède la frénésie des Années folles, une période d'effervescence culturelle et de croissance économique. À la même époque, certaines idéologies qualifiées de totalitaires commencent à se répandre, comme le fascisme, le nazisme et le communisme.

La décolonisation (1945-1975)

Au lendemain de la Seconde Guerre mondiale, de nombreuses colonies revendiquent une plus grande autonomie. Certaines réclament leur indépendance. C'est la fin des grands empires coloniaux. L'indépendance s'acquiert parfois dans des conditions dramatiques. Plusieurs de ces anciennes colonies refusent de s'aligner sur l'une ou l'autre des deux grandes puissances. Elles forment alors le Tiers-Monde, rassemblant des territoires et des sociétés diverses.

Des députés congolais au Parlement, en 1960

La Guerre froide (1947-1991)

À la fin de la guerre, l'Europe est dévastée. Deux grandes puissances – les États-Unis et l'URSS – s'imposent dans le monde. Ces deux opposants, qui possèdent une imposante puissance militaire, évitent les affrontements directs. Ces deux blocs présentent de grands contrastes : le bloc de l'Ouest se caractérise par une démocratie libérale et une économie de marché, alors que le bloc de l'Est adopte le communisme et une économie planifiée. Cette guerre idéologique va se terminer avec la dissolution de l'URSS, en 1991.

Des tests nucléaires dans le Pacifique, en 1954

Décolonisation (1945-1975)

1950   1955   1960   1965   1970   1975

1950-1953
Guerre de Corée

1949
Création de la République démocratique allemande

Prise du pouvoir par le Parti communiste en Chine

1948
Création de l'État d'Israël

Instauration du régime communiste en Tchécoslovaquie

1947
Indépendance de l'Inde

1946
Indépendance de la Jordanie et de la Syrie

1955
Conférence de Bandung

1956
Indépendance de la Tunisie, du Maroc et du Soudan

1957
Indépendance de la Malaisie et du Ghana

1959
Révolution cubaine

1960
Indépendance des républiques de l'Afrique occidentale française, de l'Afrique équatoriale française, du Congo et du Nigeria

Début de la construction du mur de Berlin

1961
Indépendance de la Sierra Leone et du Koweït

1962
Indépendance de l'Algérie, du Rwanda, du Burundi et de l'Ouganda

1963
Indépendance du Kenya

1964-1975
Guerre du Viêtnam

1968
Printemps de Prague

1975
Indépendance du Mozambique, du Cap-Vert et de l'Angola

Le monde depuis 1990

Depuis le démembrement de l'URSS, les rapports de force se transforment dans le monde. Bien que les États-Unis jouent encore un rôle dominant dans les relations internationales, d'autres puissances émergent. L'accélération des échanges et le développement des technologies de la communication et de l'information contribuent au phénomène de la mondialisation. De nouvelles puissances économiques, telles la Chine et l'Inde, modifient les flux commerciaux et de plus en plus d'États décident de s'unir au sein de grands ensembles économiques. Pendant ce temps, le monde est déchiré par d'importants conflits, par exemple entre Israël et la Palestine. Les attentats du 11 septembre 2001 enclenchent une guerre au terrorisme. Cette guerre secoue de nombreux États, en particulier l'Irak et l'Afghanistan.

Un soldat américain au moment de la démolition de la statue de Saddam Hussein en Irak, en 2003

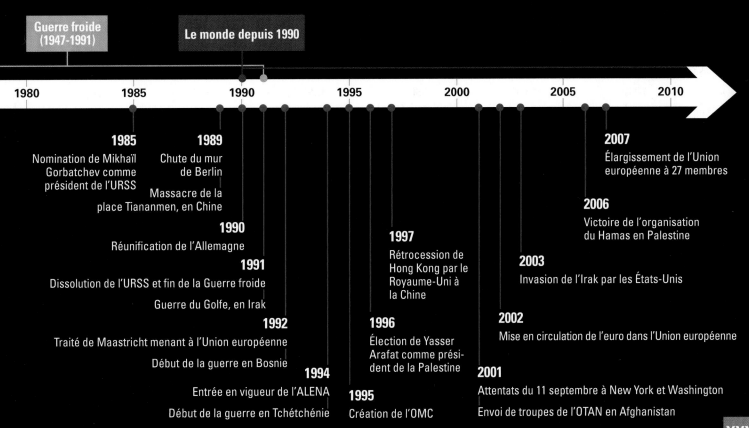

Guerre froide (1947-1991)

Le monde depuis 1990

1980   1985   1990   1995   2000   2005   2010

1985
Nomination de Mikhaïl Gorbatchev comme président de l'URSS

1989
Chute du mur de Berlin

Massacre de la place Tiananmen, en Chine

1990
Réunification de l'Allemagne

1991
Dissolution de l'URSS et fin de la Guerre froide

Guerre du Golfe, en Irak

1992
Traité de Maastricht menant à l'Union européenne

Début de la guerre en Bosnie

1994
Entrée en vigueur de l'ALENA

Début de la guerre en Tchétchénie

1995
Création de l'OMC

1996
Élection de Yasser Arafat comme président de la Palestine

1997
Rétrocession de Hong Kong par le Royaume-Uni à la Chine

2001
Attentats du 11 septembre à New York et Washington

Envoi de troupes de l'OTAN en Afghanistan

2002
Mise en circulation de l'euro dans l'Union européenne

2003
Invasion de l'Irak par les États-Unis

2006
Victoire de l'organisation du Hamas en Palestine

2007
Élargissement de l'Union européenne à 27 membres

Chapitre 1 L'ENVIRONNEMENT

L'environnement correspond à tout ce qui compose le milieu de vie de l'être humain. Il désigne autant les milieux social, économique et culturel que les composantes du milieu biophysique. Or, l'environnement est sans cesse modifié par les activités humaines.

Aujourd'hui, la communauté internationale reconnaît que de nombreux problèmes environnementaux, tels les changements climatiques, la désertification ou la pollution de l'eau et de l'air, affligent le monde contemporain. Ces problèmes, qui se manifestent tant à l'échelle locale que mondiale, résultent en bonne partie des modes d'utilisa-

Dans la recherche de solutions aux problèmes environnementaux, le défi du monde d'aujourd'hui consiste à envisager un développement qui réponde aux besoins des sociétés actuelles sans compromettre la capacité des générations futures de répondre aux leurs. La gestion de l'environnement implique des choix économiques, politiques et sociaux. Ces choix appartiennent aux États, mais également aux différents intervenants (organisations, groupes sociaux et individus), qui font face à deux enjeux fondamentaux: d'une part, la recherche d'un équilibre entre l'utilisation et la consommation des ressources et la préservation de l'environnement; d'autre part, l'harmonisation des normes environnementales

« Nous n'héritons pas de la Terre de nos ancêtres, nous l'empruntons à nos enfants. »

Attribué à Antoine de Saint-Exupéry

SOMMAIRE

CONCEPTS

Concept central
- Développement durable

Concepts particuliers
- Consommation □ Dépendance □ Régulation □ Responsabilité

Concepts communs
- Interdépendance □ Mondialisation □ Pouvoir

Une mosaïque réalisée par Les Amis de la Terre à l'occasion de la Conférence des Nations Unies sur les changements climatiques qui s'est tenue à Montréal en 2005 (page précédente);

Une photographie infrarouge montrant la perte d'énergie liée à la combustion de l'essence dans les automobiles (à gauche);

Rencontre entre le président américain, Barack Obama, et le secrétaire général des Nations Unies, Ban Ki-moon, en mars 2009 à la Maison-Blanche. Leurs discussions ont porté, entre autres, sur les changements climatiques (à droite).

LE PROBLÈME

Les choix économiques, politiques et sociaux dans la gestion de l'environnement

ÉTAT DES LIEUX

CONCEPTS
- Consommation
- Développement durable

1 Gérer l'environnement, une préoccupation mondiale

Selon le World Wildlife Fund (WWF), en 2005, la demande mondiale en ressources dépassait d'environ 30 % la capacité des écosystèmes à se renouveler et à absorber les pollutions. Si aucun changement majeur ne survient dans les choix de société, il faudra l'équivalent de deux planètes en 2030 pour satisfaire la demande de l'humanité en biens et en services.

La surexploitation des ressources entraîne des problèmes environnementaux qui mettent en péril les écosystèmes et le développement humain. Pour répondre aux besoins des habitants de la planète sans compromettre la capacité des générations futures de répondre aux leurs, il importe d'effectuer des choix économiques, politiques et sociaux guidés par le principe de développement durable.

1.1 L'avenir de la Terre

En 2008, environ 6,7 milliards d'individus vivaient sur la Terre. La population mondiale s'accroît rapidement, et ce, principalement dans les pays en développement. Selon les estimations de l'ONU, la planète comptera plus de 9 milliards d'individus en 2050. Or, la demande accrue de ressources qui accompagne cet essor démographique, combinée à la croissance économique, crée de fortes pressions sur l'environnement. Comme les ressources sont limitées, si tous les habitants de la Terre égalaient le niveau de consommation et utilisaient les modes de production des plus riches, la planète pourrait à peine subvenir aux besoins de quelque 600 millions de personnes.

La pression exercée par les êtres humains sur l'environnement peut être mesurée grâce à l'empreinte écologique. Celle-ci correspond à la somme de toutes les terres, forêts et zones de pêche qui sont exploitées dans le but de produire la nourriture et les matières qu'utilise la population, de fournir l'espace pour les infrastructures et d'absorber les déchets.

> **Empreinte écologique**
> Indicateur qui mesure la surface productive terrestre nécessaire pour répondre aux besoins d'une population.

1 La dégradation d'un récif corallien au large des îles Fidji

En 2000, Kofi Annan, alors secrétaire général de l'ONU, a commandé une étude en vue d'établir la base scientifique des actions à entreprendre pour restaurer et conserver l'environnement, et pour assurer l'utilisation durable des ressources. Publié en 2005 sous le titre l'*Évaluation des écosystèmes pour le millénaire*, le rapport d'étude réunit les contributions de plus de 1360 experts de près de 50 pays. Selon ce rapport, environ 60 % des écosystèmes sont dégradés ou utilisés de manière non durable. Cette détérioration pourrait s'aggraver de manière significative avant 2050, en raison de l'augmentation rapide de la demande en ressources, mais aussi à cause de la pollution croissante et des changements climatiques.

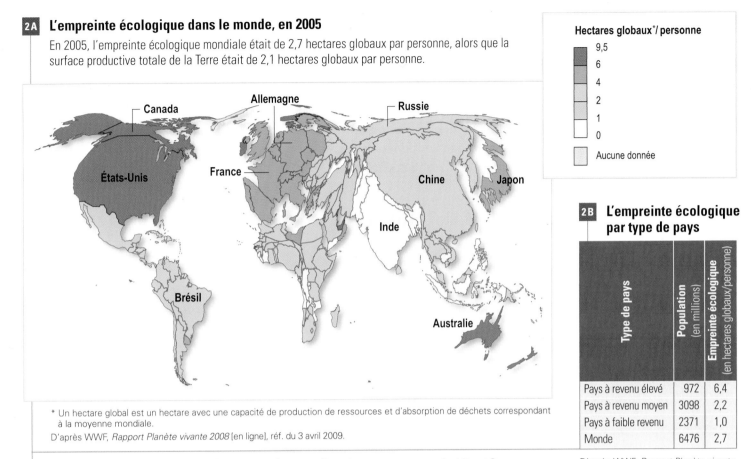

2A L'empreinte écologique dans le monde, en 2005

En 2005, l'empreinte écologique mondiale était de 2,7 hectares globaux par personne, alors que la surface productive totale de la Terre était de 2,1 hectares globaux par personne.

Hectares globaux*/ personne

	9,5
	6
	4
	2
	1
	0
	Aucune donnée

* Un hectare global est un hectare avec une capacité de production de ressources et d'absorption de déchets correspondant à la moyenne mondiale.

D'après WWF, *Rapport Planète vivante 2008* [en ligne], réf. du 3 avril 2009.

● Quels pays exercent la plus forte pression sur l'environnement par habitant? Selon vous, pourquoi?

2B L'empreinte écologique par type de pays

Type de pays	Population (en millions)	Empreinte écologique (en hectares globaux/personne)
Pays à revenu élevé	972	6,4
Pays à revenu moyen	3098	2,2
Pays à faible revenu	2371	1,0
Monde	6476	2,7

D'après WWF, *Rapport Planète vivante 2008* [en ligne], réf. du 3 avril 2009.

1.2 Le bien-être des populations

La dégradation de l'environnement menace tous les aspects du bien-être humain, c'est-à-dire la capacité pour les individus de vivre le type de vie qu'ils ont choisi. Le bien-être inclut notamment la santé, l'accès aux moyens de combler ses besoins matériels ainsi que la sécurité.

Ainsi, selon les estimations de l'Organisation mondiale de la santé (OMS), chaque année près de 13 millions de décès dans le monde sont attribuables à des causes environnementales. La gestion non durable des ressources naturelles peut aussi mettre en péril les moyens de subsistance de plus de 1,3 milliard de personnes qui dépendent de la pêche, des forêts ou de l'agriculture (ce qui représente presque la moitié de tous les emplois mondiaux). Par ailleurs, les changements environnementaux, qui peuvent par exemple forcer des communautés à émigrer lors de catastrophes naturelles (ouragans, sécheresses, inondations, etc.), engendrent un sentiment d'insécurité et augmentent la vulnérabilité des populations. La raréfaction des ressources peut également donner lieu à des conflits entre des pays.

QUESTIONS d'interprétation CD 1

1 Quelles sont les conséquences de la dégradation de l'environnement pour l'humanité?

2 Quelles sont les conséquences de certains choix de société, en particulier la consommation de masse et la production de biens, sur l'environnement?

2 Le développement durable : l'origine du concept

Au cours des années 1970 et 1980, la population prend peu à peu conscience de l'interdépendance entre l'environnement et le développement humain. Des découvertes scientifiques révèlent des problèmes environnementaux jusqu'alors pratiquement inconnus, tels le trou dans la couche d'ozone et les changements climatiques, qui font les manchettes des médias dans le monde entier. L'opinion mondiale prend conscience du fait que certains choix économiques entraînent la dégradation de l'environnement, ce qui nuit au bien-être des populations. C'est dans ce contexte que prend forme le concept de développement durable.

3 Une des nombreuses victimes de la catastrophe de Bhopal, en Inde

En 1984, une fuite de produit toxique dans une usine à Bhopal, en Inde, fait des milliers de morts et de blessés. Au cours des années 1980, une succession de catastrophes écologiques ayant un impact important sur la santé des populations vient modifier les rapports que les sociétés entretiennent avec l'environnement.

2.1 La Conférence des Nations Unies sur l'environnement humain

En 1972 a lieu à Stockholm, en Suède, la Conférence des Nations Unies sur l'environnement humain. Sous la devise « Une seule Terre », la rencontre rassemble près de 6000 personnes provenant de 113 pays. Pour la première fois, la protection de l'environnement est à l'ordre du jour des préoccupations internationales, alors que les États acceptent de jouer un rôle de premier plan en matière de gestion de l'environnement.

Cette conférence jette les bases d'un nouveau modèle de développement économique qui tiendra compte des dimensions sociale et environnementale. Ce nouveau modèle découle de deux principaux constats : l'important écart de richesse entre l'hémisphère nord et l'hémisphère sud, et la dégradation de l'environnement.

Les participants adoptent une déclaration de 26 principes destinés à orienter les choix des États et des populations en matière de développement et d'environnement. Ces principes insistent en particulier sur l'importance de la coopération entre tous les pays pour gérer l'environnement. Ils soulignent également le devoir des États de s'assurer que les activités exercées sur leur territoire n'aient pas de répercussions sur l'environnement hors de leurs frontières.

PERSPECTIVE

Le Club de Rome

En 1968, une trentaine de scientifiques, économistes, gens d'affaires et politiciens fondent le Club de Rome, une organisation internationale non gouvernementale qui se penche sur les problèmes auxquels l'humanité se trouve confrontée. Dans un monde où les pays sont de plus en plus dépendants les uns des autres, le Club de Rome est la première organisation qui se préoccupe des conséquences à long terme de la croissance planétaire.

En 1972, le Club publie *Halte à la croissance ?*, un rapport-choc qui vise à sensibiliser les décideurs politiques et l'opinion mondiale aux conséquences, pour l'avenir de la Terre, de la croissance économique et démographique soutenue. Jugeant le développement économique incompatible avec la préservation de l'environnement, les auteurs tirent des conclusions alarmistes et prônent la croissance zéro, ce qui soulève la controverse. Quoi qu'il en soit, le rapport du Club de Rome aura une influence majeure dans la réflexion qui va mener à l'établissement du concept de développement durable.

Pourquoi les conclusions du rapport *Halte à la croissance ?* ont-elles déclenché une controverse ?

2.2 La Commission mondiale sur l'environnement et le développement

En 1983, l'Assemblée générale des Nations Unies met sur pied la Commission mondiale sur l'environnement et le développement. Celle-ci a pour mandat de recommander à la communauté internationale des moyens pour préserver l'environnement tout en prenant en considération l'interdépendance entre environnement et développement. Dans son rapport, publié en 1987 et intitulé *Notre avenir à tous*, la Commission définit le concept de développement durable tel qu'il est connu aujourd'hui.

Plus de 20 ans plus tard, le développement durable est devenu un concept à la mode. Que ce soit pour justifier des choix économiques, politiques ou sociaux, de nombreux décideurs n'hésitent pas à s'appuyer sur les trois piliers du développement durable. Malgré tout, ce concept demeure relativement flou et difficile à appliquer.

4 **Les trois piliers du développement durable**

Le développement durable vise à trouver un équilibre à long terme entre trois éléments : l'efficacité économique, le respect de l'environnement et la solidarité sociale.

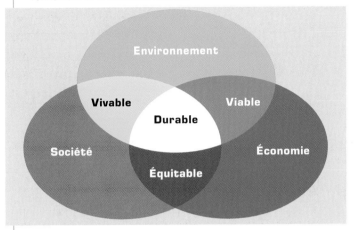

● Le commerce équitable est-il nécessairement durable ?

Brève culturelle

Notre avenir à tous

Paru en 1987, le rapport de la Commission mondiale sur l'environnement et le développement a exercé une grande influence à long terme, grâce à sa définition du développement durable : un développement qui répond aux besoins du présent sans compromettre la capacité des générations futures de répondre aux leurs. Ce rapport est également connu sous le nom de « rapport Brundtland », du nom de la présidente de la Commission, Mme Gro Harlem Brundtland, alors première ministre de Norvège.

« La Commission est persuadée que l'humanité peut créer un avenir plus prospère, plus juste, plus sûr. [...] Nous envisageons [...] la possibilité d'une nouvelle ère de croissance économique, s'appuyant sur des politiques qui protégeraient, voire mettraient en valeur la base même des ressources. Nous estimons que cette croissance est absolument indispensable pour soulager la misère qui ne fait que s'intensifier dans une bonne partie du monde en développement.

Mais l'espoir que la Commission place en l'avenir est conditionné par la prise immédiate de mesures politiques décisives pour commencer à gérer les ressources de l'environnement de manière à assurer un progrès durable et à garantir la survie de l'humanité. »

Commission mondiale sur l'environnement et le développement, *Notre avenir à tous*, Éditions du Fleuve, Les Publications du Québec, 1988.

● Quelle importance le rapport Bruntland accorde-t-il aux choix politiques pour atteindre le développement durable ?

QUESTIONS d'interprétation   CD 1

1 De quels constats découle le concept de développement durable ?

2 Selon vous, que signifie la devise « Une seule Terre », de la Conférence des Nations Unies sur l'environnement humain ?

3 Quels sont les principaux événements qui ont mené à la formation du concept de développement durable ?

Norme environnementale
Règle, principe, mesure spécifique, directive ou standard destiné à uniformiser des méthodes ou des moyens d'action dans un souci de protection de l'environnement.

Accord international Accord conclu entre plusieurs États.

Organisation internationale (OI) Organisation fondée en vertu d'un traité ou d'un accord intergouvernemental, et qui rassemble des représentants des gouvernements nationaux.

3 Les États, des acteurs clés dans la gestion de l'environnement

Bien que la gestion durable de l'environnement implique la participation de tous les acteurs de la société, le rôle des États dans ce domaine demeure déterminant. Les choix de ces derniers reposent en bonne partie sur les valeurs et les habitudes de consommation des membres de la société.

Ce sont principalement les États qui assurent la régulation environnementale, en mettant en place des normes environnementales ainsi que des mécanismes de gestion. Les actions qu'ils entreprennent sont souvent établies sur la base d'accords internationaux.

3.1 La régulation environnementale

Les choix des États se traduisent notamment par l'élaboration de politiques, de même que par l'adoption de lois et de règlements relatifs à la gestion de l'environnement. La législation peut, par exemple, préciser des normes pour les émissions de polluants, prévoir une procédure pour évaluer les impacts de divers projets sur l'environnement, établir des modalités pour protéger des espèces menacées ou vulnérables, etc. Les États ont aussi la responsabilité de s'assurer que les entreprises et les individus respectent les lois et les règlements.

Les normes environnementales varient considérablement d'un pays à l'autre. La plupart des pays industrialisés se sont dotés de normes sévères pour garantir la protection de l'environnement, notamment en ce qui regarde la lutte contre la pollution. Dans les pays en développement, ces normes s'avèrent généralement moins contraignantes, voire parfois inexistantes.

5 Haïti et la République dominicaine : une différence marquée dans la gestion de la forêt

Sur cette image satellite, la frontière entre Haïti et la République dominicaine est reconnaissable à l'état du couvert forestier. L'absence d'une véritable politique environnementale en Haïti a entraîné la surexploitation du bois et la dégradation de l'environnement.

● En quoi les choix politiques sont-ils responsables de la déforestation en Haïti ?

3.2 L'implication des États dans les organisations internationales

Les États établissent leurs propres normes environnementales. Toutefois, afin que la gestion de l'environnement soit abordée dans un esprit de coopération entre tous les pays, des organisations internationales coordonnent les actions impliquant plusieurs États. Elles n'ont cependant pas le mandat d'arbitrer les conflits de nature environnementale entre les pays.

On compte un grand nombre d'organisations internationales. Certaines, comme le Programme des Nations Unies pour l'environnement (PNUE), jouent un rôle à l'échelle planétaire, alors que d'autres, telle l'Agence européenne pour l'environnement (AEE), interviennent au niveau régional.

Sur le plan international, l'ONU a organisé depuis le début des années 1970 plusieurs conférences sur l'environnement. L'une des plus marquantes a eu lieu en 1992 à Rio de Janeiro, au Brésil. Il s'agit du premier Sommet de la Terre, aussi appelé Conférence des Nations Unies sur l'environnement et le développement (CNUED). Cette rencontre, qui réunissait des représentants de 173 États et un grand nombre d'**organisations non gouvernementales (ONG)**, visait principalement à proposer des actions concrètes pour appliquer les principes du développement durable.

> **Organisation non gouvernementale (ONG)**
> Organisation à but non lucratif, généralement présente sur la scène internationale, et qui ne relève ni d'un État ni d'une organisation internationale.

6   Un extrait des 27 principes de la Déclaration de Rio

La Déclaration de Rio sur l'environnement et le développement a été adoptée par les chefs d'État présents au Sommet de la Terre. Elle définit les priorités à l'échelle internationale en matière de développement durable. L'extrait suivant est une synthèse de quelques principes de cette déclaration.

« • Les États, qui doivent coopérer de bonne foi (27)*, ont le droit souverain d'exploiter leurs ressources sans nuire aux autres États (2) qu'ils doivent avertir de toute catastrophe (18) ou activités dangereuses pouvant les affecter (19).

 • La protection de l'environnement est partie intégrante du processus de développement (4); elle est conditionnée par la lutte contre la pauvreté (5) et concerne tous les pays (6) selon des responsabilités communes mais différenciées (7). Les modes de production et de consommation non viables (*non durables*) doivent être éliminés (8) au profit de ceux qui seraient viables [et] dont la diffusion doit être favorisée (9). »

* Les chiffres entre parenthèses renvoient aux principes énoncés dans la Déclaration de Rio.

Agora 21, *Les 27 principes de la Déclaration de Rio* [en ligne], réf. du 22 avril 2009.

● Quel est le rôle des États, selon cette déclaration?

Brève culturelle

Action 21

Adoptée lors du Sommet de la Terre de Rio en 1992, Action 21, aussi appelée «Agenda 21», est un programme global d'actions à entreprendre pour parvenir à un développement durable au XXIe siècle. Ce programme contient 2500 recommandations réparties en 40 chapitres traitant des problématiques du développement social et économique, de la protection de l'environnement, de la gestion des ressources et de la participation de la société civile au processus décisionnel. Par exemple, le chapitre 25 précise que les jeunes doivent prendre part aux décisions touchant les questions environnementales, et que les États doivent créer des lieux de rencontre où ils pourront être entendus.

Aujourd'hui, un peu partout dans le monde, plusieurs initiatives en faveur du développement durable découlent d'Action 21. Par exemple, les conférences Tunza des enfants visent à informer les jeunes des questions environnementales et des moyens d'action qui s'offrent à eux. Ces conférences sont organisées par le PNUE, en collaboration avec d'autres organismes.

Un groupe de jeunes lors de la cérémonie d'ouverture de la conférence internationale Tunza des enfants sur l'environnement, en Norvège

En 2008, une conférence Tunza a réuni en Norvège des jeunes de partout dans le monde.

3.3 Les accords internationaux

Les États ont le pouvoir de signer des accords visant à accroître la protection ou à promouvoir la qualité de l'environnement sur le plan mondial. Ces engagements auprès de la communauté internationale prennent généralement la forme de conventions ou de protocoles. Les protocoles se présentent habituellement comme des compléments aux dispositions générales des conventions. Il existe plus de 500 accords internationaux sur l'environnement, dont environ 300 à caractère régional.

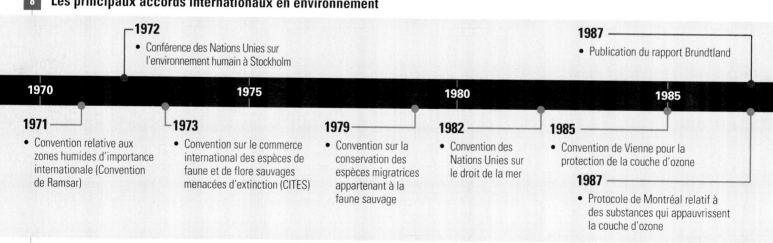

7 La désertification dans le nord de la Chine

La Convention des Nations Unies contre la désertification fait suite à l'engagement de la communauté internationale, lors du Sommet de Rio de 1992, de lutter contre ce fléau qui représente l'un des plus grands défis environnementaux du XXIe siècle. Dans le cadre de cet accord, les pays touchés par la désertification doivent élaborer des plans d'action nationaux.

- En quoi cette convention influence-t-elle les choix des pays touchés par la désertification ?

Un accord international entre en vigueur seulement lorsqu'un nombre suffisant de pays l'ont signé. Ce nombre, qui varie d'un accord à l'autre, est précisé dans le texte de l'accord. Il arrive qu'un accord soit adopté par un pays, mais non ratifié. C'est le cas du protocole de Kyōto (1997), que les États-Unis ont adopté, mais qu'ils n'ont pas ratifié. En ratifiant un accord, les États s'engagent à respecter toutes les recommandations qu'il contient, ce qui peut se traduire par l'élaboration de nouvelles lois nationales.

8 Les principaux accords internationaux en environnement

1972
- Conférence des Nations Unies sur l'environnement humain à Stockholm

1987
- Publication du rapport Brundtland

1970 — 1975 — 1980 — 1985

1971
- Convention relative aux zones humides d'importance internationale (Convention de Ramsar)

1973
- Convention sur le commerce international des espèces de faune et de flore sauvages menacées d'extinction (CITES)

1979
- Convention sur la conservation des espèces migratrices appartenant à la faune sauvage

1982
- Convention des Nations Unies sur le droit de la mer

1985
- Convention de Vienne pour la protection de la couche d'ozone

1987
- Protocole de Montréal relatif à des substances qui appauvrissent la couche d'ozone

D'après PNUE, *Global Environmental Agreements* [en ligne], réf. du 22 avril 2009.

- Sur quelles problématiques ces accords portent-ils ?

Brève culturelle

Le protocole de Kyōto

Signé en 1997, le protocole de Kyōto est un complément de la Convention-cadre des Nations Unies sur les changements climatiques. Cette convention, conclue à Rio en 1992, vise à stabiliser les concentrations de gaz à effet de serre dans l'atmosphère à un niveau qui limite le réchauffement mondial à moins de 2 °C.

Le protocole de Kyōto fixe des objectifs concrets pour réduire ou limiter l'augmentation des gaz à effet de serre pour une trentaine de pays industrialisés pour la période de 2008 à 2012. Les pays en développement, quant à eux, doivent faire l'inventaire de leurs émissions, mais n'ont pas l'obligation de les réduire. Ce protocole est entré en vigueur en 2005.

Les engagements du protocole de Kyōto, en 2008

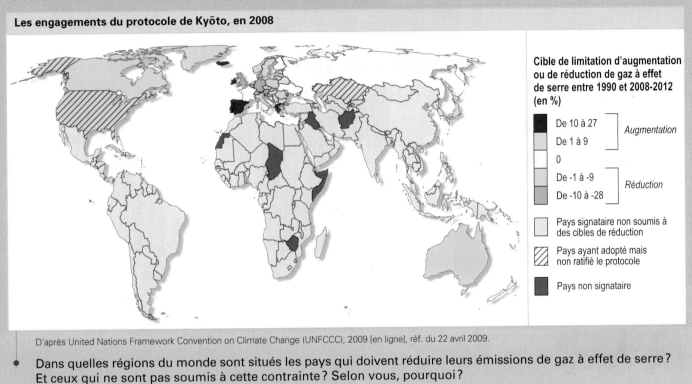

D'après United Nations Framework Convention on Climate Change (UNFCCC), 2009 [en ligne], réf. du 22 avril 2009.

- Dans quelles régions du monde sont situés les pays qui doivent réduire leurs émissions de gaz à effet de serre ? Et ceux qui ne sont pas soumis à cette contrainte ? Selon vous, pourquoi ?

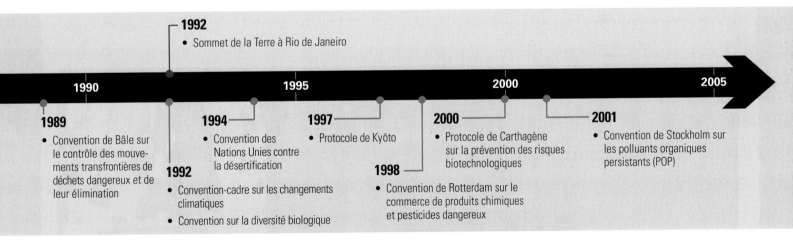

1992
- Sommet de la Terre à Rio de Janeiro

1990   1995   2000   2005

1989
- Convention de Bâle sur le contrôle des mouvements transfrontières de déchets dangereux et de leur élimination

1992
- Convention-cadre sur les changements climatiques
- Convention sur la diversité biologique

1994
- Convention des Nations Unies contre la désertification

1997
- Protocole de Kyōto

1998
- Convention de Rotterdam sur le commerce de produits chimiques et pesticides dangereux

2000
- Protocole de Carthagène sur la prévention des risques biotechnologiques

2001
- Convention de Stockholm sur les polluants organiques persistants (POP)

QUESTIONS d'interprétation   CD 1

1. Quelle est la responsabilité des États dans la gestion de l'environnement ?
2. Quelle est l'utilité de la régulation environnementale ?
3. Quel rôle les organisations internationales œuvrant en environnement jouent-elles ?

4 La gestion de l'environnement, une responsabilité partagée

La protection et l'amélioration de l'environnement ne reposent pas uniquement sur les choix des États. Elles exigent une participation et un partage de responsabilités entre les pays, les individus et les entreprises. Elles impliquent également d'autres intervenants, dont les groupes environnementaux.

4.1 Les groupes environnementaux

Un grand nombre de groupes environnementaux se sont formés au cours des dernières décennies. Certains concentrent leurs activités dans une localité ou une région en particulier, tandis que d'autres ont une portée nationale ou internationale. D'autres encore ne s'intéressent qu'à une seule problématique (par exemple, les changements climatiques ou la protection de la faune sauvage) ou œuvrent à la protection de l'environnement en général. Tous ces groupes cherchent à influencer les choix politiques, économiques et sociaux des gouvernements, des individus et des entreprises en matière d'environnement. Plusieurs de ces groupes se définissent comme des organisations non gouvernementales (ONG). Parmi les plus connus figurent Greenpeace, les Amis de la Terre et le WWF. Les groupes environnementaux ont la possibilité de s'organiser en réseaux internationaux pour coordonner leurs actions. Par exemple, le Réseau action climat rassemble plus de 450 ONG préoccupées par les changements climatiques.

VU D'ICI

Les groupes environnementaux, au Québec

Le Québec compte de nombreux groupes environnementaux. Près de 80 d'entre eux sont réunis au sein du Réseau québécois des groupes écologistes. Parmi les principaux groupes québécois se trouvent l'Association québécoise de lutte contre la pollution atmosphérique, la Coalition QuébecKyoto, Équiterre, la Fédération québécoise de la faune, Greenpeace et Nature Québec.

Réseau
Québécois des
Groupes
Écologistes

MÉDIAS

Les campagnes médiatiques

Les groupes environnementaux sont passés maîtres dans l'art de tirer parti des médias pour transmettre leur message. Outre les médias traditionnels (journaux, télévision, radio), ils se servent de plus en plus du réseau Internet pour mener leurs campagnes.

Un coup d'éclat de Greenpeace à Paris

En juillet 2008, des membres de Greenpeace ont suspendu une immense banderole affichant le symbole nucléaire sur la tour Eiffel, à Paris. Cette action avait pour but de dénoncer la position du président français, Nicolas Sarkozy, très favorable au nucléaire.

« Dans l'espoir que les pressions de l'opinion publique contribueront à faire changer les politiques, Greenpeace cherche à donner le plus de visibilité possible à ses activités en attirant l'attention des médias. [...] La réaction du public est très variée, allant d'un appui presque unanime lors des campagnes antinucléaires ou contre la chasse à la baleine, à une très forte opposition, surtout lorsqu'il s'agit d'enjeux plus locaux. »

Philip Dearden, « Greenpeace », *L'Encyclopédie canadienne* [en ligne], réf. du 7 avril 2009.

Cherchez dans les médias un exemple d'une campagne médiatique lancée par un groupe environnemental.

Qui organise cette campagne ? Quel est son but ?

Les informations véhiculées sont-elles validées par d'autres sources ? La campagne fait-elle l'unanimité ? Pourquoi ?

4.2 Les individus

En tant que citoyens et consommateurs, les individus sont appelés à contribuer à la protection de l'environnement. Par leurs choix de consommation, les gens disposent d'un pouvoir économique. En tant que citoyens-électeurs, ils peuvent choisir ceux qui gouvernent et, par conséquent, influencer les choix politiques. Ils peuvent également adhérer à un groupe environnemental, militer au sein d'une de ces organisations, ou encore s'engager ponctuellement pour dénoncer des projets non respectueux de l'environnement.

D'ailleurs, certaines personnalités impliquées dans la protection de l'environnement profitent de leur popularité pour sensibiliser la population et les décideurs aux problématiques environnementales.

Brève culturelle

Une vérité qui dérange

Al Gore, ancien vice-président des États-Unis (1993-2001), est une figure politique bien connue aux États-Unis et ailleurs dans le monde. Son engagement dans la cause environnementale est au cœur du documentaire intitulé *Une vérité qui dérange (An Inconvenient Truth)*, réalisé par Davis Guggenheim en 2006.

Dans ce film, Al Gore fait la démonstration que la menace du réchauffement climatique sur la planète est réelle et qu'il est urgent d'agir. Selon Gore, les États-Unis ont tout ce dont ils ont besoin pour résoudre la crise climatique, sauf peut-être la volonté politique. « La vérité de la crise climatique dérange parce qu'elle signifie que nous allons devoir changer nos modes de vie. » Le film a remporté l'Oscar du meilleur documentaire en 2007.

Gore et le Groupe intergouvernemental d'experts sur l'évolution du climat (GIEC) ont remporté le prix Nobel de la paix en 2007 pour « leurs efforts afin de mettre en place et diffuser une meilleure compréhension du changement climatique causé par l'homme, et de jeter les bases des mesures nécessaires pour contrecarrer un tel changement ».

● Selon Al Gore, pourquoi la crise climatique dérange-t-elle ? En quoi les changements climatiques auront-ils une influence sur les choix de société ?

4.3 Les entreprises

Le secteur privé occupe une place de plus en plus importante dans les questions relatives à l'environnement. Le respect des normes environnementales signifie généralement des coûts d'exploitation additionnels pour les entreprises. Celles-ci sont néanmoins de plus en plus nombreuses à prendre l'initiative de mettre sur pied des programmes et des politiques internes afin de réduire l'impact de leurs activités sur l'environnement. Par ailleurs, plusieurs banques choisissent de financer uniquement des entreprises qui se préoccupent de protection environnementale et sociale.

QUESTIONS d'interprétation   `CD 1`

1 De quelle manière les groupes environnementaux interviennent-ils dans la gestion de l'environnement ?

2 Comment les choix économiques et sociaux des individus, des entreprises et des groupes environnementaux peuvent-ils influencer les choix politiques des États ?

Question bilan

3 Résumez dans vos mots le problème présenté dans la partie « État des lieux ».

1 Quelle est l'importance de la coopération internationale dans la gestion de l'environnement?

Depuis la conférence de Stockholm en 1972, la communauté internationale reconnaît que la coopération entre tous les pays est essentielle pour faire face aux changements environnementaux.

1.1 La lutte contre la pollution

Les États doivent coopérer, car la pollution ne connaît pas les frontières. En effet, plusieurs polluants sont véhiculés par les vents dominants et les courants marins sur de grandes distances. Cette situation explique pourquoi la plupart des pays sont dépendants de la coopération internationale pour atteindre leurs propres objectifs nationaux en matière de gestion de l'environnement.

9 Le déplacement d'une tempête de poussières de l'Afrique vers l'océan Atlantique, le 6 mars 2004

Le processus de désertification peut entraîner la formation de poussières dans l'air, qui risquent de se transporter sur des milliers de kilomètres. Des scientifiques ont constaté que les tempêtes de poussières qui proviennent du Sahel en Afrique ont été associées à des problèmes respiratoires en Amérique du Nord et à la dégradation de récifs de coraux dans les Caraïbes.

10 L'archipel de Tuvalu menacé par la hausse du niveau de la mer

Les petits États insulaires sont directement menacés par les conséquences de la hausse du niveau de la mer. Certains d'entre eux se sont regroupés au sein de l'Alliance des petits États insulaires (AOSIS) afin d'augmenter leur visibilité dans les négociations internationales liées aux changements climatiques.

«Notre environnement est en train de changer de manière tragique. Les anciens ont remarqué ces changements: des plages ont disparu, des îlots ont été recouverts, des récifs coralliens sont en train de disparaître et les cultures meurent à cause de l'intrusion de l'eau salée. Le dernier rapport du Groupe d'experts intergouvernemental sur l'évolution du climat (GIEC) a confirmé toutes ces observations et prévoit des conditions pires pour l'avenir. [...] Le Tuvalu fait face à un avenir incertain.

Alors que nous partageons la responsabilité de protéger notre environnement, les effets du changement climatique sont causés par les émissions libérées par des pays qui se trouvent à des milliers de kilomètres. Nous sommes à la merci de la communauté internationale.»

Apisai Ielemia [premier ministre du Tuvalu], «Le point de vue du Tuvalu sur le changement climatique», *Chronique de l'ONU* [en ligne], 2007, réf. du 9 avril 2009.

• Pourquoi le premier ministre du Tuvalu est-il préoccupé par les choix en matière environnementale qui doivent être faits à des milliers de kilomètres de chez lui?

1.2 L'inégalité dans la répartition des ressources

Ce sont les populations pauvres des pays en développement qui sont les plus touchées par la dégradation de l'environnement. Pourtant, ce sont les pays industrialisés qui, par leur mode d'utilisation et de consommation des ressources, notamment la consommation de masse, exercent le plus de pression sur l'environnement mondial. En outre, ces pays ont davantage de ressources techniques et financières pour faire face aux problèmes.

Le Fonds pour l'environnement mondial (FEM) est le principal organisme qui permet de financer des projets visant à améliorer l'état de l'environnement et à promouvoir le développement durable dans les pays en développement. Par exemple, le FEM a investi dans plus de 1600 aires protégées à travers le monde, soit une superficie de 300 millions d'hectares, ou l'équivalent de la Mongolie et du Groenland réunis. Il s'agit de la plus importante source de financement des zones protégées dans les pays en développement. Le FEM réunit 178 États membres qui travaillent en collaboration avec des organisations internationales, des ONG et le secteur privé. Son financement provient de pays donateurs, mais aussi d'autres partenaires comme des ONG et des entreprises.

11 **Les pays qui financent le FEM**

En 2006, les 32 pays donateurs se sont engagés à verser 3,13 milliards de dollars de 2006 à 2010 pour financer les activités du Fonds pour l'environnement mondial.

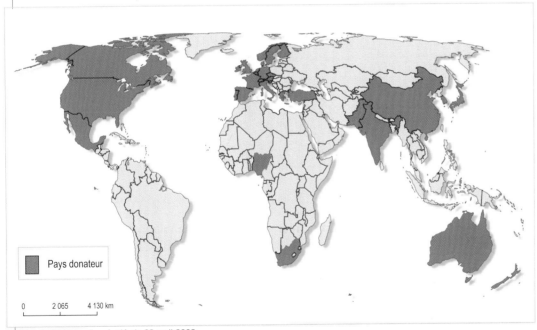

Pays donateur

0   2 065   4 130 km

D'après FEM [en ligne], réf. du 23 avril 2009.

● Dans quelle partie du monde sont situés les principaux pays donateurs ? Pourquoi ?

12 **Le financement du FEM, de 1991 à 2007**

De 1991 à 2007, le Fonds pour l'environnement mondial a financé près de 2200 projets dans 165 pays.

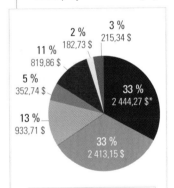

3 %
215,34 $

2 %
182,73 $

11 %
819,86 $

5 %
352,74 $

33 %
2 444,27 $*

13 %
933,71 $

33 %
2 413,15 $

Catégorie de projet

■ Diversité biologique
■ Changements climatiques
■ Eaux internationales
■ Dégradation des sols
■ Activités intersectorielles
  Appauvrissement de la couche d'ozone
■ Polluants organiques persistants

* Les montants sont exprimés en millions de dollars.

Traduit et adapté de Fonds pour l'environnement mondial, *Rapport annuel 2006-2007* [en ligne], réf. du 23 avril 2009.

● Quels types de projets le FEM finance-t-il le plus ? Le moins ?

QUESTIONS d'interprétation   CD 1

1 Pourquoi la coopération internationale est-elle importante pour gérer l'environnement ?

2 En quoi le Fonds pour l'environnement mondial est-il un exemple de coopération internationale ?

2 Quelle est la portée des accords internationaux ?

Les accords internationaux sont des solutions à des problèmes environnementaux qui débordent les frontières d'un pays. Le choix d'un État d'adhérer à ces accords indique qu'il reconnaît l'importance de la coopération internationale en matière d'environnement. Ces accords contiennent essentiellement des objectifs généraux qui devraient se traduire partout à travers le monde par des actions concrètes.

2.1 Les difficultés de mise en œuvre des accords internationaux

En 2002, le rapport du Secrétariat général de la Commission du développement durable de l'ONU soulignait que les États n'ont pas réussi à atteindre les objectifs qu'ils s'étaient fixés à Rio en 1992. Dans certains domaines, la situation a même empiré : poursuite de la dégradation des sols et de la perte de biodiversité, croissance des émissions de gaz à effet de serre, détérioration des écosystèmes littoraux, etc.

En 2008, la situation n'était guère mieux. Par exemple, selon l'Union internationale pour la conservation de la nature (UICN), 12 % des espèces d'oiseaux, 21 % des mammifères, 30 % des amphibiens et un tiers des espèces de conifères sont menacés d'extinction mondiale. Ainsi, malgré l'adoption en 1992 de la Convention sur la diversité biologique, la biodiversité diminue au niveau mondial, et ce, notamment à cause de choix politiques inadéquats ou inexistants.

13 Le point de vue d'une ONG sur la mise en œuvre du développement durable

En 2002, l'ONU a organisé un autre Sommet de la Terre, le Sommet mondial pour le développement durable, à Johannesburg en Afrique du Sud, aussi appelé « Rio + 10 » en référence au Sommet de la Terre de 1992. Une centaine de chefs d'État et quelque 40 000 délégués se sont alors réunis pour faire le bilan des engagements internationaux pris depuis Rio. De nombreuses ONG ont pris part au débat.

« "Deux ingrédients clés ont fait cruellement défaut à la promotion d'un développement durable depuis la conférence de Rio : l'argent et la volonté politique des pays développés", a déclaré à une conférence de presse M. Furtado Marcelo, représentant de Greenpeace international. Il a regretté qu'Action 21 n'ait pas été mis en œuvre par ceux à qui cela incombait. De plus, les pays riches n'ont pas fait preuve de la volonté politique nécessaire à la réussite de ces objectifs. »

ONU, Conférence de presse des ONG et leur contribution aux débats sur le développement durable, dans le cadre du Sommet mondial pour le développement durable de Johannesburg [en ligne], 26 août 2002, réf. du 16 avril 2009.

- Quelles raisons soulève le représentant de Greenpeace pour expliquer la difficile mise en œuvre du développement durable ?

14 La difficile mise en œuvre de la Convention sur la diversité biologique

La mise en œuvre de la Convention sur la diversité biologique prend des formes différentes d'un pays à l'autre. Elle se traduit par des changements de comportements plutôt limités.

« Cette situation ne signifie pas que les États aient cyniquement adhéré à un traité (dont la grande majorité des clauses sont volontaires) auquel ils savaient qu'ils ne donneraient pas suite. Un défaut de mise en œuvre peut avoir d'autres causes, telles que des priorités politiques différentes (on ne met en œuvre que les aspects du traité qui nous conviennent), des capacités humaines et économiques limitées, l'ambiguïté du texte, l'absence d'instruments de suivi, la simple ignorance ou des rivalités bureaucratiques internes. »

Philippe Le Prestre, « La Convention sur la diversité biologique à un tournant », Le Devoir [en ligne], 6 septembre 2005, réf. du 16 avril 2009.

- Selon cet extrait, quels sont les obstacles à la mise en œuvre de la Convention sur la diversité biologique ?

2.2 La couche d'ozone : un exemple réussi de coopération internationale

En 1985, la découverte d'un « trou » dans la couche d'ozone au-dessus de l'Antarctique alerte la communauté internationale. L'amincissement de la couche d'ozone entraîne une augmentation des rayons ultraviolets qui atteignent la surface de la Terre. Ces rayons peuvent causer des problèmes de santé, dont des cancers de la peau. En 1987, 24 pays ont signé le protocole de Montréal, un accord international qui vise à éliminer les substances destructrices de l'ozone, dont les chlorofluorocarbures (CFC). Plus de 20 ans plus tard, les spécialistes estiment que le protocole de Montréal est un succès : 193 États l'ont adopté et ont mis en place des mesures pour éliminer la production de ces substances et, par conséquent, pour réduire leur concentration dans l'atmosphère.

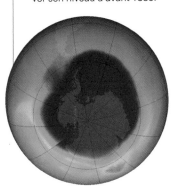

16 **Le trou dans la couche d'ozone, en 2007**

Malgré les efforts consentis pour éliminer la production des substances destructrices de l'ozone, un trou dans la couche d'ozone est toujours visible. Si le protocole de Montréal est entièrement respecté, les scientifiques pensent que d'ici 2075 la couche d'ozone devrait retrouver son niveau d'avant 1980.

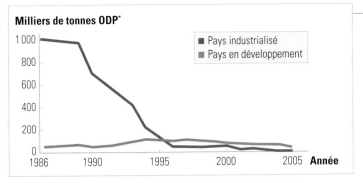

15 **La production de CFC, de 1986 à 2005**

Pourquoi le protocole de Montréal est-il un grand succès selon la communauté internationale ?

* Tonne ODP : unité de mesure du potentiel de destruction d'ozone.
Traduit et adapté de PNUE/GRID-Arendal [en ligne], 2008, réf. du 24 avril 2009.

PERSPECTIVE

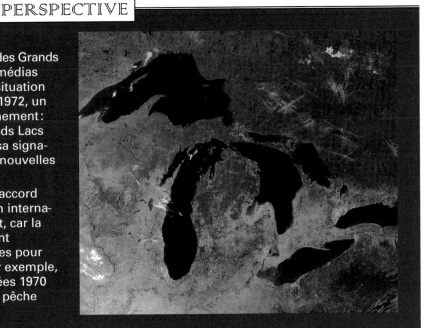

La pollution de l'eau des Grands Lacs

Dans les années 1960 et 1970, la pollution de l'eau des Grands Lacs a suscité beaucoup d'inquiétudes, certains médias affirmant même que le lac Érié était mort. Cette situation a amené le Canada et les États-Unis à signer, en 1972, un des premiers accords internationaux en environnement : l'Accord relatif à la qualité de l'eau dans les Grands Lacs (AQEGL). L'Accord a été révisé deux fois depuis sa signature, en 1978 et en 1987, afin de tenir compte de nouvelles préoccupations.

La communauté internationale considère cet accord comme un exemple de réussite de la coopération internationale en matière de gestion de l'environnement, car la qualité de l'eau des Grands Lacs s'est grandement améliorée à la suite des différentes mesures prises pour réglementer, contrôler et réduire la pollution. Par exemple, la pêche au doré, qui était interdite dans les années 1970 sur le lac Érié, est aujourd'hui la plus importante pêche de cette espèce dans le monde.

QUESTIONS d'interprétation

CD 1

1 Les accords internationaux en environnement permettent-ils d'atteindre le développement durable ? Justifiez votre réponse.

2 Quels choix devraient être faits pour assurer la mise en œuvre des accords internationaux ?

3 Qu'est-ce qui motive les choix en matière de gestion de l'environnement?

Bien que le bilan de la mise en œuvre des accords internationaux soit globalement négatif, il reste que depuis le début des années 1990, des États, des entreprises et des citoyens ont fait, selon leurs intérêts, des choix qui ont permis d'améliorer l'environnement.

3.1 Les États

L'engagement politique d'un État dans la mise en œuvre de moyens pour lutter contre un problème environnemental témoigne de l'importance qu'il accorde à ce problème. Il reflète également les valeurs de la société.

17 Le Niger lutte contre la désertification

Le phénomène de la désertification est très préoccupant pour le gouvernement nigérien. Le pays a une vocation agricole et les trois quarts de son territoire sont occupés par le désert, qui gagne six kilomètres chaque année. Les autorités ont donc lancé un plan national visant à remettre en valeur les terres touchées par la surexploitation et la déforestation. À terme, ce plan devrait assurer des apports en nourriture suffisants pour combler les besoins de la population, et ainsi éviter les crises alimentaires et les famines dans le pays.

● Pourquoi le Niger a-t-il fait le choix politique de lutter contre la désertification?

3.2 Les entreprises

Les entreprises ont l'obligation de respecter les lois environnementales. Il arrive aussi qu'elles adoptent des mesures volontaires plus sévères que ce qu'exige la loi. Leurs motivations sont diverses: nouvelles contraintes réglementaires prévisibles, diminution des coûts ou augmentation de la productivité, pressions du public, amélioration de l'image de l'entreprise, etc.

Ce sont surtout les grandes entreprises qui adoptent des mesures volontaires, car elles ont davantage de capacités humaines, technologiques et financières que les petites et moyennes entreprises (PME).

18 Un extrait des principes du Pacte mondial

Les mesures volontaires prises par les entreprises peuvent revêtir différentes formes. Par exemple, plusieurs entreprises adoptent des codes de conduite écologique, tel le Pacte mondial des Nations Unies. Cette initiative a été lancée en 1999 par l'ancien secrétaire général de l'ONU, Kofi Annan, lors du Forum économique mondial de Davos, en Suisse. Depuis, plus de 4700 entreprises dans le monde ont souscrit aux principes du Pacte mondial relatifs notamment aux droits de l'homme, aux normes du travail et à la protection de l'environnement.

« Droits de l'homme

1. Les entreprises sont invitées à promouvoir et à respecter la protection du droit international relatif aux droits de l'homme dans leur sphère d'influence; et
2. À veiller à ce que leurs propres compagnies ne se rendent pas complices de violations des droits de l'homme.

Normes du travail

3. Les entreprises sont invitées à respecter la liberté d'association et à reconnaître le droit de négociation collective;
4. L'élimination de toutes les formes de travail forcé ou obligatoire;
5. L'abolition effective du travail des enfants; et
6. L'élimination de la discrimination en matière d'emploi et de profession.

Environnement

7. Les entreprises sont invitées à appliquer l'approche de précaution face aux problèmes touchant l'environnement;
8. À entreprendre des initiatives tendant à promouvoir une plus grande responsabilité en matière d'environnement; et
9. À favoriser la mise au point et la diffusion de technologies respectueuses de l'environnement. »

ONU, *Le Pacte mondial* [en ligne], réf. du 24 avril 2009.

> **Multinationale** Entreprise ou groupe industriel, commercial ou financier qui investit des capitaux dans plusieurs pays et y exerce ses activités par l'intermédiaire de filiales.

● En quoi les principes 1 à 9 du Pacte mondial reflètent-ils les trois composantes du développement durable?

19 Un exemple d'engagement environnemental

La **multinationale** en alimentation Nestlé a fait le choix d'améliorer sa gestion environnementale.

« Quand il n'existe pas de législation [environnementale dans un pays], Nestlé applique ses propres normes. Ainsi, Nestlé investit systématiquement dans les stations d'épuration dans les pays en développement, même si la loi ne l'exige pas. En outre, près de 40 millions de francs [suisses] sont injectés annuellement dans la sensibilisation environnementale, la formation et les améliorations techniques. Le groupe incite aussi ses partenaires d'affaires à mettre en application des systèmes de gestion environnementale [...] pour leurs propres activités, ce qui permet de réduire considérablement l'empreinte environnementale à tous les stades de la production. »

Nestlé, « Nestlé et l'environnement : une culture d'entreprise » [en ligne], réf. du 17 avril 2009.

20 Le progrès environnemental de Nestlé, entre 1998 et 2007

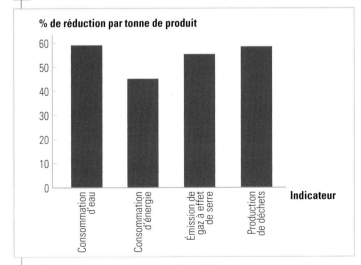

D'après Nestlé [en ligne], réf. du 17 avril 2009.

● Quels choix la compagnie Nestlé fait-elle par rapport à l'environnement?
● Selon vous, quels avantages retire Nestlé de ces engagements?

3.3 Les collectivités locales

En 2002, plus de 6500 collectivités locales avaient fait le choix de donner suite au programme Action 21 en élaborant un Agenda 21 local. Un Agenda 21 local s'établit à travers un partenariat entre divers acteurs, dont les élus municipaux et régionaux, des citoyens, des entreprises, des groupes environnementaux, des organismes communautaires et des experts. Il implique l'élaboration et la mise en œuvre d'un plan d'action à long terme. Ce plan doit traiter des enjeux locaux reconnus comme prioritaires par une collectivité pour mettre en œuvre un développement durable.

21 **Des exemples de raisons justifiant l'engagement d'une communauté dans une démarche d'Agenda 21 local**

Communauté (pays)	Raison
Herning (Danemark)	La municipalité voulait se doter d'une image de «municipalité verte».
Olympia (États-Unis)	Un groupe de pression écologique voulait mieux connaître l'impact des activités humaines.
Ilo (Pérou)	La population faisait des pressions pour obtenir de meilleures conditions de vie socioéconomiques.
Durban (Afrique du Sud)	Les acteurs socioéconomiques du milieu ont pris conscience de la nécessité d'améliorer la qualité de l'environnement pour attirer de nouvelles activités industrielles et commerciales.
Rufisque (Sénégal)	Des ONG et des représentants de la population locale aspiraient à une meilleure qualité de vie.
Tucson (États-Unis)	La ville voulait s'assurer une santé financière municipale à long terme.
Whyalla (Australie)	La municipalité voulait réduire la dépendance économique de la ville en stimulant la création d'emplois à partir des ressources locales.

- Dans une communauté, quels acteurs prennent l'initiative d'élaborer un Agenda 21 local?
- Quelles sont leurs principales motivations?

Adapté de Vincent Roche (sous la direction de Christiane Gagnon), *Éléments d'argumentation en faveur de l'introduction des Agendas 21 locaux au Québec*, Projet en collaboration avec le RLLD, le GRIR-UQAC et GEIGER-UQÀM [en ligne], 2004, réf. du 19 avril 2009.

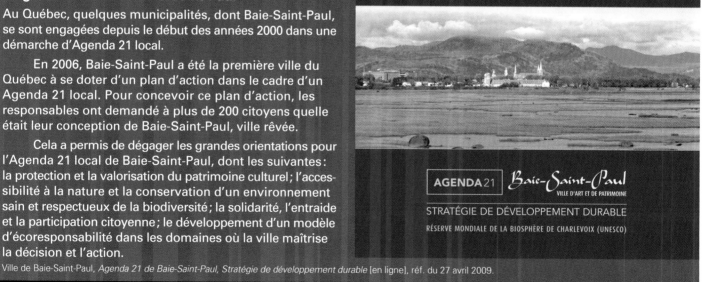

VU D'ICI

L'Agenda 21 local de Baie-Saint-Paul

Au Québec, quelques municipalités, dont Baie-Saint-Paul, se sont engagées depuis le début des années 2000 dans une démarche d'Agenda 21 local.

En 2006, Baie-Saint-Paul a été la première ville du Québec à se doter d'un plan d'action dans le cadre d'un Agenda 21 local. Pour concevoir ce plan d'action, les responsables ont demandé à plus de 200 citoyens quelle était leur conception de Baie-Saint-Paul, ville rêvée.

Cela a permis de dégager les grandes orientations pour l'Agenda 21 local de Baie-Saint-Paul, dont les suivantes : la protection et la valorisation du patrimoine culturel; l'accessibilité à la nature et la conservation d'un environnement sain et respectueux de la biodiversité; la solidarité, l'entraide et la participation citoyenne; le développement d'un modèle d'écoresponsabilité dans les domaines où la ville maîtrise la décision et l'action.

Ville de Baie-Saint-Paul, *Agenda 21 de Baie-Saint-Paul, Stratégie de développement durable* [en ligne], réf. du 27 avril 2009.

AGENDA 21 *Baie-Saint-Paul*
VILLE D'ART ET DE PATRIMOINE
STRATÉGIE DE DÉVELOPPEMENT DURABLE
RÉSERVE MONDIALE DE LA BIOSPHÈRE DE CHARLEVOIX (UNESCO)

QUESTIONS d'interprétation   CD 1

1 Donnez des exemples de choix économiques, politiques et sociaux effectués par des acteurs dans le domaine de l'environnement.

2 Qu'est-ce qui motive les choix de ces acteurs?

4 Combien coûte la protection de l'environnement?

Les coûts associés à la protection de l'environnement sont souvent invoqués par les États et les entreprises pour justifier leurs choix en matière d'environnement. Ces acteurs prennent toutefois rarement en considération les coûts à long terme liés à la dégradation de l'environnement. En effet, il peut paraître difficile de justifier les coûts immédiats de la protection de l'environnement, car les retombées bénéfiques de ces choix ne se manifestent souvent qu'à long terme. Pour citer l'ancien secrétaire général de l'ONU, Kofi Annan, « protéger l'environnement coûte cher, ne rien faire coûte encore plus cher ».

4.1 Protéger l'environnement coûte cher...

La gestion de l'environnement engendre des dépenses importantes. Les gouvernements doivent assumer les coûts associés à la régulation environnementale alors que les entreprises et les ménages doivent débourser des sommes parfois considérables pour se conformer aux normes environnementales.

Selon une étude de l'Institut français de l'environnement, le secteur public, les entreprises et les ménages de France ont dépensé 36,2 milliards d'euros en 2006 pour des activités liées à la prévention, à la réduction ou à la suppression des dégradations environnementales. Cette somme représente 2 % du produit intérieur brut (PIB) du pays. La plus grande part de ces dépenses a été consacrée à la gestion des eaux usées et des déchets.

22 **Les dépenses de protection de l'environnement des pays de l'Union européenne, en 2003**

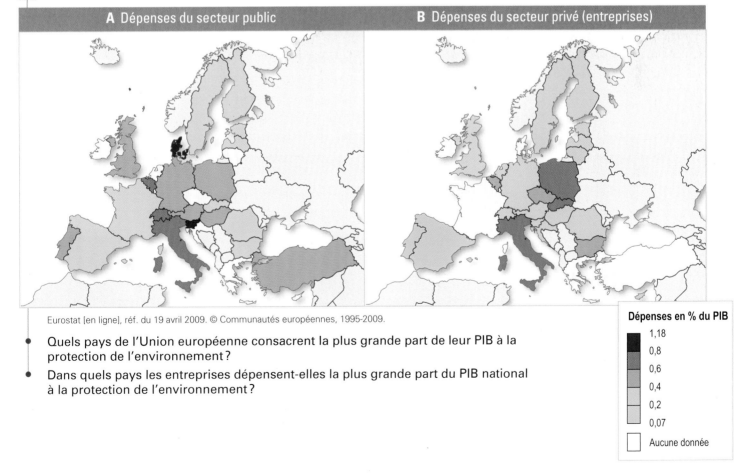

Eurostat [en ligne], réf. du 19 avril 2009. © Communautés européennes, 1995-2009.

A Dépenses du secteur public   B Dépenses du secteur privé (entreprises)

Dépenses en % du PIB
1,18
0,8
0,6
0,4
0,2
0,07
Aucune donnée

- Quels pays de l'Union européenne consacrent la plus grande part de leur PIB à la protection de l'environnement?
- Dans quels pays les entreprises dépensent-elles la plus grande part du PIB national à la protection de l'environnement?

Les dépenses des entreprises canadiennes liées à la protection de l'environnement sont en hausse constante depuis 1998. Selon Statistique Canada, celles-ci ont dépensé à ce chapitre 4,7 milliards de dollars en 1998, 6,8 milliards en 2002, et 8,6 milliards en 2006. Cette hausse est attribuable aux nouvelles réglementations et à différentes mesures volontaires prises par les entreprises, notamment pour réduire les émissions de gaz à effet de serre.

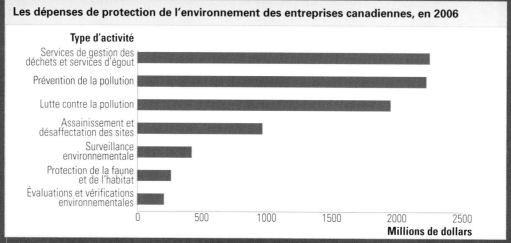

Les dépenses de protection de l'environnement des entreprises canadiennes, en 2006

Type d'activité

Adapté de Statistique Canada, « Dépenses consacrées par les entreprises canadiennes à la protection de l'environnement en 2006 », *Dépenses de protection de l'environnement du secteur des entreprises 2006* [en ligne], réf. du 27 avril 2009.

Selon vous, pourquoi les entreprises canadiennes dépensent-elles pour la protection de l'environnement ?

4.2 Ne rien faire coûte encore plus cher...

L'analyse des coûts ne doit pas seulement tenir compte des dépenses directes rattachées à la protection de l'environnement. Elle devrait inclure également les coûts sociaux, par exemple les problèmes de santé et les conséquences écologiques à moyen et long terme des dégradations environnementales.

Bien qu'elles soient difficiles à évaluer, les conséquences économiques associées à la perte des **services écologiques fournis par les écosystèmes** peuvent être importantes pour l'économie des pays. Globalement, la valeur de ces services est estimée entre 200 et 1000 dollars américains par hectare, annuellement.

> **Services écologiques fournis par les écosystèmes**
> Bienfaits que les êtres humains obtiennent des écosystèmes.

23 La pollinisation d'un caféier par une abeille

Selon l'Organisation des Nations Unies pour l'alimentation et l'agriculture (FAO), 70 % des cultures sont pollinisées par les abeilles, en particulier par les abeilles sauvages. Cette situation permet d'assurer le rendement et la qualité des productions et contribue aux moyens d'existence de nombreux agriculteurs dans le monde. Par exemple, selon une étude menée au Costa Rica, la pollinisation des caféiers par les abeilles sauvages augmente le rendement des plantations de café de 20 %. La valeur de ce service écologique est estimée à 361 $ US par hectare par an. Depuis plusieurs années, les populations d'abeilles sauvages diminuent de manière inquiétante à travers le monde à cause de l'intensification de l'agriculture, de la destruction de leur habitat naturel et de l'utilisation massive de pesticides.

- Quel est le coût écologique de la diminution des populations d'abeilles sauvages pour les producteurs de café ?

Plusieurs études démontrent que le coût global de l'inaction en matière de lutte contre les changements climatiques est considérable. Par exemple, le GIEC estime que le coût des dégâts attribuables aux changements climatiques pourrait atteindre de 1 % à 2 % du PIB dans les pays industrialisés, et de 4 % à 8 % dans les pays en développement, alors que le coût des mesures prises pour limiter le réchauffement à moins de 2 °C est estimé à 0,12 % du PIB mondial.

Brève culturelle

Le rapport Stern sur les aspects économiques des changements climatiques

À la demande du gouvernement britannique, un groupe d'experts de ce pays, sous la direction de Sir Nicholas Stern, l'ancien économiste en chef de la Banque mondiale, a publié en 2006 une étude sur le coût global des changements climatiques. Cette étude prévoit que le réchauffement climatique coûtera 7500 milliards de dollars à l'économie mondiale si aucune mesure politique draconienne n'est prise d'ici 10 ans. Elle estime que ces mesures coûteraient environ 1 % du PIB mondial annuel. Par contre, en l'absence de ces mesures, elle estime que le PIB mondial reculera de 5 % à 20 % par an.

Bien qu'ils s'entendent tous sur la nécessité de lutter contre le réchauffement climatique et sur l'existence des coûts associés à l'inaction en ce domaine, plusieurs grands économistes internationaux ont remis en question les résultats de cette étude, la qualifiant d'alarmiste. Ils considèrent notamment que ce rapport a surestimé les coûts des dommages potentiels liés aux changements climatiques.

Sir Nicholas Stern

Les changements climatiques ne constituent pas le seul problème environnemental ayant de lourdes conséquences économiques. Par exemple, la désertification cause chaque année dans le monde des pertes de revenu de l'ordre de 42 milliards de dollars américains, selon une étude de la Banque mondiale. Une étude financée par l'Union européenne estime pour sa part que la perte de biodiversité coûte déjà 50 milliards d'euros chaque année dans le monde.

QUESTIONS d'interprétation   CD 1

1   Pourquoi la protection de l'environnement engendre-t-elle des coûts ?

2   Comment les considérations économiques sont-elles prises en compte dans les choix politiques associés à la gestion de l'environnement ?

3   Quelles sont les conséquences des choix associés à la gestion de l'environnement basés uniquement sur des préoccupations économiques ?

5 Quelles sont les conséquences de la mondialisation sur la gestion de l'environnement?

Aujourd'hui, dans le contexte de la mondialisation, tous les pays sont interdépendants. La mondialisation a modifié l'organisation des activités économiques, politiques et sociales à travers le monde ainsi que les rapports de force entre les États, les organisations et les individus. Par conséquent, ce phénomène a un impact sur la qualité de l'environnement et sur les choix relatifs à sa gestion.

5.1 La dégradation de l'environnement

La croissance économique, avec l'augmentation de la population, est l'une des principales causes de la dégradation de l'environnement, car elle entraîne une plus grande pression sur les écosystèmes de même qu'une augmentation des émissions polluantes. Étant donné que la mondialisation stimule la croissance économique, elle est susceptible d'accentuer ce phénomène.

En effet, avec la mondialisation, les matières premières et les produits finis peuvent être transportés sur de longues distances. Par exemple, le bois coupé dans un pays peut être transformé dans un autre pays, pour finalement être vendu à un consommateur dans un troisième pays. Comme le secteur des transports est celui qui contribue le plus aux émissions de gaz à effet de serre, le transport sur une si longue distance a un coût environnemental important.

24 **La déforestation, en Indonésie**

L'image satellite de 2002 montre une plantation de palmiers à huile dans la province de Papouasie occidentale, en Indonésie. L'image de 1990 montre le même territoire, 12 ans auparavant. L'Indonésie est depuis peu le premier producteur mondial d'huile de palme. L'huile de palme entre dans la composition de nombreux produits alimentaires ou cosmétiques (biscuits, soupes, savons, etc.). Pour répondre à la forte croissance de la demande mondiale d'huile de palme, l'Indonésie, comme d'autres pays en développement, a choisi de convertir de grandes superficies forestières en plantations de palmiers à huile. En plus de détruire les forêts tropicales, ces plantations menacent d'extinction des espèces végétales et animales, comme l'orang-outan.

20 novembre 1990

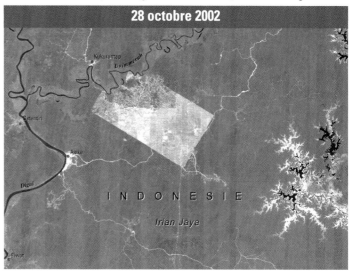
28 octobre 2002

- Quel choix a fait l'Indonésie pour répondre aux besoins mondiaux en huile de palme? Quelles sont les conséquences de ce choix sur l'environnement? Peut-on affirmer que ces conséquences sont liées à la mondialisation? Pourquoi?

5.2 Les technologies de l'information et de la communication

La mondialisation a entraîné des progrès rapides dans les technologies de l'information et de la communication. Grâce à Internet et à la messagerie électronique, les gouvernements, les autres décideurs et les citoyens ont accès facilement à un grand nombre d'informations qui leur permettent de prendre des décisions mieux éclairées en matière d'environnement et, par conséquent, de mieux gérer celui-ci.

25 Des déchets électroniques dans un dépotoir, au Ghana

La croissance rapide des technologies de l'information et de la communication engendre aussi des problèmes. On estime que 50 millions de tonnes de déchets électroniques chargés de matériaux toxiques sont produites chaque année, quand les consommateurs remplacent leur matériel électronique comme les ordinateurs ou les téléphones portables par des modèles plus récents.

Quelles sont les conséquences des progrès rapides dans les technologies de l'information et de la communication sur les choix relatifs à la gestion de l'environnement ?

5.3 La régulation environnementale

À l'heure de la mondialisation, les normes environnementales peuvent être considérées comme un frein aux échanges économiques entre les pays.

Pour inciter des entreprises étrangères à venir s'installer sur leur territoire, certains gouvernements décident d'imposer des normes moins sévères. Des multinationales peuvent ainsi être tentées de délocaliser une partie de leur production vers des pays où les normes sont moins strictes. Selon l'**OCDE**, cette stratégie est toutefois peu répandue, car le niveau de normes environnementales n'est pas un facteur déterminant pour les entreprises dans leur choix d'implantation.

26 La paralysie réglementaire

Il arrive qu'un gouvernement refuse d'adopter des normes environnementales contraignantes par crainte de nuire à la compétitivité des entreprises de son pays.

« [...] en 1992, la Commission européenne a présenté une proposition de taxation du dioxyde de carbone. Cette proposition était subordonnée à l'adoption de taxes similaires par les principaux partenaires commerciaux de l'Union européenne. Toutefois, les initiatives prises à cet effet, aux États-Unis, en Australie, ou au Japon, ont été combattues, avec succès, par les représentants des industriels qui ont soutenu que cette mesure nuirait à leur compétitivité par rapport aux pays ne prenant pas part à l'initiative (**pays émergents** notamment). En définitive, la proposition a été retirée. »

Serge Lepeltier, « Mondialisation : une chance pour l'environnement ? », *Rapport d'information n° 233 (2003-2004) fait au nom de la délégation du Sénat pour la planification* [en ligne], déposé le 3 mars 2004, réf. du 22 avril 2009.

> **OCDE** Acronyme pour Organisation de coopération et de développement économiques. L'organisme regroupe les gouvernements de 30 pays attachés aux principes de la démocratie et de l'économie de marché.
>
> **Pays émergent** Pays dont le PIB par habitant est inférieur à celui des pays développés, mais qui connaît une importante croissance économique. Il en résulte une amélioration du niveau de vie de sa population et de ses infrastructures, qui se rapprochent de ceux des pays développés.

Selon vous, quel rapport de force existe-t-il entre les États et les entreprises ? Entre les États entre eux ?

La mondialisation peut aussi inciter les gouvernements à relever leurs normes environnementales pour avoir accès aux marchés d'autres pays où les normes sont plus sévères. Par exemple, la Corée du Sud a resserré les normes d'émissions polluantes pour son industrie automobile de manière qu'elles soient au même niveau que celles du Japon, des États-Unis et de l'Union européenne afin de pouvoir vendre ses voitures dans ces pays.

27 Une mine d'or de la multinationale Lihir en Papouasie-Nouvelle-Guinée

L'exploitation d'une mine peut avoir un impact environnemental important. Par ailleurs, la législation dans ce domaine est souvent moins sévère dans les pays en développement que dans les pays développés. Même que dans certains pays en développement comme le Zimbabwe, l'Indonésie ou la Papouasie-Nouvelle-Guinée, l'industrie minière n'est soumise à pratiquement aucune réglementation. Ces pays utiliseraient cette situation pour attirer des compagnies minières étrangères. La législation environnementale n'est toutefois qu'un facteur parmi d'autres qui motivent les choix de localisation de ces entreprises.

● Comment la réglementation environnementale peut-elle expliquer le choix d'une compagnie minière de s'installer dans un pays plutôt que dans un autre ?

28 Les multinationales, des leaders en gestion environnementale ?

Les multinationales ont parfois plus de poids que les États pour imposer des normes à leurs sous-traitants des pays en développement.

« Alors qu'on les accusait d'investir dans les pays en développement pour profiter des réglementations environnementales laxistes – et d'être par conséquent responsables de nombreux problèmes environnementaux – les multinationales sont de plus en plus considérées comme des leaders de l'introduction de bonnes pratiques de gestion environnementale et de la diffusion de technologies sans danger pour l'environnement. [...] Cependant, leur gestion environnementale réelle dépend de l'âge des équipements, [...] de la réglementation en vigueur dans le pays d'accueil et de son application, de la disponibilité des technologies de prévention de la pollution, et enfin de leurs propres politiques environnementales mondiales. »

Daniel Chudnovsky, « Investir dans l'environnement », *Our Planet* [en ligne], 2003, réf. du 22 avril 2009.

● Quelles sont les conséquences de l'implantation de multinationales respectueuses de l'environnement dans les pays en développement ?

5.4 L'influence de la société civile

La demande de produits plus « verts » de la part des consommateurs des pays industrialisés peut encourager une multinationale à modifier ses modes de production dans des pays en développement, et ce, même si les gouvernements de ces nations n'exigent pas le respect de normes strictes.

Les consommateurs sont encouragés à changer leurs habitudes de consommation par les campagnes médiatiques des groupes environnementaux. Ils peuvent aussi choisir de le faire de leur propre gré.

29 **Le succès d'une campagne de Greenpeace**

Greenpeace veut empêcher la déforestation en Indonésie causée par la multiplication des plantations de palmiers à huile. En avril 2008, cette ONG a lancé une campagne pour faire pression sur le groupe Unilever, dont les produits Dove contiennent de l'huile de palme provenant des forêts indonésiennes. Unilever est le plus important utilisateur d'huile de palme du monde. Greenpeace a demandé que cette multinationale s'engage à ne pas développer de nouvelles plantations en Indonésie.

À la suite de cette campagne, Unilever s'est engagé à n'utiliser dans ses produits que de l'huile de palme durable d'ici 2015.

• **Comment un groupe environnemental peut-il influer sur les choix d'une multinationale ?**

30 **Une action du Rainforest Action Network à Boston, en avril 2007**

L'ONG américaine Rainforest Action Network est très active à travers le monde pour protéger les forêts tropicales. À la fin des années 1990, elle a mené avec succès une campagne d'opinion dans les médias pour qu'une multinationale américaine œuvrant dans le secteur des matériaux de construction cesse de vendre des produits fabriqués à partir de bois issu de forêts anciennes. Depuis les années 2000, elle travaille à convaincre les grandes banques du monde d'améliorer leurs politiques environnementales pour qu'elles cessent de financer des projets qui dégradent l'environnement.

QUESTIONS d'interprétation   CD 1

1 Quel lien pouvez-vous établir entre la mondialisation et la dégradation de l'environnement ?

2 Donnez des exemples des influences positive et négative de la mondialisation sur la gestion de l'environnement.

3 Dans le contexte de la mondialisation, comment les choix des consommateurs exercent-ils une influence sur ceux des multinationales en matière de gestion de l'environnement ?

6 Étude de cas : les changements climatiques

Les changements climatiques constituent l'un des principaux défis environnementaux auxquels feront face les sociétés partout sur la Terre au XXIe siècle. La coopération internationale est essentielle pour affronter ce problème. Tous les pays doivent faire un effort pour contrer le réchauffement planétaire. C'est le protocole de Kyōto qui encadre les choix relatifs à la lutte contre le changement climatique d'ici 2012.

6.1 Les positions sur le protocole de Kyōto

La mise en œuvre du protocole de Kyōto est très inégale à travers le monde, car les pays ont une marge de manœuvre nationale pour atteindre les objectifs qui y sont fixés.

6.1.1 L'Union européenne

Au niveau mondial, l'Union européenne est à l'avant-garde dans la lutte contre les changements climatiques. En 2005, elle a lancé le premier marché du carbone qui permet d'acheter et de vendre des droits d'émissions de dioxyde de carbone (CO_2), le Système européen d'échange de droits d'émissions de CO_2. Ce système fixe des limites obligatoires sur la quantité de CO_2 que les industries et les centrales électriques peuvent émettre. Les entreprises obtiennent un quota de crédits de carbone gratuits leur permettant d'émettre du CO_2 jusqu'à une limite établie. Si elles en émettent moins, elles peuvent revendre les crédits non utilisés, mais si elles dépassent la limite, elles doivent acquérir des crédits d'autres entreprises. Selon l'Union européenne, ce système devrait permettre de réduire, d'ici 2012, les émissions de 3,3 % par rapport à 1990.

31 L'atteinte des objectifs du protocole de Kyōto en Europe

Les pays de l'Union européenne prévoient respecter leur engagement collectif de réduire de 8 % leurs émissions de gaz à effet de serre pendant la période 2008-2012 grâce à une combinaison de politiques nationales (promotion de l'électricité produite à partir des énergies renouvelables, des biocarburants dans les transports, etc.), et de crédits pour des projets qui réduisent les émissions dans les pays en développement.

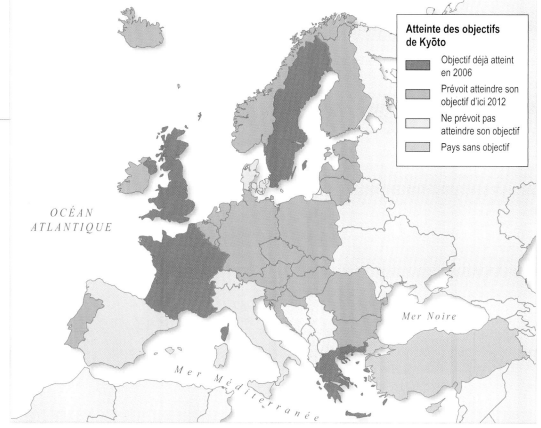

D'après Agence européenne pour l'environnement (AEE) [en ligne], 2008, réf. du 22 avril 2009.

32 **La position européenne sur les changements climatiques et la croissance économique**

L'Union européenne (UE) s'inspire du rapport Stern (*voir* p. 23) pour justifier ses choix dans la lutte contre les changements climatiques.

« Une action appropriée dans le domaine du changement climatique serait en effet source de bénéfices considérables, y compris en termes de dommages évités. Ainsi, une réduction de l'utilisation des sources d'énergie fossiles (pétrole et gaz en particulier) permettra de diminuer les coûts liés à l'importation de ces ressources et renforcera de manière significative la sécurité des approvisionnements énergétiques. De même, la réduction des émissions de CO_2 contribuera à l'amélioration de la qualité de l'air, générant ainsi des gains énormes sur le plan de la santé. En outre, la plupart des études montrent que la politique de lutte contre le changement climatique aura des répercussions positives sur l'emploi, par exemple dans le domaine des énergies renouvelables ou des technologies de pointe. [...]

L'UE a déjà prouvé, par son action interne, qu'il était possible de réduire les émissions de gaz à effet de serre sans compromettre la croissance économique. »

Europa, « Stratégie sur le changement climatique : mesures de lutte jusqu'en 2020 et au-delà » [en ligne], 2007, réf. du 22 avril 2009.

Quels sont les avantages de limiter le réchauffement climatique, selon l'Union européenne ?

6.1.2 Les États-Unis et le Canada

Sous la présidence de Bill Clinton, les États-Unis s'étaient engagés à ratifier le protocole de Kyōto, mais en 2001, le nouveau président élu George W. Bush annonce que son pays ne le ratifiera pas. Bush considérait que ce protocole causerait un sérieux préjudice à l'économie américaine. Les États-Unis exigeaient également que certains pays en développement qui sont des pays émergents, comme l'Inde et la Chine, s'engagent à réduire leurs émissions de gaz à effet de serre.

Cette décision a mis en péril l'application du protocole, car, pour entrer en vigueur, il devait être ratifié par au moins 55 pays comptant pour au moins 55 % des émissions de gaz à effet de serre. Or, les États-Unis étaient le plus important émetteur de gaz à effet de serre, tandis que le deuxième, la Chine, n'avait pas l'obligation de réduire ses émissions. Sans la ratification surprise de la Russie en 2005, le protocole ne serait pas entré en vigueur.

33 **Des participants à la marche « Kyōto pour l'espoir », à Montréal, en 2007**

À l'occasion du Jour de la Terre, le 22 avril 2007, des milliers de personnes ont pris part à la marche « Kyōto pour l'espoir », à Montréal. Cet événement visait à dénoncer la politique environnementale du gouvernement de Stephen Harper.

34 **La position du gouvernement canadien sur le protocole de Kyōto**

Le Canada a ratifié le protocole de Kyōto en 2002 sous le règne libéral de Jean Chrétien. Le gouvernement conservateur de Stephen Harper a toutefois annoncé en 2007 qu'il ne pourra pas respecter l'engagement de réduire de 6 % ses émissions par rapport à 1990. Depuis, sa position n'a pas changé.

« Le ministre canadien de l'Environnement, John Baird, soutient que le respect intégral des objectifs que le Canada doit atteindre en vertu du protocole de Kyōto plongerait le pays dans une grave récession qui se traduirait par la perte de 275 000 emplois d'ici 2009.

Si le gouvernement devait agir de la sorte, a-t-il soutenu, les Canadiens subiraient de nombreux contrecoups. Par exemple :

– le PIB du pays chuterait de 4 % ;

– le prix de l'électricité augmenterait de 50 % ;

– le prix de l'essence à la pompe bondirait de 60 % ;

– le coût du chauffage d'une maison alimentée au gaz naturel doublerait ;

– et le revenu réel d'une famille de quatre diminuerait de 4000 $. »

« Un scénario catastrophe, selon John Baird », *Radio-Canada* [en ligne], 19 avril 2007, réf. du 22 avril 2009.

Quel argument invoque le Canada pour ne pas respecter ses objectifs qui ont été fixés dans le protocole de Kyōto ?

Le refus des gouvernements canadien et américain de respecter le protocole de Kyōto ne signifie pas que rien n'est fait dans ces pays pour lutter contre les changements climatiques. En 2002, le gouvernement américain a adopté un plan d'action qui prévoit réduire les émissions de gaz à effet de serre de 18 % en 10 ans. Ce plan est toutefois jugé insatisfaisant par les groupes environnementaux, notamment parce qu'il est moins contraignant que Kyōto.

Ces positions gouvernementales ont favorisé l'émergence d'initiatives aux niveaux régional et local. Par exemple, plusieurs États américains, comme le New Hampshire, le Massachusetts et la Californie, ont adopté leur propre plan d'action pour respecter Kyōto, alors que plus de 900 villes américaines regroupées au sein de la Conférence des maires se sont engagées à réduire leurs émissions de 7 % d'ici 2012.

35 La Western Climate Initiative

Créée en 2007, la Western Climate Initiative est un regroupement d'États américains et de provinces canadiennes dont le but est de mettre en place un marché nord-américain d'échange de crédits d'émissions de gaz à effet de serre, aussi appelé «bourse du carbone». Cette initiative vise à réduire les émissions de 15 % d'ici 2020 par rapport à 2005. Ce marché devrait débuter en 2012.

D'après Western Climate Initiative [en ligne], 2007, réf. du 22 avril 2009.

VU D'ICI

La position du gouvernement du Québec

Le 28 novembre 2007, les députés des trois formations politiques représentées à l'Assemblée nationale ont voté une motion qui réitère la position du Québec face aux changements climatiques:

«Que l'Assemblée nationale exprime son désaccord quant à la position du gouvernement canadien dans le dossier des changements climatiques; qu'elle réitère son appui au protocole de Kyōto et à sa mise en œuvre; et qu'elle affirme que le processus de négociation post-Kyōto doit se faire sous l'égide de l'ONU, doit comprendre des cibles contraignantes de réduction ou de limitation d'émissions de GES et doit mobiliser l'ensemble des pays dans la lutte contre les changements climatiques.»

Québec, ministère du Développement durable, de l'Environnement et des Parcs, «Motion sur les changements climatiques» [en ligne], 28 novembre 2007, réf. du 22 avril 2009.

Line Beauchamp, ministre du Développement durable, de l'Environnement et des Parcs.

6.1.3 Les pays en développement

Le G-77 regroupe les pays en développement comme la Chine et l'Inde qui ont ratifié le protocole de Kyōto mais qui n'ont pas l'obligation de réduire leurs émissions. Ces pays considèrent que ce sont les pays industrialisés qui doivent agir en priorité, car ce sont eux les responsables de l'augmentation des gaz à effet de serre dans l'atmosphère. De plus, ils ne veulent pas se faire imposer des contraintes, de peur que cela nuise à leur développement.

Le protocole de Kyōto prévoit que, en vertu du « mécanisme de développement propre », les pays industrialisés peuvent obtenir des crédits d'émissions s'ils financent des projets de réduction des gaz à effet de serre dans les pays en développement. Par exemple, une cimenterie française ayant l'obligation de réduire ses émissions pourrait payer une vieille cimenterie indienne pour effectuer la même réduction, mais à moindre coût. Ce mécanisme permet à la fois de réduire les émissions globales et de favoriser la croissance économique des pays en développement. En mai 2009, il existait plus de 1600 projets de ce type.

6.2 L'après-Kyōto

Chaque année, les représentants des États signataires de la Convention-cadre sur les changements climatiques et du protocole de Kyōto se rencontrent pour en faire le suivi. En 2005, la conférence des Nations Unies sur les changements climatiques a eu lieu à Montréal. Les participants se sont entendus sur la nécessité d'entamer des discussions pour élaborer une suite au protocole de Kyōto, dont l'échéance est prévue en 2012.

36 **Une mosaïque en faveur de l'application du protocole de Kyōto**

Le groupe environnemental Les Amis de la Terre a fait installer cette mosaïque de 50 mètres à l'occasion de la conférence de Montréal sur les changements climatiques, qui s'est tenue en novembre 2005.

6.2.1 La conférence de Bali (2007)

Pour éviter que les États se retrouvent sans cible de réduction des gaz à effet de serre après 2012, ils ont entamé en 2007 à Bali, en Indonésie, un cycle de négociations devant aboutir en décembre 2009 à l'adoption d'un nouvel accord à la conférence qui aura lieu à Copenhague, au Danemark. Ce délai est nécessaire afin que tous les pays puissent ratifier cet accord à temps. L'enjeu prioritaire de ces négociations est de fixer une nouvelle cible contraignante de réduction des gaz à effet de serre. Pour limiter le réchauffement climatique à moins de 2 °C, le rapport du GIEC recommande que les pays industrialisés réduisent leurs émissions de 25 % à 40 % d'ici 2020, et que l'ensemble des pays du monde les réduisent de 50 % d'ici 2050.

37 **Des militants déguisés en ours polaires lors de la conférence de Bali, en Indonésie, en 2007**

La 13e conférence des Nations Unies sur les changements climatiques a réuni des représentants de 180 pays. Elle s'est terminée par une entente qualifiée par plusieurs de mitigée, car elle ne comprend aucune cible contraignante de réduction des gaz à effet de serre pouvant servir de base de négociation. L'entente se limite à souligner l'urgence d'agir et de prendre des actions appropriées.

Quels choix ont été faits à la conférence de Bali? Selon vous, quelles sont les conséquences de ces choix?

Les positions des différents pays du monde concernant l'après-Kyōto sont divergentes. L'Europe est le leader des négociations. En 2007, les 27 pays de l'Union européenne se sont engagés à réduire leurs émissions de 20 % d'ici 2020 et de 30 % si les États-Unis, la Chine et les autres importants émetteurs de gaz à effet de serre font de même. Le groupe des pays dits « parapluie », constitué principalement des États-Unis, du Japon, du Canada et de la Russie, refuse de suivre l'engagement européen et insiste pour que les pays en développement comme la Chine et l'Inde, qui connaissent une forte croissance économique, aient eux aussi des cibles contraignantes à respecter.

6.2.2   La conférence de Poznan (2008)

La conférence qui s'est tenue à Poznan, en Pologne, en décembre 2008 avait comme objectif de planifier l'après-Kyōto. Son bilan est mitigé. Les participants n'ont toujours pas réussi à s'entendre sur des engagements chiffrés de réduction des gaz à effet de serre. Toutefois, ils ont accepté de financer un fonds pour aider les pays en développement à s'adapter aux changements climatiques. Les pays en développement estiment toutefois que les 60 millions de dollars prévus seront insuffisants. Selon eux, des dizaines de milliards de dollars seraient nécessaires. Ils voudraient plutôt qu'une taxe de 2 % sur les transactions du marché du carbone soit mise en place, une demande remise à plus tard par les pays industrialisés. Par ailleurs, pour la première fois, cinq pays (Afrique du Sud, Brésil, Chine, Corée du Sud et Mexique), qui n'ont pas l'obligation de réduire leurs émissions en vertu du protocole de Kyōto, se sont montrés prêts à le faire, sans pour autant avancer de chiffres.

Plusieurs séances de négociations sont prévues en 2009 pour permettre l'adoption d'un accord à la fin de l'année. C'est un dossier à suivre...

38   **Les positions à Poznan**

Plus de 11 000 personnes venant de 190 pays ont participé à la conférence de Poznan en décembre 2008.

« C'est un long convoi en difficulté qui s'est arrêté à Poznan, en Pologne. [...]

À sa tête, la locomotive européenne, qui vient de se fixer de nouveaux objectifs chiffrés de réduction d'émissions. En queue du convoi, [...] il y avait jusqu'à présent le wagon américain qui refusait sous l'administration Bush tout engagement chiffré tant que les pays émergents n'y seraient pas contraints également. [...] l'équipe d'Obama devrait, de l'avis général, lui donner un coup d'accélérateur.

Entre ces deux extrémités, plusieurs wagons suivent en marche dispersée : ceux des pays en voie de développement, pour qui c'est aux pays industrialisés de réduire leurs émissions et de réparer leurs erreurs. Parmi eux, certains sont de gros émetteurs de CO_2 et commencent à parler de réductions d'émissions (Chine); certains sont beaucoup plus réticents à s'engager dans des engagements chiffrés (Inde); d'autres ne participent quasiment pas aux émissions mondiales mais sont les premiers concernés par les impacts du changement climatique et demandent des transferts de technologie ainsi que des appuis financiers pour les aider à combattre le réchauffement (pays d'Afrique). »

Lise Barnéoud, « Poznan : quel plan de route pour la planète ? », *Science Actualités* [en ligne], 19 décembre 2008, réf. du 22 avril 2009.

Selon vous, pourquoi les États n'ont pas réussi à s'entendre, à Poznan, sur des objectifs chiffrés de réduction des émissions?

Brève culturelle

L'élection de Barack Obama

Élu en novembre 2008, le nouveau président des États-Unis suscite beaucoup d'espoir dans les milieux environnementaux à travers le monde. Il s'est engagé à faire de son pays un leader dans la lutte contre les changements climatiques et à faire prendre à l'économie américaine un virage vert. Lors de sa campagne électorale, il s'est notamment engagé à réduire de 80 % les émissions de gaz à effet de serre d'ici 2050.

Dès son arrivée au pouvoir, en janvier 2009, il a demandé à l'Agence de protection de l'environnement (EPA) d'arrêter de s'opposer à la décision de la Californie de soumettre l'industrie automobile à des normes d'émissions de gaz à effet de serre plus strictes que les normes nationales. En effet, sous l'administration de l'ancien président George W. Bush, l'EPA bloquait les efforts de la Californie.

Le 26 janvier 2009, le président Barack Obama a signé une série de décrets, dont un sur l'environnement.

---

39 Le plan d'action de l'Union européenne (UE)

À Poznan, les dirigeants de l'Union européenne se sont mis d'accord sur un plan d'action qui pourrait servir d'exemple pour les négociations internationales.

« Le plan d'action adopté doit permettre à l'UE d'atteindre d'ici 2020 le triple objectif qu'elle s'était fixé en 2007 : réduire de 20 % les émissions de gaz à effet de serre par rapport à leurs niveaux de 1990, porter la part des énergies renouvelables à 20 % de la consommation et réaliser 20 % d'économies d'énergie.

L'Allemagne, l'Italie et la Pologne, les trois grands pays qui avaient brandi des menaces de veto au plan européen avant le sommet, ont finalement accepté le compromis.

Ils s'étaient particulièrement inquiétés des contraintes imposées par ce plan en pleine crise économique à leurs industriels [...] »

Catherine Triomphe, « Les dirigeants de l'UE s'entendent sur le plan climat », *Cyberpresse* [en ligne], 12 décembre 2008, réf. du 22 avril 2009.

- Pourquoi l'Allemagne, l'Italie et le Pologne ont-elles menacé de s'opposer au plan d'action de l'Union européenne ?

40 100 dirigeants de multinationales réclament un accord post-Kyōto

Les dirigeants de plus de 100 entreprises du monde entier font pression sur les gouvernements des pays développés afin qu'ils mettent en place un accord post-Kyōto.

« Les 100 exhortent les dirigeants politiques à se mettre d'accord sur "un objectif intermédiaire clair" tout en affirmant soutenir la mise en place de marchés d'échange de droits d'émissions de carbone.

Un nouvel accord "nous permettrait d'accélérer le lancement des investissements nécessaires et des stratégies de réduction d'émissions", font remarquer les PDG. "Un accord bien ficelé, déterminé par le marché dans les pays développés et permettant l'instauration d'un marché international au carbone, pourrait aider à attirer les fonds nécessaires", laissent-ils entrevoir. »

« 100 dirigeants de multinationales réclament un accord post-Kyoto », *Canoë* [en ligne], 20 juin 2008, réf. du 22 avril 2009.

- Quels sont les intérêts des entreprises qui réclament un nouvel accord sur le climat ?

QUESTIONS d'interprétation   CD 1

1 Quels sont les points de vue de l'Union européenne, des États-Unis, du Canada et des pays en développement sur le protocole de Kyōto ?

2 Expliquez en quoi les négociations sur l'après-Kyōto témoignent des rapports de force entre les différents pays.

3 En prenant l'exemple des États-Unis, démontrez l'importance des choix politiques en ce qui concerne les changements climatiques.

Question bilan

4 Quels sont les choix politiques, économiques et sociaux qui sont faits pour gérer l'environnement dans le monde ?

ENJEU 1 — L'UTILISATION ET LA CONSOMMATION DES RESSOURCES p. 36

Le développement durable vise à répondre aux besoins des générations actuelles tout en permettant aux générations futures de subvenir aux leurs. C'est en fonction de cet objectif que, depuis plusieurs décennies, des choix sont faits en matière de gestion de l'environnement. La société prend peu à peu conscience du fait que les ressources de la planète ne sont pas sans fond et que leur utilisation et leur consommation non responsables conduiront à l'épuisement de certaines d'entre elles.

Divers intervenants tentent donc de trouver des moyens de préserver les ressources encore intactes et d'en privilégier l'utilisation responsable. Pour plusieurs, le développement durable n'est possible que dans la mesure où les États, les individus et les entreprises choisissent de modifier leurs habitudes de consommation.

Comment utiliser et consommer des ressources tout en préservant l'environnement ?

1. Comment concilier la gestion durable des ressources et le développement économique ?

2. Est-il possible d'utiliser et de consommer des ressources de façon durable ?

Les ressources de la Terre dans un pays pauvre : le Niger
Jadis cette Nigérienne cultivait du millet sur cette terre aujourd'hui asséchée.

Les ressources de la Terre dans un pays riche : les États-Unis
Un homme vérifie l'état de ses terres au Kansas.

ENJEU 2 L'HARMONISATION DES NORMES ENVIRONNEMENTALES p. 54

Les problèmes engendrés par une mauvaise gestion de l'environnement n'ont pas de frontières. C'est pourquoi certains pays signent des accords internationaux dans ce domaine et se dotent de normes et de lois environnementales.

Il s'avère toutefois difficile de traduire cette volonté de coopération internationale par des actions concrètes. Ainsi, les critères, les sigles et le vocabulaire associés aux normes environnementales varient souvent d'un État ou d'une région à une autre. De plus, lorsque des normes communes sont adoptées, les États ne s'entendent pas toujours sur la façon de les appliquer. La complexité des processus de négociations pose un défi aux divers intervenants dans la recherche de solutions qui tiennent compte des intérêts et des objectifs des États participants.

L'harmonisation des normes environnementales est-elle possible ?

1. Est-il possible d'établir des normes environnementales mondiales ?
2. Comment faciliter l'application de normes environnementales ?
3. Qui devrait être responsable de l'harmonisation des normes environnementales dans le monde ?

Ban Ki-moon et Barack Obama à la Maison-Blanche, en 2009

Le réchauffement climatique a fait partie des sujets de discussion lors de cette rencontre entre le secrétaire général des Nations Unies et le président des États-Unis.

ENJEU 1 L'utilisation et la consommation des ressources

POINTS DE VUE SUR L'ENJEU

1 Comment concilier la gestion durable des ressources et le développement économique ?

Les ressources naturelles sont essentielles pour combler les besoins des êtres humains et développer leurs activités économiques. En effet, selon le PNUE, près de la moitié des emplois dans le monde étaient liés à la pêche, à la forêt et à l'agriculture en 2007. Si rien n'est fait pour réorienter l'exploitation des ressources naturelles selon une perspective de développement durable, ces emplois pourraient disparaître.

1.1 La consommation dans les pays industrialisés

L'accroissement de la population mondiale, combiné à l'utilisation et à la consommation non responsables des ressources, exerce une pression importante sur l'environnement. De nombreux groupes environnementaux prédisent même que ces pressions vont s'intensifier si les pays en développement adoptent le modèle de production et de consommation en vigueur dans les pays industrialisés.

Les populations des pays industrialisés consomment de nombreuses ressources pour se nourrir, s'éclairer, se déplacer, etc. C'est sans compter celles qu'utilisent les entreprises (eau, bois, pétrole, métaux) pour produire des biens de consommation. La croissance économique est indissociable de l'exploitation accrue des ressources naturelles, qui sont souvent non renouvelables. Cette situation entraîne une surexploitation des ressources de la planète.

PERSPECTIVE

La société de consommation

Au lendemain de la Seconde Guerre mondiale, les pays industrialisés entrent dans une ère de consommation de masse. La hausse des salaires, l'amélioration des conditions de travail, l'instauration de programmes sociaux et la généralisation de l'accès au crédit assurent à la population une sécurité financière et un pouvoir d'achat accru. Les entreprises investissent de plus en plus dans la publicité afin d'inciter les consommateurs à se procurer une foule de biens périssables.

La prolifération des produits de consommation, dont la fabrication nécessite des quantités toujours plus grandes de ressources, est entre autres à l'origine de la dégradation des écosystèmes. De plus, comme la majorité de ces nouveaux produits de masse a une « durée de vie » très courte, il s'ensuit des problèmes de gestion des déchets et de pollution.

Une affiche publicitaire datant de 1959

Daimler

PRESENTS THE V8 S.P. 250

De plus, la multiplication des activités industrielles entraîne une augmentation importante de la pollution. Par exemple, dans un contexte de mondialisation, l'augmentation des échanges entre les différentes régions du monde a pour effet de décupler les activités de transport, ce qui provoque en retour une hausse des émissions de dioxyde de carbone (CO_2), une des principales sources de gaz à effet de serre.

41 Les dépenses de consommation des ménages (en $ US), de 1988 à 2004

Année	États-Unis	Niger
1988	13 716,21	202,68
1990	15 382,80	245,41
1992	16 511,00	199,40
1994	18 026,73	136,64
1996	19 513,43	165,66
1998	21 313,81	159,04
2000	23 879,61	127,32
2002	25 490,60	141,91
2004	27 972,58	184,68

D'après Nationmaster.com, *Economic Statistics* [en ligne], réf. du 15 avril 2009.

• Comparez les dépenses de consommation aux États-Unis et au Niger : que pouvez-vous dire sur la consommation dans les pays développés ? Dans les pays en développement ?

42 Le moment estimé d'épuisement de certaines ressources

Si le rythme d'utilisation et de consommation actuel se maintient, certaines ressources naturelles non renouvelables pourraient s'épuiser dans les années à venir.

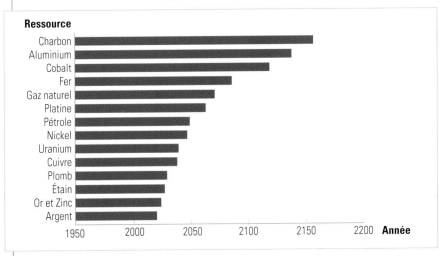

D'après *Science et vie*, Hors série, juin 2008.

• En quoi l'épuisement des ressources nuirait-il au développement économique ?

43 La nature : une aire d'extraction

Certains estiment que l'environnement devrait faire partie intégrante des stratégies économiques de production.

« En son état actuel, le système productiviste* traite la nature comme une simple aire d'extraction et un produit jetable de l'économie. L'enjeu tient à un renversement de perspective : intégrer l'économie aux limites de l'environnement et cesser de considérer la nature comme une source inépuisable de croissance économique. »

* Système qui prône la productivité.
Atlas du Monde diplomatique, 2008.

• Quelle est la solution mise de l'avant pour modifier la façon d'utiliser les ressources ?

44 Préserver les ressources naturelles

La mesure de l'empreinte écologique peut permettre d'évaluer les défis à relever pour atteindre le développement durable tout en contribuant au développement économique.

« Cet indice [l'empreinte écologique] montre que les modes d'exploitation, de production et de consommation dépassent de 30 % les capacités des ressources naturelles à se renouveler et à absorber les pollutions. Sans un changement de cap radical, cette surconsommation globale conduira à l'épuisement de la planète. [...] L'empreinte écologique montre les défis que les sociétés doivent résoudre pour préserver les ressources indispensables à la vie des générations présentes et futures. Pour transformer la croissance en développement durable. »

Anne-Marie Sacquet, *Atlas mondial du développement durable*, 2002.

• Comment l'empreinte écologique peut-elle servir à évaluer les défis en matière de consommation ?

1.2 Une consommation différente dans les pays en développement

La consommation de ressources diffère considérablement entre les pays industrialisés et les pays en développement. Un habitant d'un pays industrialisé consomme en moyenne 9 fois plus d'énergie, 6 fois plus de bœuf et de veau, 20 fois plus d'aluminium et 2 fois et demie plus de bois qu'un habitant d'un pays en développement. Par ailleurs, près de 800 millions de personnes vivant dans des pays en développement sont sous-alimentées.

Plus densément peuplés que les pays développés, les pays en développement profitent moins des ressources dont ils disposent. Désireux de bonifier leurs revenus, certains de ces pays cèdent des parties de leur territoire ou des droits d'exploitation des ressources à des entreprises de pays industrialisés. En agissant ainsi, ils ouvrent la porte à la surexploitation des ressources qui, si elles étaient gérées autrement, pourraient servir à améliorer les conditions de vie de leur population.

Par ailleurs, la diminution des ressources naturelles, l'instauration de normes peu exigeantes en matière d'environnement ainsi que certaines activités des multinationales engendrent de graves problèmes environnementaux, dont la dégradation de l'environnement, dans les pays en développement.

45 La consommation par classe de population, en 2005

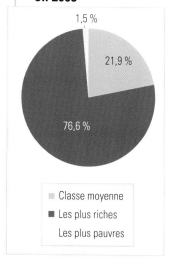

- Classe moyenne
- Les plus riches
- Les plus pauvres

Global Issues, *Consumption and Consumerism* [en ligne], septembre 2003, réf. du 15 avril 2009.

46 Une multinationale en Guinée

Des multinationales s'implantent dans des pays en développement où elles extraient les matières premières utilisées dans leur processus de production. Ainsi, la Compagnie des Bauxites de Guinée, détenue à 51 % par le consortium Halco Mining (qui regroupe la société américaine Alcoa et la canadienne Alcan) exploite la majorité des gisements de bauxite du pays. Vitale pour l'économie du pays, l'exploitation des mines est par ailleurs aussi source de graves problèmes environnementaux.

- Quelles sont les conséquences de la présence de multinationales dans les pays en développement?

47 Une croissance globale et un développement mondial

Pour l'Agence canadienne de développement international (ACDI), les pays riches comme les pays pauvres doivent se préoccuper de l'environnement.

« Tous les pays doivent se concerter pour venir à bout des agressions qui menacent l'environnement mondial et de celles qui, à une échelle plus réduite, sapent les fondements du développement durable. Les pays industrialisés doivent réduire leur consommation et continuer à améliorer la gestion de leurs ressources naturelles. Les pays en développement continuent de rechercher des arrangements de coopération avec les pays mieux nantis pour pouvoir s'attaquer à leurs priorités en matière de développement durable. Chaque pays doit faire sa juste part, selon le principe de l'avantage et de l'obligation mutuels et à la mesure de ses capacités financières et techniques. »

ACDI, *La politique environnementale de l'ACDI en matière de développement durable* [en ligne], dernière mise à jour 2006, réf. du 15 avril 2009.

● Comment les pays industrialisés peuvent-ils atteindre leurs objectifs de développement durable ? Les pays en développement ?

48 Pour un développement durable dans les pays en développement

Selon la Banque mondiale, le développement économique dans les pays en développement va de pair avec une gestion durable des ressources naturelles.

« Le débat consistant à distinguer développement et durabilité environnementale et sociale est manifestement clos : les deux aspects sont indissociables. Dans la réalité des choses, les ressources naturelles constituent pour beaucoup de pays en développement un facteur de croissance (forêts, services afférents aux écosystèmes) et de réduction de la pauvreté. Mais si les pays n'en font pas un usage approprié, leurs perspectives de croissance s'en trouveront compromises. »

Banque mondiale, *Actualités Médias*, « Développement durable » [en ligne], 2009, réf. du 6 avril 2009.

● Pourquoi les pays en développement doivent-ils se préoccuper de la gestion durable des ressources ?

49 La population et la consommation en hausse dans les pays émergents

L'intensification des activités commerciales dans les pays émergents (comme la Chine et l'Inde), combinée à la croissance rapide de la population, exerce une pression accrue sur les ressources naturelles et l'environnement.

« Les pays en développement, qui ont la croissance économique et démographique la plus rapide, participent à hauteur de 74 % à l'accroissement de la consommation mondiale d'énergie primaire (charbon, gaz naturel, pétrole) [...], dont 45 % imputables à la Chine et à l'Inde. »

Agence internationale de l'Énergie, *World Energy Outlook 2007* [en ligne], réf. du 15 avril 2009.

● En quoi le développement des pays émergents pose-t-il un problème de gestion des ressources ?

50 Une manifestation contre les désastres écologiques en Indonésie

En 2009, des citoyens indonésiens revendiquent des compensations financières à la suite de l'éruption d'un volcan de boue qui serait reliée à des forages de puits de pétrole par la compagnie Lapindo Brantas.

● Pourquoi ces citoyens indonésiens réclament-ils des compensations ?

1.3 Le capital naturel : une source de richesse

Dans les pays industrialisés, le développement économique est basé essentiellement sur la capacité de production et de consommation d'un pays. La transformation des ressources naturelles en produits de consommation est donc synonyme de richesse et de croissance économique. Ces ressources naturelles que l'on transforme constituent le **capital naturel** d'une société.

Le lien entre la disponibilité du capital naturel et la croissance économique est central au processus de production. Les sociétés humaines dépendent donc du capital naturel afin d'assurer leurs activités économiques. Or, la valeur du capital naturel s'accroît lorsque les ressources naturelles sont surexploitées, qu'elles se raréfient ou encore lorsque la demande augmente plus rapidement que la capacité de les exploiter. La gestion de l'environnement, dans le but d'assurer le maintien du capital naturel, devient donc un élément crucial dans les processus de production et le développement économique d'un pays.

> **Capital naturel** Ensemble des ressources naturelles essentielles au développement des activités économiques.

51 **Une forêt de mangrove en Birmanie (Myanmar), en 2000**

La dégradation du capital naturel peut nuire à l'économie d'une région. Par exemple, les activités humaines (transformation en terres agricoles, tourisme côtier, utilisation du bois comme source d'énergie) peuvent détruire les mangroves où vivent de nombreuses espèces marines. Cette situation entraîne parfois des pertes énormes pour l'industrie de la pêche dans les régions touchées.

● Comment expliquer que les êtres humains contribuent à la dégradation du capital naturel ?

VU D'ICI

La pêche à la morue

Pendant longtemps, la pêche à la morue au large de l'île de Terre-Neuve a constitué un des principaux moteurs économiques de la région. Elle est notamment à l'origine de l'installation de plusieurs colons sur les côtes des futures provinces maritimes du Canada.

Toutefois, au fil du temps, la surpêche a contribué à la diminution des stocks de morue dans l'Atlantique. En 1992, le gouvernement canadien a décrété un premier moratoire sur la pêche de cette espèce à Terre-Neuve. Puis, en 1994, le flétan et le sébaste ont été inclus dans le moratoire, dont la portée a été étendue à l'ensemble du Canada atlantique. L'effondrement de la pêche a fait perdre des dizaines de milliers d'emplois dans les provinces atlantiques. En Europe, la surpêche a également conduit à une surexploitation des ressources.

Pierre Laffitte et Claude Saunier, « Les apports de la science et de la technologie au développement durable, Tome II : La biodiversité : l'autre choc ? l'autre chance ? » *Sénat français* [en ligne], 2007, réf. du 15 avril 2009.

L'IMPACT DE LA PÊCHE INDUSTRIELLE DANS L'OCÉAN ATLANTIQUE

Prise	Biomasse
1950	
OCÉAN ATLANTIQUE	OCÉAN ATLANTIQUE
1999	
OCÉAN ATLANTIQUE	OCÉAN ATLANTIQUE

Prise (tonne/km²/an)
2   1   0,5   0,1

Biomasse (tonne/km²)100
10   8   2   1

Certains États considèrent la gestion de l'environnement comme un frein à leur croissance économique. Toutefois, de plus en plus d'institutions, telle la Banque mondiale, s'accordent pour dire que le développement durable est indissociable du progrès économique.

« Bien qu'il existe de nombreux moyens de concilier les objectifs économiques, sociaux et environnementaux sans léser personne, les décisions quotidiennes font inévitablement intervenir des jugements de valeur et des choix de société qui exigent souvent des compromis difficiles. Ces compromis entre générations, groupes sociaux et pays influent sur l'opinion que chacun se fait du développement durable.

La surexploitation des ressources halieutiques [de la pêche], par exemple, peut provisoirement améliorer les revenus des pêcheurs. De ce point de vue, l'effort de conservation peut paraître coûteux, mais on en recueillera les fruits lorsque les mesures prises auront permis d'éviter l'effondrement de l'industrie de la pêche, qui priverait à terme les pêcheurs de nourriture et de moyens d'existence. »

Banque mondiale, *La foire aux questions* [en ligne], 2007, réf. du 15 avril 2009.

• Pourquoi la Banque mondiale favorise-t-elle le développement durable ?

Conscients de la valeur du capital naturel, certains pensent que les politiciens et les entrepreneurs pourraient concevoir des mécanismes financiers qui tiendraient compte de la valeur réelle du capital naturel dans les processus de production.

« [...] nous nous efforçons toujours de découvrir quelle est la "valeur de la nature". La nature est une source de valeur importante au quotidien mais il n'en demeure pas moins qu'elle n'apparaît guère sur les marchés, échappe à la tarification et représente un défi pour l'évaluation. Nous sommes en train de nous apercevoir que cette absence d'évaluation constitue une cause sous-jacente de la dégradation observée des écosystèmes et de la perte de biodiversité. »

Pavan Sukhdev, *L'économie des biosystèmes et la biodiversité* [en ligne], 2008, réf. du 15 avril 2009.

• En quoi le fait de tenir compte de la valeur du capital naturel contribuerait-il au développement durable ?

Les services fournis par les écosystèmes correspondent aux bienfaits qu'il est possible de retirer des écosystèmes. Ils font donc partie du capital naturel et sont indispensables au développement économique de l'ensemble des sociétés.

Service fourni par les écosystèmes	Valeur en milliards de dollars US
Prise annuelle de poissons dans le monde	58
Agents anticancéreux issus d'organismes marins	1 par an
Marché mondial des plantes médicinales	Environ 43 (en 2001)
Abeilles comme pollinisateurs pour les cultures	De 2 à 8 par an
Récifs coralliens pour les pêches et le tourisme	30 par an

PNUE, *GÉO4 L'environnement pour le développement 2007* [en ligne], réf. du 15 avril 2009.

• Quelles seraient les conséquences de la dégradation des écosystèmes sur l'économie mondiale ?

QUESTIONS de point de vue   CD 2

1 Quelles sont les conséquences de l'utilisation et de la consommation non durable des ressources sur l'économie des pays industrialisés ? Des pays en développement ?

2 Pourquoi les processus de production dépendent-ils de l'environnement ?

3 Selon vous, peut-on parvenir à une gestion durable des ressources naturelles sans nuire au développement et à la croissance économiques ? Justifiez votre réponse.

2 Est-il possible d'utiliser et de consommer des ressources de façon durable ?

Le capital naturel est nécessaire au processus de production. C'est pourquoi il est essentiel que les sociétés comprennent vraiment l'utilisation et la consommation qu'elles font des ressources naturelles, de façon à suggérer des solutions orientées vers le développement durable.

2.1 L'utilisation et la consommation d'énergie

Toute activité humaine requiert de l'énergie. Les combustibles fossiles (charbon, pétrole, gaz) fournissent près de 95 % de l'énergie consommée dans le monde. D'après l'Agence internationale de l'énergie (AIE), la consommation de combustibles fossiles a quintuplé depuis les années 1950 et devrait augmenter de plus de 50 % d'ici 2030.

Le monde d'aujourd'hui fait face à quatre enjeux principaux en matière énergétique :

1. L'augmentation constante de la demande en énergie.
2. La raréfaction des ressources énergétiques.
3. La difficulté d'approvisionnement, notamment en combustibles fossiles, par exemple le pétrole.
4. La dégradation de l'environnement provoquée par la surconsommation de combustibles fossiles.

La solution à court terme semble être une diminution de la production, mais aussi de la consommation. À plus long terme, les sociétés devront envisager l'utilisation de sources d'énergie alternatives (géothermie, piles à hydrogène), renouvelables (capteurs solaires, éoliennes) et moins polluantes.

55 Les types d'énergie primaire consommée en 2005

Région	Combustibles fossiles			Énergies renouvelables		Autre (nucléaire)
	Charbon	Produits pétroliers	Gaz naturel	Hydroélectricité ; énergies solaire et éolienne ; géothermie	Biomasse*	
Pays en développement	32,5 %	31,0 %	14,1 %	2,9 %	18,0 %	1,4 %
Pays de l'OCDE	20,4 %	40,5 %	21,8 %	2,7 %	3,5 %	11,0 %
Monde	25,3 %	35,0 %	20,7 %	2,6 %	10,0 %	6,3 %

*Matières organiques qui, une fois désintégrées ou transformées, peuvent servir de source d'énergie primaire.
PNUD, *Rapport mondial sur le développement humain 2007/2008* [en ligne], réf. du 14 avril 2009.

- Quelle est la principale différence entre la consommation d'énergie dans les pays en développement et dans les pays membres de l'OCDE ? Pourquoi ?
- Selon vous, pourquoi les énergies renouvelables ne sont-elles pas davantage utilisées ?

56 La consommation d'énergie

La perte d'énergie est souvent à l'origine de la surconsommation. Le rayonnement rouge illustre l'énergie perdue par les automobiles.

57 **Efficaces, les énergies renouvelables?**

Le recours à des sources d'énergie renouvelables et non polluantes constitue une solution à la surconsommation d'énergie fossile. Cependant, les coûts associés au développement des technologies et à la mise en place des infrastructures de production demeurent considérables.

« L'énergie hydraulique, la conversion du rayonnement solaire en électricité, la capture de l'énergie du vent par les éoliennes, la géothermie conçue à partir de la chaleur du sous-sol. La biomasse (et ses différents composants: l'énergie du bois, le biogaz issu de la fermentation des déchets organiques, les biocarburants), la pile à combustible qui convertit l'énergie chimique en énergie électrique, la pile à hydrogène: autant de sources d'énergie qui proposent des solutions alternatives à la consommation de l'énergie fossile. Peut-on pour autant tout espérer d'elles? Pour l'heure, elles n'offrent pas de solutions uniques, simples et souples. Des problèmes de stockage, de rendement et de localisation des ressources en limitent le développement. D'ailleurs, l'énergie solaire et l'énergie éolienne ne seront vraiment inépuisables que quand elles deviendront stockables. »

Henri Proglio (sous la direction de), *Les 100 mots de l'environnement*, PUF, 2007.

● Quelles sont les limites du développement des énergies renouvelables?

58 **Hydro-Québec et son plan d'efficacité énergétique**

Des politiques d'économie d'énergie sont mises en place par différents États qui encouragent la population à adhérer à des plans d'efficacité énergétique.

● Que propose Hydro-Québec pour encourager la consommation de l'énergie de façon durable?

2.2 L'utilisation et la consommation de l'eau

Les réserves d'eau douce correspondent à un maigre 0,3 % des eaux de la planète, et seulement 10 pays se partagent 60 % de ces réserves. Toutefois, le fait de disposer de ressources en eau douce ne donne pas l'assurance de pouvoir en consommer, puisque certaines sont polluées. Ainsi, plus d'un milliard de personnes dans le monde n'ont pas accès à l'eau potable. Pourtant, les êtres humains dépendent de cette ressource renouvelable pour leur survie, notamment pour la production de denrées alimentaires. En outre, la consommation d'eau ne cesse d'augmenter. Selon le PNUE, d'ici 2025, les prélèvements d'eau augmenteront de 50 % dans les pays en développement et de 18 % dans les pays développés.

59 **Les différents usages de l'eau**

Usage agricole

Il faut:
- jusqu'à 100 000 litres d'eau pour produire un kilo de viande de bœuf;
- 4500 litres d'eau pour produire un kilo de riz;
- 1500 litres d'eau pour produire un kilo de blé;
- 1 000 000 de litres d'eau pour produire une tonne de légumes.

Usage industriel

Il faut:
- en moyenne 200 mètres cubes d'eau pour produire une tonne d'acier;
- de 50 à 300 mètres cubes d'eau pour produire une tonne de papier;
- près de 30 000 litres d'eau pour fabriquer une automobile.

Usage résidentiel

- Les douches et les bains comptent pour 35 % de l'eau consommée;
- La chasse d'eau compte pour 30 %;
- La lessive compte pour 20 %;
- La cuisine et la consommation directe comptent pour 10 %;
- Le nettoyage compte pour 5 %.

D'après *Onedrop* [en ligne], réf. du 14 avril 2009.

● Comment les entreprises peuvent-elles réduire leur consommation en eau?

60 **L'usage de l'eau par secteur**

Pour répondre aux besoins de la population mondiale, on accroît sans cesse la superficie des terres destinées à l'agriculture, en particulier dans les pays industrialisés.

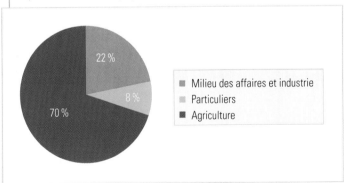

- Milieu des affaires et industrie
- Particuliers
- Agriculture

Agence canadienne de développement international, *L'eau* [en ligne], 2008, réf. du 14 avril 2009.

● La consommation d'eau des particuliers est-elle négligeable? Expliquez votre réponse.

● Pourquoi la consommation des particuliers augmente-t-elle?

Le monde d'aujourd'hui fait face à quatre enjeux principaux liés à l'eau :

1. La croissance de la population et le développement industriel font augmenter la demande pour la ressource.
2. La dégradation des écosystèmes et la pollution menacent la ressource.
3. L'utilisation de la ressource est plus rapide que son renouvellement.
4. L'accès inégal ou irrégulier à l'eau peut provoquer des pénuries, des problèmes d'alimentation et de santé publique.

Il est possible de protéger l'accès à l'eau potable en diminuant la consommation et en appliquant des restrictions quant à son utilisation. La désalinisation de même que le recyclage des eaux usées font également partie des solutions.

61 Le problème de l'eau au Kenya

Les habitants des pays en développement dépendent principalement des services rendus par les écosystèmes pour assurer leur subsistance, ce qui les rend vulnérables à la rareté des ressources, telle l'eau. Des organismes humanitaires fournissent des fonds et de l'aide pour la construction de puits, générant ainsi des activités économiques qui contribuent à améliorer la qualité de vie de ces populations.

• Comment la construction de puits peut-elle améliorer la qualité de vie des populations ?

62 L'eau : droit ou ressource négociable ?

Devant l'augmentation des ventes d'eau embouteillée, certains se demandent si l'eau est une ressource à exploiter ou un droit fondamental pour la population de la planète.

« Deux conceptions diamétralement opposées s'affrontent : l'eau est vue comme une marchandise par certains, comme un droit par d'autres. De la première conception découle une approche financière très lucrative et soucieuse d'engranger rapidement des dividendes. De la seconde, une approche sociale fondée sur la conscience de l'importance vitale de l'eau, ressource limitée et en voie de dégradation. »

Roger Lenglet et Jean-Luc Touly, *L'eau des multinationales : les vérités inavouables*, Fayard, 2006.

• Quels sont les différents points de vue sur l'utilisation de l'eau ?

QUESTIONS de point de vue   CD 2

1 Quel type d'énergie est le plus consommé dans le monde ? Pourquoi ?

2 Quels sont les enjeux particuliers liés à la consommation d'énergie dans le monde ? À la consommation des ressources en eau ?

3 Quelles sont les solutions envisagées ?

2.3 L'utilisation des terres et la consommation de produits forestiers

La Terre contient environ quatre milliards d'hectares de forêt qui couvrent environ 30 % de la superficie de la planète. Seulement entre 1990 et 2005, 3 % du couvert forestier a disparu. La croissance démographique mondiale de même que l'augmentation de la consommation des ressources expliquent en partie cette diminution. En effet, l'utilisation de produits issus des ressources forestières (papier, carton, bois d'œuvre, bois exotique, etc.) contribue à la dégradation des forêts. La principale cause de la déforestation demeure toutefois la transformation des sols forestiers en terres agricoles.

63 **Le couvert forestier et la superficie des plantations, en Amérique latine et dans les Caraïbes**

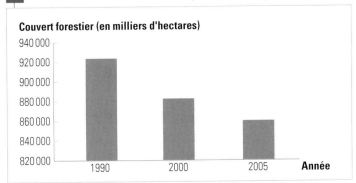

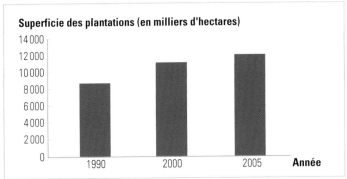

D'après Organisation des Nations Unies pour l'alimentation et l'agriculture, *Situation des forêts dans le monde 2007, Amérique latine et Caraïbes* [en ligne], réf. du 15 avril 2009.

- Quelle est la tendance générale par rapport à la superficie du couvert forestier en Amérique latine et dans les Caraïbes ? Par rapport à la superficie des plantations d'arbres ?
- La plantation d'arbres constitue-t-elle une solution suffisante pour contrer la dégradation du couvert forestier ? Expliquez votre réponse.

Le monde d'aujourd'hui fait face à cinq enjeux liés à l'utilisation des ressources forestières :

1. Le changement de vocation des territoires forestiers menace l'environnement.
2. L'utilisation intensive des sols mène à leur épuisement et contribue à la pauvreté.
3. Les agriculteurs appauvrissent les sols qu'ils exploitent par manque d'information sur la vitesse de renouvellement et de dégradation des terres.
4. Les subventions de certains États dans le domaine de l'agriculture peuvent inciter à la surproduction et à une mauvaise utilisation des sols.
5. L'augmentation des prix des combustibles fossiles incite les gens à utiliser le bois comme source d'énergie.

Dans l'immédiat, la solution la plus simple pour protéger les forêts consiste à réduire la consommation de produits forestiers. Quant aux territoires forestiers abîmés, ils peuvent être restaurés en partie par des plantations, mais le processus de renouvellement exige du temps.

64 **L'appauvrissement des sols en Chine**

Pour certains producteurs pauvres, le rendement immédiat devient une question de survie. Ils utilisent donc des techniques agricoles qui épuisent les sols, tel le brûlis, pratiqué par ce paysan du Hunan, en Chine. Bien qu'à court terme cette technique améliore le rendement agricole, à long terme, elle détruit les écosystèmes et peut nuire au développement économique.

- Comment expliquer que des producteurs pauvres contribuent à l'appauvrissement des sols ?

65 Une étiquette à rechercher

Certains produits sont étiquetés FSC (*Forest Stewardship Council*), ce qui signifie qu'ils ont été produits en tenant compte d'une gestion durable des forêts. Pour le FSC, une bonne gestion des forêts tient compte de l'environnement et des impacts sociaux tout en étant économiquement viable. La certification FSC permet donc aux consommateurs d'être mieux informés sur les produits qu'ils achètent et aux détaillants de vendre des produits provenant de forêts bien gérées.

66 Conserver les couverts forestiers du Congo (RDC)

L'industrie du bois d'œuvre est souvent tenue responsable des coupes effectuées dans les forêts tropicales, parfois illégalement. L'organisme Greenpeace propose diverses solutions pour contrer cette tendance.

« Dans le bassin du fleuve Congo se trouve la seconde plus vaste forêt tropicale de la planète. L'avenir de cet espace essentiel pour les hommes, la biodiversité et l'équilibre du climat est compromis par l'industrie du bois. Celle-ci doit répondre d'un bilan désastreux : communautés locales anéanties, biodiversité en péril, absence de retombées économiques. [...] Les solutions existent : mise en place d'aires protégées, encadrement de l'industrie du bois, promotion d'usages moins destructifs de la forêt, mais la volonté politique se fait attendre. [...] Les deux tiers des forêts intactes d'Afrique centrale se trouvent en République démocratique du Congo (RDC). De toute urgence, des mesures doivent être prises pour préserver ces espaces uniques. »

Greenpeace, *Journée nationale de mobilisation des groupes locaux de Greenpeace : Citoyens et consommateurs ne doivent pas cautionner le pillage des forêts africaines* [en ligne], 11 mai 2007, réf. du 20 avril 2009.

- Quelles sont les conséquences d'une mauvaise exploitation des ressources forestières ?
- Quels sont les obstacles à l'application des solutions envisagées ?

2.4 La consommation de produits alimentaires

La majorité des habitants des pays riches consomment trop, entre autres à cause de la grande disponibilité des aliments. Ainsi, depuis quelques décennies, la population des pays industrialisés a doublé sa consommation de viande. La moyenne annuelle, qui était de 20 kg de viande par personne au début du XXᵉ siècle, atteint aujourd'hui 40 kg. Les habitudes alimentaires des pays industrialisés sont contraires aux objectifs du développement durable, car elles contribuent entre autres à la surexploitation des ressources et à la dégradation des écosystèmes.

67 L'élevage intensif aux États-Unis

La hausse de la consommation de protéines animales se traduit par une intensification de l'élevage. Certains dénoncent l'élevage intensif, qu'ils jugent cruel pour les animaux et néfaste pour l'environnement. D'autres le jugent nécessaire, puisqu'il permet d'abaisser le prix de la viande et de la rendre accessible à un plus grand nombre de personnes.

- Quelles sont les conséquences de l'élevage intensif ?

68 Pour un changement de régime alimentaire

Les habitudes alimentaires dans les pays industrialisés peuvent causer d'importants problèmes de santé.

« On estime que d'ici 2020 les deux tiers de la charge mondiale de morbidité [décès] seront imputables à des maladies non transmissibles chroniques, pour la plupart nettement associées au régime alimentaire. Le passage à une alimentation comportant davantage de denrées alimentaires raffinées, d'aliments d'origine animale et de graisses joue un rôle majeur dans l'épidémie mondiale actuelle d'obésité, de diabète et de maladies cardiovasculaires, entre autres affections non transmissibles. Il n'est pas possible de stopper cette épidémie en encourageant simplement les gens à réduire leurs facteurs de risque et à adopter des modes de vie plus sains, bien qu'un tel encouragement soit sans aucun doute bénéfique si les personnes visées sont en mesure d'y répondre. »

Mickey Chopra, Sarah Galbraith et Ian Darnton-Hill, *À problème mondial, réponse mondiale : l'épidémie de suralimentation* [en ligne], 2002, réf. du 15 avril 2009.

- Quelles maladies peuvent être associées à la surconsommation de produits alimentaires ?
- Pourquoi est-il difficile d'adopter un mode de vie plus sain ?

69 **La sous-alimentation**

La sous-alimentation dans les pays en développement entraîne aussi des problèmes de santé.

Pays	Population sous-alimentée (% de la population totale, de 2002 à 2004)	Enfants présentant une insuffisance de poids pour leur âge (% de la population des enfants âgés de moins de 5 ans entre 1996 et 2005)
Bangladesh	30,0	48
Canada	< 2,5	Aucune donnée
États-Unis	< 2,5	2
Haïti	46,0	17
Japon	< 2,5	Aucune donnée
Niger	32,0	40
République démocratique du Congo	74,0	31
Thaïlande	22,0	18
Venezuela	18,0	5

● Selon vous, quels sont les effets de la sous-alimentation dans les pays en développement ?

D'après PNUD, *Rapport mondial sur le développement humain 2007/2008* [en ligne], 2007, réf. du 14 avril 2009.

70 **L'agriculture biologique comme solution**

Plusieurs voient dans l'agriculture biologique une solution alternative à l'élevage intensif et à la surexploitation des sols. Cette option a été mise de l'avant lors de la Conférence internationale sur l'agriculture biologique et la sécurité alimentaire de l'ONU.

« • L'agriculture biologique peut contribuer à la sécurité alimentaire, mais sa capacité à affirmer son rôle dépend en grande partie de l'existence d'une véritable volonté politique. [...]

• L'agriculture biologique permet de renforcer la sécurité hydrique dans plusieurs domaines : qualité de l'eau potable, diminution des besoins en irrigation des sols biologiques [...].

• L'agriculture biologique permet de protéger l'agrobiodiversité et d'en garantir une utilisation durable.

• L'agriculture biologique renforce la suffisance nutritionnelle, grâce à une diversification accrue des aliments biologiques, qui sont plus riches en micronutriments.

• La sécurité alimentaire est étroitement liée aux politiques agricoles qui déterminent les choix en matière d'exportation et d'importation. L'agriculture biologique établit un lien entre les objectifs économiques et les objectifs environnementaux et sociaux [...]. »

Organisation des Nations Unies pour l'alimentation et l'agriculture, *Conférence internationale sur l'agriculture biologique et la sécurité alimentaire 2007* [en ligne], réf. du 21 avril 2009.

● En quoi l'agriculture biologique peut-elle contribuer au développement durable ?

Le monde d'aujourd'hui fait face à cinq enjeux en matière de consommation alimentaire :

1. L'accroissement de la population entraîne une hausse de la production d'aliments.

2. La répartition inégale des ressources naturelles sur la planète affecte l'accessibilité aux aliments.

3. L'utilisation de grandes quantités de ressources naturelles dans la production des aliments dégrade les sols et l'environnement.

4. L'importation de produits divers s'accompagne d'une hausse des activités reliées au transport, ce qui entraîne une augmentation de la pollution.

5. La surconsommation alimentaire dans certains pays industrialisés nuit à la santé.

Les consommateurs ont un rôle à jouer dans la réduction de la production à grande échelle. En effet, en exigeant que les produits qu'ils achètent soient fabriqués dans le respect des écosystèmes, ils peuvent exercer une influence sur la façon dont les producteurs utilisent les ressources.

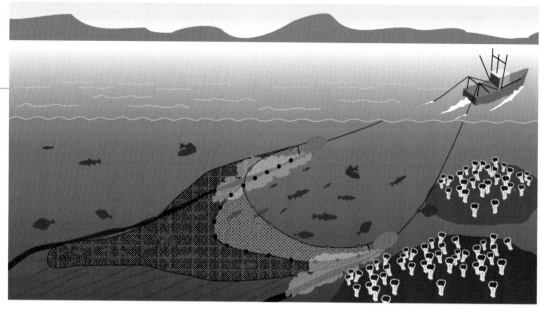

71 **La surpêche**

Faisant appel à des techniques perfectionnées (ici, la technique du chalutage de fond), les pêcheurs peuvent désormais accéder à des espèces marines auparavant hors de portée. Ce faisant, ils détruisent les écosystèmes sous-marins.

- Quelle est la conséquence de la surpêche ?

2.5 La gestion des déchets : vers le développement durable

L'utilisation et la consommation durables des ressources de la planète passe par une meilleure gestion des déchets. La capacité de l'environnement à éliminer les déchets demeure limitée. En réduisant la quantité de déchets produits et en réutilisant les produits ou ressources qui peuvent l'être, les sociétés peuvent éviter le gaspillage des ressources. Pour ce faire, de nombreux écologistes prônent la stratégie des 3 R :

- Réduire la quantité de produits utilisés, par exemple en limitant les emballages.
- Réutiliser des produits ou certaines de leurs composantes, qui deviendraient autrement des déchets.
- Recycler les matières premières issues des déchets afin de les réinsérer dans le cycle de production et de leur donner une nouvelle « vie ».

Certains ajoutent aux 3 R un V pour Valorisation. Il s'agit de tirer profit de la valeur des déchets auxquels ne peut être appliquée la stratégie des 3 R, par exemple en compostant les déchets organiques et en réutilisant les produits issus du compostage pour enrichir les sols. Il est aussi possible de récupérer les biogaz émis par les centres d'enfouissement des déchets afin de les utiliser comme sources d'énergie.

MÉDIAS

Le rôle des médias dans la consommation

Il est important de reconnaître le rôle des médias dans les habitudes de consommation. Par les publicités qu'ils diffusent (environ 12 minutes par heure de télédiffusion), les médias incitent la population à consommer. Toutefois, ils sont aussi en mesure d'informer le public et de l'encourager à adopter de saines habitudes de consommation. Par exemple, les médias peuvent renseigner les consommateurs sur les produits qu'ils consomment (la provenance, la composition, les conditions de fabrication), sensibiliser la population aux problèmes environnementaux causés par la surconsommation et encourager la consommation durable en montrant des exemples de solution et de réussite.

- Quelle est la place accordée à la surconsommation dans les médias ? Comment les médias abordent-ils le thème de la consommation ?
- Avez-vous l'impression que la publicité influence vos choix et vos habitudes de consommation ? Comment et pourquoi ?
- Est-ce que les médias doivent proposer des solutions aux problèmes dont ils sont en partie responsables, par exemple la surconsommation ? Expliquez votre réponse.

72 Du biogaz en électricité

L'édifice de la TOHU (la cité des Arts du cirque) à Montréal utilise les gaz émis par le Complexe environnemental de Saint-Michel, situé à proximité, pour les transformer en électricité.

- Quelle est la solution adoptée par la TOHU?

73 Le recyclage en crise

L'ensemble des sociétés reconnaît l'importance de la gestion des déchets et du recyclage. Mais les entreprises qui gèrent les déchets ne sont pas à l'abri des effets des fluctuations économiques. Leurs difficultés fragilisent les choix de société en matière de gestion de l'environnement.

« Malgré les mesures annoncées cette semaine par le gouvernement du Québec pour assurer la pérennité du système de recyclage dans la province, l'avenir du plus important centre de tri du Québec, situé à Montréal et exploité par Rebuts Solides Canadiens (RSC), demeure incertain.

"L'effondrement des marchés des matières recyclées, découlant de la récession internationale et de la crise financière mondiale, fait en sorte que RSC perd depuis trois mois des sommes substantielles, l'entreprise ne pouvant plus compter sur les revenus attendus de la vente des matières recyclées pour couvrir ses frais d'exploitation, déclare M. Pierre Lemoine, président-directeur général de RSC. [...] Ne pouvant presque plus trouver de débouchés pour les matières recyclables (papier, carton, plastique et métal), RSC est maintenant contrainte de les entreposer, afin d'éviter qu'elles ne se retrouvent dans les sites d'enfouissement". »

CNW Telbec, « Recyclage des matières résiduelles: l'avenir du centre de tri de Montréal reste incertain » [en ligne], janvier 2009, réf. du 20 avril 2009.

- L'État devrait-il être responsable de la gestion des matières recyclables? Pourquoi?
- Les fluctuations économiques et la loi du marché peuvent-elles menacer les acquis des dernières décennies en matière de recyclage? Comment?

QUESTIONS de point de vue

CD 2

1 Quels sont les enjeux liés à l'utilisation des terres et à la consommation des produits forestiers dans le monde? À la consommation alimentaire?

2 Quelles sont les solutions proposées?

3 Quel peut être l'impact des choix des consommateurs en ce qui regarde l'environnement? Des choix des producteurs? Des choix des États?

4 Comment la gestion des déchets peut-elle diminuer les effets de la surconsommation?

5 Comment les ressources naturelles sont-elles exploitées ou consommées dans le monde? Ce mode d'exploitation est-il durable? Expliquez votre réponse.

La consommation et l'utilisation des ressources de la planète soulèvent de nombreux débats. En effet, modifier ses habitudes de consommation peut s'avérer difficile, et certains se demandent si l'idée d'une consommation responsable est réaliste.

Le principe du développement durable fait généralement consensus : personne en effet ne se prononcerait en faveur d'un développement qui nuirait aux générations futures. Cependant, les idées divergent quant à la façon d'y arriver. Pour certains, le développement durable est lié à la modification des habitudes de consommation et d'utilisation des ressources. Pour d'autres, ce processus doit absolument s'accompagner d'une transformation en profondeur du système économique mondial. Étant donné ces opinions divergentes, beaucoup se demandent si la consommation responsable est un objectif réalisable.

Selon vous, la consommation responsable est-elle possible ?

74 Faciliter la consommation

La construction d'immenses centres commerciaux, avec stationnements incitatifs, la publicité et la prolongation des heures d'ouverture des commerces encouragent les gens à consommer davantage.

1. Les intervenants qui expriment leur point de vue dans les documents qui suivent prennent part au débat sur la consommation responsable. En prévision d'un débat en classe sur cet enjeu, interprétez leurs positions à l'aide des questions suivantes.

   • Qui sont les personnes qui expriment leur opinion sur le sujet ?

   • Quelle est leur position ?
     – Considèrent-elles que la consommation responsable est possible ?
     – Selon elles, quels sont les avantages et les désavantages de la consommation responsable ?
     – Comment justifient-elles leur position ? Quels sont leurs arguments ?

   • Trouvez dans les différents médias d'autres arguments pertinents susceptibles de vous aider à mieux comprendre l'enjeu.

2. En vous basant sur les documents suivants et sur ceux que vous aurez recueillis, organisez un débat sur les questions suivantes.

   a) Selon vous, est-il possible de consommer de façon responsable sans avoir à changer de mode de vie ? Comment ?

   b) Le rythme de consommation actuel peut-il être maintenu ? Justifiez votre réponse.

75 Le patronat suédois vante les mérites de la consommation

« Deux semaines avant Noël, le patronat suédois a lancé une campagne de publicité par pages entières dans les grands journaux pour convaincre les Suédois des bienfaits du commerce et répondre à ceux qui critiquent de plus en plus la consommation. Présentée sous forme de contes de fées, la campagne met notamment en scène une ménagère boycottant les courses de Noël, ce qui a pour conséquence de faire perdre son emploi à un ouvrier pauvre à l'autre bout du monde. D'autres contes critiquent le droit du travail [...]. Et Tove Lifvendahl, responsable de la campagne, de répondre [...] que c'est par notre consommation que les entreprises auront précisément les moyens de développer les techniques pour sauver l'environnement. »

Jörgen Larsson, « La simplicité volontaire, mode d'emploi », *Courrier International* [en ligne], 3 janvier 2008, réf. du 21 avril 2009.

76 La consommation : difficile à changer, selon un anthropologue

« Des trois facteurs que les environnementalistes considèrent comme responsables de la pollution environnementale, soit la population, la technologie et la consommation, la consommation semble recevoir le moins d'attention. Sans doute est-ce parce que la consommation est l'élément le plus difficile à modifier. En effet, la consommation fait partie intégrante de notre mode de vie et pour modifier cet aspect de notre vie, il faudrait sans doute procéder à des transformations culturelles et économiques majeures. Comme le soulignent des économistes, une baisse dans la demande de produits peut entraîner une récession, voire une dépression économique accompagnée de mises à pied massives. »

Richard Robbins, *Global Problem and the Culture of Capitalism*, Prentice Hall, 1999. [Traduction libre.]

77 Des partisans de la simplicité volontaire proposent de réduire la consommation

« La crise financière est à nos portes. [...] les faits récents nous révèlent que c'est en grande partie la surconsommation, voire l'hyperconsommation, associée à l'endettement excessif, qui a créé cette situation critique mondiale. [...] le Réseau québécois pour la simplicité volontaire (RQSV) et le Groupe de simplicité volontaire de Québec (GSVQ) croient que l'approche de la réduction de la consommation, qu'ils proposent depuis des années, est valide plus que jamais [...]. Plusieurs ont peur de la simplicité volontaire, craignant les privations extrêmes et la pauvreté. Or, pourquoi ne pas profiter de la situation actuelle pour démontrer [...] que les gens qui simplifient leur vie matérielle volontairement, tout en s'occupant plus de l'immatériel comme le développement personnel, les relations interpersonnelles et la spiritualité, ne s'en portent que mieux physiquement et psychologiquement ?

[...] Voici quelques exemples :

– Vivre selon ses besoins plutôt que selon ses moyens ;
– Augmenter la longévité des objets en les réparant ;
– Apprêter ses aliments soi-même et réduire sa consommation de viande ;
– Troquer, louer, emprunter ou acheter usagé ;
– Adopter des modes de transport écologiques ;
– Favoriser la mise en commun : cuisines collectives, garderies, bibliothèques, piscines et joujouthèques publiques, etc. »

Louis Chauvin et Pascal Grenier, « La crise financière et la simplicité volontaire », *Le Devoir* [en ligne], 8 janvier 2009, réf. du 21 mars 2009.

78 Selon un journaliste français, la classe moyenne consomme trop

« Qui va réduire sa consommation matérielle ? On estime que 20 à 30 % de la population mondiale consomme 70 à 80 % des ressources tirées chaque année de la biosphère. C'est donc de ces 20 à 30 % que le changement doit venir, c'est-à-dire, pour l'essentiel, des peuples d'Amérique du Nord, d'Europe et du Japon. Au sein de ces sociétés surdéveloppées, ce n'est pas aux pauvres [...] que l'on va proposer de réduire la consommation matérielle. C'est à l'ensemble des classes moyennes occidentales que doit être proposée la réduction de la consommation matérielle.

[...] Une civilisation choisissant la réduction de la consommation matérielle verra par ailleurs s'ouvrir la porte d'autres politiques. [...] Santé, éducation, transports, énergie, agriculture sont autant de domaines où les besoins sociaux sont grands et les possibilités d'action importantes. Il s'agit de renouveler l'économie par l'idée de l'utilité humaine plutôt que par l'obsession de la production matérielle, de favoriser le lien social plutôt que la satisfaction individuelle. Face à la crise écologique, il nous faut consommer moins pour répartir mieux. Afin de mieux vivre ensemble plutôt que de consommer seuls. »

Hervé Kempf, « Comment les riches détruisent le monde », *Le Monde Diplomatique* [en ligne], juin-juillet 2008, réf. du 21 avril 2009.

> « Chacun est responsable
> de la planète et doit la
> protéger à son échelle. »

Yann Arthus Bertrand

Plusieurs intervenants proposent des pistes d'action afin d'utiliser et de consommer les ressources de la planète de façon responsable. Ces solutions vont dans le sens d'un développement durable, à la fois respectueux de l'environnement et solidaire de l'ensemble des populations de la planète.

Voici quelques exemples d'actions qui ont été mises de l'avant jusqu'à maintenant.

- Des groupes de consommateurs réclament des produits issus de l'agriculture biologique afin d'encourager des pratiques agricoles qui respectent l'environnement et dans le but ultime d'atteindre le développement durable.

- Des entreprises décident de faire affaire avec des fournisseurs qui leur garantissent des produits issus d'une exploitation durable des ressources naturelles.

- Des pays adoptent des règles sévères afin de mieux contrôler l'extraction des ressources naturelles sur leur territoire, en imposant par exemple des taxes ou en exigeant des entrepreneurs qu'ils exploitent les ressources dans une perspective de développement durable.

Les documents suivants présentent des formes d'actions empruntées par divers intervenants. Pour chacune des actions présentées, répondez aux questions ci-dessous.

1. Qui a lancé cette action ?

2. Qui peut participer à cette action ?

3. À quel(s) niveau(x) se situe l'action des intervenants ?

4. Quelles actions les intervenants proposent-ils ?

5. Selon vous, cette action peut-elle avoir des répercussions sur l'ensemble de la planète ? Expliquez votre réponse.

6. Selon vous, les solutions proposées peuvent-elles être efficaces ?

7. Avez-vous d'autres pistes de solution à proposer ? Si oui, lesquelles ?

Construire des maisons écoénergétiques

L'Agence de l'efficacité énergétique du Québec a adopté des normes de construction et de rénovation afin d'améliorer la performance énergétique des bâtiments. Depuis quelques années déjà, le programme Novoclimat permet aux consommateurs d'acquérir des maisons à haute performance énergétique, ce qui aide à réduire la consommation d'énergie. Il offre aussi à l'industrie la possibilité d'améliorer ses techniques de construction en participant à des sessions de formation. En appliquant les procédés proposés par Novoclimat, les entrepreneurs en construction peuvent obtenir une accréditation et du soutien technique, en plus de pouvoir faire certifier leurs bâtiments par l'Agence de l'efficacité énergétique du Québec.

Éviter la déforestation en choisissant ses fournisseurs

Certaines entreprises choisissent de faire affaire avec des fournisseurs soucieux d'offrir des produits qui tiennent compte du renouvellement des ressources.

« Rona s'engage à ce que l'ensemble du bois d'œuvre et des produits de contreplaqué vendus en magasin provienne de forêts certifiées d'ici la fin de l'année 2010. D'ici 2012, le quart du bois d'œuvre offert sera aussi certifié selon les normes FSC [...], souvent considérées comme les plus contraignantes. [...]

En août 2007, Greenpeace avait publié un rapport sur la forêt boréale où elle pointait Rona du doigt, lui reprochant d'acheter des produits du bois d'Abitibi-Consolidated, de Bowater et de Kruger, "trois entreprises directement associées à la destruction de la forêt boréale et à l'exploitation des dernières forêts du Québec et de l'Ontario." [...]

Soulignons que plusieurs entreprises forestières dont Tembec, Domtar, Cascades, Chantier Chibougamau et Kruger se sont engagées depuis le rapport de Greenpeace à adopter la norme FSC. Abitibi-Consolidated l'a aussi fait, mais seulement sur une de ses 23 unités de coupe au Québec, ce qui avait soulevé la méfiance de Greenpeace. »

Philippe Mercure, « Du bois équitable chez Rona », *Cyberpresse* [en ligne], 22 novembre 2008, réf. du 21 15 mars 2009.

Favoriser la recherche et le développement

Le développement de nouvelles technologies capables de stocker l'énergie provenant de ressources renouvelables laisse présager une diminution éventuelle des énergies issues de combustibles fossiles. En plus de se raréfier, ces derniers sont les principaux responsables de la pollution atmosphérique.

« Les courants océaniques, les marées, la houle, les différences de températures entre la surface et le fond de la mer, peuvent être exploités pour fournir de l'électricité. Les projets se multiplient dans le monde, même si les technologies sont encore expérimentales. "On en est au stade où il faut investir dans la recherche. Car à plus long terme, le potentiel est immense", souligne Jean-Louis Bal, directeur des énergies renouvelables à l'Agence de l'environnement et de la maîtrise de l'énergie (Ademe). L'Agence internationale de l'énergie (AIE) évalue à plus de 90 000 térawattheures* (TWh) la puissance potentielle de l'ensemble de ces énergies marines dans le monde, un chiffre à comparer aux quelque 18 000 TWh de la production mondiale d'électricité. »

* Représente l'énergie fournie en une heure par une puissance d'un milliard de watts.
Agence France-Presse, « Énergies renouvelables : l'avenir est en mer », *Cyberpresse* [en ligne], 3 décembre 2008, réf. du 2 mars 2009.

Réduire l'utilisation des voitures

En 2003, la ville de Londres, au Royaume-Uni, a instauré un péage urbain dans le but de réduire l'affluence automobile dans le centre-ville du lundi au vendredi, entre 7 et 18 heures. Par cette mesure, la ville démontre sa volonté de privilégier le covoiturage et l'utilisation des transports en commun.

À la place de... CD 2

Répondez à la question suivante en tenant compte de ce que vous avez appris dans ce chapitre.

Si vous étiez à la place de chacun des intervenants suivants, comment pourriez-vous contribuer à réduire la consommation et l'utilisation des ressources de la planète de façon à réduire les pressions sur l'environnement ?

☑ Propriétaire d'entreprise
☑ Politicienne ou politicien
☑ Journaliste
☑ Environnementaliste
☑ Citoyenne ou citoyen

ENJEU ② L'harmonisation des normes environnementales

POINTS DE VUE SUR L'ENJEU

Accord multilatéral
Accord négocié et conclu entre plusieurs États.

● Quelles sont les conséquences de la lenteur du processus de ratification des accords sur l'adoption de normes environnementales ?

1 Est-il possible d'établir des normes environnementales mondiales ?

Les problèmes environnementaux n'ont pas de frontières, et certains touchent l'ensemble de la planète. Pour tenter de les résoudre, les États ratifient des accords, des conventions et des ententes qui énoncent des règles de conduite en matière d'environnement. Les **accords multilatéraux** ou internationaux sur l'environnement prescrivent des normes et des mesures définies. Cependant, la multiplication des accords, des conventions et des ententes ainsi que la disparité des normes et des mesures représentent de sérieux obstacles dans l'établissement de normes communes.

79 **La ratification des principaux accords multilatéraux sur l'environnement**

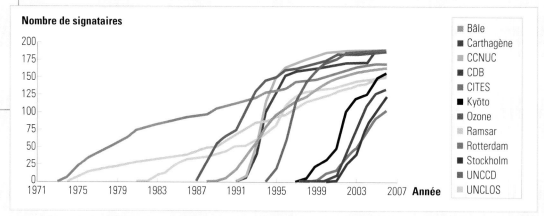

PNUE, *GÉO4 L'environnement pour le développement 2007* [en ligne], p. 9, réf. du 15 avril 2009.

1.1 La diversité des normes environnementales

Plusieurs intervenants se sont donné pour tâche d'établir des normes et des mesures de gestion afin d'assurer la régulation environnementale. Certains États, des entreprises et des ONG ont ainsi établi différents modes de présentation des normes selon leurs intérêts et leurs besoins.

80 **Les modes de présentation des normes et des exemples d'utilisation**

Intervenants	Modes de présentation des normes	Exemples d'utilisation
Gouvernements et États	• Réglementations • Lois • Directives	• Détermination du niveau maximal de rejets chimiques • Standards dans la gestion des déchets • Loi sur les pratiques agricoles
Entreprises (incluant les industries)	• Objectifs • Standards • Systèmes de contrôle • Méthodes et procédés	• Contrôle de la qualité sur une chaîne de production • Guide des normes de fabrication • Rapport de performance
ONG	• Encadrements • Directives • Lignes de conduite • Critères d'accréditation	• Fixation des étapes à suivre dans la certification des produits équitables • Guide d'accréditation • Outil d'apprentissage dans l'agriculture biologique

● Pourquoi chaque type d'intervenant applique-t-il les normes différemment ?

1.2 La cohérence des normes environnementales

Les préoccupations environnementales diffèrent selon les régions du monde, et les normes érigées pour y répondre sont loin d'être toujours compatibles entre elles. Comme les conventions, les ententes et les accords internationaux sont nombreux et peuvent porter sur un même aspect de la gestion environnementale, il arrive parfois que les normes qui y sont définies s'opposent entre elles. Par ailleurs, il n'existe pas de règlements internationaux qui imposent des normes précises.

Accréditation Acte attestant que les exigences et les normes établies par une autorité reconnue sont respectées.

Label Marque distinctive apposée sur un produit pour en certifier l'origine, en garantir la qualité ou la conformité avec des normes déterminées.

81 La classification du gorille

Parfois, les normes fixées par les ONG se contredisent, ce qui crée de la confusion. Par exemple, la Convention sur le commerce international des espèces de faune et de flore sauvages menacées d'extinction (CITES) a inclus le gorille dans sa liste des animaux vulnérables. L'Union internationale pour la conservation de la nature (UICN), quant à elle, a inscrit le gorille dans sa liste rouge et le considère comme étant «en danger critique».

En quoi le fait que certaines normes varient et se contredisent peut-il créer de la confusion ?

82 Les labels écologiques

Plusieurs ONG tentent de tracer des lignes de conduite à l'intention des producteurs agricoles. Certaines ONG, appuyées par l'État, donnent des **accréditations** aux producteurs lorsqu'ils se conforment aux normes qu'elles établissent. Dans le secteur de l'agriculture biologique, par exemple, les **labels** écologiques ne sont pas tous basés sur les mêmes critères. De plus, les labels utilisés diffèrent d'un pays à l'autre.

Pourquoi les labels écologiques diffèrent-ils d'un pays à l'autre ?

83 Différentes applications des normes pour les pays en développement

Le fait que les pays développés et les pays en développement appliquent les normes différemment peut nuire à l'avancement de la cause environnementale.

«Il est injuste d'exiger des pays pauvres qu'ils se conforment aux normes environnementales des pays riches, en particulier si ces exigences ne s'accompagnent pas d'une assistance technique ou financière. Les priorités des uns et des autres diffèrent. Par exemple, dans bien des pays pauvres, l'accès à l'eau potable est la première préoccupation. Qui plus est, la majeure partie des dommages causés à l'environnement est souvent imputable aux pays riches.»

PNUE, IIDD, *Guide de l'environnement et du commerce* [en ligne], 2001, réf. du 16 avril 2009.

Pourquoi les normes environnementales ne sont-elles pas appliquées de la même façon dans les pays développés et dans les pays en développement ?

Parmi les nombreuses normes environnementales, certaines ont été fixées par des organisations réputées et sont suivies par une majorité d'entreprises. C'est le cas des normes établies dans le domaine du management environnemental.

L'Organisation internationale de normalisation (ISO) est un exemple d'organisme qui s'occupe de management environnemental. À la suite de recommandations de différents comités techniques, elle a érigé une série de normes environnementales qui ont été groupées sous le nom de ISO 14001, ou Système de management environnemental. Les entreprises qui adoptent ces normes peuvent mesurer et contrôler les effets de leurs activités sur l'environnement. Celles qui se conforment à ces normes reçoivent un certificat.

> **Management environnemental**
> Ensemble des méthodes de gestion servant d'abord à mesurer les effets des activités de production sur l'environnement, puis à éliminer ou à réduire leur impact sur celui-ci.

84 **Une entreprise certifiée ISO 14001**

Plusieurs entreprises choisissent de se conformer volontairement aux normes ISO 14001. Certains ont reproché à des entreprises qui appliquent ces normes de s'en servir comme outil de commercialisation plutôt que de réellement chercher des solutions à la dégradation de l'environnement.

● Pourquoi certaines entreprises se servent-elles de la norme ISO comme outil de commercialisation ?

85 **La certification ISO 14001 selon les régions du monde, de 1998 à 2006**

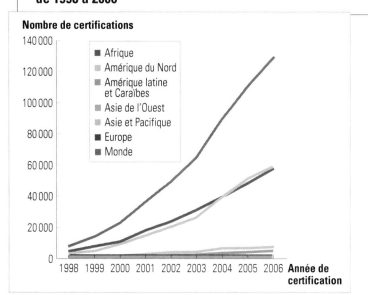

Nombre de certifications

- Afrique
- Amérique du Nord
- Amérique latine et Caraïbes
- Asie de l'Ouest
- Asie et Pacifique
- Europe
- Monde

1998 1999 2000 2001 2002 2003 2004 2005 2006 **Année de certification**

● Selon vous, qu'est-ce qui explique que la certification ISO 14001 soit de plus en plus présente dans toutes les régions du monde ?

QUESTIONS de point de vue **CD 2**

1 À quoi servent les normes environnementales ?

2 Pour quelles raisons les normes environnementales sont-elles parfois appliquées de manière peu cohérente ?

3 Selon vous, est-il possible d'harmoniser les normes environnementales ? Justifiez votre réponse.

UNEP, *GEO Data Portal : ISO 14001 : Certifications* [en ligne], réf. du 13 février 2009.

2 Comment faciliter l'application de normes environnementales?

L'environnement est un problème global. Les États et les organisations internationales cherchent des solutions susceptibles de convenir à tous. Dans la mise en œuvre des solutions, il est cependant nécessaire de tenir compte des réalités locales, régionales ou nationales. De plus, les lois, les conventions et les accords internationaux sont souvent peu contraignants. Ainsi, chaque nation peut les appliquer comme elle l'entend et même y déroger si elle juge qu'ils sont non conformes à ses intérêts et à ses besoins.

2.1 Des sanctions possibles aux niveaux local et régional

Aux niveaux local et régional, dans les municipalités par exemple, les normes environnementales peuvent s'accompagner d'actions concrètes. En plus des règlements municipaux, toute initiative des citoyens peut devenir une façon d'appliquer ou de respecter des normes environnementales. Ce sont souvent les citoyens qui constatent les effets d'une mauvaise gestion de l'environnement (contamination des eaux, érosion des sols, abattage des arbres, diminution du nombre d'individus de certaines espèces de poissons, etc.). Ils les subissent d'ailleurs souvent directement. Certains citoyens dénoncent des actes répréhensibles, ou condamnables, alors que d'autres en commettent.

86 **Des municipalités qui sanctionnent**

Certaines municipalités choisissent de pénaliser les « mauvais comportements » en matière d'environnement.

« En vertu de la Loi sur l'aménagement et l'urbanisme (LAU) et de la Loi sur les compétences municipales (LCM) du Québec, les instances municipales peuvent adopter des règles en matière d'environnement touchant notamment la protection des rives, la plantation et l'abattage d'arbres, la végétalisation, les installations septiques des résidences isolées et l'utilisation de pesticides et d'engrais sur les terrains privés. »

Québec, Ministère des Affaires municipales et des Régions, *Pouvoirs réglementaires des municipalités locales et régionales en regard de la problématique de la prolifération des cyanobactéries* [en ligne], septembre 2007, réf. du 22 avril 2009.

• Dans quels cas les municipalités peuvent-elles intervenir auprès de ceux qui contreviennent aux normes environnementales en vigueur?

87 **Sévir contre les « mauvais comportements » environnementaux**

Le non-respect des règlements municipaux en matière environnementale peut valoir une amende aux contrevenants. Par exemple, certaines municipalités du Québec ont fixé des heures pour l'arrosage de la pelouse, le lavage de la voiture ou le nettoyage de la chaussée.

• Comment les municipalités peuvent-elles intervenir afin de faire respecter les normes environnementales qu'elles se sont fixées?

Le rôle des médias dans l'élaboration de politiques environnementales

La couverture médiatique se rapportant à l'environnement a augmenté de plus de 1000 % en 10 ans. Toutefois, il semble que les médias ne jouent pas un rôle de premier plan dans l'instauration de politiques et de normes dans ce domaine. Selon François Cardinal, un journaliste spécialisé en environnement, la principale fonction des médias est d'informer les citoyens et non de les persuader d'agir. Il revient aux citoyens eux-mêmes d'accomplir, une fois qu'ils ont été renseignés, des gestes qui attirent l'attention des autorités sur les enjeux environnementaux.

L'environnement dans les médias

« Selon M. Cardinal, la plupart des Québécois n'écoutent [...] que distraitement les nouvelles à teneur environnementale. La preuve : si le Québec était un pays, il serait le troisième plus important producteur de GES [gaz à effet de serre], derrière les États-Unis et le Canada. Ce fait démontre le pouvoir limité des médias, qui ne rejoignent qu'une petite partie de la population, majoritairement déjà scolarisée et sensibilisée. Les moins intéressés changent de chaîne. »

Pierre McCann, « François Cardinal questionne le rôle des médias relativement aux problématiques environnementales », Colloque sur la gouvernance en environnement : l'impact des décideurs, *Université de Sherbrooke* [en ligne], réf. du 16 avril 2009.

○ Estimez-vous que les médias vous renseignent suffisamment sur les enjeux environnementaux ? Expliquez votre réponse.

○ Vous sentez-vous concernés par les enjeux environnementaux décrits par les médias ? Si oui, comment ?

○ Selon vous, les médias peuvent-ils inciter les citoyens à agir en faveur de la protection de l'environnement ? Justifiez votre réponse.

Sanction Peine infligée à ceux qui désobéissent aux lois, commettent une infraction ou ont un comportement répréhensible.

2.2 Des sanctions possibles au niveau national

Les États ont le devoir d'assurer la régulation environnementale à l'aide de lois et de normes. Ils s'appliquent à négocier des accords internationaux. Ils érigent des normes et des règles relatives à l'environnement et veillent à les faire respecter. Les États peuvent exercer des sanctions contre ceux qui violent les lois environnementales en vigueur. Outre les sanctions, les États peuvent offrir des processus d'accompagnement et d'information pour aider les citoyens et les entreprises à respecter les normes qu'ils ont établies.

88 Des sanctions pour ceux qui ne respectent pas les lois relatives à l'environnement

Certains États, comme le Sénégal, traduisent leurs engagements internationaux en matière environnementale par des mesures politiques. Ils peuvent ainsi définir des étapes dans la réalisation des objectifs qu'ils se sont fixés, ou infliger des sanctions à ceux qui enfreignent les normes ou les règles établies.

« Près de 80 % des entreprises affiliées au Syndicat professionnel des industries et des mines du Sénégal (Spids) ont des difficultés [à] se conformer aux dispositions de la législation sénégalaise, en termes de rejets des eaux polluées dans la mer, des déchets solides dans la nature, ou en matière de pollution de l'air. [...] Christian Basse, le président du Spids, a expliqué hier dans son allocution d'ouverture de l'atelier, que "le nouveau Code de l'environnement a introduit des concepts nouveaux tels que la législation sur les installations classées, les eaux usées, les déchets, etc., qui vont également entraîner des efforts considérables en matière d'infrastructure". Il a indiqué que le non-respect de la réglementation en matière de normes environnementales par les entreprises pouvait se traduire par "des sanctions civiles et pénales, des pertes de crédibilité et d'image, donc des risques de pertes de parts de marché, des risques de remise en cause de la pérennité de l'entreprise". »

Mohamed Gueye, « Pollution – Conformité aux normes légales : l'industrie sénégalaise à l'épreuve du Code de l'environnement », *Le Quotidien* [en ligne], 27 mars 2009, réf. du 16 avril 2009.

● À quoi s'exposent les entreprises qui désobéissent aux lois relatives à l'environnement ?

89 Une collaboration entre des États américains

Certains pensent que les changements dans le domaine de l'environnement ne peuvent se faire qu'aux niveaux national ou régional. C'est pourquoi quelques gouverneurs d'États américains ont adopté des politiques environnementales et des sanctions plus sévères que celles prévues par le gouvernement fédéral. Il y a quelques années, la Californie s'est dotée d'une politique environnementale et d'autres États ont fait de même peu après. Ici, le gouverneur de la Floride et celui de la Californie discutent des normes en matière de pollution, en 2007.

Selon vous, pourquoi certains États américains ont-ils décidé d'établir des sanctions plus sévères dans le domaine de l'environnement?

90 Une charte de l'environnement en France

En 2005, l'État français a inséré une charte de l'environnement dans la Constitution. Il s'est ainsi doté d'un cadre juridique qui permet de faire appliquer les normes, et qui définit les droits et les devoirs des citoyens français en matière d'environnement. Il peut punir ceux qui contreviennent à la Charte ou récompenser ceux qui protègent l'environnement. Par exemple, l'État a offert des «bonis écologiques» aux acheteurs de voitures neuves qui produisent moins de carbone, comme la voiture électrique photographiée ci-dessous.

Le fait d'adopter un cadre juridique dans le domaine de l'environnement facilite-t-il l'application de sanctions? Expliquez votre réponse.

91 Une amende fédérale imposée à des contrevenants, au Nouveau-Brunswick

Les États peuvent infliger une sanction à une compagnie qui ne respecte pas certaines lois ou conventions relatives à l'environnement.

«Aujourd'hui dans la Cour provinciale du Nouveau-Brunswick, la société J.D. Irving Limited a plaidé coupable à des accusations portées par Environnement Canada en vertu de la Loi sur la Convention concernant les oiseaux migrateurs de 1994. La société a été condamnée à payer une amende de 60 000 $ pour avoir enfreint à la Loi en détruisant huit nids de grands hérons pendant des activités d'exploitation forestière. La société doit également créer une zone tampon afin d'éviter toute autre activité d'exploitation forestière dans la région où les nids ont été endommagés.»

Environnement Canada, *La société J.D.Irving Limited plaide coupable à des accusations portées en vertu de la Loi sur la convention concernant les oiseaux migrateurs du gouvernement fédéral et est condamnée à payer une amende de 60 000 $* [en ligne], 2008, réf. du 22 avril 2009.

Comment un gouvernement peut-il s'assurer que les normes environnementales qu'il a établies seront respectées?

2.3 Des sanctions possibles au niveau international

Le Programme des Nations Unies pour l'environnement (PNUE) a pour mandat de faciliter la coopération entre les États et de mettre à leur disposition des outils (assistance technique, formations, secrétariat, services consultatifs dans le domaine du droit environnemental, etc.) susceptibles de les aider à atteindre leurs principaux objectifs environnementaux.

Toutefois, le refus de certains États ou de certaines entreprises de se conformer aux principes définis par le PNUE peut être dénoncé par l'opinion publique. Des organisations, ou des organismes, peuvent exercer des pressions sur eux pour les amener à appliquer les normes de protection de l'environnement.

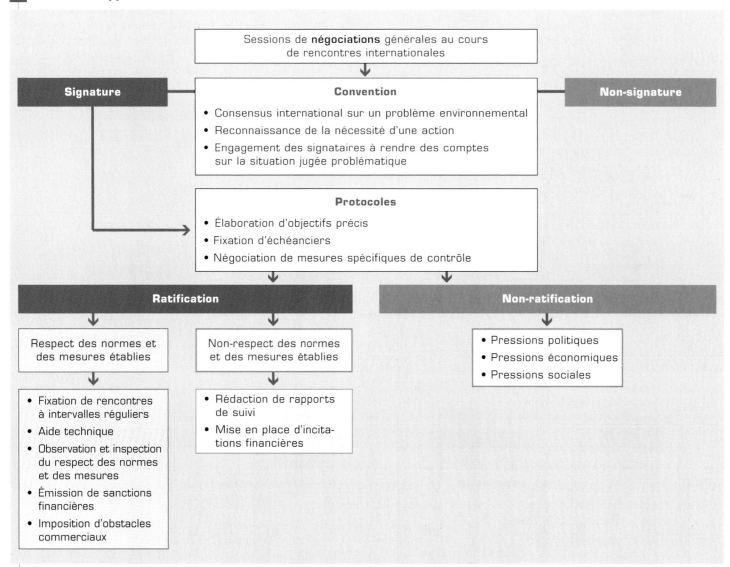

- Les conventions peuvent-elle être appliquées telles quelles? Expliquez votre réponse.
- À quoi s'exposent ceux qui ne ratifient pas les protocoles attachés à une convention?

Le PNUE n'a ni l'autorité ni les moyens d'obliger les signataires des accords et des conventions à appliquer les principes formulés au cours des négociations. Une seule organisation internationale détient un pouvoir d'action et un pouvoir de sanction: l'Organisation mondiale du commerce (OMC). Pour le moment, elle est la seule à pouvoir donner des sanctions juridiques et économiques à des États qui enfreignent les règles et les normes commerciales. Elle ne peut sévir contre des États qui ne respectent pas les normes environnementales. L'OMC dispose d'un organe de règlement des différends commerciaux (ORD) qui ressemble à un tribunal de commerce. Il existe une autre organisation internationale, la Cour pénale internationale (CPI), qui juge les individus seulement.

Plusieurs intervenants actifs dans le domaine de l'environnement souhaiteraient voir le PNUE se doter de ce genre de tribunal. Celui-ci aurait le pouvoir d'infliger des sanctions à ceux qui enfreignent les normes environnementales.

93 **Des pressions pour protéger l'environnement, au Brésil**

Les organismes de protection de l'environnement peuvent parfois amener les gouvernements à ratifier des conventions ou à appliquer les politiques environnementales qu'ils ont décidées. En 2009, des membres de l'organisation Greenpeace ont installé une banderole sur un pont au Brésil afin d'attirer l'attention du public et des autorités sur les enjeux liés aux changements climatiques.

94 **Existe-t-il de véritables sanctions ?**

• Pourquoi les individus et les organisations ayant subi un préjudice ou un dommage environnemental peuvent-ils difficilement obtenir une compensation ?

« Des centaines d'accords multilatéraux existent en droit international de l'environnement, mais rares sont les dispositifs juridiques effectifs, dotés de systèmes de sanctions dissuasives. La possibilité de recours des citoyens et des associations face à un préjudice environnemental demeure complexe et coûteuse, car il leur appartient d'établir à leurs frais la réalité d'un dommage. »

Atlas du Monde diplomatique : l'atlas de l'environnement, Armand Colin, 2008, p. 16.

95 **La reconnaissance des organisations internationales**

• Pourquoi certains États choisissent-ils de ne pas être membres de ces organisations internationales ?

Pour que les normes établies par les organisations internationales soient respectées, il faut d'abord que l'ensemble des États reconnaissent le pouvoir de ces organisations.

« Un des enjeux majeurs pour tous les organismes internationaux est qu'ils doivent être reconnus par tous les pays. Dans l'hypothèse où des pays majeurs n'y ont pas adhéré, leur représentativité en est singulièrement affaiblie. [...] Plus près de nous, quel est le poids du Conseil de sécurité de l'ONU quand les États-Unis décident de se passer de son aval pour aller faire la guerre en Irak ? Est-ce que la CPI [Cour pénale internationale] est universellement légitime puisqu'elle ne contient que 60 États – dans lesquels ne figurent pas les États-Unis ? Quelle est la portée de l'Accord de Kyōto dans la mesure où le gouvernement américain n'y a pas souscrit alors que les États-Unis, à eux seuls, consomment 25 % des ressources énergétiques [de la planète] [...] ? On peut penser a contrario que le renforcement plus ou moins inéluctable de ces institutions marginalise les États restés au-dehors et exerce une pression utile sur les événements du monde. »

Férone et autres, *Ce que le développement durable veut dire*, Éditions d'Organisation et ENSAM, 2004, p. 188.

QUESTIONS de point de vue   CD 2

1 À quoi s'exposent ceux qui enfreignent les lois et les normes environnementales aux niveaux local et régional ? Au niveau national ? Au niveau international ?

2 En quoi le débat concernant la création d'un tribunal juridique en environnement consiste-t-il ?

3 L'autorité des organisations internationales en environnement est-elle reconnue par tous les États ? Expliquez votre réponse.

3 Qui devrait être responsable de l'harmonisation des normes environnementales dans le monde ?

Il existe une multitude de normes environnementales qui sont appliquées de diverses façons aux niveaux local, national et international. Toutefois, aucune organisation internationale n'a le pouvoir d'obliger un État à ratifier un accord ou à appliquer les mesures qui ont été établies. Pour arriver à une harmonisation des normes environnementales, il faut une coopération entre les États et une volonté commune d'assurer le développement durable. Cependant, même si la majorité des États s'entendent sur ce point, la façon d'y parvenir ne fait pas consensus. En effet, la multiplication des normes et la difficulté à les appliquer entraîne une réflexion sur la responsabilité de la gestion de l'environnement.

3.1 Une organisation centralisée en matière d'environnement

De nombreux intervenants souhaitent la création d'une organisation internationale en environnement. Selon eux, la mise en place d'une organisation centralisée dotée d'un organe de règlement semblable à celui que possède l'OMC pourrait permettre de trouver des solutions globales. Elle pourrait également faire respecter les normes environnementales en recourant à des incitatifs ou à des sanctions. Ceux qui défendent ce projet insistent sur le fait qu'une telle organisation aiderait à jeter les bases d'un droit international de l'environnement.

96 | **La France se prononce en faveur d'une OME**

En février 2007, Jacques Chirac, alors président de la France, réunit plusieurs intervenants à Paris à l'occasion de la Conférence de Paris pour une gouvernance écologique mondiale. Dans son discours, aussi connu sous le nom d'« Appel de Paris », Jacques Chirac fait part de la volonté des participants de créer une Organisation mondiale de l'environnement (OME). Il déclare notamment ce qui suit : « Nous, citoyens de tous les continents [...], appelons à transformer le Programme des Nations Unies pour l'environnement en une véritable organisation internationale à composition universelle. »

CITOYENS DE LA TERRE
Conférence de Paris pour une gouvernance écologique mondiale

97 | **Pour une gouvernance mondiale en environnement**

Le Sénat français explique en quoi une Organisation mondiale de l'environnement (OME) pourrait être utile.

« La gouvernance mondiale actuelle apparaît déséquilibrée : alors que des organisations internationales puissantes gèrent les dossiers économiques (OMC, FMI), et que les préoccupations sociales sont portées par l'OMS et l'OIT, l'environnement semble être un secteur négligé, puisque qu'aucune organisation internationale spécialisée n'en a la charge. [...] Une éventuelle OME aurait pour première mission de centraliser le secrétariat des différents accords environnementaux. Cette rationalisation des structures serait source de gains d'efficacité. [...] Outre les gains d'efficacité administrative [...], elle [l'OME] favoriserait la surveillance mutuelle entre États, et par là, encouragerait le respect des engagements souscrits. La collecte et la publication de données fiables et incontestables en matière d'environnement permettrait de jouer sur les effets de "réputation" et inciterait les États à appliquer les accords environnementaux. »

Serge Lepeltier, « Rapport d'information n° 233 (2003-2004) », *Délégation du Sénat pour la planification* [en ligne], 2004, réf. du 16 avril 2009.

- Quelle serait la mission de l'OME ?
- En quoi cette organisation serait-elle utile ?

Un organisme de protection de l'environnement se déclare en faveur de la mise sur pied d'organisations assurant une gouvernance mondiale de l'environnement.

« Pour que le droit contribue à écarter les guerres de l'énergie, la privatisation et la dégradation alarmantes de notre environnement, une institution internationale solide, légitime et démocratique s'impose. Or, force est de constater qu'elle n'existe pas : l'ONU a omis de se doter d'une institution spécialisée pour la protection de l'environnement. Le Programme des Nations Unies pour l'environnement (PNUE), [...] n'est pas à la hauteur des enjeux. Au niveau international, les compétences liées à l'environnement sont trop dispersées et trop faibles. Géré par tout le monde, l'environnement n'est en fait protégé par personne. Face à un système de gouvernance de l'environnement sans cohérence ni vision d'ensemble, fragmenté et opaque, manquant d'autorité et de légitimité, il est temps de créer une Organisation mondiale de l'environnement ! »

APE, *Créons l'Organisation mondiale de l'environnement* [en ligne], réf. du 22 avril 2009.

- À quoi servirait cette organisation internationale ?
- Selon le texte, pourquoi le PNUE est-il peu efficace ?

3.2 Des organismes responsables aux niveaux local, régional et national

Certains États, comme la France et l'Allemagne, militent en faveur de la création d'une OME. D'autres États, quant à eux, estiment que les normes environnementales doivent être appliquées à un niveau tant local que régional et national. Ces intervenants préfèrent des politiques nationales ou locales, qui peuvent avoir des effets directs sur les espaces dégradés, plutôt que de multiples accords internationaux, souvent préparés par un petit nombre de pays développés.

Certains États, ou pays, préfèrent travailler ensemble à mettre en place des normes environnementales qui servent leurs intérêts plutôt que de participer à la création d'une OME.

« Critiques à l'égard de la coopération multilatérale, [certains] pays [dont les États-Unis et la plupart des pays en développement] entendent préserver la prééminence des initiatives volontaires et des accords bilatéraux. Ils ne sont pas prêts à se laisser imposer de nouvelles contraintes légales, politiques ou financières. Ils s'opposent à la création d'institutions pouvant interférer dans les négociations commerciales. Enfin, considérant les institutions onusiennes inefficaces, ils appréhendent les obstacles administratifs et les négociations nécessaires pour fonder une OME. [...] Les pays en développement, pour leur part, craignent de se voir imposer des normes environnementales définies par des pays industrialisés, qu'ils perçoivent comme autant de barrières au développement économique et social. [...] Les organismes intergouvernementaux sont opposés à l'idée d'une OME. [...] Ayant développé leurs propres compétences dans le domaine de l'environnement, elles craignent de perdre pouvoir, financements, compétences et indépendance et de voir se créer de nouveaux réseaux hiérarchiques, modifiant les rapports de force en leur défaveur. »

Tubiana et autres, « Gouvernance internationale de l'environnement : les prochaines étapes », *IDDRI* [en ligne], 2005, réf. du 17 février 2009.

- Pourquoi certains États, ou pays, se montrent-ils critiques à l'égard de la coopération multilatérale ?

L'Accord de libre-échange nord-américain (ALENA), entré en vigueur dans les années 1990, a entraîné la création de la Commission nord-américaine de coopération environnementale (CCE). En créant cette commission, l'ALENA tente de favoriser la collaboration entre les ONG et les gouvernements sur des questions environnementales qui les touchent directement. Par exemple, le Canada a obtenu l'accord du Mexique et des États-Unis pour élaborer un plan d'action de gestion écologiquement rationnelle des déchets dangereux, comme les BPC.

Même si les problèmes environnementaux peuvent être traités à plusieurs niveaux, la création d'une OME pourrait par ailleurs aider à la gestion mondiale de l'environnement.

« Il est établi que les enjeux de l'environnement sont planétaires et que notre patrimoine naturel est mondial. Pourtant, il faut trouver le bon périmètre pour régler les problèmes : par exemple, la communauté de communes pour gérer l'eau, le département pour l'élimination des déchets, la nation pour les transports des marchandises, le continent pour la préservation de la diversité biologique. Et qu'en est-il d'une autorité mondiale dans le domaine de l'environnement ? Si l'ONU tente de prévenir les conflits des hommes, sans doute notre siècle devra-t-il à son tour créer une instance planétaire capable de prévenir les désastres environnementaux. »

Henri Proglio (sous la direction de), *Les 100 mots de l'environnement*, PUF, 2007, p. 70.

> • Selon vous, à quel niveau les problèmes environnementaux peuvent-ils être réglés ? Justifiez votre réponse.

102 **La souveraineté brésilienne**

De nombreuses organisations environnementales ont milité en faveur de la protection des forêts de l'Amazonie. Toutefois, l'État brésilien estime qu'il lui appartient de régler ce dossier. Il refuse donc que la protection de l'Amazonie fasse l'objet de négociations internationales. En affirmant sa souveraineté, le Brésil valorise les solutions locales et nationales. Le gouvernement a notamment mis en place un organisme (Institut brésilien de l'environnement et des ressources naturelles renouvelables), qui est doté d'une force policière et qui a la responsabilité de protéger les forêts amazoniennes.

> • Au Brésil, qui est responsable de la protection des forêts de l'Amazonie ? Pourquoi ?

3.3 La responsabilité environnementale

Comme la communauté internationale ne s'entend pas sur la façon d'appliquer les normes environnementales, plusieurs se demandent qui devrait être chargé de les harmoniser et de les faire respecter.

Un principe du **droit de l'environnement** précise que chacun a l'obligation de protéger l'environnement, soit en usant de mesures préventives soit en réparant un dommage déjà causé. C'est ce qu'on appelle la responsabilité environnementale. Ce principe est applicable lorsque des intervenants acceptent ou refusent de respecter des normes environnementales déjà établies.

Le concept de pollueur-payeur, par exemple, s'appuie sur ce principe de responsabilité environnementale puisqu'il responsabilise les entreprises ou les États les plus pollueurs. Ainsi, lorsqu'un dommage environnemental est causé, celui qui en est l'auteur doit payer les frais liés à la réparation, en plus de participer à l'élaboration d'un plan de prévention. Ces sanctions devraient inciter les pollueurs à adopter ou à respecter des normes de production et de gestion, et même à en créer d'autres, plus adaptées à leur réalité. Le principe de la responsabilité environnementale constitue donc, aux yeux de plusieurs, un excellent moyen d'assurer l'application des normes environnementales.

Droit de l'environnement
Droit qui a pour objet d'élaborer des règles juridiques concernant la protection, la gestion et la préservation de l'environnement. Ce droit s'exprime par des lois environnementales créées par certains États. Les jugements mènent la plupart du temps à des recommandations publiques.

103 Un marché du carbone, à Montréal

Afin de diminuer les inquiétudes au sujet des changements climatiques, un certain nombre de pays se sont dotés d'une bourse du carbone. Cette mesure a pour but d'amener les pays qui sont de gros émetteurs de CO_2 à réduire leurs rejets. Ainsi, les entreprises inscrites à ces bourses qui dépassent leurs objectifs de réduction de rejets de CO_2 peuvent vendre des crédits d'émission à d'autres entreprises qui ne les atteignent pas. Le but visé est de faire augmenter le prix de la tonne de carbone au point où il devient plus avantageux d'investir dans le développement durable et d'appliquer les normes environnementales que d'échanger des crédits d'émission. Le Marché climatique de Montréal (MCex) a émis ses premiers titres en mai 2008.

104 Le prix Pinocchio

Chaque année, l'organisation Les Amis de la Terre remet le prix Pinocchio du développement durable à des entreprises qui, selon elle, manquent à leurs responsabilités en matière d'environnement.

105 Les positions en matière de prévention et de réparation des dommages environnementaux

Le principe de la responsabilité environnementale est souvent invoqué lorsque des entreprises ne suivent pas les normes concernant l'environnement.

« Deux positions sont généralement défendues en matière de prévention et de réparation des dommages écologiques. La plus courante considère qu'il revient aux collectivités de réparer les dommages causés par les industries et le progrès technique, au nom du fait qu'ils contribuent à la croissance de l'économie. La seconde thèse, en revanche, plaide en faveur d'un régime de responsabilité environnementale appliquant en amont le principe pollueur-payeur: l'exploitant industriel qui peut agir sur les causes d'une pollution doit être mis en demeure de le faire. C'est l'objet de la directive européenne du 2 avril 2004 sur la responsabilité environnementale, dont la laborieuse transposition suscite une levée de boucliers parmi les industriels concernés. »

Atlas du Monde diplomatique : l'atlas de l'environnement, Armand Colin, 2008, p. 16.

- Quelles sont les positions défendues en matière de prévention et de réparation des dommages écologiques, ou environnementaux ?

QUESTIONS de point de vue — CD 2

1. Quels seraient les avantages et les inconvénients liés à la création d'une Organisation mondiale de l'environnement (OME) ?

2. Pourquoi certains intervenants mettent-ils au premier plan la gestion locale, régionale et nationale de l'environnement ?

3. Qu'est-ce que la responsabilité environnementale ?

4. Qui devrait avoir la responsabilité d'établir des normes environnementales et de les faire respecter ?

Dans le monde, il existe une grande variété de normes environnementales, qui reflète les différences entre les intérêts, les besoins et les buts de chacun des intervenants. Toutefois, cette multitude de normes rend la protection de l'environnement plus complexe. C'est pourquoi l'harmonisation de ces normes représente un enjeu qui soulève plusieurs débats. Bien que la population s'accorde généralement sur la nécessité de les harmoniser, les différents intervenants (États, entreprises, ONG, etc.) ne s'entendent pas sur la façon d'y arriver.

Certains États, ONG et citoyens estiment que seules les normes établies par des organisations internationales devraient être retenues parce qu'elles concernent des problèmes globaux. D'autres intervenants sont d'avis que les normes devraient être définies à une plus petite échelle (locale, régionale et nationale), ce qui permettrait de répondre à des préoccupations réelles et directement liées à la dégradation de l'environnement. La question de la gouvernance mondiale en matière d'environnement amène donc des points de vue contradictoires.

Une gouvernance mondiale en matière d'environnement est-elle souhaitable ?

106 La régulation environnementale

Le 24 octobre 2008, des représentants de plusieurs États se sont rencontrés à Beijing, en Chine, pour discuter entre autres des enjeux liés aux changements climatiques.

1. Les intervenants qui expriment leurs points de vue dans les documents qui suivent prennent part au débat sur la gouvernance mondiale en matière d'environnement. En prévision d'un débat en classe sur cet enjeu, interprétez leurs positions à l'aide des questions suivantes.

   • Qui sont les auteurs des documents ?

   • Quelle est leur position ?
      – Semblent-ils favorables ou défavorables à une gouvernance mondiale en matière d'environnement ?
      – Pensent-ils que les normes environnementales doivent être appliquées aux niveaux local, régional et national, ou au niveau international ?
      – Comment justifient-ils leur position ? Quels sont leurs arguments ?
      – Quelles solutions proposent-ils pour harmoniser les normes environnementales ?

   • Trouvez dans les différents médias d'autres arguments pertinents susceptibles de vous aider à mieux comprendre l'enjeu.

2. En vous basant sur les documents présentés ci-après et sur ceux que vous aurez recueillis, organisez un débat sur les questions suivantes.

   a) Une gouvernance mondiale en matière d'environnement est-elle souhaitable ?

   b) À quel niveau l'application des normes environnementales est-elle la plus efficace ?

107 **Les États-Unis préfèrent intervenir aux niveaux national, régional et local**

« D'après un sondage réalisé au niveau national par Duke University, huit Américains sur dix se déclarent favorables aux mesures de protection de l'environnement. Une telle majorité se préoccupant de cette question, les autorités américaines ont lancé de nombreuses initiatives de protection de l'environnement, aux niveaux national, régional et local. [...] Les gouvernements des États ont une large palette d'instruments à leur disposition – fort pouvoir de contrôle sur les fournisseurs d'énergie, sur les normes et codes de construction, incitations fiscales, plans de répartition des sols entre terres agricoles et constructibles [...]. Ils utilisent ces instruments pour améliorer la qualité de l'air, réduire les embouteillages, garantir la fourniture d'énergie et sa fiabilité, et améliorer la qualité de vie de leurs concitoyens tout en ouvrant de nouveaux créneaux au marché de l'emploi. [...] Les villes sont dans une position unique pour stimuler le recours aux énergies renouvelables et à la construction durable. Elles peuvent concevoir des paysages urbains au meilleur rendement énergétique, se doter de systèmes de transport en commun, réduire l'usage de la voiture et inciter les entreprises à passer à des carburants plus propres. »

Ambassade des États-Unis d'Amérique en France, *La protection de l'environnement aux États-Unis* [en ligne], réf. du 17 février 2009.

 108 **Le secrétaire général de l'ONU se prononce en faveur d'une action internationale**

« Ces questions ne connaissent pas de frontières. La protection de l'environnement mondial va bien au-delà des capacités des pays individuels. Seule une action internationale, concertée et coordonnée, sera à même d'y parvenir. Le monde a besoin d'un système plus cohérent en matière de gouvernance environnementale internationale. [...] Il nous incombe d'adopter une action conjointe à l'échelle mondiale pour faire face aux changements climatiques. »

Ban Ki-moon, PNUE, *Géo 4 L'environnement pour le développement* [en ligne], 2007, p. XVI, réf. du 28 avril 2009.

109 **Alain Juppé, ancien premier ministre de France, juge qu'une OME serait utile à la communauté internationale**

« Tout le monde est sensible au grand désordre de la situation actuelle. On a recensé 500 accords internationaux portant sur des questions environnementales, dont 200 de portée planétaire, et 18 organisations diverses dont le Programme des Nations Unies pour l'environnement. L'idée de regrouper ces différentes instances pour éviter les doubles emplois et les surcoûts est difficilement récusable. La démarche doit être pragmatique, il ne s'agit pas de tout bouleverser. Nous avons proposé de prendre appui sur le Programme des Nations Unies pour l'environnement, dont le siège est actuellement à Nairobi, pour essayer de le faire évoluer vers une véritable organisation, du type de l'OMS. »

François Armanet et Gilles Anquetil, « Vers une gouvernance mondiale ? », *Les débats de l'Obs.*, *Le Nouvel Observateur* [en ligne], février 2007, réf. du 16 avril 2009.

 110 **Un spécialiste se prononce contre la création d'une organisation mondiale de l'environnement**

« La création d'un organisme mondial sur l'environnement est une "fausse bonne" idée selon M. Le Prestre. En effet, il est difficile d'obtenir un consensus sur les normes à poursuivre. De plus, le fait de centraliser ne permet pas de refléter la nature des problèmes environnementaux qui touchent certains États en particulier (comme le cas des pluies acides*). Tandis que lorsqu'il y a fragmentation, cela permet aux États de choisir les forums qui touchent plus personnellement les enjeux environnementaux auxquels ils font face. »

* Les pluies acides ont, dans les années 1990, fait l'objet d'un accord environnemental sur la qualité de l'air entre le Canada et les États-Unis.

Jennifer Samson, « Création d'un organisme mondial sur l'environnement », Colloque sur la gouvernance en environnement : l'impact des décideurs, *Université de Sherbrooke* [en ligne], 2008, réf. du 17 février 2009.

PISTES D'ACTION

« Dans un environnement qui change, il n'y a pas de plus grand risque que de rester immobile. »

Jacques Chirac

De nombreux intervenants (États, ONG, organisations internationales, entreprises, citoyens, etc.) proposent différentes solutions pour harmoniser les normes environnementales tant au niveau local, que régional, national et international. En s'efforçant de tenir compte des intérêts, des besoins et des objectifs de chacun, ils cherchent à assurer un développement durable.

Voici quelques exemples d'actions visant à harmoniser et à appliquer au mieux les normes environnementales :

- se renseigner sur les accords environnementaux en vigueur et les normes s'y rattachant et signaler, s'il y a lieu, le non-respect des normes environnementales ;
- faire pression, en tant que consommatrice ou consommateur, sur les entreprises pour les amener à suivre ces normes ;
- acheter des produits portant des étiquettes qui indiquent que les fabricants se conforment aux normes environnementales établies.

Les documents suivants présentent des formes d'action entreprises par divers intervenants. Pour chacune des actions décrites, répondez aux questions ci-dessous.

1. Qui sont les intervenants qui ont lancé cette action ?
2. À quel(s) niveau(x) (local, régional, national ou international) se situe l'action des intervenants ?
3. Comment les intervenants comptent-ils s'y prendre pour faire respecter les normes environnementales ?
4. Quelles sont les solutions proposées ?
5. Selon vous, les solutions suggérées sont-elles efficaces ? Peuvent-elles avoir des répercussions à l'échelle de la planète ? Pourquoi ?
6. Avez-vous d'autres pistes de solution à suggérer ?

Des citoyens qui doivent respecter des normes de construction

Les États et les entreprises ne sont pas les seuls à devoir suivre des normes environnementales. Les citoyens aussi, dans leurs actions, ont ce devoir. Dans le domaine de la construction au Québec, le ministère du Développement durable, de l'Environnement et des Parcs (MDDEP) exige que les propriétaires désireux d'installer un puits artésien sur leur terrain demandent un permis à la municipalité. Celle-ci délivre le permis seulement après s'être assurée que la construction du puits se fera selon les normes. Il faut, par exemple, que les propriétaires construisent le puits à une distance déterminée du système de traitement des eaux usées. Une fois les travaux terminés, ils doivent faire analyser un échantillon d'eau dans un laboratoire accrédité par le MDDEP.

Des ONG privées fixent leurs propres normes

Les principes énoncés dans certains accords ou conventions doivent se traduire dans des actions concrètes. Il est parfois difficile d'imposer des normes à des États souverains. Cependant, il est possible, pour des organismes privés, d'examiner ces accords et d'en tirer des normes. Celles-ci peuvent ensuite être adoptées par différents États et entreprises. C'est le cas de l'organisme indépendant PEFC (Programme for the Endorsement of Forest Certification Schemes) qui, à l'aide d'un label de certification, fait la promotion du développement durable des forêts.

Des conférences et des partenariats

Certains pays tiennent des réunions ou des conférences qui ont pour but d'harmoniser les normes environnementales. Ainsi, en 2003, l'Union européenne, les États-Unis, la Chine et le Japon ont conclu un accord de partenariat sur la pollution atmosphérique due aux transports. Les entreprises peuvent ensuite s'efforcer de créer des produits qui satisfont aux normes établies par les États signataires.

« L'Union européenne, les États Unis, la Chine et le Japon à la même table, cela n'arrive pas très souvent, c'était à Milan le 10 décembre, et qu'est-ce qui a réuni tous ces pays: la pollution atmosphérique causée par les transports. À l'heure où les futures normes EURO 5 sont encore en cours d'élaboration [...], il est néanmoins clair à tous que les problématiques de la pollution atmosphérique sont des questions globales, qui ne pourront être résolues qu'à un niveau mondial. C'est ce qui a motivé ces différents pays pour mettre en place "une plate-forme scientifique commune de mesure et d'étalonnage de la pollution atmosphérique due au trafic".

Cette démarche commune fournira une base où les pays signataires pourront puiser des informations, tant sur les véhicules, que les carburants et émissions qu'ils produisent, mais aussi les manières de tester les véhicules ainsi que de mesurer leurs émissions. À terme, ce que tous les industriels attendent est bien sûr une norme internationale unique. »

Moteur Nature, *Des normes anti-pollution mondiales ?* [en ligne], réf. du 17 février 2009.

Les écotaxes

Pour atteindre les objectifs environnementaux fixés, certains États taxent les industries et les entreprises qui causent des dommages environnementaux. Les États veulent aussi du même coup encourager les « bonnes conduites ». Faciles à administrer, ces taxes sont de plus en plus utilisées dans les pays industrialisés. En outre, l'État réinvestit le produit des taxes dans des politiques de protection de l'environnement.

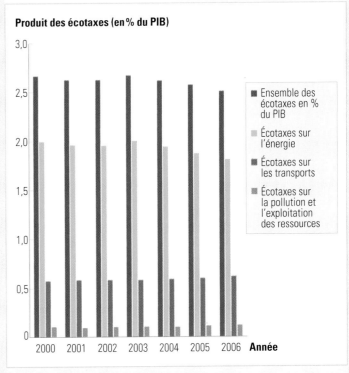

Eurostat, *Le produit des écotaxes* [en ligne], réf. du 16 avril 2009.

À la place de...   CD 2

Répondez à la question suivante en vous basant sur ce que vous avez appris dans ce chapitre.

Si vous étiez à la place de chacun des intervenants suivants, comment pourriez-vous faciliter l'application des normes environnementales dans la société ?

- ☑ Propriétaire d'entreprise
- ☑ Politicienne ou politicien
- ☑ Journaliste
- ☑ Environnementaliste
- ☑ Mairesse ou maire d'une municipalité

SYNTHÈSE

LE PROBLÈME

Gérer l'environnement, une préoccupation mondiale

La croissance mondiale entraîne la dégradation de l'environnement, ce qui menace les écosystèmes et le développement humain.

Le développement durable : l'origine du concept

L'**interdépendance** entre le développement humain et l'environnement est une préoccupation mondiale depuis les années 1970.

Le **développement durable** englobe deux préoccupations : l'écart de richesse et la dégradation de l'environnement.

La coopération entre les pays est essentielle pour atteindre un développement durable.

Les États, des acteurs clés dans la gestion de l'environnement

Les États ont la **responsabilité** d'assurer la **régulation** environnementale.

Les organisations internationales coordonnent les actions impliquant plusieurs États.

Les accords internationaux portent sur différents problèmes.

La gestion de l'environnement, une responsabilité partagée

La gestion de l'environnement repose sur les choix des États, des individus, des entreprises et des groupes environnementaux.

Quelle est l'importance de la coopération internationale dans la gestion de l'environnement ?

La pollution ne connaît pas de frontières. De plus, les États ne disposent pas des mêmes moyens pour faire face à la détérioration de l'environnement.

Quelle est la portée des accords internationaux ?

L'environnement continue de se dégrader en raison de l'absence de volonté politique et du manque de ressources financières, notamment. Certains accords ont néanmoins eu des effets positifs.

Qu'est-ce qui motive les choix en matière de gestion de l'environnement ?

Les choix des États sont motivés par les valeurs de la société et par l'importance accordée à un problème.

Différentes raisons motivent les choix des entreprises (respect des lois, baisse des coûts, pressions du public, etc.).

Différentes raisons incitent des communautés à adopter un Agenda 21 local (image de la municipalité, pressions populaires, etc.).

Combien coûte la protection de l'environnement ?

Certains États et entreprises investissent des sommes importantes dans la protection de l'environnement.

L'analyse des coûts de la protection de l'environnement devrait aussi tenir compte des coûts sociaux liés à sa dégradation.

Quelles sont les conséquences de la mondialisation sur la gestion de l'environnement ?

La croissance économique et l'augmentation des échanges internationaux engendrent des problèmes environnementaux.

La compétition peut inciter des États ou des multinationales à adopter des normes plus ou moins sévères.

Par ses choix de **consommation**, la société civile peut influencer les choix des multinationales.

> **Les choix économiques, politiques et sociaux doivent être guidés par le principe de développement durable.**

Étude de cas : les changements climatiques

La plupart des pays de l'Union européenne prévoient atteindre les objectifs du protocole de Kyōto de 1997.

Les États-Unis et le Canada estiment que le respect des objectifs de Kyōto nuirait à leur économie. La position des États-Unis change toutefois depuis l'élection de Barack Obama à la présidence du pays.

Les pays en développement refusent de se faire imposer des contraintes craignant que celles-ci compromettent leur développement.

LES ENJEUX

ENJEU 1 L'UTILISATION ET LA CONSOMMATION DES RESSOURCES

Comment concilier la gestion durable des ressources et le développement économique?

Les pays industrialisés surconsomment, alors que les populations des pays en développement peinent à subvenir à leurs besoins.

Certaines ressources pourraient s'épuiser, ce qui nuira aux écosystèmes et au développement humain.

Certains estiment que l'environnement devrait faire partie des stratégies de production.

Est-il possible d'utiliser et de consommer des ressources de façon durable?

Les activités humaines dépendent de l'utilisation de ressources.

La surconsommation des combustibles fossiles provoque des problèmes environnementaux. La production d'énergie renouvelable constitue une option.

La surconsommation de l'eau conduit à des pénuries qui entravent le développement de certains pays. Réduire la consommation d'eau s'avère une solution.

L'utilisation intensive des terres et des produits forestiers mène à la dégradation des sols et des écosystèmes. La restauration des terres et des couverts forestiers est envisageable à long terme.

La surconsommation de produits alimentaires est inconciliable avec le développement durable. Les consommateurs peuvent influencer la façon dont les producteurs utilisent les ressources nécessaires à la production d'aliments.

Une meilleure gestion des déchets et l'adoption de nouveaux modes de consommation font partie des solutions globales pour régler les problèmes de surconsommation.

ENJEU 2 L'HARMONISATION DES NORMES ENVIRONNEMENTALES

Est-il possible d'établir des normes environnementales mondiales?

De nombreux accords, ententes et conventions prescrivent des normes et des mesures pour protéger l'environnement.

Les normes varient selon les besoins des différents intervenants, ce qui complique leur application.

Des États ou organisations instaurent des systèmes de certification que les entreprises sont libres d'adopter.

Comment faciliter l'application de normes environnementales?

Les ententes, conventions et accords sont peu contraignants.

Des sanctions sont appliquées à différents niveaux. Aux niveaux local et régional, les municipalités définissent des normes qui servent à établir des règlements. Au niveau national, les États fixent des lois et sanctionnent ceux qui ne les respectent pas.

Au niveau international, le PNUE a pour mandat de faciliter la coopération entre États, mais il n'a pas de pouvoir de sanction.

Les individus et les groupes environnementaux peuvent dénoncer les entreprises ou les États fautifs.

Qui devrait être responsable de l'harmonisation des normes environnementales dans le monde?

Il n'existe pas de consensus quant à la façon de protéger l'environnement.

Certains souhaitent la création d'une organisation centralisée chargée de faire respecter les normes.

D'autres préfèrent que des politiques soient adoptées aux niveaux local, régional ou national.

D'autres encore estiment que les pollueurs devraient être tenus de réparer les dommages qu'ils ont causés.

ACTIVITÉS de synthèse

1 **Un graphique qui en dit long** `CD 1`

Quel est le lien entre la croissance de la population mondiale et la dégradation de l'environnement ?

a) Réalisez un diagramme sur le lien entre la croissance de la population mondiale et la dégradation de l'environnement.
  - Trouvez des données sur l'augmentation de la population mondiale.
  - Trouvez des données sur les émissions de gaz à effet de serre. Attention, les dates doivent correspondre à celles trouvées pour la population.
  - Créez votre diagramme. N'oubliez pas le titre, la légende et les sources.
  - Écrivez un court texte afin d'expliquer ce que votre diagramme illustre.

b) À partir de votre diagramme, que pouvez-vous dire sur le lien entre la croissance de la population mondiale et la dégradation de l'environnement ?

2 **L'environnement : le reflet d'une époque** `CD 1`

a) Créez un repère temporel dans le but de présenter les principaux événements en lien avec la gestion de l'environnement depuis la seconde moitié du xxᵉ siècle. N'oubliez pas d'y inclure les éléments suivants :
  - les principaux documents qui ont influencé la communauté internationale ;
  - les principaux sommets et conférences ;
  - les principaux accords et conventions signés ou ratifiés ;
  - les principales études publiées sur des problèmes environnementaux.

b) En vous servant des informations disposées sur votre repère temporel, répondez à la question suivante : Les problèmes environnementaux abordés dans la seconde moitié du xxᵉ siècle sont-ils toujours d'actualité ? Expliquez votre réponse.

3 **Des choix en matière d'environnement** `CD 1`

Quels acteurs de la société sont appelés à faire des choix en matière de gestion de l'environnement ?

a) Pour chacun des acteurs identifiés :
  - relevez leurs points de vue et leurs intérêts quant à la gestion de l'environnement ;
  - précisez leurs moyens d'action (lois, pétitions, certifications, etc.) ;
  - donnez des exemples d'interventions (ou de pistes de solution proposées) sur les plans politique, économique ou social.

b) Selon vous, quels acteurs de la société peuvent avoir le plus d'influence en matière de gestion de l'environnement ? Expliquez votre réponse.

4 **Le développement durable** `CD 1`

a) Donnez votre propre définition du développement durable.
b) Liez les concepts suivants à votre définition du développement durable :
  - les modes de consommation ;
  - la dépendance à l'environnement ;
  - la régulation environnementale ;
  - la responsabilité environnementale.

5 Le développement économique et l'environnement CD 1

a) Quel est le lien entre la mondialisation et l'environnement ? Pour répondre à cette question, observez les photographies ci-dessous et précisez les conséquences économiques, politiques et sociales de la mondialisation sur l'environnement.

b) Quels choix devraient être faits pour permettre un développement durable dans le contexte de la mondialisation ?

Une mine de charbon en Chine, en 2006.

Le Sommet sur l'aviation et l'environnement, en 2009.

Une mère et son fils dans un bidonville en Inde, en 2007.

6 Des choix de consommation CD 2 • Enjeu 1

Par leurs choix, les consommateurs peuvent-ils avoir une influence sur la gestion de l'environnement ? Pour répondre à cette question, concevez un schéma qui illustre le processus de production et de consommation d'une ressource naturelle.

a) Faites votre schéma à partir des étapes suivantes.
- Choisissez une ressource naturelle qui sert dans la production de nombreux biens de consommation (blé, coton, etc.).
- Choisissez un bien produit à partir de cette ressource.
- Présentez les étapes qui succèdent à la production du bien : emballage, mise en marché, etc.
- Ajoutez à votre schéma les étapes de la vie de la ressource une fois le produit utilisé : déchet, récupération, réutilisation, recyclage.

b) Si la demande du consommateur avait été différente, le processus de production et de consommation aurait-il été modifié ?

c) Une fois votre schéma terminé, répondez à la question suivante : Par leurs choix, les consommateurs peuvent-ils avoir une influence sur la gestion de l'environnement ?

7 Une question d'échelle CD 2 • Enjeu 2

a) Nommez des intervenants (États, ONG, entreprises, organismes internationaux, citoyens, etc.) qui agissent en matière environnementale aux échelles suivantes : locale, régionale, nationale et internationale.

b) Pour chacun des intervenants, trouvez des normes qu'ils peuvent appliquer.

c) Selon vous, y a-t-il une échelle où la mise en application des choix à faire en matière de normes environnementales est plus efficace ? Expliquez votre réponse.

OPTION PROJET

Reportez-vous au contenu du chapitre pour réaliser l'un des projets suivants.

PROJET 1 — CD 1 • CD 2 • Enjeu 1

L'information à l'origine de l'action

Vous travaillez dans un organisme de protection de l'environnement. Votre rôle consiste à renseigner la population sur la façon dont elle peut contribuer au développement durable dans votre municipalité ou votre quartier. Vous devez donc concevoir un feuillet d'information qui a pour objectif d'inciter la population à réduire sa consommation et, conséquemment, sa production de déchets.

Les étapes à suivre

1 Afin de préparer votre feuillet, renseignez-vous sur les problèmes environnementaux liés à la surconsommation de produits et de ressources au quotidien.

   a) Quels produits consommés quotidiennement nécessitent l'utilisation de ressources ? Par exemple, examinez une famille type et votre propre consommation.

   b) Quelles sont les ressources utilisées dans la fabrication de ces produits ?

2 Dressez le bilan des déchets que peut générer une famille.

   a) Quels déchets la famille génère-t-elle ?

   b) Comment pourrait-elle réduire son volume de déchets ?

3 Renseignez-vous sur les pratiques de gestion des déchets, de récupération, de réutilisation et de recyclage.

4 Démontrez les choix qui peuvent être faits par la municipalité pour mieux utiliser les ressources et en disposer dans une perspective de développement durable.

5 Prenez position en proposant des solutions qui permettront aux citoyens :

   a) de faire des choix durables quant aux produits qu'ils consomment ;

   b) de modifier leurs habitudes de consommation ;

   c) de mieux gérer leur volume de déchets afin de préserver les ressources.

6 Précisez comment le changement d'habitudes de consommation au niveau local peut avoir des répercussions à l'échelle de la planète.

7 Rédigez votre feuillet en utilisant les renseignements les plus pertinents.

Une activité de sensibilisation dans un éco-quartier de Montréal.

PROJET 2 — CD 1 • CD 2 • Enjeu 2

Une présentation sur l'environnement

En tant que représentant de votre pays, vous devez vous prononcer à propos de l'intervention, sur votre territoire, d'organisations internationales œuvrant dans le domaine de l'environnement. Vous devez exprimer votre position devant une assemblée composée de chefs d'État. Serez-vous pour ou contre une telle intervention ?

Les étapes à suivre

1 Pour bien préparer votre présentation, informez-vous sur les normes environnementales en vigueur et sur le droit à un environnement sain.

  a) Quelle forme les normes peuvent-elles prendre ?

  b) Un État est-il dans l'obligation d'appliquer une norme émise par une institution internationale ?

  c) Quels sont les pouvoirs des États en matière environnementale ?

Des ministres de l'Environnement lors du G8, en 2008.

2 Recensez les choix qu'a faits votre pays en matière environnementale et qui l'amènent à accepter ou à refuser l'autorité d'une organisation internationale.

  a) Décrivez les choix qui ont été faits en exposant les lois environnementales en vigueur dans votre pays.

  b) Précisez si ces lois portent sur les mêmes sujets que d'autres normes environnementales internationales.

  c) Donnez des informations sur les moyens dont vous disposez afin de gérer les problèmes environnementaux sur le territoire du pays que vous représentez.

  d) Expliquez l'importance de la question de la souveraineté en matière d'environnement pour votre pays.

  e) Précisez si les lois et les solutions mises en avant par l'État que vous représentez sont efficaces et donnez des exemples.

3 Rédigez votre présentation.

4 Exposez votre présentation.

5 Recueillez les commentaires et les réactions à la suite de votre présentation. Ces commentaires et réactions vous amènent-ils à remettre en question votre point de vue ? Expliquez votre réponse.

Chapitre 2

LA POPULATION

L'intensification de la mobilité des populations représente un des grands enjeux planétaires du XXIᵉ siècle. En effet, il y a aujourd'hui plus de personnes en mouvement que jamais auparavant dans l'histoire de l'humanité. En 2005, l'ONU estimait qu'il y avait près de 200 millions de migrants pour 6,5 milliards d'êtres humains, soit environ 3 % de la population mondiale. Cela signifie qu'une personne sur 35 vit hors de son pays natal. D'ici 2050, à eux seuls, les pays développés, qu'on appelle aussi « industrialisés », accueilleront près de 100 millions de nouveaux migrants.

Avec la mondialisation de l'économie et des communications, ce phénomène migratoire s'est amplifié pour atteindre toutes les régions du globe. De plus en plus de gens circulent pour trouver du travail, rejoindre leur famille ou fuir les persécutions. Que ce soit à l'extérieur ou à l'intérieur de leur pays d'origine, la plupart des migrants convergent vers les grands centres urbains. Ces mouvements entraînent d'importants changements économiques et sociaux dans les sociétés de départ et d'arrivée des migrants. L'expansion urbaine ainsi que les effets des migrations sur le monde du travail – et,

« Les personnes venues ou parties en migration ne sont pas d'éternels voyageurs sans attaches, mais des êtres qui emportent dans leurs bagages la mémoire et la culture d'un lieu de départ tout en étant au quotidien, avec dignité, aux prises avec les exigences d'une société d'accueil. »

Introduction à _ReTour de Babel,_ une exposition sur les migrants et le Luxembourg

SOMMAIRE

CONCEPTS

Concept central

□ Migration

Concepts particuliers

□ Culture □ Délocalisation □ Diaspora □ Réseau □ Urbanisation

Concepts communs

□ Interdépendance □ Mondialisation □ Pouvoir

Le marché à Delhi, en Inde (page précédente).

La frontière entre le Mexique et les États-Unis, la frontière la plus traversée du monde (à gauche).

Une manifestation en faveur des travailleurs clandestins à Paris, le 1er mai 2008 (au centre).

Tōkyō, la plus grande agglomération du monde, en 2007 (à droite).

LE PROBLÈME

Les impacts économiques et sociaux des migrations

ÉTAT DES LIEUX

CONCEPTS
□ Culture □ Interdépendance
□ Migration □ Réseau

1 Une population à la hausse

Pendant des milliers d'années, la population mondiale s'accroît lentement. Parfois, elle subit même des reculs importants à la suite d'épidémies ou de grandes famines. C'est le cas au XIVe siècle, lorsque l'épidémie de peste noire décime une grande partie de la population de l'Europe. À partir de la fin du XIXe siècle, le rythme de l'accroissement de la population mondiale s'accélère. Celle-ci double en moins d'un siècle, soit de 1850 à 1940. À la fin de 2008, l'ONU estimait à 6,7 milliards le nombre d'êtres humains sur la planète. Si les projections des démographes se révèlent justes, elle comptera plus de 9 milliards d'habitants en 2050.

1.1 Des facteurs d'accroissement naturel

La croissance de la population mondiale s'explique avant tout par la baisse du taux de mortalité. En effet, presque partout sur la planète, les progrès de l'hygiène et de la médecine permettent d'éviter un grand nombre de décès, particulièrement chez les jeunes enfants. À l'échelle mondiale, l'espérance de vie est passée de 46 ans en 1950 à 67 ans en 2005. Dans les pays développés, elle atteint même 76 ans. La plupart des pays d'Afrique **subsaharienne** demeurent toutefois à l'écart de la tendance générale : l'épidémie de sida continue de freiner la baisse du taux de mortalité ainsi que la hausse de l'espérance de vie, qui stagne autour de 50 ans.

Les démographes estiment qu'après avoir atteint 9,5 milliards d'habitants en 2050, la population mondiale se stabilisera. La baisse du taux de mortalité dans les pays en développement sera équilibrée par une diminution du nombre de naissances, comme c'est déjà le cas dans les pays développés.

Subsaharien Relatif à la partie de l'Afrique située au sud du Sahara.

1 Un jour de marché dans le vieux Delhi, en Inde

Avec 1,1 milliard d'habitants en 2005, l'Inde se place au deuxième rang des pays les plus peuplés, juste derrière la Chine, qu'elle dépassera en 2030. À elle seule, l'Inde comptera 18 % de la population mondiale en 2050.

● Selon vous, quels défis socioéconomiques les dirigeants de l'Inde auront-ils à relever d'ici 2030 ?

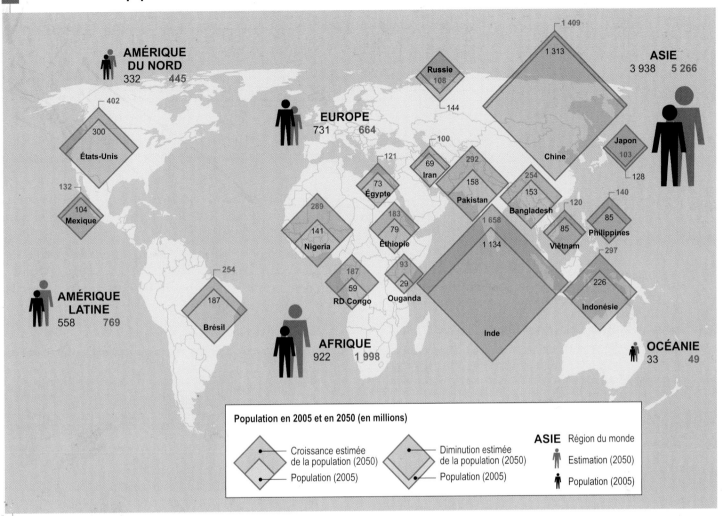

Population en 2005 et en 2050 (en millions)

Croissance estimée de la population (2050)
Population (2005)

Diminution estimée de la population (2050)
Population (2005)

ASIE Région du monde
Estimation (2050)
Population (2005)

D'après ONU, *World Population Prospects : The 2006 Revision* [en ligne], réf. du 24 février 2009.

- Quelles sont les régions du monde où la croissance est la plus forte ? La moins forte ?
- D'après vous, quelles sont les conséquences de ce déséquilibre ?

1.2 Une croissance inégale

À l'heure actuelle, la planète compte 200 000 habitants de plus chaque jour, soit 73 millions de plus annuellement. Toutefois, ce taux d'**accroissement naturel** global ne reflète pas la réalité de tous les pays. Certains enregistrent des hausses de population spectaculaires, alors que d'autres vivent au contraire des déclins démographiques importants. Par ailleurs, l'évolution démographique d'un pays dépend aussi de la dynamique des mouvements migratoires.

Avec 1,2 milliard d'habitants, la population des pays développés restera stable d'ici 2050. De ce groupe, seuls les États-Unis voient leur population croître de façon significative, grâce notamment à un taux de fécondité qui se situe près du seuil de renouvellement des générations, soit 2,1 enfants par femme. De plus, en raison de l'apport important que représentent les immigrants (un million par année), la population des États-Unis, qui était de 300 millions en 2005, atteindra 402 millions en 2050. Quant aux autres pays d'immigration traditionnels que sont l'Australie, le Canada et la Nouvelle-Zélande, ils devraient voir leur population se maintenir.

> **Accroissement naturel**
> Augmentation de la population par les naissances.

Malgré une forte immigration, plusieurs pays d'Europe connaîtront une baisse marquée de leur population, conséquence de leur faible taux de fécondité. Par exemple, la Russie vit un contexte politique, économique et social plutôt difficile depuis la fin du régime communiste, en 1989. Cette situation provoque un exode massif, une chute de la fécondité et une hausse de la mortalité. L'espérance de vie chez les hommes russes est passée de 64 ans en 1990 à 59 ans en 2005. L'immigration ne suffit pas à combler le déficit démographique. En conséquence, la population russe devrait passer de 144 millions d'habitants en 2005 à 108 millions en 2050.

Si la population demeure stable dans les pays industrialisés, dans le reste du monde elle passera de 5 milliards à 8 milliards en 2050. En Afrique, des taux de fécondité bien supérieurs au seuil de renouvellement vont permettre à la population de doubler d'ici les prochaines décennies.

Le recul de l'accroissement naturel dans les pays développés est lourd de conséquences. Il entraîne entre autres des pénuries de main-d'œuvre. Dans les pays en développement, au contraire, l'excédent démographique risque de dépasser les capacités d'absorption du marché du travail. Ce contexte met en évidence l'interdépendance économique des différentes régions du globe. En effet, c'est par les migrations que le trop-plein de travailleurs des pays à forte croissance démographique peut venir combler les besoins des pays industrialisés.

3 Des enfants d'une école maternelle de Tōkyō, au Japon

Avec un taux de 1,27 enfant par femme en 2005, le Japon présente un des plus faibles taux de fécondité du monde. De plus, les immigrants représentent moins de 2 % de la population japonaise. En comparaison, près de 20 % de la population du Canada est née à l'étranger.

4 Des données démographiques, en 2005

Pays	Taux de mortalité infantile (‰)	Taux de fécondité (nombre d'enfants par femme)	Espérance de vie (années)	Taux de croissance de la population (%)
Afrique du Sud	49,9	2,55	52	1,0
Canada	4,8	1,57	81	1,0
Chine	23,0	1,73	73	0,6
États-Unis	6,3	2,05	78	1,0
France	3,9	1,89	81	0,5
Inde	55,0	2,81	63	1,5
Japon	3,2	1,27	83	0
Mexique	16,7	2,04	76	1,1
Nigeria	109,5	5,32	47	2,3
Philippines	23,1	3,23	72	1,9
RD Congo	113,5	6,70	47	3,2
Russie	16,6	1,34	66	-0,5
Moyenne mondiale	49,4	2,55	67	1,2

D'après ONU, *World Population Prospects : The 2006 Revision* [en ligne], réf. du 9 février 2009.

● Quels aspects démographiques de l'Afrique et de l'Amérique du Nord sont les plus marqués ?

● Comment le Japon pourrait-il freiner son déclin démographique ?

1.3 Un monde vieillissant

La baisse de la natalité et la hausse de l'espérance de vie conduisent au vieillissement accéléré de la population mondiale. Presque partout dans le monde, le nombre de personnes âgées augmente. En 1950, on comptait 130 millions de personnes de 65 ans et plus. Elles seront 1,5 milliard en 2050. C'est toutefois dans les pays développés que cette tendance est la plus marquée : la part des plus de 65 ans passera de 15 % à 26 % en 2050.

La hausse rapide du nombre de personnes âgées et même très âgées (plus de 80 ans) dans les pays développés entraînera une augmentation des dépenses dans le domaine de la santé et des services sociaux. Toutefois, en raison de la baisse anticipée de la **population active**, moins de travailleurs pourront assumer ces coûts. Le vieillissement soulève d'autres problèmes, tels la pénurie de main-d'œuvre, le financement des programmes gouvernementaux, la dépopulation des zones rurales, etc. À long terme, c'est la croissance économique et les rapports entre les générations qui se trouvent menacés.

> **Population active** Partie de la population en âge de travailler et disponible à l'emploi.

1.4 Une population féminine en déficit

Dans certains pays, un déséquilibre démographique s'installe entre la population féminine et la population masculine. Ainsi, en Chine et en Inde, on compte respectivement 107 et 108 garçons pour 100 filles, alors qu'en Europe et en Amérique du Nord, le ratio moyen se situe à 95 garçons pour 100 filles. De plus, la Chine et l'Inde sont, avec le Pakistan, parmi les rares pays à afficher une mortalité infantile plus élevée chez les filles que chez les garçons.

Des raisons de culture et d'économie expliquent ce déséquilibre. En Inde, beaucoup de parents ne souhaitent pas avoir de fille afin d'éviter d'avoir à payer une dot. En Chine, les familles privilégient aussi les garçons parce qu'eux seuls peuvent accomplir certains rites religieux. En outre, comme la tradition veut que la jeune mariée quitte sa famille pour celle de son mari, les parents d'une fille perdent ainsi un soutien pour leurs vieux jours.

La surmortalité féminine entraîne de graves problèmes à long terme : s'il y a moins de filles, il y aura moins de femmes, donc moins de mariages, moins d'enfants et encore moins de filles. Ce déficit favorise le trafic d'êtres humains : des réseaux de migration clandestins font venir des femmes des pays voisins. Si ces tendances se maintiennent, il manquera 200 millions de femmes dans le monde en 2025.

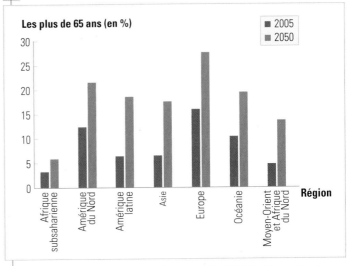

5 **L'évolution des plus de 65 ans, en 2005 et en 2050**

Les plus de 65 ans (en %)

D'après ONU, *World Population Prospects : The 2006 Revision* [en ligne], réf. du 9 février 2009.

• Quels facteurs expliquent le vieillissement de la population en 2050 ?

6 **Des orphelines à Shanghai**

Afin de limiter la croissance de sa population, la Chine a adopté, à la fin des années 1970, une réglementation visant à limiter le nombre d'enfants par couple. Malgré les assouplissements apportés à la loi depuis les années 1990, la politique dite « de l'enfant unique » a entraîné des répercussions désastreuses sur le sort des filles.

QUESTIONS d'interprétation   CD 1

1 Quelles sont les régions du monde les plus peuplées ?

2 Quelles régions du monde connaissent une décroissance démographique ?

3 Quelles seront les conséquences du vieillissement de la population dans certains pays ?

4 Quels rôles peuvent jouer les migrations dans le déséquilibre démographique mondial ?

- ☐ Culture ☐ Migration
- ☐ Mondialisation ☐ Réseau
- ☐ Urbanisation

Flux migratoire
Mouvement, déplacement de personnes d'un point d'origine à un point d'arrivée, selon un trajet donné.

7 Un monde en constante circulation

Environ 3 milliards de touristes sillonnent la planète annuellement, sans compter les centaines de millions d'individus qui se déplacent pour leur travail. L'aéroport Heathrow, à Londres, est un des plus fréquentés du monde.

• Qu'est-ce qui facilite la mobilité des personnes?

2 Un monde de plus en plus mobile

En plus d'être marqué par une hausse constante de sa population, le monde d'aujourd'hui est aussi de plus en plus mobile. En effet, les progrès techniques dans le domaine des moyens de transport permettent de se déplacer plus rapidement, à moindre coût et partout sur la planète. La mondialisation du travail, des échanges commerciaux et culturels, de même que le développement des moyens de communication favorisent aussi la mobilité des personnes.

Presque tous les pays, développés ou en développement, ressentent les effets de la mobilité croissante de la population. Qu'ils soient temporaires ou à long terme, internes ou hors frontières, les déplacements humains ont un impact économique considérable. En outre, les migrations permanentes, plus nombreuses que jamais, entraînent aussi des changements démographiques et sociaux significatifs dans l'avenir d'un pays.

2.1 L'intensification des migrations

Depuis les années 1960, le nombre de migrants augmente sans cesse : 75 millions en 1965, 155 millions en 1990 et plus de 200 millions en 2007. À ces derniers, il faut ajouter les clandestins ou illégaux, dont le nombre s'avère difficile à chiffrer en raison de leur statut : ils seraient entre 20 et 30 millions. Il faut aussi tenir compte des réfugiés, des demandeurs d'asile et des personnes forcées de se déplacer à l'intérieur de leur propre pays, qui représentent ensemble plus de 35 millions d'individus à l'échelle de la planète.

En fait, il est difficile de faire des projections en ce qui concerne les données de migration. D'une part, la qualité et la quantité des données varient d'un pays à l'autre. D'autre part, les déplacements hors frontières se révèlent difficiles à comptabiliser en raison des migrations clandestines. De plus, les catastrophes naturelles consécutives au réchauffement climatique ainsi qu'à certains grands projets de développement économique (mines, barrages) pourraient accélérer le rythme des **flux migratoires** dans l'avenir. Certains organismes estiment qu'il pourrait y avoir jusqu'à un milliard de migrants, de réfugiés et de déplacés d'ici 2050.

8 Des immigrants illégaux, en 2006

Situées en territoire espagnol, les îles Canaries constituent une des portes d'entrée de l'immigration clandestine en Europe. Chaque année, des milliers de migrants s'entassent dans de frêles embarcations afin de fuir la guerre, la famine ou le chômage.

• Pourquoi les migrants clandestins risquent-ils leur vie?

2.2 Les flux migratoires

L'essentiel de la population migrante vient désormais des pays du Sud. En effet, entre le XIXe siècle et le XXe siècle, les flux migratoires se sont inversés. Autrefois orientés du Nord vers le Sud ou du Nord vers le Nord, ils prennent aujourd'hui la direction Sud-Nord ou encore Sud-Sud. Jadis zone de départ, l'Europe est devenue l'une des principales zones d'accueil, avec plus de 900 000 entrées annuellement. L'Amérique du Nord continue d'occuper le premier rang des terres d'accueil, avec 1,4 million de nouveaux arrivants. En contrepartie, l'Asie constitue maintenant le premier foyer d'émigration.

PERSPECTIVE

Les grandes vagues d'immigration du passé

La mobilité des populations est un phénomène aussi ancien que l'humanité. L'histoire des migrations commencerait avec les déplacements d'*Homo erectus* hors de l'Afrique, il y a environ un million d'années.

Depuis les grandes « invasions » de la fin de l'Antiquité et du début du Moyen Âge, il y a eu plusieurs vagues de migrations internationales. Ainsi, la traite des esclaves, amorcée à la suite des premières grandes explorations des XVe et XVIe siècles, a entraîné la déportation d'environ 11 millions d'Africains vers l'Amérique latine, les Antilles et les États-Unis. Puis, au XIXe siècle, entre 50 et 60 millions d'Européens ont émigré en Amérique afin de fuir la misère.

En 1914, il y avait environ 70 millions de migrants dans le monde, ce qui représentait 5 % de la population mondiale. La Première Guerre mondiale, puis la Crise des années 1930 ont rendu plus difficiles ou impossibles les migrations (voir le Survol de l'histoire du XXe siècle, p. 360). Le mouvement n'a repris que dans les années 1950.

L'arrivée d'immigrants européens à Ellis Island (New York), vers 1880-1910

Située au large de la ville de New York, Ellis Island était la principale porte d'entrée des migrants en Amérique. Le 17 avril 1907, les agents de l'immigration y ont accueilli un nombre record de 11 747 arrivants.

Les flux migratoires, de 1830 à 1914

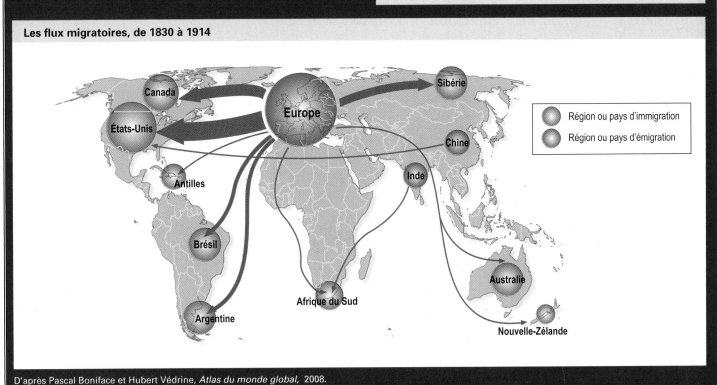

D'après Pascal Boniface et Hubert Védrine, *Atlas du monde global*, 2008.

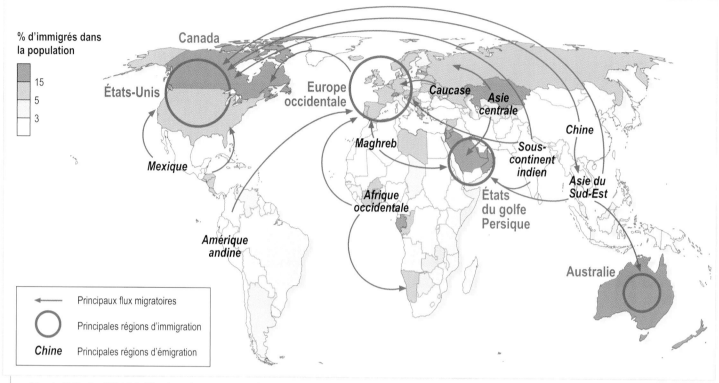

% d'immigrés dans la population

15
5
3

Canada

États-Unis

Mexique

Amérique andine

Europe occidentale

Caucase

Asie centrale

Chine

Maghreb

Sous-continent indien

Asie du Sud-Est

Afrique occidentale

États du golfe Persique

Australie

← Principaux flux migratoires

◯ Principales régions d'immigration

Chine Principales régions d'émigration

D'après Catherine Wihtol de Wenden, « Les nouveaux migrants », *Les collections de L'Histoire*, n° 38, janv.-mars 2008.

● **Où se trouvent les principales concentrations d'immigrés ?**

Ces déplacements des pays du Sud vers les pays développés, bien qu'ils demeurent les plus importants, sont maintenant concurrencés par des flux Sud-Sud. Les pays du golfe Persique, en pleine croissance, attirent les travailleurs étrangers. On évalue à plus de 13 millions le nombre d'immigrés asiatiques dans la région. En novembre 2006, l'organisme de défense des droits de l'homme Human Rights Watch publiait toutefois un rapport plutôt alarmant sur les conditions de travail de ces immigrés dont la majorité œuvre dans le secteur de la construction : salaires extrêmement bas ou impayés, saisies de passeports, taux d'accident élevés, etc.

Par ailleurs, l'Organisation internationale pour les migrations (OIM) confirme la place prépondérante qu'occupera la recherche d'un emploi dans les mouvements migratoires au cours du XXIe siècle.

2.3 Vers la ville

L'urbanisation connaît depuis les années 1950 une accélération et une généralisation qui s'étendent aujourd'hui à l'ensemble de la planète. Alors qu'en 1950, seulement 30 % de la population mondiale habitait à la ville, c'est plus de la moitié, soit 3,3 milliards d'habitants, qui vit en milieu urbain depuis 2008. Ce chiffre devrait atteindre les 5 milliards d'ici 2030.

10 **Un travailleur asiatique à Tel-Aviv, en Israël**

Le nombre de travailleurs d'Asie du Sud-Est et de l'Inde qui migrent vers les pays du Moyen-Orient augmente. Encouragés par des politiques nationales d'emploi à l'étranger, les Philippins y envoient une bonne partie de leur main-d'œuvre. En 2005, on estimait qu'un Philippin sur 11 vivait à l'étranger.

● **Selon vous, pourquoi l'État philippin encourage-t-il ses citoyens à travailler à l'étranger ?**

L'urbanisation actuelle se caractérise par son ampleur et par sa concentration dans les pays en développement. De 1,36 milliard d'habitants en 2000, la population urbaine de l'Asie atteindra 2,64 milliards en 2030. Si l'Afrique demeure principalement rurale, sa croissance se fera pour l'essentiel dans les zones urbaines, où la population passera de 294 à 742 millions.

11 Agir avant qu'il ne soit trop tard

En 2007, la directrice du Fonds des Nations Unies pour la population (UNFPA), Thoraya Ahmed Obaid, rappelle l'urgence d'agir afin d'éviter l'émergence de bidonvilles dans les pays du Sud. En effet, une meilleure planification permettrait de profiter pleinement des possibilités offertes par l'urbanisation, tel l'accès aux services et à la richesse.

« S'ils [les dirigeants] attendent, il sera trop tard. [...] Cette vague d'urbanisation est sans précédent. Les changements sont trop vastes et trop rapides pour permettre aux planificateurs et aux décideurs de se borner à réagir : en Afrique et en Asie, le nombre de citadins augmente d'environ un million chaque semaine en moyenne. Les dirigeants doivent faire preuve de perspicacité et prendre des mesures prévoyantes [...]. »

Banque mondiale, *News and Broadcast* [en ligne], 11 juillet 2007, réf. du 12 février 2009.

• **Pourquoi est-il si important, pour les pouvoirs publics, de mieux planifier l'expansion urbaine ?**

En 1950, une seule ville comptait plus de 10 millions d'habitants : New York. Il y en a aujourd'hui une vingtaine. La plupart de ces immenses agglomérations sont situées dans les pays en développement. Ces villes surpeuplées du Sud attirent l'attention des médias à cause des piètres conditions de vie, de l'insécurité, du chômage et de la criminalité qui y règnent. Cependant, plus de la moitié des populations urbaines vivent dans des agglomérations de moins de 500 000 habitants.

Les gens se déplacent vers les villes principalement pour des raisons économiques. Qu'il s'agisse d'**exode rural** ou d'immigration, la ville attire par l'éventail de possibilités qu'elle fait miroiter : possibilités d'emploi et d'enrichissement, ascension sociale, etc. La ville est à la fois un pôle commercial, financier, culturel et politique. En effet, c'est dans les villes que se trouvent concentrés la richesse et les réseaux socioéconomiques aptes à accueillir et à encadrer les nouveaux arrivants.

12 Les 10 plus grandes agglomérations, en 2007

Agglomération urbaine	Population (en millions d'habitants)
Tōkyō	33,4
Séoul	23,2
México	22,1
New York	21,8
Mumbay	21,3
Delhi	21,1
São Paulo	20,4
Los Angeles	17,9
Shanghai	17,3
Ōsaka	16,6

D'après UNFPA, tiré de John Vidal, « Burgeoning cities face catastrophe, says UN », *The Guardian* [en ligne], 28 juin 2007, réf. du 9 février 2009.

> **Exode rural** Déplacement de population de la campagne vers la ville.

13 Dharavi, le plus grand bidonville d'Asie

Situé à Mumbay, en Inde, Dharavi abrite environ 1 million d'habitants. Le manque d'installations sanitaires et les inondations fréquentes causent de graves problèmes de santé publique.

QUESTIONS d'interprétation CD 1

1 Quels facteurs expliquent la hausse constante des migrations ?

2 D'où vient la majorité des migrants ?

3 Vers quelles régions du monde les migrants se dirigent-ils ?

4 Quelles sont les principales raisons qui expliquent la migration vers les villes ?

Question bilan

5 Résumez dans vos mots le problème présenté dans la partie « État des lieux ».

• Quels sont les inconvénients d'une croissance rapide et mal planifiée ?

> **UNESCO** Acronyme pour Organisation des Nations Unies pour l'éducation, la science et la culture.

1 Qui sont les migrants d'aujourd'hui ?

Les demandeurs d'asile, les réfugiés, les personnes qui migrent pour des raisons économiques et les étudiants étrangers sont les principaux acteurs des mouvements migratoires contemporains. Des organismes internationaux tels le Haut Commissariat des Nations Unies pour les réfugiés (UNHCR), l'UNFPA et l'UNESCO compilent périodiquement des données quantitatives et qualitatives sur ces différents groupes (sexe, âge, niveau de scolarité, etc.) à partir des informations fournies par les pays.

1.1 Les demandeurs d'asile et les réfugiés

Au sens de la loi, toute personne qui quitte son pays par crainte de persécutions et qui se réfugie dans un autre pays est d'abord un demandeur d'asile. Pour obtenir le statut de réfugié, cette personne doit satisfaire aux critères du droit international ainsi qu'à ceux du pays d'accueil. Selon l'UNHCR, 468 000 demandes ont été étudiées en 2007. De ce nombre, un peu plus de 200 000 demandeurs ont obtenu le statut de réfugié ou un statut de protection similaire. Lorsque surviennent des déplacements massifs de population, les raisons de la fuite sont tellement évidentes que le statut de réfugié est accordé automatiquement.

14 Le statut de réfugié

En 1951, l'ONU adopte la Convention relative au statut de réfugiés, qui assure à ces derniers un statut légal et une protection internationale. En 1969, le Canada adhère à la Convention et met en place des procédures administratives et judiciaires afin d'évaluer les demandes d'asile.

« Aux fins de la présente Convention, le terme "réfugié" s'appliquera à toute personne [...] qui, [...] craignant avec raison d'être persécutée du fait de sa race, de sa religion, de sa nationalité, de son appartenance à un certain groupe social ou de ses opinions politiques, se trouve hors du pays dont elle a la nationalité et qui ne peut ou, du fait de cette crainte, ne veut se réclamer de la protection de ce pays. »

Article premier, Convention de Genève relative au statut de réfugiés, 1951.

● Quels critères déterminent le statut de réfugié ?

15 Des réfugiés irakiens, en Syrie

En 2009, l'UNHCR estime qu'environ 60 000 Irakiens par mois fuient vers les pays voisins.

● Quels défis pose l'accueil d'un grand nombre de réfugiés ?

Les demandeurs d'asile viennent de pays où le climat politique et religieux menace leur intégrité physique. Près de 70 % des demandes d'asile se font vers les pays industrialisés. À elle seule, l'Europe en a reçu plus de 50 %, alors que les États-Unis et le Canada ont reçu respectivement 9 % et 5 % des demandes. Les statistiques démontrent toutefois que ce sont les pays voisins, et non les pays industrialisés, qui reçoivent les groupes de réfugiés les plus importants, soit les réfugiés de guerre. C'est ce qui explique le rang qu'occupent des pays comme le Pakistan (réfugiés afghans) et la Syrie (réfugiés irakiens) dans la liste des pays d'asile. Sur les 11,4 millions de réfugiés recensés en 2007, seulement 1,6 million vivaient à l'extérieur de leur région d'origine.

16 Les principaux pays d'accueil des réfugiés, en 2007

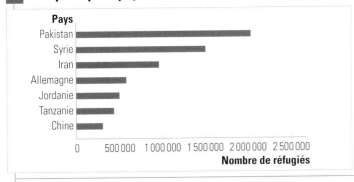

17 Les principaux pays d'origine des réfugiés, en 2007

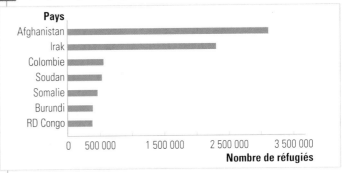

D'après UNHCR, *2007 Global Trends : Refugees, Asylum-Seekers, Returnees, Internally Displaced and Stateless Persons* [en ligne], 2008, réf. du 17 février 2009.

● Qu'ont en commun les deux principaux pays d'accueil et les deux principaux pays d'origine des réfugiés ?

Près de 50 % des réfugiés sont des femmes. La répartition des réfugiés par groupe d'âge indique que 44 % d'entre eux ont moins de 18 ans, et que 10 % ont moins de 5 ans. Autre tendance observée par l'UNHCR : le nombre de réfugiés en milieu urbain continue de croître. L'agence estime en effet qu'en 2007, la moitié des réfugiés vivaient dans des villes.

18 Des réfugiés du Darfour (Soudan) dans un camp du Tchad, en 2007

Selon l'organisme Médecins Sans Frontières, les femmes et les enfants réfugiés sont particulièrement vulnérables aux mauvais traitements.

● Selon vous, pourquoi la majorité des réfugiés sont-ils des femmes et des enfants ?

MÉDIAS

Le pouvoir des mots

Certains médias ont tendance à privilégier un traitement sensationnaliste de l'information afin d'éveiller l'intérêt du public et de susciter l'émotion. L'objectivité de l'analyse journalistique est alors compromise. En effet, à l'aide d'un seul mot ou d'un titre-choc, des journalistes peuvent minimiser ou exagérer une situation, ou encore attiser la colère de l'opinion publique. Par exemple, la question de l'immigration peut soulever les passions. En effet, l'intégration des réfugiés et des migrants économiques interpelle la population de la société d'accueil, tant du point de vue de l'emploi et de la culture que de l'égalité des droits.

⌐ Trouvez des articles sur les réfugiés ou les immigrants. Comparez-les.

– Ces articles privilégient-ils un traitement sensationnaliste de l'information ? Si oui, de quelle façon ?

– La situation des migrants est-elle mise en contexte ?

– Comment est-il possible de se faire une idée plus précise de la situation décrite ?

1.2 Les migrants économiques

Contrairement aux réfugiés, les personnes qui choisissent de quitter leur pays le font essentiellement pour des raisons économiques. En 2005, on estimait le nombre de migrants économiques à environ 190 millions. Plus de la moitié d'entre eux (60 %) s'installent dans les pays industrialisés. En fait, la population migrante est concentrée dans un nombre restreint de pays : le tiers des migrants choisissent l'Europe, et le quart optent pour l'Amérique du Nord. En contrepartie, près des deux tiers des immigrants viennent des pays en développement et un peu plus de 30 % d'Europe et d'Asie centrale. Par ailleurs, les États-Unis participent très peu à ce mouvement migratoire : seulement 2,3 millions de Nord-Américains vivent à l'extérieur de leur pays d'origine.

Plusieurs facteurs influencent le choix du pays d'accueil, tels la proximité et les anciens liens coloniaux. Ainsi, les États-Unis attirent un grand nombre de Mexicains : ce « couloir migratoire » est d'ailleurs de loin le plus important de la planète, avec 10,3 millions de migrants. En France, la plupart des immigrants viennent d'anciennes colonies, comme l'Algérie, le Maroc, la Tunisie et le Viêtnam. Le même phénomène s'observe au Royaume-Uni où les résidents d'origines indienne et pakistanaise sont très nombreux et en Russie, qui accueille les habitants d'anciennes républiques de l'URSS.

19 **Les principaux pays d'accueil, en 2005**

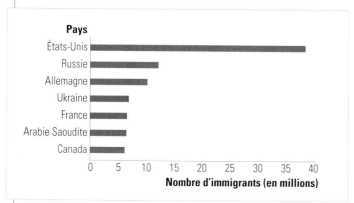

D'après Banque mondiale, *Recueil de statistiques 2008 sur les migrations et les envois de fonds* [en ligne], réf. du 17 février 2009.

● Qu'ont en commun la plupart des pays d'immigration économique ?

20 **Les principaux pays d'origine, en 2005**

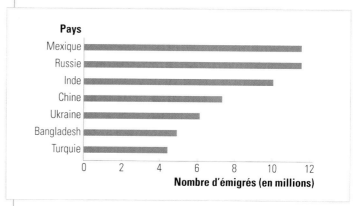

D'après Banque mondiale, *Recueil de statistiques 2008 sur les migrations et les envois de fonds* [en ligne], réf. du 17 février 2009.

● Selon vous, pour quelles raisons les travailleurs de ces pays émigrent-ils ?

VU D'ICI

Le français, un facteur d'attraction

La langue peut jouer un rôle important dans le choix d'un pays d'accueil. Seul îlot francophone en Amérique du Nord, le Québec attire des gens en provenance des pays de la francophonie. Ainsi, le Maroc, la France et l'Algérie sont les principaux lieux d'origine des immigrants arrivés au Québec en 2007. Quant à la communauté haïtienne, elle compte plus de 130 000 membres, dont la très grande majorité réside à Montréal.

Hermann Ngoudjo, un boxeur montréalais d'origine camerounaise

En 2007, le Québec a accueilli près de 800 immigrants du Cameroun, une ancienne colonie française de l'Afrique subsaharienne. C'est toutefois le Maroc qui a fourni le plus grand effectif de migrants avec 3612 personnes, soit 8 % de l'immigration totale du Québec.

Les migrants économiques ont en général un assez bon niveau de scolarité. De fait, la majorité des individus qui cherchent à s'établir dans les pays industrialisés ont une scolarité de niveau secondaire ou supérieur. De plus, le nombre de migrants qui ont fait des études collégiales ou universitaires est à la hausse. En Europe, la proportion de ces immigrants hautement qualifiés est évaluée à 25 % et à 30 % aux États-Unis.

Les femmes représentent la moitié de tous les migrants. Alors qu'elles émigraient traditionnellement pour se marier ou pour rejoindre leur famille, aujourd'hui elles le font aussi pour trouver du travail. Dans certains pays d'Asie, tels les Philippines, le Sri Lanka et l'Indonésie, les femmes sont plus nombreuses que les hommes à quitter leur pays. Dans les pays arabes, toutefois, les traditions et la religion continuent de freiner la mobilité féminine.

Les nombreuses possibilités d'emplois offertes aux infirmières incitent ces dernières à migrer. En Nouvelle-Zélande, en 2002, près du quart des infirmières étaient d'origine étrangère. De même, l'ouverture de manufactures dans les pays en développement a multiplié les possibilités de travail. Cependant, un très grand nombre d'immigrantes sont confinées malgré elles dans des emplois précaires et mal rémunérés, comme les services domestiques et d'hôtellerie. Certaines se retrouveront dans des réseaux de prostitution.

21 Des immigrantes indonésiennes, à Singapour

Les femmes représentent près de 80 % de tous les migrants économiques en Indonésie. Une forte proportion d'entre elles travaille comme employées de maison.

● Quels types d'emplois les immigrantes sont-elles susceptibles d'obtenir ? Pourquoi ?

Bien que les migrants adultes (25 à 64 ans) représentent la tranche d'âge la plus importante dans les pays industrialisés, la proportion des jeunes de 15 à 24 ans semble en constante progression. On évalue aujourd'hui le nombre de jeunes migrants à environ 50 millions, soit près du quart des migrants internationaux. Par ailleurs, de récents rapports confirment que des adolescents âgés d'à peine 13 ans traversent seuls les frontières entre la Thaïlande, la Birmanie, le Laos et la Chine.

1.3 Les étudiants étrangers

Dans le contexte de la nouvelle économie, où le savoir occupe une place de premier plan, un nombre grandissant d'individus se rendent à l'étranger afin de poursuivre des études supérieures : ils étaient plus de 2,7 millions en 2004. La plupart d'entre eux choisissent d'étudier dans les pays industrialisés. Les États-Unis, qui en reçoivent près du quart, sont suivis par le Royaume-Uni, l'Allemagne et la France. Les deux tiers des étudiants étrangers viennent des pays en développement. Les quelques données disponibles indiquent qu'en 2004, 16 % des étudiants internationaux étaient inscrits en médecine, 13 % en sciences et 11 % en ingénierie.

QUESTIONS d'interprétation CD 1

1 Quelle est la différence entre un demandeur d'asile et un réfugié ?

2 Quelle est la place de l'Amérique du Nord dans les migrations économiques ?

3 Quels sont les principaux facteurs qui influencent le choix du pays d'accueil des migrants économiques ?

4 Quelle place tiennent les femmes et les jeunes dans les migrations actuelles ?

2 Pourquoi migrer ?

Les causes de la migration sont multiples et souvent complexes. Mais, chose certaine, la personne qui quitte son pays le fait toujours dans l'intention d'améliorer son sort. Outre les projets de vie personnels, des motifs humanitaires ainsi que différents facteurs socioéconomiques amènent un nombre toujours plus grand d'individus à quitter leur pays ou leur lieu d'origine.

2.1 Les motifs humanitaires

Les situations d'urgence, comme les désastres naturels et les conflits armés, obligent les autorités à déplacer des populations pour des raisons d'ordre humanitaire, c'est-à-dire dans le but de sauver des vies. Le tsunami du 26 décembre 2004, dans l'océan Indien, a fait près de 230 000 morts et détruit des milliers d'habitations et d'infrastructures dans une dizaine de pays d'Asie et d'Afrique. Pour abriter les survivants et éviter les épidémies, des organismes humanitaires ont installé 1,7 million de personnes dans des camps provisoires situés à l'extérieur des zones sinistrées.

22 **Une évacuation de sinistrés, à la Nouvelle-Orléans**

En août 2005, l'ouragan Katrina frappe le sud des États-Unis. Près de 2000 Américains perdent la vie dans la catastrophe et 1 500 000 personnes sont évacuées. Les deux tiers d'entre elles vont réintégrer leur lieu de résidence dans les mois suivants. Pourtant, à la fin de 2006, 8 % de la population de la Louisiane vivait toujours dans un autre État américain.

Quelles situations amènent les gouvernements et les organismes communautaires à intervenir pour des motifs humanitaires ?

Brève culturelle

Une agence pour la protection des réfugiés

En décembre 1950, l'Assemblée générale des Nations Unies crée le Haut Commissariat des Nations Unies pour les réfugiés (UNHCR). La mission première de cette agence est de garantir les droits et le bien-être des demandeurs d'asile et des réfugiés dans le monde. L'UNHCR coordonne l'aide internationale (approvisionnement, transport de biens et de personnes, etc.) et tente d'assurer la protection des réfugiés et des victimes de déplacements à l'intérieur même de leur pays. Tout en soutenant les demandes d'asile, l'Agence cherche à résoudre les problèmes liés à la situation de ces migrants forcés. Dans la mesure du possible, l'UNHCR travaille à ce que les personnes retournent vivre dans leur lieu d'origine. Lorsque cette option n'est pas envisageable, l'Agence favorise entre autres l'intégration des réfugiés dans un pays d'accueil.

Des réfugiés afghans au centre de l'UNHCR à Takhtabaig, au Pakistan

Depuis 2002, près de deux millions de réfugiés afghans établis au Pakistan sont rentrés chez eux avec l'aide du Haut Commissariat.

En quoi l'ONU est-elle utile aux réfugiés afghans ?

L'UNHCR en chiffres (2008)
- Un comité exécutif de 76 États membres
- Un siège social à Genève
- Un budget annuel de 1,5 milliard de dollars
- 6300 employés répartis dans plus de 260 bureaux dans le monde
- Environ 33 millions de personnes secourues dans plus de 110 pays depuis sa création

Par ailleurs, la plupart des conflits armés poussent les civils à migrer vers l'étranger, souvent dans les États voisins. Ainsi, à partir de 2001, les Afghans quittent massivement leur pays pour échapper à la misère, à la répression et aux combats qui opposent les forces de l'**OTAN** aux talibans, un groupe formé d'islamistes intégristes. En Irak, depuis 2003, la guerre, l'occupation américaine et les affrontements entre différents groupes ethniques et religieux ont forcé plus de deux millions d'Irakiens à chercher refuge dans les pays voisins. Les **guerres civiles** affaiblissent la capacité d'un État à assurer la sécurité de la population et constituent aussi un important motif de migration. Par exemple, dans les années 2000, les crises intérieures en Colombie et au Soudan ont poussé des centaines de milliers de personnes à l'exil.

Les persécutions qui mettent en danger la vie ou la liberté des individus entraînent aussi des migrations forcées. Dans les régimes non démocratiques ou encore dans les pays où sévit une guerre civile, les droits humains et la sécurité de la population sont souvent menacés. Les citoyens sont alors exposés à des arrestations arbitraires, à de mauvais traitements ou même à la peine de mort, soit à cause de leur appartenance à une ethnie ou à un groupe social (les homosexuels, par exemple), de leur nationalité, de leur religion ou de leurs opinions politiques.

> **OTAN** Acronyme pour Organisation du traité de l'Atlantique Nord. Il s'agit d'une alliance de 26 pays d'Amérique du Nord et d'Europe qui a pour rôle de préserver les valeurs communes (liberté, démocratie, etc.) des pays membres et d'assurer leur sécurité.
>
> **Guerre civile** Conflit armé entre des groupes militaires ou civils d'un même État.

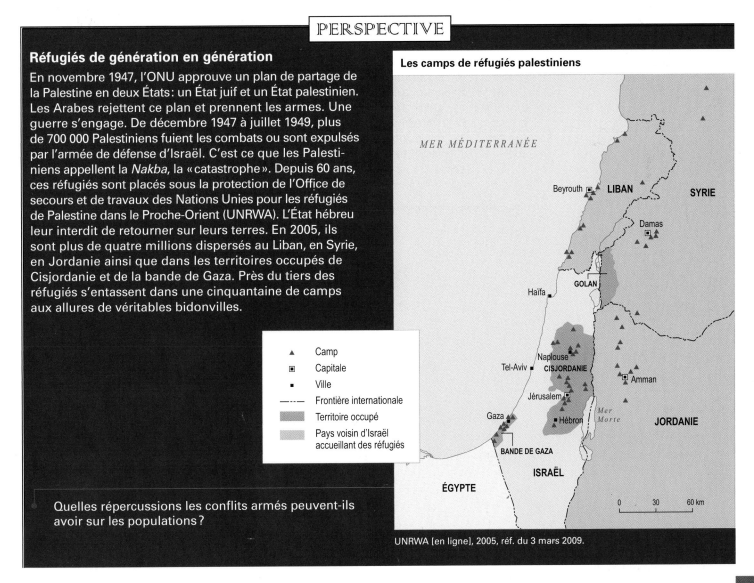

PERSPECTIVE

Réfugiés de génération en génération

En novembre 1947, l'ONU approuve un plan de partage de la Palestine en deux États: un État juif et un État palestinien. Les Arabes rejettent ce plan et prennent les armes. Une guerre s'engage. De décembre 1947 à juillet 1949, plus de 700 000 Palestiniens fuient les combats ou sont expulsés par l'armée de défense d'Israël. C'est ce que les Palestiniens appellent la *Nakba*, la «catastrophe». Depuis 60 ans, ces réfugiés sont placés sous la protection de l'Office de secours et de travaux des Nations Unies pour les réfugiés de Palestine dans le Proche-Orient (UNRWA). L'État hébreu leur interdit de retourner sur leurs terres. En 2005, ils sont plus de quatre millions dispersés au Liban, en Syrie, en Jordanie ainsi que dans les territoires occupés de Cisjordanie et de la bande de Gaza. Près du tiers des réfugiés s'entassent dans une cinquantaine de camps aux allures de véritables bidonvilles.

Les camps de réfugiés palestiniens

Légende:
- ▲ Camp
- ▣ Capitale
- ▪ Ville
- ----- Frontière internationale
- Territoire occupé
- Pays voisin d'Israël accueillant des réfugiés

UNRWA [en ligne], 2005, réf. du 3 mars 2009.

Quelles répercussions les conflits armés peuvent-ils avoir sur les populations?

Les pays communistes (Chine, Corée du Nord, Viêtnam et Cuba), les dictatures militaires et les régimes islamistes laissent peu de place à la **dissidence** politique ou religieuse. En 2003, 27 journalistes cubains ont été emprisonnés arbitrairement au cours d'une vague de répression qualifiée de «Printemps noir». Après de longues négociations avec le gouvernement de Fidel Castro, sept journalistes ont finalement été libérés en 2008. Ils ont trouvé asile en Espagne avec leurs proches : tous les ex-prisonniers souffraient de graves problèmes de santé.

L'adoption de politiques hostiles envers un groupe ethnique pousse parfois des membres de ces groupes à fuir leur pays. Ils le font pour éviter la torture, les agressions sexuelles et les tueries. On parle ici d'**épuration ethnique**, et même de **génocide**. Au début des années 1990, les conflits provoqués par l'éclatement de la **Yougoslavie**, véritable mosaïque ethnique, donnent lieu à des massacres de populations identifiées comme musulmanes, croates ou albanaises. Plus de trois millions de civils sont déplacés, dont deux millions quittent leur pays d'origine.

Dissidence Différence profonde d'opinion par rapport à l'autorité politique ou religieuse en place.

Épuration ethnique Ensemble de politiques hostiles (émigration forcée, déportation, etc.) à l'égard d'un groupe ethnique pour des motifs religieux ou idéologiques.

Génocide Extermination systématique d'un groupe ethnique, religieux ou social.

Yougoslavie Ancien État du sud-est de l'Europe qui correspond aujourd'hui à la Slovénie, à la Croatie, à la Serbie, à la Bosnie-Herzégovine, au Monténégro et à la Macédoine.

En 2006, l'organisme de défense des droits de la personne Amnistie Internationale condamne le renforcement de la censure et le harcèlement des défenseurs des droits humains en Iran. Depuis l'instauration de la république islamique en 1979, les médias du pays sont soumis à des contrôles très sévères.

«Ma femme et moi tenions une librairie à Téhéran. Je recevais des livres interdits, édités à l'étranger, des livres d'histoire, de science politique à propos de la région ou du régime des mollahs* ou de la littérature censurée. Je ne les mettais pas en vitrine, je connaissais mes clients et ceux qui venaient me demander un titre repartaient satisfaits. Les autorités ont fini par savoir. Et ces derniers temps, ils envoyaient des miliciens nous menacer. Quand ils ont fini par lancer un cocktail Molotov dans notre librairie, nous avons décidé de partir.»

* Chef religieux.

Propos de Chohré, père de famille iranien, recueillis en mai 2002 au centre de la Croix-Rouge à Sangatte, dans le nord de la France.

23 Fuir au nom de la liberté d'expression

- Quels types de régimes ne tolèrent pas la dissidence ?

24 Des réfugiés rwandais sur les routes du Zaïre, en 1994

En 1990, une guerre civile éclate au Rwanda, alors gouverné par des extrémistes hutus (un des deux principaux groupes ethniques du pays). En 1994, les dirigeants lancent une opération visant à éliminer les Tutsis, l'autre principal groupe ethnique. En quelques semaines, on assiste à un génocide : plus de 800 000 Rwandais sont assassinés et plus d'un million de personnes doivent fuir vers le pays voisin, le Zaïre (l'actuelle République démocratique du Congo).

- Pourquoi les Tutsis qui s'enfuient au Zaïre peuvent-ils espérer obtenir le statut de réfugié ?

2.2 Les facteurs socioéconomiques

Les déséquilibres démographiques et économiques de la planète expliquent l'ampleur des migrations internationales. La mondialisation du marché du travail contribue aussi à ce phénomène en favorisant notamment l'émigration de populations actives du Sud vers le Nord ou du Sud vers le Sud. L'interdépendance économique des pays concerne donc non seulement les marchandises et les capitaux, mais aussi la main-d'œuvre.

En général, les personnes qui quittent leur pays pour des raisons économiques le font de façon volontaire. Elles veulent améliorer leurs conditions de vie en obtenant un emploi et en bénéficiant de services sociaux et de santé.

L'information sur les pays d'accueil facilite le choix des migrants. Ils peuvent se renseigner sur les destinations privilégiées par la diaspora, qui est formée par les membres d'une communauté ethnique ou religieuse dispersée à l'étranger. La télévision, le cinéma, Internet, de même que les témoignages des migrants qui reviennent dans leur pays d'origine offrent aussi une foule de renseignements sur la langue et la culture des lieux de destination, leurs politiques d'immigration, leurs possibilités d'emploi et leurs réseaux d'accueil. L'accès plus généralisé à un passeport et la baisse des coûts de transport favorisent également la mobilité.

25 **La situation alimentaire en Corée du Nord vue par le bédéiste Guy Delisle**

Certains migrants économiques doivent quitter leur pays par nécessité et non par choix. En effet, depuis l'effondrement économique de la Corée du Nord, dans les années 1990, les pénuries alimentaires menacent la vie de millions d'habitants. Cette situation a provoqué la fuite de dizaines de milliers de Nord-Coréens vers la Chine.

CHAQUE CITOYEN REÇOIT, VIA LE SYSTÈME PUBLIC DE DISTRIBUTION DU PAYS, SA PART (AU GRAIN DE RIZ PRÈS) SELON SA FIDÉLITÉ ET SON UTILITÉ AU RÉGIME.

POPULATION UTILE		POPULATION INUTILE	
LE NOYAU	LES "TIÈDES"	LES "HOSTILES"	
RIZ		250 g/JOUR*	pas de travail
- CADRES DU PARTI. - GRADÉS DE L'ARMÉE	- OUVRIERS SPÉCIALISÉS - SOLDATS, DIPLOMATES (RÉSIDANTS DE PYONGYANG)	- DESCENDANTS DE PARENTS "FAUTIFS" - PRISONNIERS POLITIQUES (200 000 ENV.) - MAIN-D'OEUVRE	À CELA S'AJOUTE 5 À 6 MILLIONS D'INDIVIDUS IGNORÉS PAR LE RÉGIME ET QUI ERRENT SANS AUCUNE RESSOURCE.

✻ SOIT LA MOITIÉ DE LA PORTION QUE DISTRIBUE L'ONU DANS LES CAMPS DE RÉFUGIÉS DE PAR LE MONDE.

Les parents « fautifs » sont les parents qui se sont opposés au régime nord-coréen de Kim Il Sung.

● Parmi les catégories de gens illustrées dans la bande dessinée, lesquelles sont les plus susceptibles de quitter leur pays ? Pourquoi ?

26 **Le chômage, un problème criant au Zimbabwe**

En 2008, Morgan Tsvangirai, alors chef du principal parti d'opposition au Zimbabwe, s'adressait à la foule lors d'une assemblée électorale. Le taux d'inflation (un des plus élevés du monde) et le taux de chômage qui dépasse les 80 % constituaient les principaux enjeux électoraux du pays.

● Selon vous, quelles peuvent être les conséquences du taux de chômage du Zimbabwe sur l'émigration économique du pays ?

Au cours des prochaines décennies, les disparités démographiques joueront un rôle de plus en plus grand dans les migrations économiques. D'un côté, le vieillissement de la population va accroître considérablement la demande en main-d'œuvre dans les pays riches. De l'autre côté, la population en âge de travailler dans les pays en développement augmentera de façon importante : en Afrique, elle devrait passer de 400 millions à plus d'un milliard de personnes d'ici 2050. La surpopulation, combinée à divers facteurs économiques (pénurie des ressources, chômage élevé, etc.), incitera de plus en plus de travailleurs à quitter leur lieu d'origine. Ils se dirigeront soit vers des pays riches soit vers des villes de leur propre pays.

En fait, dans plusieurs pays en développement, les migrations économiques internes – c'est-à-dire à l'intérieur du pays – s'avèrent plus importantes que les migrations internationales. Le mouvement migratoire des campagnes vers les zones urbaines connaît la croissance la plus forte. Au Bangladesh, cette migration représente les deux tiers de tous les déplacements internes.

En Chine, les inégalités économiques et les disparités régionales constituent les principaux facteurs de mobilité interne. Depuis les années 1990, des changements dans la politique économique intérieure du pays créent un déséquilibre dans la distribution de la richesse. En 2002, le revenu annuel moyen par personne s'élevait à 1000 $ en milieu urbain, comparativement à environ 300 $ en milieu rural. Ce déséquilibre a accru de façon dramatique le nombre de migrants internes, des paysans pour la plupart : de 26 millions en 1988, il est passé à 130 millions en 2009.

27 Échapper à la pauvreté rurale

Les jeunes de 15 à 24 ans représentent près de la moitié des chômeurs de la planète. Le manque d'emplois et l'absence de perspectives meilleures incitent les jeunes ruraux comme Bing, originaire de Fuping, en Chine, à s'installer en ville ou à émigrer.

« La première fois que j'ai vu des grandes villes, c'était à la télévision. Il y avait tant de couleurs ! [...] Je voulais m'échapper, m'en aller très loin. [...] Les affaires de mon père marchaient mal à l'époque, mais il m'a donné ses dernières économies pour m'aider à faire des études. C'est ainsi que, finalement, je suis venu m'établir en ville. [...] C'est dans les villes que les choses bougent. La ville, c'est l'avenir, un avenir où tout est possible. »

- Pourquoi des jeunes de 15 à 24 ans quittent-ils leur campagne ?

UNFPA, « Grandir en milieu urbain », *État de la population mondiale 2007, Supplément jeunesse* [en ligne], réf. du 11 mars 2009.

28 Les migrations internes en Chine

- Quelle est la direction des flux migratoires internes en Chine ? Pourquoi ?

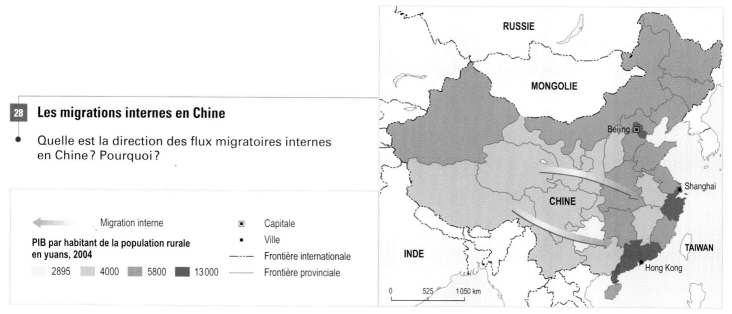

PIB par habitant de la population rurale en yuans, 2004

← Migration interne
2895 | 4000 | 5800 | 13 000

▣ Capitale
▪ Ville
----- Frontière internationale
—— Frontière provinciale

D'après J.C. Victor et autres, *Les dessous des cartes, Atlas d'un monde qui change*, Tallandier, 2007.

La mondialisation des échanges et du marché de l'emploi a des effets contradictoires sur les migrations. Dans une économie mondialisée, la production de biens et de services est gérée à l'échelle de la planète : on produit là où il est possible de le faire le plus efficacement et au plus faible coût. C'est pourquoi, depuis quelques décennies, on assiste à la délocalisation d'entreprises des pays industrialisés vers les pays en développement, ainsi qu'à une hausse des importations des pays riches. Les pays émergents d'Amérique latine et d'Asie où s'implantent ces filiales attirent les investissements étrangers grâce à une main-d'œuvre bon marché et à des infrastructures de plus en plus perfectionnées. Cette situation favorise la création d'emplois mieux rémunérés dans les pays en développement.

29 **Fabriquer des jeans pour les États-Unis**

De grandes compagnies américaines de vêtements délocalisent la confection de leurs jeans au Mexique. La ville de Tehuacán, dans le sud du pays, abrite de nombreuses usines textiles qui assurent cette production.

● Quels avantages les entreprises des pays industrialisés trouvent-elles à déplacer leur production vers les pays en développement ?

Brève culturelle

L'exode des muscles : les athlètes en migration

La mobilité des talents sportifs fait partie des mouvements migratoires provoqués par la mondialisation du marché du travail. D'un côté, les athlètes d'élite des pays en développement souhaitent obtenir de meilleurs salaires et des conditions d'entraînement avantageuses ; de l'autre, les équipes sportives des États riches sont en quête de nouvelles vedettes, de titres de championnat et de médailles olympiques. Le soccer constitue le plus grand marché mondial d'athlètes venus du Sud. Des millions de jeunes garçons d'Afrique et d'Amérique latine rêvent de devenir joueurs professionnels dans une équipe européenne afin d'échapper à la pauvreté et d'accéder à la gloire. La compétition est féroce, et les recruteurs européens recherchent des joueurs de plus en plus jeunes : selon l'ONU, il est désormais courant de voir des jeunes de 12 ans quitter leur pays d'origine.

Saif Saaeed Shaheen, champion du monde du 3000 m steeple

Shaheen, un athlète d'origine kényane, porte depuis 2003 les couleurs du Qatar, un important pays producteur de pétrole. Depuis, il a remporté deux championnats du monde.

● Pourquoi un pays comme le Qatar recrute-t-il des athlètes d'élite venant de pays pauvres ?

Parallèlement, la mondialisation stimule la migration des populations actives. Les pays industrialisés recherchent des travailleurs hautement qualifiés, notamment dans les domaines des technologies de l'information, des sciences, de l'ingénierie et de la gestion. Ces migrations s'effectuent souvent entre pays développés. Ces derniers mettent tout en œuvre pour séduire les candidats : salaires élevés, environnement de travail sophistiqué, milieu de vie de qualité, etc. Les pays développés cherchent aussi à attirer des travailleurs non spécialisés, surtout dans les secteurs de l'agriculture, de la construction, de l'industrie hôtelière et du travail domestique.

Dans les pays du Nord comme dans ceux du Sud, la main-d'œuvre plus scolarisée se détourne des emplois à faibles revenus : des emplois difficiles, dangereux et parfois dégradants. Dans les pays riches, les migrants qui acceptent ce type d'emplois travaillent souvent dans la clandestinité. Cependant, de nombreux pays favorisent des migrations de travail temporaires pour combler leurs besoins en main-d'œuvre non qualifiée. Ainsi, chaque année, le Programme des travailleurs agricoles saisonniers du Canada permet aux agriculteurs canadiens d'embaucher environ 12 000 travailleurs mexicains pour une durée de quelques mois.

30 **La répartition des travailleurs migrants hautement qualifiés par région d'origine, en 2000**

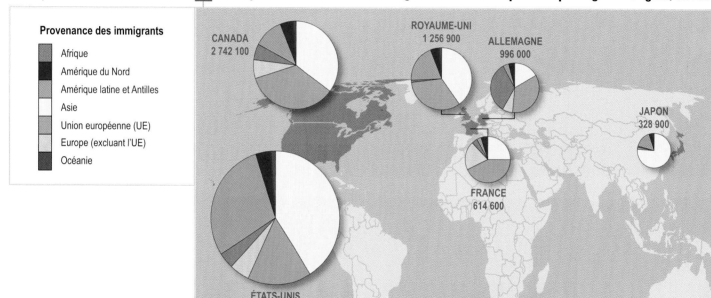

D'après Organisation internationale pour les migrations, *World Migration 2008* [en ligne], réf. du 4 mars 2009.

- Quelles sont les deux régions qui fournissent le plus grand nombre d'immigrants spécialisés aux pays industrialisés ?
- Quelles différences peut-on observer entre les immigrants qui s'installent aux États-Unis et ceux qui choisissent la France ?

Le nombre de migrants à la recherche d'un emploi ne cesse d'augmenter. En 2006, l'Organisation internationale du travail (OIT) évaluait à 86 millions le nombre de travailleurs migrants. On estime qu'ils seront 100 millions de plus d'ici 2050. À cela s'ajoutent les migrations familiales. En effet, les travailleurs font venir les membres de leur famille immédiate lorsqu'ils sont suffisamment bien installés et qu'ils répondent aux critères relatifs à la réunification familiale. Il arrive parfois que leur famille les accompagne au moment de l'émigration.

Les migrations familiales constituent la principale façon d'entrer dans les pays de l'Union européenne et dans ceux qui affichent un fort taux d'immigration, comme l'Australie, le Canada et les États-Unis. Près de 60 % des migrations vers la France et près de 70 % de celles vers les États-Unis sont des migrations familiales. Toutefois, ce type d'immigration demeure faible dans les régions qui sont défavorables à l'établissement permanent des travailleurs étrangers, comme le Moyen-Orient, l'Asie de l'Est et l'Asie du Sud-Est.

Enfin, certains parents encouragent leurs enfants à émigrer pour échapper à la pauvreté. D'autres veulent s'assurer que leurs enfants pourront les soutenir vers la fin de leur vie. De nombreux jeunes quittent donc leur pays pour trouver du travail ou poursuivre leurs études à l'étranger. Ce choix s'explique notamment par le manque d'accès à l'enseignement postsecondaire dans leur pays d'origine et la possibilité de recevoir une éducation de qualité. De plus, en étudiant et en vivant à l'étranger, ces jeunes se préparent à relever les défis de la mondialisation croissante. Beaucoup espèrent que ces études leur offriront de meilleures occasions d'emploi dans leur propre pays, alors que d'autres resteront dans leur pays d'études pour acquérir une expérience de travail et développer leurs réseaux sociaux et professionnels.

31 **Les catégories d'immigration permanente, en 2006**

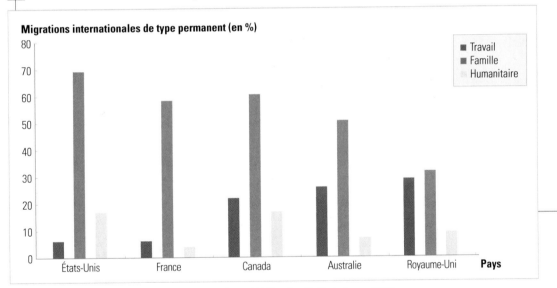

D'après OCDE, *Perspectives des migrations économiques 2008* [en ligne], réf. du 4 mars 2009.

Quelle est la catégorie de migration la plus importante ?

Quel pays reçoit le moins de réfugiés ?

QUESTIONS d'interprétation **CD 1**

1 Quelles sont les causes de l'immigration forcée ?

2 En quoi le rôle des Nations Unies est-il utile et nécessaire aux réfugiés ?

3 Quels sont les facteurs socioéconomiques des migrations ?

4 Quels sont les effets de la mondialisation du travail sur les migrations économiques ?

CONCEPTS

- Diaspora □ Migration
- Mondialisation □ Pouvoir
- Réseau

3 Comment les migrations s'organisent-elles ?

Les personnes qui quittent leur pays pour tenter leur chance ailleurs agissent rarement sur un coup de tête. Leur décision est au contraire réfléchie, puisqu'un tel projet nécessite de la planification (collecte d'informations, épargne, etc.). Un bon nombre d'aspirants migrants remplissent les critères d'admissibilité des pays d'accueil et entreprennent un processus d'immigration légal. Ceux qui ne peuvent satisfaire à ces critères ont plutôt recours à des réseaux clandestins.

3.1 L'immigration légale

Tant les demandeurs d'asile que les migrants économiques et familiaux convergent vers les pays industrialisés. Les politiques de ces pays en matière d'immigration sont toutefois très strictes. Par conséquent, la démarche qui mène à l'obtention du statut de réfugié ou de **résident permanent** peut s'avérer longue et complexe.

Les politiques d'immigration des pays industrialisés visent principalement à combler les besoins en main-d'œuvre et à réunir les familles. Certains pays, tels les États-Unis, le Canada et l'Australie, déterminent le nombre maximal d'immigrants qu'ils souhaitent accueillir chaque année. Au Canada, l'objectif pour 2008 se situait autour de 250 000 nouveaux arrivants. En Australie, le ministère de l'Immigration a pour sa part fixé son **quota** de **visas** à environ 190 000. De ce nombre, plus de 130 000 étaient réservés aux travailleurs qualifiés.

Résident permanent
Personne qui a obtenu le droit de résider dans un pays sans en avoir la citoyenneté.

Quota Limite, pourcentage déterminé.

Visa Autorisation de séjour temporaire ou permanent délivrée par un pays d'accueil.

32 Obtenir le droit d'asile

Lorsqu'elles reçoivent une demande d'asile, les autorités du pays d'accueil évaluent la crédibilité des demandeurs, des témoins et des documents soumis. La rigueur des critères entraîne le refus de près de la moitié des demandes.

- Selon vous, comment un demandeur d'asile peut-il prouver la justesse de sa demande ?

En septembre 2007, le président français Nicolas Sarkozy exprimait clairement sa volonté d'accroître la proportion d'immigrants économiques et d'instaurer en France des quotas basés sur la région d'origine et les qualifications professionnelles. Au début 2009, le projet de loi était toujours en préparation.

« Je le dis de façon très claire, je souhaite que nous arrivions à établir chaque année, après un débat au Parlement, un quota avec un chiffre plafond d'étrangers que nous accueillerons sur notre territoire. Je souhaite également qu'à l'intérieur de ce chiffre plafond, on réfléchisse à un quota par profession, par catégorie [...] et puis naturellement un quota par région du monde. [...] Seule 7 % de l'immigration d'aujourd'hui est une immigration de travail. Comment s'intégrer en France si on n'a pas de travail ? Je souhaite porter le chiffre de l'immigration du travail à au moins un sur deux. »

« Immigration - Quotas or not quotas », Entrevue diffusée sur LCI, 21 septembre 2007 [en ligne], réf. du 11 mars 2009.

33 Une immigration ciblée

- Quelles mesures le président Sarkozy veut-il instaurer ?
- Quels objectifs le président français veut-il atteindre ?

Les lois sur l'immigration imposent également tout un éventail de critères de sélection aux demandeurs, tels les qualifications et les expériences professionnelles, les aptitudes linguistiques et l'âge. Parallèlement à la procédure habituelle, les États-Unis ont instauré un système de loterie afin de diversifier la provenance de leurs immigrants. Chaque année, ils octroient par tirage au sort 50 000 visas de résidence permanente à des migrants originaires de pays qui sont peu représentés dans la population des États-Unis. Plus de neuf millions de personnes se sont inscrites à la loterie de 2009.

34 Des demandeurs de visa aux Îles Fidji

Les candidats à l'immigration doivent déposer une demande de résidence permanente en bonne et due forme à l'ambassade ou au consulat du pays qu'ils ont choisi comme terre d'accueil. Généralement, une demande de résidence au Canada est traitée par les autorités canadiennes à l'intérieur d'un délai de 18 à 24 mois. Cependant, des demandeurs originaires de pays comme la Chine ou l'Inde peuvent attendre jusqu'à huit ans, en raison du sous-financement et du manque de personnel diplomatique canadien dans ces pays.

Quelles peuvent être les conséquences des délais dans les procédures d'immigration ?

36 Des immigrants prêtent le serment de citoyenneté aux États-Unis

La résidence permanente constitue souvent une première étape dans le processus d'obtention d'une nouvelle citoyenneté. La plupart des pays d'accueil imposent aux candidats des conditions préalables : séjour continu de quelques années (cinq ans, en moyenne), connaissance de la langue, de la culture et des valeurs du pays, absence de casier judiciaire, etc.

35 Les critères de sélection pour les travailleurs qualifiés au Canada

En plus de pratiquer un métier ou une profession en demande au Canada, chaque candidate ou candidat doit obtenir un nombre de points suffisant pour être accepté comme résident permanent. La note de passage est de 67 points sur 100.

Critère	Nombre de points
Études	Maximum de 25 points
Aptitudes en français/anglais	Maximum de 24 points
Expérience de travail	Maximum de 21 points
Âge	Maximum de 10 points
Emploi réservé* au Canada	Maximum de 10 points
Adaptabilité	Maximum de 10 points

* Offre d'emploi confirmée ou contrat de travail existant.

Citoyenneté et Immigration Canada, *Demande de résidence permanente au Canada : Guide à l'intention des travailleurs qualifiés – fédéral* [en ligne], 2008, réf. du 11 mars 2009.

Pourquoi le Canada favorise-t-il l'immigration de travailleurs qualifiés ? *cappable de s'adapter, langue...*

Selon vous, pourquoi le processus d'obtention d'une nouvelle citoyenneté est-il si exigeant ?

3.2 L'immigration clandestine

Certains immigrants ne peuvent satisfaire aux critères d'éligibilité établis par les pays d'accueil. À défaut de pouvoir entreprendre une démarche officielle, ils cherchent à immigrer de façon clandestine. L'immigration illégale touche aujourd'hui toutes les régions du globe et elle fait régulièrement les manchettes de l'actualité.

Des immigrants indiens en attente dans le port de Vancouver

En 1914, les passagers du Komagata Maru se voient refuser l'entrée au Canada sous prétexte que leur navire en provenance de l'Inde a fait escale à Hong Kong. Or, selon un décret en vigueur à l'époque, les immigrants indiens peuvent débarquer au Canada seulement s'ils arrivent directement de leur pays. Il s'agit d'une manière déguisée de restreindre l'immigration indienne, puisqu'à cette époque, il n'existe aucune liaison maritime directe entre l'Inde et le Canada.

Différents facteurs expliquent l'ampleur de ce phénomène. Dans le contexte de la mondialisation de l'économie, la demande pour une main-d'œuvre bon marché et non qualifiée s'est accrue considérablement. Ainsi, de nombreuses personnes démunies n'hésitent pas à affronter les risques liés à l'immigration clandestine pour tenter de décrocher un emploi et d'améliorer leur sort. De plus, le durcissement des politiques migratoires, notamment en Europe, resserre les critères de sélection. Par exemple, en 2008, le Royaume-Uni a fermé ses frontières aux ouvriers non qualifiés en provenance de pays autres que ceux de l'Union européenne. Par ailleurs, la proximité d'un pays développé et la perméabilité de certaines frontières favorisent l'immigration clandestine.

37 Les régions d'origine des migrants clandestins aux États-Unis, en 2008

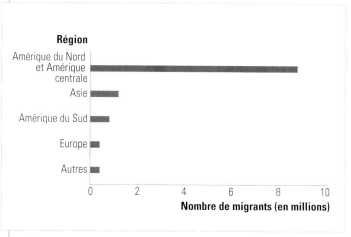

D'après Michael Hoefer, Nancy Rytina et Bryan C. Baker, *Estimates of the Unauthorized Immigrant Population Residing in the United States : January 2008* [en ligne], réf. du 11 mars 2009.

• Pourquoi y a-t-il autant d'immigrants clandestins en provenance de l'Amérique du Nord et de l'Amérique centrale aux États-Unis ? — *proximité des États-Unis*

Selon l'Organisation internationale pour les migrations (OIM), la plupart des immigrants clandestins entrent dans un pays étranger munis d'un permis de séjour valide (permis de travail, visa d'étudiant ou de tourisme). Ils basculent dans la clandestinité lorsqu'ils décident de prolonger leur séjour une fois leur visa expiré ou d'occuper un emploi non autorisé. D'autres choisissent de confier leur sort à des passeurs qui, en échange d'une somme d'argent, les aident à franchir la frontière du pays convoité.

Les réseaux criminels organisés profitent de la vulnérabilité des gens qui veulent migrer. Ils n'hésitent pas à financer le transport des clandestins et à leur fournir de faux papiers d'identité. Une fois arrivés à destination, les migrants doivent rembourser le coût de leur passage en travaillant pour ces réseaux dans des conditions de quasi-esclavage. En outre, ces criminels contrôlent le marché très lucratif de la **traite des humains**. Ce trafic, qui rapporte annuellement plus de 40 milliards de dollars, arrive au troisième rang en importance, derrière les trafics d'armes et de stupéfiants.

> **Traite des humains** Commerce illégal de personnes à des fins d'exploitation (prostitution, travail forcé, etc.).

38 Les pays d'origine de la traite des humains

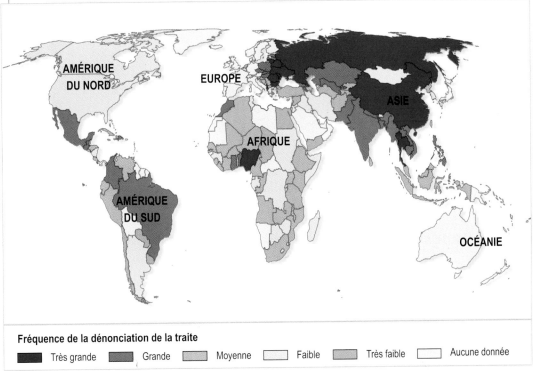

Fréquence de la dénonciation de la traite

Très grande · Grande · Moyenne · Faible · Très faible · Aucune donnée

D'après UNFPA, *État de la population mondiale : Vers l'espoir. Les femmes et la migration internationale* [en ligne], 2006, réf. du 11 mars 2009.

40 Des statistiques accablantes sur la traite des humains

En 2006, l'UNFPA a publié un rapport sur les femmes et la migration internationale dans lequel l'organisme fait le point sur l'ampleur du phénomène de la traite des femmes.

« [...] de 600 000 à 800 000 femmes, hommes et enfants sont transportés chaque année par les trafiquants hors de leur pays d'origine – la plupart pour être exploités par l'industrie du sexe. Le plus grand nombre – jusqu'à 80 % – sont des femmes et des filles. Non moins de 50 % sont des mineurs.

Les femmes victimes de la traite des humains sont généralement contraintes de se prostituer et d'alimenter le tourisme sexuel, de contracter des mariages arrangés par des agences et de se livrer à d'autres occupations "de femme" comme le service domestique, le travail dans l'agriculture et dans les ateliers aux cadences infernales. [...] La traite des humains constitue le sombre "dessous" de la mondialisation. »

UNFPA, *État de la population mondiale : Vers l'espoir. Les femmes et la migration internationale.* 2006 [en ligne], réf. du 11 mars 2009.

- Dans quel but fait-on la traite des femmes et des filles ?

39 Des immigrants illégaux en route vers les États-Unis

Que ce soit par terre ou par mer, le passage illégal d'une frontière peut s'avérer une entreprise périlleuse. La faim, la soif, les arrestations et même la mort guettent les clandestins. De 1998 à 2004, près de 2000 personnes sont décédées en tentant de traverser la frontière entre le Mexique et les États-Unis.

- Quels sont les dangers de l'immigration clandestine ?
- Selon vous, pourquoi, malgré les risques, les gens tentent-ils de traverser les frontières de façon clandestine ?

L'intensification des migrations clandestines amène les gouvernements et les organisations internationales à tenter de freiner le mouvement. Ainsi, tous s'entendent pour intensifier la lutte contre les réseaux criminels organisés. Par ailleurs, certains pays tentent de sécuriser leurs frontières en érigeant des murs et en utilisant des moyens technologiques sophistiqués (détecteur de mouvement, radar, etc.).

41 La construction d'un mur à la frontière mexico-américaine

En 2006, le gouvernement américain a approuvé la construction d'un mur à haute sécurité sur plus du tiers de sa frontière avec le Mexique, longue de 3000 km.

● Selon vous, la construction d'un mur est-elle une solution durable au problème de l'immigration clandestine? Pourquoi?

peut pas complètement arrêter

42 Une manifestation en faveur des travailleurs clandestins

En 2008, à Paris, la fête du Travail s'est transformée en marche pour la régularisation de la situation des travailleurs «sans papiers», venus principalement d'Afrique. Membres des syndicats et immigrants clandestins ont défilé à travers la ville, en scandant le slogan «Ils bossent ici, ils vivent ici, ils restent ici».

Dans la mesure où les emplois clandestins sont au cœur du problème, les inspections en milieu de travail deviennent de plus en plus fréquentes. En 2006, plus de 22 000 travailleurs illégaux ont été expulsés du Royaume-Uni à la suite d'opérations de contrôle. D'autres pays européens, tels la France, l'Espagne et l'Italie, choisissent de régulariser la situation de certains illégaux. En effet, de nombreux clandestins ont des emplois stables et s'intègrent à leur société d'accueil grâce au soutien des membres de leur communauté déjà installés. De plus, dans certains secteurs qui bénéficient largement du travail clandestin, comme la restauration et la construction, les employeurs sont favorables à la légalisation du statut de ces immigrants.

● Pourquoi certains pays choisissent-ils de régulariser la situation des immigrants illégaux?

QUESTIONS d'interprétation CD 1

1 En quoi consistent les politiques d'immigration des pays industrialisés?

2 Qu'est-ce qui explique l'ampleur des migrations clandestines?

3 Quelles sont les conséquences des migrations clandestines?

4 Quels sont les impacts des migrations?

L'intensification des migrations entraîne des transformations sociales et économiques à l'échelle de la planète. Qu'elle soit interne ou internationale, la mobilité des populations contribue notamment à l'expansion urbaine. De plus, l'immigration internationale soulève le problème de l'intégration des nouveaux arrivants dans les pays d'accueil. Elle a aussi des effets importants sur les sociétés des pays de départ.

CONCEPTS
- Culture ☐ Diaspora
- Migration ☐ Mondialisation
- Pouvoir ☐ Réseau
- Urbanisation

4.1 Les migrations, un facteur de croissance urbaine

En 2008, le taux d'urbanisation mondial a passé le cap des 50 %. La tendance ne montre aucun signe de relâchement: les démographes estiment qu'en 2050, 70 % de la population du globe habitera en milieu urbain. À l'échelle planétaire, cette augmentation résulte surtout de l'accroissement naturel de la population des villes. Cependant, l'exode rural et les migrations internationales peuvent contribuer de façon significative à l'expansion urbaine.

43 L'urbanisation dans le monde, de 1950 à 2050

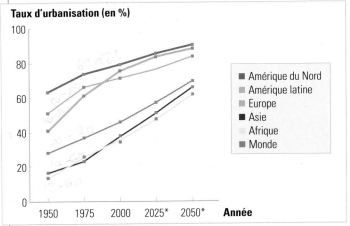

* Données estimées.
ONU, *World Urbanization Prospects: The 2007 Revision* [en ligne], réf. du 17 mars 2009.

● Dans quelles régions du monde l'augmentation du taux d'urbanisation est-elle la plus marquée?

44 Le taux d'accroissement dans la population de la ville de New York*, de 1970 à 2007

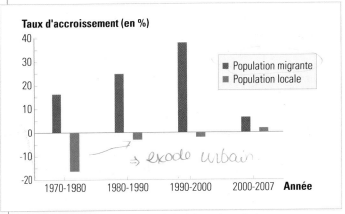

* Il s'agit ici de la ville et non pas de la région métropolitaine.
D'après New York City Department of City Planning, Population Division [en ligne]; US Census Bureau 2007 [en ligne], réf. du 17 mars 2009.

● À quelle catégorie de la population la croissance de la ville de New York peut-elle être attribuée?

Dans les années à venir, l'expansion des villes se poursuivra principalement dans les pays en développement. En effet, d'ici 2025, le taux de croissance urbaine dans les pays industrialisés plafonnera à 0,5 %, alors qu'en Afrique, il dépassera les 3 %. Par exemple, dans la ville de Lagos, au Nigeria, la population a connu une croissance extraordinaire. Le boum pétrolier des années 1970 a relancé l'économie de cette agglomération portuaire, entraînant un afflux de migrants venus des campagnes et des pays voisins. En quelques décennies, Lagos est passée d'un peu plus d'un million d'habitants à près de 10 millions en 2007.

45 Lagos, un cauchemar urbain

Capitale du Nigeria jusqu'en 1991, Lagos est le principal centre économique et culturel du pays. Le taux de croissance phénoménal de sa population ainsi que l'absence de planification urbaine de la part des pouvoirs publics expliquent le développement totalement désordonné de cette métropole africaine.

● Quelles sont les principales causes du développement désordonné de Lagos?

Les défis posés par l'urbanisation font régulièrement la une des médias. Des problèmes, tels la misère, le chômage, la violence et la dégradation de l'environnement, se trouvent aggravés par l'accélération de la croissance urbaine. Dans certaines **banlieues** défavorisées des pays développés, le nombre de familles à faible revenu, l'inefficacité des transports en commun et le manque de possibilités d'emploi créent des milieux propices à la criminalité.

Parallèlement, l'expansion des banlieues **pavillonnaires** à faible densité et l'utilisation généralisée de l'automobile font constamment l'objet de critiques. En effet, ce développement **périurbain** contribue à la pollution atmosphérique, causant entre autres divers problèmes de santé (troubles respiratoires, allergies, etc.).

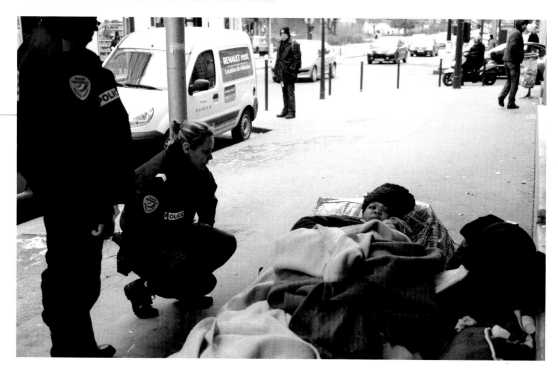

46 Une itinérante dans les rues de Paris

À des échelles différentes, la pauvreté touche autant les villes industrialisées que celles des pays en développement. La construction de logements à loyer modique constitue un des enjeux de la gestion de l'urbanisation.

● Qu'est-il possible de faire pour réduire le problème de l'itinérance dans les villes en croissance ?

47 La répartition des immigrants arrivés au Canada, de 2001 à 2006

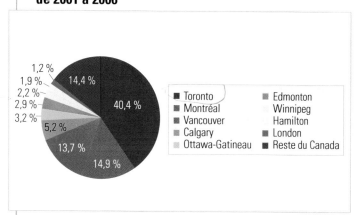

1,2 %
1,9 %
2,2 %
2,9 %
3,2 %
14,4 %
40,4 %
5,2 %
13,7 %
14,9 %

- ■ Toronto
- ■ Montréal
- ■ Vancouver
- ■ Calgary
- ▨ Ottawa-Gatineau
- ▨ Edmonton
- ▨ Winnipeg
- ▨ Hamilton
- ■ London
- ■ Reste du Canada

Chambre de commerce du Canada, *L'immigration : Nouveau visage du Canada* [en ligne], 2009, réf. du 26 février 2009.

● Quelle ville canadienne attire le plus grand nombre d'immigrants ?

Bien qu'il y ait des banlieues riches dans les pays en développement, l'étalement urbain s'y manifeste surtout par la présence de bidonvilles. Un nombre important de personnes s'entasse dans ces grands ensembles d'habitations précaires. En effet, plus de 60 % des habitants de ces quartiers n'ont pas accès à l'eau courante, 40 % vivent sans électricité et 25 % sans toilettes décentes. De plus, ces taudis urbains prolifèrent de façon désordonnée et illégale. Ne disposant d'aucun droit de résidence, les habitants des bidonvilles vivent dans la crainte d'être expulsés à tout moment.

4.2 La ville, pôle d'attraction des migrants

Malgré les problèmes associés à l'urbanisation, plusieurs immigrants choisissent de s'installer dans les centres urbains. À elle seule, la ville de Londres regroupe près de la moitié de toutes les communautés ethniques du Royaume-Uni, alors que Sydney attire le tiers des immigrants qui s'installent en Australie. Aux États-Unis, selon le Bureau du recensement, plus de 40 % de la population née à l'étranger vivait dans une **ville centre**, en 2003.

Les avantages offerts par ces agglomérations sont indéniables. D'importantes ressources nécessaires à la création de la richesse y sont concentrées : un vaste bassin de travailleurs et d'entrepreneurs, des capitaux et des services financiers, de même qu'une diversité de commerces et d'industries. Carrefours économiques, les villes proposent donc aux nouveaux arrivants un grand éventail d'emplois et de possibilités d'affaires dans divers secteurs.

Par ailleurs, l'anonymat des grandes villes favorise le développement d'une économie parallèle. En effet, l'économie parallèle, ou travail au noir, consiste à produire des biens (vêtements, meubles, etc.) et à échanger des services (entretien ménager, construction et rénovation, etc.) en dehors du contrôle de l'État, c'est-à-dire sans payer d'impôts et sans appliquer les réglementations en vigueur. Pour les immigrants qui vivent dans la clandestinité, cette économie parallèle représente souvent la seule source de revenus. Les consommateurs trouvent aussi un avantage économique au travail au noir. Ils épargnent les taxes et paient moins cher les services domestiques, l'entretien paysager ou la rénovation. Toutefois, ils enfreignent les lois fiscales et n'ont aucune garantie légale pour les travaux effectués.

48 Travailler au noir en Californie

Aux États-Unis, on estime à environ cinq millions le nombre de travailleurs illégaux qui encaissent des salaires en argent comptant pour éviter de payer de l'impôt ou pour protéger leur clandestinité.

Quelles sont les conséquences du travail au noir sur les finances publiques ?

49 La ville de Lagos, capitale du « système D »

Malgré son développement chaotique, Lagos fait figure de paradis économique aux yeux des migrants. Tout y semble possible. Toutefois, pour plusieurs, l'espoir d'une vie meilleure repose largement sur l'économie parallèle.

« L'économie souterraine permet à au moins la moitié des habitants de s'en sortir et réduit les risques de soulèvement de la population. [...] Dans ce monde de la débrouille, l'esprit d'initiative rejoint aussi l'énergie du désespoir : la nuit venue, des brouettes sont « empruntées » sur des chantiers, puis louées 20 cents la nuit aux sans-abri en quête de lit. Lorsque la pluie transforme le marché en bourbier, les enfants prennent des seaux d'eau et proposent aux clients de leur laver les pieds pour quelques nairas [monnaie nigériane]. Le secteur informel, c'est aussi un homme qui pousse une charrette de maison en maison pour enlever les ordures : 65 dollars par mois, sans compter les 55 autres dollars qu'il gagne en vendant les déchets récupérables. »

Amy Otchet, « Lagos, la métropole du "système D" », *Le Courrier de l'Unesco* [en ligne], juin 1999, réf. du 17 mars 2009.

Quels sont les avantages de l'économie souterraine à Lagos ?

Ce système économique parallèle fonctionne notamment avec la complicité d'entrepreneurs qui y trouvent un avantage compétitif : rémunération très faible, longues heures de travail, réduction des charges sociales (assurances et régime de retraite), etc. Selon certains observateurs, la mondialisation incite de plus en plus d'entreprises des pays industrialisés à embaucher des immigrants clandestins afin de concurrencer la main-d'œuvre bon marché d'Asie et d'Amérique latine.

Les villes procurent aussi aux nouveaux arrivants d'importantes ressources socioculturelles. La proximité et la concentration de ces dernières en facilitent grandement l'accès. De façon générale, les villes sont aussi en mesure d'offrir à leurs résidents une grande variété de services. Dans le domaine de la santé, les centres urbains possèdent entre autres de nombreux hôpitaux à la fine pointe de la technologie, un éventail de spécialistes ainsi que tout un ensemble de ressources paramédicales (ambulances, centres de réadaptation, pharmacies, etc.). Sur le plan de l'éducation, les milieux urbains regroupent un nombre important d'établissements d'enseignement supérieur et d'écoles spécialisées. Avec plus de 40 universités, Londres possède la plus grande concentration d'institutions universitaires dans le monde.

Les villes possèdent des infrastructures culturelles variées: musées, théâtres, bibliothèques, salles de concert, cinémas, etc. Leurs habitants peuvent choisir parmi une gamme d'activités et de ressources, dont certaines sont gratuites. De plus, les rues des métropoles s'animent régulièrement de manifestations multiculturelles. À titre d'exemple, Montréal offre chaque année plus d'une centaine d'événements et de festivals. Près de la moitié de ces activités ont une portée internationale, tel le Festival International de Jazz de Montréal.

50 | **Le tramway, navette entre le centre et la banlieue**

La plupart des agglomérations urbaines disposent d'un important réseau de transport en commun (métro, autobus, tramway, etc.). Dans la région parisienne, plus de 70 millions de passagers empruntent chaque année le tramway et plus de 1,5 milliard de voyageurs utilisent le métro.

● En quoi le transport en commun constitue-t-il un atout pour les nouveaux arrivants?

51 | **La ville, lieu de promotion des femmes**

En 2007, le rapport sur la croissance urbaine du Fonds des Nations Unies pour la population (UNFPA) s'est penché sur les principaux enjeux de l'urbanisation au XXIe siècle. Il décrivait notamment les multiples avantages de la vie en milieu urbain pour les femmes.

«Les commodités sociales et matérielles des villes facilitent les changements dans le sens de l'égalité des sexes. La concentration de la population en milieu urbain ouvre [...] aux femmes, migrantes ou autochtones, de nombreuses possibilités de se rencontrer, de travailler, de former des réseaux de soutien social, d'échanger des informations et de s'organiser [...]. Les villes offrent aux femmes des meilleures options d'éducation et des emplois plus divers que les campagnes. Elles leur donnent davantage de possibilités de participation à la vie sociale et politique, ainsi qu'un accès aux médias, à l'information et à la technologie; elles favorisent l'acquisition d'un pouvoir décisionnel par la participation communautaire et politique.»

UNFPA, *Libérer le potentiel de la croissance urbaine, État de la population mondiale 2007* [en ligne], réf. du 17 mars 2009.

● De quelle façon les villes favorisent-elles l'émancipation des femmes?

52 **Des musulmans à Whitechapel, un quartier multiethnique de Londres**

La présence de communautés ethniques dans certains quartiers constitue un atout pour l'intégration économique, sociale et culturelle des migrants. Dans les villes, les populations immigrantes organisent des réseaux d'entraide afin de mieux s'implanter dans leur pays d'accueil. Elles recréent parfois dans ces quartiers de véritables villages à l'image de leur culture d'origine, avec des lieux de culte, des organismes communautaires, des boutiques d'alimentation et de vêtements traditionnels, etc.

● La présence d'une importante communauté ethnique dans une ville peut-elle constituer un facteur d'attraction pour la population migrante ? Pourquoi ?

4.3 Les politiques d'intégration des pays d'accueil

Les pays d'accueil doivent se doter de politiques d'intégration afin de gérer de façon efficace l'afflux d'immigrants sur leur territoire. Ces mesures profitent à la fois aux nouveaux arrivants et à la société en général. D'une part, elles visent l'épanouissement et la protection des droits des migrants. D'autre part, elles permettent le maintien de la cohésion sociale. Dans certaines sociétés, l'intensification et la diversification des migrations soulèvent la question de la capacité d'accueil et de tolérance à l'égard des différences culturelles. Il appartient donc aux pouvoirs publics de maintenir l'équilibre entre les besoins des migrants et ceux de la population locale.

Les politiques d'intégration varient d'un pays à l'autre et évoluent selon la situation internationale (crise économique, menace terroriste, etc.). Les différentes approches d'intégration se situent entre deux pôles : l'assimilation et le multiculturalisme. Par exemple, le gouvernement français préconise l'assimilation à une seule culture : les migrants doivent s'adapter et adhérer aux valeurs et aux traditions de la France.

À l'autre extrémité, des pays comme le Canada, le Royaume-Uni et l'Australie adoptent un modèle basé sur le multiculturalisme. Cette approche consiste à mettre en valeur la diversité culturelle de la société dans son ensemble, y compris la culture des immigrants. Elle demande une plus grande souplesse de la part de la société d'accueil et moins d'adaptation de la part des migrants. Ce type de politique impose néanmoins à tous un ensemble de valeurs fondamentales tels la démocratie, l'égalité et le respect des droits et des libertés.

L'approche privilégiée par les États-Unis réunit des caractéristiques de ces deux modèles d'intégration. Les différences culturelles y sont davantage acceptées, comme dans l'approche multiculturelle, mais les autorités américaines s'attendent néanmoins à ce que les immigrants participent activement au développement de la culture du pays.

53 **Un mariage interethnique**

Ce couple de jeunes Canadiens a tenu à célébrer son mariage par deux cérémonies distinctes : l'une de tradition hindoue, l'autre de tradition catholique. Dans un Canada de plus en plus multiculturel, cette tendance est à la hausse.

L'interculturalisme au Québec

Au Québec, les pouvoirs publics emploient le concept d'interculturalisme pour décrire leur politique d'intégration. Comme dans la politique canadienne, on y favorise le développement de la diversité culturelle et sa mise en valeur. Toutefois, la prédominance du français comme langue commune de la vie publique doit être respectée.

En 1990, le Québec a confirmé sa politique à l'égard des immigrants et proposé un «contrat moral» entre les nouveaux arrivants et la société d'accueil: société francophone et pluraliste, le Québec s'engage à soutenir les communautés culturelles; en retour, les immigrants doivent souscrire à la Charte québécoise des droits et libertés de la personne et participer à l'édification de la nation québécoise.

Le vote à visage voilé interdit

En 2007, à l'occasion des élections provinciales, le Directeur général des élections du Québec s'est opposé au vote à visage voilé. Le principe selon lequel les électeurs doivent s'identifier au moment du scrutin ne tolère aucune exception.

---

54 Une campagne en faveur de l'intégration

Depuis le début des années 2000, l'Aragon, une région située au nord de l'Espagne, connaît une importante vague d'immigration. Afin de favoriser l'intégration de ces nouveaux arrivants, le gouvernement a lancé en 2008 une vaste campagne publicitaire destinée à promouvoir la diversité culturelle et à lutter contre les préjugés de la population locale.

Los nuevos Aragoneses

Proceden de los cinco continentes.

Su ilusión y derecho a labrarse un futuro mejor los han traído hasta Aragón.

Con el esfuerzo y solidaridad de todos estamos conviviendo y trabajando juntos.

Son los nuevos aragoneses.

Todos somos la fuerza de Aragón.

TODOS
Somos la fuerza de Aragón

• Selon vous, la publicité est-elle un moyen efficace pour lutter contre les préjugés et promouvoir la diversité culturelle?

Les pouvoirs publics mettent en place diverses mesures qui viennent soutenir leurs politiques d'intégration. Selon l'approche choisie par les pays d'accueil, ces moyens d'assistance peuvent varier. La France, qui privilégie l'assimilation, compte sur son système d'éducation public et laïque pour atteindre un degré élevé d'intégration. Au Québec, le gouvernement mise entre autres sur l'apprentissage du français. Le ministère de l'Immigration et des Communautés culturelles propose aux immigrants différents cours gratuits.

55 Un apport culturel controversé

En 2008, une brèche dans la loi a forcé le gouvernement britannique à confirmer la légalité des tribunaux islamiques, ce qui a provoqué un mouvement de protestation dans la population. Cette décision a été perçue comme une atteinte aux droits et aux libertés du pays. Les tribunaux islamiques appliquent en effet la charia, un ensemble de règles de conduite dictées par le Coran. Les musulmans qui vivent en Grande-Bretagne peuvent donc recourir à ces cours d'arbitrage afin de régler des litiges d'ordre privé (divorce, garde d'enfants, testament, etc.).

«Même dans le domaine civil, la charia est discriminatoire, abusive et injuste, particulièrement envers les femmes et les enfants. De plus, l'impression qu'on s'y soumet volontairement est trompeuse; beaucoup de femmes seront poussées à se présenter devant ces tribunaux et à se conformer à leurs décisions. Le recours à ces tribunaux mène tout droit à l'injustice et ne favorise en rien les droits des minorités et la cohésion sociale. L'intérêt public, surtout en ce qui a trait aux femmes et aux enfants, exige de mettre fin à la charia ainsi qu'à tout autre tribunal confessionnel.»

Maryam Namazie, « Launch of One Law for All - Campaign against Sharia Law in Britain », *Womensgrid* [en ligne], 2 décembre 2008, réf. du 18 mars 2009 [Traduction libre].

• Pourquoi certains réclament-ils l'abolition des tribunaux islamiques?

Certains pays subventionnent également des organismes qui s'occupent de l'intégration socioéconomique des immigrants. Ces centres communautaires offrent aux nouveaux venus de l'assistance dans leurs démarches administratives, des services de traduction, de l'aide dans la recherche de logement, divers services d'intégration à l'emploi, de même que des cours de langue. Selon plusieurs intervenants, une intégration réussie passe par la participation des migrants au marché du travail. C'est ce qui a incité certains gouvernements à adopter des mesures visant à favoriser l'accès à l'emploi des minorités ethniques.

56 **Les obstacles à la reconnaissance professionnelle**

En 2008, la journaliste de *La Presse* Rima Elkouri a suivi pendant six mois le parcours de familles immigrantes. Elle s'est interrogée entre autres sur l'intégration de travailleurs qualifiés au marché du travail au Québec.

« Les immigrés les plus qualifiés n'ont pas nécessairement la tâche plus facile. Surtout s'ils appartiennent à une minorité dite "visible" et qu'ils ont obtenu leur diplôme dans un pays en voie de développement [...]. Pour les ingénieurs étrangers, à qui l'École polytechnique offre une formation d'appoint depuis 1999, le plus difficile est souvent de décrocher un stage de 12 mois au Canada, une étape obligatoire pour obtenir le permis d'exercice de l'Ordre des ingénieurs du Québec. Et même au bout de toutes ces étapes, décrocher un emploi n'est pas simple. Seulement la moitié des ingénieurs étrangers qui passent au travers de ce processus long et coûteux occupent un emploi d'ingénieur [...]. »

Rima Elkouri, « Gaspillage de capital humain », *La Presse* [en ligne], 14 février 2009, réf. du 17 mars 2009.

● Quels obstacles rencontrent les travailleurs migrants qualifiés au Québec ?

Brève culturelle

Le musée comme outil d'intégration

Soucieuses de valoriser l'apport des migrants dans un monde en constante circulation, l'UNESCO et l'OIM ont décidé de mieux faire connaître au grand public l'histoire et l'expérience des migrations en encourageant la création de musées. Le Réseau international des musées des migrations a ainsi été fondé en 2006. Il poursuit trois objectifs principaux : la reconnaissance de la contribution des migrants, leur intégration par le développement d'un sentiment d'appartenance et la sensibilisation de la société d'accueil aux causes de la migration afin de lutter contre les stéréotypes.

Une exposition franco-allemande à la Cité

Ouverts au public depuis les années 1980-1990, les musées des migrations des grands pays d'accueil tels le Canada, les États-Unis et l'Australie ont servi d'exemples aux institutions européennes. À Paris, la Cité nationale de l'histoire de l'immigration a ouvert ses portes en 2007. Elle propose toute une série d'activités sur le thème de l'immigration en France : expositions, séminaires, films, etc.

4.4 Les impacts de l'émigration dans les pays de départ

Les migrations provoquent aussi des changements notables dans les sociétés de départ. En effet, grâce à la création de réseaux **transnationaux** de solidarité, les diasporas contribuent grandement au développement économique et social de leur pays d'origine. Par exemple, avec plus de 50 millions d'individus, les migrants chinois constituent une des plus grandes diasporas du monde. Les Chinois installés à l'étranger ont établi de solides liens économiques avec leur pays natal : plus des deux tiers des investissements en Chine proviennent de la diaspora.

Les transferts de fonds individuels constituent toutefois la forme de solidarité la plus importante. En effet, la plupart des migrants font parvenir régulièrement une part de leurs revenus à des proches restés dans leur pays d'origine. Ces sommes, qui peuvent représenter plus de 50 % du revenu des familles, permettent à ces dernières d'échapper à la pauvreté, de financer des études, des soins de santé ou encore de se procurer un logement décent. En 2005, les immigrants d'origine mexicaine aux États-Unis ont effectué des envois totalisant près de 20 milliards de dollars.

57 **Les transferts de fonds et l'aide internationale, en 2006**

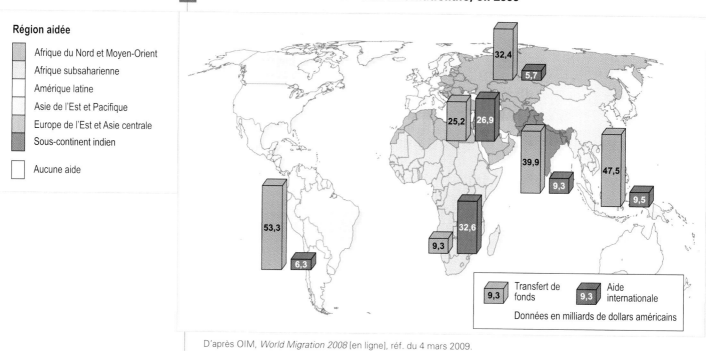

Région aidée
- Afrique du Nord et Moyen-Orient
- Afrique subsaharienne
- Amérique latine
- Asie de l'Est et Pacifique
- Europe de l'Est et Asie centrale
- Sous-continent indien
- Aucune aide

Transfert de fonds 9,3 — Aide internationale 9,3
Données en milliards de dollars américains

D'après OIM, *World Migration 2008* [en ligne], réf. du 4 mars 2009.

- Dans quelle région les transferts de fonds sont-ils les plus importants ?

Les pays d'origine des migrants profitent également des transferts de connaissances et de savoir-faire des membres de leur diaspora. Ainsi, différents programmes internationaux encouragent la participation des émigrés au développement de leur société de départ. C'est dans cet esprit que l'OIM a mis sur pied, à la fin des années 1990, le programme Migration pour le développement en Afrique (MIDA). Depuis 2001, MIDA Grands Lacs, qui vise le Burundi, le Rwanda et la République démocratique du Congo, invite des migrants qualifiés à faire des séjours temporaires à titre de conseillers stratégiques dans les domaines de l'éducation, de la santé et du développement rural.

Après un certain nombre d'années vécues à l'étranger, certains migrants décident de rentrer au pays. Ils deviennent parfois d'importants agents de changement, puisqu'ils ramènent avec eux de nouvelles idées et attitudes qui peuvent contribuer à l'avancement de leur société d'origine. C'est le cas de Myriam Merlet, qui a passé 11 ans au Québec, où elle a étudié l'économie et le féminisme, avant de rentrer en 1987 à Port-au-Prince, capitale d'Haïti.

« [...] Myriam Merlet est devenue l'une des intellectuelles les plus reconnues de son pays et l'une des plus brillantes défenseuses de la cause des femmes en Haïti. Après une brève incursion en politique, comme chef de cabinet au ministère de la Condition féminine et des Droits des femmes, elle continue, inlassable, son travail de militante. Même si Haïti fait du surplace, engoncé dans la corruption et son endémique incapacité à se solidariser, à se mobiliser, même si tout est fait pour décourager, Myriam Merlet continue. Elle œuvre à Enfofanm, une organisation qui défend les droits des femmes sur toutes les tribunes, soutenue notamment par le Centre d'éducation et de coopération internationale et Développement et Paix, deux ONG québécoises. »

Monique Durand, « Une seconde à Haïti », *Le Devoir* [en ligne], 27-28 décembre 2008, réf. du 18 mars 2009.

● Quelle est la contribution de Myriam Merlet à la société haïtienne ?

L'émigration n'a pas que des impacts positifs sur les pays d'origine. Dans les pays pauvres, le départ de travailleurs qualifiés peut nuire à la croissance économique du pays. Ce phénomène s'appelle l'« exode des cerveaux ». La situation est particulièrement grave en Afrique subsaharienne. Les faibles salaires et l'instabilité politique sont les principales causes de cette fuite des cerveaux. Parmi les travailleurs qualifiés africains, les plus enclins à partir semblent être ceux qui œuvrent dans le domaine de la santé. Malgré des problèmes criants en santé publique (sida, malnutrition, etc.), l'Afrique perd chaque année 20 000 médecins et infirmières au profit des pays industrialisés.

Pays industrialisé	Médecins d'origine étrangère		Infirmières d'origine étrangère	
	Nombre	% du total	Nombre	% du total
Australie	11 122	21	—	—
Canada	13 620	23	19 061	6
États-Unis	213 331	27	99 456	5
Nouvelle-Zélande	2 832	34	10 616	21
Royaume-Uni	69 813	33	65 000	10

OIM, *World Migration 2008* [en ligne], réf. du 25 mars 2009.

59 **Le personnel médical d'origine étrangère dans les pays industrialisés, en 2006**

● Quelles sont les conséquences, pour les pays en développement, du départ des professionnels de la santé ?

QUESTIONS d'interprétation **CD 1**

1 Quels sont les principaux défis de la croissance urbaine ?

2 Pourquoi les migrants choisissent-ils de s'installer dans les villes ?

3 Quelles sont les principales approches en matière de politique d'intégration ?

4 Quels sont les impacts de l'émigration sur les pays de départ ?

Question bilan

5 Expliquez quels sont les impacts économiques et sociaux des migrations.

L'émigration d'une partie de la population active des pays en développement a aussi des effets sur l'organisation familiale. Le départ d'un parent, ou même des deux parents, provoque des modifications dans la composition des foyers. De nombreuses mères de famille se retrouvent seules pour élever leurs enfants et tenir la maison. De plus, la mobilité croissante des femmes laisse de plus en plus d'enfants aux soins de leurs grands-parents ou d'un autre membre de la parenté.

LES ENJEUX

ENJEU 1 — LA GESTION DE L'EXPANSION URBAINE p. 114

L'expansion urbaine résulte à la fois de la croissance naturelle de la population des villes et de l'arrivée de migrants en provenance des zones rurales ou de l'étranger. En effet, les villes constituent un pôle d'attraction pour les personnes qui sont à la recherche de meilleures conditions de vie, car elles offrent de multiples avantages. Toutefois, le rythme de croissance accéléré de l'urbanisation entraîne des enjeux de gestion qui préoccupent de plus en plus les divers intervenants : décideurs, groupes de pression et citoyens.

Ces enjeux varient selon le degré de développement et le portrait démographique des populations des différentes régions du globe. L'accès au logement, à des infrastructures appropriées de même qu'à des services publics (écoles, hôpitaux, police, etc.) représente une priorité pour les villes des pays pauvres. Cependant, la pauvreté, la violence et la pollution constituent des défis communs à toutes les agglomérations urbaines de la planète.

Comment gérer l'expansion urbaine ?

1. Comment assurer le développement durable du territoire et des infrastructures d'une ville en croissance ?
2. Comment lutter contre la violence en milieu urbain ?
3. Comment tenir compte de l'apport culturel des immigrants ?

Une congestion automobile à Kolkata (Calcutta), en Inde

ENJEU **2** LES MIGRATIONS ET LE MONDE DU TRAVAIL p. 130

Dans un contexte de libéralisation des échanges, les flux migratoires ont des répercussions sur le marché mondial de l'emploi. Qu'il s'agisse de l'exode des cerveaux, de délocalisations d'entreprises, de violations des droits des ouvriers dans les pays du Sud ou encore de manifestations contre la main-d'œuvre étrangère, les effets de la mondialisation du travail font quotidiennement les manchettes. Ce phénomène entraîne à la fois le déplacement des emplois et la mobilité de la main-d'œuvre. Aucune région du globe n'échappe à la dynamique d'interdépendance entre les économies du monde, qui profite largement aux entreprises des pays industrialisés. Toutefois, les intérêts des pays en développement, ceux des pays riches et ceux des migrants économiques eux-mêmes ne coïncident pas toujours.

Quels sont les enjeux soulevés par les rapports entre les migrations et le marché de l'emploi ?

1. Comment favoriser l'intégration des immigrants au marché du travail ?
2. Comment atténuer les effets négatifs de l'exode des cerveaux ?
3. Le marché mondial de l'emploi : délocaliser ou ne pas délocaliser ?

Des travailleurs mexicains dans les champs de la Californie, aux États-Unis

Une grève contre l'embauche de travailleurs étrangers, en Grande-Bretagne

ENJEU 1   La gestion de l'expansion urbaine

1   Comment assurer le développement durable du territoire et des infrastructures d'une ville en croissance ?

L'expansion urbaine engendre des défis logistiques considérables, tant dans les pays riches que dans les pays pauvres. En effet, la planification des infrastructures et du territoire urbains doit tenir compte d'un ensemble de préoccupations à la fois économiques, sociales et écologiques. Afin de garantir un développement durable des villes, les pouvoirs publics doivent s'efforcer de concilier trois enjeux majeurs : assurer la croissance économique, réduire les inégalités sociales et diminuer les impacts écologiques. Les ONG, les groupes communautaires, de même que les citoyens, participent aussi activement à la gestion du développement des régions urbaines en prenant diverses initiatives.

Brève culturelle

Pour une urbanisation durable

Créé en 1978, ONU-Habitat, le programme des Nations Unies pour les établissements humains, s'est donné le mandat de promouvoir l'urbanisation durable et l'accès à un logement décent pour tous. ONU-Habitat vise principalement la réduction de la pauvreté en milieu urbain. Depuis les années 2000, l'amélioration du niveau de vie des habitants des taudis urbains, ou des bidonvilles, est devenue une priorité de l'action internationale.

Afin d'atteindre ses objectifs, ONU-Habitat documente le phénomène de l'urbanisation dans le monde. Il participe également à différents projets de gestion urbaine : amélioration de la gouvernance, programme d'infrastructures, développement de logements sociaux, coopération interurbaine, etc. Depuis 2002, ONU-Habitat organise des conférences internationales, les Forums urbains mondiaux, pour discuter des problèmes liés à l'expansion urbaine et trouver des solutions.

Un Forum urbain mondial à Vancouver

En 2006, la ville de Vancouver a accueilli le troisième Forum urbain mondial, qui avait pour thème « Notre avenir : des villes durables – Passer des idées à l'action ». Le modèle de solution proposé par Vancouver repose sur le principe de l'« écodensité » : une ville moins étendue ayant une forte densité de population, où les habitants utilisent moins leur voiture et consomment moins de ressources non renouvelables.

1.1 Le sort des taudis urbains

Selon l'ONU, un milliard de personnes, soit plus du tiers de la population urbaine mondiale, habitent dans des bidonvilles. Ce chiffre pourrait doubler d'ici 2030, compte tenu des migrations en provenance des zones rurales et de l'accroissement naturel. Les bidonvilles, ou taudis urbains, sont des agglomérations qui naissent généralement à la périphérie des villes, sans aucune planification et en toute illégalité. En effet, les habitants de ces quartiers surpeuplés ne détiennent pas de titres légaux de propriété. De plus, leurs conditions de vie sont très précaires. La plupart des taudis urbains sont dépourvus d'un accès à l'eau courante, d'infrastructures sanitaires (toilettes, égouts, etc.) et d'électricité. La violence et la criminalité y sont aussi une réalité quotidienne.

60   **La population urbaine vivant dans des bidonvilles**

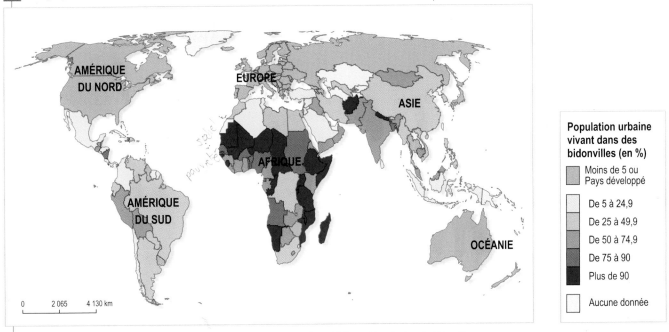

Population urbaine vivant dans des bidonvilles (en %)

- Moins de 5 ou Pays développé
- De 5 à 24,9
- De 25 à 49,9
- De 50 à 74,9
- De 75 à 90
- Plus de 90
- Aucune donnée

D'après « Habitat informel : la norme dans les pays pauvres », dans « Amar Nafa », « Une planète de bidonvilles », *L'état de la mondialisation. Alternatives internationales*, Hors-série n° 6, déc. 2008, p. 63.

- Dans quelle région du monde trouve-t-on la plus grande part de gens vivant dans des bidonvilles ?
- Selon vous, pourquoi le pourcentage est-il si élevé dans cette région ?

61   **Des toilettes de fortune dans un bidonville du Bangladesh**

Dans la Déclaration du Millénaire, adoptée en 2000, les pays membres de l'ONU se sont engagés à améliorer la vie d'au moins 100 millions d'habitants de taudis urbains d'ici 2020.

- Selon vous, quels problèmes éprouvent les habitants des taudis urbains ?

Le manque de ressources financières empêche souvent les pouvoirs publics des pays en développement de résoudre les problèmes liés à l'expansion urbaine non planifiée. Dans ce contexte, certains dirigeants adoptent une politique de laisser-faire. D'autres choisissent plutôt d'autoriser la destruction des bidonvilles et la vente des terrains à des spéculateurs immobiliers. Les spéculateurs cherchent à faire un profit avec ces terrains, soit en les revendant, soit en construisant des immeubles. Enfin, certains pays s'engagent plutôt dans un processus de revitalisation de ces zones défavorisées, en partenariat avec les citoyens et les ONG locales ou internationales.

62 La destruction d'un bidonville en Inde

En 2008, les autorités municipales d'Hyderabad ont autorisé la démolition d'un bidonville, forçant ainsi quelque 120 familles démunies à se reloger. On prévoit y construire un bâtiment qui servira de bureaux à un parti politique.

- Pourquoi une ville décide-t-elle de détruire un bidonville ?
- Selon vous, quelles sont les conséquences de la démolition d'un bidonville pour les habitants ?

63 Des habitations à loyer modique au Caire

L'Égypte compte plus de 1200 zones urbaines illégales. Elles abritent près de 15 millions des 77 millions d'habitants du pays. Un grand nombre de ces bidonvilles sont situés en périphérie du Caire, la capitale.

« Le ministère [du Logement] réoriente les flux de population provenant des grandes villes d'Égypte au moyen de projets de développement et de programmes de logement à loyer modéré des "villes nouvelles". Celles-ci ont absorbé, dans la seule région du Caire, 1,2 million de personnes qui se seraient autrement retrouvées dans des taudis. Toutefois, malgré les incitations offertes par l'État, nombreux sont ceux qui n'ont pas les moyens de profiter de ces programmes. »

UNFPA, *État de la population mondiale 2007 : Libérer le potentiel de la croissance urbaine* [en ligne], 2007, p. 17, réf. du 20 février 2009.

- Quelle est la solution envisagée par l'État égyptien en ce qui concerne les bidonvilles ?
- Quels sont les résultats de cette solution ?

64   Contrôler les migrations internes en Chine

La stratégie d'urbanisation chinoise repose en grande partie sur le *hukou*, un système d'enregistrement des familles. Ce système permet d'exercer un contrôle sur la migration et d'orienter le plus possible les migrants vers les villes de petite ou de moyenne taille. Tous les citoyens chinois doivent nécessairement habiter le lieu désigné par leur *hukou*, ou permis de résidence, sous peine de perdre de nombreux privilèges : accès aux logements sociaux, à l'école gratuite, aux services de santé, etc.

« Une des plus grandes réussites de la Chine en ce qui concerne son urbanisation rapide est qu'elle est si bien arrivée à contenir le processus que l'on observe des conditions de forte promiscuité, mais très peu de taudis [...]. C'est une réalisation importante pour un pays en développement. [...] Sur le plan négatif, [...] la pollution de l'eau et de l'air en milieu urbain est un grave problème et les services offerts aux migrants, ainsi que les filets de sécurité pour les pauvres et les personnes âgées doivent être abordés sérieusement. »

BANQUE MONDIALE, *Urbanisation rapide de la Chine : avantages, défis et stratégies* [en ligne], 18 juin 2008, réf. du 20 février 2009.

• Quelle solution la Chine a-t-elle adoptée pour contrôler les effets de l'urbanisation rapide ?

65   Des droits pour les habitants des bidonvilles, à São Paulo

En 2004, le Centre pour le droit au logement et contre les évictions forcées (COHRE), une ONG basée à Genève, en Suisse, a décerné un prix à la municipalité de São Paulo, au Brésil, pour les efforts investis dans la promotion du droit au logement.

« Comme l'a expliqué un représentant de la mégapole brésilienne, le programme "Bairro Legal" (quartier légal) s'adresse à quelque trois millions de personnes qui résident sur des parcelles pour lesquelles elles n'ont pas de titre de propriété. Elles peuvent donc en être expulsées à tout moment. [...] Le programme se fonde sur la législation fédérale, ce qui lui permettra de survivre aux changements politiques dans la municipalité. [...] Plus de 45 000 familles – soit plus de 210 000 personnes – ont déjà obtenu un titre légal pour leurs résidences, ce qui leur a permis d'exiger l'approvisionnement en eau potable et en électricité. [...] Les habitants sont protégés contre les évictions forcées des spéculateurs qui seraient tentés de saisir les terrains pas encore régularisés. »

Robert James Parsons, « Quand les bidonvilles reculent », *Le Courrier* [en ligne], 30 novembre 2004, réf. du 20 février 2009.

• En quoi cette politique municipale est-elle favorable aux plus démunis ?

66   Une loi pour éliminer les bidonvilles, en Afrique du Sud

En août 2007, le gouvernement du KwaZulu-Natal, la province la plus peuplée d'Afrique du Sud, a adopté une loi visant à supprimer les bidonvilles et à prévenir leur réapparition. Les habitants de ces quartiers, soutenus par des organismes de défense des droits des résidents de bidonvilles, manifestent contre cette loi qu'ils jugent discriminatoire envers les pauvres. Ils ont porté leur cause devant les tribunaux. Sur les chandails des manifestants, on peut lire « Ne détruisez pas nos maisons ! Améliorez-les. »

• Selon vous, en quoi cette loi sud-africaine est-elle discriminatoire ?

1.2 Le phénomène de la banlieue pavillonnaire

À partir des années 1950, l'augmentation généralisée du niveau de vie dans les pays développés permet à plusieurs ménages d'accéder à la propriété et d'acquérir une automobile. Au même moment, les pouvoirs publics favorisent le développement du réseau autoroutier et l'aménagement de zones résidentielles en périphérie des grands centres. De nombreuses familles décident alors de quitter les quartiers urbains plus densément peuplés pour des banlieues, caractérisées par une faible densité de population, des maisons unifamiliales, des espaces verts et des accès privilégiés pour les voitures. C'est ainsi que se développent des quartiers périurbains. Toutefois, ce modèle d'**urbanisme** ne fait pas l'unanimité, notamment à cause des impacts socioéconomiques sur la ville centre et des problèmes environnementaux qu'il engendre.

> **Urbanisme** Étude de l'aménagement des villes.

Brève culturelle

Jane Jacobs, adversaire de la banlieue

Canadienne d'origine étasunienne, Jane Jacobs (1916-2006) a passé une grande partie de sa vie à réfléchir à l'architecture et à l'urbanisme. Dans les années 1950, lorsque les politiques d'aménagement urbain font naître la banlieue américaine, Jacobs critique ce phénomène dans un ouvrage controversé, intitulé *Déclin et survie des grandes villes américaines* (1961). L'auteure y vante les mérites de la densité urbaine et de l'animation de la vie de quartier, où s'entremêlent commerces, résidences et lieux de travail.

Une manifestation pour sauver Penn Station à New York, aux États-Unis

Tant aux États-Unis qu'au Canada, Jane Jacobs a lutté contre les interventions mettant en danger l'intégrité et le cachet des quartiers urbains (démolition d'habitations ou de bâtiments publics, construction de voies rapides, etc.). Sur la photographie ci-contre, on la voit au centre lors d'une manifestation en 1963 contre la démolition de Penn Station, une gare de la ville de New York.

---

67 **Les avantages de la banlieue**

Un sondage, effectué auprès de 610 personnes de la région métropolitaine de Montréal, fait état des avantages de la vie en banlieue.

Avantages	Pourcentage des répondants
Tranquillité, moins de bruit	35 %
Maison plus grande, cour arrière, prix moins élevé, etc.	32 %
Milieu plus propice pour élever des enfants (qualité des écoles, garderies, etc.)	23 %
Sécurité du milieu de vie	6 %
Autre	3 %
Aucun avantage	2 %

LÉGER MARKETING, « Sondage : la rivalité 514-450 », *Journal de Montréal* [en ligne], 1er octobre 2007, réf. du 20 février 2009.

68 **Des conséquences considérables sur l'environnement et la santé publique**

Le Regroupement national des conseils régionaux de l'environnement du Québec (RNCREQ) est le porte-parole des régions en matière d'environnement auprès des instances gouvernementales. À l'occasion de la Commission sur l'avenir de l'agriculture et de l'agroalimentaire québécois, le Regroupement dénonce les conséquences de l'étalement urbain.

« L'accroissement des besoins de transport induit par l'étalement [urbain] provoque une hausse significative de la pollution atmosphérique et des émissions de gaz à effet de serre. Les épisodes de smog sont de plus en plus fréquents, plus longs et touchent un plus large territoire. Par ailleurs, la construction de nouveaux quartiers en banlieue et des infrastructures de desserte qu'ils nécessitent [par exemple, les routes et les autoroutes] se fait au détriment des milieux naturels et agricoles. Il s'ensuit une perte dramatique et irréversible de la biodiversité [...]. D'autres études confirment le lien entre l'étalement et l'accroissement du taux de sédentarité de la population. »

RNCREQ, « Étalement urbain : Quand allons-nous enfin stopper l'hémorragie ? », Communiqué [en ligne], 28 mai 2007, réf. du 20 février 2009.

● Quels sont les effets de l'étalement urbain que dénonce le RNCREQ ?

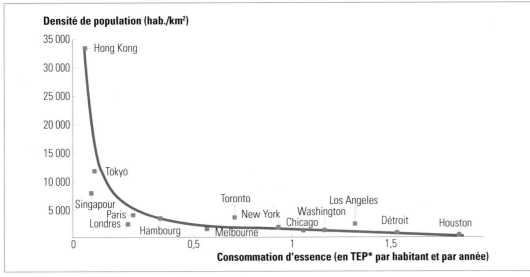

* Mesure qui correspond à la quantité d'énergie contenue dans une tonne de pétrole.
D'après *Atlas de la menace climatique*, 2005.

69 **L'étalement urbain et les répercussions de l'automobile**

Dans les villes de faible densité, le transport en commun est habituellement moins développé. Les habitants y utilisent donc plus souvent, et sur de plus grandes distances, l'auto-mobile qui émet davantage de gaz à effet de serre.

70 **Le centre-ville avant tout**

Richard Bergeron, responsable des analyses stratégiques à l'Agence métropolitaine de transport (AMT), mise sur l'amé-nagement de nouveaux logements au centre-ville plutôt que sur l'étalement des banlieues.

« Il y a tant de trous à boucher à Montréal, qu'il faudrait éviter toute mesure favorisant la construction de maisons et de routes aux confins de la campagne, comme on le fait actuellement. Selon le plan d'urbanisme de la Ville, le centre-ville compte 248 terrains vagues, dont plusieurs servent de stationnements à ciel ouvert. Le centre-ville a une capacité de 25 000 logements neufs supplémentaires et de 10 000 en reconversion. On pourrait aller chercher quelque 75 000 habitants de plus. »

Richard Bergeron cité par Antoine Robitaille, « L'étalement urbain, c'est les autres », *Le Devoir* [en ligne], 22 janvier 2005, réf. du 20 février 2009.

● Pourquoi l'auteur propose-t-il l'aménagement du centre-ville de Montréal plutôt que le développement des banlieues ?

QUESTIONS de point de vue CD 2

1 Quelles sont les conséquences d'une expansion urbaine rapide sur le territoire et les infrastructures ?

2 Quels rôles les gouvernements, les organismes et les citoyens peuvent-il jouer dans le développement durable du territoire et des infrastructures ? Donnez des exemples.

3 Quelles sont les solutions envisagées pour gérer cet enjeu ?

2 Comment lutter contre la violence en milieu urbain ?

Le rythme croissant de l'urbanisation semble s'accompagner d'une hausse significative de la criminalité à l'échelle mondiale. Selon un rapport d'ONU-Habitat publié en 2007, l'urbanisation trop rapide et souvent non planifiée est l'une des causes de l'augmentation de la violence en milieu urbain. Ce phénomène alarmant préoccupe aussi bien les citoyens des pays développés que ceux des pays en développement. Le maintien de la sécurité représente donc un enjeu de taille pour les pouvoirs publics.

71 La vulnérabilité des villes à la violence

Exclusion sociale
Ségrégation, mise à l'écart de personnes dont le statut économique ou social (chômeurs, sans-abri, homosexuels, etc.) ne correspond pas aux valeurs dominantes de la société dans laquelle elles vivent.

À la suite de la publication du *Rapport mondial sur les établissements humains* de 2007, consacré à l'amélioration de la sécurité urbaine, le secrétaire général de l'ONU, Ban Ki-moon, formule un sombre diagnostic sur la violence en milieu urbain.

« Comme ce rapport nous le montre, la violence et la criminalité urbaines sont en augmentation partout dans le monde, suscitant une peur généralisée et décourageant les investissements dans de nombreuses villes. Ceci est particulièrement vrai en Afrique, en Amérique latine et dans les Caraïbes, où la violence perpétrée par les gangs urbains est en hausse. Les récentes émeutes dans les banlieues de Paris et dans toutes les villes de France, ainsi que les attaques terroristes sur New York, Madrid et Londres, démontrent que, même au sein des pays à revenu élevé, les villes sont vulnérables. »

ONU-Habitat, « La criminalité et la violence en hausse partout dans le monde : ONU-Habitat lance un cri d'alarme » [en ligne], 1er octobre 2007, réf. du 26 février 2009.

● Quelles sont les conséquences de la violence urbaine ?

2.1 Les causes de la violence urbaine

La violence urbaine se manifeste au quotidien de différentes façons : vandalisme, émeutes, vols, consommation et trafic de drogues, trafic d'armes, prostitution et crimes contre la personne (meurtres, agressions, viols, etc.). Cette violence peut être le fait d'individus ou de réseaux criminels organisés, tels les gangs de rue ou les mafias. Une montée soudaine de la criminalité ou des manifestations de violence dans une zone urbaine suscite inévitablement des réactions. Qu'il s'agisse des pouvoirs publics, des organismes communautaires ou des citoyens, il n'est pas rare que ces différents acteurs interviennent pour dénoncer les causes ou ceux qu'ils estiment responsables de cette explosion de violence.

72 La pauvreté dans un bidonville de Jakarta, en Indonésie

Dans son rapport de 2007 sur la croissance urbaine, le Fonds des Nations Unies pour la population (UNFPA) explique que la pauvreté, les inégalités et l'exclusion sociale augmentent les risques de conflit, de crime et de violence dans les grands centres urbains. Sur la photo ci-contre, des Indonésiens fouillent les ordures afin de trouver des objets à récupérer ou à vendre.

73 Les ratés des pouvoirs publics en matière sociale

À l'automne 2005, de violentes émeutes ont éclaté dans des banlieues françaises où vivent des communautés culturelles variées. Ces émeutes sont survenues à la suite du décès suspect de deux adolescents qui auraient cherché à échapper à la police. Sans excuser les soulèvements, le regroupement syndical SUD Éducation dénonce les politiques du gouvernement qui seraient à l'origine de l'augmentation de la violence dans les quartiers à forte concentration d'immigrants.

« Qui favorise la spéculation immobilière qui exclut en banlieue les classes populaires ? [...] Qui diminue le nombre de postes de personnels de l'Éducation [...] ? Qui entretient depuis des années le chômage, la précarité, l'exclusion ? [...] Qui s'emploie à amalgamer les habitants de ces banlieues à des terroristes en puissance ? À la suite du 11 septembre 2001, le discours sécuritaire stigmatise les "immigrés" et les rejette dans la classe des pestiférés de la République. [...] Les véritables coupables sont au pouvoir ou l'ont été : la politique antisociale menée par le gouvernement depuis 2002 [...]. »

SUD Éducation 86, « Violences urbaines : les vrais casseurs sont au gouvernement ! » [en ligne], 8 novembre 2005, réf. du 26 février 2009.

• D'après SUD Éducation, quelles sont les causes des émeutes urbaines en France ?

74 Les jeux de guerre responsables de la violence

Dans la foulée des émeutes de 2005 en France, une citoyenne française en colère critique les choix de consommation des parents.

« Nos enfants s'enflamment. Qui est responsable ? La famille, l'école, l'État ? Nous sommes tous responsables. Dites-moi [...] qui s'est une seule fois exprimé contre l'industrie des jouets qui transforment nos enfants en futurs voyous guerriers ou en policiers détenteurs d'une légale violence ? [...] Qu'allez-vous offrir à votre enfant mâle ? Un revolver en plastique à la mode de la police nationale [...] ? Un char blindé ? Quels nouveaux jeux interactifs guerriers ? [...] Nos enfants consomment à outrance les produits des industries des jeux de guerre et tous nous acceptons cette accumulation plastique des signes de violence. »

Barbara Bouley, « Violences urbaines : Qui est responsable ? La famille, l'école ou l'État ? », *Construire un monde solidaire* [en ligne], 9 novembre 2005, réf. du 26 février 2009.

• Certains jeux peuvent-ils favoriser des comportements violents ? Expliquez votre réponse.

75 Violence xénophobe à Johannesburg, en Afrique du Sud

En mai 2008, dans le contexte difficile marqué par la crise du logement, la hausse des prix des aliments et les problèmes d'approvisionnement en électricité, des habitants des bidonvilles de la métropole sud-africaine s'en sont pris aux résidents étrangers. Ils accusaient ces immigrants de leur voler emplois et logements. Ces violentes attaques **xénophobes** ont fait plusieurs centaines de blessés et des dizaines de morts.

> Xénophobe
> Hostile aux étrangers.

• Pourquoi des habitants de Johannesburg participent-ils à des attaques violentes ?

2.2 Des solutions au problème de la violence urbaine

C'est souvent lorsque survient une série de manifestations violentes que les autorités proposent des solutions. En effet, lorsque la violence urbaine fait la une des médias et que la population impuissante et inquiète exige des interventions, les pouvoirs publics se voient forcés de réagir. Les mesures adoptées peuvent être de nature répressive (renforcement de la présence policière, contrôle d'identité plus important, etc.) ou préventive (amélioration de l'éclairage public, organisation de loisirs pour les jeunes, etc.).

76 **Des organismes communautaires contre la violence urbaine, en Afrique du Sud**

À la suite des émeutes meurtrières survenues à Johannesburg en mai 2008, de nombreuses organisations se sont mobilisées ailleurs au pays dans le but de prévenir la violence contre les immigrants. En effet, craignant que des désordres semblables se produisent dans leur région, des syndicats, des organisations religieuses et des organismes humanitaires ont formé une coalition afin de préparer des plans d'urgence et de prévoir des secours pour les victimes en cas de crise.

« Prenant en considération la peur et l'instabilité qui se sont installées à la suite des violences survenues au Gauteng [une province d'Afrique du Sud], nous demandons au gouvernement national qu'il diffuse son plan d'intervention afin de gérer cette crise inacceptable. Nous espérons que ce plan tiendra compte des éléments suivants :

1. un moratoire sur toutes les déportations de **ressortissants** étrangers ;

2. la protection des communautés étrangères et immigrantes, en particulier dans les endroits à haut risque comme les trains, les bureaux d'accueil des réfugiés et les collectivités potentiellement instables ;

3. une offre d'hébergement comprenant de la nourriture, des couvertures et d'autres objets essentiels ;

4. une enquête rapide sur les attaques perpétrées ainsi que l'arrestation et la mise en accusation des responsables. »

« Xenophobic Violence : Western Cape Emergency Civil Society Task Team Established ; WC Security Forum established » [en ligne], 21 mai 2008, réf. du 26 février 2009. (Traduction libre.)

> **Ressortissant** Personne protégée par les autorités diplomatiques d'un pays donné et qui réside à l'étranger.

- Quels moyens sont proposés par les différentes organisations sud-africaines pour protéger les immigrants ?

77 **Prévenir la violence par le divertissement**

Fondée en 1992 en Afrique du Sud, l'ONG Soul City s'est donné pour mission de promouvoir le changement social et la santé au moyen de productions multimédias. L'organisme aborde des thèmes tels que les gangs de rue, le harcèlement et la violence faite aux femmes. Les séries télévisées et radiodiffusées de Soul City remportent un vif succès auprès de la population sud-africaine et contribuent à la mobilisation contre la violence en milieu urbain.

- Pourquoi le recours aux médias constitue-t-il un bon moyen d'action sociale ?

À la suite des émeutes dans les banlieues survenues en 2005, une journaliste de Radio France Internationale décrit les mesures prises par Nicolas Sarkozy, alors ministre de l'Intérieur du gouvernement français.

« Les renforts envoyés sur place par Nicolas Sarkozy n'ont pas permis pour le moment de canaliser la violence dans les cités. Et la manière dont le ministre de l'Intérieur a décidé de gérer la crise a même été directement mise en cause, à la fois par les habitants et par certains membres de la classe politique. Nicolas Sarkozy a, en effet, réaffirmé son désir d'appliquer le principe de « la tolérance zéro » face à la violence. Il a ainsi annoncé que les voitures de patrouille allaient être équipées de caméras dans ces quartiers sensibles et que les policiers seraient désormais chargés « non plus de faire de l'ordre public mais d'interpeller ». C'est d'ailleurs ce qui a été fait et plusieurs dizaines de personnes ont été arrêtées. Certaines ont été jugées en comparution immédiate et condamnées à des peines de prison ferme ou avec sursis. »

Valérie Gas, « Violences urbaines : comment gérer la crise », *RFI* [en ligne], 2 novembre 2005, réf. du 26 février 2009.

> Selon vous, le durcissement des mesures policières et judiciaires est-il justifiable en temps de crise ? Expliquez votre réponse.

MÉDIAS

L'éthique et la dignité humaine

Partout dans le monde, des journalistes sont appelés à couvrir des accidents, des catastrophes ou des conflits armés. Au cours de ces événements, des personnes sont blessées ou même tuées. Il convient alors de déterminer quelles images peuvent être montrées au public. Doit-on photographier la détresse individuelle d'une victime au détriment du drame collectif qui frappe une communauté ? Jusqu'où doit-on filmer ? Les journalistes doivent-ils porter secours à la population ?

Certains journalistes sont d'avis que le simple fait de filmer ou de photographier une catastrophe constitue en soi une manière d'aider les victimes, puisque leurs images visent à sensibiliser l'opinion publique. Cependant, cette attitude est parfois dénoncée par la population, qui y voit un manque de compassion et une atteinte à la dignité humaine.

Plus encore que les mots, les images spectaculaires servent à susciter l'émotion du grand public. Elles peuvent ainsi faire augmenter le nombre d'exemplaires vendus et les cotes d'écoute. Toutefois, elles ne sont pas toujours un fidèle reflet des événements survenus.

Des journalistes couvrent une émeute à Johannesburg

En Afrique du Sud, des journalistes des médias locaux et internationaux photographient un homme grièvement blessé par la police au cours des émeutes xénophobes survenues en 2008.

> Est-il possible de rapporter fidèlement la réalité au cours d'événements violents ? Expliquez votre réponse.

> Les images constituent-elles un bon moyen de véhiculer l'information ? Pourquoi ?

QUESTIONS de point de vue

CD 2

1 Quelles sont les causes de la violence urbaine ?

2 Quelles sont les pistes de solution proposées par les différents intervenants ?

3 Quelles pourraient être les conséquences des pistes de solution suggérées ?

3 Comment tenir compte de l'apport culturel des immigrants ?

En raison de l'accroissement de l'immigration, les villes sont confrontées au problème de l'intégration des communautés issues de différentes cultures. La plupart des immigrants choisissent de s'installer en milieu urbain. En plus d'offrir des perspectives d'emploi et des occasions d'affaires diversifiées, les villes permettent d'accéder facilement à un ensemble de ressources socioculturelles : éducation, santé, événements culturels, etc. La présence dans les zones urbaines de réseaux ethniques de solidarité constitue un autre facteur déterminant dans le choix de la destination des migrants.

79 Immigrer dans les grandes villes canadiennes

En février 2009, la Chambre de commerce du Canada soulignait, dans un énoncé de politique, les différents facteurs d'attraction des grandes villes canadiennes.

« Les immigrants représentaient 45,7 % de la population de Toronto, 39,6 % de celle de Vancouver et 20,6 % de celle de Montréal. [...] Les nouveaux arrivants [...] ont affirmé qu'ils avaient choisi cette destination parce que leur famille et leurs amis s'y étaient déjà installés. Un deuxième facteur avait motivé leur choix et pour Toronto, c'était la perspective d'emploi, pour Montréal, c'était la langue et pour Vancouver, le climat. »

Chambre de commerce du Canada, *L'immigration : Nouveau visage du Canada* [en ligne], 2009, p. 5, réf. du 26 février 2009.

- Quels sont les facteurs d'attraction qui déterminent le choix de destination des migrants ?

81 Les Antilles dans les rues de Montréal

Depuis le milieu des années 1970, le défilé de la Carifête fait vibrer les rues de Montréal aux sons et aux couleurs des Caraïbes. Au fil des ans, la fête s'est enrichie de l'apport culturel d'autres communautés originaires d'Haïti et d'Amérique latine. Cet événement, qui reflète la diversité des communautés montréalaises, bénéficie du soutien financier des autorités municipales.

3.1 L'apport culturel des immigrants, l'affaire de tous

La plupart des pays d'accueil mettent en place des politiques destinées à faciliter l'intégration des nouveaux arrivants. Certains pays, tels le Canada, l'Australie et le Royaume-Uni, favorisent également la mise en valeur des cultures d'origine des communautés culturelles établies sur leur territoire. Les différents paliers de gouvernement offrent des subventions et créent des programmes visant à faciliter le dialogue interculturel. Il reste néanmoins que l'apport culturel des communautés est directement lié à la volonté des immigrants de partager leur culture et à l'ouverture de la société d'accueil.

80 La paroisse à la rencontre des cultures

L'appartenance religieuse permet aux immigrants de bénéficier d'un réseau d'entraide. Ils se familiarisent ainsi avec la culture d'accueil tout en ayant la possibilité de conserver leur héritage culturel.

« Certains lieux de culte viennent en aide aux immigrants afin qu'ils s'intègrent dans leur nouvelle ville tout en conservant leurs liens avec leur langue, leur religion et leur culture. Ainsi, une église catholique de Glasgow [ville d'Écosse] qui compte de nombreux ressortissants polonais parmi ses paroissiens offre des cours d'histoire, de culture et de langue polonaises aux enfants des immigrants. Selon le prêtre, "[...] pour tous les parents, il est très important de faire connaître la culture polonaise à leur enfant. Nous leur enseignons que c'est une richesse de pouvoir faire partie de deux cultures". Beaucoup d'immigrants trouvent difficile d'établir des réseaux sociaux en dehors de leur groupe culturel à cause du contexte dans lequel ils vivent et travaillent ainsi que de l'attitude du public envers leur communauté. »

The British Council, Living Together Programme : Migrant Cities, *Intercultural Dialogue in South-East Europe and the UK* [en ligne], 2008, p. 15, réf. du 26 février 2009. (Traduction libre.)

- De quelle façon l'appartenance à un réseau culturel peut-elle faciliter l'intégration des immigrants ?

- Comment une manifestation publique peut-elle sensibiliser la population à la diversité des communautés culturelles ?

Un engouement pour la culture italienne

Présents en Amérique depuis la fin du XIXᵉ siècle, les immigrants italiens ont contribué à la vie socioéconomique, culturelle et politique des grandes villes. Les communautés d'accueil ont même adopté avec enthousiasme des éléments de la culture italienne. Avec sa procession, ses mets typiques et ses spectacles musicaux, le festival de *San Gennaro* (Saint-Janvier) est une des traditions les plus populaires du quartier de la Petite Italie, à New York.

• Découvrir la richesse des communautés culturelles est-il un bon moyen d'amorcer le dialogue interculturel ? Expliquez votre réponse.

3.2 Les limites à l'apport culturel des immigrants

Dans les pays de forte immigration, la diversité culturelle soulève des débats entre le respect des traditions des minorités et le respect des valeurs de la société d'accueil. Ainsi, des pratiques comme la polygamie ou encore le recours à des tribunaux religieux qui s'appuient sur des textes sacrés (le Coran, par exemple) ou des traditions religieuses (la Halakha ou loi juive) vont à l'encontre de principes démocratiques tels que la laïcité des institutions publiques et l'égalité entre les hommes et les femmes.

83 **Pas de voile à l'école laïque française**

En 1989, des médias ont dénoncé le port du voile islamique dans les écoles publiques de France. Afin de préserver la laïcité des institutions publiques, le gouvernement français a adopté une politique – et par la suite, une loi – qui interdit le port de signes religieux visibles en milieu scolaire.

« Le 4 décembre [2008], la Cour européenne de justice a refusé de condamner la France pour l'exclusion définitive de leur établissement scolaire en 1999 de deux jeunes filles qui y portaient un foulard sur la tête pendant les cours de gymnastique.

Âgées à l'époque de 12 et 13 ans, [...] il leur avait été demandé de retirer ce foulard qui se voulait une affirmation ostensible de convictions religieuses pour se mettre en conformité avec les règles de la République laïque. [...] Les deux jeunes filles soutenaient que l'interdiction de porter le foulard à l'école était contraire à la liberté religieuse [...] et avait porté atteinte à leur droit à l'éducation [...]. Elles n'ont pas convaincu les juges de Strasbourg. »

Jean-Pierre Rosenczveig, « L'école sans voile », *Les droits des enfants vus par un juge des enfants* [en ligne], 6 décembre 2008, réf. du 26 février 2009.

• Pourquoi interdit-on le port du voile dans les écoles publiques françaises ?

QUESTIONS de point de vue   CD 2

1 Comment l'État et les citoyens peuvent-ils contribuer à l'intégration des immigrants ?

2 Doit-on imposer des limites à l'apport culturel des immigrants ? Justifiez votre réponse.

OPTION DÉBAT

L'étalement urbain se définit par le développement de zones urbaines en périphérie d'une ville centre. Il peut s'agir de bidonvilles où règnent la pauvreté et le développement non planifié, de banlieues défavorisées de pays développés ou encore de banlieues plus aisées, caractérisées par leurs maisons unifamiliales et l'utilisation de la voiture.

Le développement des banlieues pavillonnaires à faible densité a plutôt mauvaise presse. Les écologistes, des spécialistes de l'aménagement urbain (urbanistes) ainsi que des experts en santé publique lui reprochent ses effets néfastes sur l'environnement et la santé. Pourtant, la banlieue comme mode de vie continue d'attirer les gens. Le phénomène a connu une hausse constante ces dernières années, tant dans les pays industrialisés que dans les pays en développement. Devant l'attrait qu'exercent ces zones périurbaines, certains estiment qu'il faut accepter cette forme d'étalement urbain, mais qu'il faut aussi mieux la planifier.

Doit-on limiter l'étalement des banlieues ?

84 Choisir de vivre en banlieue

Depuis la fin de l'apartheid, en 1991, la criminalité est en hausse dans le centre-ville de Johannesburg, en Afrique du Sud. Peu à peu, l'insécurité a poussé les entreprises et les familles plus fortunées à choisir la banlieue propre et chic de Sandton.

1. Les intervenants qui expriment leur point de vue dans les documents qui suivent prennent part au débat sur le développement des banlieues. En prévision d'un débat en classe sur cet enjeu, interprétez leurs positions à l'aide des questions suivantes.

   • Qui sont les auteurs du document ?
     – À quel titre expriment-ils leur opinion ?

   • Quelle est leur position ?
     – Semblent-ils favorables ou défavorables à l'étalement urbain ?
     – Comment justifient-ils leur position ? Quels sont leurs arguments ?
     – Quelles solutions proposent-ils pour réduire l'impact de l'étalement urbain ?

   • Trouvez dans les différents médias d'autres arguments pertinents susceptibles de vous aider à mieux comprendre l'enjeu.

2. En vous basant sur les documents présentés ci-après et sur ceux que vous aurez recueillis, organisez un débat sur les questions suivantes.

   a) Selon vous, doit-on limiter le développement des banlieues ?
   b) Comment peut-on concilier l'étalement urbain et le développement durable ?

85 Des environnementalistes dénoncent les effets de l'étalement urbain

contre

« Le Regroupement national des conseils régionaux de l'environnement du Québec [RNCREQ] [...] est d'avis que l'urbanisation désordonnée et à faible densité qui se pratique au Québec depuis des décennies va à l'encontre des efforts visant à amener le Québec sur la voie du développement durable. [...] Il croit que ce "mal-développement" se réalise souvent au détriment de la zone et des activités agricoles. En fait, l'étalement urbain est reconnu comme un facteur d'amplification de plusieurs problématiques économiques, environnementales et sociales. L'automobile comme mode dominant des déplacements des personnes, le développement continuel du réseau routier et la sédentarisation croissante des ménages, pour ne donner que quelques exemples, ont des effets dramatiques pour la société. »

RNCREQ, « Étalement urbain : Quand allons-nous enfin stopper l'hémorragie ? » [en ligne], 28 mai 2007, réf. du 23 février 2009.

86 Un historien de l'architecture prend la défense de la banlieue

pour

« Il n'y a aucune raison de supposer que l'habitat à forte densité est nécessairement plus durable ou plus dangereux pour l'environnement que l'habitat à faible densité. [...] On peut très bien, grâce à l'énergie éolienne, solaire, biomassique et géothermique, imaginer un monde dans lequel la plupart des gens pourraient tout simplement se passer des services publics coûteux et polluants qu'exigeait l'ancien modèle de ville industrielle à forte densité. La population pourrait même capter sa propre énergie sur place et ainsi parvenir à la neutralité carbone. [...] La solution consiste à trouver de meilleures sources d'énergie et des façons de faire plus efficaces. De cette façon, les villes les plus durables pourraient très bien s'avérer les moins denses. »

Robert Bruegmann, « In Defense of Sprawl », *Forbes* [en ligne], 11 juin 2007, réf. du 24 février 2009. [Traduction libre.]

87 Les pouvoirs publics sud-africains en faveur d'une ville plus dense

(centre)

« Les villes sud-africaines se caractérisent par un étalement urbain à faible densité, les zones résidentielles étant séparées des lieux de travail, des commerces et des services publics. [...] Des villes comme Cape Town et Johannesburg tentent de contrer les difficultés logistiques et les coûts associés à l'étalement urbain en s'appliquant à définir et à aménager la zone périurbaine. Le but est d'encourager le développement commercial et résidentiel dans les limites de la ville, et de créer ainsi un tissu urbain plus compact. »

Department of Environmental Affairs and Tourism, Republic of South Africa [en ligne], 2005, réf. du 24 février 2008. [Traduction libre.]

le développement
çela aiderait l'économie.
organisation

88 Un promoteur immobilier crée un centre-ville en banlieue

contre *(pour)*

« À Villeparisis, banlieue nord-est de Paris, un promoteur immobilier a cherché à créer un centre-ville dense à l'image d'un village ancien. Le nouveau quartier, composé d'un habitat très diversifié, est articulé autour d'une petite place commerçante centrale et situé à proximité d'une gare de RER [train de banlieue]. Cette opération est considérée comme une piste pour densifier les banlieues. »

Ministère de l'Écologie, du Développement et de l'Aménagement du territoire, « Quelques exemples de maîtrise de l'étalement urbain en France » [en ligne], réf. du 23 février 2009.

PISTES D'ACTION

> « La marche, le jardinage, le jeu et le recyclage forment la panoplie à partir de laquelle nous pouvons composer d'innombrables actions et ainsi réinventer l'urbanité. »
>
> **Mirko Zardini**

Des institutions publiques, des entreprises, différents organismes de même que des citoyens participent à l'amélioration des conditions de vie des milieux urbains, qu'il s'agisse de leur ville ou d'une agglomération où les besoins sont criants. Ces différents acteurs mettent en œuvre des solutions durables pour la gestion de l'expansion urbaine.

Voici quelques exemples d'actions citoyennes visant à mieux gérer certains défis urbains :

- contribuer aux consultations publiques portant sur des enjeux liés à l'expansion urbaine (intégration des immigrants, bien-être des jeunes, gestion de l'eau, développement du réseau cyclable, etc.), en rédigeant un rapport, un témoignage ou en prenant la parole ;
- devenir membre d'un organisme qui fait la promotion de choix durables en matière de gestion urbaine (ici ou à l'étranger), participer à ses activités ou l'encourager par un don ;
- entreprendre des actions individuelles qui soutiennent une gestion responsable de l'expansion urbaine (recycler, favoriser le covoiturage ou le transport en commun, visiter une exposition sur les nouveaux arrivants, etc.).

Les documents suivants illustrent des formes de participation sociale dans différentes villes de la planète. Pour chacune des actions présentées, répondez aux questions ci-dessous.

1. Qui a lancé cette action ?
2. Qui peut participer à cette action ?
3. À quel(s) niveau(x) se situe l'action des intervenants ?
4. Quel(s) aspect(s) de la gestion de l'expansion urbaine cette action vise-t-elle ?
5. Quelles sont les solutions proposées ?
6. Selon vous, cette action peut-elle avoir des répercussions à l'échelle de la planète ? Pourquoi ?
7. Avez-vous d'autres pistes de solution à suggérer ? Si oui, lesquelles ?

Un safari dans les poubelles

Basurama, un organisme créé en 2002 à l'école d'architecture de Madrid, s'intéresse à la gestion des déchets urbains. Une de ses initiatives consiste à coordonner la collecte des déchets encombrants (meubles, électroménagers, etc.) afin de permettre à des résidents de récupérer les objets mis au recyclage.

Le projet « Vers un paysage comestible », à Colombo, au Sri Lanka

En 2002, le Groupe sur le logement à coût modique de l'École d'architecture de l'Université McGill lance le projet « Vers un paysage comestible » : il s'agit d'introduire l'agriculture en milieu urbain afin d'assurer l'alimentation des citadins des quartiers les plus démunis. Le projet est implanté à Colombo (Sri Lanka), à Kampala (Ouganda) et à Rosario (Argentine). De concert avec les chercheurs, les autorités municipales et les ONG locales, les résidents sont amenés à participer à l'exploitation de leur coin de bidonville (agriculture verticale, culture de plantes médicinales en conteneurs, etc.).

Venir en aide à un bidonville péruvien

L'association française Mano a Mano (De main à main) se consacre à l'amélioration des conditions de vie de La Ensenada, un quartier situé dans un bidonville de Lima, au Pérou. Mano a Mano encourage les Français à contribuer au développement de ce quartier défavorisé de différentes façons. Par exemple, ils peuvent :

- devenir membre de l'association ;
- faire un don ;
- acheter de l'artisanat péruvien ;
- faire parvenir des vêtements et des fournitures scolaires, etc.

Un avis du Conseil jeunesse de Montréal

En 2003, l'administration municipale de Montréal met sur pied le Conseil jeunesse de Montréal (CjM). Le CjM conseille le maire et le comité exécutif sur des questions relatives aux jeunes Montréalais âgés de 12 à 30 ans. Il s'assure aussi que le point de vue de ces derniers est considéré au moment de l'élaboration des politiques municipales. Le Conseil est formé de 15 membres âgés de 16 à 30 ans qui sont représentatifs de la diversité sociale, culturelle et linguistique de la Ville. Chaque année, le CjM doit produire un avis sur un thème d'actualité dont certains liés au développement durable de la vie urbaine (gestion de l'eau, toits verts, transport, développement culturel, etc.) et réaliser des études sur des questions qui préoccupent les jeunes.

À la place de... CD 2

Répondez à la question suivante en tenant compte de ce que vous avez appris dans ce chapitre.

Si vous étiez à la place de chacun des intervenants suivants, comment pourriez-vous contribuer à la gestion durable de l'expansion ?

☑ Promotrice immobilière ou promoteur immobilier

☑ Travailleuse ou travailleur communautaire d'un bidonville

☑ Responsable d'une ONG environnementale

☑ Mairesse ou maire

ENJEU 2 Les migrations et le monde du travail

POINTS DE VUE SUR L'ENJEU

Ghettoïsation Processus par lequel une communauté culturelle est exclue ou s'isole volontairement du reste de la société.

1 Comment favoriser l'intégration des immigrants au marché du travail?

Les pouvoirs publics, les employeurs et les syndicats tentent d'assurer l'intégration des immigrants au marché du travail, et ce, d'abord pour des raisons économiques. En effet, les immigrants qui travaillent, consomment et payent leurs impôts participent à la prospérité du pays d'accueil. Par ailleurs, une intégration non réussie place les nouveaux arrivants dans une situation précaire. La pauvreté, la dépendance financière vis-à-vis de l'État et le recours à l'économie parallèle contribuent à la **ghettoïsation** des immigrants et peuvent nuire à la cohésion sociale.

1.1 L'intégration, un processus difficile

De nombreuses études et statistiques officielles, tant en Amérique du Nord qu'en Europe, démontrent que l'intégration économique des immigrants est un processus lent et complexe. Malgré les besoins en main-d'œuvre des pays d'accueil, les immigrants se retrouvent souvent au chômage – du moins dans les années suivant leur arrivée – ou confinés dans des emplois pour lesquels ils sont surqualifiés.

89 **Le taux de chômage des immigrants âgés de 25 à 54 ans au Canada, selon la période d'établissement et la région d'origine, en 2006**

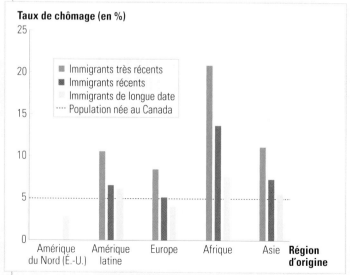

Taux de chômage (en %)

■ Immigrants très récents
■ Immigrants récents
■ Immigrants de longue date
···· Population née au Canada

Région d'origine : Amérique du Nord (É.-U.), Amérique latine, Europe, Afrique, Asie

Jason Gilmore, « Les immigrants sur le marché du travail canadien en 2006 : Analyse selon la région ou le pays de naissance », *Statistique Canada* [en ligne], 2008, p. 7, réf. du 14 avril 2009.

● Quel groupe d'immigrants est le plus touché par le chômage ? Selon vous, pourquoi ?

90 **Les obstacles à l'intégration au marché de l'emploi**

Le rapport Bouchard-Taylor sur les pratiques d'accommodement reliées aux différences culturelles, publié en 2008, fait état des difficultés éprouvées par les immigrants dans leur recherche d'emploi.

« [...] une grande partie de la population immigrante éprouve de la difficulté à trouver des emplois de qualité, à la hauteur de la compétence et de l'expérience acquises.

Parmi les facteurs explicatifs, on mentionne : le délai d'adaptation, une résistance à reconnaître la formation et l'expérience acquises à l'étranger [...], un problème de langue, les conditions trop sévères régissant l'accès aux métiers et aux professions réglementés, des profils de compétence qui ne correspondent pas aux besoins des employeurs, la concentration excessive des nouveaux arrivants dans la région de Montréal, la précarisation* générale de l'emploi, la faiblesse des réseaux sociaux chez les immigrants, les barrières culturelles à l'embauche et, enfin, des pratiques discriminatoires [...]. »

* Le fait d'être peu stable.

Gérard Bouchard et Charles Taylor, *Fonder l'avenir. Le temps de la conciliation, Rapport*, Gouvernement du Québec [en ligne], 2008, p. 225, réf. du 14 avril 2009.

● Pourquoi les immigrants qualifiés éprouvent-ils de la difficulté à trouver un emploi ?

1.2 Les mesures d'intégration à l'emploi

Afin de faciliter l'intégration des immigrants, les pouvoirs publics de certains pays d'accueil mettent en place différentes mesures, telles des lois favorisant la **discrimination positive** en matière d'emploi et des subventions aux entreprises pour le recrutement de travailleurs immigrants. Certains employeurs offrent aussi des programmes d'aide à l'intégration (cours de langue, ateliers d'information, etc.). Au sein des entreprises, les syndicats contribuent également à mieux informer les immigrants sur leurs droits et les lois qui les régissent.

Discrimination positive
Mesure favorisant les membres de certains groupes sociaux afin de contrer la discrimination fondée sur le sexe, un handicap ou l'appartenance ethnique.

91 **Pour la discrimination positive des minorités ethniques**

Au Royaume-Uni, les associations de policiers réclament une meilleure représentation des minorités ethniques aux échelons supérieurs de la profession. Toutefois, contrairement au Canada et aux États-Unis, les lois britanniques interdisent la discrimination positive, une mesure qui, selon certains, faciliterait le recrutement de membres issus des minorités ethniques.

Selon vous, en quoi la discrimination positive pourrait-elle faciliter le recrutement de minorités ethniques dans la police britannique?

92 **Subventionner des emplois pour encourager l'intégration**

L'OCDE propose à certains pays européens diverses recommandations afin de faciliter l'intégration des migrants au marché du travail.

« [...] les emplois aidés [subventionnés par l'État] constituent des outils efficaces pour pallier les réticences des employeurs à recruter des immigrés [immigrants], en particulier lorsqu'il y a une incertitude quant à la valeur de leurs qualifications et expérience acquises à l'étranger, et pour donner aux immigrés l'occasion de démontrer leurs capacités. [...] Par conséquent, la France devrait chercher à cibler davantage les immigrés nouvellement arrivés pour leur permettre d'accéder à des programmes d'emplois aidés. Cela peut entraîner des effets d'aubaine, mais c'est le prix à payer pour accroître les opportunités d'emplois des immigrés et accélérer leur transition vers l'emploi. »

OCDE, *Les immigrés et l'emploi* (vol. 2): *L'intégration sur le marché du travail en Belgique, en France, aux Pays-Bas et au Portugal. Synthèse et recommandations: France* [en ligne], 2008, réf. du 14 avril 2009.

Quelle mesure d'intégration des travailleurs migrants l'OCDE recommande-t-elle?

Brève culturelle

Promouvoir les droits des travailleurs les plus vulnérables

En 1998, l'Organisation internationale du travail (OIT), qui se consacre à la promotion de la justice sociale et des droits des travailleurs, adopte la *Déclaration de l'Organisation internationale du travail relative aux principes et droits fondamentaux au travail*. Cette déclaration oblige les États membres de l'OIT à promouvoir la liberté d'association, le droit de négociation collective, l'abolition du travail forcé et celui des enfants, ainsi que l'élimination de la discrimination en matière d'emploi. Une attention toute particulière est portée aux groupes les plus vulnérables, soit les chômeurs et les travailleurs migrants. La Déclaration prévoit des mécanismes de suivi et d'aide pour assurer la réalisation de ses objectifs: production de rapports sur l'avancement des droits des travailleurs, projets de coopération, etc.

QUESTIONS de point de vue   [CD 2]

1 Quelles sont les principales difficultés liées à l'intégration des migrants au marché du travail?

2 Quelles solutions peuvent remédier aux difficultés d'intégration des immigrants au marché du travail?

2 Comment atténuer les effets négatifs de l'exode des cerveaux ?

Dans le contexte de la mondialisation du marché de l'emploi, il est désormais possible de recruter à l'étranger des travailleurs hautement qualifiés. Les pays les plus riches attirent les meilleurs candidats, grâce à des salaires élevés et des conditions de travail des plus avantageuses. Aux États-Unis, par exemple, 3,3 millions d'ingénieurs et de scientifiques sont des immigrants, soit plus de 15 % des professionnels dans ces domaines.

93 **Les pays* ayant les plus forts taux d'émigration de travailleurs qualifiés, en 2000**

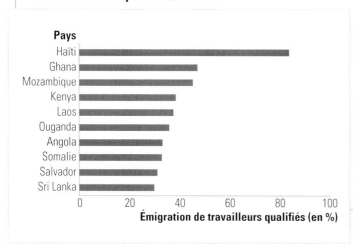

* Pays de plus de 5 millions d'habitants.

F. Docquier et A. Marfouk, « International Migration by Education Attainment, 1990-2000 », dans Ç. Ozden et M. Schiff, *International migration, remittances and the brain drain*, Banque mondiale [en ligne], 2006, réf. du 14 avril 2009.

Les pays développés perdent eux-mêmes des travailleurs qualifiés au profit de pays plus compétitifs. Ce phénomène demeure toutefois assez limité. Au début des années 2000, seulement 4 % à 5 % de la main-d'œuvre hautement qualifiée du Canada a choisi de s'exiler. Par ailleurs, certains pays en développement sont aux prises avec un véritable exode des cerveaux, c'est-à-dire un taux d'émigration de plus de 25 %. Les Antilles et l'Afrique sont particulièrement touchées. Les départs s'effectuent surtout dans les milieux de la santé et de l'éducation. En 2005, on comptait plus de docteurs malawites dans la ville britannique de Manchester que dans tout le Malawi.

• À quelles régions du monde appartiennent les pays affichant les plus forts taux d'émigration de travailleurs qualifiés ? Pourquoi ?

94 **Une infirmière philippine, en Australie**

La demande croissante de professionnels de la santé dans les pays développés entraîne des départs massifs chez les infirmières, les sages-femmes et les médecins des pays en développement. Ainsi, les Philippines sont devenues le premier « exportateur » mondial d'infirmières : 85 % des infirmières philippines occupent un emploi à l'étranger.

• Quels sont les principaux facteurs d'émigration des professionnels de la santé des pays en développement ?

2.1 Les répercussions de l'exode des cerveaux

Le départ de travailleurs qualifiés se traduit à la fois par une perte de compétences et une perte financière, dans la mesure où de nombreux États subventionnent leur système d'éducation. Dans les pays développés comme le Canada, les États-Unis ou l'Australie, l'immigration compense l'émigration des diplômés. Cependant, dans les pays en développement, les conséquences peuvent s'avérer catastrophiques. La formation des universitaires représente un investissement considérable pour un pays pauvre. De plus, les départs, beaucoup plus massifs, ne sont pas compensés par de nouveaux arrivants.

95 **Les savants expatriés, un atout pour le Québec**

Pour Claude Demers, président de l'Association de recherche industrielle du Québec, l'émigration de jeunes travailleurs qualifiés constitue un phénomène plutôt positif dans la nouvelle économie du savoir.

« Ceux qui se lamentent du départ de nos talents vers d'autres pays ou qui brandissent l'exode comme une menace sont des pleurnichards. "Il y aura toujours des jeunes qui voudront aller relever d'autres défis ou voir le vaste monde. C'est très souhaitable que des Québécois aillent faire des études à l'étranger, ou même qu'ils s'établissent ailleurs" [...]. M. Demers souligne que les Québécois nouent ainsi des contacts précieux dans le monde et deviennent ensuite de formidables têtes de pont pour l'innovation et le commerce ici. "Dans un monde global, il faut s'en réjouir. Certains pôles d'excellence seront toujours ailleurs et les cerveaux, comme les athlètes, vont là où la compétition est à son plus haut niveau." »

Marie-Claude Élie Morin, « Exode des cerveaux : Vue de l'esprit », *Art de vivre – Canoe.com* [en ligne], 22 septembre 2008, réf. du 14 avril 2009.

- En quoi l'émigration de travailleurs qualifiés constitue-t-elle un avantage pour le Québec ?

96 **L'Afrique subsaharienne perd sa classe moyenne**

Au-delà des conséquences économiques, l'exode des cerveaux peut aussi avoir des répercussions sur la vie sociale et politique des pays de départ. Immigré aux États-Unis, l'informaticien nigérian Philip Emeagwali soutient que l'émigration de la classe moyenne éduquée est une source d'instabilité politique.

« Il est difficile de créer une classe moyenne en Afrique à cause de l'émigration constante des professionnels qui possèdent une expertise technique ou des compétences en entrepreneuriat, en gestion ou dans le domaine de la santé. Le système de classes à deux niveaux qui en découle constitue un problème important pour le continent : "[...] une immense classe populaire, majoritairement sans emploi et très pauvre, et quelques riches : militaires ou représentants du gouvernement corrompu, pour la plupart [...]". Selon Philip Emeagwali, la mobilité internationale des personnes instruites peut engendrer de l'instabilité, une carence de leadership et des problèmes de corruption endémiques [qui sévissent constamment dans un pays, un milieu]. Dans un tel contexte, il devient plus facile pour les militaires de renverser un gouvernement élu démocratiquement. »

Philip Emeagwali, dans Arno Tanner, « Brain drain and beyond : returns and remittances of highly skilled migrants », *Global Migration Perspectives* [en ligne], n° 24, janvier 2005, réf. du 14 avril 2009. (Traduction libre.)

- Quelles sont les conséquences sociopolitiques de l'émigration des travailleurs qualifiés dans les pays d'Afrique ?

Les migrations, sujet d'études

Les migrations internationales interpellent des chercheurs de tous les horizons. En effet, ce phénomène touche de nombreuses sphères d'activité dans nos sociétés contemporaines (économie, politique, culture, etc.). Les migrations intéressent tout autant les historiens, les sociologues, les géographes et les économistes que les spécialistes du droit ou de la santé publique. Certaines universités ont mis sur pied des programmes d'études et des centres de recherche afin de mieux comprendre la complexité et l'ampleur des migrations internationales. À titre d'exemple, l'exode des cerveaux, ses causes, ses conséquences ainsi que les stratégies d'intervention pour y remédier, constituent un des axes de recherche privilégiés par les universitaires.

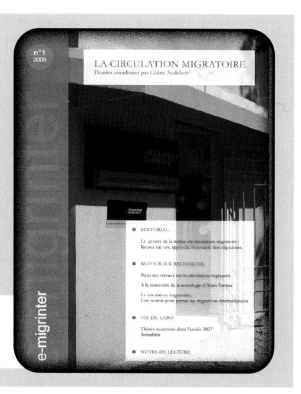

e-Migrinter, une revue scientifique sur les migrations

Depuis 2008, Migrinter, une équipe de recherche française créée en 1985, publie une revue électronique consacrée aux migrations internationales et aux relations interethniques.

2.2 Des solutions à l'exode des cerveaux

Compte tenu des effets socioéconomiques négatifs associés à l'exode des cerveaux, certains pays ont tenté de restreindre la mobilité des travailleurs qualifiés. Ces mesures se sont révélées inefficaces. En 2004, le ministère de la Santé du Royaume-Uni a adopté une réglementation afin de limiter le recrutement d'infirmières en provenance de pays en développement. Toutefois, les agences privées ont continué de les recruter. Le Ghana a tenté sans succès de forcer ses diplômés émigrants à rembourser les coûts de leurs études. Le seul résultat de cette politique a été d'empêcher le retour au pays de ces travailleurs.

C'est pourquoi les organismes internationaux recommandent plutôt de tirer parti de l'exode des cerveaux. Les pays en développement peuvent par exemple bénéficier des transferts de fonds qu'effectuent les diplômés de la diaspora vers leur pays d'origine, ou encore des connaissances scientifiques que ces derniers peuvent rapporter au pays.

97 **Pénaliser les émigrants qualifiés**

En 2009, un reportage consacré au départ des diplômés en médecine des universités québécoises mentionnait les résultats d'un sondage mené auprès de l'opinion publique sur les solutions à retenir pour contrer l'exode des diplômés.

« Les diplômés universitaires et les médecins en tête devraient signer un "contrat social" les obligeant à exercer leur profession dans la province un certain temps après la fin de leurs études, estiment une majorité de Québécois.

Selon un sondage réalisé par l'observatoire social de l'IRB [Indice relatif de bonheur], 58 % de la population croit que les diplômés devraient s'engager à travailler au Québec jusqu'à cinq ans après la fin de leurs études.

Une proportion de répondants similaire juge qu'il faut même demander aux diplômés de rembourser le coût de leur formation, s'ils décident de s'expatrier. »

Sébastien Ménard, « Il faut les obliger à rester », *Le Journal de Montréal* [en ligne], 18 mars 2009, réf. du 14 avril 2009.

● D'après l'opinion publique québécoise, comment peut-on freiner le départ des diplômés en médecine ?

Durement frappée par l'épidémie de sida, l'Afrique du Sud a besoin de tous ses professionnels de la santé. Or, certaines entreprises occidentales n'hésitent pas à mener des campagnes agressives de recrutement de personnel médical. Cette pratique a été dénoncée en 2008 dans le *Journal de l'Association médicale canadienne*.

« Shoppers Drug Mart [...] se vante sur son site Web d'aider depuis longtemps des pharmaciens d'autres pays à lancer une nouvelle carrière au Canada.

Or, ce comportement [...] est contraire à l'éthique. Il s'agit en fait d'une entreprise canadienne qui profite des contribuables de l'Afrique du Sud et de son système appauvri d'enseignement supérieur [...]. Si Shoppers Drug Mart a besoin de travailleurs, elle ne devrait pas les braconner : elle devrait plutôt les former en payant des bourses d'études à des écoles de pharmacie du Canada et de l'Afrique du Sud. [...]

Un système réfléchi et respectueux de l'éthique offrirait une solution gagnante pour tous : les écoles de pharmacie augmenteraient le nombre de candidats qu'elles acceptent grâce à des bourses d'études subventionnées, Shoppers Drug Mart y trouverait les pharmaciens bien formés dont elle a besoin, et les patients de l'Afrique du Sud qui souffrent depuis longtemps auraient plus de chances d'avoir accès aux pharmaciens dont ils ont besoin. »

Amir Attaran et Roderick B. Walker, « Pharmaprix ou Pharmabraconnage ? », *Journal de l'Association médicale canadienne* [en ligne], vol. 178, n° 3, 29 janvier 2008, réf. du 14 avril 2009.

● Les auteurs de cet article pensent que la pratique de recrutement de Shoppers Drug Mart est contraire à l'éthique. Pourquoi ?

99 Freiner l'exode des cerveaux en Europe de l'Est

En 2004, l'UNESCO et l'entreprise informatique Hewlett-Packard (HP) se sont associées afin de freiner l'exode des cerveaux en Bosnie-Herzégovine, en Croatie et en Serbie-et-Monténégro. HP a fourni du matériel informatique à quatre universités, dans le but d'aider les chercheurs à mieux maîtriser les nouvelles technologies de l'information et de faciliter les échanges avec leurs collègues de la diaspora.

● Que permet de faire le projet de l'UNESCO et de Hewlett-Packard ?

QUESTIONS de point de vue **CD 2**

1 Quelles sont les différentes répercussions de l'exode des cerveaux ?

2 Comment peut-on atténuer les effets négatifs de l'exode des cerveaux dans les pays de départ ?

3 Le marché mondial de l'emploi : délocaliser ou ne pas délocaliser ?

La délocalisation est devenue une pratique courante dans l'économie mondialisée. Les grandes entreprises qui envisagent de déménager une usine ou de sous-traiter certains services organisent désormais leur production en tenant compte des avantages que peuvent offrir différentes régions du globe. Traditionnellement, les délocalisations s'effectuaient dans le secteur manufacturier. Depuis les années 1990, le phénomène gagne de plus en plus le secteur des services (facturation, soutien informatique, ingénierie, etc.). Différents critères déterminent le choix d'une destination de délocalisation, tels le bassin de main-d'œuvre, le niveau d'éducation, les salaires, la fiscalité du pays, la stabilité politique, le degré de corruption, la qualité des infrastructures, les coûts de transport et la langue.

Fiscalité Ensemble des lois, des mesures relatives à l'impôt.

En 2007, l'entreprise de télécommunication Vidéotron a délocalisé une partie de ses services à la clientèle en Égypte. Depuis, quelques centaines d'employés égyptiens répondent, entre autres, aux demandes de soutien technique des abonnés.

« Le câblodistributeur québécois utilise les services de la société Xceed, le plus grand centre d'appels en Égypte [...]. L'entreprise située dans la région du Caire est voisine notamment de Microsoft et d'Alcatel, qui se sont implantées dans la même zone [...]. C'est la première fois que Vidéotron délocalise le traitement de ses demandes d'abonnement et de soutien technique. Mais les difficultés à recruter au Canada ne permettaient plus de satisfaire la croissance du nombre d'appels, qui s'élève à 10 millions annuellement. Xceed recrute des diplômés de l'université, parlant français ou anglais, avant de les former. La paie est de 350 $ par mois. »

« Vidéotron répond à ses clients depuis l'Égypte », *La Presse Affaires.com* [en ligne], 25 octobre 2007, réf. du 15 avril 2009.

100 Une entreprise québécoise en sol égyptien

• Pourquoi l'entreprise Vidéotron a-t-elle délocalisé une partie de son service à la clientèle en Égypte ?

101 Les principaux pays d'accueil des délocalisations, en 2006

Pays	Salaire horaire moyen (travailleurs d'usine)	Indice des perceptions de la corruption (IPC)*	Secteurs de délocalisation
Australie	23,09 $	9	• Technologies de l'information • Programmation et analyse informatique
Canada	21,42 $	14	• Technologies de l'information • Centres d'appels • Cinéma et télévision • Industrie de transformation
Chine	1,29 $	70	• Industrie de transformation • Assemblage de pièces électroniques • Textile et chaussure
Égypte	0,96 $	70	• Centres d'appels • Textile
Inde	0,72 $	70	• Centres d'appels • Programmation de logiciels informatiques • Textile
Irlande	21,94 $	18	• Technologies de l'information • Programmation et développement informatique
Mexique	2,24 $	70	• Industrie de transformation • Industrie automobile • Textile
République tchèque	5,43 $	46	• Technologies de l'information • Production de logiciels informatiques • Industrie automobile • Industrie de transformation

• Quels sont les principaux critères retenus dans le choix d'un pays de délocalisation ?

* Classement des pays en fonction du degré de corruption de leurs fonctionnaires et de leurs dirigeants politiques. En 2006, les pays étaient classés par ordre croissant de corruption, de 1 à 163.

D'après Robert Malone, « In pictures : Outsourcing atlas », *Forbes.com* [en ligne], réf. du 15 avril 2009.

3.1 Les effets de la délocalisation

Véritable migration des emplois, la délocalisation comporte des avantages et des inconvénients. Pour l'entreprise, il s'agit d'accroître sa productivité et donc, ses bénéfices. Pour les travailleurs touchés, les syndicats et l'opinion publique, la fermeture d'une usine signifie des pertes d'emploi et une hausse potentielle du chômage. Toutefois, à moyen et à long terme, plusieurs observateurs constatent plutôt des effets positifs sur l'économie des pays qui délocalisent.

Dans les pays où s'effectue l'implantation d'entreprises transnationales, de nouveaux emplois sont créés et le pouvoir d'achat de la population locale augmente. La délocalisation favorise aussi le transfert de compétences. Cependant, dans certains pays, les lois sur la protection de l'environnement et les droits des travailleurs sont inexistantes ou peu contraignantes. Des entreprises en profitent pour exploiter la main-d'œuvre, voire le travail des enfants, ou encore pour polluer en toute impunité.

102 Une manifestation contre les délocalisations, en France

En 2006, le groupe SEB, chef de file dans le secteur des petits électroménagers et des articles de cuisine, a annoncé la fermeture de trois usines, ce qui a entraîné la mise à pied de centaines d'employés français. Quelques mois plus tard, SEB a fait l'acquisition de la société Supor, le numéro un des articles de cuisine en Chine.

• Quelles sont les conséquences immédiates d'une délocalisation ?

103 Les bénéfices de la délocalisation aux États-Unis

Malgré les difficultés qu'elle représente pour les travailleurs mis à pied, la longue tradition de délocalisation des États-Unis se révèle payante pour le développement économique du pays.

« [...] les délocalisations vers l'empire du Milieu [la Chine] ont détruit en quinze ans à peine 1,1 % des emplois en Amérique. Approximativement sur la même période, les importations de produits *made in China*, dont on comprend qu'elles ont été largement dynamisées par ces délocalisations, ont généré en retour [...] une économie de 460 milliards de dollars, richesse qui a été intégralement réintroduite dans l'économie locale. En outre, malgré une plus forte inclination des Américains pour les délocalisations [...], le nombre d'emplois créés par an sur vingt ans dans ce pays n'a pas baissé et mieux, le chômage sur la même période suit une tendance baissière. »

Jordan Beauclaire, « Des bienfaits des délocalisations », *Le Journal du Net* [en ligne], 26 juillet 2006, réf. du 15 avril 2009.

• Quels sont les avantages à long terme des délocalisations aux États-Unis ?

104 La mode du Nord pollue au Sud

Depuis les années 1990, des centaines d'usines dans la ville de Tehuacán, au sud du Mexique, fabriquent des jeans pour les grandes marques étasuniennes. Afin de satisfaire aux exigences de la mode, les jeans doivent être usés et délavés avant d'être mis en marché. Les procédés utilisés dans les lavoirs rejettent des résidus toxiques dans les cours d'eau. Autrefois renommée pour ses sources d'eau minérale, Tehuacán est aujourd'hui aux prises avec des problèmes de contamination qui rendent l'eau impropre à la consommation et à l'irrigation des cultures.

• Quel est l'impact environnemental de la délocalisation des ateliers de fabrication de jeans dans la ville de Tehuacán?

3.2 Des solutions alternatives à la délocalisation

Malgré les avantages économiques que peuvent avoir à long terme des délocalisations, les pouvoirs publics doivent gérer les frustrations et le mécontentement des populations touchées. Une pratique d'entreprise devient ainsi un enjeu politique. Certains États peuvent interdire à leurs fournisseurs de sous-traiter à l'étranger ou de délocaliser leur production. D'autres font preuve d'une grande tolérance à l'égard de l'embauche de travailleurs clandestins. Cette solution, moins coûteuse que la délocalisation, leur procure des avantages similaires. Enfin, diverses mesures (fiscalité, immigration, etc.) sont parfois mises en place afin d'accroître la compétitivité du pays et de limiter la délocalisation des entreprises.

105 L'immigration pour prévenir la délocalisation

En mai 2007, un article du quotidien *Le Monde* fait état de la politique d'ouverture de l'Irlande à l'égard de l'immigration des travailleurs d'Europe de l'Est. Le texte souligne l'apport des Polonais au succès économique du pays. Selon le blogueur Jazz Thierry, la présence de cette main-d'œuvre bien formée et sous-payée permet aux entreprises irlandaises d'éviter la délocalisation.

«[...] le recours à l'immigration, [...] l'Irlande y voit incidemment un moyen de lutter contre le vieillissement de sa population [...] et surtout de soutenir sa croissance économique. Un article récent du *Monde* montre en effet les plusieurs centaines de milliers de Polonais qui depuis 2004 s'y installent, restent ou repartent. Sur place, ils sont de 5 à 10 fois mieux payés qu'en Pologne, mais la différence de salaire avec un Irlandais persiste. Du coup puiser dans ce vivier de main-d'œuvre abondant, bon marché, non syndicalisé, permet aux entreprises non seulement de respirer mais surtout prévient l'envie de délocaliser en Chine ou ailleurs. Grâce à l'immigration, les usines sont maintenues, et des emplois sur place sauvés voire créés puisque presque tous les secteurs d'activité sont stimulés (tourisme, immobilier, banques [...], etc.). Un modèle à suivre?»

Jazz Thierry, « L'immigration en Irlande : une arme contre les délocalisations ? », *Equinox* [en ligne], 19 juin 2007, réf. du 15 avril 2009.

• D'après vous, le recours à une main-d'œuvre immigrante bon marché est-il un moyen éthique de prévenir les délocalisations?

Aux États-Unis, de nombreux États adoptent des mesures législatives afin d'empêcher les délocalisations et de stimuler l'économie locale.

« Selon une loi présentée par James Trakas, membre de la Chambre des représentants, les fournisseurs qui ne peuvent garantir que leur travail sera exécuté aux États-Unis n'obtiendront pas de contrats des administrations municipales ni du gouvernement de l'État. Cette loi interdirait aussi les subventions de l'État aux entreprises qui ont "un passé ou un plan d'affaires" liés à la sous-traitance. De plus, elle fixerait des pénalités en cas de non-conformité. L'Association des employés de la fonction publique de l'Ohio (OCSEA) et la fédération syndicale AFLCIO, section Ohio, appuient cette loi. [...] Il semble qu'une loi semblable sur la sous-traitance ait été introduite dans plus de 30 États [...]. »

« Legislation to stop outsourcing receives bipartisan and labor support », *Catalyst*, cité dans BNet [en ligne], 1er mai 2004, réf. du 6 mai 2009. (Traduction libre.)

Quelles mesures permettent à certains États américains de limiter les délocalisations d'entreprises ?

MÉDIAS

La face cachée de l'information

Lorsqu'ils couvrent l'actualité économique, les médias choisissent souvent de présenter une seule facette de l'information. En général, les aspects négatifs ou les conséquences dramatiques d'un événement se retrouvent à la une. Ainsi, le phénomène des délocalisations a bien mauvaise presse dans les pays développés. Les journalistes mettent l'accent sur les pertes d'emploi, les statistiques de chômage, les manifestations de salariés mis à pied ou le profit des entreprises. Ils insistent peu sur la logique économique derrière ce geste ou sur la responsabilité des consommateurs. Ces derniers, en exigeant constamment les meilleurs prix, peuvent en effet contribuer à la délocalisation de certaines entreprises. En outre, les bénéfices à long terme pour l'économie locale et celle des pays en développement sont rarement évoqués.

Trouvez des reportages portant sur un événement économique récent. Comparez-les.

- Ces reportages traitent-ils des causes de cet événement ? Si oui, quelles sont-elles ?

- Les journalistes abordent-ils uniquement les conséquences immédiates de l'événement ? Parlent-ils des effets à plus long terme ?

- Les responsabilités des acteurs économiques (dirigeants, syndicats, consommateurs, etc.) sont-elles exposées ?

Chappatte, *Délocalisations*, 22 janvier 2007.

Un centre d'appels français délocalisé en Tunisie, selon le caricaturiste Chappatte

QUESTIONS de point de vue   CD 2

1 Quelles sont les conséquences de la délocalisation pour les pays de départ et les pays d'accueil ?

2 Quelles sont les solutions de rechange à la délocalisation ?

LES CLÉS DE L'INFO
Afin de vous assurer de la pertinence de vos arguments au cours du débat, consultez la clé 10 de la section « Les clés de l'info », aux pages 452 et 453 du manuel.

De façon générale, les crises économiques affectent le marché du travail. Les fermetures d'entreprise et les mises à pied massives frappent durement l'ensemble des travailleurs. Les nouveaux arrivants constituent un bassin de main-d'œuvre particulièrement vulnérable. En plus d'être parmi les premiers à perdre leur emploi, les immigrants éprouvent aussi plus de difficulté à se faire embaucher.

Les problèmes économiques ont tendance à accentuer les comportements discriminatoires et xénophobes envers les immigrants. Lorsque le taux de chômage s'accroît, ceux-ci sont souvent perçus à tort comme des voleurs d'emplois. Pour apaiser le mécontentement populaire et contrer les effets de la crise, certains États sont tentés de réviser à la baisse leurs quotas de travailleurs migrants. D'autres voient plutôt, dans l'arrivée de nouveaux immigrants et dans leur participation active à la vie du pays, une façon d'encourager la reprise économique.

En période de crise économique, doit-on freiner l'immigration ?

107 La crise frappe les travailleurs migrants en Chine

En février 2009, le gouvernement chinois a annoncé que 20 millions de travailleurs migrants avaient perdu leur emploi à cause de la crise économique mondiale. Sur la photographie ci-contre, des chômeurs chinois font étalage de leurs compétences sur la place publique de Chengdu, la capitale du Sichuan.

1. Les intervenants qui expriment leur point de vue dans les documents qui suivent prennent part au débat sur les migrations et la crise économique. En prévision d'un débat en classe sur cet enjeu, interprétez leurs positions à l'aide des questions suivantes.

   • Qui sont les personnes qui expriment leur point de vue ?
     – À quel titre expriment-elles leur opinion ?

   • Quelle est leur position ?
     – Semblent-elles favorables ou défavorables aux migrations économiques ?
     – Comment justifient-elles leur position ? Quels sont leurs arguments ?
     – Proposent-elles des solutions pour mieux gérer les migrations en temps de crise ? Si oui, lesquelles ?

   • Trouvez dans les différents médias d'autres arguments pertinents susceptibles de vous aider à mieux comprendre l'enjeu.

2. En vous basant sur les documents qui suivent et sur ceux que vous aurez recueillis, organisez un débat sur la question suivante.

   • Selon vous, doit-on limiter l'immigration en période de crise économique ?

108 La Nouvelle-Zélande encourage l'immigration de travailleurs qualifiés pour relancer l'économie

« Le ministre de l'Immigration, le Dr Jonathan Coleman, a annoncé lundi que la Nouvelle-Zélande s'abstiendrait d'emboîter le pas à l'Australie dans sa récente décision de réduire le programme d'immigration de main-d'œuvre qualifiée en raison de la situation économique mondiale. En fait, le Ministère ira dans le sens contraire : il assouplira les lois de l'immigration afin que plus de gens soient tentés de choisir la Nouvelle-Zélande plutôt que son principal concurrent, l'Australie [...]

Selon le *Sydney Morning Herald*, le premier ministre John Key a confirmé que son gouvernement allait continuer à combler l'importante pénurie de main-d'œuvre qualifiée dans l'ensemble du pays [...]. Lors de son point de presse hebdomadaire, il a déclaré que "l'immigration de main-d'œuvre qualifiée en Nouvelle-Zélande doit s'accroître. Il y a pénurie et, même si la situation peut se calmer un peu à cause du ralentissement économique et de l'augmentation du chômage, il faut agir : nous devons disposer de suffisamment de main-d'œuvre qualifiée pour assurer la croissance de notre économie et notre développement futur." »

New Zealand Visa Bureau, « INZ to lower New Zealand immigration requirements » [en ligne], 19 mars 2009, réf. du 15 avril 2009. (Traduction libre.)

109 Les syndicats britanniques protestent contre les bas salaires des travailleurs migrants

« Lundi, des centaines de travailleurs du secteur de l'énergie nucléaire ont manifesté partout au pays pour dénoncer le recours à une main-d'œuvre étrangère contractuelle et affirmer que les Britanniques étaient perdants en cette période de chômage croissant et de récession économique. [...] Les arrêts de travail ont commencé quand les travailleurs britanniques de la raffinerie Lindsey [...] se sont mis à protester contre l'embauche de sous-traitants italiens et portugais pour un important projet de construction. [...]

Comme l'a dit aux journalistes Bill Eilbeck, un organisateur syndical [...], "nous n'essayons pas d'empêcher la main-d'œuvre étrangère de venir en Grande-Bretagne ; nous voulons seulement que ces travailleurs ne soient pas moins payés que nous et qu'ils ne nous fassent pas une concurrence déloyale. Ce que nous demandons, au fond, ce sont les mêmes droits pour tout le monde. Si le gouvernement ne nous écoute pas, la situation pourrait dégénérer ; il pourrait y avoir plus de grèves, ce que nous ne souhaitons pas." »

Luke Baker, « Nuclear workers strike over foreign labour », *Reuters UK* [en ligne], 2 février 2009, réf. du 15 avril 2009. (Traduction libre.)

110 L'Espagne tourne le dos à ses immigrants économiques

En réponse à la crise économique de 2008, les autorités espagnoles ont modifié radicalement leur politique d'immigration. Elles ont mis sur pied un programme destiné à permettre aux immigrants non européens et sans emploi de retourner dans leur pays d'origine. Ceux qui acceptent cet arrangement reçoivent une indemnité. Toutefois, ils doivent remettre leur permis de travail et s'engager à ne pas revenir en sol espagnol avant trois ans. Sur la banderole, on peut lire : « Les travailleurs ne sont pas coupables de la crise, pourquoi doivent-ils en payer le prix ? »

111 Un professeur d'économie américain se prononce en faveur de l'immigration pour contrer les effets de la crise

« Nous devrions favoriser l'immigration des personnes dans la force de l'âge. Depuis 2007, l'immigration nette est tombée à la moitié du niveau des cinq années précédentes. Une immigration plus importante ferait augmenter la demande de maisons ainsi que leur prix. L'avantage serait immédiat, puisque l'accroissement prévu de la population ferait augmenter le prix des maisons et la valeur des surprimes. Les États-Unis ont particulièrement besoin de travailleurs hautement qualifiés. En plus d'acheter des maisons, ces travailleurs contribueraient à la hausse du niveau de vie de tous les Américains. »

Lee E. Ohanian, « Good policies can save the economy », *The Wall Street Journal* [en ligne], 8 octobre 2008, réf. du 15 avril 2009. (Traduction libre.)

> « La notion d'intégration dépasse [...] la seule question de l'immigration étrangère et s'applique à la société tout entière. »
>
> **Alain Touraine**

Des pouvoirs publics, des employeurs, des syndicats ainsi que divers organismes contribuent à l'intégration des immigrants au marché du travail dans les pays d'accueil. De nombreux intervenants mettent en œuvre des solutions durables afin d'accroître la participation des nouveaux arrivants à l'économie et à la société.

Voici quelques exemples d'actions citoyennes destinées à favoriser l'intégration des migrants économiques au marché de l'emploi :

- contribuer aux consultations publiques portant sur des enjeux liés à l'immigration et l'emploi (intégration des immigrants, développement régional, discrimination et équité en matière d'emploi, etc.), en rédigeant un rapport, un témoignage ou en prenant la parole ;
- devenir membre d'un organisme qui défend la cause des travailleurs immigrants, participer à ses activités ou l'encourager par un don ;
- entreprendre des actions individuelles en milieu de travail qui favorisent l'intégration de collègues immigrants, soit en les informant sur les pratiques de l'entreprise, les droits syndicaux ou encore sur les ressources offertes en dehors du milieu de travail.

Les documents suivants illustrent diverses actions sociales entreprises à différents endroits dans le monde. Pour chacune des actions présentées, répondez aux questions ci-dessous.

1. Qui a lancé cette action ?
2. Qui peut participer à cette action ?
3. À quel(s) niveau(x) se situe l'action des intervenants ?
4. Quelles sont les solutions proposées ?
5. Selon vous, cette action peut-elle avoir des répercussions à l'échelle de la planète ? Pourquoi ?
6. Avez-vous d'autres pistes de solution à suggérer ? Si oui, lesquelles ?

Un programme d'intégration pour les jeunes immigrants

En Ontario, un YMCA propose un programme d'intégration pour les jeunes immigrants de 13 à 17 ans. Les activités ont notamment pour but d'aider ces nouveaux arrivants à affronter les défis de la vie au Canada, de leur faire connaître les ressources de leur milieu et de les préparer à la recherche d'emploi.

Un programme d'aide à l'intégration d'Emploi-Québec

En 2005, le gouvernement du Québec lançait le Programme d'aide à l'intégration des immigrants et des minorités visibles en emploi (PRIIME). Cette mesure prend la forme d'une aide financière aux petites et moyennes entreprises afin de les inciter à embaucher des travailleurs migrants. PRIIME permet aux immigrants d'acquérir une première expérience de travail dans leur domaine de compétence.

« Vous cherchez à avoir une première expérience de travail nord-américaine dans votre métier ou dans votre profession ? Si vous êtes admissible au programme PRIIME, votre futur employeur pourrait profiter d'une aide financière pouvant couvrir :

- une partie de votre salaire (à l'exclusion des avantages sociaux), pendant une période maximale de 30 semaines, pour vous permettre d'acquérir une expérience en milieu de travail ;
- le salaire qu'il versera à la personne chargée de vous accompagner pendant les 13 premières semaines, jusqu'à concurrence de 60 heures ;
- la mise en place d'activités particulières ou l'adaptation de ses outils de gestion des ressources humaines ;
- les dépenses engagées directement pour vous former et pour adapter vos compétences au contexte de travail nord-américain, jusqu'à un maximum de 60 heures de formation. »

Emploi-Québec, *Programme d'aide à l'intégration des immigrants et des minorités visibles en emploi* [en ligne], 2009, réf. du 15 avril 2009.

Une initiative privée en matière d'intégration

Afin de régler certains problèmes reliés à l'embauche de travailleurs migrants, l'entreprise britannique de transformation des viandes Bernard Matthews Farms a mis en place différentes mesures pour faciliter l'intégration de ces employés.

« Bernard Matthews est une entreprise de transformation des aliments établie à Norfolk, dans l'est de l'Angleterre. Elle emploie environ 7 000 personnes et possède également des installations en Nouvelle-Zélande, en Allemagne, en France, en Hongrie et en Pologne. [...] Plus précisément, l'entreprise offre une gamme de services de soutien aux travailleurs migrants nouvellement arrivés dans la région où ils travaillent. Parmi ces services, on retrouve des cours de langue, des "trousses de bienvenue" contenant de l'information sur les écoles, les services de transport et de santé, les possibilités de logement. L'entreprise fournit également du personnel qui offre un soutien spécialisé aux travailleurs migrants. Selon la direction de Bernard Matthews, grâce à ces politiques, l'entreprise a vu ses frais de recrutement et de formation chuter. De plus, elle peut désormais compter sur des effectifs migrants hautement qualifiés et spécialisés. »

Tom Prosser, « The occupational promotion of migrant workers : United Kingdom », *Eurofound* [en ligne], 26 mars 2009, réf. du 15 avril 2009. (Traduction libre.)

Une convention pour les droits des travailleurs migrants

En 1990, l'ONU a adopté la Convention sur la protection des droits de tous les travailleurs migrants et des membres de leur famille. L'objectif de ce traité international est de protéger les travailleurs migrants contre l'exploitation et la violation de leurs droits. En 2009, seuls 41 pays y avaient adhéré. Le fait qu'aucun pays d'immigration n'ait signé la Convention en limite considérablement la portée. Depuis 2007, le collectif « Migrant, pas esclave ! » invite les associations et les citoyens français à signer une pétition en ligne pour exiger que la France ratifie cette convention.

L'immigration n'est pas un délit
Les migrants sont des citoyens
Les mêmes droits pour tous

Migrant, pas esclave !

Pour la protection des droits des travailleurs migrants la France doit signer la Convention des Nations Unies !

Signez la pétition ! www.migrantpasesclave.org

À la place de... **CD 2**

Répondez à la question suivante en tenant compte de ce que vous avez appris dans ce chapitre.

Si vous étiez à la place de chacun des intervenants suivants, comment pourriez-vous contribuer de façon positive à l'intégration des migrants économiques ?

- ☑ Personne qui dirige une entreprise
- ☑ Travailleuse ou travailleur
- ☑ Responsable d'une ONG en matière de droits de la personne
- ☑ Ministre de l'Immigration ou de l'Emploi

SYNTHÈSE

LE PROBLÈME

Une population à la hausse

La croissance de la population mondiale s'explique par le taux de fécondité élevé et la baisse du taux de mortalité dans les pays en développement.

L'évolution démographique des pays dépend aussi de la dynamique des **migrations**.

Le vieillissement et le recul de l'accroissement naturel dans les pays développés entraînent des pénuries de main-d'œuvre.

Un monde de plus en plus mobile

La **mondialisation** favorise la mobilité des personnes.

L'essentiel de la population migrante vient des pays en développement.

L'Amérique du Nord et l'Europe constituent les principaux foyers d'accueil de l'immigration.

La moitié de la population mondiale vit en milieu urbain. Dans les années à venir, la croissance urbaine se poursuivra surtout dans les pays en développement.

Qui sont les migrants d'aujourd'hui ?

Il existe plusieurs catégories de migrants : les réfugiés, les migrants économiques et les étudiants étrangers.

Les réfugiés fuient leur pays à cause de la guerre ou par crainte de persécutions et demandent la protection d'un autre État.

Provenant surtout de pays en développement, la majorité des migrants économiques s'installent dans les pays industrialisés.

Les femmes représentent la moitié de tous les migrants économiques.

Pourquoi migrer ?

Les migrants quittent leur région ou leur pays pour des motifs personnels, humanitaires ou socioéconomiques.

Les déséquilibres démographiques et l'**interdépendance** économique des États favorisent la mobilité de la main-d'œuvre.

Dans plusieurs pays en développement, les migrations économiques internes sont plus importantes que les migrations internationales.

Comment les migrations s'organisent-elles ?

Les politiques d'immigration des pays industrialisés visent à satisfaire les besoins en main-d'œuvre et à réunir les familles.

Les immigrants doivent répondre à de multiples critères de sélection.

De nombreux migrants ne peuvent satisfaire à ces critères et immigrent clandestinement.

La demande mondiale de main-d'œuvre bon marché et la proximité des pays développés expliquent l'ampleur de l'immigration clandestine.

Quels sont les impacts des migrations ?

L'exode rural et les migrations internationales contribuent de façon significative à l'expansion urbaine.

Le rythme accéléré de l'**urbanisation** pose plusieurs défis aux **pouvoirs** publics : pauvreté, chômage, violence, pollution et étalement urbain.

La proximité et la concentration des ressources économiques, sociales et **culturelles** attirent les migrants dans les grands centres urbains.

L'essentiel de la population migrante vient des pays en développement.

Les immigrants clandestins sont souvent dépendants de l'économie parallèle.

Il existe différentes politiques d'intégration, qui vont de l'assimilation au multiculturalisme.

Les **diasporas** contribuent aux changements économiques et sociaux dans leur pays d'origine par la création de **réseaux** de solidarité.

Les transferts de fonds individuels représentent la plus importante contribution des migrants à leur pays d'origine.

Dans les pays pauvres, l'exode des cerveaux peut nuire à la croissance économique du pays.

LES ENJEUX

ENJEU 1 LA GESTION DE L'EXPANSION URBAINE

Comment assurer le développement durable du territoire et des infrastructures d'une ville en croissance ?

Plus du tiers de la population urbaine mondiale vit dans des bidonvilles implantés sans planification et en toute illégalité, à la périphérie des villes.

Afin de résoudre les problèmes reliés aux bidonvilles, les pouvoirs publics envisagent différentes solutions : destruction des bidonvilles et revente des terrains, revitalisation de ces zones ou contrôle des déplacements internes.

La banlieue pavillonnaire se caractérise par une faible densité de population, des maisons unifamiliales, des espaces verts et des accès privilégiés pour les voitures.

Ce modèle d'urbanisme ne fait pas l'unanimité, en raison des impacts socioéconomiques et environnementaux qu'il engendre.

Comment lutter contre la violence en milieu urbain ?

Les principales causes de la violence urbaine sont la pauvreté, le chômage, les inégalités sociales, le financement insuffisant de l'éducation et l'intégration difficile des immigrants.

Les solutions adoptées peuvent être de nature répressive ou préventive.

Comment tenir compte de l'apport culturel des immigrants ?

Les pouvoirs publics favorisent la mise en valeur de la culture d'origine des immigrants par des subventions ou des programmes visant à promouvoir le dialogue interculturel.

L'apport culturel des communautés dépend de la volonté des immigrants de partager leur culture et de l'ouverture de la société d'accueil.

Dans les pays de forte immigration, la diversité culturelle soulève la question du respect des traditions des minorités et celle du respect des valeurs de la société d'accueil.

ENJEU 2 LES MIGRATIONS ET LE MONDE DU TRAVAIL

Comment favoriser l'intégration des immigrants au marché du travail ?

L'intégration économique des migrants contribue à la prospérité économique des pays d'accueil. Une intégration insuffisante peut nuire à la cohésion sociale.

Les immigrants se retrouvent souvent au chômage ou confinés dans des emplois pour lesquels ils sont surqualifiés.

Afin de faciliter l'intégration des migrants, les pouvoirs publics et les employeurs des pays d'accueil adoptent différentes mesures (lois, programmes, etc.).

Comment atténuer les effets négatifs de l'exode des cerveaux ?

Le recrutement de travailleurs hautement qualifiés traverse les frontières : les pays les plus riches attirent les meilleurs candidats grâce à des conditions de travail avantageuses.

L'exode des cerveaux correspond à un taux d'émigration de travailleurs qualifiés de plus de 25 %.

Le départ de travailleurs qualifiés représente à la fois une perte de compétences et une perte financière pour les pays de départ.

Les organismes internationaux recommandent de tirer parti des départs en misant sur les transferts de fonds et de connaissances par les diplômés de la diaspora.

Le marché mondial de l'emploi : délocaliser ou ne pas délocaliser ?

Les grandes entreprises organisent leur production en tenant compte des avantages socioéconomiques à l'échelle planétaire.

Différents critères déterminent le choix d'une destination de délocalisation : bassin de main-d'œuvre, niveau d'éducation, salaires, fiscalité du pays, stabilité politique, qualité des infrastructures, coûts de transport, langue, etc.

La délocalisation entraîne des pertes d'emplois, mais elle permet d'accroître la productivité des entreprises. Dans les pays d'accueil, elle contribue à la création d'emplois et au transfert de compétences.

ACTIVITÉS de synthèse

Des réfugiés rwandais sur les routes du Zaïre (l'actuelle République démocratique du Congo), en 1994.

1 La mobilité géographique d'hier à aujourd'hui CD 1

a) À l'aide de la carte de la page 84 du manuel, repérez les principales origines et destinations des migrants.

b) Comparez cette carte avec celle portant sur l'immigration entre 1830 et 1914, présentée à la page 83 du manuel. Indiquez le ou les changements que vous observez à propos des origines et des destinations des migrants.

c) Aujourd'hui, quels sont les différents types de migrants et pour quelles raisons se déplacent-ils ?

d) Expliquez le lien entre l'économie et la mobilité géographique des populations du monde en vous servant des éléments suivants : les progrès dans les transports, le développement des moyens de communication, la mondialisation de l'économie.

e) Pourquoi les villes attirent-elles une majorité de migrants ?

2 Des problèmes liés à la population mondiale CD 1

Décrivez les causes ainsi que les conséquences économiques et sociales de chacun des aspects ci-dessous relatifs au problème abordé dans le chapitre :

• l'augmentation rapide de la population ;
• le vieillissement de la population dans certains pays industrialisés ;
• les réfugiés qui fuient des situations de crise ;
• l'exode des cerveaux ;
• l'intégration des populations immigrantes dans leur société d'accueil ;
• l'immigration clandestine ;
• l'affluence des migrants vers les centres urbains ;
• la délocalisation d'entreprises.

3 L'immigration illégale CD 1

Imaginez que vous êtes avocate ou avocat et que vous défendez des clients qui se trouvent en situation d'immigration illégale.

a) Choisissez le pays d'origine des immigrants que vous défendez.

b) Expliquez le point de vue de vos clients et les raisons qui motivent leur déplacement.

c) Renseignez-vous sur les politiques d'immigration dans le pays d'accueil. Quelle est la position de l'État en ce qui concerne l'immigration illégale ?

d) Trouvez, dans les médias, des exemples d'immigration illégale. Comparez les cas relevés dans les médias avec ceux de vos clients.

e) Quels sont les risques que vos clients soient expulsés ? Quelles sont leurs chances d'être reçus légalement ?

f) Préparez vos arguments et plaidez votre cause.

4   **Migrer ou ne pas migrer ?** `CD 1`

Pour quelles raisons les migrants se déplacent-ils ? Mettez-vous à la place d'une personne qui décide de migrer avec sa famille.

a) Imaginez la situation de votre personnage.

b) Quelles raisons vous motivent à partir ?

c) Quels sont les pays qui vous attirent ? Pourquoi ?

d) Renseignez-vous sur les politiques d'immigration et d'accueil dans ces pays.

e) Quelles démarches devrez-vous entreprendre afin d'immigrer ?

5   **Une prise de position sur la gestion de l'expansion urbaine** `CD 2 • Enjeu 1`

La gestion de l'expansion urbaine constitue un enjeu dans plusieurs régions du monde.

a) Afin de mieux comprendre cet enjeu:
- détaillez-en les différents aspects;
- relevez les différences ou les similitudes de ces aspects entre les pays industrialisés et les pays en développement.

b) Que pensez-vous des défis liés à la gestion de l'expansion urbaine ?
- Trouvez, dans votre manuel et dans différents médias, des points de vue sur cet enjeu.
- Quels sont les points de vue des différents intervenants ? Quels sont leurs intérêts et leurs valeurs ?
- Quelles solutions proposent les intervenants pour mieux gérer l'expansion urbaine ?
- Exposez votre point de vue sur l'expansion urbaine : développez au moins deux arguments et appuyez votre argumentation sur des faits.

6   **Un sondage sur les migrations** `CD 2 • Enjeu 2`

Effectuez un court sondage auprès de votre entourage sur les migrations et le monde du travail.

a) Servez-vous des questions suivantes pour bâtir votre questionnaire.
- Quelle est la proportion de migrants dans votre entourage ?
- Quels motifs les ont poussés à s'établir dans votre région ?
- Ces migrants ont-ils eu de la facilité à se trouver du travail ?
- Dans quel domaine ont-ils été formés dans leur pays d'origine ? Occupent-ils maintenant un emploi dans ce domaine ? Si oui, lequel ?
- Dans quels réseaux sociaux et culturels se sont-ils intégrés ? Éprouvent-ils des problèmes d'intégration ?

b) Compilez les résultats de votre sondage.

c) À partir des résultats obtenus, rédigez un article dans lequel vous répondrez aux questions suivantes en expliquant votre point de vue.
- L'emploi est-il le meilleur moyen de favoriser l'intégration des migrants ?
- Le développement économique de votre région dépend-il de la venue de migrants ?

Une congestion automobile à Kolkata (Calcutta), en Inde.

OPTION PROJET

Reportez-vous au contenu du chapitre pour réaliser l'un des projets suivants.

PROJET 1 — CD 1 • CD 2 • Enjeu 1

Un plan de gestion

Vous siégez à un conseil municipal et vous travaillez sur le dossier du développement urbain. Vous devez préparer votre intervention en vue de la prochaine réunion du conseil. Votre exposé servira à orienter les décisions de votre municipalité en matière d'aménagement urbain.

Les étapes à suivre

1 Exposez la situation de votre municipalité en recueillant des informations sur les enjeux suivants :
- le bilan démographique ;
- le développement des réseaux de transport ;
- l'accès aux logements sociaux ;
- l'intégration des communautés migrantes ;
- la pollution urbaine.

2 Précisez les défis que représentent ces enjeux pour la municipalité.
- a) Quels sont les problèmes liés à la démographie de la municipalité ?
- b) Les citoyens sont-ils satisfaits de leur réseau de transport ? Présentez leurs points de vue à ce sujet.
- c) Les citoyens ont-ils facilement accès à des logements à prix abordables ? Expliquez votre réponse à l'aide de statistiques portant sur ce sujet.
- d) Les communautés immigrantes réussissent-elles à s'intégrer ? Expliquez votre réponse.
- e) Quels sont les principaux problèmes de pollution dans votre municipalité ?

3 Donnez des exemples de conséquences pouvant découler d'une expansion urbaine non planifiée.

4 Inspirez-vous du Code municipal et de la Loi sur l'aménagement et l'urbanisme pour trouver des solutions aux problèmes de votre municipalité.

5 Présentez vos arguments à l'occasion de la réunion.

6 Recueillez les commentaires des autres membres du conseil municipal.
- a) Selon eux, les solutions que vous avez proposées sont-elles réalistes ?
- b) Ces solutions ont-elles déjà été appliquées ailleurs ? Si oui, avec quel résultat ?

La ville de Paris et le développement urbain.

PROJET 2 | CD 1 • CD 2 • Enjeu 2

L'accueil des migrants

Vous travaillez pour un organisme non gouvernemental qui vient en aide aux migrants qui s'installent dans la région. Le mandat de cet organisme consiste à mettre sur pied un programme d'activités visant à faciliter l'intégration des migrants par l'emploi.

Des centres comme celui-ci à Montréal aident les immigrants à s'intégrer à la communauté.

Les étapes à suivre

1 Afin de préparer votre programme d'activités, renseignez-vous sur les caractéristiques des migrants qui s'installent dans votre région.

a) Recueillez des renseignements sur leur pays d'origine.

b) Relevez les principales raisons qui les ont poussés à venir dans votre région.

c) Dressez un tableau de leurs spécialisations ou professions.

d) Recueillez des données sur leur niveau de scolarité.

e) Renseignez-vous sur leur connaissance de la culture de leur pays d'accueil (langues, histoire, valeurs, etc.).

2 Afin de proposer des activités utiles aux migrants, trouvez des solutions qui pourraient les aider :

a) à mieux connaître les différents aspects de la culture locale ;

b) à connaître le Code du travail et les droits des travailleurs ;

c) à se familiariser avec les banques d'emplois et les domaines où il y a une pénurie de main-d'œuvre ;

d) à se renseigner sur les programmes de formation ;

e) à faire des demandes d'emploi.

3 Préparez un feuillet d'information sur votre organisme et sur les activités et services que vous offrez.

4 Avant de présenter votre feuillet aux autres membres de votre organisme :

a) élaborez des arguments solides qui sauront convaincre vos collègues que les solutions proposées auront un effet positif sur l'intégration des migrants ;

b) faites connaître les avantages liés aux activités et solutions que vous mentionnez dans votre feuillet.

5 Présentez votre feuillet.

3 LA RICHESSE

La richesse résulte d'un ensemble d'activités économiques (exploitation des ressources naturelles, production, distribution et consommation de biens et de services) qui favorisent l'accumulation de profits. Cependant, toutes les populations ne participent pas de façon égale aux activités qui permettent de produire et d'accumuler de la richesse. Par conséquent, la répartition inégale de la richesse sur la planète crée de nombreuses disparités entre les populations.

Au cours du XXᵉ siècle, ces disparités se sont accentuées, et ce, malgré la croissance de l'économie mondiale. Il y aurait aujourd'hui près de 1,2 milliard d'individus vivant avec moins de 1 $ US par jour. Les avoirs des 15 personnes les plus riches de la planète dépasseraient le produit intérieur brut (PIB) annuel de l'ensemble des pays d'Afrique subsaharienne. En outre, environ 20 % de la population mondiale consommerait plus de 80 % de l'ensemble des ressources disponibles.

La disparité dans la répartition de la richesse et dans l'exploitation des ressources est à l'origine d'importants enjeux socioéconomiques. Ils concernent entre autres la recherche d'un équilibre entre le développement économique et la justice sociale, ainsi que le contrôle des ressources nécessaires à la production de la richesse.

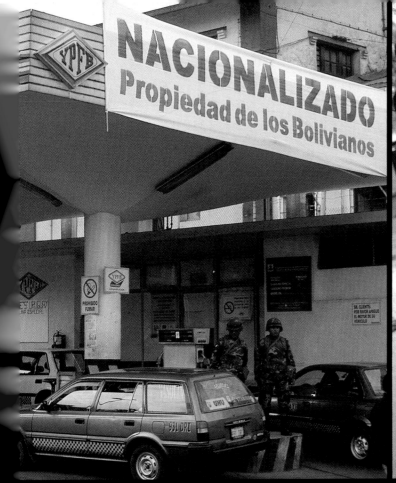

« C'est la cohorte des fourmis qui, dans les galeries souterraines des bas-fonds de la société, permet à l'économie d'avancer. »

Moses Isegawa

SOMMAIRE

CONCEPTS

Concept central
- ☐ Disparité

Concepts particuliers
- ☐ Concentration ☐ Développement économique ☐ Flux
- ☐ Justice sociale ☐ Ressource

Concepts communs
- ☐ Interdépendance ☐ Mondialisation ☐ Pouvoir

délocalisation

Des ouvrières vietnamiennes qui travaillent dans une usine appartenant à une multinationale (page précédente, à gauche);

Une soupe populaire à New York, aux États-Unis, en 2008 (page précédente, à droite);

Le pétrole, une ressource nationalisée par l'État bolivien depuis 2006 (à gauche);

En 2006, lancement d'un yogourt au Bangladesh par une multinationale, afin de lutter contre la malnutrition et d'encourager l'économie locale (à droite). *donner des emplois*

LE PROBLÈME

La disparité dans la répartition de la richesse

CONCEPTS

- ☐ Concentration
- ☐ Développement économique
- ☐ Disparité ☐ Flux ☐ Ressource

PIB par habitant (PIB/hab.)
Ensemble de la valeur des
biens et services produits
en une année dans un pays
ou un territoire, divisé par le
nombre d'habitants.

PPA La PPA, ou « parité du
pouvoir d'achat », désigne un
taux de conversion monétaire
qui permet d'exprimer, dans
une unité commune, les pouvoirs d'achat des différentes
monnaies.

1 La répartition de la richesse dans le monde

La comparaison des activités de production et du niveau de vie des habitants des pays
du globe permet de constater qu'il y a des disparités dans la répartition de la richesse.
Les pays les plus riches se situent en grande majorité au nord de la planète, alors que
les pays pauvres se trouvent pour la plupart au sud.

1.1 La division Nord-Sud

La division Nord-Sud illustre la disparité qui caractérise la répartition de la richesse entre les
pays du monde. Le Nord regroupe les pays riches, développés et industrialisés, alors que
le Sud rassemble les pays pauvres, en développement et moins industrialisés. Le **PIB par
habitant (PIB/hab.)** et le PIB par habitant (PIB/hab.) selon la **PPA** sont les indicateurs utilisés
pour répartir les pays au sein de ces deux groupes. Cependant, ces indicateurs n'incluent pas les
revenus qui proviennent de l'économie parallèle. De plus, ils ne reflètent pas la disparité
dans la répartition de la richesse entre les habitants d'un même pays.

1 La disparité Nord-Sud

Les membres de la Triade (l'Amérique du Nord, l'Europe et le Japon), ainsi que la Chine et certains pays
d'Asie du Sud-Est, dominent les échanges économiques mondiaux.

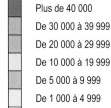

**PIB/hab. selon la PPA,
en 2005 (en $ US)**

- Plus de 40 000
- De 30 000 à 39 999
- De 20 000 à 29 999
- De 10 000 à 19 999
- De 5 000 à 9 999
- De 1 000 à 4 999
- Moins de 1 000

- ☐ Aucune donnée

- —— Limite Nord-Sud
- --- Pôle de la Triade
- ★ Région ou pays industriel
  Taiwan ayant rejoint le Nord

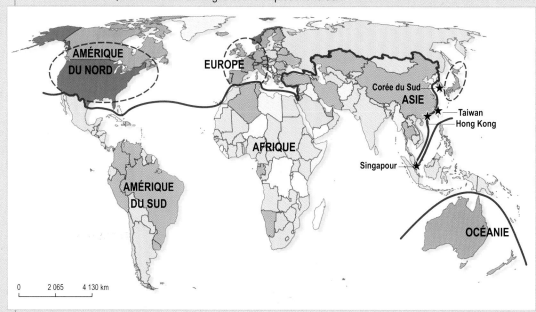

D'après PNUD, *Rapport mondial sur le développement humain 2007/2008* [en ligne] et CIA, *The World Factbook* [en ligne],
2008, réf. du 27 mai 2009.

● **Pourquoi certains pays situés au sud sont-ils considérés comme faisant partie du groupe
des pays du Nord ?**

1.2 Le Nord

Les pays du Nord se caractérisent par leur niveau d'industrialisation élevé et leur rôle dominant dans le commerce mondial. On y trouve également beaucoup d'institutions économiques et financières (banques, sièges sociaux de multinationales, Bourses, etc.). En raison de l'industrialisation accélérée des pays du Nord au cours du XXe siècle, la production de biens et de services y est supérieure à celle des pays du Sud. De plus, la capacité d'innovation des pays du Nord contribue au maintien de leur productivité élevée, en particulier dans le domaine des produits à **haute valeur ajoutée**. Le Nord contrôle aussi une part importante des flux commerciaux internationaux. Les États-Unis, le Canada, l'Union européenne et le Japon contrôlent à eux seuls plus de 80 % du commerce mondial.

> **Haute valeur ajoutée** Se dit d'un produit ayant subi des modifications et qui vaut donc plus que sa valeur de base.

1.3 Le Sud

Le Sud se distingue du Nord par son faible niveau d'industrialisation et de productivité. Spécialisés dans l'extraction de matières premières, de nombreux pays du Sud profitent peu des revenus générés par la transformation de ces matières, qui s'effectue souvent au Nord. Parfois très endettés, ces pays occupent une place limitée au sein du commerce international. Les exportations du Sud ne représentent qu'un cinquième des exportations mondiales. Cependant, certains pays du Sud qui se spécialisent dans la production manufacturière arrivent à participer aux échanges commerciaux mondiaux.

1.4 Les économies émergentes

Aujourd'hui, l'évolution rapide des échanges commerciaux modifie la démarcation entre le Nord et le Sud. En effet, le Sud compte de plus en plus de pays en voie d'industrialisation. Par exemple, la Chine et l'Inde ont connu un accroissement important de la valeur de leurs exportations. Leur activité économique rivalise aujourd'hui avec celle de certains pays du Nord.

Les économies de certains pays, tels le Maroc et la Turquie, sont aussi en pleine croissance. Cet essor s'explique entre autres par l'implantation d'activités de production à la suite des délocalisations du Nord au Sud, par les transferts financiers des membres de la diaspora vers leur pays d'origine ainsi que par l'émergence d'une classe moyenne qui contribue à la consommation.

2 **Des fermiers, en Tanzanie**

Les pays du Sud tirent la majorité de leurs revenus de la production agricole. Toutefois, ils exportent peu. Leurs produits n'arrivent pas à concurrencer ceux des pays du Nord.

3 **L'évolution du PIB/hab. selon la PPA* de quelques pays, de 1980 à 2006**

	1980	1990	2000	2006
Chine	186,44	391,65	949,18	1 597,77
États-Unis	22 567,90	28 262,60	34 600,30	37 791,40
Inde	229,25	318,40	452,98	633,74
République démocratique du Congo	249,93	201,87	84,95	90,77

* En $ US constants de 2000 (les montants des autres années ont été ajustés selon la valeur du dollar américain en 2000).

D'après les données de la Banque mondiale citées par Université de Sherbrooke, *Perspective Monde* [en ligne], réf. du 29 mai 2009.

- Quels sont les pays dont le PIB par habitant augmente le plus rapidement ?

- L'augmentation du PIB par habitant reflète-t-elle une amélioration des conditions de vie ? Expliquez votre réponse.

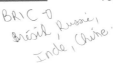

QUESTIONS d'interprétation | CD 1

1 Pourquoi le monde est-il divisé en deux zones ?

2 Quels sont les principaux indicateurs utilisés pour classer les pays selon cette division ?

3 Quelles sont les caractéristiques économiques des pays du Nord ? Des pays du Sud ? Des pays émergents ?

Indice de développement humain (IDH) Indicateur socioéconomique qui tient compte de l'espérance de vie, du taux d'alphabétisation et du PIB par habitant pour mesurer la qualité de vie moyenne d'une population.

2 La disparité dans les conditions de vie

Même si le niveau de production et les échanges commerciaux dans le monde ont augmenté au cours des dernières décennies, les inégalités entre les populations n'ont pas diminué. Pour déterminer la répartition de la richesse dans le monde et à l'intérieur d'un pays, il faut donc observer non seulement la production, mais aussi les conditions de vie des populations.

2.1 Le développement humain

La notion de développement humain comprend le développement économique d'un pays et la qualité de vie de sa population. Pour mesurer le niveau de développement humain, l'ONU a mis au point l'**indice de développement humain (IDH)**.

4 **L'indice de développement humain (IDH) dans le monde, en 2005**

Indice de développement humain (IDH) en 2007-2008

- 0,9 — *Pays développés (indice élevé)*
- 0,8 — *Pays en développement (indice moyen)*
- 0,7
- 0,5 — *Pays moins avancés (indice faible)*
- Aucune donnée

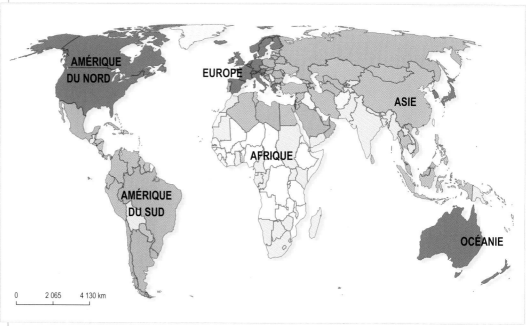

AMÉRIQUE DU NORD — EUROPE — ASIE — AFRIQUE — AMÉRIQUE DU SUD — OCÉANIE

0   2 065   4 130 km

PNUD, *Rapport mondial sur le développement humain* [en ligne], réf. du 27 mai 2009.

● L'IDH reflète-t-il les inégalités économiques montrées par le PIB par habitant selon la PPA ? Expliquez votre réponse.

5 **Des enfants attendent de l'aide alimentaire à la suite d'une inondation en Inde, en 2007**

Les risques de famine à la suite de catastrophes naturelles dans les pays du Sud nécessitent souvent l'aide internationale.

2.2 L'alimentation

Se nourrir suffisamment constitue une condition essentielle au bien-être des êtres humains. Or, de nombreux individus dans le monde souffrent d'un manque de nourriture à la fois en quantité et en qualité (malnutrition), ou d'un manque répétitif de nourriture (faim). Lorsqu'un grand nombre d'individus manquent d'aliments pendant une période donnée, on parle alors de famine.

La faim touche plusieurs millions de personnes dans les pays du Sud. Dans ces conditions, il suffit parfois d'une catastrophe naturelle, d'une hausse des prix des produits alimentaires ou d'un conflit interne pour que la famine frappe. Cette menace pèse sur plusieurs pays africains, sud-américains et asiatiques.

2.3 La santé

La présence d'infrastructures et de mesures pour combattre la maladie et promouvoir la santé sont des facteurs qui déterminent la qualité de vie. Ainsi, un individu qui n'a pas accès à l'eau potable ni à des soins médicaux risque de voir son espérance de vie diminuer. La disparité à cet égard entre le Nord et le Sud est bien visible. Par exemple, la mortalité infantile dans certains pays du Sud est beaucoup plus élevée que dans ceux du Nord. Les personnes vivant au Sud sont également plus exposées aux maladies infectieuses comme le sida et la tuberculose, et aux **pandémies**. La difficulté d'accéder à des soins de santé et à des médicaments à prix raisonnable nuit aussi à certaines populations. Dans les pays du Nord, l'espérance de vie est généralement plus élevée que dans les pays du Sud. Par exemple, l'espérance de vie en Zambie atteint à peine 40 ans, alors qu'elle dépasse les 80 ans au Canada.

> **Pandémie** Épidémie ou propagation d'une maladie touchant une part importante de la population et s'étendant sur une zone géographique très vaste.

6 Une clinique pour sidéens, en Afrique du Sud

L'omniprésence du sida dans certains pays du Sud peut nuire à la productivité d'un État en provoquant des pénuries de main-d'œuvre. Environ 67 % de tous les cas de sida et 75 % des décès causés par cette maladie sont recensés en Afrique subsaharienne.

- Quel est le lien entre l'accès aux soins de santé et le développement économique ?

7 Une soupe populaire à New York, en 2008

Aux États-Unis, en 2007, plus de 37 millions d'habitants vivaient sous le seuil de la pauvreté et près de 46 millions n'avaient aucune couverture médicale. Plusieurs Américains doivent parfois s'en remettre à des organismes de charité pour survivre.

- La pauvreté se limite-t-elle aux pays du Sud ? Expliquez votre réponse.

2.4 L'éducation

L'éducation est un autre facteur essentiel au développement économique et humain d'une société. Un pays qui compte un grand nombre d'employés spécialisés sera plus concurrentiel sur le plan mondial. Un faible niveau d'éducation se traduira généralement par des conditions de vie précaires et de graves problèmes de pauvreté.

8 Le pourcentage du budget national alloué à l'éducation

	Dépenses publiques en éducation (2005)	Population totale (Estimation pour 2009)
Angola	6,4 %	12 799 293
Inde	10,7 %	1 166 079 217
Norvège	16,6 %	4 660 539

D'après PNUD, *Rapport mondial sur le développement humain 2007/2008* [en ligne] et CIA, *The World Factbook* [en ligne], 2008, réf. du 27 mai 2009.

- Quel rapport pouvez-vous établir entre le budget alloué à l'éducation, la population totale de ces trois pays et leur niveau de développement ?

QUESTIONS d'interprétation CD 1

1 Que permet de mesurer l'IDH ?

2 Quels sont les principaux facteurs qui caractérisent le développement humain ?

3 La qualité de vie est-elle la même pour tous à l'intérieur d'un même pays ? Expliquez votre réponse.

3 Les conditions nécessaires au développement économique

L'accumulation de différents types de capitaux qu'on peut réinvestir dans la production permet d'augmenter la productivité. Ces capitaux ne sont toutefois pas également répartis dans le monde, et cette situation accroît la disparité entre les pays ou les territoires.

3.1 Un système financier

Actif financier Titre ou contrat, négociable sur les marchés financiers et susceptible de rapporter des revenus et des profits à son détenteur.

Le capital financier réunit l'ensemble des **actifs financiers** (actions, contrats, titres, etc.) à échanger sur les marchés afin de les faire fructifier. Un bon système financier favorise une circulation des fonds qui permettent la mise en place de conditions propices à la prospérité des entreprises. Le capital financier est principalement détenu par les pays riches, où sont installées les grandes institutions financières qui effectuent la majorité des transactions. Les pays en développement, de leur côté, ne disposent pas d'un système financier qui leur permettrait d'obtenir du financement avantageux pour démarrer des entreprises et accroître leurs activités économiques.

Les multinationales possèdent la plus grosse part des capitaux financiers du monde. N'étant pas limitées par des frontières, elles effectuent des investissements et des transactions sur les marchés internationaux, ce qui leur permet de créer de la richesse. Les multinationales concentrent une grande partie des capitaux dans les pays du Nord, d'où proviennent la plupart d'entre elles. Par ailleurs, même si certaines organisations internationales offrent une aide au développement aux pays qui en font la demande, leur rôle n'est pas de réguler le système financier international. Elles ne peuvent donc pas aider les pays en développement dans ce domaine.

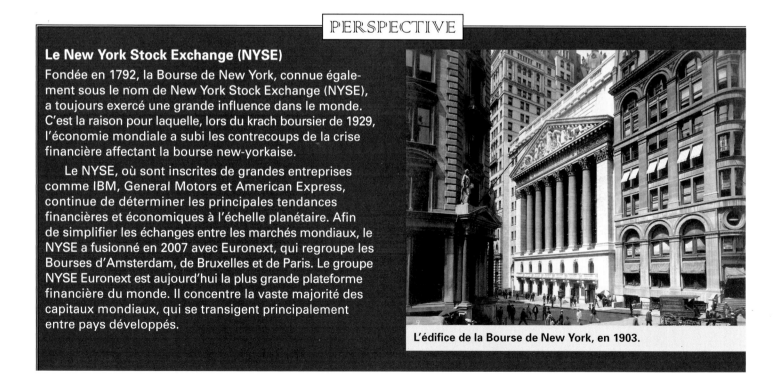

PERSPECTIVE

Le New York Stock Exchange (NYSE)

Fondée en 1792, la Bourse de New York, connue également sous le nom de New York Stock Exchange (NYSE), a toujours exercé une grande influence dans le monde. C'est la raison pour laquelle, lors du krach boursier de 1929, l'économie mondiale a subi les contrecoups de la crise financière affectant la bourse new-yorkaise.

Le NYSE, où sont inscrites de grandes entreprises comme IBM, General Motors et American Express, continue de déterminer les principales tendances financières et économiques à l'échelle planétaire. Afin de simplifier les échanges entre les marchés mondiaux, le NYSE a fusionné en 2007 avec Euronext, qui regroupe les Bourses d'Amsterdam, de Bruxelles et de Paris. Le groupe NYSE Euronext est aujourd'hui la plus grande plateforme financière du monde. Il concentre la vaste majorité des capitaux mondiaux, qui se transigent principalement entre pays développés.

L'édifice de la Bourse de New York, en 1903.

3.2 Le capital naturel

Le capital naturel correspond à l'ensemble des ressources naturelles (bois, eau, minéraux, charbon, pétrole, etc.). Il garantit aux États qui ont accès à ces ressources une possibilité de développement économique. Toutefois, comme les capitaux naturels ne sont pas répartis également sur l'ensemble de la planète, certains États se trouvent avantagés par rapport à d'autres. Par ailleurs, il arrive que des États ne puissent exploiter leur capital naturel parce qu'ils manquent de capitaux financiers. Des entreprises étrangères disposant d'importants moyens de production s'implantent alors dans ces pays, après avoir négocié avec les autorités les droits d'exploitation de leurs ressources.

9 Ceux qui profitent des ressources

Les pays en développement ne sont pas dépourvus de ressources naturelles, mais ils n'en retirent pas nécessairement de profits. Pendant que certains pays ou entreprises surexploitent les ressources mondiales, des populations défavorisées n'arrivent pas à satisfaire leurs besoins primaires.

« L'exemple des ressources naturelles est criant : dans la plupart des pays du Sud, les revenus de leur exploitation échappent à l'État et ne contribuent pas au bien-être des populations. Les causes en sont multiples : spéculation sur les cours, faiblesse des institutions, politiques renforçant la position des firmes transnationales, etc. De plus, les ressources naturelles sont l'enjeu de toutes les convoitises et la source de conflits sociaux ou armés, souvent accompagnés de violations des droits humains. »

Centre National de Coopération au Développement, *Pour des politiques environnementales au service du développement durable* [en ligne], 2009, réf. du 29 mai 2009.

Pourquoi les revenus d'exploitation des ressources naturelles échappent-ils parfois aux États qui les possèdent ?

3.3 Le capital physique

Le capital physique comprend les infrastructures (barrages, ponts, ports, routes, etc.), les services publics (aqueducs, collecte des déchets, télécommunications, etc.) ainsi que l'équipement qui sert à la production. Il permet d'exploiter efficacement les ressources et d'assurer la distribution rapide de la production. Là où la technologie, les infrastructures et les services sont peu développés, la productivité ne peut atteindre un niveau élevé.

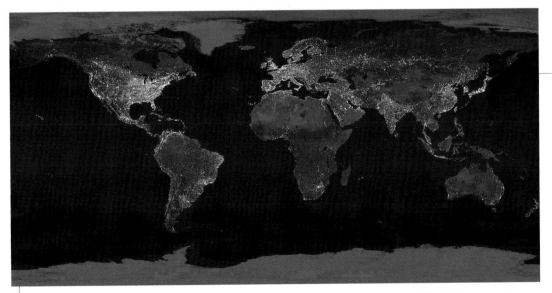

10 La disparité dans les infrastructures

Les images satellites nocturnes témoignent des inégalités planétaires en ce qui a trait à l'électrification. En l'absence d'infrastructures électriques, les industries peuvent difficilement fonctionner et acquérir les technologies nécessaires à leur développement. De plus, sans électricité, il est difficile d'avoir accès aux technologies de l'information.

Comment la disparité dans la répartition des infrastructures peut-elle influencer le développement économique ?

Pays	Dépenses en recherche et développement (en % du PIB)	Nombre de chercheurs (par millions de personnes)
États-Unis	2,7 %	4 605
Singapour	2,3 %	4 999
Norvège	1,7 %	4 587
Canada	1,7 %	3 759
Chine	1,4 %	708
Inde	0,8 %	119
Burkina Faso	0,2 %	17
Zambie	0,0 %	51

11 L'importance du secteur de la recherche et du développement

Le secteur de la recherche et du développement peut servir à déterminer le niveau de développement technologique et économique d'un pays. Ainsi, les pays pauvres affichent un important retard technologique par rapport aux pays plus riches. Le fait de pouvoir compter sur les technologies est un élément déterminant du développement économique.

- Quels sont les pays qui dépensent le plus dans le domaine de la recherche et du développement ?

PNUD, *Rapport mondial sur le développement humain 2007/2008* [en ligne], réf. du 9 juillet 2009.

3.4 Le capital humain

Le capital humain se définit par l'ensemble de la population d'un pays et son niveau de qualification. La valeur du capital humain est déterminée par le niveau de formation de la main-d'œuvre d'un pays. Si ce niveau est faible, la valeur du capital humain sera moins élevée.

12 Les usagers qui ont accès à Internet, en 2005

Pays	Nombre d'usagers par 1000 habitants
États-Unis	630
Canada	520
Brésil	195
Russie	152
Chine	85
Haïti	70
Algérie	58
Inde	55
Angola	11
Côte d'Ivoire	11
Bangladesh	3
République démocratique du Congo	2

PNUD, *Rapport mondial sur le développement humain 2007/2008* [en ligne], réf. du 27 mai 2009.

- Comment Internet peut-il favoriser le développement du capital humain ?

13 La valeur des gens

Dans l'économie mondiale, le capital humain contribue à stimuler le développement et la croissance économique.

« [...] depuis le début des années 60, on s'accorde de plus en plus sur le rôle crucial que les individus jouent dans la croissance économique en raison de leurs talents, de leurs connaissances et de leurs compétences – autrement dit du capital humain. [...] l'investissement que les individus consacrent à leur personne, le plus souvent en améliorant leur niveau d'éducation, leur procure des bénéfices réels en matière de revenus et de bien-être personnels. De surcroît [...], il existe un lien entre la qualité du capital humain – niveaux d'éducation et de santé – et la croissance économique. Pour résumer, [...] dans une économie moderne, la croissance repose sur l'existence d'une population active ayant un bon niveau d'éducation. »

OCDE, *Les essentiels de l'OCDE : Le capital humain. La valeur des gens* [en ligne], 2007, réf. du 6 juillet 2009.

- Pourquoi les individus qui investissent dans leur formation contribuent-ils à la croissance économique ?

QUESTIONS d'interprétation

CD 1

1 Quels sont les capitaux nécessaires au développement économique ?

2 Comment ces capitaux peuvent-ils générer des profits ?

3 Comment ces capitaux sont-ils répartis sur la planète ?

4 La répartition de la richesse dans un contexte de mondialisation

CONCEPTS
□ Disparité □ Flux
□ Mondialisation □ Pouvoir

Depuis les années 1980, le commerce international a augmenté rapidement à l'échelle planétaire. Les multinationales, qui proviennent principalement des pays riches et d'autres pays industrialisés, sont les principaux acteurs de ces échanges commerciaux.

4.1 La disparité dans les échanges commerciaux

L'ouverture des marchés internationaux se traduit généralement par une hausse de la production et la possibilité de créer plus d'emplois. Ce dynamisme économique entraîne à son tour une amélioration du niveau de vie. En effet, lorsqu'il y a création d'emplois, le pouvoir d'achat de la population augmente, ce qui stimule la consommation. La mondialisation des échanges tend donc à créer de la richesse.

Les pays riches profitent davantage de l'augmentation des flux commerciaux. Comme ils disposent de la majorité des institutions financières, ils peuvent investir plus de fonds dans la production et accroître leurs profits. Dans certains pays du Sud, l'exportation des matières premières représente le principal débouché commercial. Or, la libéralisation des échanges et la spéculation font fluctuer les prix des matières sur les marchés. Certains pays du Sud, qui dépendent de l'exploitation de ces produits, sont donc à la merci de ces **fluctuations** et sont parfois pénalisés sur les marchés. De plus, il leur est souvent difficile d'affronter la concurrence des multinationales. Cependant, d'autres pays du Sud bénéficient des délocalisations d'entreprises de produits manufacturés et profitent davantage du commerce mondial.

> **Fluctuation** En économie, variations successives de la valeur de biens ou d'actifs. Les fluctuations économiques caractérisent aussi les phases de croissance et de ralentissement économiques attribuables à plusieurs phénomènes conjoncturels.

14 **Les principaux flux commerciaux dans le monde, en 2007**

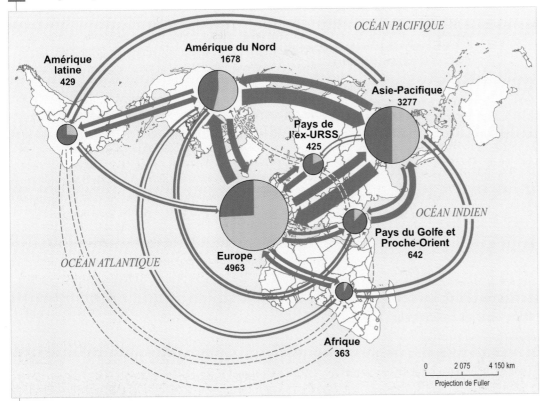

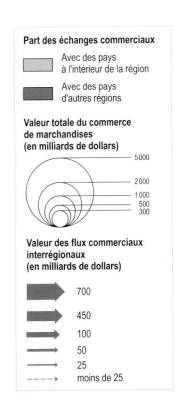

L'Atlas du Monde diplomatique, 2009.

- Où s'effectuent la majorité des échanges commerciaux : à l'intérieur des régions de production ou vers l'extérieur ?
- Quelles sont les régions qui dominent le commerce mondial ?

4.2 La disparité dans la division de la production

Les pays qui profitent le plus des avantages de la mondialisation sont ceux qui sont plus avancés sur le plan de la recherche et du développement des technologies. Ils peuvent alors délocaliser les activités de production moins spécialisées vers le Sud, qui offre une main-d'œuvre nombreuse et à bon marché. En effet, dans les pays du Sud, où la qualification du capital humain demeure relativement faible, les activités se limitent souvent à la fabrication et à l'assemblage. Par exemple, les ouvriers de ces pays sous-traitants fabriquent et assemblent les composantes des appareils électroniques qui sont ensuite vendus à prix fort dans le Nord. La division des processus de production est une des conséquences de la mondialisation.

Cette situation transforme aussi l'économie des pays industrialisés. La délocalisation industrielle provoque des mises à pied, notamment dans les domaines du textile et de l'alimentation. Elle entraîne par ailleurs le déplacement de l'activité économique vers le secteur tertiaire (services). Les nouveaux emplois spécialisés ainsi créés génèrent davantage de profits. Parallèlement, la majorité des pays du Sud et des pays émergents développent leurs compétences dans les secteurs primaire (ressources naturelles) et secondaire (industries).

15 Les secteurs d'emploi dans quelques pays, en 2005

La répartition des emplois dans les différents secteurs illustre la disparité dans la division internationale du travail.

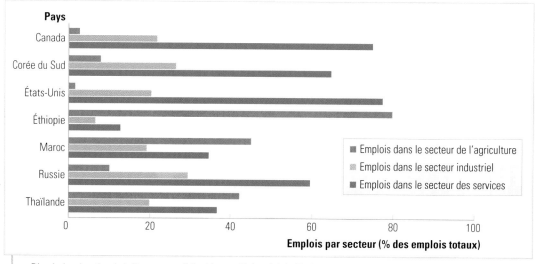

D'après les données de la Banque mondiale citées par Université de Sherbrooke, *Perspective Monde* [en ligne], réf. du 29 mai 2009.

- Quels sont les pays qui se spécialisent dans le secteur primaire ? Secondaire ? Tertiaire ?
- Que pouvez-vous dire sur la division internationale du travail ?

16 Le coût annuel d'une conceptrice ou d'un concepteur de puces électroniques

La délocalisation industrielle permet de faire baisser les coûts de production en transférant les emplois qui requièrent un faible niveau de spécialisation dans les pays en développement, où la main-d'œuvre coûte généralement moins cher.

- Pourquoi est-il plus avantageux pour une entreprise de faire concevoir des puces électroniques en Asie plutôt qu'en Amérique du Nord ?

Pays	Coût (en $ US)
États-Unis	300 000
Canada	150 000
Irlande	75 000
Corée du Sud	65 000
Taiwan	60 000
Inde	30 000
Chine (Shanghai)	28 000

D'après *L'Atlas du Monde Diplomatique*, 2006.

17 **Des ouvrières travaillent dans une usine d'une multinationale américaine installée au Viêtnam**

De grandes entreprises déplacent parfois leur production dans des pays qui interdisent toute activité syndicale. Si elles stimulent l'économie des États où elles s'installent, ces grandes entreprises agissent parfois au détriment des droits sociaux des travailleurs.

• Une croissance économique est-elle possible malgré de mauvaises conditions de travail? Expliquez votre réponse.

• Selon vous, comment les entreprises pourraient-elles améliorer les droits sociaux des travailleurs tout en stimulant la croissance économique?

18 **Des travailleurs pauvres vivant avec moins de 2$ par jour**

Région	Part des travailleurs vivant avec moins de 2$ par jour (% de l'emploi total)
Afrique subsaharienne	82,2 %
Asie du Sud	80,9 %
Asie du Sud-Est et Pacifique	46,6 %
Asie de l'Est	33,0 %
Afrique du Nord	30,2 %
Moyen-Orient	24,0 %
Amérique latine et Caraïbes	16,4 %
Europe centrale et du Sud-Est (hors UE)	13,9 %
Monde	**40,6 %**

D'après Organisation internationale du travail, *Tendances mondiales de l'emploi* [en ligne], janvier 2009, réf. du 9 juillet 2009.

• Les emplois créés dans les pays d'Asie et qui contribuent à la croissance des économies émergentes profitent-ils à l'ensemble de la population? Expliquez votre réponse.

• L'emploi permet-il toujours de réduire les disparités? Expliquez votre réponse.

QUESTIONS d'interprétation   CD 1

1 La mondialisation profite-t-elle à l'ensemble de la population? Expliquez votre réponse.

2 Pourquoi certains pays du Sud profitent-ils plus du commerce mondial que d'autres?

3 Comment le monde du travail est-il transformé par la mondialisation?

Question bilan

4 Résumez dans vos mots le problème présenté dans la partie «État des lieux».

1 Quelles sont les causes historiques de la disparité dans la répartition de la richesse ?

La disparité dans la répartition de la richesse s'explique en partie par l'histoire sociopolitique. La colonisation de territoires et leur intégration à l'économie des empires coloniaux, ainsi que le mouvement de décolonisation qui a suivi ont contribué à créer cette disparité.

1.1 La colonisation

Au cours du XIXᵉ siècle, plusieurs pays occidentaux comme la France, le Royaume-Uni, l'Allemagne et les États-Unis s'industrialisent. Les entrepreneurs et les gouvernements investissent massivement dans le développement d'outils et de techniques afin d'augmenter la production de produits finis. Grâce à l'industrialisation, ces pays accumulent les richesses qui stimulent leur économie. Ils multiplient aussi les infrastructures indispensables à la production et au commerce industriels (dont la machinerie et les moyens de transport). Ils peuvent également former une main-d'œuvre spécialisée pour faire fonctionner ces nouvelles machines, améliorant par le fait même la qualité de leur capital humain.

Pour se procurer les ressources dont ils ont besoin, ces pays cherchent à étendre leur domination économique et politique sur des régions qui pourraient leur fournir des matières premières et leur offrir un marché où écouler leurs produits finis. C'est dans cet objectif qu'ils entreprennent de coloniser l'Afrique, certaines régions d'Asie (dont le Viêtnam, Singapour et l'Inde) et l'Amérique latine.

PERSPECTIVE

Les empires coloniaux

À l'époque des grandes explorations, lancées au milieu du XVᵉ siècle, les Espagnols, les Portugais, les Français et les Anglais édifient de vastes empires coloniaux en imposant leur domination sur des territoires tels que l'Afrique, l'Asie et les Amériques. Ces États colonisateurs tentent de s'approprier le plus de ressources possible afin de démontrer leur puissance économique et politique. Vers la fin du XVᵉ siècle et jusqu'à la fin du XVIIIᵉ siècle, ils établissent des comptoirs de commerce et des colonies. Leurs réseaux d'échanges s'étendent à l'ensemble de la planète, créant ce qu'il est convenu d'appeler une économie-monde.

Au XIXᵉ siècle, des puissances industrielles européennes amorcent une nouvelle ère de colonisation qui permet la mise en place de l'impérialisme colonial. Grâce à la force de leur économie ainsi qu'aux technologies et aux armes dont ils disposent, ces États occidentaux, dont le Royaume-Uni, la France et les Pays-Bas, affirment leur domination un peu partout dans le monde. Certains de ces empires se maintiendront jusqu'au milieu du XXᵉ siècle. (Voir la section « Survol de l'histoire du XXᵉ siècle », p. 360 à 389).

Dessin réalisé par Diego Duran et publié dans son *Historia de los Indios* (1579). Des Totonaques (peuple amérindien du Mexique) transportent l'équipement des conquistadors espagnols.

1.2 La décolonisation

À partir des années 1930, et plus particulièrement à la suite de la Seconde Guerre mondiale, les colonies qui ont combattu aux côtés de leur métropole exigent plus de reconnaissance et d'autonomie. Entre 1945 et 1975, elles obtiennent l'une après l'autre leur indépendance. Il subsiste cependant des traces de leur passé colonial. En effet, le rapport de domination instauré par l'impérialisme colonial continue, encore aujourd'hui, de marquer les relations économiques et politiques entre les pays développés et les pays en développement.

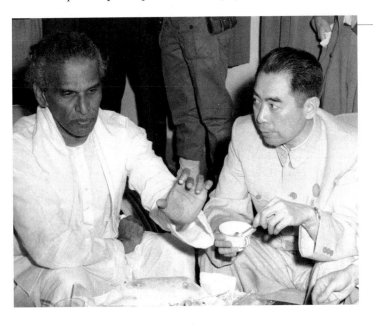

19 **La conférence de Bandung, en 1955**

Pendant la Guerre froide, plusieurs pays d'Afrique et d'Asie refusent de s'allier à l'une ou l'autre des deux superpuissances qui s'affrontent alors, les États-Unis et l'URSS. Réunis en 1955 lors de la conférence de Bandung, en Indonésie, ces pays affirment le droit des peuples à l'autodétermination et veulent accélérer le processus de décolonisation. Ce regroupement de pays sera désigné par le nom de Tiers-Monde. La photographie montre les représentants indien et chinois, V.K. Krishna Menon et Zhou Enlai, durant la conférence.

1.2.1 Des tensions politiques

Il arrive que des populations distinctes cohabitent sur des territoires autrefois divisés, occupés et administrés par les puissances coloniales. En effet, au moment de la colonisation, les frontières territoriales n'ont pas tenu compte de la répartition des différentes communautés sur le territoire. Cette division arbitraire a engendré des tensions et parfois des conflits entre les populations locales au moment de la décolonisation. Cette situation a nui au développement économique de certains pays décolonisés.

1.2.2 Une dépendance économique

Malgré la décolonisation qui met fin à l'impérialisme colonial, plusieurs ex-colonies demeurent économiquement dépendantes de leur ancienne métropole. En effet, même si certains pays décolonisés possèdent des infrastructures industrielles et commerciales provenant de l'héritage colonial, leurs installations sont souvent désuètes et doivent être remplacées. Toutefois, la majorité de ces pays n'ont pas les moyens et les capitaux nécessaires pour moderniser leurs infrastructures.

20 **Un agent de sécurité sur le site d'un attentat-suicide des Tigres tamouls au Sri Lanka, en octobre 2006**

Certains pays sont appauvris par des guerres, des violences internes, ou par des problèmes économiques liés à la gouvernance d'un régime politique non démocratique.

● Selon vous, quelles peuvent être les conséquences des guerres et des conflits internes sur la qualité de vie des populations?

En raison de leur spécialisation dans l'agriculture et l'extraction de matières premières à l'époque coloniale, les pays du Sud concentrent encore aujourd'hui leur développement économique dans le secteur primaire. Toutefois, bien que l'exploitation et l'exportation de matières premières constituent une source de revenus, ces activités contribuent également à l'appauvrissement de ces pays. En effet, les matières premières sont exportées dans les anciens pays colonisateurs du Nord, où elles sont transformées en produits finis. Ces produits, devenus des produits à haute valeur ajoutée, sont ensuite réimportés dans les pays du Sud et vendus à un prix beaucoup plus élevé que les matières premières d'origine.

Par ailleurs, une grande partie des capitaux qui sont investis dans les pays en développement proviennent souvent du Nord. Par exemple, selon les données du CEPICI (Centre de promotion des investissements en Côte d'Ivoire), la France est le principal investisseur étranger dans ce pays. Elle y a installé près de 240 filiales, et plus de 1000 sociétés appartiennent à des intérêts français. Ainsi, les économies des pays en développement sont dépendantes des investissements étrangers. Cette situation, parfois qualifiée de « néocolonisation », contribue à accroître les disparités Nord-Sud.

21 Part des exportations de certains pays vers l'Union européenne, en 2008

Certains pays anciennement colonisés par une puissance européenne effectuent encore une grande partie de leurs exportations vers l'Union européenne.

- **Comment les exportations illustrent-elles la dépendance de ces pays envers leurs anciennes métropoles?**

Pays	Ancienne métropole coloniale	Part des exportations vers l'Union européenne (% des exportations mondiales du pays)
Cameroun	Allemagne	74,3 %
Côte-d'Ivoire	France	49,9 %
Érythrée	Italie	36,1 %
Ghana	Royaume-Uni	43,6 %
Guinée	France	65,5 %
Inde	Royaume-Uni	21,7 %

OMC, *Profils commerciaux 2008* [en ligne], réf. du 14 juillet 2009.

22 Mobutu Sese Seko en compagnie de Jacques Chirac, alors maire de Paris, en 1985

Mobutu Sese Seko a été président du Zaïre (l'actuelle République démocratique du Congo) de 1965 à 1997. Il est soupçonné d'avoir détourné près de 5 milliards de dollars US à ses propres fins. La République démocratique du Congo, qui connaît de nombreux conflits internes, avait un PIB par habitant de 300 $ US en 2008.

- **Quelles conséquences la fraude peut-elle avoir sur le développement économique?**

1.3 La culture et les institutions politiques

L'absence d'institutions démocratiques et la corruption constituent aussi des facteurs qui peuvent expliquer la disparité dans la répartition de la richesse. Dans certains pays, il existe un lien entre le type de régime politique en place et le niveau de corruption. Parce que les chefs d'État de régimes non démocratiques n'ont pas nécessairement à répondre de leurs actions devant leurs citoyens, ils peuvent se servir de leur pouvoir pour s'approprier certaines richesses du pays. Cette culture de la corruption accentue les disparités entre riches et pauvres. Elle nuit au développement économique, fausse la concurrence et peut créer une instabilité économique et politique défavorable aux investissements.

QUESTIONS d'interprétation CD 1

1. Quelles sont les conséquences de la colonisation et de la décolonisation dans les pays du Sud?

2. En quoi les guerres et les conflits nuisent-ils au développement économique?

3. Pourquoi les économies de certains pays décolonisés sont-elles dépendantes des pays industrialisés?

2 Comment le territoire et les risques naturels peuvent-ils expliquer la disparité dans la répartition de la richesse ?

Les caractéristiques géophysiques et la façon d'exploiter le territoire influencent le développement économique d'une région. Ces facteurs peuvent expliquer dans une certaine mesure les disparités entre les pays riches et les pays pauvres.

2.1 Le relief

Le relief varie considérablement entre les différentes régions du globe. Ce facteur doit être pris en compte dans l'analyse des disparités économiques dans le monde. Par exemple, les régions au relief accidenté demeurent difficiles d'accès et sont peu propices à l'installation de grandes exploitations agricoles. La construction d'infrastructures de transport et de réseaux de distribution en terrain accidenté constitue un défi de taille. Pour cette raison, le développement économique, qu'il soit agricole ou industriel, est en général beaucoup moins dynamique dans ces régions.

23 Un territoire escarpé, en Bolivie

Certaines communautés installées sur des terres escarpées et difficiles d'accès ne peuvent bénéficier des infrastructures (machines agricoles, routes, etc.) qui leur permettraient de produire à grande échelle et d'accumuler des surplus.

2.2 La désertification

La désertification de certaines régions du monde réduit la superficie des terres cultivables. Les difficultés d'irrigation limitent les surfaces disponibles pour les pâturages et les cultures. Ces régions, qui représentent plus de 30 % des terres du globe, peuvent donc difficilement prospérer. La désertification affecte directement environ un milliard d'individus dans le monde et en menace des millions d'autres. Ce problème touche plusieurs régions du globe, par exemple l'Afrique (dans les régions du Sahel et du Sahara), l'Asie centrale et le sud des États-Unis (Nouveau-Mexique, Arizona, Californie et Texas).

Les pays développés arrivent à mettre en place des mesures afin de contrer les effets de la désertification et de la dégradation des écosystèmes. Par exemple, en matière de consommation d'eau, le gouvernement de la Californie a instauré des normes écologiques plus strictes que d'autres États, où l'eau est plus abondante. Les pays du Sud, de leur côté, manquent de moyens pour diminuer les effets de la désertification sur les conditions de vie de leurs populations.

24 Un nouveau désert, au Kazakhstan

Depuis quelques décennies, les fleuves qui alimentent la mer Aral se tarissent peu à peu. L'intensification de la culture du coton et du riz incite les populations à dévier les cours d'eau dans le but d'irriguer leurs cultures. En plus d'entraîner des effets néfastes sur la biodiversité, la baisse du niveau de la mer d'Aral prive plusieurs pêcheurs de la région de leur gagne-pain et contribue à l'augmentation de la pauvreté.

2.3 Les catastrophes naturelles

Les populations pauvres sont souvent les plus touchées par les catastrophes naturelles, comme les inondations, les ouragans, les tsunamis, les séismes et les éruptions volcaniques. Ces populations n'ont pas les moyens de mettre en place des mécanismes d'urgence et de protection. Bien souvent, lors d'une catastrophe naturelle, les communautés installées sur des territoires à risque (terres inondables, flancs de montagnes déboisés, etc.) perdent le peu qu'elles possèdent. De plus, il n'est pas rare que les activités économiques auxquelles ces personnes participent soient interrompues en raison du sinistre.

25 Les effets des catastrophes naturelles dans les pays industrialisés et dans les pays en développement

Pays industrialisés	Pays en développement
• Pertes économiques plus élevées • Présence de mécanismes permettant de réduire les pertes humaines et matérielles, comme les systèmes d'alerte rapide • Accès à des soins d'urgence et médicaux immédiats • Possibilité d'avoir recours à des assurances couvrant les pertes de propriété	• Recul du développement économique et social dans les régions touchées • Absence de systèmes de protection ou d'alerte rapide • Pertes humaines et matérielles importantes • Détournement des fonds d'aide au développement pour payer les secours d'urgence

Adapté de Banque mondiale, « Le coût terrible des catastrophes naturelles : qui le paye ? Comment le calculer ? » [en ligne], 2 mars 2004, réf. du 4 juin 2009.

VU D'ICI

Des disparités régionales

Au Canada, il existe d'importantes disparités économiques entre les provinces. Bien qu'une multitude de ressources contribuent à la croissance économique du pays, certains types de production rapportent plus que d'autres.

Les provinces de l'Ouest sont riches en ressources pétrolières et gazières, qui génèrent des profits considérables. L'économie de la Saskatchewan et celle du Manitoba reposent quant à elles sur la production céréalière et l'élevage : ce type de production a permis l'implantation d'une importante industrie agroalimentaire au pays. L'Ontario et le Québec, qui disposent pour leur part de ressources minérales et du capital humain nécessaire à leur exploitation, se sont longtemps concentrés dans la production industrielle. Toutefois, certaines industries majeures, comme celles de l'automobile et du textile, sont en perte de vitesse. Enfin, l'économie des provinces maritimes, qui se consacre pour une large part à l'industrie de la pêche, est touchée par la diminution ou la mauvaise gestion des ressources de cette industrie.

L'exploitation des sables bitumineux, sur le site de la Suncor Millennium Mine, en Alberta.

QUESTIONS d'interprétation

CD 1

1 Comment la désertification accentue-t-elle les disparités dans la répartition de la richesse ?

2 Quelles conséquences un relief accidenté peut-il avoir sur le développement économique d'une région ?

3 Pourquoi les populations pauvres sont-elles plus gravement touchées par les catastrophes naturelles ?

3 Comment la démographie peut-elle expliquer les disparités ?

Une population nombreuse peut stimuler la croissance économique d'un pays, puisqu'elle constitue un vaste bassin de travailleurs et de consommateurs. Cependant, une forte croissance démographique dans les pays aux prises avec la pauvreté peut plutôt nuire à la croissance économique et empirer les problèmes existants.

26 Le taux de natalité dans le monde

Lorsque le nombre d'habitants d'un pays augmente rapidement, il peut se produire des pénuries de ressources et une dégradation des services publics. Par ailleurs, le surplus de main-d'œuvre engendré par la croissance démographique peut aussi provoquer une hausse du taux de chômage.

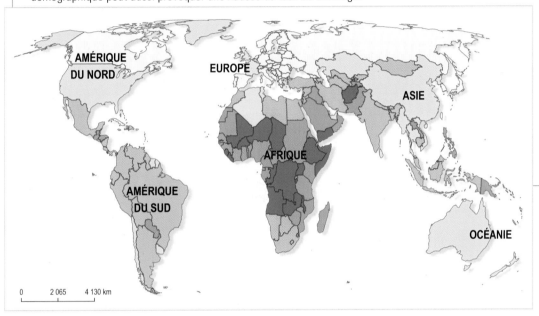

Taux de natalité dans le monde (pour 1000 habitants)

- De 40 à 53
- De 26 à 39,9
- De 17 à 25,9
- De 12 à 16,9
- De 7 à 11,9

Référez-vous à la carte sur la disparité Nord-Sud, à la page 152 de votre manuel. Pouvez-vous établir un lien entre le taux de natalité et le PIB par habitant selon la PPA ? Expliquez votre réponse.

CIA, *The World Factbook* [en ligne], 2008, réf. du 27 mai 2009.

3.1 Des impacts sur la qualité de vie

Une rapide croissance démographique dans un pays devrait se traduire par une augmentation des dépenses de l'État destinées aux services sociaux. Cependant, les États pauvres n'ont souvent pas les moyens d'investir davantage dans les infrastructures publiques (écoles, hôpitaux, etc.) et doivent réduire les services rendus à la population. Cette situation crée des inégalités et détériore les conditions de vie de la population.

27 Un garçon travaillant dans un commerce de textile, au Bangladesh

Dans certains pays en développement, les enfants de moins de 15 ans représentent près de 40 % de la population. Les gouvernements de ces pays éprouvent par conséquent de la difficulté à combler les besoins en éducation. Ce déficit est à l'origine d'un autre problème important qui accentue les disparités : le travail des enfants. Dans certains pays, comme la Guinée, le Congo et le Népal, 25 % ou plus des enfants de 7 à 14 ans travaillent. Ces enfants se trouvent donc privés d'une éducation qui pourrait contribuer au développement économique.

3.2 Des impacts sur l'occupation du territoire

Une forte croissance démographique a un impact sur l'occupation du territoire et peut nuire au développement économique. En effet, l'augmentation de la taille des familles en milieu rural peut entraîner un morcellement des propriétés agricoles et réduire leur rentabilité. Quand les terres ainsi divisées ne sont plus rentables, les gens quittent les campagnes et augmentent la population urbaine. Sans formation, ils ne trouvent pas toujours de travail et font grimper le taux de chômage, accentuant ainsi les disparités entre les riches et les pauvres.

28 **Une importante sécheresse dans le sud de la Chine, en juin 2005**

La surpopulation peut entraîner la surexploitation des ressources, voire leur dégradation. Par exemple, la surexploitation des sols destinés à nourrir la population peut provoquer de graves problèmes de sécheresse. Les sols étant une ressource essentielle au développement économique, leur dégradation devient synonyme d'appauvrissement.

● Quel est le lien entre la surpopulation et la surexploitation des sols ?

29 **Une distribution d'aide alimentaire en Somalie, en 2007**

Dans certains pays en développement, si la distribution des produits agricoles n'augmente pas au même rythme que la population, les pénuries alimentaires se multiplient. Ces populations dépendent alors de l'aide humanitaire pour leur survie.

● Quelles sont les conséquences de la croissance démographique sur l'alimentation dans les pays en développement ?

Brève culturelle

We Are the World

En 1985, USA for Africa, un regroupement d'artistes américains préoccupés par la famine en Éthiopie, décide de produire une chanson et un album dans le but de venir en aide aux populations qui souffrent de la faim. Récompensée par trois *Grammy Awards* en 1986, la chanson *We Are the World* s'est vendue à près de 7,5 millions d'exemplaires aux États-Unis seulement. Ce projet, qui a permis de recueillir tout près de 50 millions de dollars, est un exemple des actions entreprises par des individus afin d'enrayer les problèmes de la faim et de la malnutrition en Afrique.

QUESTIONS d'interprétation   CD 1

1 Quels sont les impacts d'un taux de natalité élevé sur la qualité de vie ? Sur l'occupation du territoire ?

2 Comment la démographie peut-elle expliquer les disparités dans la répartition de la richesse ?

4 Quelles sont les disparités liées à une mauvaise répartition des ressources et de la richesse ?

CONCEPTS
- Développement économique
- Disparité □ Mondialisation
- Ressource

La répartition inégale des ressources naturelles, des humains et des capitaux dans le monde entraîne de nombreuses disparités.

4.1 L'inégalité dans l'accès aux ressources

Plusieurs pays ne disposent pas des ressources naturelles nécessaires à la production (eau, bois, combustibles fossiles, etc.). D'autres pays possèdent ces ressources, mais n'en profitent pas parce que la plupart sont exploitées pour être consommées à l'étranger. L'accès difficile aux ressources et le manque d'investissements dans les infrastructures nécessaires à leur exploitation contribuent à l'augmentation des disparités.

30 **Les diamants de la République démocratique du Congo : à qui profitent-ils ?**

Les mines de diamants constituent une richesse naturelle pour la République démocratique du Congo, mais leur exploitation ne profite qu'à un petit nombre de personnes.

« Dans le centre de la République démocratique du Congo, Mbuji-Mayi est parfois surnommée la "capitale mondiale du diamant". Mais la ville elle-même n'est guère qu'un bidonville. La province à laquelle elle appartient, le Kasaï oriental, a des taux élevés d'analphabétisme et de mortalité infantile et pas d'électricité ; 60 % des enfants de moins de cinq ans sont atteints de malnutrition. Mais un petit nombre de diamantaires congolais et étrangers affichent des richesses inimaginables. Ces inégalités contribuent pour beaucoup aux tensions sociales et politiques qui existent en Afrique et aident les groupes armés à se constituer un appui parmi la population. »

Ernest Harsch, « Conflits et ressources naturelles : Comment faire d'un risque de guerre un atout pour la paix », *Afrique Renouveau*, vol. 20, n° 4 [en ligne], janvier 2007, réf. du 4 juin 2009.

Pourquoi la population de la République démocratique du Congo ne peut-elle pas profiter des profits générés par les diamants ?

4.2 Des inégalités internes dans la répartition de la richesse

Même à l'intérieur des pays développés ou émergents, il existe des inégalités. Certaines régions, situées loin des centres de services, des centres de distribution et des réseaux commerciaux, connaissent des problèmes de développement économique. La majorité de ces régions rurales ont des taux de chômage plus élevés que les grands centres urbains.

31 **Des disparités entre la ville et la campagne, en Chine**

En Chine, le revenu moyen des habitants des villes est d'environ 1000 dollars par an, tandis qu'en milieu rural, il ne dépasse pas 300 dollars par an. Même si le coût de la vie est plus élevé en ville, les conditions de vie demeurent plus difficiles à la campagne. Par exemple, l'espérance de vie des citadins est supérieure de 5 ans à celle des habitants des régions rurales.

La croissance que connaît la Chine profite-t-elle à tous les groupes de la population ? Expliquez votre réponse.

32 **Des disparités dans les villes, au Brésil**

Dans de nombreuses grandes villes, les riches et les pauvres n'habitent pas dans les mêmes quartiers et ne bénéficient pas des mêmes services. Par exemple, à Rio de Janeiro, au Brésil, des quartiers luxueux et modernes côtoient d'immenses *favelas* (bidonvilles).

● La richesse est-elle répartie équitablement au Brésil ? Expliquez votre réponse.

VU D'ICI

Des disparités au Québec

Le Québec présente aussi des disparités entre ses régions. Ainsi, les régions administratives situées près des grandes villes comme Montréal et Québec ont un revenu annuel moyen supérieur à celui de plusieurs régions éloignées. Par exemple, le revenu moyen dans la région administrative de Laval est de 25 239 $, alors que dans la région de la Gaspésie–Îles-de-la-Madeleine, il est de 20 175 $.

La moyenne du revenu personnel dans quelques régions du Québec

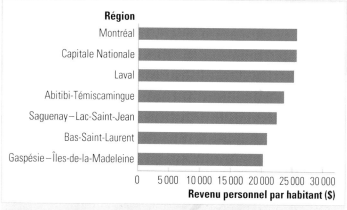

D'après Institut de la statistique du Québec, *Le Québec, chiffres en main*, 2009.

4.3 Des inégalités par rapport à l'emploi et aux salaires

La mondialisation stimule la concurrence entre les pays industrialisés et contribue à l'augmentation de la production et des revenus dans le monde, mais elle crée également des pressions sur les salaires et le niveau de protection sociale. En effet, plus la concurrence est forte, plus les entreprises tentent de réduire leurs coûts de production pour offrir des biens et des services moins chers. Dans les pays occidentaux, les avantages sociaux des travailleurs sont progressivement remis en question parce qu'ils font monter les coûts de production. Afin de réduire ces coûts, des entreprises diminuent la couverture sociale de leurs employés (assurances, cotisations REER, etc.). Certaines coupent des postes permanents, ce qui fait augmenter le nombre d'emplois précaires (par exemple, les emplois à temps partiel), en plus de créer des inégalités à l'égard de l'emploi et des salaires.

QUESTIONS d'interprétation   CD 1

1 Comment l'accès aux ressources peut-il créer des disparités ?

2 La richesse est-elle distribuée également au sein des populations ? Expliquez votre réponse.

3 En quoi le fait de réduire les coûts de production peut-il générer des disparités dans le monde du travail ?

5 Quelles sont les disparités dans les échanges économiques internationaux ?

Les États et les entreprises qui disposent des capitaux leur permettant d'innover et de diversifier leurs activités de production sont souvent responsables de la création de la richesse dans une société.

5.1 Les multinationales

Les multinationales, qui proviennent généralement des pays riches, sont les entités qui contribuent le plus à la circulation des capitaux dans le monde. Elles ont profité de l'accumulation des capitaux dans les pays de la Triade (voir page 152) au cours du XXe siècle pour générer des profits considérables et prendre la tête du commerce mondial.

Le pouvoir économique de certaines multinationales dépasse parfois celui des États. Par exemple, le total des avoirs de la firme multinationale américaine General Electric représente environ le double du PIB de l'Algérie, du Maroc et de la Tunisie réunis. Depuis deux décennies, plusieurs multinationales se sont aussi développées en Chine ainsi que dans certains pays d'Asie de l'Est (Hong Kong, Singapour, Taiwan et Corée du Sud). Ces grandes entreprises sont toutefois moins nombreuses dans la plupart des pays d'Afrique, du Moyen-Orient et d'Europe de l'Est.

33 Les cinq plus grandes multinationales selon leurs avoirs à l'étranger

En plus de se concurrencer entre elles, les multinationales entretiennent des relations étroites et fusionnent parfois pour former des groupes commerciaux qui partagent les infrastructures, les réseaux de communication, etc.

Entreprise	Pays d'origine	Secteur	Avoirs à l'étranger*	Avoirs totaux*	Emplois à l'étranger**	Emplois totaux**
General Electric	États-Unis	Appareils électriques et électroniques	442 278	697 239	164 000	319 000
British Petroleum Company	Royaume-Uni	Pétrole	170 326	217 601	80 300	97 100
Toyota Motor Corporation	Japon	Véhicules motorisés	164 627	273 853	113 967	299 394
Royal Dutch / Shell Group	Royaume-Uni / Pays-Bas	Pétrole	161 122	235 276	90 000	108 000
Exxon Mobil Corporation	États-Unis	Pétrole	154 993	219 015	51 723	82 100

Note : Ces chiffres sont basés sur les avoirs à l'étranger de ces entreprises en 2006.

* En millions de dollars américains (donc 442 278 = 442 milliards, 278 millions).

** En nombre d'employés.

Conférence des Nations Unies sur le commerce et le développement (UNCTAD), *Top 100 non-financial TNCs* [en ligne], 2008, réf. du 9 juin 2009.

● De quel type de pays sont issues les plus grandes multinationales ?

5.2 Les investissements directs à l'étranger (IDE)

Les IDE sont des exportations de capitaux vers des pays étrangers. Des pays investisseurs (principalement ceux de la Triade, mais également certains pays d'Asie de l'Est et la Chine) ou des firmes de ces pays injectent des capitaux dans des entreprises établies dans d'autres régions économiques que la leur. Les capitaux peuvent servir à créer une nouvelle entreprise ou à investir dans une entreprise déjà existante.

Bien que la majorité des IDE soient échangés entre pays développés, ceux qui sont destinés aux pays en développement peuvent contribuer au développement économique de ces régions. Par contre, les IDE montrent aussi la dépendance en capitaux des pays pauvres envers les pays riches.

34 **Des travailleurs chinois et angolais construisent un chemin de fer en Angola**

La Chine, dont l'économie est en croissance, investit énormément dans le capital physique de l'Afrique, en vue d'exploiter le territoire et les ressources qui s'y trouvent.

• À qui profite l'exploitation des ressources disponibles dans les pays en développement?

5.3 L'agriculture et le commerce mondial

L'agriculture est un exemple de disparité présente dans le commerce international. Victimes des conditions climatiques et des fluctuations des prix des matières premières sur les marchés mondiaux, les agriculteurs cherchent à préserver leurs acquis. Les agriculteurs des pays du Nord, dont la **production intensive** est distribuée sur les marchés mondiaux, recherchent l'appui de leur gouvernement pour assurer leur développement et leurs revenus. Les États du Nord protègent donc les agriculteurs en leur offrant des subventions et des systèmes de prix garantis, ou en imposant des taxes à l'importation. Ces subventions assurent aux produits du Nord une meilleure production et une plus grande distribution sur les marchés, au détriment des produits du Sud.

> **Production intensive**
> Système de production caractérisé par un usage important des technologies et des techniques agricoles (engrais chimiques, machinerie, etc.) permettant de maximiser la production. L'agriculture intensive cherche à réduire la main-d'œuvre en recourant à la mécanisation, de manière à cultiver de plus grandes surfaces et à augmenter la production.

35 **Le commerce des céréales dans le monde**

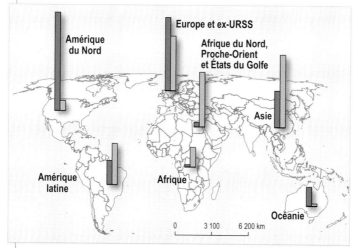

L'Atlas du Monde diplomatique, 2006.

• Pourquoi dit-on que la majorité des pays en développement sont dépendants économiquement des pays industrialisés?

Les États du Sud ne peuvent rivaliser avec le système fortement subventionné des pays du Nord. De plus, comme ils orientent leur économie sur l'exploitation des ressources primaires, les pays du Sud sont dépendants des fluctuations des prix des matières premières. Comme leur production est souvent concentrée sur un ou deux produits (café, cacao, coton, sucre, caoutchouc, etc.), lorsque les prix de ces produits diminuent, c'est toute leur économie qui ressent les contre-coups de cette baisse. La situation ne s'améliore pas avec les années, puisque l'aide internationale accordée au secteur agricole diminue. En effet, le financement consacré à l'agriculture par l'aide internationale est passé de 3,37 milliards de dollars américains en 1985, à 2,51 milliards de dollars américains en 2005.

36 | **Un impact sur le développement**

L'agriculture et l'industrie peuvent réduire les problèmes de développement. En effet, une agriculture prospère fournit à l'industrie des matières premières qui, une fois transformées, peuvent être vendues pour amasser des profits – et donc l'épargne nécessaire aux investissements. Une industrie prospère fournit quant à elle les équipements indispensables à la modernisation de l'agriculture.

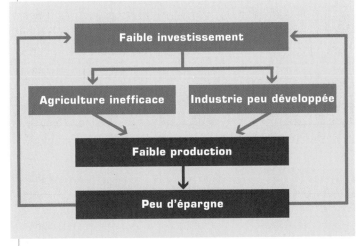

- Comment une agriculture inefficace peut-elle nuire au développement économique ?

QUESTIONS d'interprétation   CD 1

1 | Qui bénéficie le plus du commerce international ?

2 | Quel est le poids des multinationales dans le commerce mondial ?

3 | En quoi les IDE peuvent-ils désavantager les pays pauvres ?

4 | Quelles sont les disparités dans le commerce agricole international ?

6 Que peuvent faire les organisations internationales pour réduire les disparités?

Les pays développés et les multinationales exercent un pouvoir économique sur la scène internationale. Ils doivent toutefois respecter les règles commerciales et financières instaurées par des organisations internationales comme l'Organisation mondiale du commerce (OMC), le Fonds monétaire international (FMI) et la Banque mondiale.

6.1 L'Organisation mondiale du commerce (OMC)

L'ancêtre de l'OMC, le GATT (General Agreement on Tariffs and Trade ou Accord général sur les tarifs et le commerce), a été fondé en 1948 pour favoriser le commerce en éliminant les barrières protectionnistes entre les pays membres. En 1995, l'OMC remplace le GATT. Son principal objectif est de faciliter les échanges entre les 150 pays membres. Pour ce faire, il organise des rondes de négociations commerciales et les accords ainsi négociés ont une portée planétaire.

L'OMC doit également faire respecter les accords signés par les pays membres, par l'intermédiaire d'un tribunal appelé l'Organe de règlement des différends (ORD). Elle peut donc sanctionner les pays fautifs en leur imposant des amendes. Par exemple, à la suite d'une plainte de la multinationale Chiquita, l'OMC a déjà condamné l'Union européenne à cesser de privilégier les petits producteurs de bananes de l'Afrique, des Caraïbes et du Pacifique. Toutefois, l'ORD ne peut pas obliger les États à changer leurs comportements. Il peut cependant organiser des rencontres, soumettre des rapports et surveiller la mise en œuvre de ses recommandations, de manière à exercer des pressions sur les pays fautifs.

Altermondialiste Personne qui adhère à un mouvement social, politique et culturel visant à créer des liens à l'échelle mondiale afin de proposer des solutions alternatives aux effets négatifs de la mondialisation.

MÉDIAS

Des rencontres médiatisées

Les rencontres entre les dirigeants des puissances occidentales, de même que les sommets internationaux sur l'économie, constituent des occasions pour certaines organisations non gouvernementales (ONG) et des citoyens, par exemple les **altermondialistes**, d'exprimer leurs désaccords à l'égard des décisions qui y sont prises. Les manifestations publiques tournent parfois à l'affrontement avec les forces de l'ordre. Il arrive que les médias s'intéressent davantage à ces manifestations et à leur répression qu'au contenu des discussions. Les décisions prises lors de ces sommets ont parfois des conséquences importantes pour la population mondiale, mais bien souvent, les médias n'en traitent que partiellement.

Un affrontement entre des manifestants et les forces de l'ordre lors du Sommet des Amériques à Québec, en avril 2001.

Selon vous, pourquoi les médias accordent-ils une large couverture aux manifestations entourant les grands sommets économiques internationaux?

Où peut-on trouver de l'information sur les décisions prises lors de ces sommets?

Dans les médias, cherchez de l'information sur un sommet économique mondial. Comment les différents médias ont-ils présenté ce sommet?

Tous les pays membres de l'OMC sont, en principe, sur un pied d'égalité. Toutefois, les pays en développement, qui doivent eux aussi respecter les règles de libre-échange de l'OMC, doivent affronter la concurrence mondiale même s'ils ne disposent pas des ressources ni des capitaux des pays riches. En fait, ces pays en développement n'ont souvent ni les connaissances (analystes, groupes d'intérêts, spécialistes, ONG, etc.) ni les moyens nécessaires pour participer aux négociations et défendre leurs propres intérêts commerciaux.

6.2   Le Fonds monétaire international (FMI)

Le FMI est une organisation internationale qui travaille à conserver la stabilité économique, dont celle du système monétaire mondial. Il est aussi chargé de mettre des capitaux à la disposition des pays en difficulté qui en font la demande, pour équilibrer leurs déficits commerciaux et budgétaires. Afin de s'assurer que les prêts accordés seront remboursés, le FMI impose aux pays bénéficiaires des **politiques d'ajustement structurel**.

Les capitaux qui servent à financer les prêts du FMI proviennent des cotisations des pays membres : ainsi, chacun des membres du FMI (ils étaient 185 en 2009) verse une cotisation proportionnelle à son poids économique. Ces cotisations déterminent ensuite le pouvoir de décision des membres. Ainsi, plus un pays est riche, plus il peut cotiser, et plus son pouvoir est grand. Le FMI est donc dominé par les pays les plus riches de la planète, dont ceux de la Triade, qui y détiennent environ les deux tiers des droits de vote.

> **Politique d'ajustement structurel** Programme de restrictions budgétaires imposant des mesures économiques libérales (privatisation, ouverture à la concurrence internationale, etc.) visant à rétablir l'équilibre des finances publiques.

37   **Des politiques critiquées**

Les actions entreprises par les organisations internationales ont parfois des effets négatifs sur les populations les plus pauvres. Le prix Nobel d'économie de 2001 et ancien économiste en chef de la Banque mondiale, Joseph Stiglitz, critique les actions du FMI.

« Ses politiques d'ajustement structurel ont provoqué dans de nombreux cas des famines et des émeutes ; et même quand leurs effets n'ont pas été aussi terribles, même quand elles ont réussi à susciter une maigre croissance pour un temps, une part démesurée de ces bénéfices est souvent allée aux milieux les plus riches de ces pays en développement, tandis qu'au bas de l'échelle la pauvreté s'est parfois aggravée. Mais ce qui me paraissait stupéfiant, c'est que chez beaucoup de hauts dirigeants du FMI et de la Banque mondiale, ceux qui prenaient les décisions cruciales, il n'y avait pas le moindre doute sur le bien-fondé de ces politiques. Des doutes, il y en avait certes, chez les gouvernants des pays en développement. Cependant, beaucoup craignaient tant de risquer de perdre les financements du FMI, et avec eux bien d'autres fonds, qu'ils les exprimaient avec la plus grande prudence – quand ils le faisaient –, et seulement en privé. »

Joseph Stiglitz, *La Grande Désillusion*, Paris, Fayard, 2002.

- Selon Joseph Stiglitz, les politiques d'ajustement structurel du FMI améliorent-elles la situation économique des pays en difficulté ? Expliquez votre réponse.
- Pourquoi certains dirigeants de pays en développement doutent-ils du bien-fondé des politiques du FMI et de la Banque mondiale ?

6.3 La Banque mondiale

La Banque mondiale a pour mission de donner ou de prêter de l'argent aux pays en difficulté pour faciliter leur développement, par exemple dans les domaines de la santé, de l'éducation et de l'agriculture. Comme dans le cas du FMI, l'argent qu'elle prête vient des cotisations versées par les pays membres (185 membres en 2009). De plus, le pouvoir de décision dans l'attribution des fonds est lié au montant de la cotisation effectuée par chacun des pays membres.

Les pays en difficulté qui contractent des emprunts doivent se plier aux conditions de cette organisation. Ces conditions sont dictées par les membres ayant le plus de pouvoir. Par exemple, afin de réglementer la gestion de leurs finances publiques, les pays emprunteurs peuvent alléger leurs structures gouvernementales et réduire les budgets accordés aux services sociaux. Ces programmes de restriction peuvent donc augmenter les disparités dans les conditions de vie de ces pays emprunteurs.

Brève culturelle

Oxfam

Œuvrant principalement sur le terrain, des ONG se donnent pour mission de réduire les disparités dans le monde. C'est le cas de l'Oxford Committee for Relief Famine (Oxfam), créé en 1942 au Royaume-Uni.

Oxfam est en fait un regroupement d'ONG indépendantes qui cherchent à réduire la pauvreté et l'injustice. Indépendante des organisations internationales, Oxfam met en place des mesures d'urgence à court terme pour venir en aide aux populations des pays pauvres. À plus long terme, elle organise des programmes de développement afin de promouvoir des projets communautaires et d'enrayer la pauvreté de façon durable. Oxfam se donne aussi pour objectif de dénoncer les pratiques commerciales non équitables et de lutter contre tout ce qui nuit au développement économique et au bien-être des populations dans le monde, tel le changement climatique.

Un membre d'Oxfam participe à une manifestation à Poznan, en 2008, dans le cadre de la campagne « Cessez de nuire, commencez à aider ». Celle-ci vise à sensibiliser les populations et les dirigeants des pays riches aux impacts du changement climatique sur les populations les plus pauvres de la planète.

QUESTIONS d'interprétation — CD 1

1. Quels sont les objectifs du FMI et de la Banque mondiale ?
2. Pourquoi ces organisations sont-elles critiquées par certains ?
3. Ces organisations corrigent-elles les disparités économiques ? Expliquez votre réponse.

7 ▸ Quelle est l'influence des grands ensembles économiques dans l'économie mondiale ?

Dans plusieurs régions, le contexte économique mondial a incité des États à se regrouper et à augmenter les échanges commerciaux entre eux. La création de ces grands ensembles économiques régionaux, souvent dominés par les pays développés, a fortement marqué l'économie mondiale.

38 **Les principaux ensembles économiques dans le monde**

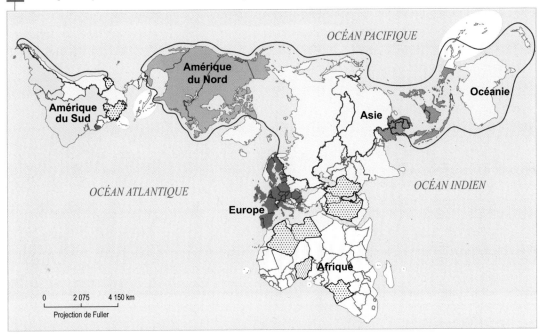

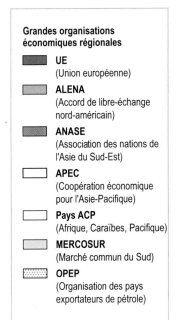

Grandes organisations économiques régionales

■ **UE**
(Union européenne)

■ **ALENA**
(Accord de libre-échange nord-américain)

■ **ANASE**
(Association des nations de l'Asie du Sud-Est)

□ **APEC**
(Coopération économique pour l'Asie-Pacifique)

□ **Pays ACP**
(Afrique, Caraïbes, Pacifique)

■ **MERCOSUR**
(Marché commun du Sud)

▤ **OPEP**
(Organisation des pays exportateurs de pétrole)

D'après Europa – Le portail de l'Union européenne ; Secrétariat de l'ALENA ; ASEAN (ANASE) Secrétariat ; APEC ; Secrétariat du Groupe des États d'Afrique, des Caraïbes et du Pacifique ; MERCOSUR et OPEC (OPEP) [en ligne], réf. du 10 juin 2009.

7.1 Des zones de libre-échange

Les grands ensembles économiques peuvent prendre la forme d'unions douanières ou de zones de libre-échange. Les pays membres s'entendent pour mettre en place un système de libre circulation des produits et des services au sein d'une zone géographique, en éliminant les barrières douanières. En s'associant sur le plan économique, les pays qui font partie de ces grands ensembles tentent d'augmenter leur influence sur le commerce mondial.

L'espace économique mondial est dominé par quelques grands ensembles économiques : l'UE, l'ALENA, l'APEC et l'ANASE. En dehors de ces ensembles dominants, d'autres pays cherchent aussi à se regrouper. Par exemple, plusieurs États d'Amérique du Sud, comme le Brésil et l'Argentine, se sont unis pour créer le Marché commun du Sud (MERCOSUR). Dans un contexte de mondialisation, cet ensemble économique tente de recruter plus de membres. De nouvelles adhésions pourraient renforcer le pouvoir économique de ses membres et leur donner plus de poids politique, surtout dans le cadre des négociations sur les politiques commerciales mondiales.

Cette tendance au regroupement touche aussi les pays pauvres. Ainsi, les 79 membres du groupe des pays ACP (Afrique, Caraïbes, Pacifique) s'unissent pour faciliter leur accession aux marchés mondiaux et favoriser la stabilité des prix des produits agricoles et miniers. Ils espèrent que leurs revendications communes leur assureront un développement économique à long terme.

7.2 L'influence des grands ensembles économiques

Les ensembles économiques dominants sont constitués d'importants centres financiers. Ils sont la base d'un vaste marché de consommation, et peuvent par conséquent exercer leur influence sur les pays qui les entourent. Ainsi, l'ALENA, dont les réseaux d'échanges sont plus importants que ceux du MERCOSUR, peut tenter d'étendre son influence économique sur l'ensemble des pays de l'Amérique. Du côté de l'Europe, la sphère d'influence de l'UE s'étend à l'Afrique, aux pays de l'ex-URSS et à l'Europe de l'Est. Le Japon, pour sa part, influence la plupart des pays de l'Asie du Sud-Est. Les flux de capitaux circulent ainsi dans ces principaux ensembles économiques, renforçant la puissance économique des pays riches. Cette situation démontre l'interdépendance qui existe dans les marchés mondiaux.

39 **Les dirigeants des pays du G8 réunis à L'Aquila, en Italie, en juillet 2009**

Le G8, ou Groupe des huit, rassemble les pays les plus puissants politiquement et économiquement, soit les États-Unis, l'Allemagne, le Japon, le Royaume-Uni, la France, l'Italie, le Canada et la Russie. Les dirigeants de ces pays se réunissent chaque année pour discuter des grands enjeux politiques et économiques liés à la mondialisation. Ils émettent des recommandations qui influencent les décisions prises par les grandes organisations internationales que sont l'OMC, le FMI et la Banque mondiale. Toutefois, devant l'importance grandissante des économies émergentes dans le commerce mondial, la légitimité du G8 est de plus en plus remise en cause.

- Pourquoi le G8 émet-il des recommandations économiques mondiales alors qu'il ne représente que huit pays?

VU D'ICI

L'ALENA

En janvier 1989, l'Accord de libre-échange entre le Canada et les États-Unis (ALE) entre en vigueur. Cet accord vise principalement à éliminer les barrières qui freinent le commerce entre les deux pays, et à réduire les obstacles aux investissements transfrontaliers. En 1994, le nouvel Accord de libre-échange nord-américain (ALENA) prolonge l'ALE et intègre le Mexique.

Dans les années 2000, d'autres négociations sont en cours afin d'élargir cette zone de libre-échange à d'autres pays d'Amérique latine. Le projet de Zone de libre-échange des Amériques (ZLÉA) a pour but de créer une union économique de tous les pays des Amériques, à l'exception de Cuba. Ce projet est défendu par les États-Unis, mais il est critiqué par certains pays d'Amérique latine qui craignent les impacts sociaux négatifs d'une telle entente sur les pays de cette région.

La cérémonie de signature de l'ALENA, le 7 octobre 1992, réunissait les présidents mexicain et américain, Carlos Salinas de Gortari et George H. W. Bush, le premier ministre du Canada, Brian Mulroney, ainsi que les négociateurs en chef des trois pays signataires.

QUESTIONS d'interprétation   CD 1

1 Quels sont les principaux ensembles économiques dans le monde?

2 Quelle est l'influence des principaux ensembles économiques sur les territoires environnants? Sur l'économie mondiale?

8 Pourquoi les dettes et les créances contractées par les États augmentent-elles les disparités ?

CONCEPTS
- Développement économique
- Disparité

En plus de leur faible participation au commerce international, les pays du Sud voient leur développement économique ralenti à cause des dettes et des créances qu'ils ont contractées auprès de diverses organisations internationales et des États du Nord. Même dans les pays développés, l'endettement peut forcer les États à réduire leurs dépenses, par exemple dans les services sociaux, ce qui a pour effet d'augmenter les écarts entre les riches et les pauvres.

8.1 L'endettement des pays pauvres

Au cours des années 1960 et 1970, les surplus d'épargne des banques occidentales ont servi à financer des prêts accordés aux pays en difficulté, qui souhaitaient dynamiser leur économie. Par conséquent, la majorité des pays du Sud se sont endettés. Dans certains cas, la corruption des élites et l'absence d'institutions financières ont contribué à accroître l'endettement.

Pour plusieurs, les emprunts contractés sont difficiles à rembourser, compte tenu de la fluctuation des prix des matières premières (dont ils sont les principaux producteurs) et l'augmentation des taux d'intérêt. Dans certains cas, les sommes consacrées au remboursement de la dette sont plus importantes que celles consacrées au développement de l'économie du pays et à l'élaboration de programmes sociaux. De plus, des intérêts sont ajoutés au montant de la dette, gonflant ainsi les sommes à rembourser. Les pays débiteurs en viennent alors à verser plus d'argent à l'étranger qu'ils n'en reçoivent.

Afin de réduire l'endettement des pays en développement, les gouvernements de certains États riches ont créé des fonds d'aide pour les pays en difficulté. Par ailleurs, en 2000, les États membres de l'ONU ont convenu d'essayer de débourser 0,7 % des revenus nationaux bruts (RNB) à l'aide publique au développement. Toutefois, très peu d'États ont atteint ce chiffre, annoncé dans les **objectifs du Millénaire pour le développement (OMD)**.

Créance Droit du créancier (prêteur) d'exiger le remboursement d'une somme prêtée.

Débiteur Personne, organisation ou État qui doit une somme à une autre personne, organisation ou État.

Objectifs du Millénaire pour le développement (OMD) Objectifs de développement sur lesquels se sont entendus les membres de l'ONU et dont l'atteinte a été fixée à 2015. Ces huit objectifs sont : éliminer la pauvreté et la faim, assurer l'éducation primaire pour tous, promouvoir l'égalité et l'autonomisation des femmes, réduire la mortalité infantile, améliorer la santé maternelle, combattre les maladies, assurer un environnement durable et mettre en place un partenariat mondial pour le développement.

40 L'aide publique au développement

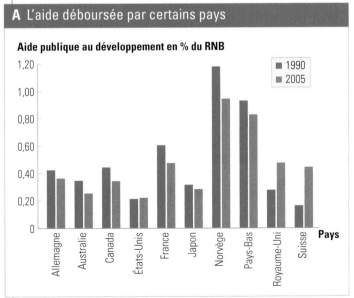

A L'aide déboursée par certains pays

Aide publique au développement en % du RNB

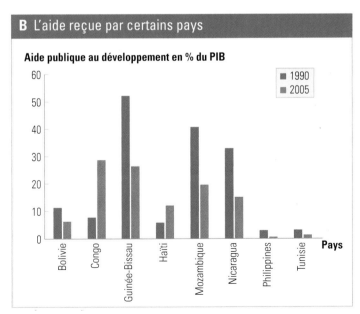

B L'aide reçue par certains pays

Aide publique au développement en % du PIB

PNUD, *Rapport mondial sur le développement humain 2007/2008* [en ligne], réf. du 5 juin 2009.

- Quelle est la tendance générale en ce qui concerne l'aide au développement depuis les années 1990 ?

En 1996, devant l'incapacité des pays pauvres très endettés (PPTE) à rembourser leurs dettes, le FMI et la Banque mondiale mettent sur pied un projet qui permet à une quarantaine de ces pays d'avoir accès à des sources de financement à très faibles coûts. Ces pays doivent cependant suivre un programme d'ajustement structurel afin de réduire les dépenses de l'État. Toutefois, seulement quelques-uns des pays visés ont réussi à restructurer leur économie en respectant les conditions imposées par les organisations internationales.

Aux côtés de ces mesures instaurées par les grandes OI, des initiatives à plus petite échelle, comme le **microcrédit**, ont été mises sur pied afin de stimuler le développement économique des pays pauvres.

> **Microcrédit** Système qui favorise l'attribution de petits prêts à des entrepreneurs qui ne parviennent pas à obtenir de prêts bancaires classiques.

Brève culturelle

Un plaidoyer pour le microcrédit

Muhammad Yunus est un économiste et un homme d'affaires bangladais. Partant du fait que les richesses ne sont pas réparties également dans le monde, il estime que les communautés peuvent être mises à profit dans un processus de développement économique plus juste.

Poursuivant l'objectif de venir à bout de la pauvreté, il fonde en 1983 la première institution de microcrédit, la Grameen Bank, qui permet aux pauvres d'emprunter de petites sommes d'argent afin d'acquérir le matériel nécessaire au démarrage de leur entreprise. Ces microprêts peuvent être ensuite facilement remboursés. De plus, les personnes qui en profitent n'ont pas à attendre le financement de l'État afin de démarrer leurs activités. Le microcrédit semble avoir engendré rapidement des retombées positives. En effet, en 2005, la Banque mondiale estimait que le nombre de bénéficiaires s'élevait à 500 millions (sur les 3 milliards de personnes pauvres). Muhammad Yunus s'est vu attribuer le prix Nobel de la paix en 2006.

« Pour M. Yunus, [...] il est possible d'apporter des réponses simples à des problèmes compliqués. [...] Il décide alors d'agir, en distribuant des petits prêts à des personnes démunies de son entourage. [...] Les emprunteurs montent de petits commerces et remboursent leurs dettes. C'est la naissance d'une véritable banque [...]. Le charismatique professeur d'économie [...] a démontré que, "pour créer de la richesse, il faut donner accès au capital" [...] M. Yunus a fait tomber bon nombre d'idées reçues répandues chez les banquiers: "Les pauvres ne sont pas responsables de leur pauvreté. Ils ne sont ni des incapables ni des fainéants, mais des victimes. C'est la société qui les a faits pauvres", s'emporte-t-il. "Il faut donner à chacun la possibilité de devenir entrepreneur", ajoute-t-il. M. Yunus fustige ces banques qui ne jouent pas leur rôle dans l'économie, en tenant les pauvres à distance : "Un système qui exclut les deux tiers de la population mondiale ne peut être juste!", conclut-il. »

Anne Michel, « Muhammad Yunus, un Nobel "prêteur d'espoir" », *Le Monde* [en ligne], 15 octobre 2006, réf. du 8 juin 2009.

- Quelle est la position de Muhammad Yunus sur la pauvreté dans le monde? Sur les banques?
- Comment propose-t-il de créer de la richesse?

8.2 La dette des pays riches

Même dans certains pays développés, les mesures sociales prises par l'État sont remises en question depuis les années 1980, principalement à cause de l'augmentation de la dette publique. En 2004, la dette du gouvernement canadien dépassait les 500 milliards de dollars. La dette des États-Unis dépassait pour sa part les 7000 milliards de dollars et elle continue de s'accroître, plaçant le pays au sommet de la liste des États endettés du Nord.

Ainsi, au cours des dernières décennies, plusieurs États démocratiques occidentaux ont dû réduire leurs dépenses et diminuer le financement de programmes sociaux afin d'allouer plus d'argent au remboursement de la dette accumulée. La privatisation de certaines sociétés publiques constitue une autre façon de réduire les dépenses des États. Toutefois, ces restrictions ont des répercussions sur le plan social. La réduction de l'intervention de l'État dans l'économie diminue les services offerts à la population, ce qui crée des écarts entre les différents groupes de la société.

Rang mondial	Pays	Montant de la dette extérieure*
1	États-Unis	12 250,0
2	Royaume-Uni	10 450,0
3	France	5 370,0
4	Allemagne	4 489,0
5	Espagne	2 478,0
6	Pays-Bas	2 277,0
7	Irlande	1 841,0
8	Japon	1 492,0
9	Suisse	1 340,0
10	Belgique	1 313,0
11	Italie	1 060,0
12	Australie	1 032,0
13	Canada	758,6
14	Autriche	752,5
15	Suède	598,2

41 Les 15 pays occidentaux les plus endettés, en 2007-2008

* En milliards de dollars US.
D'après CIA, *The World Factbook* [en ligne], 2008, réf. du 15 juillet 2009.

● Quels sont les impacts de l'endettement sur les conditions économiques et sociales de ces pays?

VU D'ICI

Des écarts qui se creusent

Certains pays développés sont aux prises avec d'importantes inégalités. L'écart entre les revenus des plus pauvres et ceux des plus riches s'accroit. Selon Statistique Canada, en 2008, le revenu des travailleurs canadiens les moins bien payés avait diminué de 20% par rapport à ce qu'il était au début des années 1980, tandis que le revenu des plus riches avait augmenté de 16%. De plus, près de 900 000 enfants vivaient encore dans des familles à faible revenu, concentrées dans les grands centres urbains.

Le quartier Saint-Henri, dans le sud-ouest de Montréal, a toujours été un des quartiers les plus pauvres de la métropole.

QUESTIONS d'interprétation

CD 1

1 Quelles sont les causes et les conséquences de l'endettement des pays?

2 Qu'est-ce que le microcrédit et comment peut-il réduire les disparités?

3 Les dettes et les créances contractées par les États contribuent-elles à l'augmentation des disparités? Justifiez votre réponse.

Question bilan

4 Expliquez quelles sont les disparités dans la répartition de la richesse dans le monde.

ENJEU 1 L'ÉQUILIBRE ENTRE LA JUSTICE SOCIALE ET LE DÉVELOPPEMENT ÉCONOMIQUE p. 184

Certains estiment que l'augmentation des échanges internationaux crée de la richesse et accroît la productivité. D'autres croient plutôt que la tendance actuelle, qui privilégie la croissance économique, s'accompagne d'une dégradation des conditions de vie et de travail des populations.

Divers intervenants tentent de trouver un équilibre entre la croissance économique et la justice sociale. Ils s'efforcent de trouver des moyens de promouvoir un développement économique dans le respect de l'environnement et des droits des individus.

Est-il possible de concilier justice sociale et développement économique?

1. Le développement économique peut-il se faire dans le respect de la justice sociale?
2. Quel est le rôle de l'État dans l'édification d'une société juste?
3. Quel est le rôle des organisations internationales dans l'édification d'une société plus juste?
4. Comment les entreprises peuvent-elles rendre le processus de mondialisation plus juste?
5. Comment la société civile peut-elle mettre de l'avant des principes de justice sociale?

Les pauvres et l'économie

Davison Lampert, participant au Concours international de caricatures « G8 », 2008.

ENJEU 2 LE CONTRÔLE DES RESSOURCES p. 200

La disparité entre les communautés, les pays et les régions du monde est en partie liée à la façon dont les ressources de la planète sont réparties, exploitées et distribuées. En effet, les profits qui découlent de l'exploitation des ressources ne profitent pas également à tous.

Dans les pays en développement, les trois quarts des individus dépendent des ressources pour combler leurs besoins. Cependant, il arrive que le contrôle de l'exploitation des ressources leur échappe, ce qui ralentit le développement économique de ces pays. Une meilleure gestion des conséquences sociales et économiques de cette exploitation pourrait assurer un partage plus équitable des retombées économiques des ressources de la planète.

Un contrôle plus équitable des ressources est-il possible ?

1. Qui contrôle la majorité des ressources ?

2. Quelle est la position des entreprises par rapport au contrôle et à la gestion des ressources de la planète ?

3. Quel contrôle les États exercent-ils sur la gestion et l'exploitation des ressources de leur territoire ?

4. Quel contrôle la société civile peut-elle exercer sur la gestion et l'exploitation des ressources ?

Le contrôle des ressources

Brouck, *Immondialisation*, 2002.

ENJEU **1** L'équilibre entre la justice sociale et le développement économique

POINTS DE VUE SUR L'ENJEU

CONCEPTS
- Développement économique
- Disparité □ Justice sociale
- Mondialisation □ Pouvoir
- Ressource

Précaire Se dit notamment d'un emploi dont la durée n'est pas assurée.

1 Le développement économique peut-il se faire dans le respect de la justice sociale ?

La disparité dans la répartition de la richesse témoigne des déséquilibres économiques et sociaux dans le monde. Cette situation incite de nombreux intervenants à proposer des solutions afin d'atteindre une certaine justice sociale.

1.1 Des écarts de richesse importants

Dans certains pays riches, des écarts de richesse importants existent. Ainsi, les travailleurs qui occupent des emplois **précaires** sont souvent faiblement rémunérés et sans sécurité sociale. Ils côtoient des personnes qui bénéficient de conditions de travail plus avantageuses ou qui tirent des profits substantiels de leurs entreprises.

Dans les pays pauvres, la croissance économique bénéficie le plus souvent à ceux qui ont les moyens d'investir dans des infrastructures de production. Il s'agit d'une minorité, souvent issue des pays développés et qui a des liens avec le pouvoir politique, contrairement à la majorité qui est très pauvre.

42 Des conditions de travail pénibles

Des ouvriers indiens sont attelés à leur métier à tisser sur cette photographie prise en 2008. L'Inde connaît un boom économique qui ne profite pas nécessairement à tous. En effet, cette croissance exerce parfois des pressions sur les travailleurs sans pour autant améliorer leurs conditions de travail.

Pourquoi la croissance économique est-elle susceptible d'exercer des pressions sur la main-d'œuvre ?

Les pays en développement connaissent une croissance de leurs activités économiques grâce à la mondialisation. Cette croissance n'est toutefois pas nécessairement synonyme de meilleures conditions de travail.

« Gare au travailleur qui osera révéler la réalité de ses conditions de travail à un auditeur [vérificateur]! Dans l'usine de la société Mainland Headwear, à Shenzhen, au sud de la Chine, le mensonge est la règle. Et pour cause : dans cette entreprise hongkongaise cotée en Bourse, les pratiques sociales sont dignes des pires *sweatshops* ("les ateliers de la sueur"). Les employés travaillent en moyenne treize heures et demie par jour pour un salaire de 800 à 1200 yuans [100 à 125 \$] [...] par mois, ce qui est nettement inférieur (plus du tiers) au salaire minimum légal. ».

Claire Alet-Ringenach, « Les grandes marques loin du but », *Alternatives économiques* [en ligne], juin 2008, p. 48, réf. du 10 juin 2009.

● Selon vous, pourquoi les travailleurs craignent-ils de révéler leurs conditions de travail difficiles ?

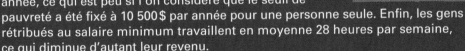

VU D'ICI

Des disparités au Québec

Malgré le caractère relativement égalitaire de la société québécoise, des disparités importantes persistent entre les classes sociales. En 2005, près de 30 % des ménages québécois disposaient d'un revenu annuel de moins de 30 000 \$, alors que 13,6 % de la population gagnait 100 000 \$ et plus. Il existe, de plus, une disparité entre les hommes et les femmes. En effet, le revenu moyen des hommes était de 36 996 \$ en 2006, comparativement à 26 275 \$ pour les femmes.

En outre, la multiplication des postes dans le secteur des services nécessite une main-d'œuvre peu spécialisée qui travaille souvent au salaire minimum. Depuis le 1er mai 2009, le salaire horaire minimum au Québec est passé à 9 \$. Une personne qui travaille quarante heures par semaine gagne donc environ 16 800 \$ par année, ce qui est peu si l'on considère que le seuil de pauvreté a été fixé à 10 500 \$ par année pour une personne seule. Enfin, les gens rétribués au salaire minimum travaillent en moyenne 28 heures par semaine, ce qui diminue d'autant leur revenu.

Le **coefficient de Gini** permet de mesurer le degré d'inégalité de la répartition des revenus dans une société. Plus l'indice se rapproche de 100, plus la société affiche une disparité marquée.

Pays	Coefficient de Gini
Sierra Leone	62,9
Haïti	59,2
Afrique du Sud	57,8
Brésil	57,0
Argentine	51,3
Chine	46,9
Côte d'Ivoire	44,6
États-Unis	40,8
Inde	36,8
France	32,7
Canada	32,6
Japon	24,9

PNUD, *Rapport sur le développement humain 2007-2008* [en ligne], p. 281, réf. du 9 juin 2009.

● Les inégalités existent-elles uniquement dans les pays en développement ? Expliquez votre réponse.

Coefficient de Gini Mesure de l'inégalité de revenu dans un pays, élaborée par le statisticien italien Corrado Gini.

1.2 Conjuguer justice sociale et croissance économique

La productivité d'une entreprise dépend entre autres de l'efficacité des travailleurs. Lorsque ceux-ci n'ont pas accès à de bonnes conditions de vie et de travail (santé, éducation, respect des droits humains, paix et sécurité, etc.), leur productivité peut s'en trouver diminuée. Cette productivité déficiente nuit à l'individu et aussi à l'entreprise, qui doit alors investir davantage pour offrir de meilleures conditions de travail.

Cette situation amène divers intervenants à proposer des façons de transformer la société afin qu'elle soit plus juste. Ils cherchent à promouvoir un développement économique et humain qui favoriserait une croissance globale et qui garantirait une meilleure répartition de la richesse.

Ces intervenants estiment que la croissance économique devrait être compatible avec le respect des droits sociaux : les injustices peuvent être corrigées et la richesse, mieux répartie. Les solutions qu'ils proposent soulèvent cependant des débats et exigent la coopération d'intervenants aux opinions parfois divergentes.

45 **Travailler dans l'illégalité**

La croissance économique ne profite pas à tous également. Ainsi, certaines personnes se retrouvent à travailler dans l'illégalité, tels ces vendeurs itinérants qui fuient à l'arrivée de la police, à Barcelone, en Espagne.

• Pourquoi certaines personnes doivent-elles travailler dans l'illégalité ?

46 **Qu'est-ce que la justice sociale ?**

Devant les nombreuses inégalités qui existent dans le monde, plusieurs économistes, auteurs, penseurs, hommes politiques, etc., dénoncent une croissance économique qui ne tient pas compte des droits des individus.

• Quelle définition donneriez-vous au concept de justice sociale ?

« La justice sociale, c'est mettre tous les coureurs sur la même ligne de départ. Il ne faut pas la confondre avec l'égalitarisme, qui consiste à déclarer que tous sont arrivés premier. »

Louis Pauwels, journaliste et écrivain

« La réalité du commerce actuel s'explique ainsi : lorsqu'un produit arrive sur le marché, il a perdu tout souvenir des abus dont il est la conséquence, tant sur le plan humain que sur celui de la nature. »

Susan George, militante altermondialiste et journaliste

« Nous pensons que la véritable richesse passe par un développement centré sur l'épanouissement humain, sur les droits et sur l'égalité et non pas seulement sur l'accumulation des biens ou des revenus. »

Christiane Marty, chercheure en économie et militante altermondialiste

QUESTIONS de point de vue ⬚CD 2⬚

1 Comment se manifestent les principaux écarts de richesse dans les pays riches ? Dans les pays pauvres ?

2 Qui profite davantage de la croissance économique mondiale ?

3 Quel est le lien entre le développement économique et le respect des droits sociaux des travailleurs ?

2 Quel est le rôle de l'État dans l'édification d'une société juste ?

CONCEPTS
- Développement économique
- Disparité □ Justice sociale
- Mondialisation □ Pouvoir

Depuis la seconde moitié du xxᵉ siècle, les États démocratiques des pays développés se sont donnés comme responsabilité de satisfaire les besoins de tous, y compris ceux des personnes démunies. L'État redistribue donc une partie de ses revenus, entre autres en subventionnant des programmes qui assurent une sécurité sociale aux citoyens. Au Québec, par exemple, les subventions gouvernementales permettent de fournir des services de santé et d'éducation à la population. L'État voit également à protéger les droits et les libertés individuels.

2.1 Une réduction du rôle de l'État

Depuis les années 1980, les États ont tendance à réduire leurs dépenses dans les sphères économique et sociale, ce qui a entre autres pour effet de réduire les services publics en santé et en éducation. Les conséquences sont prévisibles : les inégalités augmentent et se traduisent par une détérioration des conditions de vie de la population. Il semble en effet exister un lien entre l'augmentation de certaines maladies et la réduction des services de santé dans certaines régions du monde. Par ailleurs, l'espérance de vie dans certains pays recule : en Russie par exemple, elle est passée de 68,4 ans en 1991 à 66 ans en 2005.

47 Les États peuvent agir

Pour atteindre une plus grande justice sociale, l'État peut intervenir dans le domaine de l'emploi et offrir les outils nécessaires à ceux qui désirent participer au processus de production, améliorant ainsi leurs conditions de vie.

« Les écarts de revenu se sont creusés, au cours des deux dernières décennies, dans la plupart des pays de l'OCDE. Dans le contexte actuel d'une économie mondiale en mutation, cela signifie que toujours plus de personnes risquent d'être laissées à la traîne. Selon le secrétaire général Angel Gurría, "Faire en sorte que la croissance profite à tous, et pas seulement aux riches, est la tâche que nous devons nous assigner." Les gouvernements ne doivent pas rester spectateurs : ils doivent réagir aux inégalités de revenu par des politiques qui aideront les gens à s'en sortir. [...]

Dans certains cas, les politiques publiques en matière de fiscalité et de redistribution du revenu ont aidé à lutter contre l'accentuation des inégalités. [...] Les autorités publiques doivent aussi améliorer leurs politiques dans d'autres domaines.

- Les politiques éducatives doivent chercher à doter les individus des compétences dont ils ont besoin sur le marché du travail actuel.

- Des politiques d'emploi actives sont nécessaires pour aider les chômeurs à trouver du travail. »

OCDE, « Les inégalités de revenus et la pauvreté s'accroissent dans la plupart des pays de l'OCDE » (résumé), *Croissance et inégalités* [en ligne], octobre 2008, réf. du 11 juin 2009.

● Selon le secrétaire général de l'OCDE, quel devrait être le rôle des gouvernements en matière de justice sociale ?

48 La sécurité sociale, aux États-Unis

Aux États-Unis, le nombre de personnes non couvertes par un régime d'assurance maladie s'élevait à plus de 47 millions en 2007. Lorsque survient un problème de santé, les personnes qui n'ont aucune assurance doivent souvent s'endetter pour pouvoir défrayer les coûts des soins requis.

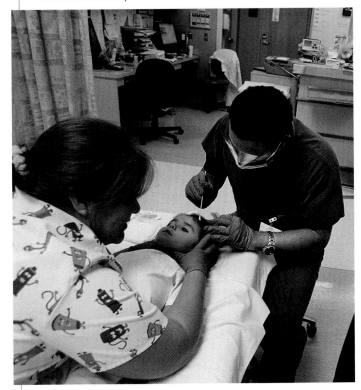

● Que risquent les Américains qui n'ont pas d'assurance maladie ?

49 **Le taux de pauvreté et les dépenses publiques dans certains pays de l'OCDE, en 2008**

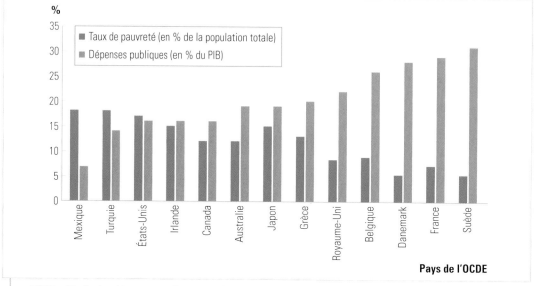

OCDE, « Distribution des revenus – Pauvreté », *Stat Extracts* [en ligne], réf. du 18 juin 2009.

● Quel est le rapport entre le taux de pauvreté et les dépenses publiques ?

2.2 Une intervention limitée

Pour favoriser la justice sociale, l'État peut intervenir dans l'économie, par exemple en régulant les échanges pour corriger les déséquilibres engendrés par l'économie de marché et la concurrence. Toutefois, le rôle de l'État dans l'économie ne fait pas l'unanimité. Certains estiment que plus l'État intervient, plus il s'endette et moins il peut investir dans la production, qui est indispensable à la croissance économique. D'autres considèrent qu'au contraire, plus l'État investit dans les programmes sociaux, plus le niveau de vie de la population pourra s'améliorer, et plus celle-ci pourra participer au processus de production.

Par ailleurs, les États ont peu de pouvoir en ce qui a trait au commerce mondial. Leurs interventions se limitent au plan national. Par contre, les multinationales ont davantage de pouvoir et interviennent de façon plus importante dans la sphère économique mondiale.

50 **Le prélèvement des impôts : une manière de réduire les inégalités**

Certaines personnes estiment que les impôts, une fois réinjectés dans l'économie, augmentent le pouvoir d'achat des citoyens, ce qui en retour stimule la croissance.

« Le fossé entre les riches et les pauvres s'est creusé dans la plupart des pays de l'OCDE ces deux dernières décennies. [...] Mais la tendance à plus d'inégalités n'est pas inévitable : les gouvernements peuvent réduire la fracture en prenant des mesures efficaces qui, très souvent, ne nécessiteront pas d'alourdir les dépenses sociales. [...]

Les pouvoirs publics contribuent largement à déterminer les revenus et les niveaux de vie par les impôts qu'ils prélèvent et les prestations qu'ils servent. [...]

En moyenne, dans les pays de l'OCDE, les transferts en espèces et l'impôt sur le revenu réduisent les inégalités d'un tiers. La pauvreté est réduite d'environ 60 % par rapport à ce qu'elle serait sans impôts et sans prestations. »

OCDE, « L'évolution de la pauvreté et des revenus ces 20 dernières années : nouvelles données », *Croissance et inégalités* [en ligne], octobre 2008, réf. du 15 juin 2009.

● Comment l'intervention de l'État peut-elle favoriser la croissance économique ?

Certains croient que l'intervention de l'État dans l'économie se fait aux dépens de l'efficacité économique. Ils privilégient donc la privatisation des entreprises publiques et la réduction des subventions dans le secteur public.

« La politique de privatisation [...] a donc été un des maillons essentiels des programmes de redressement économique et s'est insérée de manière constante et invariable dans cette stratégie globale de restructuration et de relance de l'économie. Ce programme de privatisation devait améliorer la performance du secteur productif tout en permettant, par une réduction de subventions, de réduire le déficit des finances publiques. »

Jean-Claude K. Brou et autres, *Privatisation en Côte d'Ivoire : défis et pratiques*, Éditions de l'Harmattan [en ligne], 2008, p. 67, réf. du 11 juin 2009.

• Comment la privatisation peut-elle alléger les dépenses de l'État, selon ce document ?

52 La liste noire de l'État norvégien

Quelques États, comme la Norvège, imposent leurs conditions en refusant des fonds aux entreprises qui ne respectent pas les règles de conduite du pays.

« Le Fonds souverain norvégien a annoncé, mardi 9 septembre, son retrait du groupe minier anglo-australien Rio Tinto, en raison des risques que fait peser l'entreprise sur l'environnement. Le gouvernement norvégien reproche à Rio Tinto d'être impliqué avec l'américain Freeport – déjà exclu du fonds en 2006 – dans l'exploitation de la mine Grasberg en Indonésie, qui rejette des produits toxiques dans la rivière voisine. "Il n'y a aucun signe que les pratiques de l'entreprise changeront", a expliqué le ministère des Finances. [...] Une trentaine d'entreprises dont Boeing ou Wal-Mart figurent sur la "liste noire" du fonds norvégien. »

Agence France Presse, « La Norvège se retire de Rio Tinto pour ses mauvaises pratiques environnementales », *Le Monde* [en ligne], 11 septembre 2008, réf. du 16 juin 2009.

• Comment l'État norvégien s'assure-t-il que son autorité en matière économique et environnementale est respectée ?

53 Un bilan environnemental négatif

Les citoyens et la société civile peuvent forcer les États à sanctionner les entreprises qui ne respectent pas certaines normes environnementales. Ici, des Indonésiens manifestent devant les bureaux de l'entreprise minière Freeport pour inciter le gouvernement indonésien à agir.

QUESTIONS de point de vue CD 2

1 En quoi consiste la réduction du rôle de l'État depuis les années 1980 ?

2 Comment l'État peut-il intervenir dans l'économie afin de promouvoir le développement économique tout en respectant des principes de justice sociale ?

3 Quelle est la différence entre le pouvoir des États et celui des multinationales en matière économique ?

3 Quel est le rôle des organisations internationales dans l'édification d'une société plus juste ?

L'accélération du processus de mondialisation rapporte des profits qui ne sont pas redistribués équitablement. Certaines organisations internationales veillent cependant à ce que l'ensemble des populations et des États bénéficient de la croissance économique.

3.1 Des normes du travail plus équitables

Des organisations internationales encouragent des modes de production et de consommation qui respectent le capital humain. Elles veulent ainsi favoriser la croissance économique tout en réduisant les disparités. L'Organisation internationale du travail (OIT) fait partie de ces organisations.

54 L'OIT : concilier justice sociale et croissance économique

Le siège de l'OIT est situé à Genève, en Suisse. L'organisme a pour objectif de réglementer les normes du travail dans le monde. Dans le cadre de son 90e anniversaire, elle a publié un document prônant la justice sociale.

3.2 Les programmes d'ajustement structurel

Le Fonds monétaire international (FMI) impose des programmes d'ajustement structurel (PAS) aux pays en difficulté ou qui connaissent une décroissance économique et qui demandent de l'aide. Ces programmes proposent souvent une réorganisation des structures économiques, accompagnée d'une réduction des dépenses publiques. Cependant, ces programmes sont parfois perçus comme une forme d'ingérence politique et économique des pays du Nord dans les affaires internes des pays du Sud. Certains soutiennent aussi que les PAS peuvent accentuer les disparités et même nuire à la croissance économique.

55 Les conséquences des programmes d'ajustement

Certains se demandent si les solutions mises de l'avant par les organisations internationales permettent vraiment de relancer l'économie des pays du Sud.

« Le CETIM [Centre Europe – Tiers Monde] et le MRAP [Mouvement contre le Racisme et pour l'Amitié des Peuples] ont déjà relevé [...] le rôle négatif des programmes d'ajustement structurel sur le développement des pays du Sud. Ils représentent en effet un véritable dictat politique ultralibéral. Loin de régler les problèmes économiques et de conduire à des processus de développement, ils minent des économies locales déjà fragiles. [...] Beaucoup de pays ont été mis sous la tutelle des organisations financières internationales et ont ainsi, progressivement, perdu une très grande partie de leur souveraineté politique. [...]

En poussant à la privatisation et à la libéralisation, la Banque Mondiale et le FMI encouragent le rachat de l'économie nationale des pays du Sud par de gigantesques groupes financiers internationaux. »

Centre Europe – Tiers Monde, *Droit au développement et attitude des Nations Unies envers les sociétés transnationales* [en ligne], 1999, réf. du 16 juin 2009.

- Que reprochent les deux organisations aux programmes d'ajustement structurel ?

56 Les avantages des programmes d'ajustement

Le FMI estime que les programmes d'ajustement qu'il met en place dans certains pays comportent des avantages à long terme et contribuent au développement économique.

« Les gouvernements s'attachent à promouvoir une croissance économique viable et soutenue et une réduction durable de la pauvreté. Les recherches attestent qu'une solide position budgétaire est fondamentale pour assurer la stabilité macroéconomique, laquelle est de plus en plus reconnue comme un facteur essentiel à une croissance soutenue et au recul de la pauvreté. Un ajustement budgétaire avisé peut également permettre de mobiliser l'épargne intérieure, promouvoir une meilleure affectation des ressources et contribuer à la réalisation des objectifs de développement. »

James Daniel et autres, « L'ajustement budgétaire comme instrument de stabilité de croissance » [en ligne], FMI, 2006, p. 1, réf. du 22 juillet 2009.

● Comment les programmes d'ajustement peuvent-ils contribuer au développement économique d'un pays ?

57 Les politiques de certaines organisations internationales vues par des négociateurs africains

En 2004, le Bureau international du travail (BIT) publiait un rapport qui mettait en lumière la position de divers intervenants, dont celle de négociateurs africains, sur la mondialisation et ses effets.

« La frustration causée par les politiques de certaines organisations internationales a souvent été évoquée. Les négociateurs africains manquent de ressources et de l'information nécessaires pour défendre leurs intérêts à l'Organisation mondiale du Commerce (OMC). Le Fonds monétaire international (FMI) et la Banque mondiale sont des institutions arrogantes, ignorantes de la situation locale, qui imaginent que leurs solutions sont d'application universelle. Elles imposent des politiques de rigueur budgétaire qui conduisent à amputer le budget de l'éducation et les dépenses sociales. Peu des investissements étrangers qui, selon les promesses faites, devaient suivre la libéralisation, se sont matérialisés. Et surtout, le poids de la dette extérieure paralyse les pays même les mieux dirigés. »

Bureau international du travail, « Une mondialisation juste : Créer des opportunités pour tous », *Rapport de la Commission mondiale sur la dimension sociale de la mondialisation* [en ligne], 2004, p. 18, réf. du 16 juin 2009.

● Quelles sont, selon les négociateurs africains, les conséquences des solutions apportées par les organisations internationales ?

58 L'accès au crédit : vers une plus grande justice sociale

Dans le but de promouvoir le développement économique et social de leur région, certains privilégient des solutions qui tiennent compte du développement humain, économique et environnemental. C'est le cas de ce groupe de femmes du Burkina Faso qui, grâce au microcrédit, peuvent bénéficier de capitaux leur permettant de participer à l'économie de leur pays et d'améliorer leurs conditions de vie.

QUESTIONS de point de vue

CD 2

1 Que font les organisations internationales pour édifier une société plus juste ?

2 Quelles peuvent être les conséquences des PAS ?

3 Les mesures proposées par les organisations internationales aident-elles à réduire les disparités ? Expliquez votre réponse.

4 Comment les entreprises peuvent-elles rendre le processus de mondialisation plus juste ?

Dans un contexte de mondialisation, les capitaux transigent par-delà les frontières, ce qui permet à certaines multinationales d'accroître leur pouvoir. Cette situation peut entraîner des disparités socioéconomiques.

4.1 Les pressions exercées par certaines entreprises

Certaines entreprises choisissent de réduire leurs coûts de production en embauchant une main-d'œuvre à bon marché et facilement disponible dans les pays où les droits des travailleurs ne sont pas forcément respectés. Cela peut entraîner de graves conséquences sociales. De plus, bien qu'à court terme une hausse de la production génère des profits, à moyen et à long terme, un rythme de production accru exerce une pression sur le capital humain. Cette pression peut causer une dégradation des conditions de vie et davantage de problèmes sociaux.

59 La spéculation et ses effets

Les entreprises cotées en Bourse et les marchés financiers sont parfois victimes des mauvaises décisions de leurs gestionnaires. La chute de titres à la Bourse peut entraîner la faillite d'entreprises. Les fermetures ou les restructurations qui s'ensuivent affectent les populations.

60 Quand le travail rend malade

Certaines entreprises se préoccupent peu des conditions de santé et de sécurité des travailleurs qu'elles embauchent.

« Depuis 2005, des cas de silicose [maladie pulmonaire] [...] ont été révélés [...] par deux équipes médicales turques chez de jeunes ouvriers travaillant au sablage des jeans. [...]. Peu coûteux en infrastructures et machines, ces petits ateliers de sablage firent d'abord appel à la main-d'œuvre des travailleurs "clandestins" venus de Roumanie, de Bulgarie ou d'Azerbaïdjan. Puis des milliers de jeunes venus de l'Est ou du Sud arrivèrent, employés sans horaires ni protection d'aucune sorte, à part un masque de papier, dans des locaux souvent insalubres et non ventilés. [...]

À présent, 10 000 à 15 000 ouvriers auraient travaillé au sablage des jeans et [...] au moins 3000 à 5000 d'entre eux auraient contracté cette forme particulièrement grave de silicose. [...]

Mais au-delà des patrons turcs du textile, petits et grands, [...] il y a les capitalistes propriétaires ou actionnaires des grandes marques de mode, très connues, qui sous-traitent leur production dans ce pays, très gros exportateur, où la fabrication des jeans mobilise 300 000 travailleurs. Il n'y a qu'à chercher, à la ceinture des jeans, les noms des responsables. »

Viviane LAFONT, « Turquie : la silicose tue les travailleurs du textile », *Lutte Ouvrière* [en ligne], 5 juin 2009, réf. du 16 juin 2009.

● Selon vous, quelle devrait être l'attitude des entreprises face aux conditions de travail de leurs employés ?

Faisant face à de nombreuses critiques, certaines entreprises sentent le besoin de faire la promotion du rôle qu'elles jouent dans les pays en développement.

« Le programme de Centre de distribution manuelle (Manual Distribution Center, MDC) de Coca-Cola en Afrique a été cité comme un exemple de solution innovante satisfaisant à la fois les objectifs de l'entreprise et le calendrier de développement international. La méthode utilisée par Coca-Cola pour distribuer ses produits dans les zones urbaines et périurbaines difficiles d'accès en Afrique est de faire appel à de petites entreprises qui délivrent manuellement les produits Coca-Cola aux petits détaillants locaux. Les MDC représentent plus de 80 pour cent des ventes de la société en Afrique de l'Est tout en créant des opportunités de création de petites entreprises et d'emplois pour un nombre croissant de futurs entrepreneurs et de femmes. [...] "Pour Coca-Cola, ces centres de distribution manuelle sont un magnifique exemple de la façon dont une entreprise peut cibler au mieux les besoins de ses consommateurs et de ses clients tout en concourant à la survie de communautés", a déclaré Muhtar Kent, le président-directeur général de la société Coca-Cola. »

Coca-Cola, « Le système Coca-Cola promeut de nouvelles solutions de développement économique » (communiqué de presse) [en ligne], 14 mai 2009, réf. du 16 juin 2009.

● Quelle est, selon Coca-Cola, la contribution de l'entreprise au développement économique de l'Afrique ?

4.2 Un code de conduite des entreprises

Divers acteurs de la société civile attachés aux valeurs sociales, comme les ONG, les syndicats et les groupes de consommateurs, exercent des pressions sur les entreprises. Ils leur demandent d'assumer leurs responsabilités en respectant des normes du travail et de s'assurer que leur croissance tient compte des principes de justice sociale.

En réaction à ces pressions, des entreprises font preuve de responsabilité sociale : elles acceptent de se soumettre à une vérification de leur code de conduite et de mettre sur pied des projets à portée sociale.

QUESTIONS de point de vue CD 2

1 Les entreprises sont-elles responsables des disparités socioéconomiques ? Expliquez votre réponse.

2 Qui peut exercer des pressions pour amener certaines entreprises à modifier leurs pratiques ?

3 Quelles solutions les entreprises peuvent-elles adopter pour que le processus de mondialisation soit plus juste ?

62 Éthique sur l'étiquette

Pour survivre, de nombreux ouvriers acceptent des conditions de travail pénibles. Il existe toutefois des ONG, tels les collectifs Éthique sur l'étiquette et Clean Clothes, qui défendent les droits des travailleurs, surtout dans les secteurs du jouet, du textile et des articles de sport, et qui font la promotion du commerce équitable. Ces collectifs font pression sur les entreprises qui distribuent des marques connues pour qu'elles respectent les normes minimales du travail établies par l'Organisation internationale du travail (OIT).

● Que font les ONG pour que les travailleurs aient de meilleures conditions de travail ?

63 Une rentabilité économique dans une perspective de justice sociale

En 2006, la multinationale Danone lançait, en collaboration avec la Grameen Bank, le yogourt *Shokti doi*, au Bangladesh. L'entreprise voulait ainsi lutter contre la malnutrition, tout en encourageant l'économie locale.

Société civile Ensemble des citoyens ou groupes organisés en dehors du gouvernement (syndicats, ONG, etc.) qui participent à la vie collective et aux affaires publiques dans le but de défendre leurs valeurs et leurs principes.

5 Comment la société civile peut-elle mettre de l'avant des principes de justice sociale ?

Devant le pouvoir des États et des entreprises, la société civile peut poser des gestes pour que le développement économique réponde davantage aux besoins de l'ensemble de la population. Plusieurs groupes formés par des citoyens utilisent divers moyens pour attirer l'attention des médias et de l'opinion publique sur leurs revendications et leurs préoccupations.

5.1 Les altermondialistes

Les altermondialistes contestent la tendance des États à s'en remettre à l'économie de marché pour définir leurs politiques. Plusieurs militants proposent des solutions alternatives à la mondialisation et revendiquent le respect des droits des travailleurs, une meilleure solidarité sociale ainsi que la protection de l'environnement.

Les groupes altermondialistes n'ont pas tous le même avis quant à la façon de contrer les effets négatifs de la mondialisation. Tous s'entendent cependant pour affirmer que les pouvoirs financier et politique sont concentrés dans les mains d'un petit groupe formé de dirigeants d'entreprises et qu'il faut, par conséquent, redonner la parole aux citoyens.

Brève culturelle

Le Forum social mondial (FSM)

Le Forum économique mondial (FEM), qui se réunit chaque année à Davos, en Suisse, regroupe principalement des dirigeants d'entreprises et des personnalités du monde politique pour débattre d'enjeux mondiaux. En réaction au FEM, des altermondialistes ont mis sur pied le Forum social mondial (FSM). Il a pour but de créer des occasions de rencontres entre les différentes organisations de la société civile. Les participants y traitent de préoccupations sociales liées à la mondialisation, tels le développement durable et la démocratie, les droits humains, les médias et la culture ainsi que les rapports politiques entre la société civile et l'État.

Le FSM, qui réunissait environ 15 000 participants lors de la première rencontre, en 2001, en comptait plus de 100 000 à Porto Alegre au Brésil, en 2005. Les rencontres du FSM ont lieu chaque année.

Une manifestation d'altermondialistes lors de la tenue du FSM à Porto Alegre au Brésil, en 2005.

64 Un monde plus juste

Ceux qui désirent adhérer au FSM doivent se conformer aux principes de la Charte du Forum social mondial. Parmi les principes, l'opposition au néolibéralisme est centrale.

« Les [mesures] alternatives proposées au Forum social mondial s'opposent à un processus de mondialisation capitaliste commandé par les grandes entreprises multinationales et les gouvernements et institutions internationales au service de leurs intérêts. Elles visent à faire prévaloir [...] une mondialisation solidaire qui respecte les droits universels de l'homme, ceux de tous les citoyens et citoyennes de toutes les nations, et l'environnement, étape soutenue par des systèmes et institutions internationaux démocratiques au service de la justice sociale, de l'égalité et de la souveraineté des peuples. »

« Article 4 de la Charte de principes du Forum social mondial » [en ligne], juin 2002, réf. du 16 juin 2009.

- À quoi s'opposent les participants au FSM ? Qu'est-ce que la mondialisation solidaire, selon le FSM ?

5.2 Les ONG et la société civile

Plusieurs citoyens font aussi entendre leur voix par l'entremise d'organisations non gouvernementales (ONG). Ces organisations jouent un rôle important dans l'élaboration des politiques de réduction des disparités et de la pauvreté. En alimentant les débats internationaux, ces ONG informent la population mondiale sur les écarts entre les riches et les pauvres, par exemple. Elles veulent ainsi démontrer que chaque individu peut participer au processus de développement économique.

Pour influencer les États, les ONG élaborent des projets qui visent le développement communautaire et social, le plein emploi, l'égalité et le respect de l'environnement. Ces organisations ont la confiance du public, et les États leur confient parfois la gestion des projets qu'elles proposent.

---

65 **Le pouvoir populaire de changer les choses**

C'est souvent sur les plans local et régional que les initiatives économiques fondées sur des valeurs de solidarité sociale ont le plus d'impact.

« Les moyens de la réaliser [la justice sociale] sont entre autres la démocratie locale, les associations de producteurs, la satisfaction des besoins de base comme but prioritaire, la création du bien-être sans exclusion, [...] bref, la création d'un pouvoir populaire réel, sans un rapport contraignant de dépendance vis-à-vis des intérêts des classes sociales contrôlant l'économie ou d'une bureaucratie qui s'est approprié l'État. »

Centre tricontinental, « La fonction des Programmes d'ajustement structurel », *Alternatives Sud*, vol. 1 [en ligne], 1994, réf. du 16 juin 2009.

- Quels moyens peuvent être employés pour arriver à une société plus juste ?

---

66 **Développement et paix**

L'implication de la société civile et des ONG dans divers projets de développement illustre l'influence de ces dernières sur la scène internationale. Certaines ONG participent aux débats sociaux. C'est le cas de Développement et paix, l'organisme officiel de solidarité internationale de l'Église catholique du Canada. Présent dans de nombreux pays, l'organisme revendique la justice économique, l'équité entre les hommes et les femmes, et fait la promotion de la paix.

---

67 **Un nouvel équilibre**

Le secrétariat de l'OIT, soit le Bureau international du travail (BIT), tente de réunir plusieurs intervenants afin d'adopter des normes du travail plus justes.

« Nous avons besoin d'un nouvel équilibre politique fondé sur la politique publique étatique, le dynamisme productif des marchés, la voix démocratique de la société et les besoins et les choix des individus, familles et communautés. »

Juan Somavia, directeur général du BIT, « Allocution à l'occasion de la 97e Conférence internationale du travail à Genève » [en ligne], 9 juin 2008, réf. du 9 juin 2009.

- Que propose le directeur général du BIT pour arriver à une plus grande justice sociale ?

QUESTIONS de point de vue   CD 2

1 Par quels moyens la société civile peut-elle faire connaître son point de vue ?

2 Quelles solutions les altermondialistes proposent-ils pour rendre le processus de mondialisation plus juste ?

3 Comment la société civile peut-elle participer à l'édification d'une société plus juste ?

OPTION DÉBAT

LES CLÉS DE L'INFO

Afin de vous assurer de la pertinence de vos arguments au cours du débat, consultez la clé 10 de la section « Les clés de l'info », aux pages 452 et 453 du manuel.

La mondialisation permet de créer de la richesse, mais cette richesse ne profite pas à tous équitablement. Les disparités observées à l'échelle de la planète se creusent de plus en plus. Dans un tel contexte, la réduction de la pauvreté devient un objectif commun à l'ensemble des sociétés. La façon d'atteindre cet objectif suscite toutefois des débats.

Plusieurs rêvent d'une société où les principes de justice sociale seraient mis de l'avant dans le développement économique. D'autres estiment que la croissance économique implique une augmentation de la productivité et des échanges de même qu'une ouverture au commerce mondial, qui se font parfois au détriment du respect des droits socioéconomiques.

La justice sociale est-elle possible dans un contexte de mondialisation ?

68 Une usine de montage

Des ouvrières russes assemblent des écrans de télévision de marque sud-coréenne.

1. Les intervenants qui expriment leur point de vue dans les documents qui suivent prennent part au débat sur la justice sociale et le développement économique. En prévision d'un débat en classe sur cet enjeu, interprétez leur position à l'aide des questions suivantes.

   - Qui s'exprime sur le sujet ?
   - Quelle est la position exprimée dans chaque document ?
     - Estime-t-on que la mondialisation accentue ou diminue les inégalités ?
     - Selon chaque document, quels sont les avantages ou les inconvénients de la mondialisation ?
     - Selon chaque document, qui peut intervenir pour réduire les inégalités ?
     - Quelle solution chaque document propose-t-il pour que la société soit plus juste ?
   - Trouvez dans les différents médias d'autres arguments pertinents susceptibles de vous aider à mieux comprendre l'enjeu.

2. En vous basant sur les documents présentés ci-après et sur ceux que vous aurez trouvés, organisez un débat sur la question suivante.

   Selon vous, comment est-il possible de concilier justice sociale et développement économique ? Justifiez votre réponse.

69 Selon la Chambre de commerce internationale, la mondialisation pourrait profiter aux pays pauvres

« Les entreprises sont dans une position privilégiée pour suivre et façonner l'économie mondialisée d'aujourd'hui. [...] La mondialisation a permis des améliorations sans précédent, en termes de bien-être matériel pour des millions d'individus. [...] ceux qui veulent sincèrement soulager la pauvreté dans les pays en voie de développement devraient travailler à renforcer le potentiel lié à la mondialisation plutôt que de la dénigrer. [...]

Le défi consiste donc à rendre la prospérité liée à la mondialisation accessible au cinquième de la population mondiale qui vit dans une grande pauvreté. Pour ce faire, les moyens de production dont les pays pauvres ont besoin doivent être mis en place de manière [...] qu'ils puissent profiter de la mondialisation. »

Chambre de commerce internationale, « Standing up for the Global Economy : Key facts, figures and arguments, in support of Globalization » [en ligne], juin 2004, réf. du 16 juin 2009. [Traduction libre.]

70 Des membres de la société civile prônent la justice sociale

« Mettons en place des initiatives écologiques et prenons part à celles qui existent déjà dans nos collectivités. Pour atteindre ces objectifs, la richesse doit être répartie plus équitablement : la prospérité économique doit être favorisée dans le but d'établir une meilleure justice sociale. [...] Chacun a un pouvoir d'influence sur l'économie, peu importe son rôle. Agissons afin qu'un meilleur équilibre soit atteint entre développement économique et justice sociale. [...]

Prenons part à des initiatives d'économie sociale où les êtres humains priment sur les profits. Investissons dans les entreprises qui sont socialement responsables. Il est de notre devoir à tous et à toutes de reconnaître, de respecter et de promouvoir les droits de la personne à travers le monde. Il faut reconnaître les droits collectifs de tous les peuples, incluant les premiers peuples et les peuples minoritaires. »

Institut du Nouveau Monde, « La Déclaration Jeunesse de Québec » [en ligne], 12 août 2008, réf. du 16 juin 2009.

71 Une organisation internationale encourage le développement économique

« L'action que nous menons face aux défis mondiaux prend des formes qui consistent à promouvoir une mondialisation solidaire et durable, ce qui veut dire : lutter contre la pauvreté, encourager une croissance respectueuse de l'environnement, créer des opportunités individuelles, et donner de l'espoir à ceux dans le besoin.

Les pays en développement ont pris conscience de ce qu'ils doivent faire pour assurer la croissance de leur économie, attirer des investissements et créer des emplois :

1. Renforcer leurs capacités... en consolidant leurs institutions et en formant le personnel de leurs administrations.
2. Se doter d'infrastructures... en mettant en place les cadres juridiques et judiciaires propres à encourager les affaires, à protéger les droits individuels et de propriété, et à assurer le respect des contrats.
3. Développer leurs systèmes financiers... en les dotant des capacités voulues pour pouvoir soutenir des activités allant du microcrédit au financement de grands projets d'entreprise.
4. Lutter contre la corruption... faute de quoi peu d'initiatives qu'ils pourront prendre porteront leurs fruits ».

Banque mondiale, « Défis » [en ligne], 2009, réf. du 16 juin 2009.

72 Une confédération syndicale juge que les règles commerciales renforcent la pauvreté mondiale

« Le rapport, "Un remède contre la faim, pourquoi le monde manque de nourriture", désigne la spéculation financière et les prises de bénéfices massives de quelques entreprises multinationales comme les causes majeures de cette situation [...]. Sont également pointées du doigt les règles commerciales qui diminuent la sécurité alimentaire [...].

Selon Ron Oswald, secrétaire général de la UITA, la fédération syndicale internationale de l'alimentation, "[...] les travailleurs agricoles comptent parmi les personnes dont la sécurité alimentaire est la plus mauvaise. Ils ont faim parce qu'ils sont pauvres, et ils sont pauvres parce que leurs droits fondamentaux, y compris leurs droits collectifs de travailleurs, sont violés jour après jour." »

Confédération syndicale internationale, « Nouveau rapport de la CSI : aggravation de la crise alimentaire mondiale à prévoir » [en ligne], mars 2009, réf. du 16 juin 2009.

> « Chaque dollar que nous dépensons, chaque geste que nous posons est un "vote" pour le genre de monde dans lequel nous voulons vivre. »
>
> **Laure Waridel**

Plusieurs groupes ou intervenants proposent des pistes d'action afin de réduire la disparité dans la répartition de la richesse dans le monde et d'instaurer une société plus juste. Les solutions qu'ils proposent se basent sur des valeurs liées à la solidarité et à la justice sociale.

Voici quelques exemples d'actions qui ont été mises de l'avant.

- Des citoyens deviennent membres d'une ONG qui protège les droits des travailleurs dans le monde.
- Des entreprises décident de revoir leur mode de production afin de respecter les normes du travail et de protéger l'environnement.
- Une ONG recueille de l'information sur les différents recours possibles contre les entreprises qui ne respectent pas les droits de leurs employés et diffuse cette information dans Internet.

Les documents suivants présentent quelques pistes d'action adoptées par divers intervenants. Pour chacune des actions présentées, répondez aux questions ci-dessous.

1. Qui a lancé cette action ?
2. Qui peut participer à cette action ?
3. À quel(s) niveau(x) (local, régional, national, international) se situe l'action des intervenants ?
4. Quelles sont les solutions proposées ?
5. Selon vous, ces solutions sont-elles efficaces ? Justifiez votre réponse.
6. Ces solutions peuvent-elles avoir des répercussions à l'échelle de la planète ? Expliquez votre réponse.
7. Avez-vous d'autres pistes de solution à proposer ? Si oui, lesquelles ?

Mettre fin à la faim

Le programme *Nourrir les esprits, combattre la faim* est une initiative mise sur pied par dix ONG. Il vise à inciter les jeunes et les enseignants à s'engager dans le combat contre la faim et la malnutrition et à les informer sur la sécurité alimentaire dans le monde. Leur principal moyen d'action est la mise sur pied d'une salle de classe virtuelle où il est possible de prendre part à des discussions interactives sur le sujet.

Debout contre la pauvreté

Plusieurs organisations liées à l'ONU ont décidé de mettre sur pied une campagne pour dénoncer la pauvreté et les inégalités. L'action *Debout et Agissez* invite la population à se mettre debout, au sens propre, et à manifester à des dates précises pour demander à leur gouvernement d'agir dans le but de mettre fin à la pauvreté.

Le code d'éthique de certaines multinationales

Depuis quelques années, des entreprises instaurent des normes qui tiennent compte des principes de justice sociale. Des sociétés comme Reebok veulent ainsi améliorer leur réputation auprès de leur clientèle.

« Lorsque des violations ont été constatées sur des sites de production, la marque [Reebok] a financé des programmes d'amélioration sur ces sites pour accompagner un progrès social chez ses fournisseurs. [...]

Elle soutient la représentation des travailleurs dans les projets de progrès social (ex. en Chine, en Thaïlande et en Indonésie) et la formation des travailleurs et de la direction pour la résolution des problèmes par le dialogue social. [...] Lors de la signature d'un contrat, chaque fournisseur reçoit un "Welcome Kit", ensemble de documents avec lesquels il s'engagera à respecter les principes de la marque et accepte de soumettre à des contrôles internes et externes toutes ses usines produisant pour Reebok. »

Collectif Éthique sur l'étiquette, *Entreprises et qualité sociale 2004* [en ligne], réf. du 16 juin 2009.

Une sanction médiatique

Des multinationales sont parfois prises en défaut par les médias. La dénonciation des pratiques abusives dans l'espace public peut entacher la réputation des entreprises fautives, qui sont alors forcées de modifier leurs règles de conduite.

« La diffusion du reportage "La Face cachée de l'empire Wal-Mart" à l'émission Zone libre a indigné à juste titre plusieurs téléspectateurs, citoyens et consommateurs. Ce n'est d'ailleurs pas la première fois que les pratiques de cette entreprise sont dénoncées dans les médias.

Déjà en 1992, il y a donc 13 ans, Dateline, à la NBC, avait montré des enfants du Bangladesh fabriquant des t-shirts pour Wal-Mart. En 2001, le National Labor Committee, un groupe américain de défense des droits de la personne, exposait au grand jour les conditions de travail déplorables des travailleurs des sous-traitants de Wal-Mart au Honduras: heures supplémentaires forcées, liberté d'association interdite et violations des droits fondamentaux. Également reconnue pour ses pratiques antisyndicales [...], Wal-Mart est ainsi devenue la cible de contestations de mieux en mieux orchestrées par les ONG de défense des droits des travailleurs [...]. C'est d'ailleurs à la suite de telles pressions que l'entreprise se targue aujourd'hui d'avoir adopté un "code de conduite très strict", dont elle prétend vérifier l'application auprès de chacun de ses fournisseurs. »

Corinne Gendron, « Wal-Mart: une responsabilité sociale à bas prix », *Le Devoir* [en ligne], 14 décembre 2005, réf. du 15 juin 2009.

À la place de...   CD 2

Répondez à la question suivante en vous basant sur ce que vous avez appris dans ce chapitre.

Si vous étiez à la place de chacun des intervenants suivants, comment pourriez-vous contribuer au développement économique tout en privilégiant la réduction des disparités socioéconomiques?

- ☑ Dirigeante ou dirigeant d'entreprise
- ☑ Consommatrice ou consommateur
- ☑ Responsable d'une ONG
- ☑ Députée ou député

ENJEU 2 Le contrôle des ressources

CONCEPTS
- Développement économique
- Ressource

1 Qui contrôle la majeure partie des ressources ?

Le contrôle et l'exploitation des ressources naturelles ont toujours constitué une préoccupation majeure pour les pays industrialisés. En effet, pour maintenir et développer leurs activités économiques, les pays riches ont besoin de ressources qui ne sont pas toujours disponibles sur leur territoire.

1.1 Le contrôle de l'accès aux ressources

Les ressources naturelles sont essentielles au processus de production de certaines entreprises. Contrairement aux communautés locales, ces entreprises peuvent acquérir, grâce à d'importants capitaux, des droits d'exploitation de territoires riches en ressources naturelles. Les ressources se retrouvent donc en grande partie entre les mains d'une minorité (issue principalement des entreprises) qui les utilise en fonction de leur production et des marchés.

73 **L'accès inéquitable aux terres et aux ressources naturelles, en 2005**

Le développement économique passe souvent par un accès équitable aux ressources et aux terres. Dans certaines zones, les pressions exercées par la privatisation des terres et des ressources naturelles peuvent contribuer à creuser davantage l'écart entre riches et pauvres.

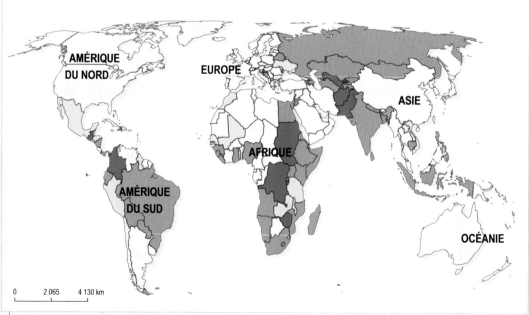

Accès aux terres et aux ressources

- Situation modérément préoccupante : à surveiller
- Situation préoccupante : nécessité d'intervenir
- Situation extrêmement préoccupante : urgence d'agir
- Non classé

0   2 065   4 130 km

D'après World Resources Institute, *World Resources 2008 : Roots of Resilience – Growing the Wealth of the Poor*, 2008 [en ligne], p. 51, réf. du 22 juin 2009.

- Dans quelles régions du monde l'accès aux ressources et aux terres est-il le plus inéquitable ?

1.2 Le contrôle des technologies liées à l'exploitation des ressources

Parce qu'elles ont accès au crédit et qu'elles dominent le commerce mondial, les grandes entreprises possèdent les infrastructures et les technologies nécessaires à la transformation des ressources. Pour les pays pauvres, le manque de capitaux constitue un problème de taille. Les entreprises et les communautés locales ne disposent pas de l'équipement indispensable à l'exploitation de leurs ressources. L'accès à cet équipement, pourtant essentiel au développement économique, n'est donc pas réparti de façon équitable dans le monde.

74 **Les pays dépendants des importations de produits pétroliers et céréaliers, en 2008**

Plusieurs pays pauvres doivent se tourner vers l'importation afin de combler leur faible production locale. Pour ce faire, ils doivent emprunter, ce qui accroît leur endettement.

Pays	Importations de pétrole (% de la consommation nationale)	Importations de céréales (% de la consommation nationale)	Taux de sous-alimentation (% de la population)
Burundi	100	12	66
Corée du Nord	98	45	33
Érythrée	100	88	75
Haïti	100	72	46
Mozambique	100	20	44
Niger	100	82	32
Rwanda	100	29	33
Sierra Leone	100	53	51
Tadjikistan	99	43	56

D'après Organisation des Nations Unies pour l'alimentation et l'agriculture, *La situation mondiale de l'alimentation et de l'agriculture* [en ligne], 2008, p. 87, réf. du 20 juin 2009.

● **Pour ces pays, quelles seraient les conséquences d'une pénurie de ces ressources ?**

75 **Une exploitation agricole au Brésil, en 2009**

Les terres concédées aux grandes entreprises peuvent empiéter sur les cultures vivrières des pays en développement, ce qui a pour conséquence d'appauvrir les communautés locales.

● Comment expliquer que les communautés locales ne tirent pas profit de l'exploitation à grande échelle ?

QUESTIONS de point de vue   CD 2

1 Qui contrôle l'accès aux ressources ? Pourquoi ?

2 Pourquoi les pays pauvres ne disposent-ils pas de certains outils nécessaires à leur développement économique ?

2 Quelle est la position des entreprises par rapport au contrôle et à la gestion des ressources de la planète ?

Les entreprises sont souvent l'objet de critiques de la part des États, des ONG et des membres de la société civile, en raison du rôle qu'elles jouent dans l'exploitation, parfois abusive, des ressources naturelles de la planète.

2.1 Des entreprises blâmées

La plupart des entreprises estiment que le contrôle qu'elles exercent sur les ressources est le résultat de l'accélération de la production et de la consommation liée à la mondialisation. Elles considèrent que l'augmentation des besoins les pousse à produire davantage pour répondre à la demande. De plus, soutiennent-elles, la concurrence féroce sur les marchés mondiaux les incite à se procurer les ressources au plus bas prix. De cette façon, les entreprises réduisent leurs coûts de production.

Toutefois, certains accusent ces entreprises de freiner le développement économique de certaines régions. Ils estiment que les pressions qu'elles exercent sur les ressources privent les communautés locales de leur gagne-pain. Ainsi, les entreprises peuvent détériorer la situation socioéconomique des régions où elles s'installent. Ces pressions peuvent également causer des problèmes environnementaux.

76 Des conditions de travail misérables

Les entreprises affirment offrir des emplois aux communautés locales. Toutefois, certaines d'entre elles ne tiennent pas compte des pressions qu'elles exercent sur les ressources humaines. Par exemple, les ouvriers agricoles qui travaillent à la récolte des bananes, comme ici en Colombie en 2006, ont des conditions de travail parfois très pénibles.

● Pourquoi certaines entreprises ne tiennent-elles pas compte de la qualité des conditions de travail de leur main-d'œuvre ?

77 L'exploitation illégale des ressources

En 2003, le Parlement européen condamnait officiellement l'exploitation illégale des ressources naturelles en République démocratique du Congo (RDC).

« Le Parlement européen,

[...] considérant que certains produits issus de l'exploitation illégale des ressources naturelles de la RDC se retrouvent dans les États membres de l'Union européenne, [...]

I. rappelant que le gisement minier exceptionnel de la RDC a toujours fait l'objet de la convoitise internationale et que la grande majorité de la population n'a jamais profité de l'exploitation de ces richesses [...];

1. condamne l'exploitation illégale des ressources naturelles de la RDC par les pays voisins ainsi que par les entreprises privées internationales [...];

6. demande au Conseil de sécurité des Nations Unies, [...] d'infliger des sanctions (limitation de déplacement, gel des avoirs et interdiction bancaire) à l'encontre des personnes et des entreprises dont la participation au pillage de la RDC est avérée. »

Parlement européen, « Résolution du Parlement européen sur l'exploitation illégale des richesses de la République démocratique du Congo », *Procès-verbal du 30 janvier 2003* [en ligne], réf. du 22 juin 2009.

● Qu'est-ce qui incite le Parlement européen à dénoncer l'exploitation des ressources en RDC ?

● Que propose le Parlement européen pour mettre fin à cette exploitation illégale ?

2.2 Les solutions des multinationales

Certaines multinationales mettent sur pied des plans de gestion qui tiennent compte des conséquences environnementales et sociales de leurs activités. Ces plans peuvent aussi avoir comme objectif un plus grand respect des droits des travailleurs et des communautés locales.

78 Un facteur de stimulation

Pour certains, la présence de multinationales stimule l'économie des pays en développement.

« Pour de nombreux économistes, les investissements étrangers [...] réalisés par les entreprises multinationales [...] se révèlent comme le moteur le plus "authentique" de la croissance et de la modernisation des pays en développement, en permettant un capital d'investissement, un transfert de technologie, de développer des ressources humaines et de moderniser la capacité organisationnelle et administrative, d'augmenter les opportunités du commerce extérieur. »

Corina Coppini, « Entreprises multinationales et intégration en Amérique latine », *WordPress.com* [en ligne], 28 août 2008, réf. du 21 juin 2009.

• Quels sont les avantages de la présence des multinationales dans les pays en développement ?

79 Les multinationales et l'environnement

Certaines multinationales voient des avantages à agir dans une perspective de développement durable. Elles veulent ainsi préserver leur accès aux ressources.

« Procter & Gamble, Unilever et Nestlé font partie de la Supply Chain Leadership Coalition, qui mettra de la pression sur des milliers de fournisseurs à travers le monde afin qu'ils réduisent leurs émissions de GES [gaz à effet de serre]. Le *Wall Street Journal* rapporte que cette coalition [...] "encouragera" ses fournisseurs à réaliser un bilan de leurs émissions de GES et de leurs stratégies mises en œuvre afin de les réduire. Les autres entreprises participantes sont Tesco PLC, Imperial Tobacco et Cadbury Schweppes.

Cette stratégie comporte deux avantages. Tout d'abord, les multinationales impliquées se positionnent en prévision d'un resserrement des restrictions sur les GES en Europe et aux États-Unis au cours des prochaines années. Il ne faut pas non plus négliger l'avantage qu'une telle initiative fournit d'un point de vue des relations publiques pour les entreprises participantes. »

Alexis Beauchamp, « Une coalition de multinationales examine les émissions de GES de leurs fournisseurs », *Vision durable* [en ligne], 9 octobre 2007, réf. du 21 juin 2009.

• Quels avantages les multinationales tirent-elles de cette stratégie ?

PERSPECTIVE

Les ancêtres des multinationales

Le terme « multinationale » a été popularisé dans les années 1960. Toutefois, ce type d'entreprise existait bien avant cette date. En effet, dès le XVIIIe siècle – et surtout au cours du XIXe siècle –, plusieurs entreprises commerciales « internationalisent » leurs activités, par exemple en envoyant du personnel dans les ports étrangers où elles s'approvisionnent en ressources. Les années 1880 à 1920 marquent également une phase d'expansion importante pour les entreprises qui contribuent au développement des pays industriels occidentaux. Plusieurs des plus grandes multinationales étaient en activité avant 1929, comme General Motors, Ford, Royal Dutch Shell, General Electric, Michelin, Nestlé, Bayer, etc.

Une usine de fabrication de la Ford T au Royaume-Uni, en 1914.

QUESTIONS de point de vue CD 2

1. Que reproche-t-on aux entreprises en ce qui concerne leur rôle dans l'exploitation et le contrôle des ressources ?

2. Quelles solutions les entreprises peuvent-elles adopter pour gérer les ressources de façon plus responsable ?

3 Quel contrôle les États exercent-ils sur la gestion et l'exploitation des ressources de leur territoire ?

Les ressources naturelles font partie d'un patrimoine collectif que l'État a l'obligation de gérer. Toutefois, certains États ne disposent pas des institutions qui leur permettraient de mettre en application les lois relatives à la gestion et à l'exploitation des ressources naturelles du pays. La corruption est aussi un problème important parce que l'État ne redistribue pas toujours les profits liés à la gestion des ressources à l'ensemble de la population.

3.1 La gestion de ressources communes

Les États devraient s'assurer que l'exploitation des ressources de leur territoire et les bénéfices qui en découlent respectent davantage les principes de justice sociale, de façon à ce que cela profite à l'ensemble de la population. De plus, une gestion efficace et durable des ressources devrait contribuer à la croissance économique et assurer la disponibilité des ressources à long terme.

Cependant, plusieurs pays en développement ne sont pas maîtres des ressources de leur territoire. Endettés, ils n'ont pas les moyens d'investir dans l'exploitation ou la protection de leurs propres ressources. Ils cèdent alors les droits d'exploitation à des grandes entreprises qui, en retour, paient des taxes pour exploiter ces ressources. Par ailleurs, la corruption de certains dirigeants prive la population des bénéfices associés à l'exploitation des ressources.

80 La corruption en Côte d'Ivoire

Le contrôle des ressources met en jeu d'importantes sommes d'argent. Des entreprises peuvent être tentées de corrompre des ministres ou des fonctionnaires pour obtenir des droits d'accès aux ressources. C'est ce que dénoncent des journaux ivoiriens en 2007, lorsque de grandes entreprises cultivant le cacao et le café sont soupçonnées d'avoir corrompu des membres du gouvernement.

- Quelles sont les conséquences de la corruption sur la gestion des ressources du territoire ivoirien ?

81 Des ressources convoitées

Présentes seulement dans certains États, les ressources pétrolières, qui fournissent l'énergie indispensable à la production de biens, sont très convoitées. Le contrôle de ces ressources peut faire l'objet de tractations douteuses entre les États et les entreprises.

« Les entreprises pétrolières, minières et gazières qui opèrent dans les pays en développement versent des sommes importantes aux gouvernements de ces pays pour pouvoir exploiter leurs ressources. Pour éviter tout contrôle démocratique, certains de ces gouvernements imposent le secret sur ces transactions. Dans ce cas, loin de servir au bien-être des populations locales, cet argent atterrit souvent chez les marchands d'armes ou dans les poches des dirigeants. »

Gavin Hayman, « Les entreprises doivent dire ce qu'elles versent aux gouvernements du Sud », *La Revue durable* [en ligne], réf. du 21 juin 2009.

- Qui bénéficie des investissements destinés à l'exploitation des ressources pétrolières, dans certains pays en développement ?

3.2 Nationalisation et transparence

Il arrive que des États procèdent à des **nationalisations** afin de se réapproprier les ressources de leur territoire. Ils peuvent, par exemple, racheter ou reprendre (par la force ou par une loi) les droits d'exploitation des ressources. Cette solution comporte toutefois des risques puisque les élites s'approprient parfois les profits liés à la nationalisation plutôt que d'en faire profiter l'ensemble de la population. Par ailleurs, les États peuvent aussi exiger que les entreprises qui sont sur leur territoire adoptent des codes d'éthique. Cette mesure permet d'améliorer la gestion des ressources.

> **Nationalisation** Transfert à la collectivité de la propriété ou du contrôle de certains biens, ressources ou moyens de production appartenant à des entreprises privées.

82 **La nationalisation du pétrole en Bolivie**

Dans les années 2000, certains pays en développement se réapproprient la gestion et l'exploitation des ressources de leur territoire. Ainsi, en 2006, le président bolivien Evo Morales signe avec plusieurs sociétés privées un accord visant la nationalisation de l'industrie du pétrole.

- Pourquoi la Bolivie a-t-elle nationalisé le pétrole ?

83 **Une plus grande transparence**

Pour contrer les effets négatifs de l'exploitation des ressources par certaines multinationales, des États exigent davantage de transparence dans la gestion des entreprises.

« En 2003, le gouvernement britannique a lancé l'Initiative de transparence des industries extractives, qui vise à améliorer la gestion des recettes provenant du pétrole, du gaz et des industries extractives. Il s'agit principalement d'inciter les multinationales à faire preuve de plus de transparence et de responsabilité dans ce domaine. Plus de 20 pays – dont 14 pays africains – se sont officiellement associés à cette initiative. Certaines grandes entreprises se sont engagées à agir dans une plus grande transparence, mais beaucoup restent réticentes, invoquant les pressions concurrentielles, le secret professionnel et la volonté de confidentialité des gouvernements. [...] Les gouvernements africains ont été priés d'exiger de la part des entreprises des plans de développement durable visant à protéger l'environnement, à bénéficier aux communautés locales et à contribuer aux priorités de développement nationales. »

Ernest Harsch, « Conflits et ressources naturelles », *Afrique Renouveau*, vol. 20, n° 4 [en ligne], janvier 2007, réf. du 22 juin 2009.

- Quels sont les avantages d'une plus grande transparence ?

QUESTIONS de point de vue   CD 2

1 Quelle est la responsabilité des États en ce qui concerne la gestion et l'exploitation des ressources de leur territoire ?

2 Pourquoi certains États ont-ils de la difficulté à contrôler la gestion de leurs ressources ?

3 Comment les États peuvent-ils se doter d'un meilleur contrôle sur les ressources naturelles de leur territoire ?

4 Quel contrôle la société civile peut-elle exercer sur la gestion et l'exploitation des ressources ?

La société civile a peu d'influence directe sur la gestion et l'exploitation des ressources, surtout si on la compare aux entreprises et aux États. Toutefois, les membres de la société civile regroupés dans des associations et des organisations non gouvernementales peuvent faire pression sur ceux qui contrôlent les ressources pour qu'ils les exploitent de façon responsable.

4.1 Une meilleure gestion pour s'affranchir de la pauvreté

La faiblesse des investissements et l'absence de mesures de contrôle des ressources de certains États empêchent les populations pauvres de développer de nouvelles initiatives économiques qui leur permettraient d'améliorer leur sort. Diverses associations estiment toutefois qu'une meilleure gestion des ressources naturelles offrirait une solution à ce problème. Certaines ONG dénoncent aussi le fait que des droits d'exploitation de certaines ressources soient cédés à des entreprises. Elles estiment que le type d'exploitation que font ces entreprises ne bénéficie pas à l'ensemble de la population.

84 Pays à vendre

Dans un rapport intitulé « Country for Sale » publié en 2009, l'ONG Global Witness dénonce la façon dont les ressources naturelles sont gérées au Cambodge. L'organisme critique le fait que le pays cède les droits d'exploitation des ressources naturelles à des intérêts privés ou à des membres du gouvernement. Ceux-ci en contrôlent alors l'exploitation, sans redistribuer les profits à l'ensemble de la population.

85 Pauvreté écologique ?

Certaines ONG mettent sur pied des projets afin d'assurer le développement économique des pays pauvres par une meilleure gestion des ressources naturelles.

« Il faut une gestion appropriée des sols et de l'eau afin d'assurer une bonne production de biomasse : arbres, herbe, cultures. [...]

Dans bon nombre de pays en développement, à l'instigation des pouvoirs publics ou d'organisations non gouvernementales, des projets exemplaires ont été menés à bien. Ceux-ci ont démontré qu'avec une bonne gestion des ressources naturelles, basée sur des systèmes communautaires de récolte de l'eau, on finit par obtenir une transformation radicale de l'environnement local, de l'économie locale. »

Anju Sharma et autres, traduit par Gildas Le Bihan, « Pauvreté économique à cause de la pauvreté écologique », *DPH* [en ligne], mars 2002, réf. du 23 juin 2009.

● Comment une gestion responsable des ressources peut-elle aider à réduire la pauvreté dans les pays en développement ?

● En quoi le fait de redonner aux communautés locales la maîtrise de leurs ressources peut-il leur être bénéfique ?

4.2 Se regrouper pour mieux contrôler

Dans les pays en développement, des petits producteurs se regroupent parfois pour assurer une meilleure maîtrise de la gestion des ressources. Ce faisant, ils peuvent faire pression sur les États et les entreprises, et soutenir les initiatives locales et régionales.

Médias et société civile

Dans les sociétés démocratiques, les médias font régulièrement état des abus et du non-respect des droits fondamentaux. Ils donnent la parole à des groupes de la société civile qui dénoncent les États ou les entreprises exploitant les ressources naturelles de façon abusive.

Par ailleurs, plusieurs ONG publient leurs propres documents ou créent leur site Internet. Leur objectif est alors de renseigner mais aussi de convaincre la population du bien-fondé de leur cause afin d'inciter celle-ci à prendre position en signant une pétition, en faisant des dons, etc. Les ONG cherchent aussi à faire pression sur les États et sur les entreprises pour les inciter à adopter une attitude plus responsable.

Le journal *Alternatives*, une publication de l'ONG du même nom, informe la population sur les enjeux liés au développement international. Il a comme objectif d'amener les gens à s'impliquer socialement.

Selon vous, l'association entre les médias et la société civile permet-elle de trouver des solutions concrètes aux problèmes soulevés ? Justifiez votre réponse.

---

86 Des membres de Honey Care Africa

Honey Care Africa regroupe des apiculteurs de l'Afrique de l'Est. L'organisme encourage les initiatives économiques locales et régionales. Il offre aussi des subventions, de même qu'un accès à des réseaux sociaux et commerciaux, ce qui permet aux apiculteurs de participer à l'économie et, ce faisant, d'améliorer leurs revenus.

En quoi cette initiative contribue-t-elle à une gestion responsable des ressources ?

---

87 S'associer pour être mieux représentés

La société civile, lorsqu'elle se regroupe, dispose d'un pouvoir qui lui permet de jouer un plus grand rôle et d'exercer une influence dans l'économie.

« La poursuite d'actions collectives par les associations de producteurs peut permettre à ces derniers de réduire leurs coûts de transaction sur le marché, d'avoir un certain pouvoir d'intervention sur celui-ci et d'être mieux représentés dans les forums politiques nationaux et internationaux. »

Banque mondiale, « L'agriculture au service du développement (abrégé) », *Rapport sur le développement dans le monde 2008* [en ligne], p. 15, réf. du 25 juin 2009.

Quels sont les avantages de cette solution pour les producteurs ?

QUESTIONS de point de vue CD 2

1 Quelles solutions la société civile propose-t-elle afin de contrer la pauvreté ?

2 Comment la société civile peut-elle exercer un contrôle sur la gestion des ressources ?

LES CLÉS DE L'INFO

Afin de vous assurer de la pertinence de vos arguments au cours du débat, consultez la clé 10 de la section « Les clés de l'info », aux pages 452 et 453 du manuel.

Plusieurs acteurs (États, entreprises, ONG, société civile) sont concernés par la gestion et l'exploitation des ressources naturelles dans le monde. Toutefois, il arrive qu'une minorité profite de la majeure partie des bénéfices liés à l'exploitation et à la transformation de ces ressources, ce qui creuse davantage les disparités.

Les entreprises sont souvent accusées d'être les principales responsables de ces disparités. Plusieurs répliquent en affirmant que les investissements qu'elles font dans les pays où elles exploitent les ressources contribuent au développement économique de ces pays. Pour leur part, les États ont la responsabilité de gérer les ressources afin que l'ensemble de la population en profite. Cependant, ils n'arrivent pas toujours à garder la maîtrise de ces ressources. Plusieurs membres de la société civile estiment qu'une mauvaise exploitation peut avoir des répercussions sociales et environnementales négatives, entre autres lorsqu'on ne tient pas compte des besoins des communautés locales.

Selon vous, qui doit contrôler la gestion et l'exploitation des ressources naturelles ?

88 **Une coopérative de café**

Des femmes transportent des grains de café vers un marché équitable d'Haïti.

1. Les intervenants qui expriment leurs points de vue dans les documents suivants prennent part au débat sur le contrôle et la gestion des ressources dans le monde. En prévision d'un débat en classe, interprétez leurs positions à l'aide des questions suivantes.

   - Qui sont les intervenants qui expriment une opinion sur le sujet ?
   - Quelle est leur position ?
     - Quel est leur point de vue sur le contrôle des ressources naturelles ?
     - Comment justifient-ils leur position ?
     - Quelles solutions proposent-ils afin que les ressources soient mieux redistribuées et qu'elles génèrent davantage de retombées pour l'ensemble des populations ?
   - Trouvez dans les différents médias d'autres arguments pertinents susceptibles de vous aider à mieux comprendre l'enjeu.

2. En vous basant sur les documents présentés ci-après et sur ceux que vous aurez trouvés, organisez un débat sur la question suivante.

   - Qui devrait contrôler la gestion et l'exploitation des ressources naturelles ? Pourquoi ?

89 Un ministère du Québec s'estime en mesure de gérer les ressources

« [...] le ministère des Ressources naturelles et de la Faune a pour mission de favoriser la mise en valeur, la conservation et la connaissance des ressources naturelles et du territoire, dans une perspective de développement durable et de gestion intégrée, au bénéfice des citoyens.

En tant qu'organisme gouvernemental responsable de la gestion et de la mise en valeur des ressources naturelles et du territoire public, le Ministère est directement concerné par le développement durable et par la création de richesse. Afin d'appuyer le développement durable, le Ministère privilégie une gestion intégrée* et régionalisée qui incarne une vision globale des ressources et du territoire conciliant les besoins sociaux, les objectifs économiques ainsi que les considérations environnementales, dans le but de respecter les préoccupations des utilisateurs et des collectivités au sein du processus décisionnel. »

* Gestion qui implique une concertation de l'ensemble des acteurs impliqués.

Ministère des Ressources naturelles et de la Faune. *Rapport annuel de gestion 2007-2008* [en ligne], p. 15, réf. du 23 juin 2009.

90 Une ONG appuie la maîtrise des ressources naturelles par l'État

« Face à l'injustice sociale qui règne dans le monde, on assiste depuis le début des années 2000 à la reprise du contrôle des ressources naturelles par certains pouvoirs publics d'Amérique latine : renationalisation de l'eau en Bolivie, en Argentine et en Uruguay, d'une partie des hydrocarbures au Venezuela, en Bolivie et en Équateur... [...]

En Amérique latine, la récupération du contrôle de ces biens publics, qui avaient été privatisés sur injonction du FMI et de la Banque mondiale, n'a pu se réaliser que grâce à d'importantes mobilisations populaires. [...] Après quinze ans de néolibéralisme imposé à la Bolivie par les institutions financières internationales à partir de 1985 [...] le peuple bolivien a donné une leçon magistrale au reste du monde en se mobilisant de façon spectaculaire pour la défense des biens publics.

[...] il faut la volonté politique d'agir pour l'amélioration des conditions de vie et pour l'élaboration d'une logique basée sur la satisfaction des droits humains fondamentaux. »

Comité pour l'Annulation de la Dette du Tiers Monde, « Les ressources naturelles, biens communs de l'humanité » [en ligne], 28 décembre 2008, réf. du 23 juin 2009.

91 Selon une ONG, le contrôle des ressources devrait être confié aux communautés locales

« Des dizaines d'études de cas [...] démontrent comment une bonne intendance locale de la nature peut être un moyen puissant d'enrayer la pauvreté. Le gouvernement tanzanien a confié aux Sukama [une communauté locale] le contrôle de la remise en état de 700 000 acres de forêts et de pâturages dénudés et ce groupe ethnique dispose maintenant d'un revenu familial plus élevé, d'une meilleure alimentation, ainsi que de populations plus abondantes d'espèces d'arbres, d'oiseaux et de mammifères.

À Fidji, les villageois d'Ucunivanua ont été chargés par les pouvoirs publics de la gestion des bancs de clams et des eaux côtières, et grâce à des restrictions locales sur la pêche, le homard des mangroves et les bancs de clams récoltables ont considérablement augmenté. »

World Resources Institute, « Un important rapport souligne le rôle des ressources naturelles comme moyen de s'affranchir de la pauvreté » (communiqué de presse) [en ligne], 31 août 2005, réf. du 25 juin 2009.

92 IBM se prononce sur la gestion responsable des ressources

« [...] ce sont les entreprises elles-mêmes qui sont à l'origine des idées les plus novatrices et les plus prometteuses en ce qui concerne la réduction des déchets et la gestion des ressources naturelles.

En tenant compte de l'impact de leur comportement sur l'environnement – et en adoptant des technologies propres et des pratiques écologiques –, les entreprises peuvent faire un grand geste pour la planète sans sacrifier leur chiffre d'affaires, voire en l'améliorant. »

IBM, « Devenir écolo en rivalisant d'ingéniosité » [en ligne], réf. du 25 juin 2009.

> « Si la terre produit assez pour les besoins de chacun, elle ne produit pas suffisamment pour l'avidité de tous. »
>
> **Mahatma Gandhi**

Plusieurs intervenants (États, entreprises, ONG, société civile) proposent des solutions pour réduire la disparité qui caractérise la répartition de la richesse dans le monde. Ils veulent ainsi assurer un meilleur partage des profits liés à l'exploitation des ressources naturelles. En tenant compte des intérêts et des besoins de tous, ils tentent de trouver des moyens de parvenir à une gestion plus équitable des ressources.

Voici quelques exemples d'actions visant à améliorer la gestion et l'exploitation des ressources naturelles dans le monde :

- insister pour que les entreprises adoptent et mettent en application un code d'éthique qui garantit une saine gestion des ressources naturelles ;
- appliquer des sanctions commerciales aux États qui n'exploitent pas les ressources naturelles au bénéfice de la population ;
- devenir membre d'une ONG ayant pour mandat d'exiger plus de transparence dans les relations qu'entretiennent les États et les entreprises exploitant les ressources naturelles.

Les documents suivants présentent des formes d'action entreprises par divers intervenants. Pour chacune des actions présentées, répondez aux questions ci-dessous.

1. Qui a lancé cette action ?

2. Qui peut participer à cette action ?

3. À quel(s) niveau(x) (local, régional, national ou international) se situe l'action des intervenants ?

4. Comment les intervenants se proposent-ils de mieux gérer les ressources ?

5. Selon vous, les solutions proposées sont-elles efficaces ? Peuvent-elles avoir des répercussions à l'échelle de la planète ? Comment ?

6. Avez-vous d'autres pistes de solution à suggérer ? Si oui, lesquelles ?

Favoriser les placements éthiques

Des citoyens et des institutions financières investissent dans des placements éthiques. Ces placements ont souvent une incidence positive sur l'environnement et la société tout en générant des rendements. Ils constituent aussi un moyen pour les citoyens et les investisseurs d'encourager les entreprises qui, selon eux, exercent une saine gestion des ressources naturelles qu'elles exploitent.

Des placements socialement responsables aux États-Unis, en 1995 et en 2007

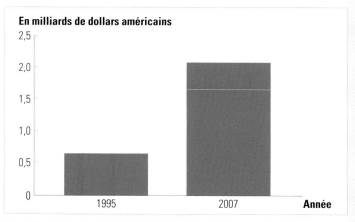

D'après Social Investment Forum, *2007 Report on Socially Responsible Investing Trends in the United-States: Executive Summary* [en ligne], 2008, p. III, réf. du 25 juin 2009.

Se doter de codes de conduite

Des entreprises se dotent d'un code de conduite et de normes d'éthique en matière d'emploi, d'environnement, de protection sociale et de redistribution des profits dans les communautés où elles sont installées. La multinationale IKEA expose ici à ses clients les critères de son processus d'évaluation.

« Chaque produit doit franchir avec succès les quatre étapes de notre processus d'évaluation, appelé "eWheel", soit l'analyse des matières premières, la fabrication, l'utilisation du produit et sa fin de vie. Nous évaluons l'impact social et environnemental de nos produits à chacune de ces phases. Si quoi que ce soit semble anormal, la conception du produit est immédiatement revue. »

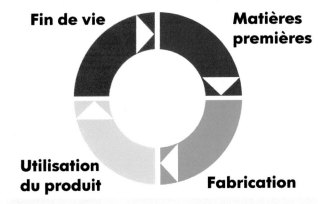

Fin de vie — **Matières premières** — **Utilisation du produit** — **Fabrication**

IKEA, « L'approche IKEA : la conception durable » [en ligne], réf. du 23 juin 2009.

Davantage de contrôle aux communautés locales

Pour veiller à ce que les ressources du territoire et les bénéfices qui en découlent profitent à l'ensemble de la population, les États peuvent en confier la gestion à des groupes locaux qui verront à développer une gouvernance communautaire.

« Les quinze communautés rurales des départements de Dagana et de Nioro du Rip [au Sénégal] participent à un projet de gouvernance locale et de gestion décentralisée des ressources naturelles [...]. Ce projet [...] est destiné à renforcer les capacités des élus locaux dans la gestion des ressources naturelles. [...]

Selon lui [le représentant du ministre de l'Environnement], c'est le seul moyen pour résorber le déficit alimentaire de notre pays : "La production rurale a un substrat*. Ce sont les ressources naturelles. Malheureusement, depuis deux décennies, notre pays est confronté à un déficit chronique de la production. Conscient de la nécessité de mieux gérer les ressources à la base, l'État a transféré cette gestion aux collectivités." »

* Élément sur lequel s'appuyer.

Cherif Faye, « Sénégal : Gestion des ressources naturelles, les nouvelles compétences des collectivités locales », *Sud Quotidien* [en ligne], 5 septembre 2008, réf. du 23 juin 2009.

Protester contre l'exploitation des ressources

Des membres de la société civile manifestent contre certaines entreprises qui exploitent les ressources naturelles. Ces manifestants considèrent que ces entreprises ne tiennent pas compte des effets de leurs activités sur l'environnement et ne se soucient pas des droits et des besoins des communautés locales.

« Les deux entreprises [Coca-cola et Pepsi] possèdent 90 "usines d'embouteillage" qui sont en réalité... des "usines de pompage" : 52 unités appartiennent à Coca-Cola et 38 à Pepsi-Cola. Chacune extrait entre 1 million et 1,5 million de litres d'eau par jour. En raison de leurs procédés de fabrication, ces boissons gazeuses présentent des risques. D'abord, parce que le pompage des nappes pratiqué par leurs usines dépouille les pauvres du droit à se fournir en eau potable. Ensuite, parce que ces usines rejettent des déchets toxiques qui menacent l'environnement et la santé. [...]

Pendant plus d'un an, des femmes des tribus de Plachimada, dans le district de Palaghat, au Kerala [en Inde], ont organisé des *sit-in* pour protester contre l'assèchement des nappes phréatiques par Coca-Cola. [...] le mouvement a déclenché une vague de soutien nationale et internationale. Sous la pression de ce mouvement de plus en plus puissant et en raison de la sécheresse venue encore aggraver la crise de l'eau, le chef du gouvernement du Kerala a enfin ordonné, le 17 février 2004, la fermeture de l'usine Coca-Cola. »

Vandana Shiva, « Les femmes du Kerala contre Coca-Cola », *Le Monde diplomatique* [en ligne], mars 2005, p. 20, réf. du 9 juin 2009.

À la place de... CD 2

Répondez à la question suivante en tenant compte de ce que vous avez appris dans ce chapitre.

Si vous étiez à la place de chacun des intervenants suivants, comment pourriez-vous contribuer à mieux gérer l'exploitation des ressources pour que toutes les populations puissent profiter des retombées économiques ?

☑ Propriétaire d'entreprise
☑ Politicienne ou politicien
☑ Banquière ou banquier
☑ Responsable d'une ONG

SYNTHÈSE

LE PROBLÈME

La répartition de la richesse dans le monde

La division Nord-Sud illustre les **disparités** entre les régions du monde. D'une façon générale, le Nord rassemble des pays riches, alors que le Sud regroupe des pays plus pauvres. Des économies émergentes rejoignent peu à peu le Nord.

La disparité dans les conditions de vie

La disparité caractérise aussi les conditions de vie (déterminées notamment par l'alimentation, la santé et l'éducation) qui sont observées dans les différentes régions du monde.

Les conditions nécessaires au développement économique

L'inégale répartition des capitaux financiers, naturels, physiques et humains dans le monde, et leur **concentration** dans les pays riches, accentuent les disparités.

> **La disparité dans la répartition de la richesse s'observe à l'intérieur des pays et à l'échelle mondiale.**

La répartition de la richesse dans un contexte de mondialisation

Depuis les années 1980, la multiplication des échanges contribue à la **mondialisation**. La majorité des pays riches profitent davantage des **flux** commerciaux.

Quelles sont les causes historiques de la disparité dans la répartition de la richesse ?

La colonisation de l'Afrique, de l'Asie et de l'Amérique latine et la décolonisation qui a suivi expliquent en partie la faible participation de ces régions au commerce mondial. L'absence d'institutions démocratiques et la corruption accentuent les disparités dans certains pays en développement.

Comment le territoire et les risques naturels peuvent-ils expliquer la disparité dans la répartition de la richesse ?

Les reliefs escarpés sont peu propices à l'installation de grandes exploitations. La désertification de certaines régions limite leur **développement économique**. Les catastrophes naturelles affectent davantage les populations pauvres.

Comment la démographie peut-elle expliquer les disparités ?

Une population nombreuse dans un pays pauvre peut avoir un effet négatif sur les conditions de vie et l'occupation du territoire.

Quelles sont les disparités liées à une mauvaise répartition des ressources et de la richesse ?

Un accès inégal aux **ressources** ou aux capitaux permettant de les exploiter augmente les disparités.

Quelles sont les disparités dans les échanges économiques internationaux ?

Les multinationales sont à la tête du commerce mondial. Les investissements importants des pays riches dans les IDE démontrent la dépendance financière des pays pauvres. Dans le domaine de l'agriculture, les pays pauvres ne peuvent concurrencer les pays riches.

Que peuvent faire les organisations internationales pour réduire les disparités ?

L'OMC a comme objectif de faciliter les échanges. Le FMI et la Banque mondiale prêtent aux pays en difficulté en leur imposant des conditions. Celles-ci peuvent contribuer à la détérioration des conditions de vie.

Quelle est l'influence des grands ensembles économiques dans l'économie mondiale ?

Les grands ensembles économiques sont formés pour augmenter les échanges entre les partenaires. Chaque ensemble dispose d'un **pouvoir** d'influence sur les pays avoisinants, marquant l'**interdépendance** économique des pays dans un contexte de mondialisation.

Pourquoi les dettes et les créances contractées par les États augmentent-elles les disparités ?

Les conditions de remboursement imposées aux pays du Sud peuvent retarder leur développement économique. L'endettement pousse les États du Nord à réduire leurs dépenses, ce qui accentue les écarts sociaux.

LES ENJEUX

ENJEU 1 L'ÉQUILIBRE ENTRE LA JUSTICE SOCIALE ET LE DÉVELOPPEMENT ÉCONOMIQUE

Le développement économique peut-il se faire dans le respect de la justice sociale ?

La richesse est inégalement répartie à l'intérieur des pays.

Certains proposent des solutions pour favoriser la **justice sociale** sans nuire à la croissance économique.

Quel est le rôle de l'État dans l'édification d'une société juste ?

Depuis les années 1980, les États développés interviennent moins dans l'économie. Cela peut entraîner une détérioration des conditions de vie.

Les États interventionnistes peuvent s'endetter, ce qui peut nuire à la croissance économique.

Quel est le rôle des organisations internationales dans l'édification d'une société plus juste ?

Certaines organisations internationales encouragent des modes de production qui respectent le capital humain.

Le FMI propose des programmes d'ajustement structurel. Plusieurs pensent que ces programmes nuisent au développement économique. D'autres estiment qu'ils peuvent procurer des avantages.

Comment les entreprises peuvent-elles rendre le processus de mondialisation plus juste ?

La mondialisation peut créer des disparités.

L'accélération des échanges a entraîné des effets souvent négatifs sur le capital humain.

Certaines entreprises font preuve de responsabilité sociale.

Comment la société civile peut-elle mettre de l'avant des principes de justice sociale ?

Les altermondialistes proposent des solutions alternatives à la mondialisation.

Les effets indésirables de la mondialisation incitent la société civile à faire pression sur les États.

ENJEU 2 LE CONTRÔLE DES RESSOURCES

Qui contrôle la majeure partie des ressources ?

Les grandes entreprises disposent des capitaux et de la technologie nécessaire à l'exploitation des ressources. Elles acquièrent les droits d'exploitation de territoires riches en ressources, ce qui va parfois à l'encontre des intérêts des communautés locales.

Quelle est la position des entreprises par rapport au contrôle et à la gestion des ressources de la planète ?

Certaines entreprises sont critiquées pour leur façon abusive d'exploiter les ressources. D'autres développent des modes de gestion qui tiennent compte des conséquences socio-environnementales de leurs activités.

Quel contrôle les États exercent-ils sur la gestion et l'exploitation des ressources de leurs territoires ?

L'État a la responsabilité de la gestion de ses ressources.

Certains États pauvres cèdent les droits d'exploitation de leurs ressources à des entreprises. D'autres États nationalisent des ressources pour en contrôler la gestion.

La société civile réclame plus de transparence dans les relations entre les États et les entreprises.

Quel contrôle la société civile peut-elle exercer sur la gestion et l'exploitation des ressources naturelles ?

La société civile peut exercer des pressions sur ceux qui contrôlent et exploitent les ressources.

Des initiatives locales et régionales assurent une meilleure maîtrise de la gestion des ressources et une meilleure redistribution de la richesse.

ACTIVITÉS de synthèse

1 Une ligne de démarcation `CD 1`

Afin de mieux comprendre la répartition de la richesse dans le monde, dressez le portrait des disparités Nord-Sud.

a) Sur une carte, tracez la ligne de démarcation entre les pays du Nord et ceux du Sud, puis nommez les pays émergents.

b) À partir de la carte et de votre manuel, indiquez les caractéristiques des économies des pays du Nord, des pays du Sud et des pays émergents.

c) Selon vous, la division Nord-Sud est-elle encore pertinente aujourd'hui ? Expliquez votre réponse.

2 Comparer les disparités `CD 1`

a) Choisissez un pays développé, un pays émergent et un pays en développement.

b) Pour chaque pays, trouvez :
- le PIB/hab. selon la PPA ;
- l'IDH.

c) Concevez un diagramme à partir des données recueillies.

d) Pour chaque pays, expliquez le lien entre les conditions de vie de la population et le PIB.

e) Pour chaque pays, expliquez le lien entre le développement économique et l'IDH.

Les 10 premières multinationales d'après leurs actifs étrangers, en 2006

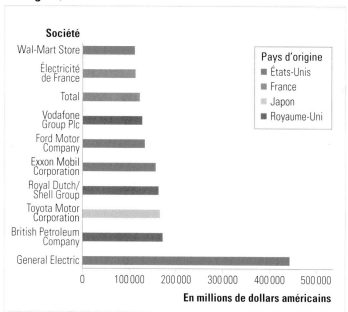

D'après CNUCED, *World Investment Report 2008: Transnational Corporations and the Infrastructure Challenge,* tableau A.I.15 de l'annexe [en ligne], p. 220, réf. du 8 juin 2009.

3 Le pouvoir des multinationales `CD 1`

Observez le diagramme ci-contre et répondez aux questions suivantes.

a) Quel est le pays d'origine de chaque multinationale ?

b) Quels pays profitent surtout des activités de production de ces multinationales ?

c) Quelle place les multinationales occupent-elles dans le commerce mondial ?

d) Selon vous, les multinationales ont-elles une responsabilité en ce qui concerne les disparités socioéconomiques dans le monde ? Appuyez votre point de vue sur des arguments que vous aurez recueillis dans différents médias.

e) Selon vous, les multinationales ont-elles un rôle à jouer dans le développement économique des pays où elles s'installent ? Expliquez votre réponse.

4 **Des disparités internes** `CD 1`

La richesse est-elle répartie également au sein des pays riches ? Pour répondre à cette question :

a) Cherchez, dans les médias, des exemples concrets de disparités socioéconomiques dans un pays riche.

b) Précisez comment ces disparités se manifestent, par exemple dans l'emploi, le logement, l'éducation et la santé.

c) Dites comment on peut réduire ces disparités. Expliquez votre réponse à l'aide d'exemples.

5 **Une croissance économique à tout prix ?** `CD 2 • Enjeu 1`

Prenez connaissance du document ci-dessous et répondez aux questions suivantes.

a) Qu'est-ce que la justice sociale ?

b) Donnez des exemples d'application des principes de justice sociale.

c) Selon vous, est-il possible de concilier croissance économique et justice sociale ? Expliquez votre point de vue en donnant trois arguments.

d) Proposez trois pistes d'action pour rendre la société plus juste et réduire les disparités.

«On peut considérer que la justice sociale, définie comme l'égalité d'accès au bien-être [...], recouvre au moins trois aspects : économique, social et environnemental. Seul un développement qui parvient à concilier ces trois séries d'objectifs peut être maintenu durablement. Inversement, le fait de négliger l'un de ces aspects peut compromettre la croissance économique de même que l'ensemble du processus de développement.»

Banque Mondiale, *Au-delà de la croissance économique* [en ligne], 2000, réf. du 9 juin 2009.

6 **Des ressources difficiles d'accès** `CD 2 • Enjeu 2`

La transformation des ressources est à la base de la création de la richesse. Toutefois, la répartition inégale de ces ressources et leur mauvaise gestion accentuent les disparités. Quelles sont les solutions proposées par les différents intervenants (États, multinationales, organisations internationales, société civile) pour atténuer les problèmes suivants ?

• L'inégale répartition des ressources sur le territoire ;
• La difficulté que représente l'accès aux ressources ;
• La dégradation des ressources ;
• Les maigres bénéfices tirés de l'exploitation des ressources dans les pays en développement ;
• La difficulté d'obtenir du crédit pour permettre l'exploitation des ressources.

OPTION PROJET

Reportez-vous au contenu du chapitre pour réaliser l'un des projets suivants.

PROJET 1 — CD 1 • CD 2 • Enjeu 1

Une entreprise juste

Vous êtes propriétaire d'une entreprise et vous désirez construire des installations dans un pays en développement. Cependant, vous souhaitez respecter un code de conduite éthique afin de contribuer à la réduction des disparités. Vous élaborez donc un plan de gestion qui permettra de mesurer les conséquences de votre installation sur la population et le territoire. Votre plan doit respecter les principes de justice sociale.

Les étapes à suivre

1 Choisissez le domaine d'expertise de votre entreprise et le pays où vous désirez vous installer.

2 Définissez le code de conduite éthique que vous désirez adopter.
   a) Quel est le point de vue de votre entreprise sur les droits des travailleurs ?
   b) Quel est le point de vue de votre entreprise sur les enjeux environnementaux ?

3 Afin de mieux connaître les ressources disponibles, posez-vous les questions suivantes.
   a) Existe-t-il un bassin de main-d'œuvre suffisant ?
   b) La main-d'œuvre est-elle formée et compétente ? Sinon, que pouvez-vous faire pour la former ?
   c) Le territoire offre-t-il les ressources nécessaires aux activités de votre entreprise ?
   d) Comment allez-vous extraire les ressources nécessaires à votre production tout en protégeant les écosystèmes ?

4 Évaluez les conséquences de vos activités sur le territoire et sur la population.

5 Rédigez votre plan de gestion en tenant compte des réponses que vous avez formulées aux questions 3 et 4.

6 Faites un retour sur vos conclusions.
   a) Les coûts reliés au développement de votre entreprise sont-ils conformes à ses moyens financiers ?
   b) Est-il possible de concilier les principes de justice sociale et le développement de votre entreprise ? Expliquez votre réponse.

Des entrepreneurs sur une plateforme de forage.

PROJET 2 CD 1 • CD 2 • Enjeu 2

Une campagne de sensibilisation

Vous êtes membre d'une organisation non gouvernementale qui s'est donné pour mission de sensibiliser les gens au problème de la gestion non responsable des ressources dans le monde. Vous avez reçu le mandat d'élaborer une campagne de sensibilisation.

Une rencontre préparatoire.

Les étapes à suivre

1 Recueillez de l'information sur la gestion des ressources dans le monde.

    a) Par qui les ressources naturelles sont-elles principalement exploitées et contrôlées ?

    b) Quelles sont les conséquences d'une mauvaise exploitation des ressources ?

2 Choisissez une entreprise qui, selon vous, pratique une gestion non responsable des ressources et de la main-d'œuvre d'un territoire.

3 Recueillez des informations et des documents sur cette entreprise et ses pratiques.

    a) Quelles sont les conséquences des activités de production de l'entreprise ?

    b) Comparez les recettes de l'entreprise avec le PIB du pays où l'entreprise est installée. Que constatez-vous ?

    c) Quelles sont les relations entre l'entreprise et le pays où elle est installée ?

4 Relevez le point de vue :
- de l'entreprise quant à sa gestion des ressources ;
- de la population touchée par les activités de l'entreprise.

5 Quelle est la position de votre organisme quant à la façon dont l'entreprise gère les ressources qu'elle exploite ? Justifiez votre position à l'aide d'arguments.

6 Énumérez les moyens à prendre pour empêcher ce type de gestion non responsable.

7 La présentation de votre campagne devrait comprendre :
- des données sur l'entreprise ;
- des exemples illustrant sa gestion non responsable des ressources ;
- des documents présentant les positions de divers intervenants sur la gestion non responsable de l'entreprise visée ;
- des pistes d'action afin d'assurer une gestion responsable des ressources ;
- des références pour les personnes qui voudraient approfondir le sujet.

8 Présentez votre campagne de sensibilisation.

Chapitre 4 LE POUVOIR

L'État, acteur clé de la vie politique, est le principal détenteur du pouvoir qui sert à organiser une société. En effet, lui seul peut imposer les lois qui encadrent un État souverain. L'État possède également la capacité d'agir selon sa volonté puisqu'il représente l'autorité suprême.

Cependant, à la suite des abus commis pendant la Seconde Guerre mondiale (crimes de guerre, crimes contre l'humanité, etc.), plusieurs États se sont mis d'accord pour créer l'Organisation des Nations Unies (ONU), où se rassemble la communauté internationale. Les règles, les normes et les institutions de cette organisation doivent favoriser la paix, la sécurité et la coopération dans le monde.

Par ailleurs, à partir des années 1980, le phénomène de la mondialisation est venu modifier le pouvoir des États dans des domaines tels que l'économie, l'environnement et la culture. Les pressions exercées par différents acteurs internationaux (organisations internationales, ONG, entreprises multinationales, médias, etc.) ont un effet direct sur la capacité d'action des États. Certains États en viennent même à abandonner une partie de leur souveraineté pour se joindre à des regroupements économiques, tel l'Accord de libre-échange nord-américain (ALENA), ou des regroupements politiques, telle l'Union européenne (UE).

Cette situation soulève deux enjeux majeurs liés à la redéfinition des pouvoirs des États, soit la capacité d'action des États et leur souveraineté dans le contexte des regroupements économiques ou politiques.

> **《** Le pouvoir n'est pas mauvais en soi. Ce qui est problématique, c'est d'en être dépourvu. **》**
>
> **Jean-Herman Guay, politologue et directeur de l'École de politique appliquée, Université de Sherbrooke**

SOMMAIRE

CONCEPTS

Concept central

□ État

Concepts particuliers

□ Droit international □ Gouvernance □ Intégration □ Souveraineté
□ Uniformisation

Concepts communs

Nation-Unies

□ Interdépendance □ Mondialisation □ Pouvoir

L'Assemblée générale des Nations Unies à New York, en 2009
(page précédente);

Une manifestation à Cannes pour défendre les cinémas nationaux,
en 2006 (à gauche);

La Cour de justice de l'Union européenne au Luxembourg (à droite).

LE PROBLÈME

La redéfinition des pouvoirs des États

CONCEPTS
- État □ Gouvernance
- Pouvoir □ Souveraineté

1 Les États dans le monde d'aujourd'hui

En 2009, la **communauté internationale** réunit environ 200 États. À chacun de ces États souverains sont associées une histoire et une culture particulières. Cependant, que les États se définissent par un régime autoritaire ou démocratique, que leur type d'organisation soit une monarchie ou une république, tous ont en commun certaines caractéristiques et certains pouvoirs.

1.1 Les caractéristiques des États dans le monde d'aujourd'hui

Tous les États comportent les caractéristiques suivantes :

- un territoire ou un espace (incluant la terre, l'air et l'eau) délimité par des frontières ;
- une population qui vit à l'intérieur des frontières du territoire, dont les membres ne partagent pas nécessairement la même langue ni la même culture ;
- un gouvernement capable d'imposer des lois à sa population et de les faire respecter au moyen d'une force légitime, par exemple une armée, un corps policier et des tribunaux ;
- la reconnaissance de l'État par les autres États et par les principales organisations internationales, dont celles des Nations Unies.

Bref, l'État est un ensemble territorial, géographiquement délimité par des frontières, dans lequel vit une population qui est gérée par un gouvernement. Celui-ci développe une façon de gérer à la fois ses **affaires internes** et ses **affaires externes**. C'est ainsi qu'un gouvernement assure la gouvernance de l'État. Il doit aussi s'assurer la reconnaissance des États les plus importants du monde afin d'être en mesure de faire entendre sa voix au sein de la communauté internationale.

Communauté internationale
Ensemble d'acteurs qui prennent part aux discussions internationales.

Affaires internes Affaires qui se passent à l'intérieur des frontières d'un État (par exemple les programmes sociaux).

Affaires externes Affaires qui concernent ce qui vient de l'extérieur des frontières d'un État (par exemple les relations internationales) et qui ont des effets sur les affaires internes.

 **Le Monténégro, un État souverain**

En 2006, le Monténégro affirmait son indépendance. Il a été reconnu comme État souverain par la communauté internationale.

Chaque État est souverain, ce qui veut dire qu'il n'existe aucune autorité supérieure à la sienne. Il peut donc gérer seul son territoire et sa population selon ses propres intérêts et selon les valeurs qu'il défend, par exemple le respect des droits humains et la démocratie. L'État souverain se définit également par un type d'organisation politique (monarchie ou république). Ses principaux rôles consistent à rédiger et à adopter des lois, à les mettre en œuvre et à les faire respecter en ayant recours à ses pouvoirs exécutif, législatif et judiciaire.

2 **La population de la Somalie en temps de guerre**

Lorsqu'un État n'est plus en mesure d'assurer la sécurité de sa population ou de diriger son territoire, il est dans son intérêt d'accepter que d'autres remplissent ces fonctions. C'est le cas de la Somalie qui, depuis 1991, est aux prises avec une guerre civile, en plus de souffrir de la famine. Malgré l'aide humanitaire et la présence de l'ONU, la situation dans ce pays demeure problématique.

● Un État souverain peut-il toujours gérer seul son territoire ? Expliquez votre réponse.

PERSPECTIVE

Les États souverains

De nos jours, il n'existe plus de territoires colonisés. En effet, le mouvement de décolonisation qui s'est étalé du XVIIIe au XXe siècle a transformé les anciennes colonies en États souverains.

À l'époque coloniale, les territoires colonisés se font imposer les décisions prises par leur métropole. C'est le cas notamment des Treize colonies britanniques avant qu'elles deviennent un État souverain, les États-Unis d'Amérique, en 1783. Par la suite, plusieurs peuples vont vouloir s'affranchir de leur métropole et devenir des États souverains afin d'exercer tous les pouvoirs.

Certaines colonies, dont le Canada et l'Australie, obtiennent leur indépendance avant la Seconde Guerre mondiale. Mais c'est après cette guerre que la plupart des colonies revendiquent leur indépendance au nom du droit à « l'autodétermination des peuples », c'est-à-dire à la reconnaissance de leur capacité à se gouverner eux-mêmes. Le monde connaît alors une vague de décolonisation, principalement en Afrique et en Asie.

Ce processus se déroule parfois dans la violence et la guerre, comme en Algérie. Ailleurs, des membres de certaines communautés culturelles cherchent à accéder à la souveraineté ou à une plus grande autonomie. C'est le cas, par exemple, des Québécois au Canada et des Tamouls au Sri Lanka.

L'Algérie, un État souverain

L'indépendance de l'Algérie est proclamée en 1962 à la suite d'un conflit armé entre les mouvements nationalistes algériens et la France.

1.2 Les trois pouvoirs des États

Un État souverain est le seul acteur qui possède le pouvoir d'agir sur son territoire. Il définit des règles de conduite et des normes qui ont pour but d'assurer la sécurité et le bon fonctionnement de la société, sans toutefois nuire à la population. Pour organiser la société, l'État s'appuie sur trois grands pouvoirs : législatif, exécutif et judiciaire. Dans les sociétés démocratiques, ces pouvoirs sont exercés séparément par différents acteurs, tandis que dans une monarchie absolue, par exemple, le monarque détient tous ces pouvoirs.

- Le pouvoir législatif est détenu par ceux qui discutent, modifient et adoptent les lois.
- Le pouvoir exécutif est exercé par ceux qui prennent des décisions en vue de mettre en œuvre les lois adoptées par le pouvoir législatif.
- Le pouvoir judiciaire est assuré par ceux qui interprètent ces lois et qui veillent à ce qu'elles soient respectées.

Ces pouvoirs permettent à l'État de décréter des lois, de les mettre en œuvre et d'appliquer des solutions aux problèmes rencontrés dans les différents domaines qui touchent l'ensemble de sa population.

3 L'estimation des dépenses budgétaires des États-Unis, en 2009

Les domaines où l'État intervient sont nombreux, comme l'illustre cet exemple de budget gouvernemental.

- À quel domaine les États-Unis ont-ils prévu consacrer le plus d'argent en 2009 ?

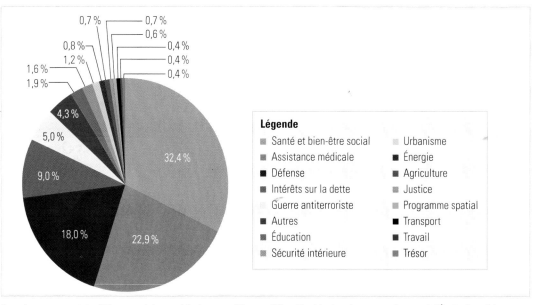

Légende

- Santé et bien-être social
- Assistance médicale
- Défense
- Intérêts sur la dette
- Guerre antiterroriste
- Autres
- Éducation
- Sécurité intérieure
- Urbanisme
- Énergie
- Agriculture
- Justice
- Programme spatial
- Transport
- Travail
- Trésor

Données provenant de différents médias américains compilées par Gilles Vandal, chercheur et professeur à l'École de politique appliquée de l'Université de Sherbrooke, pour « Institutions politiques des États-Unis », Université de Sherbrooke.

VU D'ICI

Le système politique canadien

Le pouvoir exécutif du Canada est confié à la représentante de la reine. Toutefois, le véritable pouvoir d'action est détenu par le gouvernement. Celui-ci a besoin de la majorité des députés de la Chambre des communes pour faire adopter des lois. Lorsque le gouvernement élu est minoritaire, il doit rechercher l'appui de députés qui ne sont pas membres de son parti. Le fait de ne pas former un gouvernement majoritaire peut, par conséquent, limiter le pouvoir d'action du gouvernement.

Le pouvoir législatif est détenu par la Chambre des communes, composée de députés élus, et par le Sénat, formé de membres nommés par le premier ministre. Leur principale fonction consiste à valider les projets de lois que leur soumet l'exécutif.

Ceux qui détiennent le pouvoir judiciaire, les juges de la Cour suprême, sont nommés par le gouvernement et ne peuvent pas être démis de leurs fonctions. Cette précaution vise à garantir l'indépendance des juges à l'égard des pouvoirs exécutif et législatif.

1.3 L'organisation des États

Le monde contemporain compte de plus en plus d'États démocratiques où les pouvoirs législatif, exécutif et judiciaire sont exercés séparément. Cependant, dans certains États caractérisés par un régime autoritaire, les pouvoirs sont concentrés entre les mains d'une seule personne ou d'un seul groupe. De plus, il existe aujourd'hui deux types d'organisation des États: la monarchie et la république.

PERSPECTIVE

L'organisation des États selon les époques

La plupart des États du monde ont connu différents types d'organisations au cours de leur histoire. Les systèmes politiques se sont transformés au gré des guerres, des révolutions ou des mouvements de pensée qui ont modifié la culture politique de chacun des États. Ainsi, à l'époque médiévale, la monarchie est le type d'organisation le plus courant dans le monde occidental. En Europe, les monarques détiennent des pouvoirs étendus. Ils considèrent même que leur pouvoir est de « droit divin », c'est-à-dire qu'ils ont été choisis par Dieu pour gouverner.

À partir du XVIe siècle, l'évolution de la pensée politique de même que l'insatisfaction des élites et du peuple à l'égard de leurs dirigeants entraînent des bouleversements dans l'organisation de l'État. Les populations souhaitent en effet que l'État tienne réellement compte de leurs intérêts dans ses décisions. Ce mouvement conduit à la démocratisation de l'État, notamment par l'exercice du droit de vote par les citoyens.

Au fil du temps, de plus en plus d'États occidentaux en viennent ainsi à se définir comme des États de droit. Les règles et les normes qui caractérisent ce type d'État assurent désormais aux citoyens une protection contre les formes arbitraires du pouvoir, où les décisions ne résultent pas d'une consultation générale. Ce modèle d'État s'étend par la suite à l'ensemble de la planète, à la faveur des mouvements de décolonisation.

Une rencontre entre Tony Blair, alors premier ministre du Royaume-Uni, et la reine Élisabeth II, en 2005

Cette rencontre illustre l'évolution dans les types d'organisation de l'État. Les pouvoirs que possédait autrefois la reine sont aujourd'hui restreints par le Parlement. Le premier ministre, élu par la population, doit toutefois rendre compte des décisions du Parlement à la reine, mais c'est lui qui détient les véritables pouvoirs.

1.3.1 La monarchie

Le monde contemporain compte 47 monarchies. Dans une monarchie, le pouvoir se transmet de façon héréditaire entre les membres d'une famille. Le monarque (roi ou reine) détient tous les pouvoirs de l'État. De plus, dans ce type d'État non démocratique, la population n'est pas représentée au sein du gouvernement. Par exemple, l'Arabie saoudite est une monarchie absolue où le pouvoir est détenu par la famille Saoud.

Cependant, aujourd'hui, plusieurs États, dont le Royaume-Uni, le Japon et le Canada, sont des monarchies constitutionnelles. Dans ce type de monarchie, une **constitution** limite les pouvoirs du monarque et délègue les pouvoirs législatif, exécutif et judiciaire à un premier ministre ou à un Parlement. Ce type d'organisation est démocratique. En effet, la population y exerce des droits politiques qui lui permettent de se faire entendre.

> **Constitution** Document légal qui dicte l'organisation d'un État. La Constitution décrit les règles et les coutumes sur lesquelles s'appuie l'État ainsi que les rapports entre les gouvernants et les gouvernés.

1.3.2 La république

Dans une république, le chef de l'État est élu démocratiquement. Il arrive cependant qu'il soit nommé ou désigné, comme c'est le cas en République populaire de Chine. Les 148 républiques du monde contemporain n'ont donc pas toutes le même niveau de démocratie.

Par exemple, les États-Unis forment une république dans laquelle le niveau de démocratie est très élevé. Personne n'est au-dessus des lois, pas même le président, qui est l'acteur le plus important de cet État. En effet, la Constitution américaine définit, au moyen d'une procédure appelée « *impeachment* », la possibilité de démettre le président de ses fonctions. Cette façon de faire permet de s'assurer, en théorie, que les décisions sont prises en fonction du bien de l'ensemble de la société.

4 Des élections, en Chine

En Chine, il est possible de voter pour plusieurs candidats. Toutefois, pour voter, il faut être membre d'un parti, et le seul parti réglementaire est le Parti communiste, au pouvoir depuis 1949.

La Chine est-elle une démocratie ? Expliquez votre réponse.

QUESTIONS d'interprétation ▪ CD 1

1 Qu'est-ce qu'un État souverain ?

2 Quels sont les pouvoirs d'un État ?

3 Quelle est la différence principale entre un État démocratique et un État non démocratique ?

2 Des pouvoirs redéfinis dans un contexte de mondialisation

Les États exercent leurs pouvoirs pour satisfaire les besoins économiques, sociaux et culturels de leur population. Ils entretiennent également des relations avec les autres États du monde. Grâce à la coopération internationale, certains États parviennent à mieux répondre aux besoins de leurs citoyens. Par ailleurs, les États doivent s'adapter au contexte de la mondialisation.

2.1 La communauté internationale

En plus des États, la communauté internationale comprend des organisations non gouvernementales, des organisations internationales, des entreprises multinationales et des médias importants. Tous ces acteurs peuvent être amenés à jouer un rôle, que ce soit dans les affaires internes ou dans les affaires externes des États. Le rôle de la communauté internationale consiste notamment à veiller aux besoins des États en matière de sécurité, de richesse et de moyens de communication, ainsi qu'à assurer une égalité entre eux.

Les États membres de la communauté internationale se réunissent pour conclure des ententes, des alliances ou des accords commerciaux, et discuter des enjeux qui touchent la planète. Les États ont donc tout intérêt à participer à des rencontres internationales afin de prendre part aux décisions. Il reste que leur participation à cette communauté les oblige parfois à faire des compromis. Ainsi, les États doivent respecter les règles que leur imposent les ententes, les alliances ou les accords commerciaux.

5 La Corée du Nord, membre de l'Organisation des Nations Unies (ONU) depuis 1993

Les États qui voudraient se dissocier de la communauté internationale, par exemple en ne participant pas aux ententes, risquent de se retrouver isolés. C'est pourquoi la Corée du Nord, un État pourtant peu enclin à la coopération internationale pour des raisons idéologiques, est devenue membre de l'ONU. Ici, l'ambassadeur de la Corée du Nord aux Nations Unies (à gauche) rencontre le secrétaire général des Nations Unies, Ban Ki-moon (à droite), en 2008.

Lorsqu'un État se dissocie de la communauté internationale, à quelles conséquences peut-il s'attendre?

La participation du Canada à la mission en Afghanistan, en 2001, était attendue par ses partenaires de l'Organisation du Traité de l'Atlantique Nord (OTAN). Ainsi, le gouvernement a fait un choix influencé par cette alliance.

« Les Nations Unies se tournent vers l'OTAN pour assurer la stabilité et établir une paix durable en Afghanistan, conditions essentielles au développement de ce pays et à l'amélioration de sa gouvernance. La participation du Canada à l'alliance de l'OTAN a servi nos intérêts en matière de politique et de sécurité ; cette participation remonte à près de 60 ans, depuis les premières années de la Guerre froide [...]. Le plus souvent, il a été dans l'intérêt du Canada de jouer un rôle actif à l'intérieur d'une organisation constituée de démocraties et accordant à chaque pays membre la possibilité de se faire entendre en vue de préserver notre sécurité mutuelle. [...] Si l'OTAN obtient des résultats probants dans le cadre de ce conflit, cela servira du même coup les intérêts du Canada en matière de sécurité. »

Gouvernement du Canada, Groupe d'experts indépendant sur le rôle futur du Canada en Afghanistan, *Rapport officiel Manley* [en ligne], janvier 2008, p. 24, réf. du 6 août 2009.

● Selon ce rapport, pourquoi le Canada fait-il partie de l'OTAN ?

2.2 La redéfinition des pouvoirs des États

Depuis les années 1980, la mondialisation des échanges commerciaux accentue l'interdépendance des États. Les biens, les produits et les services se négocient maintenant à l'échelle planétaire. Dans cette zone commerciale désormais sans frontières, et donc difficilement contrôlable par les États, les transactions financières dépassent les dix mille milliards de dollars par année. Le phénomène de la mondialisation modifie la façon de consommer, de produire et de communiquer, ce qui engendre des problèmes de gouvernance pour les États.

7 **L'inégale répartition de la richesse au Brésil**

La Chine, l'Inde et le Brésil connaissent une croissance économique. Cependant, le rythme de cette croissance est plus rapide que celui de la réduction de la pauvreté. C'est pourquoi l'écart entre les riches et les pauvres augmente. Il reste que, si ces sociétés renonçaient à participer à la mondialisation des marchés, elles pourraient nuire à leur prospérité et réduire leur importance au sein de la communauté internationale. Ainsi, la mondialisation provoque des problèmes dans certains États, notamment en ce qui concerne la répartition de la richesse.

● Quel problème de gouvernance la croissance économique pose-t-elle aux États émergents comme le Brésil ?

2.2.1 Une redéfinition politique

Au sein de la communauté internationale, la majorité des décisions se prennent en groupe. L'avantage de ce processus est qu'il vise un compromis équitable pour tous. Par contre, dans ces conditions, les États ne peuvent garantir que l'accord comblera toutes leurs attentes.

Devant les contraintes du système actuel, les États tentent de se rapprocher d'autres États avec lesquels ils partagent les mêmes besoins et valeurs, ou qui sont situés à proximité. En se regroupant, ils bénéficient d'avantages économiques et politiques. Ils préviennent ainsi l'isolement, créent des conditions favorables pour les échanges et favorisent les négociations internationales. Par ailleurs, les États qui font partie d'un regroupement doivent s'entendre sur des questions économiques ou politiques. Ils voient donc leur capacité d'action limitée par les décisions du regroupement. Ils sont également tenus de se conformer aux résolutions adoptées par la majorité.

8 **Un regroupement important : l'Union européenne (UE)**

Les États européens qui désirent avoir plus d'importance sur la scène internationale tendent à se regrouper. L'UE est la forme la plus évoluée de regroupement qui dépasse la sphère économique pour s'étendre à la sphère politique.

● Quels sont les avantages du regroupement pour les États ?

2.2.2 Une redéfinition sociale

La population mondiale subit elle aussi les contrecoups des transformations qui découlent de la mondialisation. Cette situation incite certaines sociétés à jeter un nouveau regard, plus critique, sur leur mode de vie. De plus, l'omniprésence des médias permet aux populations de s'ouvrir aux réalités des autres et de mieux saisir la leur. Grâce à cette révolution de l'information, les citoyens exercent eux aussi une influence sur les décisions des gouvernements.

QUESTIONS d'interprétation   CD 1

1 Comment la communauté internationale peut-elle redéfinir les pouvoirs des États ?

2 Quels sont les acteurs qui interviennent dans la redéfinition de l'État ? Nommez-en au moins quatre.

3 Dans quel contexte général les États sont-ils amenés à revoir leurs façons de faire ?

Question bilan

4 Résumez dans vos mots le problème présenté dans la partie « État des lieux ».

1 ## Quel est le rôle des organisations internationales (OI) dans la communauté internationale ?

La communauté internationale regroupe des États qui veulent collaborer avec des OI. Le rôle de coordination assumé par les OI favorise l'entente entre les membres de la communauté internationale.

1.1 L'origine des OI

Au lendemain de la Seconde Guerre mondiale, les dirigeants des pays occidentaux cherchent un moyen de préserver la paix et la sécurité mondiales. Ils veulent créer une institution qui aurait un mandat de médiation internationale en cas de conflit ou de mésentente entre des États. Cette institution veillerait également à tempérer efficacement les excès de certains États, par exemple dans le cas de l'utilisation des armes nucléaires, qui ont fait de nombreux ravages parmi les populations civiles pendant cette guerre mondiale.

Médiation Processus de résolution de conflit dans lequel l'intervention d'un tiers facilite les négociations. L'Organisation des Nations Unies (ONU) joue souvent le rôle de médiateur dans les conflits internationaux.

PERSPECTIVE

L'échec de la Société des Nations

La Société des Nations (SDN), première véritable OI, est créée en 1919 par les principaux États vainqueurs de la Première Guerre mondiale, soit le Royaume-Uni, les États-Unis, la France, la Russie et l'Italie. Cette organisation, qui est en quelque sorte l'ancêtre de l'ONU, vise à maintenir un climat plus sécuritaire en Europe. Dans le but d'améliorer la qualité de vie des populations, elle met l'accent sur le désarmement et le règlement de conflits par la négociation. La SDN ne parvient toutefois pas à empêcher la Seconde Guerre mondiale. Son échec se manifeste en 1939 par le déclenchement de la guerre.

L'échec de la SDN démontre que, pour être efficace, ce type d'organisation doit avoir la capacité de faire respecter ses jugements. Or, la seule mesure contraignante dont dispose la SDN consiste en des sanctions économiques (boycottage de produits et imposition de taxes ou d'amendes, etc.).

Ainsi, au moment de sa formation, l'ONU va veiller à inclure le plus d'États possible et à se donner les moyens d'intervenir en cas de tension.

Le Palais des Nations à Genève, en Suisse
Jusqu'en 1946, le Palais des Nations est le siège de la SDN. En 1966, il devient le siège de l'ONU en Europe.

Constituée en 1945, l'ONU s'impose rapidement comme la nouvelle gardienne de l'ordre mondial. La Charte des Nations Unies, qui jette les bases de l'ONU, établit le principe fondamental de l'Organisation, soit l'égalité souveraine entre ses membres. Seuls les États pacifiques qui se conforment aux obligations de la Charte peuvent devenir membres de l'Organisation. Sa création a aussi entraîné l'émergence d'un grand nombre d'OI orientées vers la coopération entre les États sur divers sujets et enjeux (économie, science, etc.). En 2009, l'ONU compte 192 États membres.

1.2 La fonction des OI

Les OI sont formées par les États souverains qui choisissent d'y adhérer. Elles sont dotées d'une structure permanente qui détermine leur fonctionnement et assure le suivi de leur mission. La majorité des OI sont dirigées par une personne nommée à la présidence ou qui agit à titre de secrétaire général.

Les échanges qui se déroulent au sein des OI mènent souvent à la conclusion d'accords portant sur des sujets d'intérêt commun aux États membres. Ainsi, les OI ont pour fonction de favoriser une gouvernance mondiale dans certains domaines, notamment la paix et la sécurité, l'économie, la justice sociale et l'environnement. Pour y arriver, elles établissent des normes ou des règles que les États signataires s'engagent à respecter.

9 Quelques exemples d'OI

Domaine d'activité	Nom de l'OI	Fonction
Globale	ONU et ses ramifications	Assurer la paix et la sécurité internationales tout en développant la coopération entre les États.
Économique	Banque mondiale	Favoriser le développement économique à long terme.
	Fonds monétaire international (FMI)	Promouvoir la coopération monétaire internationale afin d'assurer la croissance économique mondiale.
	Organisation de coopération et de développement économique (OCDE)	Offrir une expertise liée à l'économie de marché en fournissant des données et des statistiques qui permettent d'orienter les décisions.
	Organisation mondiale du commerce (OMC)	Faire respecter les règles régissant le commerce international et régler les conflits commerciaux.
Juridique	Haut-commissariat des Nations Unies pour les réfugiés (UNHCR)	Protéger les réfugiés et s'assurer de trouver des solutions concrètes et durables à leurs problèmes.
Militaire	Organisation du Traité de l'Atlantique Nord (OTAN)	Offrir aux États membres une assistance en temps de guerre ou d'agression.
Régionale	Organisation internationale de la francophonie (OIF)	Regrouper des pays francophones afin de promouvoir leur culture et certaines valeurs démocratiques.
	Union européenne (UE)	Représenter l'union économique et la gouvernance d'États liés par leur proximité.
Technique	Union postale universelle (UPU)	Assurer le service des postes à l'échelle internationale.

ONU, OCDE, OTAN, OIF et UE [en ligne], réf. du 10 novembre 2009.

Il existe d'autres organisations formées par les États en vue d'accroître la coopération, tels les sommets internationaux et les forums de discussion. Toutefois, ces organisations n'ont pas de structure permanente. À vocation politique, économique, scientifique ou culturelle, elles offrent aux participants (ministres, dirigeants, etc.) une occasion de se rencontrer pour discuter de certains sujets d'intérêt international.

Le sommet des Grands (G6, G7 et G8)

Le sommet des Grands, un groupe de discussion et de partenariat économique, est créé en 1975 par six des plus puissants États de cette époque : la République fédérale d'Allemagne, les États-Unis, la France, l'Italie, le Japon et le Royaume-Uni. Ce groupe aborde alors de façon informelle des questions économiques et financières. L'année suivante, le Canada se joint au Groupe des six (G6), qui prend le nom de G7. Puis, au moment de l'intégration de la Russie en 1998, le G7 devient le G8. D'autres États, caractérisés par une économie émergente, devraient faire leur entrée dans le groupe prochainement.

Contrairement aux OI, le G8 n'a pas de structure permanente. À chaque rencontre, le groupe dresse une liste de sujets qui seront discutés au cours du sommet. Cependant, le G8 ne permet pas de créer un dialogue entre les pays industrialisés et les pays émergents. C'est pourquoi, le 25 septembre 1999, à Washington, le Groupe des 20 (G20) fait son apparition, en marge du G8.

Le Groupe des huit (G8)

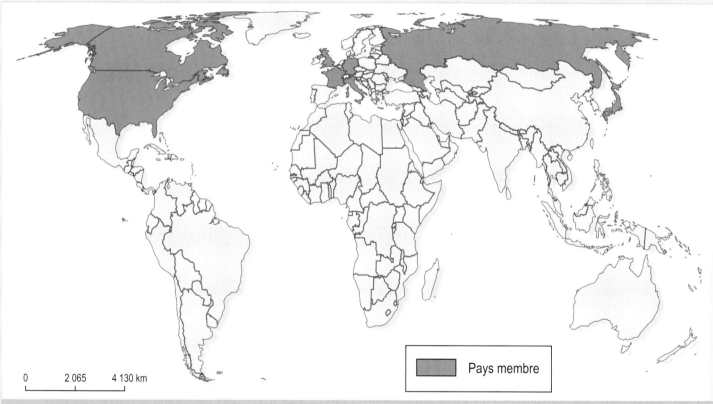

Pays membre

0   2 065   4 130 km

D'après Ressources naturelles Canada, *L'Atlas du Canada* [en ligne], 2007, réf. du 31 août 2009.

1.3 L'ONU

L'ONU est la plus importante des OI, car elle réunit la majorité des États du monde. L'Organisation aborde plusieurs aspects de la gouvernance. Son but général est de maintenir la paix et la sécurité internationales, tout en développant la coopération entre les États. L'ONU possède des bureaux partout dans le monde.

Comme les autres OI, l'ONU est un forum de discussion. Les pourparlers conduisent à l'adoption de résolutions que les États membres doivent ensuite respecter. L'Organisation peut également agir comme médiatrice quand surviennent des différends internationaux sur divers sujets (brevets scientifiques, culture, conflits, etc.).

La Charte des Nations Unies

Les États membres de l'ONU ont adopté la Charte des Nations Unies, qui définit les buts, les règles et les façons de faire de l'Organisation. Cette charte guide la diplomatie internationale.

« Les buts des Nations Unies sont les suivants :

1. Maintenir la paix et la sécurité internationales et à cette fin : prendre des mesures collectives efficaces en vue de prévenir et d'écarter les menaces à la paix [...], et réaliser, par des moyens pacifiques [...], l'ajustement ou le règlement de différends ;

2. Développer entre les nations des relations amicales fondées sur le respect du principe de l'égalité de droits des peuples et de leur droit à disposer d'eux-mêmes [...] ;

3. Réaliser la coopération internationale en résolvant les problèmes internationaux d'ordre économique, social, intellectuel ou humanitaire, en développant et en encourageant le respect des droits de l'homme et des libertés [...] »

ONU, *Charte des Nations Unies* [en ligne], chapitre 1, article 1, 1946, réf. du 31 août 2009.

● Quels rôles joue l'ONU dans la communauté internationale ?

11 **L'organigramme de l'ONU**

L'ONU est constituée de six organes principaux qui jouent chacun un rôle dans l'Organisation. Les délégués des États membres siègent également à l'Organisation mondiale de la santé, à l'Organisation des Nations Unies pour l'éducation, la science et la culture, ou au Fonds des Nations Unies pour l'enfance.

[note manuscrite : G-B, É-U, Russie, Chine, Brésil]

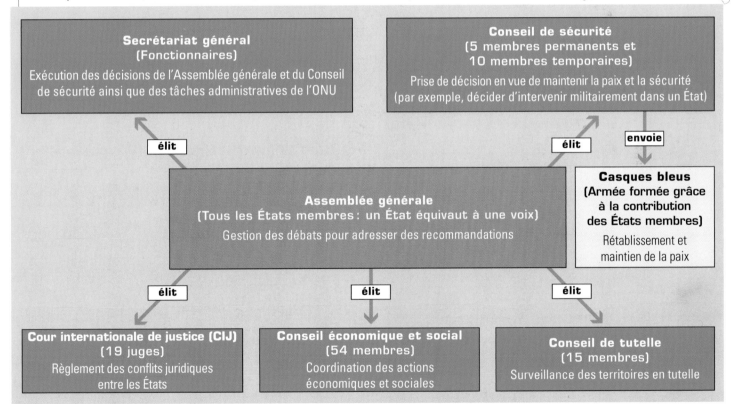

Secrétariat général
(Fonctionnaires)
Exécution des décisions de l'Assemblée générale et du Conseil de sécurité ainsi que des tâches administratives de l'ONU

Conseil de sécurité
(5 membres permanents et 10 membres temporaires)
Prise de décision en vue de maintenir la paix et la sécurité (par exemple, décider d'intervenir militairement dans un État)

élit — élit — envoie

Casques bleus
(Armée formée grâce à la contribution des États membres)
Rétablissement et maintien de la paix

Assemblée générale
(Tous les États membres : un État équivaut à une voix)
Gestion des débats pour adresser des recommandations

élit — élit — élit

Cour internationale de justice (CIJ)
(19 juges)
Règlement des conflits juridiques entre les États

Conseil économique et social
(54 membres)
Coordination des actions économiques et sociales

Conseil de tutelle
(15 membres)
Surveillance des territoires en tutelle

D'après ONU, *Structure et organisation* [en ligne], 2009, réf. du 6 novembre 2009.

[note manuscrite : 2° Guerre Mondiale]

QUESTIONS d'interprétation   CD 1

1 Quel événement a favorisé l'émergence de nombreuses OI dans le monde ?

2 Pourquoi les États participent-ils à des OI ?

[note manuscrite : échanger sur des sujets internationaux]

3 Pourquoi l'ONU est-elle l'organisation internationale la plus importante dans la communauté internationale ?

[note manuscrite : la majorité des pays du monde, paix, médiation, coopération entre eux]

Pouvoir d'influence
Pouvoir d'exercer une influence ou de persuader par la négociation afin d'obtenir un comportement désiré.

Pouvoir de force Pouvoir d'obtenir un comportement désiré par la force, c'est-à-dire par la contrainte.

2 Quels sont les pouvoirs des organisations internationales (OI) dans la communauté internationale ?

Par l'intermédiaire des OI, la communauté internationale est appelée à prendre des décisions. Les États sont par ailleurs responsables de la mise en application des décisions de gouvernance collective. En effet, les OI ne peuvent pas contraindre les États à respecter les ententes qu'ils ont signées. Cependant, le pouvoir d'influence des OI est déterminant quand vient le moment pour un État de prendre ou de modifier une décision.

2.1 Le pouvoir d'influence

Les OI misent sur la négociation et le règlement pacifique des différends. C'est ainsi que les États parviennent à concevoir et à organiser des actions communes à l'intérieur des OI, des sommets et des forums de discussion auxquels ils participent. Les OI exercent donc un pouvoir d'influence sur les États.

La signature d'un accord est souvent l'aboutissement de jeux d'influence, ou de marchandages, au moyen desquels les États tentent de préserver leurs intérêts. La lenteur et, parfois même, la stagnation des négociations peuvent ralentir la capacité d'action des OI. Par ailleurs, les États peuvent refuser de signer ou d'appliquer une entente, par exemple parce qu'ils jugent que celle-ci ne sert pas leurs intérêts. En fin de compte, rien ne peut obliger les États à adopter une ligne de conduite recommandée par une OI.

12 L'aide de l'Organisation des Nations Unies (ONU) au Maroc

En 2009, le secrétaire général de l'ONU, Ban Ki-moon, appuie les démarches pacifiques du Maroc en vue d'accorder une plus grande autonomie au territoire du Sahara. M. Mostafa Sahel, représentant permanent du Maroc à l'ONU, a demandé le soutien de l'Organisation afin de faciliter les négociations.

Quelle aide l'ONU peut-elle apporter au représentant du Maroc dans cette situation ?

2.2 Le droit international : une ligne de conduite

Le droit international est une forme de pouvoir d'influence mis en place par les États de la communauté internationale. Il est constitué d'un ensemble de coutumes, d'ententes et de principes internationaux qui définissent une ligne de conduite dans les relations internationales. Le droit international inclut le droit à l'intervention sur les territoires extérieurs, la reconnaissance des États, le droit relatif aux territoires marin, aérien et spatial, l'économie, les obligations et les traités internationaux, les droits humains, ainsi que le règlement des différends armés.

Le droit international est un droit appliqué de façon volontaire, car il n'existe pas de gouvernement mondial disposant des pouvoirs législatif, exécutif et judiciaire qui obligeraient les États à s'y soumettre. Cependant, les États respectent généralement les jugements et les résolutions qui s'appuient sur le droit international, notamment ceux des OI qui ont un certain pouvoir de décision. C'est le cas, entre autres, de la Cour internationale de justice (CIJ), de la Cour pénale internationale (CPI), de l'Organisation mondiale du commerce (OMC) et du Fonds monétaire international (FMI). En respectant le droit international, les États soignent en quelque sorte leur réputation.

2.3 Le pouvoir de force

Malgré leur vocation pacifique, certaines OI disposent d'un pouvoir de force. Elles peuvent donc imposer des décisions à leurs membres. Ces décisions peuvent se concrétiser par des sanctions économiques ou par une intervention militaire qui ébranlent les pouvoirs des États concernés.

2.3.1 Le Conseil de sécurité de l'ONU

Même si l'ONU se définit comme une organisation démocratique (un État équivaut à un vote), son Conseil de sécurité regroupe surtout les grandes puissances. Or, seul le Conseil de sécurité peut décider d'intervenir dans une zone de conflits. Il détient donc le pouvoir de force nécessaire pour faire respecter certaines décisions de l'ONU. Lorsque le Conseil demande une intervention militaire, par exemple l'envoi de Casques bleus, l'implication des États est essentielle. En effet, ce sont eux qui fournissent des troupes à l'ONU. Cependant, le Conseil de sécurité ne peut pas obliger un État à déployer des troupes en territoire souverain.

13 **L'utilisation du pouvoir de force**

Le génocide au Rwanda a été un échec pour les Casques bleus, car l'ONU a tardé à y envoyer plus d'effectifs. Ce génocide a fait plus de 800 000 morts en 1994. Le massacre a été commis sous les yeux de la communauté internationale. Malgré sa capacité à employer un pouvoir de force dans une telle situation, l'ONU n'a pas réussi à résoudre le conflit.

● Le fait de détenir un pouvoir de force permet-il à l'ONU de maintenir la paix et la sécurité dans le monde ? Expliquez votre réponse. *Non.* *Génocide de Rwanda? n'a* *pas résolu le conflit.* *Droit de veto.*

2.3.2 La Cour internationale de justice (CIJ) et la Cour pénale internationale (CPI)

D'autres organes d'OI détiennent également un pouvoir de force. Par exemple, la CIJ rend des jugements sur divers litiges qui opposent des États, notamment en ce qui concerne le droit international, le commerce et le recours à la force. La CPI a, quant à elle, le pouvoir de sanctionner les individus. Indépendante de l'ONU, la CPI est chargée de punir les auteurs de crimes de guerre (génocide, nettoyage ethnique, etc.). Son existence officielle a été reconnue par le Statut de Rome, en 2002.

La CPI poursuit les enquêtes amorcées par les autorités des pays où ont été commis les crimes. Elle a jugé des auteurs de crimes commis dans les années 2000 en Ouganda, en République démocratique du Congo, au Darfour et en République sud-africaine. En plus de punir les criminels internationaux, la CPI soutient les pays qui ont besoin d'aide.

14 **Des recours judiciaires contre les criminels de guerre**

Avant que l'existence légale de la CPI soit reconnue, les criminels de guerre accusés d'avoir violé les droits humains pouvaient être traduits devant des tribunaux pénaux internationaux (TPI). Ces tribunaux ponctuels (il y en a eu deux) sont toutefois dissous une fois les procès terminés. L'ancien dirigeant serbe Radovan Karadzic a été traduit devant le TPI pour l'ex-Yougoslavie, créé en 1993. Il a été accusé d'avoir organisé un génocide durant la guerre de Bosnie (de 1992 à 1995).

● À l'aide de quel organe les recours judiciaires sont-ils possibles ?

Plusieurs États, dont les États-Unis, la Chine et la Russie, n'ont pas ratifié le Statut de Rome et ne reconnaissent donc pas son autorité.

« Article premier LA COUR

Il est créé une Cour pénale internationale ("la Cour") en tant qu'institution permanente, qui peut exercer sa compétence à l'égard des personnes pour les crimes les plus graves ayant une portée internationale, au sens du présent Statut. Elle est complémentaire des juridictions pénales nationales. [...]

Article 4 RÉGIME ET POUVOIRS JURIDIQUES DE LA COUR

[...] La Cour peut exercer ses fonctions et ses pouvoirs, comme prévu dans le présent Statut, sur le territoire de tout État Partie et, par une convention à cet effet, sur le territoire de tout autre État. »

Cour pénale internationale, *Statut de Rome de la Cour pénale internationale* [en ligne], 2002, p. 3-4, réf. du 31 août 2009.

● Selon vous, pourquoi certains États refusent-ils de ratifier le Statut de Rome ?

2.3.3 L'Organisation mondiale du commerce (OMC)

L'OMC est une autre OI qui dispose d'un pouvoir de force. Mise en œuvre en 1995, elle s'est dotée d'institutions permanentes et d'un pouvoir de sanction à l'égard des États reconnus fautifs.

L'OMC est chargée d'aider les producteurs, les exportateurs et les importateurs à mener leurs activités, par exemple en réduisant les obstacles au libre-échange. Elle peut donc sanctionner les pays qui ne suivent pas les règles établies par les États membres. Par l'entremise de l'Organe de règlement des différends (ORD), l'OMC peut trancher une question en cas de litige. Les sanctions de l'ORD sont essentiellement économiques. Par exemple, un État peut être obligé de dédommager un autre État pour avoir désobéi aux ententes signées dans le contexte de l'OMC. Même si rien n'oblige un État à se conformer à un jugement, les pressions économiques que peuvent exercer sur lui les États membres de l'OMC l'y incite fortement.

16 **Les pouvoirs de l'OMC sur les États**

L'ORD possède le pouvoir de réprimander les États fautifs. Il peut donc obliger un État à se soumettre à la loi.

« [Les États] doivent se conformer aux règles qu'ils ont négociées ; s'ils ne le font pas, ils doivent alors donner suite aux décisions rendues par l'Organe de règlement des différends (ORD) de l'OMC en changeant les règles incriminées — faute de quoi, ils endurent les représailles des États lésés et dûment autorisées par l'ORD. Dans les premières années de l'existence de l'OMC, les verdicts rendus étaient très favorables aux États-Unis. Aujourd'hui, les jugements ont tendance à être plus équilibrés et n'hésitent pas à condamner les plus forts. »

Jean-Christophe Graz, *La gouvernance de la mondialisation*, Éditions La Découverte, Paris, 2008, p. 83.

● Dans ce texte, que reproche-t-on à l'ORD ?

QUESTIONS d'interprétation   CD 1

1 En quoi consiste le pouvoir d'influence des OI ?

2 Pourquoi dit-on que le droit international est une forme de pouvoir d'influence ?

3 Les OI peuvent-elles exercer un pouvoir de force ? Expliquez votre réponse.

3 Comment la diplomatie internationale d'un État peut-elle avoir un impact sur la gestion de ses affaires internes?

La diplomatie internationale permet aux États d'entretenir des relations et de se réunir en adhérant à des organisations internationales (OI). Elle favorise les négociations en vue de conclure des ententes. Ces ententes permettent aux États d'élaborer les règles et les normes qui fondent le droit international.

Les États membres de l'Organisation des Nations Unies (ONU) s'engagent à respecter le droit international. Ce sont eux qui disposent du pouvoir d'appliquer ce droit en instaurant des mesures sur leur territoire. Les politiques menées à l'intérieur même des États sont donc soumises à l'influence de la diplomatie internationale.

3.1 L'engagement des États

La politique internationale d'un État a des conséquences sur ses politiques nationales. Ainsi, il arrive qu'il y ait des différences entre les objectifs d'un État souverain et ceux des ententes internationales, qu'il est « obligé » de respecter. En effet, pour conclure des ententes internationales, les États doivent se mettre d'accord sur des questions délicates et délaisser certains de leurs objectifs nationaux. Ils doivent donc faire des concessions afin de se plier aux décisions prises par la majorité. Par exemple, des États peuvent être amenés à réduire les budgets alloués à certains programmes pour investir dans des mesures qui leur permettront d'atteindre des objectifs internationaux, comme ceux liés à la lutte contre la pollution.

À une époque où les échanges se font à l'échelle mondiale, les ententes multilatérales signées entre plusieurs parties sont privilégiées. L'atteinte des objectifs individuels des États est donc devenue plus complexe.

---

17 **L'interdiction relative aux essais nucléaires en Corée du Nord**

En 1985, la Corée du Nord a ratifié le Traité sur la non-prolifération des armes nucléaires, qui vise à mettre fin au développement et à l'utilisation des armes nucléaires. Même si la Corée du Nord s'est retirée de ce traité en 2003, diverses OI, dont l'ONU et l'Organisation du Traité de l'Atlantique Nord, ont jugé inacceptables les essais nucléaires entrepris par la Corée du Nord en 2006. Les OI lui ont donc imposé des sanctions économiques. Il semblerait toutefois que, en 2009, la Corée du Nord poursuivait encore ses essais nucléaires.

« Aux termes de l'accord, Pyongyang [capitale de la Corée du Nord] fermera le réacteur de Yongbyon dont dépend son programme nucléaire et autorisera des inspections internationales du site. Pour sa part, Washington envisage à la fois un adoucissement des sanctions commerciales et le dégel de ses relations avec la dictature communiste. [...] Hormis les Japonais, [...] les quatre autres nations (États-Unis, Chine, Corée du Sud et Russie) se sont engagées à fournir une aide énergétique équivalente à un million de tonnes de pétrole [à la Corée du Nord, prise] à la gorge par une pénurie chronique. La livraison se fera au compte-goutte : 50 000 tonnes de pétrole si, comme promis dans l'accord, Pyongyang ferme son réacteur nucléaire de Yongbyon dans les deux mois. Les 950 000 tonnes restantes n'arriveront à destination qu'après la désactivation totale du réacteur, approuvée par une inspection de l'Agence internationale de l'énergie atomique (AIEA). »

Reuters, Libération, « En échange d'une aide de 300 millions – Pyongyang accepte des mesures de désarmement », *Le Devoir* [en ligne], 14 février 2007, réf. du 10 septembre 2009.

Comment la communauté internationale tente-t-elle d'amener la Corée du Nord à respecter ses engagements?

Par ailleurs, bon nombre de politiques internationales se révèlent peu contraignantes pour les États. Les gouvernements s'entendent généralement sur de grands principes de gouvernance tels l'égalité, la paix et les droits fondamentaux.

Les liens diplomatiques

En encourageant le multilatéralisme, les OI amènent des États voisins à nouer des relations dans le but d'améliorer leur économie. La collaboration entre des États puissants et des États moins puissants peut aider certains États à trouver des moyens de surmonter leurs difficultés. Cependant, il survient parfois des différends qui poussent des États à rompre leurs relations diplomatiques. Lorsqu'ils sont prêts à trouver un terrain d'entente, les pourparlers reprennent. Ici, en 2006, le Sénégal et la Chine renouent leurs relations après une interruption de 10 ans.

- Quelle est l'importance des relations diplomatiques pour un État ?

Brève culturelle

La Déclaration du Millénaire

En 2000, l'Assemblée générale de l'ONU a adopté la Déclaration du Millénaire. Elle souhaitait ainsi assurer la paix et favoriser le développement durable, la protection de l'environnement, le respect des droits humains ainsi qu'une meilleure répartition de la richesse dans le monde.

En vue de déterminer les principaux objectifs du Millénaire pour le développement, 147 délégués des États membres de l'ONU se sont réunis. Ils ont décidé de modifier certaines de leurs pratiques internes afin de mener à terme les objectifs du Millénaire. Les États signataires se sont également engagés à fournir des fonds pour atteindre ces objectifs. Les États dans le besoin, de leur côté, ont mis en place des structures pour recevoir cette aide.

Les solutions de l'ONU pour réduire l'extrême pauvreté

Les objectifs du Millénaire pour le développement

Énoncé	Objectif
Réduire l'extrême pauvreté et la faim.	D'ici 2015, diminuer de moitié le nombre de personnes vivant avec moins d'un dollar américain par jour.
Assurer l'éducation primaire pour tous.	Donner accès à une formation de niveau primaire à tous les enfants.
Promouvoir l'égalité des sexes et l'autonomisation des femmes.	Enrayer les disparités entre les hommes et les femmes quant à l'accessibilité à l'emploi et à l'éducation.
Réduire la mortalité infantile.	Diminuer des deux tiers le nombre de décès chez les enfants âgés de moins de cinq ans.
Améliorer la santé maternelle.	Diminuer des trois quarts le taux de mortalité des femmes enceintes et des mères.
Combattre le VIH/sida, le paludisme et d'autres maladies.	Lutter contre la transmission du VIH/sida et la propagation des maladies graves.
Préserver l'environnement.	Viser l'intégration des principes de développement durable par les États.
	Améliorer l'accès à l'eau potable et freiner la dégradation des ressources naturelles.
Mettre en place un partenariat mondial pour le développement.	Poursuivre la mise en place d'un système commercial et financier afin de faciliter le règlement de la dette des pays pauvres, entre autres, et d'étendre le partage des technologies.

D'après ONU, *Portail de l'action du système de l'ONU sur les objectifs du Millénaire pour le développement*, réf. du 10 novembre 2009.

3.2 L'engagement des gouvernements

Tant dans les régimes autoritaires que démocratiques, les gouvernements doivent instaurer des mesures en vue d'appliquer les décisions d'un traité international. Ils doivent aussi respecter les décisions prises par une OI qui possède un pouvoir de force, comme l'Organisation mondiale du commerce. Cependant, il arrive que les institutions d'un État démocratique refusent de ratifier un traité : soit parce que les députés ne sont pas d'accord avec les concessions accordées au moment de sa signature, soit parce qu'ils jugent que le traité ne répond plus aux objectifs de l'État, ou encore que l'État n'a plus les fonds nécessaires à son application. Dans ce cas, le traité ne sera jamais appliqué par l'État. Les engagements du gouvernement sur le plan international ont donc des répercussions sur ses politiques intérieures.

Il en va de même lorsqu'un État fait appel à la Banque mondiale, au Fonds monétaire international ou à l'ONU pour remédier à une situation économique, sociale ou politique difficile. Ces OI demandent à l'État en difficulté d'entreprendre une série de réformes économiques (budget, prix de vente de ses produits, paiement de sa dette, etc.) et sociales (éducation, santé, politique de chômage, etc.). Ces réformes ont des effets sur la politique intérieure des États.

3.2.1 La difficulté de respecter les accords

Il arrive que des gouvernements aient de la difficulté à respecter les accords. Les États font alors face au dilemme suivant : poursuivre des buts individuels ou remplir leurs obligations envers la communauté internationale. Les OI ne peuvent rien faire pour obliger un État à respecter une entente. Les États, par contre, ont la possibilité d'exprimer leur mécontentement à l'égard d'un État récalcitrant, soit en lui imposant des restrictions commerciales, soit en utilisant les médias internationaux pour faire pression sur l'opinion publique. Des États peuvent, par exemple, laisser échapper intentionnellement de l'information qui sera retransmise par les médias.

19 Un traité signé, mais non ratifié par le Sénat américain

Les États-Unis ont signé la Convention internationale des droits de l'enfant. Or, ils ne l'ont jamais ratifiée. En effet, des sentences que la Convention interdit, telles que la condamnation à la peine de mort et la prison à perpétuité, sont toujours en vigueur dans certains États américains. Le Sénat des États-Unis, qu'on voit sur la photographie ci-dessous, a donc bloqué la ratification de cette convention.

La Convention internationale des droits de l'enfant est-elle appliquée aux États-Unis ? Expliquez votre réponse.

20 Contre les décisions du gouvernement du Canada

En 2007, le gouvernement du Canada affirmait que les objectifs du protocole de Kyōto étaient irréalistes et que leur application serait une embûche au développement économique du pays. Cette déclaration a fait réagir d'autres gouvernements, dont celui de la France, qui ont ratifié le protocole.

« Le président français, Nicolas Sarkozy, s'est engagé dimanche à mettre en place à ses frontières une taxe sur le carbone qui frappera les produits en provenance de pays, comme le Canada et les États-Unis, qui boudent les règles du protocole de Kyōto pour mieux pratiquer le "dumping énergétique". Le président français a pris cet engagement à l'issue du "Grenelle de l'environnement", un sommet qui réunit depuis une semaine tous les acteurs écologiques, économiques et institutionnels de France [...] »

Louis-Gilles Francœur, « Kyōto : la France taxera les récalcitrants », *Le Devoir* [en ligne], 30 octobre 2007, réf. du 10 septembre 2009.

Comment le président français veut-il inciter d'autres États à prendre des engagements quant au protocole de Kyōto ?

3.3. L'importance de la coordination

Malgré les difficultés liées à la coopération entre des acteurs internationaux, la bonne entente entre les États est parfois nécessaire. Dans le cas d'épidémies, de crises majeures ou de désastres naturels, par exemple, les États interviennent souvent sans avoir à négocier. Les OI servent alors à coordonner l'action internationale. Elles recueillent des dons, envoient les premiers répondants (Organisation mondiale de la santé, Fonds des Nations Unies pour l'enfance, etc.) ou sécurisent la zone touchée par un conflit (Casques bleus). Ce type d'intervention permet d'implanter une culture de solidarité internationale.

21 La grippe A-H1N1

Les États doivent réagir quand des crises soudaines se produisent. En 2009, les premiers décès dus à la grippe A-H1N1 ont lieu au Mexique. Étant donné l'importance du tourisme dans ce pays, la communauté internationale et l'Organisation mondiale de la santé ont mis en place des mesures pour arrêter la propagation de la maladie. Quant au Mexique, il a dû ajuster ses politiques intérieures pour démontrer qu'il maîtrisait la situation.

- Qu'est-ce qui a motivé la coopération des États dans le cas de la grippe A-H1N1?
- Comment le Mexique a-t-il réagi?

QUESTIONS d'interprétation CD 1

1 La participation à la communauté internationale est-elle contraignante pour les États? Expliquez votre réponse.

2 Quels sont les obstacles à la ratification des accords internationaux?

3 Dans quelle situation l'entente entre les acteurs internationaux est-elle nécessaire?

4 Quelles sont les conséquences de la mondialisation de l'économie sur les États ?

CONCEPTS
□ État □ Gouvernance
□ Mondialisation □ Pouvoir

La mondialisation n'est pas un phénomène nouveau. En effet, après la Seconde Guerre mondiale, les échanges entre les États se sont progressivement intensifiés grâce à l'élaboration d'accords économiques et à la création d'organisations internationales (OI), telle l'Organisation mondiale du commerce (OMC). Aujourd'hui, la présence grandissante des entreprises multinationales dans de nombreux pays a des répercussions sur les États. Puisque la richesse leur donne un pouvoir d'influence dans la communauté internationale, les États cherchent à redéfinir leur gouvernance afin de stimuler leur développement économique.

PERSPECTIVE

Du protectionnisme au libre-échange

L'économie mondiale a connu quatre grandes phases d'ouverture des frontières. Les grandes explorations marquent le début de l'ouverture des frontières. Cependant, la plupart des États européens ont alors une politique économique protectionniste. Ainsi, ils tentent de stimuler leur marché intérieur, notamment en imposant des taxes sur les importations. Comme les produits locaux se vendent moins chers que les produits importés, les entreprises nationales sont avantagées.

À partir du XVIIIᵉ siècle, l'industrialisation marque la montée du libéralisme économique. Celui-ci accorde la plus grande liberté possible aux entreprises et au marché. Entre 1870 et 1914, une première mondialisation des marchés débute grâce à la baisse des tarifs douaniers qui stimule le commerce international. Cette phase d'ouverture est freinée, entre 1914 et 1945, par un mouvement protectionniste.

À compter de 1945, une deuxième mondialisation s'amorce grâce à la multiplication des accords de libre-échange et au développement de technologies. Aujourd'hui, l'OMC assure le maintien d'un système commercial international en réduisant les obstacles au libre-échange.

---

22 Les principaux événements et mouvements liés à la mondialisation, de 1500 à aujourd'hui

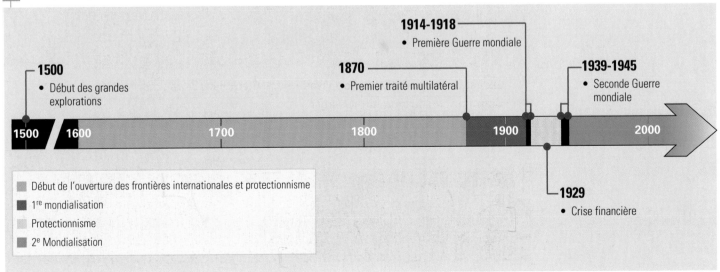

1914-1918
- Première Guerre mondiale

1500
- Début des grandes explorations

1870
- Premier traité multilatéral

1939-1945
- Seconde Guerre mondiale

1929
- Crise financière

1500 · 1600 · 1700 · 1800 · 1900 · 2000

- Début de l'ouverture des frontières internationales et protectionnisme
- 1ʳᵉ mondialisation
- Protectionnisme
- 2ᵉ Mondialisation

4.1 Les États et leur volonté de libéraliser les échanges

Les échanges commerciaux sont le principal moteur de la mondialisation. Depuis les années 1980, l'intensité des échanges augmente à un rythme sans précédent.

Les États favorisent le libre-échange afin d'assurer des emplois à la population. Pour ce faire, ils soutiennent financièrement des multinationales, multiplient les ententes commerciales et encouragent la consommation de masse, qui est à la base de leur économie. Les économies nationales deviennent ainsi de plus en plus interdépendantes, car la production et la vente de biens et de services se font à l'échelle mondiale.

4.2 Le pouvoir d'influence des multinationales

Le but d'une multinationale est de maximiser ses profits – c'est-à-dire de diminuer ses dépenses et d'augmenter ses bénéfices – en répartissant ses activités dans divers pays. Cette répartition lui permet notamment de se procurer des ressources à bas prix, d'avoir accès à une main-d'œuvre spécialisée et à des technologies à moindre coût, de multiplier les marchés où elle vend ses produits, etc. Par ailleurs, en étant présentes à l'échelle mondiale, les multinationales deviennent des acteurs influents au sein de la communauté internationale.

23 **Le chiffre d'affaires des multinationales par pays en 2009**

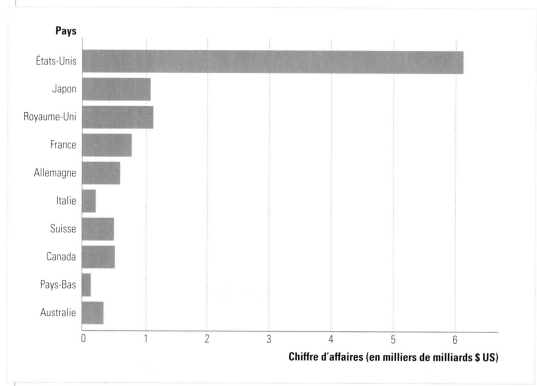

D'après « FT Global 500 2009 », *Financial Times* [en ligne], 2009, réf. du 10 novembre 2009.

● Pourquoi les multinationales ont-elles un pouvoir d'influence sur les États ?

Lobbying Action d'une personne ou d'un groupe de personnes qui défend les intérêts d'une entreprise ou d'un groupe en tentant d'influencer les décideurs.

De plus, les multinationales créent des emplois et de la richesse sur un territoire. C'est pourquoi elles exercent un pouvoir d'influence auprès des États où elles établissent leur siège social et où elles mènent des activités. Pour influencer les politiques économiques de ces États et défendre leurs intérêts, les multinationales recourent au **lobbying**.

Afin de tirer profit d'une situation contraignante pour elles, des multinationales utilisent le lobbying pour faire pression sur les États.

« Confronté depuis quelque temps à des importations massives de couches pour bébés en vrac, vendues à l'unité à un prix beaucoup moins cher que celui proposé par le géant américain, P&G [Procter & Gamble] s'est activé dès le début 2005 auprès du ministère du Commerce et de l'Industrie (MCI) pour mettre un terme à cette situation. Des responsables de l'entreprise avouent qu'ils ont "sensibilisé le MCI aux importations massives de couches de mauvaise qualité. Les autorités ont fini par prendre des mesures sanitaires et économiques qui ont permis de contourner le fléau." Dans cette démarche, P&G a aussi associé le ministère de la Santé pour l'élaboration de normes sanitaires afin de bloquer aux frontières les importations. [...] Gouvernement, administration, ONG, presse et offices constituent aujourd'hui le champ d'action des multinationales. »

Aniss Maghri, « Lobbying: comment les multinationales défendent leurs intérêts au Maroc », *La vie éco* [en ligne], 8 décembre 2006, réf. du 14 septembre 2009.

● Comment le lobbying avantage-t-il les multinationales ?

Les décisions des multinationales peuvent avoir des conséquences négatives sur certains États. Par exemple, la délocalisation de certaines activités vers des pays où les coûts de production sont moindres entraîne des pertes d'emplois dans les pays industrialisés. L'État doit alors mettre en place des politiques d'accompagnement social, de requalification et de formation des travailleurs qui ont perdu leur emploi.

Dans les pays en développement, les conséquences sont différentes. La concurrence en vue d'attirer les multinationales favorise certains États. Cependant, des États d'Afrique ou d'Asie semblent peu se soucier des normes du travail et des conditions auxquelles sont soumis les ouvriers, du moment que les entreprises créent des emplois et paient des taxes. Par exemple, la Chine compte parmi les 10 pays qui n'ont pas signé la nouvelle version de la convention de l'Organisation internationale du travail (OIT) contre le travail forcé, adoptée en 2008. Afin de tirer profit des politiques de délocalisation des grandes entreprises, la Chine rivalise avec d'autres États, tels l'Inde, l'Indonésie et le Pakistan.

4.3 Le pouvoir des États sur les entreprises

Si les entreprises ont un pouvoir d'influence sur les États, les États ont aussi un pouvoir sur les entreprises. En effet, ils sont maîtres sur leur territoire. Par conséquent, ils peuvent imposer des politiques économiques, des normes et des règles que les entreprises implantées dans leur pays doivent respecter. En ne respectant pas ces politiques et ces règles, une entreprise peut être pénalisée.

Par contre, il arrive que les États, malgré leur bonne volonté de faire respecter des normes, se trouvent dans l'impossibilité de résoudre un conflit avec une multinationale. Par exemple, en 2002, la multinationale Total, qui exerce ses activités entre autres en Birmanie (Myanmar), a reçu des plaintes au sujet d'une situation de travaux forcés. Des poursuites judiciaires ont été entreprises, sans succès, devant les cours française et belge, deux pays qui détiennent des parts dans l'entreprise.

25 **L'opposition du Royaume-Uni contre les violations des droits humains**

Le Royaume-Uni utilise une norme légale, appelée «devoir de diligence», pour accuser ses entreprises en cas de violation des droits humains en dehors de son territoire. Ainsi, en 2000, des Sud-Africaines qui souffraient de maladies liées à la présence d'amiante dans une mine de la multinationale britannique Cape Plc ont réclamé des dédommagements pour les préjudices subis dans leur travail. La cause a été portée devant la Cour suprême.

● Quel a été le recours du Royaume-Uni contre cette multinationale ?

Par ailleurs, la communauté internationale peut également influencer les pouvoirs qu'ont les États sur les entreprises. Lorsqu'un État signe un accord international, il doit mettre en place des mesures ou des lois qui lui permettent d'appliquer les principes de l'accord sur son territoire. Ainsi, les entreprises qui mènent des activités dans un pays sont contraintes de respecter les normes internationales établies.

26 **L'OIT**

- L'OIT a-t-elle du pouvoir sur ses États membres ? Expliquez votre réponse.

L'OIT collabore avec les États, les entreprises et les travailleurs de 182 États membres. Son but est de promouvoir les droits du travail, d'encourager la création d'emplois décents, de développer la protection sociale et de renforcer le dialogue dans la gestion des problèmes liés au monde du travail. L'OIT exerce un pouvoir d'influence sur les États.

« Sauf l'obligation de soumettre la recommandation à l'autorité ou aux autorités compétentes, les Membres ne seront soumis à aucune autre obligation, si ce n'est qu'ils devront faire rapport au directeur général du Bureau international du travail, à des périodes appropriées, selon ce que décidera le Conseil d'administration, sur l'état de leur législation et sur leur pratique concernant la question qui fait l'objet de la recommandation, en précisant dans quelle mesure l'on a donné suite ou l'on se propose de donner suite à toutes dispositions de la recommandation et en indiquant les modifications de ces dispositions qui semblent ou pourront sembler nécessaires pour leur permettre de l'adopter ou de l'appliquer. »

OIT, *Application et promotion des normes* [en ligne], 1996-2009, réf. du 10 septembre 2009.

Brève culturelle

La zone franche portuaire de Dongjiang

Une zone franche est une zone géographiquement délimitée dans un État, qui accorde certains privilèges aux entreprises qui y sont installées. Dans cette zone, les entreprises sont, entre autres, exemptées des frais de douanes et toutes les marchandises qu'elles produisent sont exportées.

La zone franche portuaire de Dongjiang est située dans le nord de la Chine. Couvrant une superficie d'environ 30 km², elle est l'une des plus grandes du monde. Elle comprend des quais, une section réservée à la circulation et à la transformation des matériaux, et une section pour les services.

Les États établissent des zones franches en vue d'attirer les entreprises sur leur territoire et de créer ainsi des emplois. Cependant, la déréglementation qui caractérise ces zones réduit l'emprise de l'État sur les entreprises qui y sont installées, par exemple en le privant d'importants revenus de taxes et d'impôts.

Compte tenu des avantages qu'elles procurent, les zones franches exercent un pouvoir d'attraction sur les multinationales. Celles-ci se livrent une concurrence qui suscite parfois des tensions. Il existerait environ 800 zones franches dans le monde.

La zone franche portuaire de Dongjiang, en 2009

QUESTIONS d'interprétation

CD 1

1 Quels moyens les États peuvent-ils prendre pour libéraliser leurs échanges ?

2 Les multinationales ont-elles un pouvoir sur les États ? Expliquez votre réponse.

3 Quels sont les pouvoirs des États sur les entreprises ?

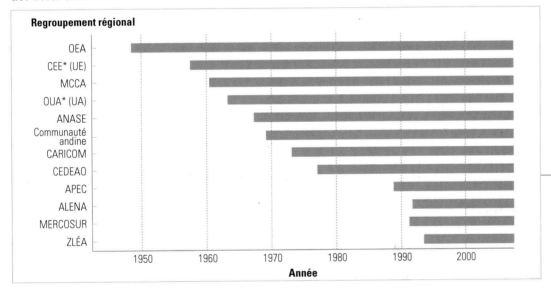

5 Les regroupements régionaux affaiblissent-ils les pouvoirs des États ?

Dans un contexte où les échanges et les accords économiques se multiplient, les États ont tendance à se regrouper pour augmenter leur compétitivité sur le plan international. Ainsi, depuis la fin de la Seconde Guerre mondiale, de nombreux regroupements régionaux ont été créés. On appelle aussi ces regroupements « grands ensembles économiques » ou « grandes organisations économiques ». Aujourd'hui, presque tous les États font partie d'au moins un regroupement.

5.1 Les raisons de se joindre à des regroupements

plus grande voie et pouvoir d'Afrique

Les États se regroupent parce qu'ils cherchent à augmenter leurs échanges avec d'autres États afin d'assurer leur développement économique. Ce type de regroupement permet d'allier les forces de différents partenaires et de mettre en place des conditions privilégiées pour les échanges. Dans ces cas, on parle de l'intégration des États à un regroupement.

Chaque type de regroupement nécessite une implication différente des États. En effet, plus les caractéristiques liées à l'implication des États dans un regroupement sont nombreuses (élimination des **barrières tarifaires** et des **barrières non tarifaires**, élaboration des politiques communes, création d'un marché intérieur, etc.), plus le niveau d'intégration des États est élevé.

> **Barrières tarifaires** Mesures protectionnistes dont le but est de limiter les importations par des augmentations de tarifs et de prix.
>
> **Barrières non tarifaires** Mesures protectionnistes dont le but est de restreindre les échanges internationaux par d'autres moyens que des augmentations de tarifs et de prix.

27 **La multiplication des regroupements régionaux, de 1948 à 2007**

● Durant quelle décennie y a-t-il eu le plus grand nombre de regroupements ?

* Ancêtre du regroupement.
D'après M.-F. Durand, P. Copinschi, M. Benoît et D. Placidi, *Atlas de la mondialisation*, Les presses de Science Po, 2008, p. 42.

Niveau d'intégration	Caractéristiques liées à l'implication des États	Exemples de regroupements régionaux
1. Zone de libre-échange	Élimination des barrières tarifaires	Accord de libre-échange nord-américain (ALENA)
2. Union douanière	Adoption d'une politique commerciale commune envers les pays situés à l'extérieur de la zone	Union douanière et économique de l'Afrique centrale (UDEAC)
3. Marché commun	Libre circulation des produits, des services et des personnes	Marché commun du Sud (MERCOSUR)
4. Union économique	Adoption de politiques fiscales et monétaires communes ; dans certains cas, adoption d'une monnaie commune	Union européenne (UE)

28 **Les niveaux d'intégration des États à des regroupements régionaux**

● En quoi l'union économique comporte-t-elle un niveau d'intégration élevé ? Expliquez votre réponse.

* La flèche signifie qu'aux caractéristiques pointées s'ajoutent toutes les caractéristiques qui précèdent.
ALENA, UE, MERCOSUR et UDEAC [en ligne], réf. du 10 novembre 2009.

5.2 Les regroupements et les pouvoirs des États

Au sein des regroupements auxquels ils adhèrent, les États négocient et doivent parfois faire des concessions afin de satisfaire l'ensemble de leurs partenaires. Ils sont par ailleurs tenus de respecter les engagements qu'ils ont pris en tant que membres. Ils doivent également s'assurer qu'un nouvel engagement n'entre pas en contradiction avec ceux qu'ils ont déjà signés. Par exemple, le Canada a adhéré à divers regroupements et son niveau d'intégration diffère d'une organisation à l'autre. Ainsi, le Canada a conclu des traités **bilatéraux** avec de nombreux États, dont le Chili et le Costa Rica, et il en négocie beaucoup d'autres. Il fait partie de la zone de libre-échange avec les États-Unis et le Mexique (ALENA). Il participe également à la Coopération économique pour l'Asie-Pacifique (APEC) et il est membre de l'Organisation mondiale du commerce.

Par ailleurs, il peut arriver qu'un contexte politique instable perturbe le fonctionnement des regroupements. Dans certains cas, il faut des années avant d'atteindre un certain niveau d'efficacité. Par exemple, l'Organisation de l'unité africaine (OUA), créée en 1963, n'a pas donné les résultats espérés. Les conflits internes et l'incapacité des États membres à s'entendre sur des politiques communes ont empêché l'Organisation d'atteindre un niveau d'efficacité satisfaisant. Ce regroupement a été dissous en 2002 pour être remplacé par l'Union africaine (UA). Le niveau d'intégration plus élevé de l'UA s'inspire du modèle de l'UE.

De nos jours, la tendance est encore partagée entre la multiplication des accords de libre-échange et l'intégration régionale. Diverses tentatives d'intégration ont échoué, notamment la Zone de libre-échange des Amériques (ZLÉA). Cependant, d'autres regroupements, dont l'UA ou l'UE, semblent favoriser une intégration plus complète.

> **Bilatéral** Se dit d'un contrat par lequel deux personnes ou deux États s'engagent réciproquement.

29 **L'interruption du projet de la ZLÉA**

Le projet de la ZLÉA vise à créer une zone de libre-échange pour tous les pays des Amériques, sauf Cuba. À la suite de l'arrêt des négociations de la ZLÉA, en 2002, deux regroupements régionaux de l'Amérique du Sud (Pacte andin et MERCOSUR) se sont unis pour former la Communauté sud-américaine des nations (CSN), devenue l'Union des nations sud-américaines (UNASUR). Le principal objectif de l'Union est de faire contrepoids à la puissance américaine, donc à la ZLÉA. Selon elle, la ZLÉA aurait pu en effet limiter leur pouvoir d'action. Sur la photographie, de gauche à droite, quatre présidents de pays sud-américains membres de l'UNASUR : Nicanor Duarte Frutos (Paraguay), Luis Inácio Lula da Silva (Brésil), Hugo Chávez (Venezuela) et Evo Morales (Bolivie).

- Qu'est-ce que la ZLÉA ?
- Quel est le but de la CSN ?

5.2.1 Les regroupements économiques

Les regroupements économiques (ANASE, MERCOSUR, UA, etc.) sont relativement peu contraignants pour les États : il leur suffit de suivre les principes du libre-échange. Toutefois, en se regroupant, les États perdent une partie de leur souveraineté, car ils doivent respecter les règles des regroupements auxquels ils adhèrent.

Par exemple, l'ALENA contribue à accroître la richesse et la compétitivité du Canada, des États-Unis et du Mexique. Cet accord apporte des avantages aux travailleurs (par exemple, des emplois plus nombreux) et aux consommateurs (par exemple, des produits plus abordables). Par contre, le pouvoir d'action du Canada, des États-Unis et du Mexique se trouve à être redéfini, et même limité. En effet, ces États doivent se soumettre aux règles fixées par l'ensemble des membres, bien que ces règles ne les avantagent pas toujours. Par exemple, comme les gouvernements signataires de l'ALENA n'ont pas le droit de subventionner une entreprise, le Canada ne peut donc pas soutenir l'industrie du bois d'œuvre pour vendre davantage ses produits aux États-Unis ou au Mexique. Cette règle engendre donc des disputes entre le Canada et les États-Unis.

5.2.2 Les regroupements politiques

Créée en 1992, l'UE se distingue par son haut niveau d'intégration. Unis à l'origine par des ententes de libre-échange, les pays qui en sont membres ont développé des politiques communes en ce qui concerne l'économie et la sécurité, de même qu'une monnaie commune, l'euro, et un espace commun.

---

30 **Les institutions de l'UE**

Le schéma ci-dessous présente l'organisation et les rôles des institutions de l'UE.

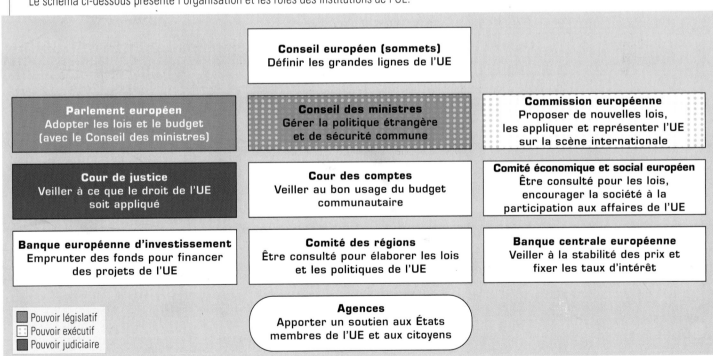

Conseil européen (sommets)
Définir les grandes lignes de l'UE

Parlement européen
Adopter les lois et le budget
(avec le Conseil des ministres)

Conseil des ministres
Gérer la politique étrangère
et de sécurité commune

Commission européenne
Proposer de nouvelles lois,
les appliquer et représenter l'UE
sur la scène internationale

Cour de justice
Veiller à ce que le droit de l'UE
soit appliqué

Cour des comptes
Veiller au bon usage du budget
communautaire

Comité économique et social européen
Être consulté pour les lois,
encourager la société à la
participation aux affaires de l'UE

Banque européenne d'investissement
Emprunter des fonds pour financer
des projets de l'UE

Comité des régions
Être consulté pour élaborer les lois
et les politiques de l'UE

Banque centrale européenne
Veiller à la stabilité des prix et
fixer les taux d'intérêt

Agences
Apporter un soutien aux États
membres de l'UE et aux citoyens

■ Pouvoir législatif
▦ Pouvoir exécutif
■ Pouvoir judiciaire

D'après Europa, *L'UE en diaporama 1995-2009* [en ligne], réf. du 10 septembre 2009.

● L'UE détient-elle un pouvoir supranational ? Expliquez votre réponse.

L'UE constitue un palier de gouvernement supranational qui coordonne les actions et les décisions des États membres dans les domaines politique, économique, social et culturel. Comme le montre le schéma de la page précédente, elle possède des institutions qui exercent les pouvoirs législatif, exécutif et judiciaire. Tous les États membres doivent se plier aux décisions prises par la majorité. Ils conservent cependant leur souveraineté, car chacun a la liberté de décider quels accords il souhaite négocier avec d'autres États. De plus, chaque État membre a le droit de voter contre les propositions de l'UE.

contradictoire.

Brève culturelle

Le traité de Maastricht

En 1957, le traité de Rome marque une première étape vers l'intégration régionale en Europe. Ce traité a établi la Communauté économique européenne (CEE), qui avait pour principal objectif d'abolir tout obstacle au commerce entre les États membres. Il faudra attendre le traité de Maastricht pour jeter les bases de l'Union européenne (UE). Signé par 12 États en 1992 à Maastricht (Pays-Bas), ce traité crée un regroupement qui favorise, entre autres, le développement économique, grâce à l'Union économique et monétaire. L'adoption d'une monnaie unique, l'euro, s'est concrétisée en 2002 dans la plupart des États membres.

En 2007, l'UE compte 27 États membres souverains qui conservent par ailleurs leurs propres institutions. Ensemble, ils forment un « pays » d'environ 500 millions d'habitants. En 2009, trois États sont candidats à l'UE, soit la Croatie, la Macédoine et la Turquie.

Les élargissements successifs de l'UE

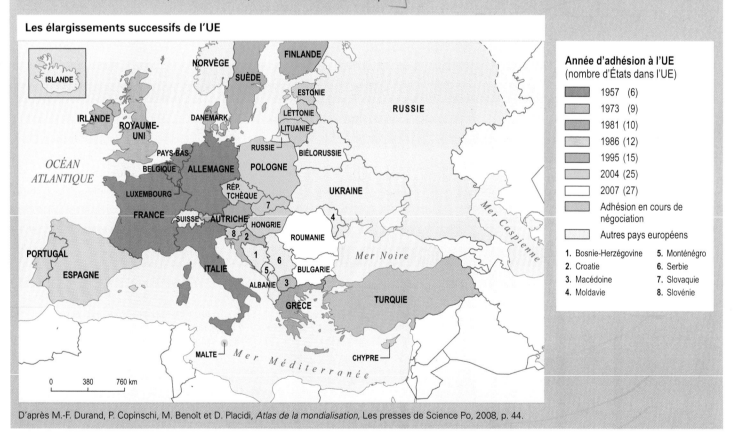

D'après M.-F. Durand, P. Copinschi, M. Benoît et D. Placidi, *Atlas de la mondialisation*, Les presses de Science Po, 2008, p. 44.

QUESTIONS d'interprétation

CD 1

1 Pour quelles raisons les États se regroupent-ils ?

2 Quelles difficultés les regroupements posent-ils aux États ?

3 Quel regroupement comporte le niveau d'intégration le plus élevé du monde ? Pourquoi ?

6 Les organisations non gouvernementales (ONG) et les médias exercent-ils une influence sur les États?

Les conséquences de la mondialisation touchent la société civile dont les ONG et les médias font partie. Ces organismes se chargent notamment de faire connaître les points de vue des citoyens sur la mondialisation. Les ONG facilitent le regroupement de la société civile au sein d'une structure crédible. Quant aux médias, ils assurent la transmission de l'information. Ainsi, les ONG et les médias détiennent un pouvoir d'influence sur les États et la communauté internationale.

6.1 Les ONG

Les ONG (par exemple, Greenpeace, Médecins sans frontières, Oxfam, Amnistie internationale et Human Rights Watch) remettent en cause certaines décisions de la communauté internationale. Elles défendent aussi des intérêts qui, selon elles, sont délaissés ou peu considérés par la communauté internationale.

Selon l'Organisation des Nations Unies (ONU), il existe entre 35 000 et 40 000 ONG dans le monde. Leurs missions sont variées: assurer le développement des pays pauvres, défendre les droits humains, apporter une aide humanitaire, protéger l'environnement, etc. Cependant, peu importe leurs missions, toutes les ONG se servent de leur pouvoir d'influence pour dénoncer ou expliquer des situations problématiques.

Les ONG qui le désirent peuvent assister et participer aux assemblées de l'ONU à titre d'observateurs. D'ailleurs, l'ONU les consulte souvent sur des questions nécessitant leur expertise.

En plus de dénoncer les situations problématiques, les ONG alertent et mobilisent la population, qui peut les soutenir dans les causes qu'elles défendent. Elles forcent les États à démontrer plus de transparence dans leurs actions ainsi que dans leur prise de décisions. Leur pouvoir d'influence s'exerce autant à l'échelle internationale qu'à l'échelle locale. Toutefois, ces organisations sont soumises aux lois et aux règles des États où elles mènent leurs activités.

31 Une Charte de responsabilités pour les ONG

Les ONG souhaitent améliorer leur crédibilité au sein de la communauté internationale. C'est pourquoi 11 d'entre elles, parmi les plus influentes, ont adopté la Charte de responsabilités. Cette charte les oblige à rendre des comptes.

« Pour prouver [notre] engagement et le mettre à profit, nous cherchons à:

- identifier et définir des principes, des politiques et des pratiques communs;
- améliorer la transparence et l'obligation de rendre des comptes, sur le plan interne comme sur le plan externe;
- encourager la communication avec les parties concernées;
- améliorer nos performances et notre efficacité en tant qu'organisations.

Nous considérons que la transparence et l'obligation de rendre des comptes sont indispensables à une bonne gouvernance, que ce soit au sein des gouvernements, des entreprises ou des organisations à but non lucratif. [...]

Organisations non gouvernementales internationales, *Charte sur l'obligation de rendre des comptes* [en ligne], 2006, réf. du 17 septembre 2009.

- Pourquoi les ONG souhaitent-elles améliorer leur crédibilité?

32 Se voir refuser l'aide à une population en danger

Un État souverain peut refuser à une ONG l'accès à son territoire. Par exemple, en Birmanie (Myanmar), la junte militaire au pouvoir a d'abord refusé l'aide humanitaire à la suite du cyclone Nargis, en 2008. Sous la pression internationale, la junte a finalement accepté l'aide qui lui était offerte, mais à la condition d'en contrôler la distribution.

« À peine 500 000 des quelque deux millions de personnes touchées directement par le cyclone Nargis ont reçu un peu de soutien au cours des derniers jours. Des avions étrangers ont commencé hier à livrer du matériel toujours sous les lourdes contraintes du régime militaire, réputé pour être paranoïaque et obsédé par la défense de sa souveraineté dictatoriale. Les visas sont systématiquement refusés aux experts étrangers. »

La Presse Canadienne, Associated Press et BBC, « Birmanie: catastrophe humanitaire », *Le Devoir* [en ligne], 12 mai 2008, réf. du 17 septembre 2009.

- Pourquoi la Birmanie a-t-elle refusé l'aide humanitaire?

6.2 Le rôle des médias dans la communauté internationale

Depuis la fin des années 1980, le secteur des médias est plus présent sur la scène internationale. Aujourd'hui, des téléspectateurs du monde entier peuvent assister en direct aux événements qui se déroulent partout sur la planète.

Cette révolution est le résultat du développement rapide des technologies numériques, de l'informatique et de l'emploi des satellites. Cela se traduit par une très grande production d'informations qui sont diffusées dans le monde entier. L'apparition du World Wide Web (www), dans les années 1990, et la mise au point de logiciels de navigation qui facilitent la recherche ont largement contribué à cette révolution.

L'information, maintenant diffusée 24 heures sur 24, est accessible à une grande partie de la population mondiale. De puissants groupes médiatiques possèdent des filiales aux quatre coins de la planète, et leurs reporters se déplacent pour transmettre l'information en direct. Les grandes chaînes, comme Al Jazeera, BBC (British Broadcasting Corporation), CNN (Cable News Network) et TV5, diffusent souvent en continu les mêmes reportages.

Ainsi, il peut être difficile pour les citoyens de se faire une opinion lorsqu'ils voient une nouvelle présentée à répétition et toujours selon le même point de vue. Par ailleurs, il est pratiquement impossible aujourd'hui pour un État de passer sous silence ses actions ou ses comportements, car les nouvelles circulent très vite.

33 **L'importance de quelques chaînes d'information internationales, en 2008**

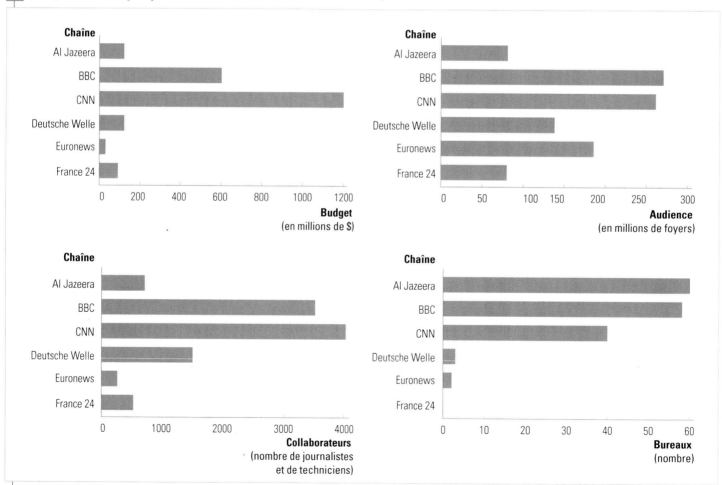

D'après M.-F. Durand, P. Copinschi, M. Benoît et D. Placidi, *Atlas de la mondialisation*, Les presses de Science Po, 2008, p. 71.

● Quelles sont les conséquences de la création des groupes médiatiques ?

Créé en 1980 aux États-Unis, le réseau CNN était à l'origine un média national. À partir de 1985, il s'est répandu à l'échelle mondiale. Compte tenu de sa renommée et du fait qu'il stimule la compétition internationale en matière d'information, le réseau CNN exerce un pouvoir d'influence sur les États, sur les citoyens et même sur les autres médias.

« [...] les médias attirent aussi l'attention sur les conflits et les dysfonctionnements sociaux et créent ou renforcent la pression sur la communauté internationale pour qu'elle agisse. Pour l'ancien secrétaire général des Nations Unies, Boutros-Boutros Ghali, cette influence était si déterminante qu'il avait qualifié une fois la chaîne CNN de "seizième membre" du Conseil de sécurité des Nations Unies. D'autres voyaient même dans cette chaîne le "sixième membre permanent", et par conséquent un pouvoir de veto. »

Kerstin Müller, « L'effet CNN, les médias et la gouvernance globale* », *Voltaire* [en ligne], 20 février 2003, réf. du 17 septembre 2009.

* Extrait du discours prononcé par Kerstin Müller, ministre adjointe allemande aux Affaires étrangères, à l'occasion de l'ouverture, le 20 février 2003, du Forum sur les questions globales coorganisé par son ministère et la Deutsche Welle.

> ● Selon vous, pourquoi dit-on dans ce texte que CNN serait le « seizième membre » du Conseil de sécurité de l'ONU ?

Dans quelques États, dont la Chine, les libertés d'expression et de presse sont brimées. L'État censure des informations et bloque l'accès à des sites Internet traitant de sujets interdits. Il peut également surveiller des sites externes, comme BBC news ou Radio-Canada, afin de contrôler l'accès à l'information que diffusent ces sites à propos de la Chine. L'État chinois a même formé une « police de l'Internet », constituée de 30 000 à 40 000 agents qui scrutent les débats dans les forums. Si des internautes expriment des opinions qui s'éloignent de celles du Parti communiste ou qui s'y opposent, cette police peut leur imposer une amende ou, dans des cas extrêmes, les emprisonner.

35 **L'accès à l'information dans Internet, en 2007**

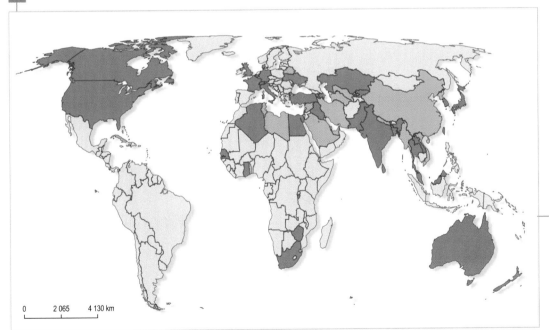

Pays permettant l'accès à l'information

Pays restreignant l'accès à l'information

Pays où l'accès à l'information dépend des infrastructures présentes

0   2 065   4 130 km

> ● Quels sont les pays qui restreignent l'accès à l'information dans Internet ?
>
> ● Selon vous, pourquoi certains États utiliseraient-ils des mesures restrictives ?

Reporters sans frontières [en ligne], 2007, réf. du 15 octobre 2009.

QUESTIONS d'interprétation
CD 1

1 Quelle est la place des ONG dans la communauté internationale ?

2 Comment la communauté internationale perçoit-elle le pouvoir des médias ?

3 Quels sont les effets des médias sur les pouvoirs des États ?

7 Quel est l'effet de la mondialisation des cultures sur les États ?

La gouvernance des États s'étend au domaine de la culture. Une partie du budget des gouvernements est donc allouée au soutien de la culture nationale. Dans le contexte de la mondialisation, qui permet d'accroître les exportations de produits culturels, plusieurs craignent l'uniformisation de la culture. Entre la volonté de protéger leur culture et le désir d'encourager l'exportation des biens culturels, les États doivent faire des choix.

7.1 La mondialisation des cultures

La mondialisation offre la possibilité aux populations de découvrir différentes cultures nationales. Ce phénomène favorise la diffusion et la vente de certains produits culturels dans de nombreux pays.

Dans le secteur de la culture, entre autres, certains États ont tendance à dominer le marché. Par exemple, les États-Unis dominent l'industrie du cinéma. Selon le Centre de recherche sur l'Europe, près de 50 % des films présentés en Europe depuis le début des années 2000 ont été produits aux États-Unis. Certains perçoivent cette domination comme de l'**impérialisme culturel**.

La tendance à l'uniformisation de la culture se manifeste également par l'emploi prédominant de la langue anglaise en tant que langue de communication internationale. En effet, même si plus d'individus sur terre parlent le mandarin (la principale langue chinoise) plutôt que l'anglais, c'est l'anglais qui est surtout utilisé dans la plupart des communications scientifiques et dans les relations d'affaires, notamment.

Dans ce contexte, bon nombre d'États craignent que leur culture nationale soit fragilisée par la présence de cultures dominantes dans le monde. Jugeant que la culture est un aspect important de l'identité d'un peuple, ils s'opposent au libre-échange de produits culturels, qui favorise les cultures dominantes au détriment des cultures nationales. Par conséquent, pour conserver la diversité des cultures nationales, les produits culturels ne devraient pas être soumis aux lois du marché au même titre que d'autres produits de consommation.

Impérialisme culturel
Imposition d'une culture dominante sur le territoire d'autres États.

Deux points de vue s'opposent donc au sein de la communauté internationale. Certains pensent qu'il faut soumettre les produits culturels aux mêmes règles que tout autre produit dans les ententes de libre-échange. D'autres croient plutôt qu'il est plus important de préserver la diversité culturelle.

36 **Un restaurant italien, à Paris**

L'apport de divers éléments culturels peut donner un mélange de genres qui tient compte de la culture locale.

● Selon vous, la mondialisation de la culture entraîne-t-elle nécessairement une uniformisation de la culture ?

7.2 La protection et la promotion de la diversité des cultures

Divers acteurs de la communauté internationale s'inquiètent de l'uniformisation de la culture dans un marché mondialisé. Ils cherchent donc à trouver des façons de protéger et de promouvoir la diversité des cultures. Les États collaborent dans ce domaine au sein de l'Organisation des Nations Unies pour l'éducation, la science et la culture (UNESCO), un forum de discussion international.

L'UNESCO travaille à créer une conscience de paix dans l'esprit des gens par son implication dans l'éducation, la science et la culture au niveau mondial. L'UNESCO a établi la Convention sur la diversité culturelle pour discuter de la place de la culture dans la mondialisation. Cette idée a d'ailleurs été défendue par le Québec, qui souhaite que le Canada subventionne et protège sa culture sans contrevenir aux règles du libre-échange international.

En tout, 99 pays ont adopté cette convention, alors que les États-Unis et Israël ont refusé de la signer. La Convention réaffirme le droit souverain des États d'élaborer des politiques culturelles et de reconnaître que les biens et services culturels sont porteurs d'identité, de valeurs et de sens. Elle défend aussi le droit de renforcer la coopération et la solidarité internationales en vue de favoriser les expressions culturelles de tous les pays.

PERSPECTIVE

L'accord Blum-Byrnes, signé en 1946

Dans le passé, des ententes commerciales mettant en cause la culture ont souvent suscité le mécontentement de la population. Une des premières ententes de ce type est l'accord Blum-Byrnes. Cette entente, conclue entre les États-Unis et la France, concernait le financement de la reconstruction de l'État français après la guerre.

Par cette entente, les États-Unis offraient un soutien financier à la France à des conditions avantageuses. En contrepartie, celle-ci devait ouvrir ses portes à leurs productions cinématographiques. Ainsi, les États-Unis pouvaient exporter des produits qui véhiculaient des valeurs américaines. Grâce au lobbying des entreprises hollywoodiennes, l'entente a été conclue. Les États-Unis ont alors tenu pour acquis que la culture était un produit comme un autre, et qu'elle pouvait donc être exportée partout. À la suite de nombreuses manifestations contre cette politique, le gouvernement français a donc signé, en 1949, la première loi visant à soutenir le cinéma français.

37 La fête des Morts, au Mexique

L'UNESCO s'emploie à protéger et à promouvoir le patrimoine de l'ensemble de l'humanité, à la fois sous ses aspects matériels et immatériels. La Liste du patrimoine mondial de l'humanité qu'elle a établie regroupe des sites qui doivent être protégés en vertu de leur intérêt historique ou culturel, ou encore parce qu'ils sont menacés de disparition ou de destruction. La fête des Morts, un rituel pratiqué dans certaines religions et cultures pour commémorer les défunts, fait partie du patrimoine culturel immatériel.

• Pourquoi l'UNESCO considère-t-elle le patrimoine et la culture dans un sens large?

QUESTIONS d'interprétation

CD 1

1 Quels sont les deux points de vue relatifs à la commercialisation de la culture?

2 Quelle est l'importance de l'UNESCO dans la gouvernance internationale en matière de culture?

Question bilan

3 Les pouvoirs des États sont-ils redéfinis par les transformations qui découlent de la mondialisation? Expliquez votre réponse.

LES ENJEUX

ENJEU **1** LA CAPACITÉ D'ACTION DES ÉTATS p. 254

La mondialisation des marchés a des répercussions sur les pouvoirs des États. Toutefois, l'impact du développement des échanges à l'échelle mondiale est ressenti différemment dans les pays selon leur niveau de développement. Les pays développés en tirent de nombreux avantages. Par contre, dans les pays en développement, les États se retrouvent souvent avec une capacité d'action réduite face à la mondialisation.

Tous les États doivent composer avec les nombreux acteurs de la mondialisation (dont les entreprises multinationales et les organisations non gouvernementales), ainsi qu'avec les effets de la mondialisation sur la culture, l'économie et la politique. Le partage des pouvoirs entre les acteurs donne lieu à des négociations et provoque parfois des tensions, car les États doivent s'ajuster à cette réalité.

Les choix des gouvernements devant la complexité de la mondialisation

La capacité d'action des États est-elle compromise par la mondialisation ?

1. Les États sont-ils impuissants face à la mondialisation de la culture ?

2. La collaboration des États avec les organisations non nouvernementales (ONG) et avec les multinationales est-elle souhaitable ?

ENJEU 2 LA SOUVERAINETÉ DES ÉTATS ET LES REGROUPEMENTS ÉCONOMIQUES OU POLITIQUES p. 270

Dans le contexte de la mondialisation, les États gèrent les relations et les échanges internationaux en signant des accords et en se regroupant. La participation des États à des regroupements implique des négociations afin d'établir des règles communes et de les faire respecter. Cela peut entraîner des tensions entre les États et des pressions de la part des organisations internationales, et affecter la souveraineté des États.

En effet, les États acceptent de suivre les règles et les normes édictées par des organisations ou des regroupements internationaux, qu'il s'agisse de l'Organisation mondiale du commerce, de l'Accord de libre-échange nord-américain ou de l'Union européenne, même s'ils n'en ont pas le plein contrôle. L'enjeu pour les États consiste donc à trouver un équilibre entre leur souveraineté et la coopération avec d'autres États.

La coopération internationale a-t-elle un impact sur la souveraineté des États?

1. Pourquoi les États coopèrent-ils au sein de l'Organisation mondiale du commerce (OMC)?

2. Comment l'Union européenne (UE) et l'Accord de libre-échange nord-américain (ALENA) mettent-ils au défi la souveraineté des États?

Le Colombo Express, l'un des plus grands porte-conteneurs du monde

Les accords de libre-échange et les accords de commerce entre États signés au cours des dernières décennies ont engendré un essor sans précédent du commerce international, qui s'effectue notamment par conteneurs.

POINTS DE VUE SUR L'ENJEU

CONCEPTS
- État - Gouvernance
- Mondialisation
- Souveraineté - Uniformisation

1 Les États sont-ils impuissants face à la mondialisation de la culture ?

Dans le domaine de la culture, la mondialisation se traduit par des changements dans les modes de vie et la consommation de masse. Café espresso ou pizza d'origine italienne, cinéma et séries télévisées américaines : ces produits sont consommés partout sur la planète.

Généralement, les États n'interviennent pas dans les choix de consommation individuels. Il en va autrement lorsqu'il est question des produits culturels, en particulier des productions audiovisuelles. La commercialisation de la culture constitue en effet un enjeu majeur. Plusieurs gouvernements estiment que la domination des États-Unis dans l'industrie audiovisuelle nuit aux productions locales et tend à l'uniformisation de la culture et des modes de vie.

1.1 L'uniformisation de la culture menace les cultures nationales

Les effets de la mondialisation se font sentir tant sur les modes et les habitudes de consommation que sur la culture. Ainsi, la mondialisation accroît la circulation des produits (livres, films, disques, etc.), mais aussi des valeurs, des croyances et des idéologies qui, elles, influencent les individus. De plus, la mondialisation accentue la tendance à privilégier l'anglais en tant que langue de communication internationale. Cette situation inquiète plusieurs États, qui voient dans la diffusion massive de l'anglais une menace aux cultures nationales.

38 **Des cafés aux quatre coins de la planète**

L'ouverture des marchés a permis à des entreprises d'exporter leurs produits aux quatre coins du monde. En 1971, un premier café Starbucks ouvrait à Seattle. L'entreprise Starbucks compte maintenant plus de 4500 établissements répartis dans 47 pays sur la planète.

• Pourquoi cette entreprise constitue-t-elle un exemple par excellence de la mondialisation des tendances ?

De jeunes Iraniennes, à Téhéran

La mondialisation accroît la diffusion des modes sur la planète, entre autres la mode vestimentaire. Cependant, les symboles véhiculés par la mode ne sont pas les mêmes d'une culture à l'autre. Par exemple, en Iran, où le gouvernement impose aux femmes un code vestimentaire très conservateur, les femmes qui portent des jeans revendiquent par ce geste une plus grande liberté.

• La diffusion des modes dans le monde uniformise-t-elle nécessairement les cultures nationales ? Expliquez votre réponse.

PERSPECTIVE

La fin de la diversité : une inquiétude tenace

L'opposition à l'uniformisation de la culture n'est pas un fait nouveau. Déjà, en 1897, des voix s'élevaient pour dénoncer la fin de la diversité culturelle dans le monde.

« Encore un siècle ou deux de cette civilisation, et l'univers entier deviendra inhabitable. Une odieuse uniformité achèvera de détruire toutes les distinctions de races, de mœurs, et jusqu'aux particularités naturelles des divers pays. [...]

D'un bout à l'autre du monde un même style d'architecture, une même coupe de vêtement, une même façon de sentir, de penser, et de vivre ! »

Méhemet Emin Efendi, dans Theodor De Wyzewa, « L'agonie de Venise », *Revue des deux mondes*, 15 août 1897, p. 936.

Pourquoi l'auteur dénonce-t-il l'« odieuse uniformité » de la culture à son époque ?

40 Le Web et la fin de la diversité

Depuis une dizaine d'années, la culture de masse se trouve transformée par l'omniprésence d'Internet. Ce phénomène d'une ampleur et d'une complexité sans précédent fait surgir de nouveaux enjeux liés aux industries culturelles et à l'identité nationale.

« Ainsi, l'industrialisation de la culture renforce le phénomène de culture de masse dont le développement se fait aux dépens des cultures nationales. Internet joue un rôle majeur dans cette extension de la culture de masse : "concentration accrue des médias, émergence de nouveaux acteurs et déclin d'acteurs traditionnels au sein des industries culturelles, [...] actualisation des lois nationales et internationales sur les droits d'auteurs, piratage généralisé (on trouve toujours le moyen de contourner les modèles payants), voilà autant de phénomènes que déclenche Internet". »

Institut de recherche sur le Québec, *Mondialisation et diversité culturelle : enjeux pour l'identité québécoise* [en ligne], 2004, réf du 20 août 2009.

• En quoi Internet participe-t-il à l'uniformisation de la culture ?

1.2 La protection des cultures nationales : la Convention sur la diversité culturelle

La coopération peut aider les États à développer des politiques communes afin de protéger leurs intérêts. Depuis la fin des années 1990, plusieurs États ont pris conscience du fait que les productions cinématographiques et télévisuelles, entre autres, ne sont pas des produits de consommation comme les autres. Une réflexion s'est alors amorcée à l'échelle internationale sur les moyens à prendre pour protéger la diversité des cultures. Elle a mené à l'adoption, en 2005, de la Convention sur la protection et la promotion de la diversité des expressions culturelles, lors d'une session de la Conférence générale de l'Organisation des Nations Unies pour l'éducation, la science et la culture (UNESCO). Cette convention est entrée en vigueur en 2007.

En 2009, 99 pays avaient ratifié la Convention. Parmi les pays signataires, on compte des pays développés, dont plusieurs pays européens, le Canada et l'Australie, mais aussi des pays émergents, comme l'Inde et le Mexique, ainsi que des pays en développement, comme le Niger.

41 **Extraits de la Convention sur la protection et la promotion de la diversité des expressions culturelles**

La Convention a pour but de soustraire la culture aux accords commerciaux de libre-échange, tel l'Accord de libre-échange nord-américains (ALENA). Les gouvernements qui l'ont ratifiée refusent que les produits culturels soient considérés au même titre que les autres marchandises. Ils entendent donc maintenir leurs politiques protectionnistes, par exemple en continuant de subventionner leurs industries culturelles, afin d'assurer aux productions locales une place sur le marché.

« Les objectifs de la présente Convention sont :

(e) de promouvoir le respect de la diversité des expressions culturelles et la prise de conscience de sa valeur aux niveaux local, national et international ; [...]

(g) de reconnaître la nature spécifique des activités, biens et services culturels en tant que porteurs d'identité, de valeurs et de sens ;

(h) de réaffirmer le droit souverain des États de conserver, d'adopter et de mettre en œuvre les politiques et mesures qu'ils jugent appropriées pour la protection et la promotion de la diversité des expressions culturelles sur leur territoire ;

(i) de renforcer la coopération et la solidarité internationales dans un esprit de partenariat afin, notamment, d'accroître les capacités des pays en développement de protéger et promouvoir la diversité des expressions culturelles. »

UNESCO, *Convention sur la protection et la promotion de la diversité des expressions culturelles* [en ligne], 20 octobre 2005, réf. du 20 août 2009.

• En quoi la Convention donne-t-elle aux États une capacité d'action en matière de culture ?

La Convention énonce pour la première fois la volonté claire d'un grand nombre d'États de ne pas soumettre la culture aux négociations commerciales. Cependant, elle ne prévoit aucun mécanisme d'application et les pays qui ne s'y conforment pas ne sont pas sanctionnés. En effet, les États signataires restent souverains et maîtres de leurs politiques nationales.

42 | La culture n'est pas une marchandise comme les autres

Le Canada a été l'un des grands défenseurs de la Convention sur la protection et la promotion de la diversité des expressions culturelles.

« Le Canada et le Québec viennent de remporter une bataille d'une rare importance en vue de soustraire autant que possible la culture et ses artisans des dérives de la mondialisation. Les négociations intensives qui faisaient rage à l'UNESCO depuis dix jours ont finalement permis d'émerger avec un texte sur la diversité culturelle qui a du mordant, du poids, et qui accorde à l'industrie culturelle une place spéciale dans les échanges internationaux. [...] les États-Unis sont "furieux" puisqu'ils menaient une guerre de tranchées pour édulcorer ce texte sur la diversité culturelle. »

Alec Castonguay, « Ottawa et Québec rallient 127 pays », *Le Devoir* [en ligne], 4 juin 2005, réf. du 20 août 2009.

● Selon vous, pourquoi le Canada et le Québec ont-ils défendu la Convention sur la protection et la promotion de la diversité des expressions culturelles ?

43 | La culture doit être soumise aux négociations commerciales

Les États-Unis se sont vivement opposés à la Convention, car ils refusent de voir des pays subventionner et protéger des industries comme celle du cinéma.

« Lors de l'adoption de la Convention sur la diversité des expressions culturelles, les États-Unis ont clairement fait connaître leur mécontentement. Selon Washington, cette convention est surtout un instrument protectionniste qui vise à limiter les exportations de produits audiovisuels américains, une industrie qui représente plusieurs milliards de dollars par année. La secrétaire d'État en poste lors des négociations, Condoleezza Rice, avait fait parvenir une lettre aux membres de l'UNESCO, dans laquelle elle exprimait clairement "ses profondes inquiétudes". Elle demandait le report de la signature de cette convention qui allait à l'encontre de l'esprit d'ouverture et de coopération qui anime les actions de l'UNESCO. »

Alan Riding, « Entr'acte : Next lone U.S. dissent : Cultural diversity pact ». *New York Times* [en ligne], 12 octobre 2005, réf. du 20 août 2009. (Traduction libre.)

● Pourquoi les États-Unis sont-ils contre la Convention sur la protection et la promotion de la diversité des expressions culturelles ?

44 | Les membres de l'Union européenne (UE) réunis lors de la ratification de la Convention

La Convention sur la diversité culturelle et le plan d'action, adoptés à l'unanimité par les membres de l'UNESCO, ont reçu l'approbation des États membres de l'UE. Ces derniers ont largement adhéré aux valeurs et principes inscrits dans ces textes.

● Pourquoi les États membres de l'UE ont-ils pris la décision de signer une entente portant sur la diversité culturelle ?

1.3 La mondialisation et le marché de l'audiovisuel

La cohérence des actions des pays signataires de la Convention de l'UNESCO constitue un facteur déterminant pour l'avenir de cette convention. Par exemple, l'UE a entamé des négociations avec l'Ukraine afin de conclure un accord de libre-échange incluant la culture, même si cela est contraire aux principes de la Convention.

45 La nécessité d'agir avec cohérence

Pour qu'une convention mène à des résultats concrets, les pays signataires doivent en respecter les termes, même si aucune sanction ne s'applique s'ils ne le font pas toujours.

« Pour que la Convention réalise son potentiel, elle doit être ratifiée par davantage de pays dans une plus vaste portion de l'échiquier mondial. [...]

Il revient également à nos gouvernements de respecter la Convention qu'ils ont ratifiée, en étant cohérents lorsqu'ils s'engagent dans d'autres traités internationaux. L'article 20 leur demande de tenir compte des dispositions de la Convention lorsqu'ils interprètent ou souscrivent à d'autres traités ou obligations, et l'article 21, d'en promouvoir les objectifs dans d'autres forums internationaux. Ces obligations prennent une importance particulière alors que le Canada se lance dans des négociations commerciales avec des pays d'Amérique, d'Asie, d'Europe et du Moyen-Orient. »

Solange Drouin, coprésidente de la Coalition canadienne pour la diversité culturelle, « La Francophonie : au cœur du combat pour la diversité culturelle », *Journal de Montréal* [en ligne], 22 octobre 2008, réf. du 20 août 2009.

● La Convention de l'UNESCO limite-t-elle la capacité d'action des pays signataires ? Expliquez votre réponse.

46 Les plus grandes productions de l'industrie cinématographique dans le monde

Origine des productions	Nombre de productions en 2006
Inde (Bollywood)	1091
Niger (Nollywood)	872
États-Unis (Hollywood)	485
Japon	417
Chine	330
France	203
Allemagne	174
Espagne	150
Italie	116
Corée du Sud	100

D'après Centre d'actualités de l'ONU, *Cinéma : Nollywood rivalise avec Bollywood, selon une enquête de l'UNESCO* [en ligne], 5 mai 2009, réf du 20 août 2009.

47 La domination des productions cinématographiques américaines dans le monde

Pour l'UNESCO, il est primordial que les États se préoccupent davantage de l'avenir de leurs industries culturelles, car elles jouent un rôle essentiel sur le plan international.

« "Les films et productions vidéo illustrent clairement le fait que les industries culturelles – porteuses d'identités, de valeurs et de sens – peuvent ouvrir la voie au dialogue et à la compréhension entre les peuples, mais aussi à la croissance économique et au développement. Cette conviction sous-tend la Convention de l'UNESCO sur la diversité culturelle", a déclaré Koïchiro Matsuura, le directeur général de l'Organisation [l'UNESCO].

[...] l'anglais reste la langue dominante du cinéma mondial. L'enquête révèle qu'au total, 36 % des films produits en 2006 on été tournés en anglais.

Par ailleurs, les films américains représentent toujours la majorité écrasante des entrées en salles dans le monde entier. »

Centre d'actualités de l'ONU, *Cinéma : Nollywood rivalise avec Bollywood, selon une enquête de l'UNESCO* [en ligne], 5 mai 2009, réf du 20 août 2009.

● Pourquoi l'UNESCO favorise-t-elle la diversité des industries culturelles ?

Une manifestation en faveur des cinémas nationaux

Certains gouvernements ont mis en place des systèmes de quotas afin de favoriser le rayonnement de leur cinéma national. Cependant, les États-Unis ont réussi à marquer des points dans leurs négociations commerciales avec certains pays, par exemple avec la Corée du Sud, qui a réduit ses quotas imposant un minimum de films nationaux sur les écrans du pays. La manifestation qui s'est tenue à Cannes en 2006 dénonce la décision du gouvernement coréen.

Quelle solution ces manifestants privilégient-ils en matière de produits audiovisuels ?

Le Canada fait preuve de volonté politique en défendant ses intérêts dans le marché de l'audiovisuel. En 1994, le Canada a fait exclure l'ensemble du secteur culturel – dont le cinéma et la télévision – des négociations sur l'ALENA. Il a accepté en contrepartie que les entreprises de câblodistribution soient tenues d'offrir les cinq principaux réseaux américains. Ainsi, les productions télévisuelles en provenance des États-Unis sont très largement diffusées au Canada. D'autre part, la loi sur le cinéma édictée par le gouvernement du Québec exige que les films distribués dans la province soient doublés en français dans les 45 jours suivant leur sortie en version originale. En invoquant la nécessité de protéger la culture, et à force de négociations, le Canada et le Québec ont réussi à imposer ces règles face aux États-Unis.

TV5, une volonté politique pour soutenir la télévision en français

Des pays membres de la Francophonie, dont la France, la Belgique, le Canada et la Suisse, ont créé le réseau de télévision TV5 dans le but de protéger la diversité culturelle. TV5 peut rejoindre 180 millions de foyers dans plus de 200 pays.

« [...] TV5 a une mission d'abord culturelle : mettre en présence les cultures de l'espace francophone. Mais elle a aussi une mission linguistique, qui est la défense de la langue française et sa pérennité à l'échelle de la planète. [...] Ce sont les francophones et les francophiles qui, à travers le monde, dans et en dehors de l'espace francophone, ont envie de regarder autre chose que ce modèle uniformisé qui nous a été imposé depuis un certain temps par les télévisions américaines et les médias anglo-saxons en général. »

Serge Adda, « TV5 : Diversité culturelle, Francophonie et mondialisation », *Hermès* [en ligne] n° 40, novembre 2004, réf. du 24 août 2009.

En quoi le réseau de télévision TV5 constitue-t-il un moyen pour les États de protéger leur culture nationale ?

1.5 La culture, Internet et la capacité d'action des États

Par la diffusion quasi instantanée de l'information à l'échelle mondiale, et ce, dans toutes les sphères d'activité, Internet joue un rôle fondamental dans la mondialisation. Or, les États ont peu de contrôle sur le réseau Internet. Cette situation suscite par conséquent beaucoup d'interrogations quant à l'impact d'Internet sur l'avenir des cultures et des langues nationales. À l'heure actuelle, la prédominance de l'anglais en tant que langue de communication semble favoriser l'uniformisation culturelle.

Par ailleurs, la supervision du réseau Internet soulève la question de la souveraineté des États, puisque des internautes arrivent facilement à contourner les lois. Par exemple, les États peinent à faire respecter les lois relatives aux droits d'auteur. Le phénomène du téléchargement illégal, qui prend de l'ampleur, met en lumière la difficulté pour les gouvernements de gérer ces nouvelles réalités complexes.

L'importance d'Internet aujourd'hui fait apparaître la nécessité de mettre en œuvre une coordination à l'échelle mondiale. Pourtant, les pays ne sont toujours pas parvenus à adopter des mécanismes de coopération capables d'assurer la gouvernance du réseau. Le principal obstacle réside dans la difficulté pour les différents intervenants (gouvernements, secteur privé et société civile) d'en arriver à un consensus. Malgré les rencontres internationales qui ont lieu régulièrement, les progrès relatifs à cet enjeu se font attendre.

50 ### Internet et les gouvernements non démocratiques

Même si les États ne peuvent pas tout contrôler, les gouvernements non démocratiques de certains pays parviennent à restreindre les interactions et les communications entre leurs citoyens et le reste du monde. Ils peuvent censurer le réseau ou exercer des représailles contre les internautes qui réussissent à déjouer la censure. Cette affiche annonce une campagne de RSF contre la censure sur Internet, qui a eu lieu en 2006. On y voit Fidel Castro, alors chef de l'État cubain, menacé par une souris d'ordinateur.

51 ### La gestion du réseau Internet : une menace à la souveraineté ?

Sur le plan technique, la gestion du réseau Internet est assumée par une agence américaine, l'ICANN (Internet Corporation for Assigned Names and Numbers). L'ICANN a la responsabilité d'organiser l'attribution des noms de domaine et des adresses IP. La création de cette agence a facilité le fonctionnement du réseau, mais sa supervision par les États-Unis est souvent critiquée par des pays qui considèrent cette situation comme une menace à leur souveraineté. Ceux-ci cherchent par conséquent à accroître leur pouvoir sur la gestion d'Internet. Les États-Unis ne semblent toutefois pas prêts à confier à un organisme international la responsabilité du développement du réseau.

● Par quel moyen l'État cubain contrôle-t-il Internet ?

52 Internet : un enjeu politique

Le développement d'Internet favorise la diffusion des cultures et des produits culturels, mais également la prolifération d'informations qui touchent tous les aspects de la société.

« [...] Internet intégrant désormais l'ensemble des activités économiques, culturelles et sociales, sa gestion représente un enjeu politique. [...] Les Nations Unies souhaitent la mise en place d'une structure de coopération internationale chargée de l'administration du réseau, non seulement afin d'assurer la représentation démocratique des pays, mais aussi pour veiller à la liberté de diffusion [...]. [Toutefois,] le caractère global, ouvert et a-territorial d'Internet se prête difficilement à l'établissement de régulations nationales [...]. »

Bernard Benhamou, « Gouvernance d'Internet », *La Documentation française* [en ligne], janvier 2007, réf. du 24 septembre 2009.

● Quelle solution l'Organisation des Nations Unies propose-t-elle pour mieux gérer Internet ?

53 Internet et patrimoine : les États agissent

L'UNESCO a lancé en 2009 la Bibliothèque numérique mondiale. Ce site Internet propose gratuitement des trésors culturels provenant de bibliothèques et d'archives du monde entier. L'UNESCO offre également aux pays en développement une aide financière destinée à la numérisation de leurs documents. Cette initiative est le résultat de la volonté politique des pays membres de l'UNESCO, qui ont décidé de recourir à l'Internet pour accroître la diffusion de leur richesse patrimoniale.

● Comment les États peuvent-ils contribuer à la diffusion de leur richesse patrimoniale ?

MÉDIAS

L'influence des médias sur la culture populaire

La concentration des médias permet à ceux-ci d'influencer les modes et la culture populaire par les contenus et la publicité qui sont largement diffusés dans différents médias (télévision, téléphonie, Internet, etc.). Les États ont peu de contrôle sur ce contenu, qui a pourtant un impact considérable sur la culture nationale.

● Comment les entreprises médiatiques influencent-elles la culture ?

« La culture populaire a un rapport très complexe à l'industrie de la culture, c'est-à-dire les entreprises privées se spécialisant dans la production, le marketing et la vente de films, d'émissions de télévision, de livres, de magazines, de musique, d'art, de danse, de jeux, de parcs d'attraction, de sport et d'autres formes de culture. [...] Les entreprises les plus puissantes dans chaque secteur de la culture sont la propriété des mêmes grands conglomérats qui contrôlent aussi les grands médias. La culture populaire est donc dominée par ces grands acteurs qui effectuent une promotion agressive des produits "commerciaux" qui ont un impact fondamental sur la définition, l'évolution et la diffusion de la "culture populaire". »

Observatoire français des médias, *Les médias et la culture populaire* [en ligne], juin 2005, réf. du 25 août 2009.

QUESTIONS de point de vue   CD 2

1 Pourquoi l'uniformisation de la culture constitue-t-elle un enjeu pour tous les États ?

2 Nommez des solutions adoptées par les États pour contrer les effets négatifs de la mondialisation de la culture.

3 Les États ont-ils une capacité d'action en matière de gouvernance d'Internet ? Expliquez votre réponse.

2 La collaboration des États avec les organisations non gouvernementales (ONG) et avec les multinationales est-elle souhaitable ?

La progression accélérée de la mondialisation augmente le nombre d'acteurs dans la communauté internationale. Les multinationales et les ONG, entre autres, exercent des pressions sur les États dans de multiples domaines (droits humains, environnement, développement économique, etc.). Il devient difficile pour les gouvernements d'ignorer ces acteurs qui sont en mesure d'influencer l'économie ou encore l'opinion publique. Les États faibles sont particulièrement vulnérables face aux stratégies employées par certains acteurs influents.

L'enjeu, pour les gouvernements, consiste à trouver un équilibre dans leurs relations avec les autres acteurs de la mondialisation afin de maintenir leur capacité à prendre des décisions. Les gouvernements se doivent en effet de conserver leur légitimité à l'égard de la population, notamment en assurant le développement et la sécurité du pays.

2.1 Les ONG

Les ONG sont en mesure d'influencer les actions de l'État. Plusieurs États en développement ont une capacité d'action limitée et n'arrivent pas à s'acquitter de certaines de leurs responsabilités, comme veiller à la sécurité de leurs citoyens ou intervenir en cas de crise humanitaire. Pour pallier ces carences, des organisations privées tentent d'apporter un soutien aux populations en difficulté. Dans la majorité des cas, les ONG sont bien accueillies par les autorités locales – surtout dans les pays en développement – lorsque celles-ci se trouvent dans l'impossibilité d'agir, en raison d'un manque de ressources ou d'expertise. Par contre, certaines ONG constituent de véritables groupes de pression redoutés par les gouvernements.

54 Un gouvernement qui soutient les ONG

Le Canada subventionne des ONG qui travaillent au développement international. L'action d'une ONG comme OXFAM permet d'intervenir là où la capacité d'action de l'État canadien est limitée.

« [...] le Canada engage plus de 9 millions de dollars pour financer deux projets entrepris respectivement par Oxfam Canada et Oxfam Québec [...].

Le Canada [...] versera 4,92 millions de dollars répartis sur deux ans au projet Engendrer le changement d'Oxfam Canada. Dans le cadre de ce projet, Oxfam Canada collabore avec des organisations de la société civile de neuf pays en développement pour défendre les intérêts et les droits des femmes et promouvoir la participation des femmes dans la prise de décision.

Le second projet annoncé sera réalisé par Oxfam Québec, au Viêtnam. Il est financé par l'ACDI à hauteur de 4,5 millions de dollars répartis sur cinq ans. Ce projet d'expansion des entreprises rurales favorise le démarrage et la croissance des petites et microentreprises en milieu rural. »

Agence canadienne de développement international (ACDI), *ACDI : Le nouveau gouvernement du Canada finance d'importants projets visant à améliorer le sort des femmes* [en ligne], 8 février 2007, réf. du 25 août 2009.

- Comment l'ONG Oxfam permet-elle d'augmenter la capacité d'action du gouvernement canadien ?

55 La limite du pouvoir des ONG : le cas des diamants

Certaines ONG réussissent à mobiliser l'opinion publique. Toutefois, ce sont les États qui ont le pouvoir d'agir. Ainsi, malgré la présence de milliers d'ONG sur la planète, malgré les nombreuses campagnes d'information et les pressions faites sur l'Organisation des Nations Unies, les conflits, les crises humanitaires et les violations des droits humains se perpétuent dans plusieurs régions du monde. Le cas du commerce des diamants illustre la limite du pouvoir des ONG.

« Le monde feutré et secret des diamantaires se retrouve au centre d'une intense polémique, accusé par des ONG [...] et les experts des Nations Unies de favoriser, en Afrique, la prolifération des armes et la perpétuation des conflits. Les diamants, hier synonymes de miracle économique botswanais, sont devenus en Afrique les "*conflict diamonds*", les "*blood diamonds*", les gemmes de la guerre. [...]

Le trafic des diamants pose incontestablement un défi inédit aux Nations Unies. Si la communauté internationale souhaite véritablement défendre la paix et la sécurité en Afrique, elle doit trouver le moyen de moraliser le commerce d'un produit inoffensif en lui-même (à la différence des armes ou de la drogue) et échappant jusqu'à présent à tout contrôle véritable. »

David Mugnier, « Les diamants et les relations internationales illicites », *Revue internationale et stratégique* [en ligne], n° 43, 2001/3, réf. du 26 août 2009.

● Quel moyen les ONG proposent-elles pour amener les États à agir ?

56 Le film *Blood Diamonds*

Les liens entre le commerce des diamants et l'instabilité politique dans certains pays d'Afrique ont été dénoncés par plusieurs ONG, dont Amnistie internationale et Partnership Africa-Canada, qui ont baptisé ces pierres les « blood diamonds ». Elles ont réussi à attirer l'attention du grand public et de l'industrie cinématographique, qui a traité cette problématique dans le film *Blood Diamonds* (2006). À la sortie du film, ces ONG se sont associées à Leonardo DiCaprio, l'acteur principal, pour expliquer au grand public la réalité politique du commerce des diamants.

57 Des relations parfois conflictuelles

Les relations entre les ONG et les gouvernements peuvent aussi se révéler conflictuelles. En 2009, des activistes de l'ONG Greenpeace organisaient une manifestation à Paris afin d'exprimer au gouvernement français leur opposition au projet d'un terminal à charbon dans le port de Cherbourg. Leur démonstration a été interrompue par la police.

● Une ONG peut-elle nuire à la capacité d'action d'un État ? Expliquez votre réponse.

2.2 Les multinationales et la capacité d'action des États

La collaboration entre les États et les multinationales est bien ancrée, car chacun a besoin de l'autre. En effet, tout en tentant de protéger leur pouvoir d'action, les États cherchent aussi à favoriser le développement du commerce et des affaires sur leur territoire. Les entreprises privées, de leur côté, sont à la recherche de ressources à exploiter et de marchés pour vendre leurs produits.

Les multinationales sont soumises aux lois du pays où elles se sont constituées et à celles des pays où elles exercent leurs activités. Par ailleurs, parce qu'elles sont des acteurs puissants sur la scène internationale, les multinationales peuvent influencer la politique des pays où elles sont présentes. Ainsi, elles obtiennent de l'aide financière et parviennent parfois à faire modifier des lois ou des règlements à leur avantage, en promettant en contrepartie la création d'emplois et des retombées économiques intéressantes. Les multinationales agissent directement ou par l'entremise de lobbyistes, qui sont en mesure d'influencer les décideurs.

58 **Les États au service des entreprises ?**

L'accélération du processus de mondialisation est liée à la volonté des États d'ouvrir les marchés. Depuis les années 1980, ceux-ci ont en effet laissé les entreprises privées devenir puissantes, soit parce qu'ils étaient convaincus qu'il s'agissait de la meilleure stratégie pour assurer la croissance du pays, soit par manque d'initiative ou de pouvoir.

« Dans cette concurrence globalisée, les États sont devenus "compétitifs" et une concurrence systémique s'installe entre eux. Celle-ci alimente la globalisation économique et permet aux entreprises de gagner en puissance. Si les États, y compris les plus puissants d'entre eux, ont perdu de leur autonomie, la globalisation des entreprises n'aurait pu connaître un tel essor sans leur concours. Cette situation a pour effet pervers de faire passer les rivalités commerciales avant l'idée de bien commun et l'intérêt public dans la formulation des politiques nationales et dans le cadre de la coopération internationale. »

Michèle Rioux, « Les firmes transnationales », dans Jean-Jacques Roche, *Instruments et méthodes des relations internationales* [en ligne], Éditions Palgrave, 2008, réf. du 26 août 2009.

● Pourquoi les États ont-ils délaissé une partie de leur capacité d'action au profit d'entreprises ?

59 **Le pouvoir des multinationales**

Le cas des sociétés minières qui exploitent des régions peu développées est un exemple de la force des grandes entreprises face à des gouvernements faibles. Malgré des impacts sociaux et environnementaux parfois très négatifs, des entreprises s'implantent sur des territoires en versant de très faibles redevances aux autorités de ces mêmes territoires. Le controversé projet de mine d'or Pascua-Lama (à la frontière entre le Chili et l'Argentine) de la multinationale canadienne Barrick Gold en constitue un bon exemple. Ce projet menacerait l'environnement, mais la perspective de retombées économiques a incité les gouvernements à permettre à l'entreprise de lancer le projet. Celui-ci a été discuté lors d'une réunion des actionnaires de Barrick Gold, en 2006.

● Pourquoi un État faible fait-il parfois de grandes concessions à une multinationale ?

60 Les intérêts privés sont-ils mieux représentés que les intérêts du public ?

L'Union européenne, comme le Congrès américain, interagit ouvertement avec des milliers de lobbyistes. Dans un monde où la gouvernance s'avère de plus en plus complexe, les lobbyistes parviennent parfois à orienter les actions des gouvernements.

«[...] Ils sont près de 15 000 lobbyistes et 2 500 organisations à animer la vie institutionnelle européenne, [...] Ces chiffres font de Bruxelles la deuxième ville au monde à avoir une telle concentration de représentants d'intérêts, ou lobbyistes, juste derrière Washington DC. [...]

Qui le lobbyiste représente-t-il ? Le lobbyiste parle au nom d'une société et doit donc rendre des comptes à ses commanditaires. Un état de fait qui pose le problème de la confiance démocratique du peuple envers les institutions européennes. [...]

À Bruxelles, il existe plus de 1 200 comités d'experts. [...] Pour Yiorgos Vassalos [membre de l'ONG Corporate Europe Observatory] les experts proviennent "à 55 % des gouvernements nationaux et à 35 % de l'industrie", mais dans certains secteurs "comme les biotechnologies ou le changement climatique, ce chiffre s'élève à 50 %". »

Marco Riciputi, *Le lobbying en Europe, éclairage sur les groupes de pression*, EUdebate2009 [en ligne], 20 août 2008, réf. du 24 septembre 2009.

● Les lobbyistes peuvent-ils compromettre la capacité d'un gouvernement à agir selon les intérêts de sa population ? Expliquez votre réponse.

61 La collaboration entre les États et les entreprises privées

Les États collaborent avec les entreprises privées parce que leur économie en dépend. Par exemple, la Russie cherche à s'affirmer comme puissance énergétique. C'est pourquoi le gouvernement s'assure de garder le contrôle de la plus grosse pétrolière du pays, Gazprom, qui s'occupe de l'extraction, du traitement et du transport du gaz naturel et du pétrole russes. La photo ci-dessous montre le premier ministre russe et président du conseil d'administration de Gazprom, Dmitri Medvedev, et le président de l'entreprise, Alexei Miller, à une réunion des actionnaires de l'entreprise, à Moscou, en 2006.

● Dans quel intérêt la Russie garde-t-elle le contrôle sur Gazprom ?

QUESTIONS de point de vue   CD 2

1 Selon vous, les ONG nuisent-elles à la capacité d'action des États ? Justifiez votre réponse.

2 Pourquoi certains États acceptent-ils que des multinationales empiètent sur leur capacité d'action ? Expliquez votre réponse.

LES CLÉS DE L'INFO

Afin de vous assurer de la pertinence de vos arguments au cours du débat, consultez la clé 10 de la section « Les clés de l'info », aux pages 452 et 453 du manuel.

La crise financière qui a pris naissance aux États-Unis en 2008 a touché tous les États du monde. Cette crise, qui a engendré une récession économique, a relancé la question de l'intervention des États dans l'économie.

Depuis les années 1990, les marchés sont de plus en plus déréglementés. S'appuyant sur les théories économiques libérales, la majorité des États interviennent de moins en moins dans l'économie et semblent perdre leur capacité d'action dans ce domaine. Ils laissent jouer un plus grand rôle aux acteurs privés. Certains observateurs estiment que les États doivent maintenir cette approche non interventionniste en dépit de la crise. D'autres croient plutôt que les États ont pour mandat de veiller au bien du plus grand nombre. Ils sont convaincus que la crise a démontré les limites des forces du marché. Selon eux, le manque de règles et d'organismes de surveillance expliquerait les dérives de certaines entreprises financières. Puisque les forces du marché ne peuvent être laissées à elles-mêmes, les États doivent intervenir.

Les États devraient-ils intervenir dans un contexte de crise économique ?

62 **La crise économique aux États-Unis**

Les saisies de propriétés pour défaut de paiement des versements hypothécaires se sont multipliées aux États-Unis en 2008.

1. Les intervenants qui expriment leur point de vue dans les documents qui suivent prennent part au débat sur l'intervention des États dans l'économie dans un contexte de crise économique. En prévision d'un débat en classe sur cet enjeu, interprétez leurs positions à l'aide des questions suivantes.

   • Qui sont les personnes qui expriment leur point de vue ?
     – À quel titre expriment-elles leur opinion ?

   • Quelle est leur position ?
     – Semblent-elles favorables ou défavorables à l'intervention des États dans l'économie dans un contexte de crise économique ?
     – Comment justifient-elles leur position ? Quels sont leurs arguments ?
     – Proposent-elles des solutions à la crise économique ? Si oui, lesquelles ?

   • Trouvez dans les différents médias d'autres arguments pertinents susceptibles de vous aider à mieux comprendre l'enjeu.

2. En vous basant sur les documents qui suivent et sur ceux que vous aurez recueillis, organisez un débat sur la question suivante.

   • Selon vous, les États doivent-ils ou non augmenter leur intervention dans l'économie dans un contexte de crise économique ?

63 Un ancien haut fonctionnaire québécois croit que l'État est appelé à intervenir

« [...] les effets à long terme de la crise économique actuelle se feront sentir bien davantage sur la scène politique que sur la vie économique des nations.

[...] les forces du marché [...] appellent maintenant l'État à leur aide. Puis, il y a le déséquilibre, de plus en plus intolérable, dans la distribution des avantages de la mondialisation entre les riches et les pauvres, ce qui explique l'arrivée au pouvoir de gouvernements de gauche, surtout en Amérique latine. Enfin, il y a le réchauffement climatique dont la solution exige une action gouvernementale concertée à l'échelle internationale. Seuls les États sont en mesure de résoudre ces problèmes universels.

Cette résurgence de l'État dans le monde aura de profondes répercussions [...].

L'une de ces conséquences sera la revalorisation des processus et des acteurs politiques. »

Louis Bernard, « La résurgence du politique », *La Presse* [en ligne], 19 mai 2009, réf. du 27 août 2009.

65 Un chroniqueur financier juge qu'il faut laisser le marché se rééquilibrer

« [...] à long terme, la plupart des plans de relance gouvernementaux ont peu d'effet. C'est normal, car ni [les] gouvernements ni les politiciens ne disposent d'un pouvoir magique de créer de la richesse. [...]

Ensuite, et c'est le plus important, les résultats obtenus grâce aux programmes gouvernementaux sont habituellement décevants.

Barack Obama s'est fait élire en partie grâce à une plateforme interventionniste. Plusieurs l'ont présenté comme le sauveur de l'économie américaine, au bord de la dépression. Ce qui a suscité la comparaison avec Franklin Delano Roosevelt.

Roosevelt est une figure mythique, car il est vu comme le président qui a sorti les États-Unis de la dépression à la fin des années 1930.

On attribue à ses politiques, dont le célèbre *New Deal*, des effets qui tiennent de la fable. [...]

Or, malgré une intervention massive dans l'économie, le taux de chômage était encore à 14,6 % en 1940, sept longues années après l'élection de Roosevelt ! [...]

La dure réalité, c'est qu'il n'existe pas de recette magique pour relancer une économie, surtout pas provenant des bureaucrates et des politiciens. Il faut du temps. Il faut aussi faire assez confiance au secteur privé pour que les autorités gouvernementales acceptent de s'enlever du chemin. »

Bernard Mooney, « Chronique : laissez l'économie tranquille », *Les Affaires* [en ligne], 25 juillet 2009, réf. du 13 août 2009.

64 Un économiste américain souligne que les États doivent favoriser la libération des échanges

« Les principales puissances doivent travailler ensemble. Mais les États ne seront capables de faire les sacrifices nécessaires au soutien de la coopération internationale que si leur population manifeste un minimum de soutien politique en faveur d'une économie mondiale ouverte. Cela ne va pas de soi aujourd'hui. [...]

Jusqu'ici, [...] les États ont répondu à la crise avec des politiques qui prennent peu en compte leur impact sur les autres pays. Et la crise a réduit de façon spectaculaire le soutien public domestique à la mondialisation et aux politiques nationales qui la soutiennent.

Sur la dimension internationale, la menace n'est pas tant d'un protectionnisme explicite que de politiques nationales spécifiques qui nuisent aux autres pays. Le plan de sauvetage financier américain actuel [...] n'est pas lié à un nationalisme arrogant mais plutôt au désespoir domestique. Le côté "achetez américain" du plan Obama va dans le même sens. [...] preuve reste à faire que les décideurs nationaux veulent ou sont capables de prendre en compte les implications internationales de leurs décisions. »

Jeffrey A. Frieden, « Avoiding the worst : International economic cooperation and domestic politics », *VoxEU.org* [en ligne], 2 février 2009. (Traduction de Telos.)

66 Selon le président du Conseil du patronat du Québec, l'État ne doit pas trop réglementer le marché

« L'interprétation à la mode de la crise prend un air particulièrement ironique quand on considère le marché particulier d'où elle est en grande partie issue [...]. [...] le marché américain des hypothèques résidentielles était déjà, avant la crise, l'un des plus étatisés en Occident. [...]

Ce qu'il faut surtout craindre, ce ne sont pas les erreurs du passé, mais le danger de commettre les mêmes à l'avenir. Gardons-nous, quand la crise actuelle sera apaisée, de continuer à réglementer et à contrôler encore et toujours davantage, car la croissance exponentielle du fardeau réglementaire n'a rien fait de bon pour empêcher la crise actuelle, bien au contraire. »

Michel Kelly-Gagnon, « Pour qui sonne le glas », *La Presse* [en ligne], 3 octobre 2008, réf. du 27 août 2009.

> « L'État est encensé en même temps qu'empiété, porté aux nues dans son concept mais remis quotidiennement en question dans son exercice. »

Sylvie Brunel

Pour les États, prendre des décisions et les appliquer s'avère de plus en plus complexe. Les États doivent réagir rapidement pour relever les nouveaux défis liés à la mondialisation accélérée des échanges. Dans ce contexte, les actions des citoyens de même que celles des nombreux acteurs de la communauté internationale peuvent, à leur manière, contribuer à rééquilibrer les forces du pouvoir dans un monde globalisé.

Voici quelques exemples d'actions qui ont été mises de l'avant jusqu'à maintenant :

- Plusieurs groupes et individus de partout dans le monde rappellent tous les jours l'importance pour tous les citoyens d'aller voter.
- Des groupes privés, des fondations et des organisations non gouvernementales (ONG) tentent d'aider les gouvernements qui font face à de graves problèmes de développement.
- Des groupes de citoyens s'organisent pour faire pression sur les gouvernements afin de faire valoir leurs droits ou les droits humains en général.
- Des États s'organisent et décident de jouer un rôle dans la relance économique de leur pays pour le bien de la majorité.

Les documents suivants présentent quelques pistes d'action privilégiées par divers intervenants. Pour chacune des actions présentées, répondez aux questions ci-dessous.

1. Qui a lancé cette action ?
2. Qui peut participer à cette action ?
3. À quel(s) niveau(x) (local, régional, national ou international) se situe l'action des intervenants ?
4. Quelle est l'action proposée ?
5. Selon vous, cette action peut-elle être efficace ? Peut-elle avoir des répercussions à l'échelle de la planète ? Expliquez votre réponse.
6. Avez-vous d'autres pistes de solution à proposer ? Si oui, lesquelles ?

L'initiative privée en matière de développement

Bill Gates, fondateur de l'empire Microsoft, se consacre maintenant à sa fondation, qui œuvre pour le développement et la santé dans les pays en développement, particulièrement en Afrique. En juillet 2009, Bill Gates recevait le prix Indira Gandhi pour la paix et le développement. Son ONG dispose d'un budget annuel supérieur à celui de l'Organisation mondiale de la santé, un des organismes de l'ONU. D'importants donateurs préfèrent contribuer à ce fonds privé parce qu'ils ont la conviction que son impact sera plus positif.

Le plan Obama 2009 : Investir pour relancer l'économie

Le président des États-Unis, Barack Obama, croit que l'État doit réinvestir dans l'économie et les services publics afin de relancer l'économie américaine. En février 2009, le Congrès a adopté un plan de relance ambitieux, totalisant 787 milliards de dollars. Le plan prévoit environ 500 milliards de dollars de dépenses publiques et d'aide aux programmes sociaux tel Medicaid, un programme d'assurance maladie accessible à tous. Des réductions d'impôt de 287 milliards de dollars sont également prévues.

L'ONG Amnistie internationale défend les droits humains

Amnistie internationale regroupe des millions de citoyens qui font pression sur les gouvernements en réclamant le respect des droits de la personne. Les relations de cette ONG avec les gouvernements sont souvent tendues, puisqu'elle dénonce leurs abus de pouvoir. Sa notoriété est telle que les gouvernements ne peuvent ignorer ses pressions et se voient même parfois contraints de libérer des prisonniers politiques.

Témoignage de Rehab Abdel Bagi Mohamed Ali, du Soudan

« Pendant ma détention, on m'a battue et insultée. Au bout de quelques jours, les gardiens m'ont dit : "Tu sais qu'on voit ton nom partout sur Internet ?" Ils m'ont réservé un meilleur traitement par la suite, avant ma libération. Les appels envoyés par les membres d'Amnistie internationale ont eu un réel impact dans mon cas, je tiens à le leur dire. »

Amnistie internationale, *AI, ça marche !*, Rehab Abdel Bagi Mohamed Ali du Soudan [en ligne], 2009, réf. du 30 septembre 2009.

Citoyens, allez voter !

« Il est plus important de changer ses dirigeants que de changer ses ampoules. Les gestes individuels sont nécessaires, mais le problème que nous devons régler est tellement gigantesque que cela ne suffit pas. Le changement doit venir d'en haut, des gouvernements. Ce sont eux qui peuvent orienter le marché de manière à déclencher une révolution verte qui changera la société. [...] Le rôle du gouvernement est de stimuler l'innovation, pas de rester en retrait. Les politiciens sont capables d'influencer l'avenir de la planète bien plus que chacun d'entre nous. »

Thomas L. Friedman, cité par Nicolas Bérubé, « Les politiciens pourront-ils sauver la planète ? », *La Presse* [en ligne], 2 novembre 2008, réf. du 30 septembre 2009.

Des regroupements de citoyens pour informer et outiller les individus face aux grandes entreprises

Dans un monde où les dérives boursières succèdent aux scandales financiers, des citoyens se sont pris en main pour défendre leurs intérêts et influencer les gouvernements. Fondé en 1995 à Montréal, le Mouvement d'éducation et de défense des actionnaires (MÉDAC) a pour mission de :

– faire valoir auprès des gouvernements le point de vue de ses membres sur le fonctionnement des marchés financiers ;

– promouvoir une meilleure représentation des actionnaires aux conseils d'administration des entreprises ;

– favoriser une plus grande transparence dans la gestion des sociétés par actions ;

– constituer un espace de débats, d'échanges.

À la place de... CD 2

Répondez à la question suivante en tenant compte de ce que vous avez appris dans ce chapitre.

Si vous étiez à la place de chacun des intervenants suivants, comment pourriez-vous contribuer à relever les défis liés à la mondialisation ?

☑ Dirigeante ou dirigeant d'une multinationale

☑ Chef d'État

☑ Membre d'une ONG

☑ Journaliste

ENJEU 2 La souveraineté des États et les regroupements économiques ou politiques

1 Pourquoi les États coopèrent-ils au sein de l'Organisation mondiale du commerce (OMC) ?

Depuis les années 1990, le commerce international connaît une croissance fulgurante. Les pays industrialisés, qui exportent principalement des marchandises (80 %) mais aussi des services (20 %), dominent largement le commerce international.

Afin de réduire les obstacles qui freinent les échanges, les États coopèrent au sein de l'OMC. Celle-ci facilite la gouvernance du commerce international et joue un rôle important dans l'harmonisation des politiques commerciales de ses membres.

1.1 Les avantages et les inconvénients de l'adhésion à l'OMC

En 2009, plus de 150 États sont membres de l'OMC. Depuis sa création, le 1er janvier 1995 (le système commercial qu'elle représente existe toutefois depuis presque un demi-siècle), l'Organisation régit le commerce entre les pays qui en sont membres. Le système économique de l'OMC repose sur des politiques commerciales qui garantissent la circulation sans restriction des biens et services, accroissent la concurrence et encouragent l'innovation.

Les recommandations de l'OMC sont établies suite à de nombreuses négociations entre tous les États membres. En effet, ce sont les membres eux-mêmes qui dirigent l'OMC et chaque nouvelle recommandation doit faire l'objet d'un consensus. Ce fonctionnement complique les négociations. Les pays participants font le choix de la coopération, pour que leurs intérêts soient mieux servis, bien que leur souveraineté s'en trouve parfois affaiblie. Ainsi, ils ne peuvent pas adopter des politiques qui seraient contraires aux accords signés.

PERSPECTIVE

La théorie des avantages comparatifs

David Ricardo (1772-1823)

Dans le but de faciliter les échanges commerciaux, les membres de l'OMC basent, en général, leurs politiques de commerce international sur la théorie des avantages comparatifs, développée par l'économiste britannique David Ricardo. Celui-ci a démontré qu'un pays gagne à développer la production de biens et de services dans les secteurs où il s'avère comparativement plus efficace et à importer les biens et services provenant de secteurs dans lesquels il n'est pas compétitif.

Ce type d'échanges a plusieurs retombées positives : une meilleure utilisation des ressources de chaque pays, ce qui permet d'augmenter la richesse ; une réduction des coûts d'achat des biens et services non développés dans l'économie nationale ; et un accroissement de la productivité.

67 Les membres et les observateurs de l'OMC

Les pays qui négocient leur adhésion à l'OMC ont le statut d'«observateurs». Quelques pays, telle la République populaire démocratique de Corée, ne désirent pas adhérer à l'Organisation.

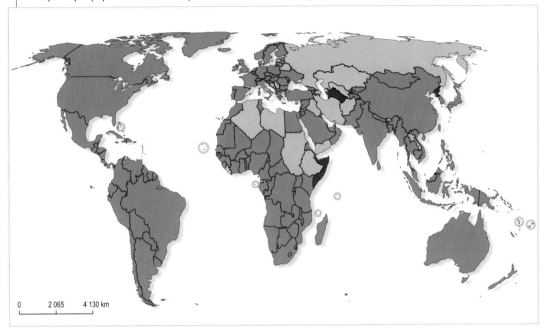

- Membre
- Observateur
- Autre

D'après La Documentation française, *Les membres de l'OMC* [en ligne], 2006, réf. du 10 septembre 2009.

Les membres acceptent, la plupart du temps, de suivre ces recommandations, qu'ils ont eux-mêmes établies, jugeant qu'il est dans leur intérêt de favoriser les échanges internationaux. Dans le cas contraire, l'Organe de règlement des différends (ORD) permet de régler les différends commerciaux entre les membres. Ainsi, les petits États comme les plus puissants doivent se soumettre aux mêmes exigences en matière de commerce.

68 Les cycles de négociations

Le dernier cycle de négociations, le cycle de Doha, s'est soldé par un échec.

Année ou période	Lieu et appellation	Domaines couverts	Nombre de pays participants
1947	Genève	Droits de douane	23
1949	Annecy	Droits de douane	13
1951	Torquay	Droits de douane	38
1956	Genève	Droits de douane	26
1960-1961	Genève, cycle Dillon	Droits de douane	26
1964-1967	Genève, cycle Kennedy	Droits de douane et mesures antidumping	62
1973-1979	Genève, cycle de Tokyo	Droits de douane, mesures non tarifaires et «accord-cadre»	102
1986-1994	Genève, cycle de l'Uruguay	Droits de douane, mesures non tarifaires, services, propriété intellectuelle, règlement des différends, agriculture, création de l'OMC, etc.	123
2001- 2005	Genève, cycle de Doha	Agriculture, services, propriété intellectuelle, etc.	148

D'après OMC, *Comprendre l'OMC* [en ligne], 2008, réf. du 27 août 2009.

● Quels sont les objectifs des négociations multilatérales?

1.2 La souveraineté alimentaire et l'OMC

Jusqu'à la fin des années 1990, les pays refusaient d'ouvrir le secteur agricole au libre marché. Ils voulaient conserver leur pleine souveraineté dans ce domaine, considéré comme crucial, afin de s'assurer de nourrir leur population. Cependant, sous la pression de grands pays exportateurs, dont les États-Unis et l'Union européenne (UE), l'OMC a entamé des négociations en vue de réduire les obstacles au commerce international des produits agricoles.

Grands producteurs agricoles, les États-Unis et l'UE ont toujours subventionné généreusement les agriculteurs, ce qui leur permet d'exporter leurs produits à bas prix. À l'ouverture des négociations sur ce sujet, ces pays souhaitaient accéder à de nouveaux marchés sans réduire leurs subventions. Toutefois, plusieurs pays se sont opposés à cette demande. Ils se sont regroupés en vue de défendre leur point de vue. Ainsi, le souhait des États-Unis et de l'UE ne s'est pas réalisé.

Les négociations progressent donc difficilement. Selon certains intervenants, un accord dans le domaine de l'agriculture démontrerait que l'OMC peut arriver à équilibrer les forces du marché.

> **Souveraineté alimentaire**
> Droit des populations et des États à définir leurs politiques agricole et alimentaire, dans la mesure où elles sont sans impacts négatifs sur les autres pays.

69 **Le concept de « souveraineté alimentaire »**

La **souveraineté alimentaire** est un concept développé par l'ONG Via Campesina, qui lutte contre la libéralisation des marchés agricoles. Selon cette ONG, la souveraineté alimentaire inclut, entre autres, la priorité donnée à la production agricole locale ; le droit des États à se protéger des importations agricoles et alimentaires à bas prix ; et la participation des populations aux politiques agricoles. Elle accuse l'OMC de ne pas tenir compte du sort des producteurs locaux.

Quel est le point de vue de l'ONG Via Campesina sur l'OMC ?

Le groupe de Cairns

Dix-neuf pays exportateurs de produits agricoles se sont mobilisés en faveur de la libéralisation des échanges dans ce secteur. Constitué en 1986 à Cairns (Australie), le groupe de Cairns influence le cours des négociations de l'OMC. Ses membres diffèrent beaucoup les uns des autres. Ils poursuivent toutefois un objectif commun : la libéralisation de l'agriculture, à la condition d'éliminer les subventions que les États-Unis et l'UE accordent à leurs agriculteurs.

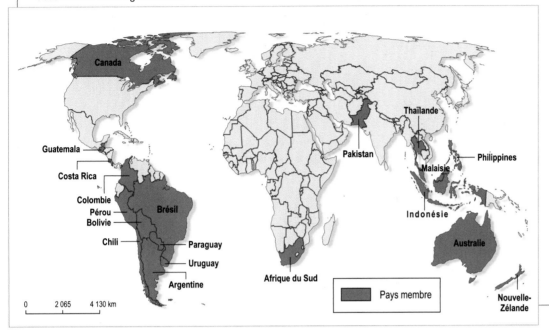

Pourquoi ces pays se sont-ils alliés ?

D'après La Documentation française, *Le groupe de Cairns* [en ligne], 2006, réf. du 10 septembre 2009.

---

71 ### L'OMC pour équilibrer le marché ?

Certains observateurs suggèrent que si l'ouverture des marchés était accompagnée d'une réduction des subventions que les États-Unis et l'UE accordent à leurs agriculteurs, cela pourrait aider les pays moins développés à stimuler leur secteur agricole.

« Les États-Unis et l'Union européenne ont été accusés par Ban Ki-moon, le secrétaire général de l'ONU, de "pénaliser les pays pauvres et de contribuer à l'urgence actuelle".

[...] les subventions agricoles seraient responsables de l'aggravation de la crise alimentaire mondiale. [...] L'Union européenne consacre environ 40 % de son budget à sa Politique agricole commune (PAC), soit environ 50 milliards d'euros, dont une partie est distribuée aux agriculteurs européens sous forme de subventions. De l'autre côté de l'Atlantique, les États-Unis consacrent environ 90 milliards d'euros au soutien de leur secteur agricole. L'UE et les États-Unis pratiquent également des droits de douane très élevés afin de décourager les importations sur leurs marchés respectifs. L'Union européenne impose par exemple des taxes qui peuvent s'élever jusqu'à 430 % sur certains produits agroalimentaires.

Ces mesures s'apparentent à de la concurrence déloyale, clament les pays du Sud, comme l'Inde et le Brésil. Et au sein de l'Organisation mondiale du commerce (OMC), ils tentent d'obliger les États-Unis et l'Union européenne à diminuer leurs aides aux agriculteurs ainsi que leurs barrières douanières. »

François Cardona, « Les subventions agricoles au banc des accusés », *Radio France Internationale* [en ligne], 21 avril 2008, réf. du 27 août 2009.

Pourquoi Ban Ki-moon, le secrétaire général de l'Organisation des Nations Unies, accuse-t-il les États-Unis et l'UE de pénaliser les pays peu développés ?

En 2008 s'est amorcée une crise alimentaire qui a touché de nombreux pays. Les prix des denrées de première nécessité (blé, riz, maïs, lait, etc.) ont grimpé en flèche. Cette situation est due, entre autres, à la spéculation, à l'accroissement de la demande pour ces denrées en Chine et aux nouvelles énergies vertes, comme l'éthanol, qui, pour être produites, nécessitent entre autres des céréales, comme le maïs.

« [...] 25 pour cent seulement de la production alimentaire mondiale [fait] l'objet d'échanges commerciaux dans le monde. En outre, dans leur grande majorité, ces 25 pour cent consistent en produits transformés et non en riz, en blé et en soja comme certains tendent à l'affirmer. [...]

Très récemment, le ministre du Commerce du Yémen se plaignait des politiques du "chacun-pour-soi", quitte à ce que le voisin meure de faim, qui avaient suivi la crise alimentaire ; le Yémen se trouvait en effet privé de son aliment de base, le riz. Allons-nous en réponse recommander au Yémen l'autonomie ; lui recommander de cultiver son propre blé, comme l'a fait l'Arabie saoudite, alors que celle-ci vient cette année même d'y renoncer car c'est une culture trop gourmande en eau ? Ou allons-nous répondre au Yémen en renforçant l'interdépendance mondiale et en rendant le commerce international plus fiable ? »

Pascal Lamy, secrétaire général de l'OMC, extrait d'un discours prononcé le 10 mai 2009 intitulé « Politique en matière d'alimentation et de commerce des produits agricoles : le monde a besoin d'une vision commune », *OMC, Nouvelles* [en ligne], 10 mai 2009, réf. du 27 août 2009.

> • Quels pourraient être les bienfaits de la libéralisation du commerce des produits agricoles ?

73 La gestion de l'offre

La gestion de l'offre au Québec et au Canada, encadrée par les gouvernements du Québec et du Canada, est le mécanisme par lequel les producteurs de lait, de volailles et d'œufs ajustent leur production pour répondre aux besoins des consommateurs. Ce modèle agricole permet de contrôler et de planifier la production et les prix sans recourir à des subventions. Par ailleurs, les tarifs douaniers et les barrières tarifaires permettent de contrôler l'entrée au Canada des produits étrangers fortement subventionnés. Les producteurs laitiers québécois réclament le maintien de ces politiques que menace le système de l'OMC, qui vise l'élimination des barrières commerciales.

> • Pourquoi les producteurs laitiers québécois s'opposent-ils à la libéralisation des échanges de produits agricoles ?

QUESTIONS de point de vue   **CD 2**

1 Quel est le rôle de l'OMC ?

2 Quels sont les avantages et les inconvénients de faire partie de l'OMC pour les États souverains ?

3 Expliquez brièvement l'enjeu que représente la négociation des échanges de produits agricoles pour les États.

2 Comment l'Union européenne (UE) et l'Accord de libre-échange nord-américain (ALENA) mettent-ils au défi la souveraineté des États ?

Dans le contexte de la mondialisation, la plupart des États cherchent à assurer leur croissance économique. Ils créent donc des partenariats ou des regroupements régionaux, tels l'UE et l'ALENA. Toutefois, en agissant ainsi, ils renoncent à une partie de leur souveraineté.

2.1 L'UE

L'UE est un partenariat économique et politique unique, qui réunit 27 pays européens démocratiques. Les États membres ont mis en place des institutions chargées de diriger l'UE et d'adopter des mesures législatives dans différents domaines. L'adoption de lois et de règles communes fait de l'UE une organisation d'intégration : les membres cherchent collectivement à mettre en œuvre des politiques susceptibles d'améliorer leur sort.

En adhérant à l'UE, les pays ont délégué une partie de leur souveraineté : ils ont accordé au regroupement des pouvoirs législatif, exécutif et judiciaire et ont accepté de se soumettre à un grand nombre de règles communes. Une grande majorité des pays membres ont aussi adopté la monnaie européenne unique, l'euro.

Toutefois, plus les pays délèguent des pouvoirs aux institutions de l'UE, plus celles-ci deviennent complexes et plus les critiques à leur endroit sont nombreuses et leur réforme problématique.

PERSPECTIVE

Jean Monnet

Jean Monnet, diplomate français, est considéré comme l'un des « pères » de l'UE. Après la Seconde Guerre mondiale, il est chargé de coordonner le Plan français de modernisation et d'équipement. Jean Monnet conçoit l'idée d'un partenariat franco-allemand sur le charbon et l'acier. Convaincu que l'union des pays européens est le seul moyen de préserver la paix sur le continent, il inspire et préside la Communauté européenne du charbon et de l'acier (CECA), fondée en 1952. C'était un premier pas vers la formation l'UE telle qu'elle existe aujourd'hui.

Jean Monnet (1888-1979).

2.1.1 Le droit communautaire et son impact sur la souveraineté des États

Par l'adoption de traités et de règlements, l'UE a construit au fil des années un droit, appelé « communautaire », qui touche l'ensemble des États membres. Le droit communautaire l'emporte sur le droit national et la souveraineté des États, et tous doivent s'y conformer. Il intervient dans de nombreux domaines : politiques commerciales et sociales, agriculture, environnement, etc. Ainsi, les mesures législatives adoptées à l'échelle européenne et l'application du droit européen harmonisent de plus en plus la gouvernance de tous les pays membres.

La Cour de justice de l'UE

La Cour de justice, où s'exercent le pouvoir judiciaire et le droit communautaire de l'UE, est située au Luxembourg. Chaque État membre y délègue un juge, ce qui assure la représentation des différents systèmes juridiques nationaux. Les décisions de la Cour sont contraignantes pour les États membres, car elles l'emportent sur celles des cours nationales.

● En quoi la Cour de justice de l'UE peut-elle affecter les pouvoirs des États membres ?

2.1.2 Les difficultés de l'UE

Depuis le milieu des années 1990, l'UE s'est engagée dans un processus d'adhésion des pays d'Europe centrale et orientale. Ce processus implique une augmentation du nombre de pays membres de l'UE. Par ailleurs, l'UE cherche à transformer certaines de ses institutions pour en accroître les pouvoirs et permettre ainsi une meilleure coordination de ses politiques. Ce second processus s'avère plus difficile à mettre en application, car plusieurs pays refusent de déléguer davantage de pouvoirs aux institutions de l'UE.

L'arrivée en mai 2004 de 10 nouveaux États membres – suivis de la Roumanie et de la Bulgarie en janvier 2007 – a augmenté la taille de l'UE. Par ailleurs, la diversité des États membres sur les plans social, culturel et surtout économique est à l'origine des difficultés de fonctionnement que connaît l'UE. Les nouveaux membres se voient dans l'obligation d'harmoniser leurs systèmes économique et juridique nationaux avec les normes du droit communautaire, ce qui conduit souvent à l'adoption de réformes difficiles. Par conséquent, le processus d'intégration de nouveaux États à l'UE mécontente une grande partie des populations concernées, qui voient dans ces changements une perte de leur souveraineté nationale.

75 Les succès européens

Plusieurs observateurs soulignent les succès de l'UE malgré la difficulté qu'elle éprouve à réformer ses institutions. La difficulté tient au fait qu'une réforme de l'UE ne peut se faire sans l'accord de tous ses membres.

« Un peu plus d'un an après la victoire des "non" français et néerlandais au projet de traité constitutionnel [qui permet de réformer les institutions], et malgré la ratification de ce texte par une majorité d'États membres depuis, l'Europe semble être en panne.

Pourtant, le bilan de [l'UE] [...] est loin d'être négligeable. Sous le vocable "acquis communautaire", reposent des valeurs partagées, un marché solide, une monnaie unique, des facilités de déplacement, un droit commun. Aujourd'hui cependant, cet acquis ne suffit plus à compenser les craintes et les reproches suscités par une Union européenne (UE) trop libérale pour les uns, trop sociale pour les autres ; trop étendue pour les uns, trop restreinte pour les autres [...]. »

Jean-François Drevet, « Une Europe en crise ? », *La Documentation française* [en ligne], n° 8052, 2006, réf. du 27 août 2009.

● Quels avantages et difficultés liés au regroupement d'États souverains ce texte fait-il ressortir ?

La question de la souveraineté, toujours au cœur des enjeux européens

L'Irlande a d'abord exprimé son désaccord, en 2008, avec certaines parties du traité de Lisbonne, que l'UE tente de faire adopter par tous ses membres afin de réformer ses institutions. Elle a finalement approuvé ce traité, en 2009, lors d'un second référendum.

Comme ce fut le cas pour l'Irlande, plusieurs États membres hésitent encore à déléguer des pouvoirs supplémentaires aux institutions européennes et veulent s'assurer de préserver leur souveraineté dans certains domaines qui, selon eux, reflètent leurs valeurs et leur identité.

« L'Irlande a reçu des garanties [...] l'assurant que le traité ne portera pas atteinte à sa neutralité militaire ni à sa souveraineté en matière fiscale ou à son droit de formuler sa propre politique sur des questions éthiques comme l'avortement. [...] L'Irlande avait fait de ces garanties la condition préalable à la tenue d'un second référendum à l'automne. Le traité de Lisbonne vise à simplifier le processus décisionnel de l'UE. Pour pouvoir entrer en vigueur, il doit être approuvé à l'unanimité par les vingt-sept États membres de l'UE. »

Europa, *Traité de Lisbonne : second référendum en vue en Irlande* [en ligne], 19 juin 2009, réf. du 27 août 2009.

77

Les avancées de l'UE

L'UE et ses institutions, situées à Bruxelles, paraissent très compliquées et sont souvent critiquées. Cependant, pour certains, l'UE permet, grâce à l'intégration et à la collaboration des États membres, d'atteindre de grands objectifs.

« "L'Europe ? Trop compliqué !", "C'est la faute à Bruxelles !" ... Autant de jugements à l'emporte-pièce [émis par les membres de l'UE] qui finissent par ternir l'image de l'Europe. Certes, l'Union européenne n'est pas parfaite. Mais à force de ne parler que de ses défauts, on oublie ses bienfaits : la paix, l'abondance alimentaire, l'euro, des normes "vertes" exigeantes. Et surtout, un apprentissage mutuel permanent. L'Europe, c'est un travail d'équipe, une école de respect et d'ouverture. [...] »

Éditions First, résumé de *L'Europe pour les nuls*, de Sylvie Goulard [en ligne], 2009, réf. du 27 août 2009.

- Pourquoi l'UE ne fait-elle pas l'unanimité auprès de ses membres ?

- Pourquoi l'Irlande voulait-elle des garanties de l'UE avant de tenir un second référendum sur la réforme de l'UE ?

Des citoyens manifestent contre l'UE, à Dublin, en Irlande, en juin 2008

Plusieurs citoyens européens demandent à leurs gouvernements une réforme de l'UE qui ne nuira pas à la souveraineté nationale.

2.2 L'ALENA

En 1994, le Canada, les États-Unis et le Mexique ratifient l'ALENA, par lequel est formée une zone de libre-échange de biens et de services. Cet accord a permis de mieux intégrer les processus de production et d'accroître les échanges entre les trois pays. Par exemple, plus de 30 % du commerce entre le Canada et les États-Unis s'effectue entre des unités d'une même entreprise qui mène ses activités des deux côtés de la frontière. L'ALENA a aussi permis d'accroître les flux de capitaux et la diffusion de la technologie entre ses partenaires.

La majorité des échanges commerciaux en Amérique du Nord s'effectue selon les règles de l'ALENA (et les recommandations de l'OMC). L'ALENA établit des règles claires pour le règlement de conflits. Les États acceptent de se soumettre à ces règles. Le Canada, dont le poids économique est beaucoup moins important que celui des États-Unis, bénéficie de cet accord qui a permis de mettre en place des comités et des règles pour gérer les conflits commerciaux entre Washington et Ottawa. Sans règles, la loi du plus fort désavantagerait considérablement le Canada.

79 Le commerce entre les partenaires de l'ALENA

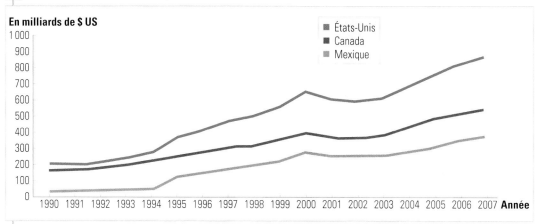

ALENA, *L'ALENA : 14 ans de résultats probants pour les Nord-Américains* [en ligne], 2008, réf. du 10 septembre 2009.

- L'ALENA est-il un succès pour tous ses membres ? Expliquez votre réponse.

80 Les bienfaits de l'ALENA

En 2007, David Emerson, ministre canadien du Commerce, souligne combien l'ALENA a profité à l'économie canadienne sans nuire à sa souveraineté.

« De l'avis général, les résultats de l'Accord [l'ALENA] ont de loin dépassé les attentes, même les plus optimistes. Depuis 1989, les échanges bilatéraux entre nos pays [le Canada et les États-Unis] ont triplé, et s'élèvent à 710,5 milliards de dollars. Le Canada et les États-Unis entretiennent aujourd'hui la plus grande relation économique bilatérale du monde. [...] notre réussite a inspiré d'autres pays dans le monde entier, qui considèrent l'ALE et l'ALENA comme des modèles de la libéralisation du commerce.

De nos jours, cette inspiration revêt plus d'importance que jamais alors que certains pays [...] veulent retourner au protectionnisme et à l'isolationnisme. Même au Canada et aux États-Unis, il y a encore des personnes qui voudraient que nous ignorions les 20 ans de création d'emplois et de prospérité économique que le libre-échange nous a apportés. [...] Le Canada reste un pays souverain fort et ses citoyens sont fiers du rôle que joue leur pays sur la scène mondiale et ont confiance dans nos relations avec notre voisin et plus proche allié, les États-Unis. [...] »

David Emerson, « Free trade at 20 : Truly a cause for celebration », lettre d'opinion publiée dans *The Chronicle Herald*, Halifax, Nouvelle-Écosse, 5 octobre 2007, réf. du 27 août 2009. (Traduction de Affaires étrangères et Commerce international Canada.)

- Selon vous, l'ALENA nuit-il à la souveraineté de l'État canadien ? Expliquez votre réponse.

2.2.1 Le chapitre 11 et la perte de souveraineté des États

L'ALENA, contrairement à l'UE, ne vise pas l'intégration politique ou la mise sur pied d'institutions centrales. Il empiète toutefois sur la souveraineté des États membres. En effet, l'ALENA introduit un mécanisme qui accorde un pouvoir aux multinationales : celles-ci peuvent poursuivre les gouvernements si elles estiment que les politiques de ces derniers nuisent à leurs profits. Ces dispositions sont contenues dans le chapitre 11 de l'Accord, qui protège les intérêts des investisseurs étrangers. Le chapitre 11 accorde un traitement égal à toutes les entreprises et institutions afin de soutenir les investissements et de favoriser la croissance économique et la création d'emploi.

Des dispositions du chapitre 11 soulèvent des questions, car elles peuvent contrecarrer les tentatives d'adoption de nouvelles lois et de nouveaux règlements d'intérêt public, par exemple des lois visant la protection de l'environnement. À l'époque de la signature de l'ALENA, l'idée de protéger les compagnies contre de mauvaises décisions gouvernementales s'était imposée. En effet, la théorie économique qui prévalait alors soutenait que les intérêts privés et le marché prenaient de meilleures décisions que les gouvernements pour favoriser la croissance économique et le bien des populations à long terme. Cependant, le fait de permettre aux entreprises de poursuivre les gouvernements représente pour les États une grande perte de souveraineté.

---

81   **Le chapitre 11 et les services publics : un enjeu inquiétant**

En vertu du chapitre 11, le géant américain UPS a poursuivi le Canada pour concurrence déloyale dans le domaine de la poste, mais sans succès.

« On a appris [...] qu'un tribunal d'arbitrage de l'ALENA avait débouté la compagnie américaine de messagerie UPS de sa plainte contre le gouvernement du Canada. Déposée en vertu du chapitre 11 du traité de libre-échange [...], la plainte était agrémentée d'une demande de réparation de 160 millions.

[...] UPS alléguait que Postes Canada bénéficiait d'un avantage indu en matière de messagerie rapide à cause de son monopole sur la livraison du courrier ordinaire [...]. Le géant américain en avait également contre le programme fédéral d'aide aux éditeurs canadiens qui oblige ces derniers à livrer leurs produits par l'intermédiaire du service public. UPS se plaignait aussi du fait que les douanes canadiennes traitent de manière différente le trafic postal ordinaire et les services de messagerie.

Le tribunal d'arbitrage [...] n'a retenu aucune de ces accusations, au grand soulagement non seulement d'Ottawa, mais aussi de Washington et Mexico. [...] Une victoire de UPS aurait pu être le signal de départ d'une pluie de plaintes similaires pouvant émaner de toutes les compagnies nord-américaines actives dans des domaines où le secteur public est également présent. [...] La victoire du Canada contre UPS ne sera pas suffisante pour rassurer ceux qui ont peur du chapitre 11 de l'ALENA [...]. »

Éric Desrosiers, « Le retour du chapitre 11 », *Le Devoir* [en ligne], 18 juin 2007, réf. du 27 août 2009.

●   Pourquoi Ottawa, Washington et Mexico sont-ils soulagés par la décision du tribunal d'arbitrage ?

---

82   **Le chapitre 11 et la souveraineté canadienne**

S'appuyant sur le chapitre 11, des entreprises ont déposé des dizaines de plaintes au tribunal d'arbitrage de l'ALENA. Récemment, un fabricant de pesticides a déposé une plainte afin de freiner l'adoption de lois visant la protection de l'environnement au Canada. Cette situation est dénoncée par plusieurs.

« Le géant chimique Dow AgroScience vient notamment de déposer une plainte aux termes du chapitre 11 de l'ALENA pour perte de profits à la hauteur de 2 millions de dollars découlant des interdictions canadiennes sur l'utilisation de pesticides.

[...] "La crainte de nouvelles poursuites empêche le Canada d'adopter des lois plus sévères en matière de protection de l'environnement, ce qui est inacceptable", a fait savoir Sharon Labchuk, porte-parole du Parti Vert [...]. "Ni l'OMC ni l'Union européenne ne prévoient des dispositions pour les différends entre investisseurs et États. Nous devons renégocier l'ALENA dans le même sens", a ajouté Mme Labchuk. »

Parti Vert du Canada, *Le chapitre 11 de l'ALENA menace la santé et la sécurité des Canadiennes et des Canadiens* [en ligne], 14 avril 2009, réf. du 27 août 2009.

●   De quelle façon le chapitre 11 peut-il nuire à la souveraineté de l'État canadien ?

 QUESTIONS de point de vue   **CD 2**

1   Dans quel intérêt les États se regroupent-ils ?

2   Quels sont les avantages et les inconvénients, pour un État souverain, de faire partie de l'UE ?

3   En quoi l'ALENA peut-il menacer la souveraineté des États signataires ?

Depuis des décennies, les États établissent des accords de libre-échange en vue de stimuler leur croissance économique. Ces accords ont des impacts sur la souveraineté des États signataires : ils poussent les États à ajuster leurs politiques en conséquence.

Bien que les accords de libre-échange se multiplient partout sur la planète, les échecs de la Zone de libre-échange des Amériques et du cycle de Doha à l'Organisation mondiale du commerce, dans les années 2000, démontrent que les pays hésitent à signer des accords qui minent trop leur souveraineté. Des observateurs soulignent pourtant que certaines formes de libre-échange sont bénéfiques pour les États. D'autres soutiennent au contraire que les États doivent prendre conscience de tous les impacts négatifs de ces accords, notamment les pertes d'emploi ou la perte de souveraineté.

Les gouvernements doivent-ils favoriser le libre-échange ?

83 **Un volume d'échanges impressionnant**

L'Accord de libre-échange nord-américain a permis au Canada et aux États-Unis de développer leurs échanges commerciaux. L'ensemble des marchandises qui passent par le pont Ambassador, en direction des États-Unis ou du Canada, équivaut au total des marchandises que les États-Unis exportent au Japon.

1. Les intervenants qui expriment leur point de vue dans les documents qui suivent prennent part au débat sur les politiques de libre-échange des États. En prévision d'un débat en classe sur cet enjeu, interprétez leurs positions à l'aide des questions suivantes.

   - Qui sont les personnes qui expriment leur point de vue ?
     - À quel titre expriment-elles leur opinion ?
   - Quelle est leur position ?
     - Semblent-elles favorables ou défavorables aux politiques de libre-échange ?
     - Comment justifient-elles leur position ? Quels sont leurs arguments ?
     - Proposent-elles des solutions de remplacement au libre-échange ? Si oui, lesquelles ?
   - Trouvez dans les différents médias d'autres arguments pertinents susceptibles de vous aider à mieux comprendre l'enjeu.

2. En vous basant sur les documents qui suivent et sur ceux que vous aurez recueillis, organisez un débat sur la question suivante.

   - Selon vous, les gouvernements doivent-ils favoriser le libre-échange ?

Un politologue juge que certaines formes de libre-échange sont bénéfiques pour les États et leur population

« Comme en font foi leurs niveaux de dépenses sociales, le Canada et l'UE partagent des valeurs de solidarité, de redistribution et d'égalité des chances globalement différentes de celles des États-Unis. Ils partagent aussi une vision du monde comparable, multipolaire, davantage axée sur le *soft power** et le recours au droit international plutôt que sur la simple force militaire pour résoudre les conflits.

Pour toutes ces raisons, un partenariat économique qui serait plus large que le libre-échange traditionnel, qui envisagerait des collaborations plus poussées quant à l'environnement et aux technologies vertes, de l'éducation, de la recherche scientifique et de la mobilité professionnelle, pourrait être politiquement plus facile à vendre aux électeurs canadiens et européens.

La mondialisation a de plus en plus mauvaise presse. Mais avec leurs valeurs communes, le Canada et l'UE ont l'occasion de renverser cette tendance [...]. En faisant preuve de leadership, ils peuvent relégitimer le commerce mondial en lui donnant un visage "plus humain". »

* Le pouvoir d'influencer d'autres acteurs en utilisant, par exemple, la négociation.
Denis Saint-Martin, « Partenariat économique Canada–Union européenne : Une chance à saisir », *Le Devoir*, 6 mai 2009.

 Un altermondialiste dénonce le discours néolibéral qui favorise le libre-échange

« Les objectifs du discours néolibéral sont clairs : il s'agit de présenter la globalisation capitaliste* comme un processus naturel et incontournable, discréditer l'État comme gardien du bien commun, convaincre la population que la souveraineté populaire doit désormais être mise au rancart et que les humains n'ont plus aucune maîtrise sur leur destin.

[...] Aujourd'hui, avec la crise économique mondiale, tout est remis en jeu. Le protectionnisme refait surface. Les États-Unis se moquent des accords du libre-échange quand il est temps de protéger leurs entreprises [...]. En Europe, chaque économie nationale cherche d'abord à sauver sa mise. On retrouve les vertus du rôle économique de l'État. De plus, l'État apparaît comme étant la seule institution capable d'instaurer une certaine régulation pour contrer la spéculation et autres manœuvres du capital financier. Il sert même d'instrument essentiel pour sauvegarder des institutions financières ou des secteurs industriels qu'on n'hésite plus à nationaliser – temporairement – pour les garder à flot. »

* La mondialisation.
Bernard Rioux, « Dans le contexte de la globalisation capitaliste : Que signifie la souveraineté politique et en quoi est-elle nécessaire ? », *Presse-toi à gauche* [en ligne], 25 juin 2009, réf. du 14 septembre 2009.

 L'activiste Susan George souligne l'importance des négociations multilatérales

« Le cycle de négociations de Doha, engagé lors de la conférence ministérielle de l'Organisation mondiale du commerce (OMC) [...] en 2001, a échoué. Le directeur général de l'OMC, M. Pascal Lamy, tente désespérément de le ressusciter, mais les opposants au cycle de Doha n'ont cessé de soutenir durant toutes les négociations que mieux valait une absence d'accord qu'un mauvais accord. [...] Ces pourparlers accroissaient le risque de favoriser les plus gros exploitants agricoles, d'affaiblir, voire de détruire, les industries fragiles et naissantes de l'ensemble du Sud. [...]

Devant l'échec de ce cycle, beaucoup se posent la question : que mettre à la place de Doha ? [...] L'absence d'un régime commercial international laisse le champ libre à des accords bilatéraux et multilatéraux plus envahissants et plus dangereux encore que ne l'est l'OMC pour les partenaires les plus faibles.

Plutôt que de laisser les suspects habituels – les États les plus puissants, qui emboîtent le pas de leurs firmes transnationales – organiser l'avenir des rapports commerciaux, il est utile d'en revenir à la restructuration majeure des relations internationales qui intervint au lendemain de la Seconde Guerre mondiale [dans lesquelles les États poursuivaient des objectifs de création d'emploi et de progrès social]. »

Susan George, « Une autre organisation du commerce international était possible... », *Le Monde diplomatique*, 17 janvier 2007.

Selon une étude britannique, le libre-échange a des impacts négatifs que les États ne devraient pas ignorer

« En mars 2009, l'association britannique War on want ("Guerre à la misère") [a publié un rapport synthèse sur les impacts négatifs du libre-échange] intitulé "Bradage de nos emplois : Comment le libre-échange menace l'emploi à travers le monde".

Ce rapport étudie comment les accords de libre-échange (ALE) et les politiques dédiées à l'ouverture des marchés d'importation [ont mené] à l'effondrement de pans entiers d'industries et à la destruction de millions d'emplois à travers le monde. Les gouvernements n'ont de cesse que de promouvoir le libre-échange par la conclusion d'accords de commerce : alors que les négociations piétinent à l'OMC [...], les ALE bilatéraux et régionaux se multiplient. La crise [...] que nous traversons n'empêche aucunement les gouvernements de poursuivre une politique pourtant largement responsable de la situation actuelle. [...] L'abaissement des tarifs et plus généralement des barrières douanières entraîne la perte d'emplois par l'instauration d'une concurrence insoutenable face à des produits entrants sur le territoire à des prix auxquels les producteurs locaux ne peuvent consentir sans disparaître ou réduire considérablement leur activité, abaisser les salaires et aggraver les conditions de travail. »

Fréderic Viale, « Bradage de nos emplois : Comment le libre-échange menace l'emploi à travers le monde », *Attac France* [en ligne], 5 mai 2009, réf. du 14 septembre 2009.

> « Ce n'est pas la mondialisation qui dissout les nations, mais l'autodissolution des nations qui produit la mondialisation. »
>
> **Emmanuel Todd**

Les États, les organisations non gouvernementales et les individus subissent les contrecoups de la mondialisation. Ils ressentent aussi les effets des décisions prises par les organisations internationales, telles l'Organisation mondiale du commerce (OMC), l'Accord de libre-échange nord-américain (ALENA) et l'Union européenne. En effet, le commerce, les politiques nationales et même les lois des États membres de ces organisations dépendent de ces décisions. C'est pour cette raison que, tout en étant membres de ces organisations, tous les acteurs de la scène internationale tentent de protéger leur souveraineté et leurs intérêts.

Voici quelques exemples d'actions qui ont été mises de l'avant jusqu'à maintenant.

- Plusieurs groupes et individus de partout dans le monde rappellent constamment l'importance pour tous les citoyens de s'informer à diverses sources pour comprendre la mondialisation et de vérifier la validité des informations auxquelles ils ont accès.

- Des coopératives et des associations de producteurs défendent leurs intérêts en se regroupant pour faire face aux défis du commerce international et pour planifier leur développement de manière durable.

- Des États restent convaincus de l'importance d'intervenir dans leur économie et de protéger leur souveraineté, même s'ils désirent adhérer à des organisations telle l'OMC.

Les documents suivants présentent quelques pistes d'action privilégiées par divers intervenants. Pour chacune des actions présentées, répondez aux questions ci-dessous.

1. Qui a lancé cette action ?

2. Qui peut participer à cette action ?

3. À quel(s) niveau(x) (local, régional, national ou international) se situe l'action des intervenants ?

4. Quelle est l'action proposée ?

5. Selon vous, cette action peut-elle être efficace ? Peut-elle avoir des répercussions à l'échelle de la planète ? Expliquez votre réponse.

6. Avez-vous d'autres pistes de solution à proposer ? Si oui, lesquelles ?

Protéger sa souveraineté

Les négociations qui devaient mener à la signature de la ZLÉA, un accord de commerce multilatéral entre tous les pays d'Amérique, ne semblent plus possibles en 2009. Plusieurs de ces États se tournent vers la négociation d'accords bilatéraux touchant l'économie et la politique.

En 2009, le président de la Colombie, Alvaro Uribe, annonçait la signature d'un nouvel accord avec les États-Unis qui permettrait à ces derniers d'utiliser sept bases militaires colombiennes. L'Équateur, le Venezuela et le Brésil ont manifesté leur désaccord et dénoncé la perte de souveraineté que pourrait entraîner cet accord.

La photo ci-contre montre le président du Vénézuela, Hugo Chavez, s'adressant à une foule, qui manifeste contre l'accord entre la Colombie et les États-Unis, en novembre 2009. Sur la banderole au-dessus de la scène, on peut lire : « Contre les bases yankees [américaines] » et « Pour la paix et la souveraineté ».

Pratiquer un commerce international équitable

Afin d'obtenir un juste prix pour leur travail, des milliers de fermiers des pays en développement se regroupent en coopératives ou en associations et pratiquent un commerce équitable. Ces coopératives et associations élaborent des projets de développement durable locaux.

En 2008, on comptait plus de 740 coopératives et associations certifiées dans le monde. Leurs produits (café, bananes, coton, chocolat, etc.) sont distribués partout sur la planète. Plus de 5 millions de personnes, incluant les producteurs et leur famille, peuvent échapper à la pauvreté en faisant du commerce international d'une manière différente.

S'informer sur les impacts de la mondialisation et les actions des gouvernements

Il est important pour les citoyens de s'informer afin de mieux comprendre les enjeux de la mondialisation et leurs répercussions sur les politiques des gouvernements. Une seule source d'information ne peut suffire à rendre compte de la complexité des enjeux ni à développer le sens critique de la personne qui s'informe. Bien s'informer exige des citoyens qu'ils consultent diverses sources fiables : médias imprimés, sources Internet reconnues, journaux télévisés, etc.

« Aujourd'hui, tout est prétexte à de l'information en direct. La mort du plus banal des politiciens nous est annoncée dans la minute qui suit son décès et l'on assiste en direct aux conférences des premiers ministres [...]. Merveille que tout cela puisque tout citoyen, quel qu'il soit, devient un témoin privilégié de l'actualité [...]. Les priorités des réseaux d'information sont souvent guidées par des considérations bien mercantiles plutôt que par des critères strictement professionnels. [...] Il ne faut pas manquer de signaler ce qui se passe sur le Web [...]. Il s'agit là aussi d'un instrument puissant pour assurer la libre circulation des idées. L'envers de la médaille est que n'importe qui crée son site Internet ou sa page et diffuse des informations sans que l'on sache qui est qui, sans que l'on connaisse les sources de l'information. »

Bernard Descôteaux, « L'excès en information est-il nocif ? », conférence prononcée lors du déjeuner causerie *Communications et Société* [en ligne], 26 octobre 1999, réf. du 17 septembre 2009.

Adhérer à l'OMC : les demandes de la Russie pour protéger sa souveraineté

La Russie a soumis sa demande d'accession à l'OMC en 1993. Depuis, un processus de négociation a été mis en place. Simultanément, Moscou modifiait des lois et des politiques nationales afin de se conformer aux règles du commerce international.

Toutefois, ces transformations sont complexes pour la Russie, qui a abandonné le socialisme depuis une vingtaine d'années seulement. Les négociations sont particulièrement difficiles dans les domaines de l'énergie, de l'agriculture, de l'aéronautique et du matériel militaire. Par exemple, en 2008, la vente d'avions militaires a permis à la Russie d'augmenter le volume de ses exportations d'armements. Même si la Russie est déterminée à devenir membre de l'OMC pour développer ses exportations, elle tente d'obtenir des concessions de ses futurs partenaires. Ainsi, elle cherche à préserver le rôle de l'État dans son économie ou à ne pas réduire trop rapidement les obstacles aux importations sur son territoire.

À la place de... CD 2

Répondez à la question suivante en tenant compte de ce que vous avez appris dans ce chapitre.

Si vous étiez à la place de chacun des intervenants suivants, comment pourriez-vous protéger vos intérêts au sein de la communauté internationale dans le contexte de la mondialisation ?

☑ Chef d'un État puissant

☑ Chef d'un État peu développé

☑ Productrice ou producteur agricole d'un pays en développement

☑ Citoyenne ou citoyen

SYNTHÈSE

LE PROBLÈME

Les États dans le monde d'aujourd'hui

Tous les **États** du monde ont en commun certaines caractéristiques et certains **pouvoirs**. Ils diffèrent cependant les uns des autres par leur type d'organisation politique ou leur mode de **gouvernance**.

Des pouvoirs redéfinis dans un contexte de mondialisation

La **mondialisation** a transformé les relations entre les États, entraînant la création de la communauté internationale. Les États ont alors été amenés à redéfinir leur **souveraineté** ainsi que leurs domaines d'action sur les plans politique et social.

Quel est le rôle des organisations internationales (OI) dans la communauté internationale ?

Les OI, dont l'Organisation des Nations Unies est la plus importante, servent de forums de discussion pour les États qui désirent agir pour la sécurité et la paix dans le monde.

Quels sont les pouvoirs des organisations internationales (OI) dans la communauté internationale ?

Le pouvoir d'influence est le plus important des pouvoirs dont disposent les OI. Son utilisation a mené à la création du **droit international**, qui sert de ligne de conduite aux États.

Les OI disposent aussi d'un pouvoir de force, accordé par les États membres. Dans le but de régler certains litiges internationaux, ces organisations peuvent être amenées à utiliser ce pouvoir.

Comment la diplomatie internationale d'un État peut-elle avoir un impact sur la gestion de ses affaires internes ?

Les accords signés entre les États dans le contexte des OI ont des répercussions sur les politiques nationales. En effet, pour respecter ces accords, les États doivent parfois mettre de côté certains de leurs objectifs individuels, au nom de l'**interdépendance**.

Quelles sont les conséquences de la mondialisation de l'économie sur les États ?

Les États et les multinationales profitent de la libéralisation des marchés pour augmenter leurs pouvoirs et leur richesse à l'échelle mondiale. Les multinationales et les États se retrouvent dans une relation d'interdépendance.

Cependant, les États, étant les seuls maîtres sur leur territoire, peuvent autoriser l'implantation d'entreprises et, s'il y a lieu, leur infliger des sanctions.

Les regroupements régionaux affaiblissent-ils les pouvoirs des États ?

Devant la mondialisation, les États ont eu le réflexe de se regrouper afin d'être plus compétitifs sur le plan international. Les regroupements se forment au niveau régional. Le niveau d'**intégration** des États dans un regroupement est plus ou moins élevé selon qu'il s'agit d'une alliance politique ou d'un accord économique.

> **L'État se redéfinit dans un contexte de mondialisation.**

Les États membres d'un regroupement régional doivent respecter leurs engagements envers les autres membres du regroupement, même quand ceux-ci vont à l'encontre de la volonté de la population ou du gouvernement en place.

Les organisations non gouvernementales (ONG) et les médias exercent-ils une influence sur les États ?

Les ONG et les médias sont des acteurs de la communauté internationale. C'est par leur intermédiaire que la population peut exprimer ses désaccords à propos de certaines décisions prises par les gouvernements. Fenêtres ouvertes sur le monde, les ONG et les médias ont un pouvoir d'influence sur les décisions des États.

Quel est l'effet de la mondialisation des cultures sur les États ?

La culture peut tendre à l'**uniformisation**. Cette situation suscite des débats quant à la protection de l'identité culturelle et de la diversité des cultures.

LES ENJEUX

ENJEU 1 LA CAPACITÉ D'ACTION DES ÉTATS

Les États sont-ils impuissants face à la mondialisation de la culture ?

La mondialisation a un impact sur la culture. Elle favorise la circulation des produits, mais aussi des valeurs et des idéologies. Certains croient que les identités nationales sont menacées par la diffusion massive de produits culturels étrangers.

La coopération permet aux États de contrer les effets de la mondialisation qu'ils jugent négatifs. Par exemple, plusieurs États ont signé la Convention sur la protection et la promotion de la diversité des expressions culturelles. Cette convention soustrait la culture aux accords de libre-échange.

La collaboration des États avec les organisations non gouvernementales (ONG) et avec les multinationales est-elle souhaitable ?

Les multinationales et les ONG exercent des pressions sur les États. L'enjeu pour les gouvernements consiste à préserver leur capacité à prendre des décisions.

Certaines ONG apportent une aide aux gouvernements, notamment en matière de développement. D'autres ONG sont de véritables groupes de pression redoutés par les États.

Les États et les multinationales ont besoin les uns des autres. Puissantes, les multinationales influencent la politique des pays où elles mènent leurs activités. En contrepartie, elles contribuent à créer des emplois et à générer des retombées économiques dans ces mêmes pays.

ENJEU 2 LA SOUVERAINETÉ DES ÉTATS ET LES REGROUPEMENTS ÉCONOMIQUES OU POLITIQUES

Pourquoi les États coopèrent-ils au sein de l'Organisation mondiale du commerce (OMC) ?

Les États coopèrent au sein de l'OMC pour développer le commerce international. Le système de l'OMC repose sur des politiques commerciales qui garantissent la circulation sans restriction des biens et services, accroissent la concurrence et encouragent l'innovation.

Les États coopèrent aussi au sein de l'OMC pour les bénéfices que leur apportent les échanges internationaux. Cependant, cette coopération leur impose de suivre les recommandations adoptées dans le cadre de cette organisation.

Comment l'Union européenne (UE) et l'Accord de libre-échange nord-américain (ALENA) mettent-ils au défi la souveraineté des États ?

Au sein de l'UE ou de l'ALENA, les États ont renoncé à une partie de leur souveraineté en vue de garantir leur croissance économique et leur prospérité.

L'UE est un partenariat économique et politique unique. L'adoption de lois et de règles communes fait de l'UE une organisation d'intégration. Ce partenariat permet aux pays qui y prennent part d'améliorer leur sort, mais les oblige à renoncer à leur souveraineté dans plusieurs domaines.

L'ALENA est un accord économique entre le Canada, les États-Unis et le Mexique. Il crée une zone de libre-échange entre ces pays. Cet accord permet d'établir des règles pour gérer les conflits commerciaux. En matière de politique commerciale, les États qui sont membres de l'ALENA doivent suivre les règles qu'ils ont adoptées. Ils renoncent ainsi à une partie de leur souveraineté.

ACTIVITÉS de synthèse

1 **L'État, un organe complexe** CD 1

Malgré certaines caractéristiques qu'ont en commun les États, chaque État est unique.
a) Quelles caractéristiques et quels pouvoirs ont en commun les États ?
b) Quels sont les modes d'organisation qui différencient les États ?
c) Comment les pouvoirs de l'État sont-ils redéfinis par la mondialisation ?

2 **L'importance de l'Organisation des Nations Unies (ONU) dans la communauté internationale** CD 1

Imaginez que vous travaillez au centre d'information de l'ONU, à New York. Vous recevez un groupe de Québécois qui ne connaissent pas cette organisation internationale. Vous devez préparer une présentation dans laquelle vous informerez le groupe sur les éléments suivants :
• les origines de l'ONU ;
• le rôle de l'ONU ;
• les pouvoirs de l'ONU ;
• les différents organes de l'ONU et leur rôle ;
• l'influence de l'ONU sur les pouvoirs des États.

3 **La diplomatie plutôt que la force** CD 1

Au XXᵉ siècle, certains États ont utilisé leur pouvoir de force pour régler des différends, ce qui a eu pour effet de créer des conflits dans le monde. Il existe pourtant un autre pouvoir qui offre la possibilité de régler les différends.
a) Comment se nomme ce pouvoir ? Donnez votre propre définition de ce pouvoir.
b) Comment les États utilisent-ils ce pouvoir ?
c) Ce pouvoir empêche-t-il l'utilisation de la force ? Expliquez votre réponse.
d) Comment utilise-t-on ce pouvoir dans la communauté internationale ?
e) Ce pouvoir est-il efficace ? Expliquez votre réponse.

4 **L'influence des médias sur les actions des États** CD 1

L'ancien secrétaire général de L'ONU, Boutros-Boutros Ghali, considère les médias comme le 16ᵉ membre du Conseil de sécurité de l'ONU. Écrivez une lettre d'opinion à M. Ghali dans laquelle vous répondez à la question suivante : Les médias influencent-ils les actions des États ?

Assurez-vous que votre texte contient :
• une formule de présentation ;
• une présentation générale des médias (type, importance, influence, historique, etc.) ;
• au moins trois arguments en lien avec votre analyse ;
• une formule de salutation.

Le siège de l'ONU, à New York.

5 **Les multiples facettes de la mondialisation** **CD 2 • Enjeu 1**

La mondialisation a des effets sur la capacité des États à prendre des décisions.

a) Donnez, dans vos propres mots, une définition du concept de mondialisation.

b) Expliquez brièvement les avantages et les inconvénients de la mondialisation pour les États:
- dans le domaine de la culture;
- dans la collaboration avec les organisations non gouvernementales;
- dans la collaboration avec les multinationales.

c) Répondez à la question suivante: La mondialisation compromet-elle la capacité des États à prendre des décisions? Expliquez votre réponse.

6 **La souveraineté de l'État en jeu?** **CD 2 • Enjeu 2**

Il n'existe aucune organisation et aucun regroupement qui peut surpasser la souveraineté de l'État. Par contre, certains acteurs internationaux, ainsi que des regroupements économiques et politiques peuvent exercer un pouvoir d'influence sur les États.

a) Nommez un acteur de la communauté internationale et un regroupement économique ou politique, ou les deux, qui sont en mesure d'exercer un pouvoir d'influence sur les États.

b) Donnez une description de l'acteur et du regroupement (fonction, membres, pouvoirs).

c) Expliquez, en donnant des exemples, en quoi cet acteur et ce regroupement peuvent affecter les pouvoirs des États souverains qui en sont membres.

La mondialisation accroît la circulation des produits. Ici, les murs d'un restaurant de Shanghai sont tapissés de portraits d'acteurs américains.

OPTION PROJET

Reportez-vous au contenu du chapitre pour réaliser l'un des projets suivants.

PROJET 1 — CD 1 • CD 2 • Enjeu 1

Des solutions aux objectifs du Millénaire

Vous possédez une expertise en développement international. L'Assemblée générale des Nations Unies (ONU) vous a demandé de présenter les progrès qui ont été faits depuis la Déclaration du Millénaire, signée par 191 États en 2000. Malheureusement, vous constatez que, depuis la signature de cette entente, certains États n'arrivent pas à atteindre la majorité des objectifs du Millénaire pour le développement (OMD). Vous devez donc préparer un document informatif sur les OMD et faire une présentation dans laquelle vous proposez à ces États des solutions afin qu'ils puissent atteindre les objectifs d'ici 2015.

Les étapes à suivre

1 Renseignez-vous sur les OMD.
   a) Dans quel but ont-ils été créés ?
   b) Dans quel contexte historique ont-ils été adoptés ?
   c) Quels sont les huit OMD ?

2 Faites une recherche sur les difficultés qu'éprouvent certains États à atteindre les OMD et proposez, pour chaque OMD, au moins une solution permettant de surmonter ces difficultés.

3 Répondez à la question suivante : Selon vous, quelles solutions permettraient d'atteindre les OMD d'ici 2015 ? Appuyez votre opinion sur des arguments.

4 Rédigez un document destiné aux délégués de l'ONU dans lequel vous présentez le fruit de vos recherches sur les OMD ainsi que la réponse à la question 3.

5 Présentez votre dossier aux délégués de l'ONU en utilisant un support visuel pour résumer le contenu de votre document. N'oubliez pas que vous devez respecter un protocole lorsque vous vous adressez aux délégués de l'ONU (formule de politesse au début et à la fin de votre présentation, vouvoiement, etc.).

L'Assemblée générale des Nations Unies à New York, en 2009.

PROJET 2 CD 1 • CD 2 • Enjeu 2

Une candidature à l'Union européenne (UE)

Vous représentez un État d'Europe qui aspire à être membre de l'UE. Vous devez prononcer un discours devant les membres du Parlement européen pour les convaincre d'accepter la candidature de cet État. Pour préparer ce discours, vous élaborez un dossier sur l'État que vous représentez et sur l'UE.

Le Parlement européen à Strasbourg, en 2004.

Les étapes à suivre

1 Renseignez-vous sur l'UE.
- a) Qu'est-ce que l'UE ?
- b) Quels sont ses objectifs ?
- c) Quel est son fonctionnement ?
- d) Quels sont les avantages d'en faire partie ?
- e) Quelles sont ses institutions et de quels pouvoirs disposent-elles ?

2 Fournissez des détails sur les sujets suivants pour faire connaître l'État que vous représentez aux membres du Parlement européen :
- le pays (nom, capitale, superficie, situation géographique, monnaie, etc.);
- la démographie (population, pyramide des âges, taux de croissance, etc.);
- les moments marquants de l'histoire du pays (repère temporel);
- la politique intérieure (type de régime, chef de l'État ou du gouvernement – ou des deux –, etc.);
- la politique extérieure (blocs régionaux, alliances économiques ou politique – ou les deux –, relations importantes avec les États membres de l'UE, etc.).

3 Réalisez un tableau soulignant les avantages et les inconvénients de l'intégration de l'État que vous représentez à l'UE sur les plans économique, politique, culturel et social.

4 Répondez à la question suivante: Comment la souveraineté de l'État que vous représentez pourrait-elle être remise en question s'il se joignait à l'UE ?

5 Rédigez un document destiné aux membres du Parlement européen dans lequel vous exposez vos recherches sur l'État que vous représentez et sur l'UE, le tableau des avantages et des inconvénients ainsi que la réponse à la question 4.

6 Présentez votre dossier aux membres du Parlement européen en utilisant un support visuel pour résumer le contenu de votre document. N'oubliez pas que vous devez respecter un protocole lorsque vous vous adressez aux membres du Parlement européen (formule de politesse au début et à la fin de votre discours, vouvoiement, etc.).

5 LES TENSIONS ET LES CONFLITS

De nombreux États et peuples vivent des tensions et des conflits, et ce, même si des organisations internationales, telle l'Organisation des Nations Unies (ONU), ont le mandat d'assurer la paix et la sécurité dans le monde et de garantir le respect des droits humains. Les causes des tensions et des conflits sont nombreuses et variées : contrôle du territoire et des ressources, droits et libertés des peuples, recherche d'autonomie politique, nationalisme, etc. Quelle qu'en soit l'origine, la plupart des situations conflictuelles affectent les populations, ce qui pousse la communauté internationale à chercher des solutions.

Cependant, les raisons pouvant justifier une intervention extérieure sur un territoire souverain ne sont pas toujours claires. Ainsi, la légitimité de telles interventions est souvent remise en question, et les États, les organisations internationales (OI) et les organisations non gouvernementales (ONG) sont parfois accusés de s'ingérer dans les affaires intérieures des États.

La question de la légitimité de ces interventions soulève deux enjeux : le premier concerne l'application du principe d'assistance humanitaire lors d'interventions extérieures, et le second, l'intérêt des intervenants par opposition à celui des populations touchées.

SOMMAIRE

CONCEPTS

Concept central

▢ Intervention

Concepts particuliers

▢ Diplomatie ▢ Droits humains ▢ Idéologie ▢ Ingérence
▢ Revendication

Concepts communs

▢ Interdépendance ▢ Mondialisation ▢ Pouvoir

Un Casque bleu de l'ONU en Haïti, en 2008 (page précédente);

Un membre de la Croix-Rouge, une ONG humanitaire, qui évacue une jeune fille d'un camp de réfugiés palestiniens, en 2007 (à gauche);

Bombardements de l'OTAN dans la ville d'Aleksinac, en Serbie

LE PROBLÈME

La légitimité des interventions extérieures dans des zones de tensions et de conflits

ÉTAT DES LIEUX

1 La géopolitique mondiale

En 1945, après la Seconde Guerre mondiale, 50 États créent l'ONU, qui a pour mandat de maintenir ou de rétablir la paix et la sécurité dans le monde. Toutefois, malgré les efforts de l'Organisation, des tensions et des conflits continuent d'avoir cours dans plusieurs parties du globe.

1.1 D'un monde bipolaire à un monde multipolaire

De 1947 à 1991, la Guerre froide divise le monde en deux blocs : celui de l'Ouest, dominé par les États-Unis, et celui de l'Est, par l'URSS. Toutefois, la dislocation de l'URSS en 1991 entraîne la fin du bloc de l'Est. Les États-Unis, désormais sans rival, tentent de dominer les relations internationales. L'Europe, quant à elle, regroupe plusieurs pays développés (France, Allemagne, Royaume-Uni), ce qui en fait un joueur important sur l'échiquier mondial.

Aujourd'hui, d'autres puissances prennent place dans la **géopolitique** mondiale, ce qui contribue à la création d'un monde **multipolaire**. De nouvelles puissances, comme la Chine et l'Inde, assoient leur domination sur leur réussite économique. Elles affirment aussi leur puissance militaire en se dotant de l'arme nucléaire.

> **Géopolitique** Étude des rapports entre la géographie et la politique des États.
>
> **Multipolaire** Qui est constitué de plusieurs pôles (ou régions) importants.

1 Un monde multipolaire

La multiplication des puissances régionales affaiblit la domination exercée par les pays développés. Rassemblées en pôles régionaux, ces puissances régionales peuvent renforcer leur autonomie politique et économique.

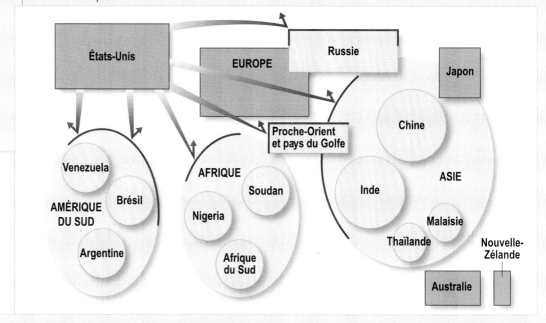

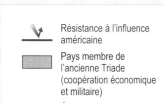

Résistance à l'influence américaine

Pays membre de l'ancienne Triade (coopération économique et militaire)

Émergence de puissances régionales

Coopération économique et militaire Sud-Sud

L'Atlas 2009, Le Monde diplomatique, Un monde à l'envers, p. 11.

1.2 Des rapports de force

Les États ne disposent pas tous de la même puissance. Le territoire, les forces armées, l'économie, les ressources matérielles et naturelles ainsi que la démographie déterminent la puissance d'un État et son influence dans le monde.

Quelques puissances dominantes (États-Unis, Union européenne, Russie, Chine, Inde, etc.) ont les moyens d'exercer une influence et d'intervenir dans les pays voisins, ou ailleurs dans le monde. Leur objectif est de contrôler le commerce et l'accès aux ressources ou de s'opposer aux autres États qui menacent leur sécurité, leur territoire ou leurs valeurs. Ainsi, les inégalités des États, du point de vue de leur puissance, provoquent un déséquilibre dans les relations internationales et modifient les rapports de force.

2 Les dépenses militaires de 15 pays, en 2007

Les États-Unis sont les plus grands producteurs et consommateurs d'armes du monde. Cette force militaire leur permet d'affirmer leur domination et d'intervenir dans plusieurs régions de la planète.

Pays	Dépenses militaires (en milliards de dollars américains)	Pourcentage des dépenses militaires mondiales
États-Unis	547,0	45 %
Royaume-Uni	59,7	5 %
Chine	58,3	5 %
France	53,6	4 %
Japon	43,6	4 %
Allemagne	36,9	3 %
Russie	35,4	3 %
Arabie saoudite	33,8	3 %
Italie	33,1	3 %
Inde	24,2	2 %
Corée du Sud	22,6	2 %
Brésil	15,3	1 %
Canada	15,2	1 %

D'après Stockholm International Peace Research Institute (SIPRI), *SIPRI Yearbook 2008: Armaments, Disarmament and International Security* (Résumé en français) [en ligne], p. 11, réf. du 14 juillet 2009.

● **Quels avantages la puissance militaire offre-t-elle ?**

3 Une domination par l'armement

Des États en quête de puissance s'approprient des armes, ce que d'autres États perçoivent comme une menace à la paix et à la sécurité. Ainsi, l'Inde et le Pakistan, qui se disputent le territoire du Cachemire, se sont engagés dans une course aux armements. Sur cette photographie prise en 2007, les forces de sécurité indiennes patrouillent le long de la frontière avec le Pakistan.

1.3 Des menaces à la sécurité

Dans ce nouveau monde multipolaire, la nature et les motifs des conflits évoluent. Auparavant, la majorité des conflits opposaient deux ou plusieurs pays, mais c'est de moins en moins le cas. Ainsi, parmi les 57 conflits armés majeurs recensés de 1990 à 2004, seulement 4 opposaient des pays, alors que 53 conflits se déroulaient au sein d'un même État. Ces conflits, que l'on dit civils, sont donc les plus nombreux et menacent directement les populations. En effet, il arrive souvent que les États en conflit civil ne puissent pas garantir la sécurité de leur population. Cette situation amène parfois la communauté internationale à intervenir afin de stabiliser les zones de conflits et d'assurer le respect des droits humains.

4 **Des civils fuient les zones de conflits, au Pakistan et en Afghanistan**

De nombreux camps ont été mis sur pied au Pakistan pour accueillir plus de trois millions de réfugiés qui fuient les zones de conflits entre l'armée pakistanaise et les talibans. Les talibans sont des membres d'un groupe militaire islamiste intégriste afghan.

● Quelles situations peuvent amener les populations civiles à se réfugier sur d'autres territoires ?

Si le nombre de conflits entre les États a diminué au cours des dernières décennies, les actes de **terrorisme** ont pris de l'ampleur depuis les années 1980. La fréquence des attentats et leur gravité constituent une atteinte à la paix et à la sécurité mondiales. Les attaques terroristes sont difficiles à maîtriser, car elles sont imprévisibles.

Les groupes terroristes sont nombreux, tout comme le sont les motifs de leurs actions. Certains revendiquent la reconnaissance de leur ethnie, de leur religion ou d'un territoire ; d'autres s'en prennent aux symboles de l'occupation de leur pays par une puissance étrangère ou défendent une idéologie. D'autres encore se servent du terrorisme pour attirer l'attention de l'opinion publique sur les crises alimentaires ou politiques qui sévissent dans certaines régions du monde.

Terrorisme Usage de la violence comme moyen de pression dans le but de faire valoir des revendications ou d'exprimer une opposition, ou encore d'attirer l'attention de l'opinion publique sur une situation critique.

5 Le terrorisme, des années 1960 à nos jours

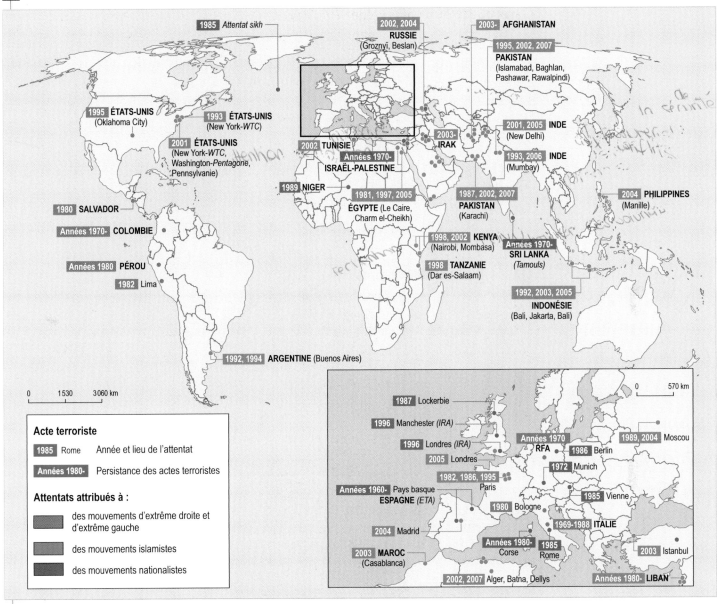

Pascal Boniface (sous la direction de), *Atlas des relations internationales*, Hatier, 2008, p. 51.

● À partir des années 1990, à quel mouvement sont attribués la majorité des attentats terroristes ? Où sont-ils perpétrés ?

1.4 Le rôle de l'ONU

Lorsque des conflits armés menacent la sécurité internationale, des États, des organismes et des institutions peuvent être appelés à intervenir. L'ONU joue un rôle de premier plan dans les relations internationales. L'Organisation intervient notamment afin de trouver des solutions aux conflits et d'assurer la sécurité des populations civiles. Soutenue par l'ensemble de ses États membres (192 en 2009), l'ONU a le pouvoir d'organiser des missions et de définir les règles d'intervention en cas de conflits internationaux.

QUESTIONS d'interprétation   CD 1

1 Pourquoi les États-Unis ont-ils autant d'importance dans les relations internationales ?

2 Quels sont les principaux pôles de puissance ?

3 Qu'est-ce qui détermine la puissance d'un État ?

4 De nos jours, quelles sont les conséquences des conflits ?

5 Quel est le rôle de l'ONU dans les relations internationales ?

Territoire souverain
Territoire qui dispose d'une autonomie politique et dont le pouvoir ne dépend pas d'un autre État ou territoire.

2 Des interventions en territoire souverain pour protéger les populations

Chaque État a la responsabilité de protéger son territoire, ses institutions et sa population. Les États ont aussi droit au respect de leur souveraineté nationale. Toutefois, certains États ont de la difficulté à garantir la sécurité de leurs populations quand surviennent des crises politiques ou humanitaires. Cette situation pousse d'autres États, par l'entremise de l'ONU, à intervenir en territoire souverain.

2.1 La sécurité humaine

La recherche de la sécurité est l'un des objectifs de la politique étrangère et de la diplomatie entre les États. La sécurité nationale comprend la défense du pouvoir politique, des institutions, du territoire et de la population d'un État. La sécurité humaine accorde la priorité à la sécurité des individus. Elle concerne la protection des droits humains et des institutions démocratiques.

6 La responsabilité de protéger

Lorsque la sécurité des individus est menacée, des États invoquent parfois la « responsabilité de protéger » pour intervenir dans des pays aux prises avec des crises ou des conflits.

« La notion de sécurité humaine [...] constitue aussi un élément de plus en plus important du droit international et des relations internationales. [...] Il est en tout cas de plus en plus manifeste que les répercussions sur le plan humain des actes internationaux [...] doivent être au centre des préoccupations [...] il est de plus en plus admis partout dans le monde que la protection de la sécurité humaine, y compris le respect des droits de l'homme et de la dignité de la personne humaine, doit constituer l'un des objectifs fondamentaux des institutions internationales modernes. »

Commission internationale de l'intervention et de la souveraineté des États (CIISE), « La responsabilité de protéger », *Rapport de la commission internationale de l'intervention et de la souveraineté des États* [en ligne], 2001, p. 7, réf. du 7 juillet 2009.

• Le respect des droits humains est-il uniquement la responsabilité des États ? Expliquez votre réponse.

7 La sécurité de la population, en Haïti

La sécurité des individus est menacée en Haïti. Les tensions politiques au sein du pays contribuent à la dégradation des conditions de vie des gens et incitent des États et des organisations à intervenir pour rétablir la situation. Ici, un soldat guatémaltèque des forces de l'ONU assure la sécurité au cours d'une distribution de denrées, après le passage d'un ouragan, en 2008.

• Qu'est-ce qui justifie la présence des forces de l'ONU en Haïti ?

La Commission sur la sécurité humaine a été créée en 2001, à la demande du secrétaire général des Nations Unies qui voulait libérer le monde de la peur et de l'insécurité. Dans son rapport final, la Commission établit une liste des principaux aspects sur lesquels se fonde la sécurité humaine.

« [...] la Commission propose des recommandations concrètes dans les domaines suivants:

1. Protection des personnes exposées à la violence des conflits

2. Protection des personnes exposées à la prolifération des armes

3. Assistance pour la sécurité des personnes en mouvement

4. Création de fonds pour la sécurité humaine dans les situations d'après-conflit

5. Appel à une plus grande équité des échanges commerciaux et des marchés

6. Efforts pour établir des conditions de vie minimum dans toutes les régions

7. Haute priorité à l'accès de tous aux soins de santé de base

8. Élaboration d'un système efficace et équitable de propriété intellectuelle

9. Habilitation de tous par le moyen de l'éducation universelle de base

10. Définition d'une identité humaine globale respectant la liberté des individus. »

ONU, « La sécurité humaine – maintenant », *Rapport de la Commission sur la sécurité humaine* [en ligne], 2003, réf. du 7 juillet 2009.

● Quel est le lien entre la sécurité humaine et les droits humains?

VU D'ICI

Un traité sur les mines antipersonnel

Afin de réduire les menaces à la sécurité des individus dans des zones de tensions et de conflits, de nombreux pays ont adopté des politiques de sécurité visant, par exemple, à renforcer le contrôle international des armes. Le Canada a d'ailleurs participé à la définition de stratégies liées à la sécurité humaine. Il a notamment organisé, en 1997, une rencontre qui a mené à l'élaboration du Traité d'interdiction des mines antipersonnel, qui font des milliers de morts et de mutilés dans le monde chaque année. Le traité d'Ottawa est entré en vigueur le 1er mars 1999. En 2005, 152 pays l'avaient signé et 144 d'entre eux l'avaient ratifié. Cependant, certains pays occidentaux refusent encore d'y adhérer, dont les États-Unis et Israël. D'autres pays, comme la Russie, l'Inde, la Chine et la Corée du Nord, continuent de fabriquer des mines antipersonnel et même de les utiliser.

De gauche à droite, le premier ministre des Affaires étrangères Lloyd Axworthy, le secrétaire général des Nations Unies Kofi Annan et le premier ministre du Canada Jean Chrétien, alors en fonction au moment de la signature du Traité d'interdiction des mines antipersonnel, en 1997.

2.2 Justifier les interventions au nom des droits humains

Depuis 1948, les droits humains font partie du droit international. En effet, le respect ou le non-respect des droits humains détermine le type d'intervention que la communauté internationale mettra en place pour assurer la sécurité des populations. Le droit international énonce les obligations des États en lien avec le respect des droits humains et il détermine les mesures à prendre envers ceux qui ne s'y conforment pas. Toutefois, certains États n'ont pas signé les accords et les conventions portant sur le respect des droits humains. De plus, il arrive que les pays signataires ne respectent pas les droits humains. Les entorses au respect des droits humains peuvent justifier des interventions sur le territoire d'un État souverain.

9 Quelques conventions sur les droits humains

Plusieurs conventions, pactes, protocoles ou accords concernant les droits humains ont été élaborés depuis l'adoption de la Déclaration universelle des droits de l'homme, en 1948.

Conventions, pactes ou protocoles internationaux	Description
Les quatre conventions de Genève de 1949 et les trois protocoles additionnels de 1977 et 2005	Ils garantissent la protection des personnes en cas de conflits armés, soit le personnel humanitaire, les blessés, les prisonniers de guerre de même que les civils.
La convention de 1948	Elle tente de prévenir les génocides et de punir leurs auteurs.
Les deux pactes de 1966	Ils protègent les droits civils et politiques ainsi que les droits sociaux, économiques et culturels des populations.
Création de la Cour pénale internationale (CPI), en 1998	La CPI est chargée de juger les crimes de guerre, les agressions, les génocides et les crimes contre l'humanité.

PERSPECTIVE

La Déclaration universelle des droits de l'homme

La Déclaration universelle des droits de l'homme est adoptée en 1948 afin de préserver la paix entre les pays et d'éviter que les conflits menacent les droits des peuples. Rédigée sous l'égide de l'ONU (composée alors de 58 États membres), la Déclaration affirme la liberté et l'égalité de tous. Grâce à elle, les droits humains sont aujourd'hui au cœur des principes qui orientent l'intervention humanitaire.

Ainsi, la Cour pénale internationale (CPI) a été instituée en 1998 pour juger ceux qui commettent des crimes contre l'humanité et qui bafouent les droits humains. En 2009, 108 États acceptaient l'autorité de la CPI.

La présidente de la Commission des droits de l'homme, Eleanor Roosevelt, en 1949.

2.3 Ingérence et non-ingérence

Le respect de la souveraineté des États est un des principes fondamentaux du droit international. Ce principe suppose qu'un État détient les pleins pouvoirs dans les limites de son territoire. Conformément à ce principe, le droit international recommande la non-ingérence dans les politiques des gouvernements. Un État souverain ne devrait donc pas être sous l'autorité d'un État étranger, à moins qu'il soit incapable de stabiliser la situation sur son territoire. Il peut alors demander l'intervention d'une autre autorité.

À cause de la multiplication des conflits civils et du non-respect des droits humains dans plusieurs zones de tensions, les OI et des ONG ont modifié leur position au sujet du principe de non-ingérence. Au nom de la protection des populations civiles, par exemple, ces organisations ont instauré un droit d'ingérence dans les affaires d'un État.

10 Le Sommet mondial de 2005

En 2005, plus de 170 chefs d'État se réunissaient afin de réitérer l'importance du principe de non-ingérence, mais prévoit des exceptions lorsque la paix est menacée et que les droits humains sont bafoués.

« Paragraphe 5. [...] Nous réaffirmons notre volonté de tout faire pour défendre l'égalité souveraine et le respect de l'intégrité territoriale et de l'indépendance politique de tous les États, [...] régler les différends par des moyens pacifiques, conformément aux principes de la justice et du droit international, et à respecter le droit à disposer d'eux-mêmes des peuples [...], la non-ingérence dans les affaires intérieures des États, le respect des droits de l'homme [...].

Paragraphe 139. Il incombe également à la communauté internationale [...] de mettre en œuvre les moyens diplomatiques, humanitaires et autres moyens pacifiques [...] afin d'aider à protéger les populations du génocide, des crimes de guerre, du nettoyage ethnique et des crimes contre l'humanité. Dans ce contexte, nous sommes prêts à mener en temps voulu une action collective résolue, par l'entremise du Conseil de sécurité [...] au cas par cas et en coopération [...] lorsque ces moyens pacifiques se révèlent inadéquats et que les autorités nationales n'assurent manifestement pas la protection de leurs populations. »

ONU, « Document final du Sommet mondial de 2005 » [en ligne], 2005, réf. du 7 juillet 2009.

● Quels principes les chefs d'État désirent-ils respecter ?

Brève culturelle

Médecins sans frontières

Médecins sans frontières (MSF) est une ONG humanitaire d'aide médicale d'urgence. Elle a été fondée en 1971 par un groupe de médecins révoltés par les conséquences de la guerre du Biafra (l'actuel Nigeria), qui a sévi de 1967 à 1970. Au cours de ce conflit, des centaines de milliers de civils ont été tués et le pays a connu de graves famines. En vertu du principe de non-ingérence, la communauté internationale avait alors tardé à réagir.

MSF intervient auprès des populations en danger dans les pays touchés par les guerres, les catastrophes, les épidémies, etc., à la demande d'un État ou d'un organisme de l'ONU. MSF se défend de faire de l'ingérence politique. Son motif d'intervention relève du droit à l'assistance humanitaire, que MSF a contribué à élaborer. Ce droit a pour principal objectif de faciliter l'accès des ONG humanitaires, dont MSF, aux populations en difficulté. L'organisation a reçu le prix Nobel de la paix en 1999.

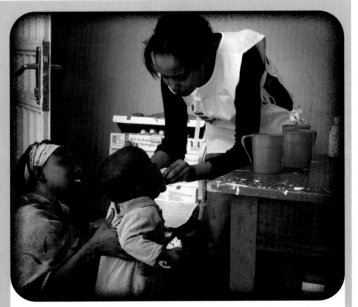

Une employée de MSF administre un médicament à un enfant. En 2008, l'Éthiopie a connu une crise alimentaire qui a provoqué bon nombre de problèmes de santé liés à la famine et à la malnutrition.

2.4 Des façons d'intervenir

Généralement, c'est l'ONU qui a la responsabilité des missions d'intervention dans un pays souverain. Réunissant des représentants de 192 États, l'Assemblée générale des Nations Unies émet des recommandations portant sur des problèmes globaux, par exemple le désarmement ou le développement. L'Assemblée générale n'a toutefois pas le mandat de proposer des interventions dans des zones de tensions et de conflits. Seul le Conseil de sécurité de l'ONU a cette autorité. Le Conseil compte seulement 15 membres, dont 5 permanents (Chine, États-Unis, Russie, France et Royaume-Uni) et 10 élus pour une période de 2 ans. Pour qu'il y ait intervention, il faut l'appui de 9 membres et il faut aussi qu'aucun des cinq membres permanents n'oppose son droit de veto.

11 **Une session du Conseil de sécurité de l'ONU**

Le 13 avril 2009, les membres du Conseil de sécurité ont condamné l'utilisation et le lancement, par la Corée du Nord, d'une fusée longue portée. Ils se sont mis d'accord pour resserrer les sanctions contre le gouvernement de ce pays. En 2003, des discussions avaient déjà été amorcées avec la Corée du Nord dans le but de l'amener à démanteler ses installations nucléaires, mais sans succès.

- Pour quelles raisons l'ONU se permet-elle d'imposer des sanctions à la Corée du Nord?

12 **Le droit d'intervention dans la Charte des Nations Unies**

Le Conseil de sécurité de l'ONU est le seul organe international à pouvoir autoriser le recours à la force. La Charte des Nations Unies lui permet d'employer différents moyens pour maintenir la paix ou la rétablir.

« Article 41. Le Conseil de sécurité peut décider quelles mesures n'impliquant pas l'emploi de la force armée doivent être prises pour donner effet à ses décisions [...]. Celles-ci peuvent comprendre l'interruption complète ou partielle des relations économiques et des communications [...] ainsi que la rupture des relations diplomatiques.

Article 42. Si le Conseil de sécurité estime que les mesures prévues à l'Article 41 seraient inadéquates [...], il peut entreprendre [...] toute action qu'il juge nécessaire au maintien ou au rétablissement de la paix et de la sécurité internationales. Cette action peut comprendre des démonstrations, des mesures de blocus et d'autres opérations exécutées par des forces aériennes, navales ou terrestres de membres des Nations Unies.

Article 43.1 : Tous les membres des Nations Unies [...] s'engagent à mettre à la disposition du Conseil de sécurité [...] les forces armées, l'assistance et les facilités, y compris le droit de passage, nécessaires au maintien de la paix et de la sécurité internationales. »

ONU, « Action en cas de menace contre la paix, de rupture de la paix et d'acte d'agression », *Charte des Nations Unies* [en ligne], 26 juin 1945, réf. du 7 juillet 2009.

- Quelles mesures le Conseil de sécurité de l'ONU peut-il mettre en place ?

D'autres organisations se donnent le droit d'intervenir à l'intérieur des zones de conflits. Par exemple, l'OTAN (Organisation du traité de l'Atlantique Nord), une alliance de défense militaire entre les États-Unis, le Canada, des États d'Europe et la Turquie, estime qu'une attaque contre l'un de ses membres nécessite une défense commune. Toutefois, ces organisations tentent d'obtenir l'accord de l'ONU avant d'agir.

Certaines zones de tensions et de conflits peuvent se propager dans les pays voisins. C'est ce qui incite des organisations régionales, telles l'Union européenne (UE) et l'Union africaine (UA), à mener des actions visant à protéger les populations, à préserver la paix ou encore à défendre leurs intérêts et valeurs.

> **Casque bleu** Militaire envoyé par un État membre de l'ONU afin d'intervenir au nom de l'Organisation.

2.5 Des moyens d'intervention

Il existe différents moyens d'intervention. Les missions de paix organisées par l'ONU sont généralement pacifiques. Elles font appel à des forces armées uniquement lorsqu'il y a nécessité de protéger la population ou de faire respecter les déclarations de cessez-le-feu. Ainsi, les opérations des **Casques bleus** visent surtout à protéger la population et à faciliter l'aide humanitaire. Ces forces de paix peuvent utiliser leurs armes en cas d'agression ou de légitime défense, ou encore pour faire appliquer un mandat du Conseil de sécurité.

Au nom de l'assistance humanitaire, les forces de paix participent à des opérations de maintien de la paix, aujourd'hui qualifiées « d'opérations de stabilisation de la paix ». Même si elles offrent une sécurisation militaire, ces opérations ont également comme objectifs de restaurer l'ordre, de soutenir la reconstruction du pays, d'accélérer le désarmement, etc.

14 **Une opération d'observation, en Côte d'Ivoire**

Certaines missions de paix ont le mandat de restaurer les institutions gouvernementales. L'ONU peut, par exemple, envoyer des observateurs au moment d'une élection. Ici, des Casques bleus marocains rencontrent la population ivoirienne.

• Quel est le rôle principal des Casques bleus ?

13 **L'Union africaine intervient en Somalie, en 2009**

L'UA organise des interventions dans le but de prévenir les conflits. Cependant, ses missions sont souvent perçues comme de l'ingérence politique. Ici, des membres armés d'une faction rebelle aux troupes gouvernementales exigent le retrait des troupes de l'UA en Somalie.

• Pourquoi les rebelles somaliens s'opposent-ils à la mission de l'Union africaine en Somalie ?

QUESTIONS d'interprétation   CD 1

1 Quelles sont les principales raisons qui justifient une intervention en territoire souverain ?

2 Qu'est-ce que le droit d'ingérence ? Le devoir d'ingérence ?

3 De qui relèvent les principales missions d'intervention ?

Question bilan

4 Résumez dans vos mots le problème présenté dans la partie « État des lieux ».

1 Quelles sont les principales revendications à la base des tensions et des conflits dans le monde ?

Plusieurs raisons peuvent expliquer les tensions et les conflits qui déstabilisent des régions du monde. Le partage du territoire, le contrôle des ressources, l'autonomie politique ou encore les différences culturelles et identitaires font partie des causes d'affrontements.

1.1 Les revendications territoriales et maritimes

Les revendications territoriales et maritimes sont souvent source de tensions. La majorité des frontières sont le résultat de guerres et de conflits passés. Encore aujourd'hui, il arrive que des États remettent en cause la légitimité des frontières d'autres États.

Il arrive aussi que des peuples ou des nations décident d'affirmer leur souveraineté sur un territoire qu'ils considèrent comme le leur. Une situation similaire est à l'origine du conflit israélo-arabe, entre autres. Ce conflit qui oppose Israël à la Palestine depuis la création de l'État d'Israël, en 1948, n'était toujours pas réglé en 2009. Les Palestiniens estiment avoir perdu leur territoire. Ils réclament la fin de l'occupation israélienne et le retour aux frontières de 1967 fixées par l'ONU.

1.2 Le contrôle des ressources

Belligérant Qui participe à une guerre.

De nombreux conflits sont liés à la volonté des **belligérants** de s'approprier des ressources (minières, pétrolières, etc.) ou d'y avoir accès (mers, lacs, routes, etc.). Les ressources procurent en effet d'importants avantages sur les marchés internationaux à ceux qui ont la possibilité de les exploiter.

15 Les îles Spratly

Les limites maritimes en mer de Chine suscitent des tensions entre les pays riverains qui veulent contrôler les eaux territoriales. Ainsi, le Viêtnam, la Chine, la Malaisie et les Philippines revendiquent les îles Spratly, situées en mer de Chine méridionale. Refusant tout partage, chacun de ces États a posté des garnisons sur les îles.

- Pourquoi les pays en bordure de la mer de Chine méridionale cherchent-ils à contrôler les eaux territoriales ?

Le Grand Nord : objet de convoitise

La fonte accélérée des glaces facilite les missions d'exploration dans le Grand Nord, où abondent les ressources minières et pétrolières. Ces ressources attisent la convoitise des États limitrophes dont la Russie et les États-Unis.

La question du passage du Nord-Ouest est également importante. En effet, ce passage maritime, une fois les glaces suffisamment fondues, constituerait pour certains pays une voie navigable rapide. Ainsi, bien que la souveraineté du Canada n'ait jamais été contestée sur cette portion du Grand Nord, plusieurs pays revendiquent que le passage soit considéré comme international, ce qui leur éviterait d'avoir à payer un droit de passage. Le Canada estime, pour sa part, qu'il est le seul à pouvoir autoriser des navires à circuler dans ces eaux et qu'il est en droit d'imposer un tel droit de passage.

Les cinq pays qui se disputent le Grand Nord (le Canada, la Russie, les États-Unis, le Danemark et la Norvège) se sont toutefois engagés à régler leurs différends de manière pacifique. Ces revendications territoriales risquent néanmoins d'engendrer des tensions dans les décennies à venir.

La Russie envoie des brise-glaces et des sous-marins patrouiller dans les eaux arctiques, en 2007.

16 Des rivalités pétrolières

Le pétrole est essentiel à l'activité économique des pays industrialisés. C'est pourquoi les États se livrent une concurrence féroce pour accéder à cette ressource.

« Guerre en Irak, instabilité au Moyen-Orient, menaces de sanctions proférées par l'Iran, nationalisations décrétées au Venezuela et en Bolivie..., la planète pétrole chancelle et les prix flambent [...].

Mais outre ces différentes tensions internationales et la raréfaction annoncée de l'or noir, l'augmentation des cours du brut s'explique surtout par la vigoureuse hausse de la consommation en Chine et, dans une moindre mesure, en Inde. L'émergence de la République populaire de Chine (RPC), désormais 4e puissance économique mondiale et 2e consommateur mondial de pétrole après les États-Unis et devant le Japon, modifie les équilibres énergétiques. Pékin comme Washington se sont engagés dans une véritable compétition afin de sécuriser leur approvisionnement en hydrocarbures. »

François Lafargue, « Chine/États-Unis : La course aux hydrocarbures ! », *Sciences humaines* [en ligne], septembre-octobre-novembre 2007, réf. du 14 juillet 2009.

- Quels facteurs expliquent l'augmentation du prix du pétrole dans le monde ?

- Comment le climat d'insécurité peut-il compromettre l'exploitation des ressources ?

17 Des ressources qui profitent à des groupes armés

Dans certains États, les infrastructures indispensables à l'exploitation des ressources sont la cible de groupes criminels ou de mouvements armés. Ceux-ci profitent du climat d'insécurité pour s'approprier les ressources. C'est notamment le cas en République démocratique du Congo où des groupes de rebelles contrôlent des mines.

1.3 L'autonomie politique

Des conflits éclatent parfois au sein d'un pays lorsque certains groupes rejettent l'autorité de l'État central. Jugeant qu'ils forment des nations distinctes en raison de leur langue, de leur culture et de leur histoire, ces groupes revendiquent la reconnaissance de leur peuple et le droit d'occuper un territoire indépendant. Certains d'entre eux prennent les armes contre le pouvoir central pour obtenir gain de cause.

C'est ce qui s'est produit dans les années 1990 en Yougoslavie, alors formée de six républiques fédérées : la Bosnie-Herzégovine, la Croatie, la Macédoine, le Monténégro, la Slovénie et la Serbie. Certains groupes ethnoculturels du territoire désiraient obtenir la reconnaissance officielle. Dès 1981, le peuple albanais, majoritaire au Kosovo (une province autonome de la Serbie) a réclamé la formation d'une république indépendante, ce que l'État serbe lui a refusé. La guerre qui a suivi a été très violente. La brutalité de la répression du gouvernement serbe envers les Kosovars a incité plusieurs États à intervenir militairement. À la suite de ce conflit, le Kosovo a déclaré son indépendance, en 2008. Sa reconnaissance comme pays ne fait toutefois pas l'unanimité. La Chine et la Russie notamment, ne l'ont pas reconnu comme État souverain.

18 **Les communautés kurdes**

Les communautés kurdes sont dispersées dans plusieurs pays (Turquie, Iran, Irak et Syrie). Elles exigent la reconnaissance en tant que peuple et la création d'un État indépendant, le Kurdistan. En 2009, le Kurdistan n'était officiellement reconnu que par l'Irak.

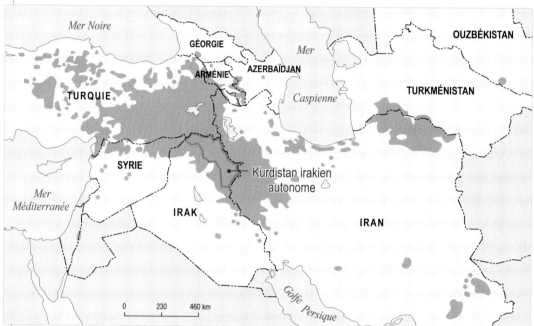

Majorité kurde

● Forte minorité kurde

D'après *Atlas de la mondialisation : comprendre l'espace contemporain*, Paris, Les Presses de Sciences Po, 2008, p. 72.

● **Pourquoi la reconnaissance du peuple kurde ne coïncide-t-elle pas avec un territoire précis ?**

L'autonomie politique peut aussi être revendiquée lorsqu'un État est envahi ou occupé par un autre État ou une coalition d'États. La population peut alors organiser la **résistance**. Elle prend les armes pour repousser celui qu'elle considère comme un envahisseur. C'est ce qui s'est produit en Afghanistan dans les années 1980 quand les Russes ont envahi le pays, puis à nouveau dans les années 2000, face aux forces de coalition venues renverser le gouvernement taliban.

Résistance Groupe qui s'oppose ou résiste à l'occupation de son pays.

1.4 Des revendications identitaires

La présence de plusieurs groupes ethniques, linguistiques, religieux et culturels au sein d'un même État peut entraîner des conflits internes. À l'inverse, un groupe peut également se retrouver dispersé au sein de plusieurs pays voisins. C'est le cas en Afrique, où les membres d'un même groupe ethnoculturel sont séparés par des frontières. Cette situation s'explique par la séparation arbitraire des pays orchestrée par des États colonisateurs pendant la période coloniale. Plusieurs guerres civiles qui sévissent en Afrique tirent leur origine de ces différences identitaires. Des personnes qui désirent accéder au pouvoir profitent d'ailleurs de ces rivalités pour créer un climat d'insécurité et déclencher des guerres.

De plus, les revendications identitaires sont complexes. Par exemple, les revendications religieuses peuvent servir de déclencheurs à des conflits politiques.

PERSPECTIVE

Le conflit en Irlande du Nord

La religion peut servir de prétexte quand vient le temps de convaincre les populations de s'engager dans une guerre. La religion vient parfois exacerber les conflits de nature politique et sociale. Par exemple, en Irlande du Nord, une rivalité oppose protestants et catholiques depuis presque un siècle, et cela bien que les tensions ne soient pas seulement liées aux convictions religieuses de chaque groupe.

En 1912, l'Irlande devient une province autonome au sein du Royaume-Uni. Toutefois, les descendants des colons anglais installés dans le nord du territoire, protestants pour la plupart, veulent rester rattachés au Royaume-Uni. Cette idée est rejetée par les Irlandais catholiques, majoritairement installés au sud. Pour mettre fin au conflit, le gouvernement du Royaume-Uni instaure deux Parlements en Irlande : un pour le sud catholique et un autre pour le nord protestant.

Des émeutes éclatent à Belfast en Irlande du Nord durant la grève de la faim déclenchée par des prisonniers membres de l'IRA, en 1981.

En 1948, l'Irlande du Sud proclame son indépendance. Des troubles éclatent toutefois en Irlande du Nord lorsque les catholiques établis dans cette région revendiquent le respect de leurs droits et de meilleures conditions de vie. Mais l'armée britannique et les protestants refusent d'accéder à leurs revendications. Cette situation va amener les catholiques d'Irlande du Nord à former un groupe armé : l'Armée républicaine irlandaise (IRA). Les années 1970 et 1980 sont témoins de nombreux attentats.

C'est en 2005 que l'IRA dépose officiellement les armes. En 30 ans, la guerre civile aura fait près de 3600 morts et 30 000 blessés. Au début des années 2000, même si le conflit se dirige vers un règlement politique, les tensions sont encore bien présentes. Cette situation démontre que même si le conflit est d'origine politique et sociale, la religion occupe une grande place dans l'identité irlandaise.

QUESTIONS d'interprétation   CD 1

1 Pourquoi les frontières sont-elles souvent à l'origine de tensions et de conflits ?

2 En quoi le contrôle des ressources peut-il être la cause de tensions et de conflits ?

3 Pourquoi l'autonomie politique est-elle à la source de plusieurs tensions et conflits dans le monde ?

4 Quelles revendications identitaires peuvent entraîner des conflits ?

2 Quelles sont les raisons invoquées pour justifier l'ingérence?

Lorsque les tensions se transforment en conflits armés, il arrive que des États, des OI ou des ONG décident d'intervenir. Dans la plupart des cas, des raisons politiques et humanitaires justifient ces interventions.

2.1 L'ingérence pour des raisons politiques

La Charte des Nations Unies a établi le principe de non-ingérence afin de protéger l'indépendance des pays les plus faibles. Elle autorise toutefois l'ingérence quand un État menace la paix dans le monde et lorsque des affrontements internes se multiplient ou s'éternisent. Par exemple, selon la communauté internationale, l'ingérence est justifiée lorsqu'un gouvernement se révèle incapable d'exercer son pouvoir à l'intérieur de ses frontières.

19 **L'ingérence au Darfour**

L'ingérence peut être nécessaire là où des conflits s'éternisent, comme dans la région du Darfour, au Soudan. La communauté internationale peut alors agir comme intermédiaire.

«Si la communauté internationale [...] [veut] contribuer à améliorer la situation des populations civiles du Darfour, c'est sur le terrain politique qu'ils doivent porter leurs efforts. Pour que les combats cessent au Darfour, il faut que les belligérants négocient un accord de paix susceptible de régler les problèmes de fond (répartition des ressources nationales, régime foncier, etc.) à l'origine du conflit. Pour ce faire, une médiation étrangère entre le gouvernement soudanais et les mouvements rebelles paraît indispensable.»

Sara Pantuliano, «La diplomatie protégera mieux que les fusils», *Alternatives internationales*, septembre 2008, p. 55.

● Pourquoi une intervention étrangère serait-elle bénéfique au Darfour?

2.1.1 Le concept d'État voyou

Les États qui n'adhèrent pas aux politiques mises en place par la communauté internationale sont parfois qualifiés d'États voyous. Ces États sont souvent isolés sur la scène internationale, comme ceux qui ne respectent pas les règles du Traité sur la non-prolifération des armements nucléaires (TNP). Les États soupçonnés d'entretenir des relations avec des groupes terroristes peuvent aussi faire partie de cette catégorie. Aux yeux de la communauté internationale, ces États représentent une menace à la sécurité et à la paix, et leur comportement peut, dans certains cas, justifier une intervention extérieure.

20 **L'Iran et la menace nucléaire**

En vertu du TNP, cinq pays peuvent posséder l'arme nucléaire: les États-Unis, la Russie, la France, la Chine et le Royaume-Uni. Toutefois, l'Agence internationale de l'énergie atomique soupçonne l'Iran d'utiliser la production d'énergie nucléaire civile pour développer un programme militaire. Ici, le président de l'Iran visite le site nucléaire d'Arak, en 2006.

● Pourquoi la communauté internationale se préoccupe-t-elle de la question du nucléaire en Iran?

2.1.2 Les États non démocratiques

La communauté internationale considère que les gouvernements non démocratiques constituent une menace à la sécurité mondiale. Les États dirigés par une **junte militaire** sont souvent montrés du doigt par l'ONU. Cette organisation peut décider de sanctionner des gouvernements dont le pouvoir n'est pas reconnu par l'ensemble des populations du territoire.

Les gouvernements mis en place à la suite de coups d'État sont eux aussi susceptibles d'être critiqués par la communauté internationale. Des observateurs de l'ONU ou d'autres intervenants d'organisations internationales ou régionales – Union européenne, Union africaine, etc. – peuvent alors décider d'intervenir. Ils tenteront alors d'exercer des pressions politiques afin que ces gouvernements normalisent la situation, par exemple en organisant un scrutin démocratique.

> **Junte militaire** Gouvernement de type dictatorial qui, à la suite de la prise du pouvoir par la force, est dirigé directement par l'armée.

21 **La résistance de la Corée du Nord**

La Corée du Nord est considérée comme le pays le moins démocratique du monde selon le magazine *The Economist*. Les premiers essais nucléaires effectués par la Corée du Nord sont perçus comme une menace par l'ensemble de la communauté internationale. Sur les murs des écoles, des affiches de propagande expriment la position des autorités nord-coréennes à l'égard de l'ingérence des pays occidentaux.

• **Comment la Corée du Nord réagit-elle à l'ingérence des pays occidentaux ?**

22 **Le premier ministre de la Guinée désigné par la junte militaire**

À la suite du coup d'État du 23 décembre 2008 en Guinée, plusieurs intervenants ont exercé des pressions afin d'accélérer la transition entre l'exercice du pouvoir par la junte militaire et l'instauration d'un gouvernement civil. La junte militaire s'est finalement engagée à tenir des élections dans un délai de 24 mois. Le chef de la junte et nouveau président de la République, Moussa Dadis Camara (devant, à gauche), a d'ailleurs annoncé la tenue d'une consultation nationale en 2009. Puis, le 30 décembre 2008, il a désigné Kabiné Komara (en habits traditionnels) premier ministre du pays.

• **Selon vous, un premier ministre désigné par une junte militaire détient-il réellement le pouvoir ? Expliquez votre réponse.**

2.2 L'ingérence pour raisons humanitaires

La protection des droits humains peut justifier l'ingérence dans les affaires internes d'un État souverain. Au cours du XXe siècle, l'assistance aux personnes en difficulté ou menacées d'insécurité est devenue un droit pour les victimes et un devoir pour les États. Ainsi, malgré les principes de non-ingérence énoncés dans la Charte des Nations Unies, la communauté internationale a la responsabilité d'assurer le respect des droits humains sur le territoire d'un État si celui-ci n'est pas en mesure de le faire. Divers intervenants, surtout des ONG, invoquent ce droit d'ingérence humanitaire pour intervenir.

23 De l'aide aux victimes de catastrophes

Des États décident parfois d'intervenir en territoire souverain pour venir en aide aux victimes de catastrophes naturelles. Ici, des soldats américains, aidés de civils, distribuent des denrées aux victimes d'un tsunami en Indonésie.

24 L'assistance humanitaire en cas de catastrophe naturelle

En décembre 1988, l'Assemblée générale des Nations Unies adoptait une résolution reconnaissant que le fait de ne pas venir en aide aux victimes de catastrophes naturelles et en situation d'urgence représente une menace à la vie humaine.

« Considérant que le fait de laisser les victimes de catastrophes naturelles et situations d'urgence du même ordre sans assistance humanitaire représente une menace à la vie humaine et une atteinte à la dignité de l'homme, [...] [l'Assemblée générale] [...]

3. Souligne l'importante contribution à l'assistance humanitaire qu'apportent les organisations intergouvernementales et non gouvernementales agissant dans un but strictement humanitaire.

4. Invite tous les États qui ont besoin d'une telle assistance à faciliter la mise en œuvre par ces organisations de l'assistance humanitaire notamment l'apport de nourriture, de médicaments et de soins médicaux, pour lesquels un accès aux victimes est indispensable [...]. »

Assemblée générale de l'ONU, « Résolution 43/131 : Assistance humanitaire aux victimes de catastrophes naturelles et situations d'urgence du même ordre » [en ligne], 8 décembre 1988, réf. du 14 juillet 2009.

• Que propose l'ONU pour venir en aide aux victimes ?

QUESTIONS d'interprétation   CD 1

1 Quelles raisons poussent certains États ou organisations à intervenir en territoire souverain ?

2 Dans quelles situations l'ingérence politique semble-t-elle justifiée ?

3 Que peuvent faire l'ONU et la communauté internationale contre les États non démocratiques ?

4 Dans quelles situations l'ingérence à des fins humanitaires peut-elle être justifiée ?

3 Pourquoi l'ingérence se fait-elle presque toujours du Nord vers le Sud ?

CONCEPTS
□ Droits humains □ Ingérence
□ Intervention □ Pouvoir

En 1955, pendant la Guerre froide, plusieurs pays d'Afrique et d'Asie se réunissent à Bandung, en Indonésie. Ils veulent entre autres affirmer leur droit à l'autodétermination et se prémunir contre toute ingérence. Pourtant, aujourd'hui encore, des interventions ont lieu principalement dans les pays en développement, situés au Sud, et sont surtout menées par les pays industrialisés du Nord.

25   Les interventions de la paix de l'ONU, en 2009

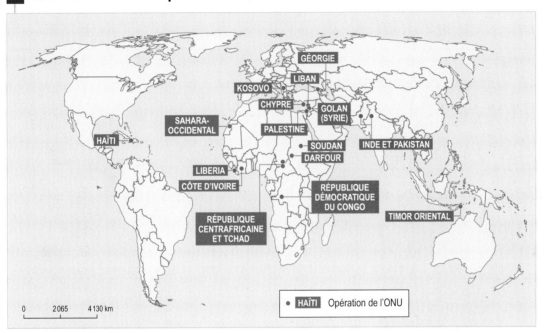

ONU, Départements des Opérations de maintien de la paix, de l'Appui aux missions, de la Gestion et des Affaires politiques, avril 2009.

3.1   Le pouvoir des États du Nord

La Charte des Nations Unies repose sur le principe de l'égalité de ses membres. Cependant, cette égalité demeure théorique puisque, dans les faits, tous les États ne disposent pas de la même puissance ni de la même capacité d'agir. Par conséquent, ce sont majoritairement les pays les plus puissants qui interviennent dans des zones de tensions et de conflits.

Les pays développés, situés principalement dans l'hémisphère nord, jouent un rôle important au sein des OI, notamment au Conseil de sécurité des Nations Unies. Les actions et les interventions du Conseil résultent de compromis diplomatiques entre ses membres. Or, le Conseil de sécurité est chapeauté par cinq États permanents dont quatre sont des pays du Nord. Les pays du Sud ne sont pas suffisamment puissants pour y faire entendre leur voix. Ils ne disposent pas non plus des moyens techniques et financiers pour intervenir dans d'autres pays. Ce sont donc souvent les États les plus puissants et les plus riches qui prennent des décisions pour l'ensemble de la planète.

Il arrive aussi que des pays industrialisés profitent de leur supériorité pour se soustraire à la loi internationale. Ils enfreignent des règlements ou refusent d'adhérer à des accords internationaux. C'est le cas des États-Unis, qui ne reconnaissent pas l'autorité de la Cour pénale internationale et qui n'ont pas ratifié le protocole d'entente sur le contrôle des armes biologiques.

26   Le rejet du droit d'intervention

Des pays du Sud contestent les interventions sur leur territoire. Beaucoup voient dans ces intrusions un moyen pour les pays riches de contrôler les pays pauvres. En avril 2000, 77 États, principalement du Sud, se sont réunis à Cuba, afin de dénoncer la mise à l'écart des pays en développement.

« Le Sommet a préconisé d'élargir la composition du Conseil de sécurité et de supprimer le droit de veto des cinq membres permanents. Les chefs d'État et de gouvernement ont rejeté le concept du "droit" d'ingérence humanitaire (intervenir dans les affaires d'un État à des fins humanitaires), incompatible à leurs yeux avec la Charte des Nations Unies. Ils ont affirmé que le respect de la souveraineté et de l'intégrité territoriale des États devrait demeurer le fondement des relations internationales. »

ONU, « Sommet du Sud et mondialisation : La Conférence de La Havane [Cuba] dénonce la "marginalisation" des pays en développement », *Afrique Relance* [en ligne], réf. du 14 juillet 2009.

• Selon le groupe des 77 États, l'ingérence humanitaire est-elle compatible avec le principe de souveraineté des États? Expliquez votre réponse.

3.2   Des valeurs démocratiques occidentales

L'ingérence peut paraître justifiée lorsqu'elle permet de sauver des vies, de prévenir les souffrances ou encore d'assurer le respect des droits fondamentaux. Toutefois, les valeurs invoquées par les pays qui interviennent ont surtout cours en Occident. Ainsi, les idées de paix, de démocratie, de justice et de liberté n'ont pas le même écho partout dans le monde. Il arrive donc que les pays développés imposent leur vision du monde, par exemple en cherchant à instaurer la démocratie dans des États non démocratiques.

3.3   Des zones instables

Les interventions militaires et humanitaires sont principalement dirigées vers les pays du Sud, où sont concentrées les zones instables. De façon générale, ces pays subissent davantage de catastrophes naturelles, de sécheresses, de famines et de guerres civiles que les États du Nord. De plus, les régimes politiques de plusieurs pays du Sud ne sont pas démocratiques.

27   Des victimes d'inondations, au Bangladesh

Les pays du Sud ont généralement peu de moyens pour mettre en place des plans d'urgence à la suite d'une catastrophe naturelle. Lors d'une catastrophe, une intervention extérieure peut être essentielle. Sur cette photographie, des victimes des inondations reçoivent de l'aide humanitaire, en 2007.

QUESTIONS d'interprétation   CD 1

1   Pourquoi les États du Nord ont-ils plus de pouvoir?

2   Comment les pays du Nord imposent-ils leurs valeurs et leur vision du monde?

3   Quels sont les facteurs d'instabilité dans certains pays du Sud?

4 Quel est le rôle des ONG dans les interventions en territoire souverain ?

CONCEPTS
□ Ingérence □ Intervention
□ Diplomatie □ Droits humains
□ Pouvoir

Jusqu'au milieu du XXe siècle, les relations internationales sont surtout confiées aux diplomates et aux chefs militaires. À partir des années 1900, des acteurs non gouvernementaux font leur apparition sur la scène internationale, notamment des ONG.

4.1 La participation des ONG

À partir des années 1950, les ONG se multiplient. Les plus médiatisées se distinguent par leur vocation humanitaire. Comme elles interviennent dans des territoires en crise, leur action sensibilise l'opinion publique à la question du non-respect des droits fondamentaux dans le monde.

Souvent perçues comme des moteurs de changement, les ONG exercent une influence sur le plan mondial en raison de leur capacité à mobiliser les citoyens, les États et les OI. Certaines constituent même de véritables groupes de pression, telle Amnistie internationale. Cet organisme publie chaque année un rapport sur la violation des droits humains et attire ainsi l'attention sur les États fautifs. Il collabore aussi avec le Conseil des droits de l'homme des Nations Unies.

Les ONG interviennent dans de nombreux domaines.

- Elles contribuent à la mise en œuvre des missions planifiées par des organisations internationales.
- Elles sont présentes aux conférences internationales, où elles participent à l'élaboration des principes de droit international.
- Elles organisent des campagnes de mobilisation.
- Elles aident à l'élaboration de programmes de développement à moyen et à long terme, notamment en suggérant des façons de travailler sur le terrain.
- Elles gèrent parfois les fonds alloués à l'aide publique internationale.

28 L'UNICEF en République démocratique du Congo

La présence des ONG peut dissuader des groupes armés de se livrer à des actes de violence, de peur d'être dénoncés publiquement. Ici, en novembre 2008, des travailleurs humanitaires de l'UNICEF distribuent des rations en République démocratique du Congo durement touchée par la guerre civile.

Les ONG exercent un pouvoir d'influence dans les relations internationales, car elles peuvent intervenir dans des situations où les États et les OI s'avèrent impuissants.

« Qualifié de "cinquième superpuissance" par le Secrétaire général de l'ONU [alors Kofi Annan] [...] le monde des ONG est perçu comme un acteur international de premier plan.

Indépendantes, dotées d'une capacité de réponse rapide, en coopération ou non avec les agences des Nations Unies, les ONG sont devenues des partenaires politiques et opérationnels incontournables, qui pallient les limites des États.

[...] les ONG sont aussi réputées pour leur prise de parole sur des sujets clairement politiques. [...] En sensibilisant les autorités [...] elles contribuent à l'élaboration des normes et des pratiques internationales. »

Brice Ndong, « Les organisations non gouvernementales (ONG) dans les relations internationales contemporaines », *Coopération internationale* [en ligne], 2 novembre 2008, réf. du 3 août 2009.

● Pourquoi les ONG sont-elles perçues comme des acteurs de premier plan sur la scène internationale ?

médias

Reporters sans frontières (RSF)

Grâce aux médias, les ONG réussissent à faire connaître leur travail et les causes qu'elles soutiennent. Ainsi, l'ONG Reporters sans frontières (RSF) s'est donnée pour mission de défendre le droit à l'information et à la liberté d'expression. Fondé en 1985, RSF se porte à la défense des journalistes emprisonnés ou persécutés et dénonce les mauvais traitements et la torture. Actif sur les cinq continents, RSF agit également à titre de consultant auprès des Nations Unies. En décembre 2006, à la suite des recommandations de l'organisme, le Conseil de sécurité de l'ONU a d'ailleurs adopté une résolution sur la protection des journalistes.

Qu'est-ce qui pousse les ONG à faire appel aux médias ?

En quoi l'organisme Reporters sans frontières aide-t-il à protéger les droits humains ?

L'ENCRE DEVRAIT COULER PARTOUT OÙ LE SANG COULE

4.2 L'intervention au nom des victimes de la guerre

Afin de pouvoir secourir les victimes de la guerre, les ONG se réfèrent au droit international humanitaire (DIH). Le DIH facilite l'accès des ONG aux victimes. Ainsi, selon le DIH, les États en guerre doivent organiser des couloirs humanitaires dans les zones de conflits et assurer la protection des membres des ONG qui œuvrent sur le terrain. Le DIH met donc l'accent sur le droit des victimes et non sur celui des États. De la même façon, la majorité des ONG s'abstiennent de prendre position sur le conflit, parce que leur mission est de venir en aide aux victimes.

4.3 Les limites d'action des ONG

L'intervention des ONG pose parfois problème. L'aide distribuée est sélective : lorsqu'une ONG décide d'agir auprès d'une population en difficulté, elle le fait forcément au détriment d'autres populations qui sont elles aussi dans le besoin. En effet, les ONG n'ont pas les moyens d'aider toutes les populations en détresse. De plus, les victimes peuvent devenir dépendantes de l'aide humanitaire. Enfin, l'aide d'urgence ne correspond pas toujours aux besoins des populations en situation de crise. Il peut arriver, par exemple, que des médicaments acheminés dans une région qui a subi une catastrophe soient inutiles pour les problèmes de santé à traiter.

Brève culturelle

La Croix-Rouge

Le concept d'assistance humanitaire a été élaboré au cours du xxe siècle, principalement par des ONG, qui ont réclamé d'avoir accès aux victimes de la guerre, de conflits ou de catastrophes naturelles. La Croix-Rouge, aussi appelée Croissant-Rouge dans certains pays, a été une des premières ONG à réclamer l'accès aux victimes de la guerre, à la fin du xixe siècle. Fondée en 1863 par le Suisse Henri Dunant, l'organisme poursuit encore sa mission.

Au cours du xxe siècle, le Comité international de la Croix-Rouge (CICR) a réussi à faire adopter une loi internationale afin de protéger les victimes de conflits. Il a par ailleurs participé à l'élaboration des Conventions de Genève de 1949 et de 1977, qui définissent des règles de protection des personnes en cas de conflit armé.

En établissant les bases de l'assistance humanitaire mondiale, la Croix-Rouge a assuré la participation des ONG à l'élaboration des concepts du droit international humanitaire. Reconnue comme une organisation impartiale par la majorité des États du monde, cette ONG est également présente à l'Assemblée générale des Nations Unies à titre d'observateur.

Des membres de la Croix-Rouge en République démocratique du Congo, en 2008.

QUESTIONS d'interprétation   CD 1

1 Quel est le rôle des ONG dans les relations internationales ?

2 Qu'est-ce qui pousse les ONG à intervenir en territoire souverain ?

3 Quelles sont les limites d'action des ONG ?

5 Comment les États souverains réagissent-ils à l'ingérence extérieure ?

Les ONG, les OI et les États invoquent le plus souvent la protection des valeurs démocratiques et des droits humains pour justifier leurs interventions. Toutefois, certains perçoivent les interventions étrangères comme une forme d'ingérence dans leurs affaires internes.

5.1 Des oppositions à l'ingérence

Un État doit rester maître de la destinée économique et politique de son pays et d'en protéger la culture. C'est pourquoi la majorité des États s'opposent aux interventions venant de l'extérieur. Ils soutiennent que l'ingérence peut nuire à leur développement et même aggraver les situations de crise. Ainsi, en situation d'urgence, seule une minorité d'États vont lancer des appels à l'aide, lorsqu'ils ne sont plus en mesure de protéger leur population, par exemple.

30 Des intentions illégitimes

L'ingérence est mal perçue par certains États, qui considèrent que derrière les considérations humanitaires se cachent des intentions politiques et économiques. Ce point de vue était celui de la junte militaire birmane lorsque la communauté internationale a offert d'envoyer des secours après le passage destructeur d'un typhon, en 2008.

« Sur un plan plus politique que strictement juridique, l'intervention humanitaire requiert la bonne foi des États et des agences donatrices, ainsi que la sincérité de leurs intentions finales. Or, cette sincérité, les autorités birmanes en doutent, subodorant [soupçonnant] que la volonté de protéger les populations civiles dissimule chez les États occidentaux le projet de renverser la junte. [...] depuis plus de quinze ans, en effet, des responsables occidentaux, qui espèrent une évolution démocratique de la Birmanie, font référence au "droit d'ingérence" non pour faciliter l'accès à l'aide humanitaire au pays, mais bien pour des raisons politiques. »

François Guilbert, « Aider la population ou punir la junte », *Alternatives internationales*, septembre 2008, p. 53.

● Pourquoi les autorités birmanes doutent-elles de la sincérité de l'intervention humanitaire ?

31 L'ingérence selon le gouvernement du Zimbabwe

Robert Mugabe, leader du gouvernement zimbabwéen depuis 1980, estime que les sanctions économiques qu'impose la communauté internationale nuisent à l'économie de son pays. Mugabe est demeuré sourd aux pressions diplomatiques appelant à l'instauration d'un régime plus démocratique au Zimbabwe. Il a qualifié ceux qui veulent intervenir au Zimbabwe d'« ennemi occidental ». Toutefois, les affrontements violents au moment des élections de 2008 l'ont forcé à partager le pouvoir avec le chef de l'opposition Morgan Tsvangirai, qu'il a nommé premier ministre, en 2009. Contrairement à Mugabe, Tsvangirai tente de rétablir les relations avec les pays occidentaux.

● Pourquoi Robert Mugabe accuse-t-il la communauté internationale d'ingérence ?

Le président du Sri Lanka refuse toute ingérence étrangère dans la crise qui l'oppose à la minorité tamoule. Il affirme qu'une intervention pourrait nuire aux opérations militaires du gouvernement.

« Aucun autre pays ne partagera notre sort. C'est donc à nous, et à nous seuls, qu'il appartient de décider de notre destin. Ce sont notre pays, nos frontières, notre terre, notre peuple, notre avenir qui sont en jeu. Nous ne devons laisser personne nous donner des ordres, ni faire pression sur nous. Nous devons continuer et faire ce qu'il faut pour mettre fin à ces trente années de conflit de façon qu'il ne puisse plus être relancé. Pour cela, nous devons éliminer les Tigres* et faire suivre une victoire définitive de mesures politiques et humanitaires justes et généreuses. »

* Tigres de libération de l'Îlam tamoul : organisation indépendantiste fondée en 1976 et dont l'objectif est de défendre les droits de la minorité tamoule du Sri Lanka.

Dayan Jayatilleka, ancien ministre et ambassadeur du Sri Lanka à l'ONU, « Abattre les Tigres jusqu'au dernier », *Courrier international*, no 966, mai 2009, p. 26.

● Comment le gouvernement sri lankais compte-t-il s'y prendre pour éviter d'avoir recours à une intervention ?

5.2 La censure et le contrôle de l'information

Certains États réagissent aux pressions extérieures en coupant les liens diplomatiques et en refusant aux médias d'avoir accès à leur territoire. Par exemple, en période d'élections, des États peuvent interdire à des observateurs étrangers de circuler dans le pays. Ils peuvent aussi chasser les journalistes étrangers ou encore censurer l'information en provenance de l'extérieur.

33 Censurer les médias

Au moment des élections de 2009, le gouvernement iranien a expulsé des journalistes étrangers. Il voulait les empêcher de rendre compte de la réaction d'une partie de la population, qui contestait les résultats. Malgré les revendications populaires et les pressions de plusieurs pays occidentaux réclamant un recomptage, le candidat ultraconservateur sortant, Mahmoud Ahmadinejad, a été reporté au pouvoir. Sur cette photographie, des milliers d'Iraniens manifestent en appui au chef de l'opposition, Hussein Moussawi, en 2009.

● Selon vous, comment les médias peuvent-ils faciliter l'intervention extérieure ? Expliquez votre réponse.

34 **La Syrie censure le Web**

Plusieurs pays craignent de voir des États étrangers profiter de l'accès à Internet pour s'ingérer dans leurs affaires internes.

« Selon Associated Press, la Syrie a, depuis le 18 novembre [2007] dernier, bloqué l'accès au site américain Facebook à sa population. Les dirigeants syriens craignent, entre autres, que des espions israéliens du Mossad [agence de renseignement d'Israël] infiltrent les réseaux sociaux des membres syriens pour en soutirer de précieuses informations. [...]

De son côté, la Syria Computer Society, principal fournisseur syrien d'Internet, a affirmé que le réseau n'était pas censuré. Cet organisme contrôlé à 100 % par l'État a conclu que les problèmes de connexion au site proviendraient des ordinateurs des internautes. »

Philippe Michaud, « Les Syriens n'ont plus accès à Facebook », *Branchez-Vous* [en ligne], 10 décembre 2007, réf. du 3 août 2009.

● Qu'est-ce qui pourrait inciter les autorités syriennes à bloquer l'accès à certains sites Internet ?

5.3 Des alliances contre l'intervention étrangère

Certains États s'opposent aux interventions des pays occidentaux dans leurs affaires internes. Ils jugent que la suprématie politique et militaire ne devrait pas donner le droit d'ingérence et ils dénoncent ces interventions qu'ils considèrent comme de l'hégémonie de la part des grandes puissances.

C'est ce qui pousse certains États à s'allier pour défendre leur souveraineté. Par exemple, en 2007, la Corée du Nord renouait ses relations diplomatiques avec la Birmanie (Myanmar), ce qui a créé un rapprochement entre deux dictatures militaires qui rejettent l'hégémonie occidentale.

> **Hégémonie** Domination d'un État sur d'autres États.

35 **Le Venezuela défend le régime iranien**

Le président du Venezuela, Hugo Chavez, s'oppose vivement à toute intervention des États-Unis dans les affaires internes de son pays. Il offre son appui au gouvernement iranien, qui critique lui aussi la tendance des États-Unis à vouloir étendre son hégémonie.

« Le gouvernement du président Hugo Chavez a dénoncé "la campagne de discrédit infondée, menée depuis l'extérieur contre les institutions de la République islamique d'Iran", dans un communiqué diffusé mardi soir à Caracas. Chef de file de la gauche radicale en Amérique latine, Hugo Chavez est un proche allié du régime iranien, dont il est l'un des rares dirigeants à soutenir le programme nucléaire. »

« L'Iran accuse les États-Unis d'ingérence "intolérable" », *Le Figaro International* [en ligne], 17 juin 2009.

● Qu'est-ce qui pousse le Venezuela à appuyer l'Iran ?

QUESTIONS d'interprétation   CD 1

1 Pourquoi certains États s'opposent-ils à l'ingérence étrangère ?

2 Pourquoi certains pays décident-ils de censurer l'information provenant de l'extérieur ?

3 Pourquoi certains États établissent-ils des alliances ?

6 Quelles sont les limites de l'ONU dans l'organisation d'interventions ?

La principale mission de l'ONU est d'assurer la paix et la sécurité dans le monde. Toutefois, l'ONU a de plus en plus de difficulté à imposer ses décisions aux États. Pourtant, sa capacité d'intervention dépend dans une large mesure du soutien de ses États membres.

6.1 La légitimité de l'ONU

Plusieurs membres de la communauté internationale s'interrogent sur la légitimité du Conseil de sécurité. Certains soutiennent que le Conseil n'est pas représentatif de l'ensemble de la communauté internationale. En effet, 15 États seulement peuvent prendre la décision de déclencher une mission de paix, et cela au nom de tous les États membres de l'ONU. De plus, les cinq membres permanents du Conseil de sécurité représentent des pays puissants sur le plan militaire. La majorité des États africains, latino-américains et asiatiques, à l'exception de la Chine sont donc exclus du Conseil de sécurité.

Le droit de veto des cinq membres permanents complique la prise de décisions et contribue à la lenteur du processus. De plus, les choix effectués par ces cinq membres peuvent être fondés sur leurs propres intérêts plutôt que sur ceux de l'ensemble de la communauté internationale.

6.2 Le financement des interventions

Puisqu'elle n'a pas d'armée, l'ONU doit compter sur la participation de ses États membres. Ses interventions dépendent de la capacité – mais aussi de la volonté – de ces États de contribuer aux forces d'intervention en envoyant des troupes. De plus, les États membres doivent respecter les engagements financiers qu'ils prennent envers l'ONU. Certains États riches préfèrent investir dans les missions qu'ils organisent eux-mêmes plutôt que dans celles de l'ONU.

Opérations de maintien de la paix

MINUAD
MONUC
MINUS
FINUL
MINUL
MINUSTAH
ONUCI
MINURCAT
MINUK
MINUT
ONUST
UNFICYP
MINURSO
FNUOD
MONUG
UNMOGIP

0   500   1 000   1 500   2 000
En millions de dollars américains

ONU, « Opérations de maintien de la paix pour 2008-2009 » [en ligne], réf. du 12 août 2009.

36 **Les budgets attribués aux opérations de maintien de la paix de l'ONU**

Pour la période 2008-2009, l'ONU a attribué un budget total d'environ 7,1 milliards de dollars américains pour l'ensemble de ses opérations de maintien de la paix. De son côté, le président des États-Unis, Barack Obama, annonçait en février 2009 un budget de 200 milliards de dollars pour financer l'effort de guerre américain au cours des 18 prochains mois. Les ressources financières de l'ONU consacrées aux opérations de paix et aux tribunaux internationaux représentent moins de 2 % des dépenses militaires mondiales.

● Le budget des missions de l'ONU est-il comparable au budget militaire américain ? Pourquoi ?

6.3 L'efficacité des interventions

La difficulté pour l'ONU de faire respecter son autorité ou de faire appliquer ses décisions peut nuire au déroulement de ses missions. Par exemple, les troupes déployées sont souvent peu expérimentées et elles sont parfois dirigées par une coalition de pays qui n'entretiennent pas de bonnes relations. Les résolutions de l'ONU sont donc parfois mal exécutées ou non respectées. Aussi, la lenteur du processus de décision peut nuire à l'efficacité de l'Organisation. Par exemple, en mars 2003, une coalition menée par les États-Unis a attaqué l'Irak sans que l'ONU ait d'abord approuvé cette mission.

De plus, les mandats du Conseil de sécurité ne sont pas toujours clairs. Cette situation laisse aux forces sur le terrain la tâche d'interpréter ce qu'ils ont le droit de faire et ce qui leur est interdit. Le général canadien Roméo Dallaire a fait face à ce problème en 1994 lorsqu'il a dirigé la force de l'ONU censée empêcher le génocide au Rwanda. Muni d'un mandat qui ne lui permettait pas d'intervenir militairement, le général Dallaire s'est retrouvé dans un rôle plus passif que ce qu'il aurait souhaité.

37 **La provenance des troupes de l'ONU**

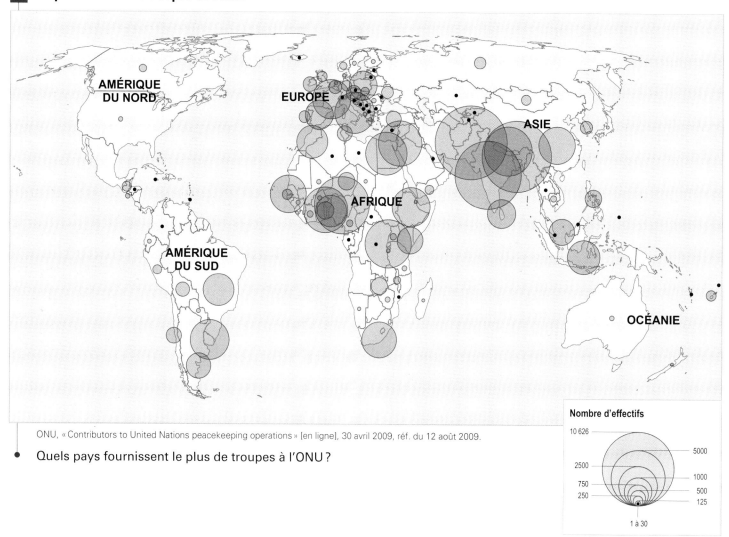

ONU, « Contributors to United Nations peacekeeping operations » [en ligne], 30 avril 2009, réf. du 12 août 2009.

● Quels pays fournissent le plus de troupes à l'ONU ?

Nombre d'effectifs

10 626
5000
2500
1000
750
500
250
125
1 à 30

38 **La mission compromise**

Le Soudan est aux prises avec de nombreux conflits internes. En 2007, l'ONU mettait sur pied la mission MINUAD, en collaboration avec l'Union africaine. Cette mission connaît toutefois un succès mitigé.

« En principe, la force étrangère la plus habilitée à protéger les civils est la Minuad [...]. Hélas, la contribution des grandes puissances à cette force est des plus limitées, alors même que ses effectifs sont pourtant très faibles (25 000 hommes), étant donné que le Darfour est aussi étendu que la France. Des effectifs théoriques qui plus est, puisqu'à ce jour à peine plus de 9000 hommes seulement sont à pied d'œuvre, en raison notamment de l'obstruction du gouvernement soudanais, qui n'a accepté le principe de ce déploiement que du bout des lèvres. »

Sara Pantuliano, « La diplomatie protégera mieux que les fusils », *Alternatives internationales*, septembre 2008, p. 55.

● Qu'est-ce qui limite l'efficacité de l'intervention de la MINUAD au Soudan ?

39 **Des troupes mal préparées, au Liban**

Le manque d'équipements et de financement nuit à l'efficacité des missions de l'ONU. Les membres des troupes sont souvent peu formés, ce qui pousse l'ONU à faire appel à des sociétés militaires privées, parfois coûteuses. Ici, des Casques bleus d'origine indienne au Liban, en 2006.

● Comment expliquer la mauvaise préparation des troupes ?

40 **Une intervention critiquée**

Certains États interviennent avant d'avoir obtenu le consentement du Conseil de sécurité de l'ONU. C'est ce qui s'est produit en Côte d'Ivoire lorsque la France a envoyé un contingent de soldats, en 2002. Accusée de vouloir protéger les intérêts français en Côte d'Ivoire plutôt que de venir en aide à la population, la France a obtenu l'approbation de l'ONU une fois l'intervention enclenchée.

Chappatte, *Confusion en Côte d'Ivoire*, 2004.

● Qui les personnages de la caricature représentent-ils ?
● Selon cette caricature, comment la population ivoirienne réagit-elle à l'intervention de la France ?

QUESTIONS d'interprétation   CD 1

1 Pourquoi la légitimité de l'ONU est-elle remise en question ?
2 Pourquoi dit-on que l'ONU est subordonnée à la volonté des États ?
3 Pourquoi l'efficacité des interventions de l'ONU est-elle limitée ?

7 Pourquoi les interventions ne sont-elles pas toujours réussies ?

Rétablir l'ordre et aider à la reconstruction d'un pays exige beaucoup de ressources et constitue un défi majeur pour les États et pour les organisations qui participent au maintien de la paix.

En effet, une fois le conflit terminé, les populations doivent reprendre leurs institutions en main et promouvoir des projets visant à encourager leur développement. Par ailleurs, le retrait des troupes ne signifie pas nécessairement la fin des tensions ou des conflits.

7.1 La difficulté de maintenir l'ordre

Lorsqu'une mission d'intervention s'installe dans un État en guerre et que le processus de paix est entamé, des efforts sont entrepris pour trouver une solution durable au conflit. En même temps, il faut organiser la reconstruction des infrastructures et planifier le développement économique du pays.

Le maintien de l'ordre n'est pas une tâche facile pour les missions de paix. En effet, les forces de l'ordre sont souvent peu nombreuses, mal équipées, parfois corrompues ou peu respectées. De plus, l'ordre peut difficilement être maintenu à long terme quand les règlements qui régissent les accords de paix ne correspondent pas aux besoins des populations.

PERSPECTIVE

L'ONU et la création d'un État israélien

En 1947, le gouvernement britannique, qui détenait un mandat sur la Palestine depuis 1920, remet le contrôle du territoire aux Nations Unies. En 1948, l'ONU propose de former deux États sur ce territoire : un État israélien et un État palestinien. L'État d'Israël voit donc le jour en 1948. Toutefois, les Palestiniens s'opposent au nouvel État israélien. Plusieurs conflits et guerres civiles s'ensuivent.

En 2002, les Israéliens entament la construction d'un mur autour de la Cisjordanie et de Jérusalem. Le tracé du mur, qui vise à bloquer l'accès des Palestiniens aux territoires israéliens, ne tient pas compte des frontières établies en 1967 par l'ONU à la suite de la Guerre des Six Jours.

Cette situation accentue les tensions. Depuis 2006, les populations des deux camps sont témoins d'une recrudescence des attaques et des incursions dans les territoires en litige. Les actions violentes sont entrecoupées de périodes d'accalmie et de quelques trêves.

Même si l'intention de départ de l'ONU visait à accommoder les deux peuples présents sur le territoire, et malgré les efforts diplomatiques de plusieurs États, dont les États-Unis, le conflit israélo-palestinien démontre bien que le règlement d'un conflit peut être complexe.

Un mur de séparation entre Israël et la Palestine

Un jeune Palestinien observe la construction d'un mur érigé dans un camp de réfugiés près de Jérusalem. Cette barrière a comme objectif principal d'empêcher l'intrusion de Palestiniens en Israël. En 2005, la Cour internationale de justice a déclaré ce mur contraire au droit international.

Des activités de paix et de sécurité de l'ONU

Le processus de paix proposé par l'ONU s'étend normalement sur une longue période et compte plusieurs étapes. Diverses mesures sont mises en place avant, pendant le conflit et après un **cessez-le-feu**.

> **Cessez-le-feu** Cessation temporaire des combats.

Avant le conflit	Pendant le conflit	Après un cessez-le-feu
La prévention des conflits • Mesures diplomatiques • Alerte rapide en cas de tensions • Collecte d'information • Observation • Dialogue entre partis opposés • Déploiement de forces préventives	**Le rétablissement de la paix** • Actions diplomatiques • Médiation • Négociation d'accords **L'imposition de la paix** • Usage d'une force militaire pour rétablir la paix et la sécurité	**Le maintien de la paix** • Mise en œuvre des accords de cessez-le-feu • Observation du cessez-le-feu • Préparation d'une paix durable (civils, policiers, militaires, etc.) • Désarmement **La consolidation de la paix** • Renforcement des capacités du pays • Rétablissement du fonctionnement de l'État et de la société • Soutien à la reconstruction

ONU, *Opérations de maintien de la paix des Nations Unies : Principes et orientations* [en ligne], p. 19, 2008, réf. du 12 août 2009.

42 **Les forces de l'OTAN en Afghanistan**

Depuis 2001, la Force internationale d'assistance à la sécurité (FIAS), qui est dirigée par l'OTAN depuis 2003, est installée en Afghanistan. Travaillant de concert avec la Mission d'assistance des Nations Unies en Afghanistan (MANUA), la FIAS peine à rétablir la paix dans le pays. Les forces conventionnelles de l'OTAN, lourdement armées, ne peuvent rivaliser avec les petits groupes de guérilla qui sont beaucoup plus mobiles et qui connaissent bien le territoire.

• Quels facteurs nuisent aux interventions d'assistance de l'ONU en Afghanistan ?

7.2   La difficulté de répondre aux attentes de la population

Les opérations de maintien de la paix ne correspondent pas toujours aux attentes des populations dans le besoin. Par exemple, les missions de paix ont souvent pour objectif d'instaurer des institutions démocratiques dans les États où elles interviennent. Cependant, les structures politiques que les intervenants cherchent à imposer sont parfois mal adaptées au pays. Les populations locales peuvent alors contester la légitimité des gouvernements mis en place. Pour réussir, les efforts de paix doivent donc viser un consensus politique et social, et veiller à impliquer suffisamment les acteurs locaux dans la reconstruction de l'État.

QUESTIONS d'interprétation   CD 1

1 Pourquoi est-il difficile de maintenir l'ordre à la suite d'une intervention en territoire souverain ?

2 Comment les opérations de maintien de la paix peuvent-elles renforcer la dépendance de certaines populations envers l'aide extérieure ?

Question bilan

3 Les interventions de l'extérieur dans les zones de tensions et de conflits sont-elles légitimes ? Expliquez votre réponse.

ENJEU 1 L'APPLICATION DU PRINCIPE D'ASSISTANCE HUMANITAIRE p. 324

Le nombre croissant de conflits dans le monde et l'apparition de nouvelles menaces, comme le terrorisme, mettent la sécurité collective en danger. Ces conflits et ces tensions accentuent la nécessité de préparer des interventions et des actions humanitaires dans plusieurs régions du globe. Le droit international humanitaire oblige les États à respecter certains droits humains dans les situations de conflits armés. Lorsque des organisations non gouvernementales, des organisations internationales et des États décident de mener des missions humanitaires, ils agissent selon ce droit.

Toutefois, les missions humanitaires sont souvent critiquées et soulèvent de nombreux débats. On s'interroge sur les principes qui sous-tendent l'action humanitaire. La neutralité de certaines organisations humanitaires est également mise en doute. Enfin, certains affirment que l'application du principe d'assistance humanitaire sert parfois à justifier l'ingérence en territoire souverain.

Le principe d'assistance humanitaire peut-il légitimer les interventions en territoire souverain ?

1. Le droit international humanitaire est-il légitime ?
2. Quels sont les principes qui encadrent les missions d'assistance humanitaire ?
3. L'assistance humanitaire constitue-t-elle de l'ingérence ?

Des soldats israéliens surveillent un convoi d'aide humanitaire de la Croix-Rouge dans la ville de Bethléem, en 2002

ENJEU 2 L'INTÉRÊT DES INTERVENANTS VERSUS L'INTÉRÊT DES POPULATIONS p. 338

De nombreuses missions de paix ou d'intervention humanitaires sont menées dans des pays qui connaissent des tensions et des conflits. Elles sont controversées parce que les intérêts qui sous-tendent leur mise en œuvre ne sont pas toujours clairs. En effet, il arrive que, sous le couvert d'une mission humanitaire, des interventions servent plutôt des intérêts politiques et économiques.

Les missions humanitaires ont toujours un impact – positif ou négatif – sur les populations concernées. Leurs bienfaits sont d'ailleurs remis en question en raison des pertes humaines qu'elles provoquent. Par ailleurs, des sanctions ont été prévues afin de protéger les populations civiles et punir ceux qui ne respectent pas le droit international humanitaire.

Quels intérêts motivent les interventions extérieures?

1. Quels sont les intérêts des intervenants?
2. Les interventions vont-elles toujours dans le sens de l'intérêt des populations?
3. Quelles sanctions sont prévues pour ceux qui ne respectent pas les droits des populations?

La coexistence entre la population civile et les groupes armés à Mogadiscio, en Somalie, en 2009

ENJEU 1 L'application du principe d'assistance humanitaire

POINTS DE VUE SUR L'ENJEU

1 Le droit international humanitaire est-il légitime ?

Reconnu par la communauté internationale, le droit international humanitaire (DIH) définit, entre autres, le droit des populations à recevoir de l'aide humanitaire lors de conflits armés, soit par l'entremise de la communauté internationale, d'États volontaires ou d'organisations non gouvernementales. Cependant, le DIH est interprété de façons différentes par les divers intervenants.

1.1 Le DIH et la souveraineté

Plusieurs pensent que les interventions découlant de l'application des principes du DIH ne respectent pas toujours le principe de souveraineté des États. En effet, le DIH met en place des dispositions qui permettent aux États et aux organisations de mener des opérations d'assistance humanitaire dans un territoire souverain afin de protéger les droits humains.

43 Un appel à l'aide

En 2008 et en 2009, le président de la Somalie a demandé l'aide de la communauté internationale pour combattre la piraterie sur ses côtes. Plusieurs puissances ont alors dépêché sur place des bateaux et des avions militaires de surveillance, comme ces navires chinois. Dans ce cas-ci, et malgré les interventions extérieures, le principe de souveraineté a été respecté.

- Pourquoi, dans ce cas-ci, le principe de souveraineté a-t-il été respecté ?

44 À la défense du principe de souveraineté

En 2007, le Liban est aux prises avec des tensions internes en raison de la présence syrienne sur son territoire. Déjà, en 2004, l'Organisation des Nations Unies (ONU) avait exigé que la Syrie retire ses forces du Liban. En 2007, l'élection présidentielle libanaise oppose ceux qui acceptent la présence syrienne à ceux qui la refusent. L'ONU suit ce processus électoral avec attention, ce que le président sortant, pro-syrien, critique.

« Le président pro-syrien du Liban, Emile Lahoud, a condamné vendredi les tentatives d'ingérence d'"acteurs internationaux" dans l'élection présidentielle de son pays [...]. M. Lahoud a déclaré devant l'Assemblée générale des Nations Unies que les Libanais étaient en mesure de prendre leurs propres décisions [...]. "Malheureusement, il y a eu des tentatives d'acteurs internationaux d'intervenir dans les affaires internes d'une manière qui va à l'encontre des normes internationales", a déclaré M. Lahoud [...]. »

« Le président libanais averti contre l'ingérence étrangère dans l'élection de son successeur », *Radioactif.com* [en ligne], 28 septembre 2007, réf. du 31 août 2009.

- Pourquoi l'intervention d'acteurs internationaux dans le processus électoral libanais va-t-elle à l'encontre des normes internationales ?

1.2 La portée du DIH

Certains pensent que les mécanismes mis en place par l'Organisation des Nations Unies (ONU) pour faire appliquer les principes du DIH et de l'assistance humanitaire sont efficaces parce qu'ils forcent des États à accepter l'intervention extérieure en cas de crise humanitaire. D'autres estiment que, parce qu'il ne peut être appliqué que si les États décident de le respecter, le DIH n'est pas assez contraignant.

Par ailleurs, bien qu'il soit possible de poursuivre en justice, par l'intermédiaire de la Cour pénale internationale (CPI), les individus reconnus coupables de crimes graves – tels les crimes de guerre et les crimes contre l'humanité –, certains jugent que les sanctions imposées par la CPI ne sont pas assez sévères. Ils remettent donc en question son autorité.

45 **Des mécanismes efficaces**

Le Conseil de l'Europe, qui reconnaît l'autorité de la CPI, juge qu'elle aurait un effet dissuasif auprès de ceux qui seraient éventuellement tentés de contrevenir au DIH.

« La Cour pénale internationale (CPI) est susceptible de contribuer à mettre fin à l'impunité dont ont bénéficié au siècle dernier les crimes les plus graves touchant la communauté internationale. Elle décidera de la responsabilité pénale de personnes privées et aura un effet dissuasif important pour d'éventuels futurs criminels. L'efficacité de la Cour résidera précisément dans sa force dissuasive et dans sa coopération effective avec les États. »

Conseil de l'Europe, *Les implications pour les États membres du Conseil de l'Europe de la ratification du statut de Rome de la Cour Pénale Internationale* [en ligne], 2006, réf du 28 août 2009.

● Pourquoi la CPI pourrait-elle avoir un effet dissuasif auprès des criminels de guerre ?

46 **Les États-Unis refusent de reconnaître l'autorité de la CPI**

Les États-Unis, la Chine, la Russie et Israël ne reconnaissent pas l'autorité de la CPI. Ce refus constitue, pour plusieurs, une raison suffisante pour remettre en question la portée des jugements de cette cour. Ici, les ambassadeurs de la Tanzanie et du Royaume-Uni votent en faveur d'une résolution du Conseil de sécurité de l'ONU visant à traduire devant la CPI les responsables de crimes de guerre au Darfour, alors que l'ambassadeur des États-Unis s'abstient.

QUESTIONS de point de vue   CD 2

1 Pourquoi le principe de souveraineté des États est-il remis en question lors de l'application du DIH ?

2 Pourquoi certains jugent-ils que les sanctions imposées à ceux qui ne respectent pas le DIH ne sont pas toujours efficaces ?

2 Quels sont les principes qui encadrent les missions d'assistance humanitaire ?

Pour que leurs missions d'assistance humanitaire soient reconnues comme légitimes aux yeux des pays impliqués dans des conflits et de la communauté internationale, les organisations non gouvernementales (ONG), les organisations internationales (OI) et les États tentent de respecter certains principes de base. Ces acteurs essaient de demeurer neutres dans le conflit et d'agir avec impartialité. Ils doivent également être indépendants financièrement. Toutefois, ces principes ne sont pas interprétés de la même façon par tous. C'est pour cette raison que la légitimité de certaines missions humanitaires est remise en question.

2.1 La neutralité

La neutralité implique que les ONG, les OI ou les États qui participent à une mission humanitaire s'abstiennent de prendre part aux hostilités ou d'appuyer une partie plus qu'une autre. Cependant, lorsque ce sont des États qui participent à une mission humanitaire, il devient impossible de garantir leur neutralité. Par exemple, un État qui condamne les actions de l'un des participants à un conflit prend nécessairement position : sa participation à une mission humanitaire n'est donc pas neutre.

Certains considèrent que tous ceux qui sont impliqués dans des missions humanitaires ont l'obligation de ne pas se prononcer sur le conflit auquel leur intervention est liée. Ils pensent que le fait de condamner une des parties, de déclarer qu'une guerre est injuste ou de désigner des coupables est incompatible avec le principe de neutralité. D'un autre côté, plusieurs trouvent condamnable de s'abstenir de dénoncer des abus comme la violation des droits humains, car cette attitude équivaut à accepter ces abus. Ainsi, le fait de ne pas se prononcer sur les régimes non démocratiques reviendrait à les approuver.

D'autres se questionnent sur les intentions de certaines organisations humanitaires. En effet, certaines organisations entreprennent des missions humanitaires dans le but de promouvoir leurs valeurs et leur idéologie grâce à l'aide qu'elles offrent. Ce faisant, elles prennent nécessairement position et leur neutralité peut être remise en question.

47 **L'affaire de l'Arche de Zoé**

L'Arche de Zoé, une ONG française, a attiré l'attention des médias en 2007 lorsque certains de ses membres ont été arrêtés. Ils s'apprêtaient à envoyer 103 enfants tchadiens au sein de familles d'accueil en Europe. Les membres de l'ONG ont été reconnus coupables d'enlèvement de mineurs. Les présidents du Tchad et de la France sont intervenus dans cette affaire, créant ainsi des tensions entre les deux États. Plusieurs ont critiqué ce type d'opération en affirmant que l'ONG manquait de neutralité, parce qu'elle est intervenue selon ses valeurs et ses idéologies et sans collaborer avec les autorités locales.

• Selon vous, pourquoi la neutralité de l'ONG l'Arche de Zoé a-t-elle été remise en question ?

Le Comité international de la Croix-Rouge (CICR) estime que toute intervention humanitaire devrait rester neutre à l'égard du conflit auquel elle est liée, de façon à pouvoir avoir accès aux victimes.

« La neutralité de la part d'un acteur humanitaire signifie qu'il s'abstient de participer aux hostilités et qu'il s'interdit en tout temps de prendre part à des controverses de nature politique, raciale, religieuse ou idéologique.

Le principe de neutralité impose deux obligations aux parties neutres : I) maintenir une certaine distance par rapport aux hostilités, c'est-à-dire s'abstenir d'actes qui pourraient avantager ou désavantager l'une des parties, et II) ne pas prendre part aux controverses d'ordre politique, racial, religieux et idéologique. [...] [Le CICR] n'est que d'un seul côté, celui de la victime [...]". La neutralité n'est pas une valeur en soi, mais un moyen d'obtenir l'accès aux victimes et de pouvoir les secourir sur le terrain. Seul le strict respect du principe de neutralité peut permettre à une organisation humanitaire [...] de conserver la confiance de tous, et en particulier celle [...] des parties à un conflit. »

Daniel Thürer, « La pyramide de Dunant : réflexion sur l'espace humanitaire », *Revue internationale de la Croix-Rouge* [en ligne], Vol. 89, 2007, réf. du 28 août 2009.

● Quelles sont les obligations que se donne la Croix-Rouge en ce qui concerne le principe de neutralité ?

49 **Un silence condamnable**

Bernard Kouchner, un des membres fondateurs de MSF – et ministre français des affaires étrangères depuis 2007 –, dénonce depuis longtemps la neutralité à outrance. Au moment de sa première mission en 1968 au Biafra (actuel Nigeria), Bernard Kouchner est révolté par l'attitude du gouvernement nigérian face à la famine qui sévit dans la région. Pour Kouchner, le silence peut mener à des catastrophes humanitaires. Il continue de prôner le recours aux missions humanitaires pour provoquer des mouvements de sympathie à l'échelle mondiale.

● Pourquoi Bernard Kouchner considère-t-il que la neutralité peut être nuisible dans certaines situations ?

2.2 L'impartialité

De nombreux acteurs du domaine de l'assistance humanitaire défendent le principe d'impartialité. Ce principe consiste à observer la même attitude à l'égard de toutes les populations qui ont besoin d'assistance, c'est-à-dire de traiter toutes les victimes sur un pied d'égalité. L'aide doit donc être dispensée en fonction du degré d'urgence des situations – et non selon les priorités ou les intérêts de ceux qui fournissent l'assistance. Certains croient que la réussite d'une mission dépend de la capacité des intervenants à agir de façon impartiale. Le fait de se préoccuper des souffrances des victimes leur assure la confiance de toutes les parties, ce qui leur permet d'avoir accès aux victimes.

L'Organisation des Nations Unies (ONU) reconnaît le principe d'impartialité dans les missions d'assistance humanitaire.

« L'impartialité est une condition *sine qua non* pour remédier à une situation de conflits et fournir une assistance humanitaire. Plus ceux qui fournissent l'aide sont impartiaux, plus grandes seront les chances de succès. L'impartialité implique que l'on se préoccupe uniquement de la souffrance des individus à assister et que l'on donne la priorité aux situations de détresse les plus urgentes. Le respect des principes d'impartialité et de neutralité permet d'établir des contacts avec toutes les parties au conflit et de prendre les dispositions politiques voulues. »

Francesco Mezzalama, *Étude de la relation entre l'assistance humanitaire et les opérations de maintien de la paix*, Nations Unies [en ligne], 1995, réf du 28 août 2009.

● En quoi l'impartialité facilite-t-elle les missions d'assistance humanitaire ?

MÉDIAS

L'impact des choix des médias sur l'assistance humanitaire

Dans les choix qu'ils font de traiter ou non d'un conflit ou d'une crise, les médias orientent l'attention du public, de même que celle des ONG ou des gouvernements. Cette situation entraîne un effet réel sur l'assistance humanitaire dans le monde. Les médias peuvent, en effet, avoir un pouvoir d'influence sur le choix des politiques des États en matière d'assistance humanitaire. Cela peut, par exemple, amener des citoyens à faire pression sur leur gouvernement afin qu'il privilégie une intervention dans une région en particulier. Ces pressions peuvent être bénéfiques, par exemple dans le cas où des médias braquent les projecteurs sur des situations qui, autrement, n'auraient pas intéressé la communauté internationale. La nature des médias les pousse aussi à privilégier des situations spectaculaires, qui attirent l'attention sur certaines situations au détriment d'autres situations, moins spectaculaires, mais qui nécessiteraient aussi une attention.

« Dans cette guerre impitoyable que se livrent les médias pour les parts de marché, pour l'Audimat, sélectionner l'information susceptible d'intéresser le lecteur ou le spectateur est de la toute première importance dans la "fabrication" d'un journal, écrit ou audio-visuel. Cette sélection revêt des aspects totalement subjectifs comme par exemple l'intérêt pré-supposé de ce lectorat, ou bien parce que l'information concerne des intérêts occidentaux [...].

L'intérêt journalistique et l'intérêt humanitaire n'ont rien en commun. L'urgence d'une situation et l'ampleur des besoins des victimes ne créent pas l'intérêt médiatique, beaucoup plus dépendant de la conjoncture internationale ou de la notoriété des personnes touchées. Par exemple, le premier mai 1994, la mort d'Ayrton Senna* à Imola fait la une des journaux télévisés alors que, au même moment, quelques centaines de milliers de Rwandais sont massacrés... »

*Ayrton Senna : pilote automobile brésilien mort en 1994 lors du Grand Prix de Saint-Marin.

Patricia Alliot, « Médias et humanitaire : les liaisons dangereuses », *MétaMédias* [en ligne], 22 octobre 2000, réf. du 28 août 2009.

En mai 2008, un important séisme frappait la Chine, faisant des milliers de morts et de disparus. L'attention des médias était toutefois davantage tournée vers la couverture des Jeux olympiques, qui se dérouleraient à Beijing quelques mois plus tard.

● Qu'est-ce qui fait qu'un média choisit de couvrir un événement plutôt qu'un autre ?

● Quelle est l'influence des médias dans les crises humanitaires ?

● Les médias sont-ils impartiaux ? Expliquez votre réponse.

2.3 L'indépendance

Les acteurs qui participent à une mission d'assistance humanitaire doivent s'assurer de maintenir leur autonomie. L'indépendance d'une mission humanitaire ou d'une ONG peut se mesurer par son degré d'autonomie par rapport aux États, aux entreprises et aux autres organisations qui les financent. Par exemple, si une ONG est financée par un État ou une entreprise qui prend position dans un conflit, il est possible que ses interventions servent les intérêts de cet État ou de cette entreprise.

Pour plusieurs, les intervenants humanitaires doivent avoir la liberté de prendre des décisions qui concernent uniquement les victimes, et non des décisions qui vont dans le sens des intérêts d'un État, d'une organisation ou d'une entreprise.

51 **Un réseau qui pose des conditions**

L'Organisation mondiale contre la torture (OMCT) offre à différentes ONG œuvrant à la protection des droits humains de prendre part au réseau SOS-Torture, qui leur permet de bénéficier d'un soutien logistique et juridique. Toutefois, les ONG qui souhaitent faire partie de ce réseau doivent répondre à certaines conditions, dont l'indépendance d'action.

« [...] L'ONG doit être indépendante. Il est exclu qu'elle s'engage en faveur de la politique d'un État ou de groupes d'intérêts, quels qu'ils soient. L'OMCT refuse, de la même manière, les ONG qui soutiennent un groupe d'opposition cherchant à prendre le pouvoir politique ou à renverser un régime discrédité.

Chaque organisation est soumise à un examen attentif pour vérifier sa capacité à aider toutes les victimes, quelles que soient leur affiliation politique, leur orientation sexuelle ou leurs convictions religieuses.

Chaque ONG doit avoir pour activité – principale ou secondaire – la défense des droits de l'homme. Elle doit être capable de recueillir et de transmettre des informations fiables et vérifiées.»

OMCT, *Le réseau OMCT* [en ligne], réf. du 28 août 2009.

- De quoi doivent s'abstenir les ONG qui se disent indépendantes ?

52 **RSF accusé de manquer d'autonomie**

L'ONG Reporters sans frontières (RSF) a déjà été accusée d'avoir accepté du financement de la part de la National Endowment for Democraty (NED), dont les fonds proviennent principalement du gouvernement américain. Le fait d'avoir accepté du financement de la NED impliquerait que l'ONG est liée aux volontés politiques des États-Unis. Robert Ménard (que l'on voit ici dans les bureaux de RSF à Paris), directeur de RSF jusqu'en septembre 2008, a réfuté ces accusations et réaffirmé que RSF avait demandé une subvention à la NED pour venir en aide aux journalistes opprimés. Selon lui, RSF a conservé toute son indépendance.

- Pourquoi le financement d'une organisation par un État peut-il poser des problèmes ?

QUESTIONS de point de vue | CD 2

1 Quels sont les avantages et les inconvénients de la neutralité dans un contexte d'assistance humanitaire ?

2 En quoi consiste l'impartialité dans le domaine de l'assistance humanitaire ? Donnez des exemples.

3 Les missions d'assistance humanitaire sont-elles toujours indépendantes ? Expliquez votre réponse.

3 L'assistance humanitaire constitue-t-elle de l'ingérence ?

Afin d'assurer la sécurité des populations civiles, des organisations non gouvernementales (ONG), des organisations internationales (OI) et des États participent à des missions de paix et d'assistance humanitaires. Toutefois, ces interventions humanitaires sont parfois perçues comme de l'ingérence. Les formes que peuvent prendre ces interventions et leurs motivations sont souvent critiquées.

3.1 Assistance ou ingérence ?

Les missions d'assistance humanitaire se multiplient dans le monde contemporain. Conduites par des ONG, des OI et des États, la plupart de ces interventions de défense des droits humains se veulent neutres, impartiales et indépendantes. Plusieurs considèrent qu'elles servent plutôt à promouvoir des intérêts politiques et économiques. Il arrive donc que des interventions soient perçues comme des tentatives d'ingérence. Cette situation survient, par exemple, lorsque ceux qui dirigent les missions ne parviennent pas à obtenir l'accord de l'État impliqué dans le conflit avant d'intervenir.

Ce droit de regard sur la façon dont les droits humains et le DIH sont respectés au sein des États a peu à peu transformé l'assistance humanitaire en ingérence. La majorité des États se méfient de cette ingérence. Cependant, une minorité envisage la possibilité d'obliger les États à accepter l'assistance humanitaire si la communauté internationale l'approuve. Les États les moins puissants et les plus instables ne sont pas toujours en mesure de s'opposer à ce type d'intervention, alors que les États plus puissants, comme les États-Unis, peuvent s'opposer à une intervention sur leur territoire.

53 Imposer les interventions humanitaires

Certains pensent que la communauté internationale ne devrait pas attendre l'accord des États avant d'envoyer des missions d'assistance humanitaire.

« L'évolution de la pratique politique du Conseil de sécurité [de l'Organisation des Nations Unies] [...] tend manifestement vers l'établissement d'un "droit d'ingérence humanitaire", qui constituerait une limite claire et spécifique au droit souverain des États. Celle-ci permettrait de ne plus devoir recourir à la fiction de la "menace pour la paix internationale", ni à celle d'une demande officielle des autorités [...] de l'État concerné, pour justifier les mesures de coercition visant à permettre une intervention humanitaire requise d'urgence dans le cas de conflits.

Un tel "droit d'ingérence humanitaire" consisterait tout d'abord à pouvoir sauver la vie des personnes quand elle est gravement menacée et à sauvegarder leurs droits essentiels, individuels et collectifs, même à l'encontre de la volonté formelle des représentants officiels de l'État sur le territoire duquel ces personnes se trouvent. »

Charles J. Van Der Vaeren, « Pour un droit international de la paix », dans *Promouvoir la paix* [en ligne], Éditions De Boeck, 2004, réf. du 28 août 2009.

- Pourquoi une intervention pourrait-elle être justifiée même sans l'accord des États concernés ?

Par ailleurs, les missions humanitaires se transforment parfois en interventions armées. Élaborées sur une base humanitaire, ces missions intègrent une composante militaire. Elles sont parfois perçues comme un moyen détourné de s'ingérer dans les affaires internes d'un État. Face à cette situation, certaines organisations humanitaires impartiales estiment qu'il est important de faire la différence entre les missions d'aide et les interventions armées organisées par d'autres États ou organisations.

54 Ingérence et secours humanitaires

Selon certains, les opérations humanitaires entreprises par les ONG n'ont rien à voir avec de l'ingérence. Même si les sources de financement guident parfois les missions humanitaires de certaines ONG, ces dernières ne constituent pas des États et leurs interventions ne devraient pas être perçues comme une entorse au droit international.

« Ce principe [la non-ingérence] cherche à préserver l'indépendance des États les plus faibles contre les interventions et les pressions des plus puissants. Cette notion de non-ingérence renvoie donc aux relations entre les États et non pas à l'activité de secours des organisations humanitaires.

[...] Le droit international ne reconnaît qu'un seul droit d'ingérence dans les affaires intérieures des États. Il est prévu et limité par la Charte des Nations Unies à son chapitre VII. Ce droit est confié au Conseil de sécurité [de l'ONU] quand le comportement d'un État constitue une menace à la paix et à la sécurité internationales. [...] »

Françoise Boucher-Saulnier, *Dictionnaire pratique du droit humanitaire*, Édition La Découverte, Paris, 2006, p. 309.

● Pourquoi les opérations d'assistance humanitaire ne devraient-elles pas être perçues comme de l'ingérence ?

55 Le cyclone Nargis en Birmanie (Myanmar)

En mai 2008, un cyclone fait près de 140 000 morts et disparus en Birmanie (Myanmar). Les victimes doivent attendre avant d'être secourues, le gouvernement birman refusant toute aide extérieure. Sous prétexte que le peuple birman a le droit de vivre dans la dignité, certains États ont avancé l'idée de fournir une aide humanitaire de force à la Birmanie. Pour l'État birman, cette volonté d'ingérence humanitaire cache l'intention des États occidentaux de renverser la junte au pouvoir.

● Pourquoi certains États ont-ils voulu imposer une aide humanitaire de force à la Birmanie (Myanmar) ?

3.2 La militarisation de l'assistance humanitaire

L'Organisation des Nations Unies (ONU) met sur pied des interventions humanitaires accompagnées de forces armées lorsqu'il y a des violations des droits humains liées à des situations qui mettent en danger la paix et la sécurité internationales. Toutefois, beaucoup affirment que ces missions seraient davantage motivées par des questions de sécurité.

Les organisations humanitaires ne disposent pas de forces armées. Dans les zones de conflits cependant, des militaires – souvent envoyés par l'ONU – sont chargés d'assurer la sécurité des organisations humanitaires. Certaines organisations, comme la Croix-Rouge, affirment que lorsque des forces armées accompagnent des convois humanitaires, les autorités du pays perdent confiance. Aussi, lorsque les parties en conflit se sentent menacées par les forces qui accompagnent les organisations humanitaires, elles peuvent tenter de retarder ou d'empêcher la distribution de l'aide.

56 Des moyens militaires au service de l'humanitaire

Certaines missions humanitaires sont parfois organisées par des forces armées d'États coalisés. C'est notamment le cas en Afghanistan, où ce soldat américain, qui ne fait pas partie d'une organisation humanitaire, distribue de la nourriture, des couvertures, des vêtements et des souliers dans des villages afghans.

• Pourquoi les missions humanitaires organisées par des forces armées sont-elles parfois perçues comme une forme d'ingérence?

57 L'assistance militaire

Selon des spécialistes, la militarisation des missions humanitaires est souvent nécessaire, surtout lorsque les autorités locales et régionales ne sont pas en mesure de réagir adéquatement devant l'ampleur des crises humanitaires.

« D'aucuns pensent sans doute que les secours en cas de catastrophe sont dispensés de manière plus efficace et plus économique par des acteurs civils: autorités nationales, organisations internationales ou organisations non gouvernementales.

C'est sans doute vrai dans la plupart des catastrophes, mais il y a hélas des cas où l'ampleur du désastre est telle que les premiers intervenants – autorités locales ou services du ministère de l'Intérieur – sont tout simplement débordés.

L'assistance de l'armée peut aussi être nécessaire pour des opérations qui exigent du matériel spécial, comme des ponts, des ponts aériens ou des hôpitaux de campagne. [...] »

Interview de Maurits R. Jochems, *Revue internationale de la Croix-Rouge* [en ligne], Vol. 89, 2007, réf. du 28 août 2009.

• Dans quels cas l'assistance de l'armée peut-elle être nécessaire?

Des forces humanitaires canadiennes

La majorité des interventions en territoire souverain sont maintenant de nature humanitaire. D'ailleurs, ces missions ne sont plus seulement l'affaire des organisations humanitaires. En effet, certaines armées nationales, telles les Forces canadiennes, se spécialisent dans les missions de secours d'urgence. Les publicités de recrutement des Forces canadiennes montrent d'ailleurs plusieurs exemples de secours aux sinistrés et d'opérations de sauvetage. Leur slogan : « Combattez la peur, combattez la détresse, combattez le chaos, combattez avec les Forces canadiennes. »

Un travailleur social des Forces canadiennes offre de l'aide humanitaire aux sinistrés d'un tsunami, au Sri Lanka, en 2005.

Dans le débat sur le droit d'ingérence, des intervenants estiment qu'en établissant des normes minimales pour les missions humanitaires, les ONG impliquées éviteraient de se compromettre ou d'aggraver les situations de crise. D'autres pensent qu'une gouvernance mondiale est nécessaire dans ce domaine. Ainsi, à l'exemple du Fonds monétaire international ou de l'Organisation mondiale du commerce pour les questions économiques, un organe international voué aux questions humanitaires permettrait de coordonner les efforts d'assistance et de définir les principes sur lesquels les missions humanitaires doivent s'appuyer.

58　Le Projet Sphère

Le Projet Sphère, qui regroupe diverses ONG humanitaires, a constitué une charte et énuméré des normes minimales à l'intention des organisations engagées dans des missions d'assistance humanitaire.

« En adhérant à la Charte humanitaire et aux normes minimales, les agences humanitaires s'engagent, dans leur action en faveur des personnes affectées par une calamité ou par un conflit armé, à offrir des services correspondant à certains niveaux définis et à promouvoir le respect des principes humanitaires fondamentaux. »

Le Projet Sphère, « La Charte humanitaire », *Manuel Sphère* [en ligne], 2004, réf. du 28 août 2009.

- Pourquoi est-il nécessaire d'établir un code de conduite pour les missions d'assistance humanitaire ?

59　Contre la militarisation du terme « humanitaire »

Plusieurs se prononcent contre le fait que les missions d'assistance armées utilisent le terme « humanitaire » afin de justifier leurs interventions.

« Notre position à cet égard est une réaction à la très vive opposition des organismes et agences humanitaires et de ceux qui travaillent pour leur compte vis-à-vis de toute militarisation du terme "humanitaire" : quelles que soient les motivations de ceux qui entreprennent une intervention, les organismes d'aide et de secours humanitaires considèrent comme une abomination l'appropriation de ce terme et son emploi pour décrire quelque forme d'action militaire que se soit. »

Centre de recherches pour le développement international, *La responsabilité de protéger – Rapport de la commission internationale de l'intervention et de la souveraineté des États* [en ligne], 2001, réf. du 28 août 2009.

- Pourquoi les auteurs de ce document s'opposent-ils à l'utilisation du terme « humanitaire » en association avec celui de « militaire » ?

QUESTIONS de point de vue　　CD 2

1　Quelle est la différence entre l'assistance humanitaire et l'ingérence humanitaire ?

2　Pourquoi certaines personnes se prononcent-elles contre l'ingérence humanitaire ?

3　L'assistance humanitaire peut-elle être imposée ? Expliquez votre réponse.

4　Quels sont les avantages et les inconvénients liés à la militarisation de l'aide humanitaire ?

LES CLÉS DE L'INFO

Afin de vous assurer de la pertinence de vos arguments au cours du débat, consultez la clé 10 de la section « Les clés de l'info », aux pages 452 et 453 du manuel.

Les interventions en territoire souverain soulèvent de nombreux débats. En effet, beaucoup remettent en cause la légitimité de ces interventions, surtout quand elles sont menées au nom de principes humanitaires. La responsabilité humanitaire sert parfois de prétexte pour organiser des missions d'intervention qui défient la souveraineté des États visés.

Peu de gens sont indifférents à la souffrance humaine. C'est pour cette raison que des organisations non gouvernementales (ONG), des organisations internationales (OI) et des États se questionnent sur la façon d'y mettre un terme. Même si la non-ingérence dans les affaires internes d'un État est un des principes du droit international, plusieurs se questionnent sur la légitimité de ce principe quand survient une crise humanitaire. Dans les dernières décennies, certains États ont jugé que des interventions humanitaires ont porté atteinte à leur souveraineté. Cependant, beaucoup estiment que l'assistance humanitaire ne doit pas être confondue avec l'ingérence.

Selon vous, l'assistance humanitaire est-elle synonyme d'ingérence en territoire souverain ?

60 L'évacuation d'un camp de réfugiés palestinien

1. Les intervenants qui expriment leur point de vue dans les documents qui suivent prennent part au débat sur l'ingérence et l'assistance humanitaire. En prévision d'un débat en classe sur cet enjeu, interprétez leurs positions à l'aide des questions suivantes:

   • Qui sont les personnes qui expriment leur point de vue ?
     – À quel titre expriment-elles leur opinion ?

   • Quelle est leur position ?
     – Comment ces personnes ou organisations conçoivent-elles l'assistance humanitaire ? Comment ces personnes ou organisation conçoivent-elles l'ingérence humanitaire ?
     – Quelle est leur position sur le recours aux forces militaires dans le cas d'interventions humanitaires ?
     – Selon elles, qui devrait être autorisé à intervenir en matière d'assistance humanitaire ?
     – Proposent-elles des solutions afin de répondre aux besoins humanitaires ?

   • Trouvez dans les différents médias d'autres arguments pertinents susceptibles de vous aider à mieux comprendre l'enjeu.

2. En vous basant sur les documents qui suivent et sur ceux que vous aurez recueillis, organisez un débat sur les questions suivantes:

   a) Selon vous, l'assistance humanitaire sert-elle de couverture à l'ingérence ? Expliquez votre réponse.

   b) La militarisation de l'assistance humanitaire est-elle un avantage ou un inconvénient ? Expliquez votre réponse.

61 Le Comité international de la Croix-Rouge se questionne sur les interventions humanitaires militarisées

« [...] une armée, même lorsqu'elle est envoyée sur un théâtre d'opérations avec les meilleures intentions du monde, reste politiquement marquée. Elle arbore son drapeau national, parfois en plus du drapeau de l'ONU. [...] Le Conseil de sécurité des Nations Unies adopte des résolutions à caractère politique : souvent, lors de l'éclatement d'un conflit, il désigne l'agresseur. [...] Mais il y a plus. Un soldat, fût-il casqué de bleu, du seul fait qu'il porte un fusil, ne peut être neutre aux yeux des parties à un conflit. Or souvent c'est lorsque les combats font rage que les besoins humanitaires sont les plus pressants. [...]

Ce n'est qu'en s'attaquant aux causes d'une guerre – terrain hautement politique – que la communauté internationale peut espérer y mettre fin. Et pour ce faire, il existe seulement deux moyens : négocier en termes politiques ou imposer la paix en faisant la guerre à la guerre. L'action humanitaire ne saurait être instrumentalisée [militarisée] afin d'influencer le cours d'un conflit. [...] [Cela] peut même prolonger un conflit. »

Christophe Girod et Angelo Gnaedinger, « La galaxie humanitaire : "le politique, le militaire, l'humanitaire : un difficile mariage à trois" », *Comité international de la Croix-Rouge (CICR)* [en ligne], réf. du 28 août 2009.

62 Un analyste militaire fait un lien entre action militaire et action humanitaire

« [...] Comme l'explique l'analyste militaire Jean-Vincent Joubert : "Nous sommes face à un double phénomène. La médiatisation des catastrophes, l'émotion qu'elles suscitent et l'exigence d'aide des opinions publiques imposent aux gouvernants occidentaux d'intervenir. Or les armées sont l'instrument le plus efficace à leur disposition. [...]

L'ingérence humanitaire risque aussi d'obéir aux objectifs diplomatiques d'un pays. Ainsi en Afghanistan, les "équipes de reconstruction", composées de militaires, bâtissent des routes, des écoles et des dispensaires. Car reconstruire l'Afghanistan est le choix politique des pays occidentaux. [...] Comme le rappelle Jean-Vincent Joubert : "Ces dernières années, plusieurs opérations ont été autant militaires qu'humanitaires ; ou le prétexte humanitaire a servi de couverture à l'action militaire. [...] La défense du droit d'ingérence devient alors difficile." [...] »

Jean Piel, « Questions internationales – La difficile application du droit d'ingérence », *Radio France Internationale (RFI)* [en ligne], 2008, réf. du 28 août 2009.

63 Le président français défend le droit d'ingérence humanitaire

« [...] "Chaque fois qu'un pays empêchera le personnel humanitaire de porter secours à une population civile, la France agira à la tribune internationale pour faire condamner l'action de ces pays. Nul n'a le droit de prendre sa population en otage" a-t-il affirmé [...]. Le chef de l'État a évoqué en outre l'expulsion, annoncée récemment par le Soudan, des organisations non gouvernementales travaillant dans la province du Darfour, en proie à un conflit. "Il y a d'autres exemples, mais [il est] inqualifiable qu'un pouvoir en place empêche l'action humanitaire de pénétrer dans son pays." Pour Nicolas Sarkozy, "la souveraineté ne signifiera jamais d'empêcher des humanitaires de porter secours aux populations civiles". [...] »

« Nicolas Sarkozy défend l'ingérence humanitaire », *France-Soir* [en ligne], 4 mai 2009, réf. du 28 août 2009.

64 Un des directeurs de l'ONG Médecins du monde se prononce sur le droit d'ingérence

« Cette confusion entretenue par la politique sur le concept d'action humanitaire remet en cause progressivement les fondements de cette philosophie et le rôle sur le terrain des ONG ou des organisations comme le Comité international de la Croix-Rouge. En effet, la frontière entre l'action humanitaire et l'action militaire devient ténue et parfois disparaît à partir du moment où une guerre est qualifiée d'humanitaire et où des actions humanitaires sont menées par des réservistes habillés en civil qui distribuent des vivres ou des médicaments comme en Afghanistan. Pour les populations locales, il devient difficile, voire impossible, de distinguer le militaire de l'humanitaire. [...] »

François Rubio, *Le droit d'ingérence est-il légitime ?*, Les Éditions de l'Hèbe, 2007.

> « L'information et l'humanitaire sont le remède contre les douleurs extrêmes. »
>
> **Bernard Kouchner**

Plusieurs organisations non gouvernementales (ONG), organisations internationales (OI) et États proposent des pistes d'action pour que le principe d'assistance humanitaire soulage les populations qui souffrent. Chacun estime que ses actions sont légitimes. Cependant, les solutions que proposent les différents acteurs reflètent leurs valeurs et leur idéologie.

Voici quelques exemples d'actions qui ont été mises de l'avant afin de favoriser une meilleure application de l'assistance humanitaire :

- des ONG se dotent d'une charte et de normes à respecter lors d'interventions humanitaires ;
- le Conseil de sécurité de l'Organisation des Nations Unies (ONU) adopte une résolution dans le but de faciliter la création de couloirs humanitaires en zones de conflits ;
- des individus font des dons à une ONG impartiale après s'être renseignés sur les objectifs et les valeurs de cette ONG qui intervient dans des situations de crise humanitaire.

Les documents suivants présentent quelques pistes d'action élaborées par divers intervenants. Pour chacune des actions présentées, répondez aux questions ci-dessous :

1. Qui a lancé cette action ?

2. Qui peut participer à cette action ?

3. À quel(s) niveau(x) (local, régional, national, ou international) se situe l'action des intervenants ?

4. Quelle est l'action proposée ?

5. Selon vous, cette action peut-elle être efficace ? Peut-elle avoir des répercussions à l'échelle de la planète ? Expliquez votre réponse.

6. Avez-vous d'autres pistes de solution à proposer ? Si oui, lesquelles ?

Un réseau d'information sur la solidarité internationale

Certaines ONG se donnent pour mandat de rassembler le plus d'information possible sur tous les aspects de l'aide humanitaire et de la solidarité internationale. Le Réseau d'information et de documentation pour le développement durable et la solidarité internationale (RITIMO) offre entre autres un répertoire des différents acteurs humanitaires. Il publie également *Altermondes*, une revue d'information sur les situations de crise ou de tensions sur la planète. RITIMO informe ainsi les acteurs humanitaires afin qu'ils puissent adapter le type d'aide qu'ils apportent aux victimes.

Le Fonds central d'intervention d'urgence (CERF)

Un organisme central gérant l'ensemble des problèmes humanitaires pourrait améliorer la qualité des actions d'assistance humanitaire. C'est dans cette optique que le CERF a été créé. Il fournit des fonds pour les interventions d'urgence des Nations Unies.

« [...] Le CERF permettra aux Nations Unies d'agir plus vite et mieux dans le domaine de l'action humanitaire, a déclaré aujourd'hui le Secrétaire général lors du lancement officiel du fonds [...]. Les 500 millions de dollars du CERF permettront [...] de déployer immédiatement le personnel, les biens et les services là où des vies sont en danger, a souligné le Secrétaire général. Autre point important, "le CERF sera équitable". "Grâce à lui, tant les crises qui font la une des journaux que les crises oubliées recevront une assistance d'urgence, partout dans le monde", a-t-il insisté.

Jusqu'à la création du CERF, l'assistance humanitaire des Nations Unies était dépendante d'appels de fonds pour chaque crise, imposant des délais notables dans le lancement des secours et introduisant une inégalité entre les situations de crise, selon que les États Membres décidaient d'apporter un financement plus ou moins important. »

Centre des nouvelles de l'ONU, *Plus qu'un fonds humanitaire, le CERF est une déclaration de principe, affirme Kofi Annan* [en ligne], 2006, réf. du 28 août 2009.

Rendre son financement transparent

Plusieurs organisations internationales, par souci de neutralité, d'indépendance et d'impartialité, diffusent les données relatives à leur financement. Le Fonds des Nations Unies pour l'enfance (UNICEF), par exemple, publie des renseignements en ligne sur ses principaux donateurs et sur les pays qui contribuent le plus aux interventions humanitaires qu'elle organise.

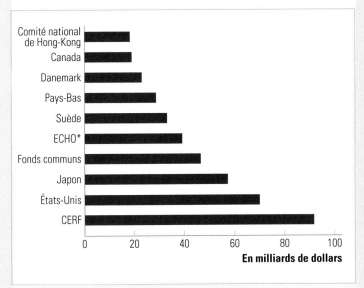

* ECHO : Commission européenne pour l'assistance militaire.

UNICEF, « Financement humanitaire de l'UNICEF en 2008 », *Rapport sur l'action humanitaire 2009* [en ligne], réf. du 28 août 2009.

L'Équipe d'intervention en cas de catastrophe des Forces canadiennes (DART)

Des gouvernements mettent des troupes d'intervention spécialisées à la disposition des populations aux prises avec une crise humanitaire. Ainsi, à quelques reprises, le gouvernement du Canada a envoyé la DART dans des régions sinistrées. Cette équipe a la capacité d'intervenir rapidement pour apporter une aide humanitaire efficace. Leurs moyens techniques et leur entraînement tactique sont de loin supérieurs à ceux que les ONG en général peuvent se permettre.

La DART a pour mission principale de dispenser des soins médicaux primaires, de produire de l'eau potable, de fournir une expertise technique et d'assurer la mise en place d'une structure de commandement et de contrôle qui facilite les communications entre les divers intervenants engagés dans une opération de secours.

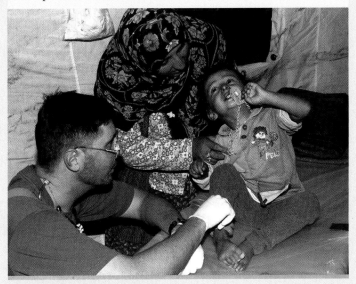

À la place de... CD 2

Répondez à la question suivante en tenant compte de ce que vous avez appris dans ce chapitre.

Si vous étiez à la place de chacun des intervenants suivants, comment pourriez-vous contribuer à favoriser une meilleure application du principe d'assistance humanitaire ?

☑ Enseignant ou enseignante

☑ Représentant ou représentante de l'ONU

☑ Responsable d'une ONG

☑ Député ou députée

ENJEU ② L'intérêt des intervenants versus l'intérêt des populations

1 Quels sont les intérêts des intervenants ?

Même si la volonté de venir en aide aux populations compte parmi les raisons qui poussent des États à intervenir en territoire souverain, leurs objectifs sont rarement uniquement humanitaires. La volonté des États de protéger leur approvisionnement en ressources naturelles, de garder une influence économique et politique sur une région ou de renforcer leur position stratégique dans le monde les incite à prendre part à des missions d'intervention.

1.1 Le contrôle des ressources

Quelques territoires attirent particulièrement l'attention de certains États parce qu'ils disposent de ressources naturelles dont ils ont besoin. Par exemple, les importantes ressources pétrolières des régions du **Caucase** et du Moyen-Orient incitent des États à entretenir des relations diplomatiques entre eux ou à protéger ces territoires en y envoyant des troupes armées. Le contrôle des ressources peut donc en partie expliquer pourquoi certains États interviennent plus rapidement ou plus fréquemment dans les régions où le pétrole abonde. Ainsi, pour sécuriser leurs approvisionnements, les États peuvent choisir de recourir, selon le cas, aux ententes commerciales, à la voie diplomatique ou à la force militaire.

Caucase Région montagneuse située au sud de la Russie, entre la mer Noire, la mer Caspienne, la Turquie et l'Iran.

65 **Des relations à maintenir**

Selon plusieurs, la France a tout intérêt à soigner ses relations avec la Russie, qui lui fournit plus de 26 % du gaz qu'elle consomme. Ici, le président français Nicolas Sarkozy serre la main du président russe Dmitri Medvedev, en novembre 2008.

• Selon plusieurs, pourquoi la France entretient-elle des relations diplomatiques avec la Russie ?

En plus des ressources pétrolières et gazières, l'eau et quelques minéraux constituent aussi des ressources très recherchées. En effet, le contrôle des voies d'accès vers les mers et les cours d'eau joue un rôle important dans les relations diplomatiques que certains États entretiennent entre eux. Pour maintenir ces liens diplomatiques et s'assurer un accès à ces ressources, de nombreux États préfèrent conclure des alliances stratégiques plutôt que de recourir à des interventions armées.

66 La sécurité énergétique

La Russie et les États-Unis dépendent des ressources pétrolières et gazières des régions du Caucase et du Moyen-Orient. Afin d'assurer leur sécurité énergétique, ces États ont intérêt à protéger les ressources de ces régions. Cela explique en partie pourquoi ces régions connaissent de nombreux conflits et font l'objet d'interventions.

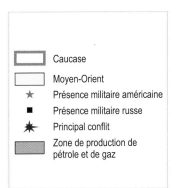

Caucase
Moyen-Orient
★ Présence militaire américaine
■ Présence militaire russe
✹ Principal conflit
Zone de production de pétrole et de gaz

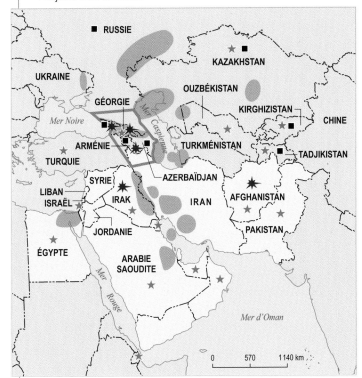

D'après La Documentation française, *Présence militaire russe en 2006*; *Atlas du Monde diplomatique*, 2006; *Atlas: Portraits du monde*, 2007; *Atlas de la mondialisation*, 2009.

- Pourquoi certains États souhaitent-ils assurer leur sécurité énergétique?
- Pourquoi les régions du Caucase et du Moyen-Orient connaissent-elles de nombreux conflits?

67 Des alliances stratégiques

En Asie du Sud-Est, le fleuve Mékong traverse plusieurs États. Afin de respecter les intérêts économiques et environnementaux de chacun de ces États, la collaboration se révèle indispensable. C'est pour cette raison que les premiers ministres du Viêtnam, de la Thaïlande, de la Birmanie (Myanmar), du Laos, de la Chine et du Cambodge ainsi que le président de la Banque de développement asiatique se sont rencontrés en mars 2008. Leur but était de conclure une alliance visant la construction des infrastructures liées à l'établissement d'un réseau Internet à haute vitesse dans les États traversés par le Mékong.

- Le partage de ressources entre plusieurs États est-il nécessairement synonyme de conflit? Expliquez votre réponse.

Certains États intéressés à exercer un contrôle sur des ressources minérales peuvent aussi décider d'engager des fonds en vue de mettre sur pied des interventions armées. Le cas de la République démocratique du Congo (RDC) est souvent cité en exemple. Plusieurs estiment que quelques États voisins (Rwanda, Ouganda, Burundi, etc.) profitent de l'instabilité politique en RDC pour s'emparer des ressources minérales du pays. D'autres jugent qu'il faut fournir plus d'aide internationale en RDC afin que cet État retrouve le contrôle de la gestion de ses ressources naturelles.

68 Le pillage des richesses de la RDC

Un rapport du Groupe d'experts sur l'exploitation illégale des ressources naturelles de la RDC fait un lien entre l'intervention armée des États voisins dans les conflits et l'exploitation des ressources naturelles du pays.

« Préoccupé par les rapports de pillages de ressources par les forces étrangères, le Conseil de sécurité de l'ONU [Organisation des Nations Unies] avait mandaté un panel indépendant pour faire des enquêtes sur ces allégations. [...] L'objectif était de rechercher et d'analyser les liens entre l'exploitation des ressources naturelles [...] en RDC et la poursuite du conflit.

[...] les acteurs régionaux ont été accusés d'agression d'"aventurisme étranger". En d'autres termes, si les parties au conflit en RDC [...] [ont] été motivées au départ par des préoccupations sécuritaires, leur présence continue en RDC peut être attribuée aux gains économiques dérivés. Le rapport indique en outre que des groupes criminels liés aux armées du Rwanda, de l'Ouganda et du Zimbabwe et le gouvernement de la RDC ont bénéficié de tels conflits. »

Yav Katshung Joseph, « Ressources naturelles et conflits en Afrique, la série continue : La RDC et l'Ouganda de nouveau dans la danse ? », *Chaire UNESCO des Droits de l'Homme, résolution des conflits, démocratie, bonne gouvernance et paix* [en ligne], p. 2-3, réf. du 25 août 2009.

- Selon cet extrait, quel est le lien entre l'exploitation des ressources naturelles en RDC et la poursuite des conflits ?

69 Agir en RDC

Plusieurs organisations non gouvernementales (ONG) et individus pensent que la communauté internationale devrait jouer un rôle plus actif en RDC afin que le pays puisse se réapproprier ses ressources naturelles.

« La communauté internationale doit s'assurer que la nouvelle politique sur la dette extérieure [...] soit conditionnée, pour le Rwanda et l'Ouganda, à leur action contre l'importation irrégulière des produits miniers en provenance de l'Est de la RDC. [...]

Les pays voisins (notamment le Rwanda et l'Ouganda) doivent enregistrer et déclarer toutes les importations de ressources naturelles de la RDC [...] ; interdire et empêcher activement l'importation de toute cargaison illégale en provenance de la RDC. [...]

Le Conseil de sécurité des Nations Unies doit [...] inclure la surveillance de l'exploitation des ressources naturelles et le contrôle des flux illégaux de ressources dans le mandat de la MONUC [Mission de l'Organisation des Nations Unies en République démocratique du Congo] afin d'empêcher la fuite des capitaux hors de la RDC [...].

La MONUC doit surveiller activement les mouvements aux frontières et dans les aéroports en vue d'empêcher la contrebande de ressources naturelles et le trafic d'armes. »

Congo Panorama, *La guerre, l'occupation et le pillage n'ont pas cessé à l'est de la RDC [...]* [en ligne], réf. du 25 août 2009.

- Quelles sont les institutions qui devraient jouer un rôle plus actif en RDC ?
- Selon ces ONG et ces individus, comment est-il possible de redonner à la RDC le contrôle de ses ressources naturelles ?

1.2 Des zones d'influence

Pour consolider leur emprise sur des régions qui les intéressent, certains États créent des zones d'influence économique, politique et culturelle. Ils peuvent, par exemple, accorder à ces régions des prêts ou conclure avec elles divers accords de développement. La domination qu'ils exercent sur ces régions vise à maintenir la zone d'influence sous leur supervision. Par exemple, ils y améliorent le niveau de sécurité afin d'avoir accès aux matières premières. Des États puissants, comme les États-Unis, la Russie et la Chine, peuvent aussi se servir de ces zones d'influence en vue d'accroître leur pouvoir sur la scène internationale.

Les zones d'influence sont tolérées par la communauté internationale parce qu'elles n'impliquent pas d'interventions armées et parce qu'elles respectent, généralement, le droit international et le principe de souveraineté. Elles sont cependant dénoncées par des États qui considèrent que leur souveraineté est menacée.

70 La Géorgie, l'Ukraine, l'Azerbaïdjan et la Moldavie (GUAM) pour contrer l'influence russe

En 1996, la Géorgie, l'Ukraine, l'Azerbaïdjan et la Moldavie s'unissent afin de consolider leurs politiques économique, énergétique et militaire. Le GUAM (qui deviendra en 2006 l'Organisation pour la démocratie et le développement économique) symbolise la volonté des États qui en sont membres d'échapper à l'influence russe. Cette organisation pro-occidentale renforce l'influence de l'Europe, de l'Organisation du Traité de l'Atlantique Nord (OTAN) et des États-Unis dans la région. Depuis, le GUAM s'est peu développé.

Comment le GUAM peut-il contrer l'influence russe?

71 Se servir des conflits pour étendre son influence

Plusieurs régions de la Géorgie revendiquent leur autonomie. Sous prétexte que de nombreux Russes y habitent, la Russie appuie ces régions séparatistes et intervient dans la politique géorgienne. Plusieurs voient dans les gestes politiques de la Russie une volonté d'accroître son influence sur les pays qui l'entourent et qui étaient autrefois sous sa juridiction.

« Après avoir reconnu, le 26 août 2008, l'indépendance des républiques séparatistes géorgiennes d'Abkhazie et d'Ossétie du Sud [Géorgie], Moscou a signé avec elles le 30 avril 2009, un accord "sur la protection commune des frontières" pour une durée de cinq ans renouvelables. [...] Pour Moscou, ces textes sont censés "contribuer à une meilleure sécurité dans la région du Caucase Sud", et, selon le président russe Dmitri Medvedev, "ils serviront de base à un partenariat stratégique pour les années, les décennies et les siècles à venir". Pour Tbilissi [capitale et centre du gouvernement géorgien], la démarche de la Russie est une énième tentative de mainmise sur des territoires appartenant à un État indépendant. »

Elza Tsiklaouri, « Abkhazie et Ossétie du Sud: Moscou met les pieds dans le plat », *Courrier International*, n° 967, mai 2009, p. 20.

- Quel type d'influence la Russie cherche-t-elle à étendre sur le territoire de la Géorgie?
- Comment la Géorgie réagit-elle devant cette influence de la Russie sur son territoire?

72 L'importation de bois birman en Chine

La Chine compte sur sa puissance pour étendre sa domination en Asie du Sud. L'État chinois veut inclure la Birmanie (Myanmar) dans sa zone d'influence, car elle lui fournit en quantités considérables des ressources naturelles. En plus, elle constitue un marché intéressant pour les produits chinois.

Pourquoi la Chine maintiendrait-elle la Birmanie dans sa zone d'influence?

1.3 Des positions stratégiques

Bon nombre d'États choisissent d'intervenir sur d'autres territoires pour défendre leurs intérêts stratégiques et militaires. Ils cherchent à se positionner pour ensuite mieux contrôler la région ciblée.

Par exemple, il arrive que certains États implantent des bases militaires sur le territoire d'un autre État qu'ils estiment instable. La région du Caucase, entre autres, capte l'attention de l'Union européenne, de l'OTAN et de la Russie en raison de sa situation stratégique entre la Russie et le Moyen-Orient et entre l'Asie et l'Europe.

En théorie, l'installation de bases militaires ne constitue pas une intervention. D'ailleurs, ces bases sont souvent installées sur le territoire d'États alliés. Il arrive toutefois que certains États se sentent surveillés et même menacés par cette présence militaire. De leur côté, les gouvernements qui établissent des bases militaires affirment que leurs installations accroissent le niveau de sécurité.

73 Des bases militaires qui ne sont pas les bienvenues

Des activistes latino-américains refusent que des bases militaires américaines soient installées sur leur territoire. Ils affirment que la présence militaire étrangère menace leur souveraineté.

« La base de Manta [en Équateur] a été le point de départ pour qu'en Équateur des centaines d'activistes ouvrent le débat sur le rôle des installations militaires étrangères [...]. Plus de 90 % d'entre elles appartiennent aux États-Unis et servent d'unités opérationnelles pour protéger les intérêts économiques et géopolitiques de ce pays. [...]

L'opposition à la présence militaire états-unienne à Manta, [...] est devenue la pierre de touche de la lutte équatorienne pour la défense de la souveraineté [...]. Pour cette raison, divers réseaux anti-militaristes ont décidé de se réunir [...] dans le cadre de la première Conférence internationale pour l'abolition des bases militaires étrangères, et créé le Réseau mondial "Non aux bases" qui servira d'espace pour échanger expériences de lutte et informations sur les conséquences sociales du cantonnement militaire étranger. »

Luis Angel Saavedra, « Des activistes s'unissent pour réclamer la fermeture des bases militaires étrangères de la région », *Alterinfos América Latina* [en ligne], 1er mai 2007, réf. du 25 août 2009.

- Selon ces activistes, quels sont les intérêts de ceux qui établissent des bases militaires à l'étranger ?

74 La sécurité des régions frontalières maintenue par la Chine

La Chine poste plusieurs troupes armées dans les régions frontalières. Elle estime contribuer ainsi à maintenir la stabilité et la sécurité dans ces zones.

« La Chine a [...] signé, avec la République populaire démocratique de Corée, la Mongolie, la Russie, le Myanmar [Birmanie], le Viêtnam et le Laos, une série de traités, accords et protocoles concernant le système de contrôle des frontières, les mesures de confiance mutuelle, la prévention contre les activités militaires dangereuses et la coopération de défense des frontières, ce qui permet de maintenir en commun l'ordre sur les frontières dans le cadre de la loi bilatérale ou multilatérale, et d'assurer la paix et la stabilité dans les régions frontalières. »

Office d'information du Conseil des Affaires d'État de la République populaire de Chine, *L'édification de la défense nationale, Beijing* [en ligne], septembre 2000, réf. du 25 août 2009.

- Selon cet extrait, pourquoi la Chine signe-t-elle tous ces traités, accords et protocoles avec les États voisins ?
- Pourquoi la Chine a-t-elle intérêt à contrôler ses frontières ?

75 **L'armée américaine dans le monde**

Les États-Unis ont le budget militaire le plus élevé du monde. Par l'intermédiaire de leurs bases militaires stratégiques installées dans divers pays, ils peuvent surveiller des États qu'ils jugent instables ou contrer d'éventuelles menaces.

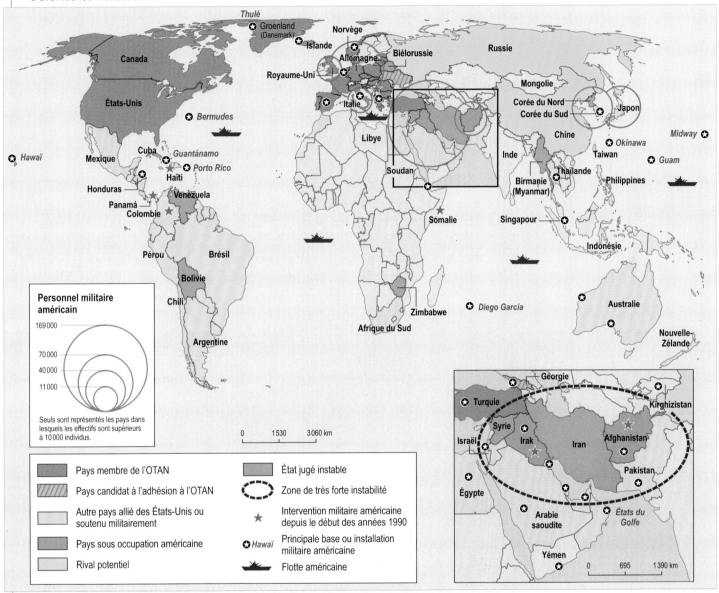

D'après *Atlas du Monde diplomatique*, 2006, p. 62-63.

• Dans quelles régions l'armée américaine est-elle la plus présente ?

QUESTIONS de point de vue   CD 2

1 Pourquoi le contrôle des ressources motive-t-il plusieurs États à intervenir en territoire souverain ?

2 Quels intérêts motivent les États qui entretiennent des zones d'influence à travers le monde ?

3 Pourquoi ces zones d'influence sont-elles parfois contestées ?

4 Pourquoi certains États décident-ils de renforcer leurs positions stratégiques dans quelques régions ?

5 Quels sont les principaux intérêts des intervenants ?

2 Les interventions vont-elles toujours dans le sens de l'intérêt des populations?

Même lorsque les interventions sont officiellement motivées par des intérêts humanitaires, leurs effets sur les populations civiles ne sont pas toujours bénéfiques. En effet, bien que les populations en tirent des avantages, notamment sur les plans économique et social, les interventions, surtout lorsqu'elles sont armées, peuvent causer des pertes humaines et une dégradation des conditions de vie. De plus, elles peuvent provoquer la détérioration du patrimoine culturel. Pour ceux qui s'opposent aux interventions armées, toute intervention militaire est nécessairement contraire aux intérêts des populations.

2.1 Des pertes humaines

Nettoyage ethnique
Politique hostile ou défavorable allant à l'encontre d'un groupe ethnique en particulier. Ces politiques peuvent prendre la forme d'une émigration forcée, d'une déportation ou même d'un génocide.

Plusieurs déplorent le fait que les interventions armées causent souvent de nombreuses pertes humaines.

Par exemple, des opérations militaires menées à l'aide de moyens inappropriés (bombardements aux mauvais endroits, armement inadapté à la situation, etc.) ou appuyées sur des renseignements inexacts peuvent avoir des conséquences dramatiques pour les civils. Il arrive aussi qu'un État ou que des groupes armés opposés à une intervention extérieure se servent des populations civiles comme boucliers humains.

PERSPECTIVE

Les bombardements de l'Organisation du Traité de l'Atlantique Nord (OTAN) au Kosovo, en 1999

En 1999, l'OTAN intervient au Kosovo afin de régler le conflit qui oppose le gouvernement serbe aux Kosovars (composés d'une majorité d'Albanais), qui revendiquent leur autonomie. L'OTAN justifie son intervention en prétextant que des **nettoyages ethniques** ont lieu sur le territoire serbe. N'ayant pas réussi à négocier une résolution pacifique du conflit, l'OTAN décide de bombarder ce territoire. Ce n'est d'ailleurs qu'après le déclenchement de l'intervention que l'Organisation des Nations Unies (ONU) a approuvé cette mission.

Plusieurs se questionnent au sujet des effets de cette intervention sur la population de la Serbie. Ils se demandent si les moyens utilisés étaient vraiment appropriés puisque les bombardements ont fait de nombreuses victimes civiles et détruit une partie considérable des infrastructures.

D'autres s'interrogent sur les motifs réels de l'OTAN. Certains estiment que l'OTAN a investi beaucoup de ressources dans la région, même si, au même moment, d'autres crises humanitaires nécessitaient une intervention d'urgence. L'OTAN serait intervenu parce que le conflit, qui se déroulait près de l'Europe occidentale, menaçait directement la sécurité de cette région.

Des pertes considérables pour la Serbie

À la suite des bombardements de l'OTAN, dans la ville d'Aleksinac, beaucoup de gens ont accusé l'Organisation d'avoir contribué à la dégradation des conditions de vie des populations civiles de la Serbie et du Kosovo.

Plusieurs estiment que les interventions doivent servir à sauver le plus de vies humaines possible et qu'elles sont préférables à l'absence d'intervention, qui se traduit souvent par un nombre élevé de victimes. D'autres jugent que toute intervention, spécialement les interventions armées, provoque nécessairement des **dommages collatéraux** et devrait être évitée.

Dommage collatéral
Expression employée pour désigner les victimes civiles ou alliées ainsi que les dommages causés de façon accidentelle aux équipements et aux infrastructures.

76 **Le sort des populations irakiennes**

À la suite de l'intervention des États-Unis en Irak, en 2003, plusieurs se demandent si les populations civiles sont réellement plus en sécurité.

« Les États-Unis, par exemple, ne peuvent invoquer la responsabilité de protéger les populations irakiennes contre la dictature de Saddam Hussein pour justifier leur intervention de 2003, car leurs motivations premières – du moins exprimées – étaient la destruction des armes de destruction massive et la lutte contre le réseau d'Al-Qaida en Irak. Le sort des populations n'a été mis en avant qu'a posteriori, lorsque ces armes et ces réseaux se sont révélés fantasmatiques [imaginaires]. [...] Et l'on peut se demander si, pour brutale qu'ait été la dictature de Saddam Hussein, l'insécurité et les violences actuelles ne sont pas plus supportables pour la population. »

Propos de Reed Brody, recueillis par Yann Mens, « Qu'est-ce qui justifie l'usage des armes ? », *Alternatives internationales*, n° 40, septembre 2008, p. 57.

- Selon ce document, quelles sont les motivations premières des États-Unis dans leur intervention armée en Irak ?
- Quelles ont été les conséquences de cette intervention sur la population irakienne ?

77 **L'organisation Médecins sans frontières (MSF) réclame une intervention en République démocratique du Congo (RDC)**

MSF dénonce l'absence d'intervention des troupes de l'ONU en RDC. Elle juge inacceptable cette inaction à l'égard des populations civiles.

« Des dizaines de villages incendiés, des centaines de civils exécutés à l'arme blanche ou à coup de gourdin, de nombreux hommes, femmes et enfants kidnappés, le déchaînement de violence des rebelles ougandais de la Lord's Resistance Army (LRA) contre les habitants du Haut-Uélé [en RDC] continue. Devant l'intensité de ces violences dirigées sciemment contre les populations civiles, MSF dénonce l'absence d'intervention de la force d'intervention des Nations Unies en RDC, pour les protéger. [...]

Choquées par les violences extrêmes de la LRA, les équipes de MSF ne comprennent pas l'inaction des Casques bleus pour protéger les habitants. [...] ils ne sont jamais intervenus pour protéger les populations des villes attaquées alors même que ces attaques se multipliaient. D'ailleurs leur nombre est resté quasiment inchangé depuis leur installation en juillet 2008 alors que la situation s'est dramatiquement détériorée. »

MSF, « MSF dénonce l'absence d'intervention de l'ONU en RD Congo », *Tribune des droits humains* [en ligne], 4 février 2009, réf. du 25 août 2009.

- Que reproche MSF aux Casques bleus ?

2.2 Des retombées économiques

Selon certains, les motifs de nombreuses interventions seraient d'ordre économique : des intervenants profiteraient des interventions de nature humanitaire pour protéger leur approvisionnement en ressources naturelles ou pour sécuriser leurs investissements. Dans de telles situations, les intérêts économiques des intervenants ne sont pas toujours compatibles avec ceux des populations concernées.

Bien que certaines populations profitent de retombées économiques à la suite d'une intervention, d'autres subissent les contrecoups des sanctions économiques imposées par des États ou des organisations internationales. Parfois les efforts de développement économique sont détournés au profit de la construction d'infrastructures militaires dont les populations civiles ne bénéficient pas.

Il arrive que la croissance économique observée durant certaines interventions ne soit due qu'à la présence de centaines d'étrangers (soldats, travailleurs humanitaires, observateurs de l'ONU, etc.) qui dépensent de l'argent sur le territoire occupé. Toutefois, à la fin des conflits, ils repartent et ne contribuent plus à la croissance. Enfin, plusieurs jugent que les missions de stabilisation et de reconstruction de l'ONU empêchent les populations locales de reprendre en main leur économie et la gestion des ressources naturelles de leur territoire.

78 **Le taux de croissance du produit intérieur brut (PIB) de quelques États ayant fait l'objet d'interventions**

État	Nom (et année) de l'intervention	Taux de croissance du PIB (en %)		
		2006	2007	2008
Afghanistan	FIAS (2001)	8,2	11,5	7,5
Côte d'Ivoire	ONUCI (2004)	- 0,3	1,6	2,7
Haïti	MINUSTAH (2004)	2,3	3,2	2,3
République démocratique du Congo	MONUC (1999)	6,4	7,0	8,0
Soudan	MINUS (2005)	11,3	10,2	5,5
Tchad	MINURCAT (2007)	0,2	1,3	1,7

D'après CIA, *The World Fact Book* [en ligne], réf. du 25 août 2009.

- Les interventions semblent-elles être profitables à l'économie de ces pays? Expliquez votre réponse.

79 **Une guerre non profitable à la population irakienne**

Le Syndicat canadien de la fonction publique (SCFP) estime que la guerre en Irak, menée par une coalition d'États occidentaux à partir de 2003, n'est pas profitable à la population irakienne, surtout du point de vue économique.

« La guerre n'est dans l'intérêt ni des travailleuses et travailleurs, ni des citoyennes et citoyens – que ce soit au Canada ou en Irak. La guerre détruit l'économie et les collectivités. La guerre s'approprie le financement destiné aux services à la population comme les soins de santé, l'éducation, le logement et les services publics. [...] En Irak, les infrastructures publiques – les hôpitaux, les écoles, les usines de traitement de l'eau et le réseau d'électricité – ont toutes été détruites pendant la guerre du Golfe. L'Irak ne peut pas entreprendre la reconstruction de ses infrastructures parce que le pays est soumis à des sanctions économiques qui ont été approuvées par le gouvernement du Canada. À cause des sanctions économiques, la population est incapable de se procurer la nourriture, les médicaments et les autres denrées de base pour assurer sa survie. »

SCFP, *Le SCFP s'oppose à la guerre contre l'Irak* [en ligne], 7 janvier 2003, réf. du 25 août 2009.

- Selon le SCFP, pourquoi la guerre en Irak ne profite-t-elle pas aux populations irakiennes?

2.3 Des bouleversements politiques et culturels

Les interventions armées ont également des conséquences politiques et culturelles. En effet, plusieurs États intervenant dans des zones de conflits ont tendance à imposer leurs valeurs, comme la démocratie ou la laïcité de l'État, sans tenir compte des valeurs des États où ils interviennent.

80 **Un désastre archéologique, en Irak**

Les artéfacts, monuments et autres objets archéologiques qui témoignent de la culture et de l'histoire de l'Irak et de la Mésopotamie, ont été lourdement endommagés, détruits ou volés pendant les conflits armés en Irak. De nombreuses personnes ont critiqué la passivité des troupes d'intervention occidentales devant cette dégradation du patrimoine culturel irakien. Depuis la chute du régime de Saddam Hussein, en 2003, plusieurs sites archéologiques non surveillés ont été pillés.

- Selon vous, pourquoi les sites archéologiques irakiens n'étaient-ils pas surveillés?

Certains États où il y a des interventions armées accueillent favorablement les bouleversements politiques et culturels qu'elles provoquent et estiment que ces bouleversements sont nécessaires pour rendre leur société plus juste. D'autres s'opposent à ces bouleversements, car les interventions armées engendrent une violence qui est en contradiction avec les principes démocratiques.

81 La situation des femmes, en Afghanistan

Plusieurs ont souligné que la situation des femmes en Afghanistan semblait s'être améliorée à la suite de l'intervention des États occidentaux à partir de 2001. Par exemple, de nombreuses femmes ont pu occuper des emplois (policières, fonctionnaires, etc.) auparavant réservés aux hommes. Toutefois, les changements apportés bouleversent la morale sociale. Ici, on voit des Afghanes qui assistent à des cours d'alphabétisation.

82 Imposer la démocratie

L'idée d'imposer la démocratie par la force peut être inconciliable avec les idéologies et les valeurs des populations. Par exemple, le lien que certains établissent entre la démocratie et la laïcité peut poser certains problèmes, comme au Moyen-Orient, où la société est fortement influencée par la religion.

« Le système démocratique perd de la légitimité parce qu'il est perçu comme un système "antireligieux". On invoque pour "preuve" la séparation de l'"Église" et de l'"État" dans les régimes démocratiques, ainsi que le fait que les démocraties autorisent les individus à ne pas suivre les traditions religieuses [...]. Pour les islamistes traditionalistes, ces droits minent le caractère religieux de la société. [...] Tout programme implanté dans un pays de la région [du Moyen-Orient et de l'Afrique du Nord] doit tenir compte des particularités locales s'il veut aboutir à des résultats. »

Droits et démocratie, *Démocratie, droits humains et Islam au Moyen-Orient et en Afrique du Nord* [en ligne], 22 mars 2004, réf. du 25 août 2009.

- Pourquoi la séparation entre la religion et l'État ne serait-elle pas compatible avec les valeurs islamiques traditionalistes ?

- Quels changements la présence d'une coalition armée a-t-elle apportés à la situation des femmes afghanes ?

QUESTIONS de point de vue CD 2

1 Comment les interventions peuvent-elles causer des pertes humaines ? Selon vous, est-ce acceptable ? Expliquez votre réponse.

2 Quelles sont les retombées économiques des interventions sur les populations concernées ?

3 Comment les interventions peuvent-elles bouleverser certaines valeurs politiques et culturelles ?

3 Quelles sanctions sont prévues pour ceux qui ne respectent pas les droits des populations ?

Le droit international humanitaire (DIH) détermine, entre autres, des règles afin de limiter les effets des conflits armés sur les populations. Il vise surtout la protection des personnes qui ne participent pas au conflit (populations civiles, travailleurs humanitaires, etc.) ou qui n'y participent plus (blessés de guerre, prisonniers, etc.). Le droit international, quant à lui, régit les relations entre les États.

En théorie, la communauté internationale et les États touchés par des conflits prévoient des sanctions pour punir les individus ou les États qui ne respectent pas les principes du DIH et du droit international.

3.1 Le respect du DIH

Contrevenir aux règles du DIH et du droit international équivaut à ne pas respecter les droits fondamentaux des individus et les droits des États. Par exemple, lorsqu'un État décide d'intervenir auprès d'un autre État sans avoir l'approbation du Conseil de sécurité de l'Organisation des Nations Unies (ONU), l'État ne respecte pas les règles du droit international (principe de souveraineté). Lorsque des dirigeants d'un État décident de procéder à un génocide pendant un conflit, ils vont à l'encontre des principes du DIH et s'exposent à des sanctions. Plusieurs estiment que ces sanctions ne sont pas toujours appliquées parce qu'aucun organe coercitif, par exemple une force policière, n'a le pouvoir de le faire. Le respect de ces droits est donc conditionnel à la volonté politique des États qui se sont engagés à les respecter.

Il existe des sanctions pour faire pression sur les États qui violent le droit international. Une de ces sanctions consiste à isoler les États sur les plans économique ou politique. D'autres ont pour but d'empêcher les conflits de nuire aux populations civiles. Par exemple, certains États privilégient la mise en place d'**embargos** sur les armes ou la restriction de la vente de matériel militaire. D'autres États choisissent plutôt d'appliquer des sanctions économiques en décidant, par exemple, de ne plus exporter de marchandises vers un État qu'ils considèrent fautif. Les résultats de ces sanctions sont toutefois variables.

> **Embargo** Mesure prise à l'encontre d'un pays, par laquelle il est interdit d'exporter un ou plusieurs types de marchandises vers ce pays.

83 Des sanctions internationales

Les sanctions seraient indispensables pour faire respecter les principes du DIH et du droit international.

« Les sanctions, aussi contestées et inefficaces soient-elles, restent le moyen de dissuasion le plus important pour garantir un équilibre sur la scène internationale. La meilleure preuve de cette affirmation est que les États eux-mêmes consentent librement à adhérer et à participer de manière active à cette "structure juridique" internationale. Ils signent et ratifient des traités tout en consentant à l'idée qu'en cas de violation de leurs dispositions ils se verront sanctionnés. Il ne s'agit en aucune manière d'un abandon de souveraineté de leur part [...]. C'est le moyen pour eux de faire entendre leurs positions, de participer à la naissance de nouvelles règles juridiques, voire de protéger leurs intérêts propres... et peu importe s'ils risquent de se voir sanctionnés. »

Catherine Kosma-Lacroze, « La sanction en droit international », *Net Iris* [en ligne], 2004, réf. du 25 août 2009.

• En quoi la ratification de traités internationaux engage-t-elle les États à respecter le DIH ?

3.2 Des sanctions individuelles

L'ONU se réfère à divers traités et conventions afin de faire respecter les droits humains. Certains de ces traités et conventions prévoient des sanctions pénales contre les individus jugés coupables de ne pas avoir respecté le DIH. Ces sanctions visent, par exemple, à geler leurs avoirs personnels ou à restreindre les allées et venues des contrevenants. Cependant, malgré ces sanctions, plusieurs observent que des crimes graves contre l'humanité continuent d'avoir lieu.

Plusieurs États ont choisi d'appuyer l'instauration d'institutions juridiques comme la Cour pénale internationale (CPI) afin que les criminels de guerre soient jugés pour leurs crimes (crimes contre l'humanité, crimes de guerre, etc.). Cependant, ce ne sont pas tous les États qui reconnaissent l'autorité de la CPI. De plus, les applications du droit et des sanctions dépendent de la bonne volonté des États à faire respecter les décisions de ce type de tribunal.

84 Un mandat d'arrêt international

La CPI a émis en mars 2009 un mandat d'arrestation contre Omar El-Béchir, président de la république du Soudan, accusé de crimes contre l'humanité et de crimes de guerre. La communauté internationale a imposé à certains officiels soudanais d'autres types de sanctions, comme le gel de leurs avoirs et l'interdiction de voyager à l'étranger.

85 Des critiques vis-à-vis de la CPI

Selon l'organisation non gouvernementale Human Rights Watch, divers obstacles empêchent la CPI de bien fonctionner.

« La Cour pénale internationale (CPI) est depuis cinq ans le seul tribunal permanent pour les crimes de guerre. [...] Entre-temps, un grand nombre de résultats ont été obtenus. Cependant, avertit l'organisation des droits de l'homme Human Rights Watch (HRW) dans un rapport extrêmement critique, il ne faut pas perdre de vue les imperfections de la Cour. Selon l'organisation des droits de l'homme, le plus grand obstacle au bon fonctionnement de la CPI est l'absence de forces de police. Pour l'arrestation de suspects, elle est en effet tributaire de la bonne volonté des pays concernés et des Nations Unies. Et cette bonne volonté fait souvent défaut, avertit HRW. [...] Selon HRW, la Cour pénale internationale ne fait pas suffisamment pour se faire connaître et gagner la confiance dans les pays et les communautés concernés. »

Radio Nederland Wereldomroep (RNW), *La CPI fait l'objet de vives critiques* [en ligne], 11 juillet 2008, réf. du 25 août 2009.

- Pourquoi l'ONG Humans Rights Watch critique-t-elle la CPI?
- Selon Human Rights Watch, comment la CPI pourrait-elle obtenir plus de reconnaissance?

QUESTIONS de point de vue　　CD 2

1 Comment certaines sanctions peuvent-elles nuire aux populations?

2 Quels types de sanctions sont appliqués pour faire pression sur les États fautifs?

3 Quelles sont les sanctions prévues contre les individus qui ne respectent pas le DIH?

OPTION DÉBAT

LES CLÉS DE L'INFO

Afin de vous assurer de la pertinence de vos arguments au cours du débat, consultez la clé 10 de la section « Les clés de l'info », aux pages 452 et 453 du manuel.

Les interventions extérieures en territoire souverain sont au cœur de nombreux débats. Beaucoup s'interrogent au sujet des véritables intérêts des intervenants et des retombées des interventions sur les populations.

Les interventions humanitaires, armées ou non, traduisent le plus souvent de bonnes intentions et visent d'abord à protéger les populations civiles. Malgré cela, la façon dont elles sont organisées et les retombées souvent négatives qu'elles ont en inquiètent plusieurs. En effet, même si les intervenants font valoir leur responsabilité humanitaire à l'égard des populations en zones de tensions et de conflits, beaucoup d'entre eux sont accusés de protéger leurs propres intérêts plutôt que de chercher des solutions durables. Des observateurs se demandent aussi pourquoi les interventions sont dirigées vers certaines régions, alors que d'autres régions sont aux prises avec des difficultés semblables.

Selon vous, les intérêts des intervenants sont-ils toujours humanitaires ?

86 Au Liban, en 2007

De jeunes palestiniennes circulent parmi les décombres d'un camp de réfugiés.

1. Les intervenants qui expriment leur point de vue dans les documents qui suivent prennent part au débat sur les intérêts des intervenants et des populations dans le cas d'interventions, armées ou non. En prévision d'un débat en classe sur cet enjeu, interprétez leurs positions à l'aide des questions suivantes.

   - Qui sont les personnes qui expriment leur point de vue ?
     - À quel titre expriment-elles leur opinion ?
   - Quelle est leur position ?
     - Comment envisagent-elles les interventions ? Les conçoivent-elles toutes de la même façon ?
     - Selon elles, quels sont les motifs invoqués pour justifier les interventions ?
     - Selon elles, les interventions sont-elles organisées en fonction des intérêts des populations ? Expliquez votre réponse.
     - Quelles solutions proposent-elles afin de mieux répondre aux besoins des populations ?
   - Trouvez dans les différents médias d'autres arguments pertinents susceptibles de vous aider à mieux comprendre l'enjeu.

2. En vous basant sur les documents qui suivent et sur ceux que vous aurez recueillis, organisez un débat sur les questions suivantes.

   a) Selon vous, les intérêts des intervenants sont-ils toujours humanitaires ? Expliquez votre réponse.
   b) Le temps, l'argent et les ressources investis par certains intervenants dans les missions d'intervention devraient-ils leur permettre de promouvoir aussi leurs propres intérêts ?

87 Selon certaines ONG, l'aide humanitaire manque de cohérence

« Une bonne partie de l'aide internationale accordée à l'Afghanistan […] a été consacrée à l'atteinte d'objectifs militaires et politiques, et l'approche humanitaire actuelle manque de "clarté, de cohérence et de résolution", selon un groupe d'organisations non gouvernementales (ONG) internationales.

Dans un rapport adressé aux dirigeants des États membres de l'OTAN, onze ONG internationales implantées en Afghanistan ont mis en garde contre l'importance excessive accordée aux progrès militaires à court terme, aux dépens de la paix et du développement à long terme. […] Les ONG […] s'inquiètent de l'impact croissant du conflit armé sur les civils et de l'utilisation de plus en plus fréquente de l'aide à des fins militaires et politiques. […] "Les organisations recommandent une suppression progressive de l'aide militarisée et une augmentation importante des fonds accordés aux institutions et aux organisations civiles pour le développement et l'aide humanitaire […]". »

IRIN, *Afghanistan : Une trop grande influence militaire sur l'aide humanitaire – ONG* [en ligne], avril 2009, réf. du 25 août 2009.

89 Les interventions humanitaires cachent d'autres types d'intervention, selon un membre des Affaires étrangères de la Bolivie

« L'utilisation du prétexte humanitaire pour justifier des interventions militaires, politiques et économiques d'États du Nord dans des pays du Sud ne date pas d'hier. La Charte des Nations Unies, en établissant un critère d'égalité entre tous les États, a permis d'opposer à l'interventionnisme des puissants le principe de respect de la souveraineté. Plus récemment, des normes visant à réglementer les interventions humanitaires – quand intervenir, comment, au nom de quoi ? – ont été établies.

En Amérique latine toutefois, la défense des droits de l'homme a plusieurs fois servi de justification à l'intervention armée unilatérale des États-Unis, en Amérique centrale notamment. Lors des catastrophes naturelles, qui frappent d'abord les secteurs sociaux et les environnements les plus vulnérabilisés par le modèle de développement dominant, l'assistance humanitaire opère souvent au détriment des capacités locales. Sans égard pour les causes et les racines des conflits et des crises, le discours humanitaire sert aujourd'hui trop régulièrement de paravent à des interventions politiques qui portent atteinte à l'autonomie et au droit à l'autodétermination des peuples. »

Jean-Paul Guevara, « Amérique Latine : l'agenda caché des interventions humanitaires », *Alternatives Sud* [en ligne], vol. XI, 2004, réf. du 25 août 2009.

88 Un réseau d'information dénonce les interventions faussement humanitaires

« En fait, sous couvert d'humanitaire, se cachent la plupart du temps des interventions militaires, décidées unilatéralement, ou de concert, par quelques grandes puissances, pour imposer leur nouvel ordre mondial selon leurs propres intérêts géopolitiques stratégiques et économiques. Les principales victimes de ces interventions, faites au nom du droit humanitaire, ou du pseudo droit d'ingérence, sont les civils, qu'on prétend protéger, mais qui sont en fait les principales victimes de guerres meurtrières, dont les massacres sont désormais communément étiquetés "dommages collatéraux". »

Planète non violence, *Quai d'Orsay, Kouchner : le droit d'ingérence s'installe* [en ligne], mai 2007, réf. du 25 août 2009.

90 Les intérêts des États-Unis déterminent la politique étrangère américaine

« La politique étrangère américaine au sein d'une administration républicaine devrait réorienter ses intérêts nationaux et poursuivre les priorités suivantes :

• Préserver la suprématie militaire des États-Unis, en s'assurant que tout est mis en œuvre pour éviter la guerre, et, si la prévention échoue, engager le combat pour la défense des intérêts américains.

• Promouvoir le libre-échange, un système monétaire international stable et tout ce qui contribue à la croissance économique des États-Unis et de leurs alliés […].

• Renforcer les liens avec les alliés des États-Unis, qui partagent les valeurs américaines et peuvent ainsi partager le fardeau de la promotion de la paix, de la prospérité et de la liberté.

• Développer les relations avec les grandes puissances, en particulier la Russie et la Chine qui ont une influence importante sur le système politique international.

• Agir avec détermination contre les pays ou les régimes hostiles qui ont recours aux actes de terrorisme ou déploient des armes de destruction massive. »

Condoleezza Rice*, « Promoting the national interest », *Council on Foreign Relations (CFR)* [en ligne], février 2000, réf. du 25 août 2009. (Traduction libre.)

* Condoleeza Rice a été conseillère à la Sécurité nationale de 2001 à 2005 sous le premier mandat de George W. Bush, aux États-Unis. Elle a ensuite été nommée secrétaire d'État (l'équivalent de ministre des Affaires étrangères) de 2005 à 2009.

> « De tous temps, les faibles ont fait les frais de conflits entre les forts. »
>
> **Boleslaw Prus**

De nombreux groupes ou intervenants proposent des pistes d'action pour que les interventions soient plus profitables aux populations vivant dans les zones de tensions et de conflits. En plus d'insister sur la prévention et le règlement des conflits, les solutions qu'ils privilégient mettent l'accent sur la recherche de solutions durables aux conflits.

Voici quelques exemples d'actions qui ont été mises de l'avant jusqu'à maintenant afin que les actions des intervenants correspondent aux besoins des populations qui vivent dans les zones de tensions et de conflits.

- Des citoyens et des organisations non gouvernementales (ONG) demandent à leur gouvernement d'adopter une législation afin de punir les responsables de crimes de guerre et de crimes contre l'humanité. Une telle loi accorderait aux tribunaux nationaux le pouvoir de traduire en justice les responsables de ces crimes.

- Des organisations prônent l'impartialité des intervenants humanitaires pour éviter que les secours favorisent certains groupes de population.

- Des organisations internationales mettent sur pied des missions préventives et des missions d'observation pour trouver des solutions aux tensions avant qu'elles ne dégénèrent en conflits. Ces missions servent également à aider les populations avant qu'elles ne se retrouvent en situation de crise humanitaire.

Les documents suivants présentent quelques pistes d'action privilégiées par divers intervenants. Pour chacune des actions présentées, répondez aux questions ci-dessous.

1. Qui a lancé cette action ?

2. Qui peut participer à cette action ?

3. À quel(s) niveau(x) (local, régional, national ou international) se situe l'action des intervenants ?

4. Quelle est l'action proposée ?

5. Selon vous, cette action peut-elle être efficace ? Peut-elle avoir des répercussions à l'échelle de la planète ? Expliquez votre réponse.

6. Avez-vous d'autres pistes de solution à proposer ? Si oui, lesquelles ?

Attirer l'attention de la communauté internationale sur certaines populations

La société civile peut décider de s'unir en vue d'attirer l'attention de la communauté internationale sur certains conflits. Elle peut ainsi empêcher que certaines populations bénéficient de plus d'aide que d'autres.

Ici, des manifestants allemands se sont rassemblés pour dénoncer l'inaction de l'Europe vis-à-vis de la crise que vit le Darfour. Ils brandissent des rapports de l'Organisation des Nations Unies (ONU) qui renseignent la communauté internationale sur les conditions précaires des populations du Soudan.

Augmenter les capacités des populations

Plusieurs ONG ont pour objectif de renforcer les capacités des populations qui vivent des situations de conflit armé ou de crise humanitaire. Elles tentent de promouvoir leur développement économique et d'éliminer les causes qui sont souvent à l'origine des conflits ou des situations de crise.

L'ONG Îles de Paix s'affaire à trouver des solutions durables. Elle propose de former les communautés locales pour augmenter leur pouvoir et leur permettre de développer leurs propres institutions. Ces communautés pourront par la suite prendre leur destin en main et s'offrir des services essentiels ainsi qu'une aide adaptée à leurs besoins.

« [...] La durabilité d'une dynamique de développement est conditionnée par la capacité des acteurs à prendre leur destin en mains, ce qui nécessite des compétences d'analyse, de décision et de gestion. Il est donc important de renforcer ces capacités à travers des activités de formation ou d'autoformation : alphabétisation, formation professionnelle, échanges Sud-Sud... Parallèlement, les organisations, mouvements associatifs ou administrations locales responsables de la gestion d'infrastructures collectives sont accompagnés dans l'amélioration de leur fonctionnement à travers des actions de renforcement institutionnel (appui organisationnel, méthodologique ou technique). »

Îles de Paix, *Nos objectifs* [en ligne], réf. du 25 août 2009.

Se renseigner sur les besoins des populations

L'évaluation des besoins des populations en situation de crise ou de conflit armé est essentielle à la réussite des interventions humanitaires. Avant d'organiser une mission, l'ONU étudie les rapports produits par diverses ONG qui œuvrent directement sur le terrain et qui connaissent les besoins réels des populations exposées. Les missions humanitaires sont ainsi mieux préparées pour venir en aide aux populations locales.

« Le Service de liaison des Nations Unies avec les organisations non gouvernementales (SLNG) est un programme inter-organisations des Nations Unies créé en 1975 pour compléter le régime formel du statut consultatif des ONG auprès de l'ONU. Son mandat est de travailler concrètement avec les organismes des Nations Unies et avec les ONG pour promouvoir, développer et gérer une collaboration constructive et mutuellement bénéfique à tous les niveaux du système onusien. »

ONU, *L'ONU et la société civile* [en ligne], réf. du 25 août 2009.

Renforcer la sécurité des populations en zones de conflits

Dans le but de sécuriser les populations qui vivent dans les zones de tensions et de conflits, certains organismes se consacrent au déminage des zones à risque. Lorsque les terres sont déminées, les populations locales peuvent reprendre leurs activités quotidiennes sans craindre la menace que représentent les mines antipersonnel. Norwegian People's Aid (NPA) est un exemple d'organisation humanitaire spécialisée dans ce type d'intervention. Elle offre aux femmes soudanaises des formations sur le désamorçage d'engins explosifs.

À la place de... CD 2

Répondez à la question suivante en tenant compte de ce que vous avez appris dans ce chapitre.

Si vous étiez à la place de chacune des personnes suivantes, comment pourriez-vous contribuer à inciter les divers intervenants à mieux tenir compte des intérêts des populations vivant dans des zones de tensions et de conflits ?

☑ Membre d'une communauté touchée par les conflits

☑ Personne qui représente l'ONU

☑ Responsable d'une ONG

☑ Politicienne ou politicien

SYNTHÈSE

LE PROBLÈME

La géopolitique mondiale

À la fin des années 1980, le monde devient multipolaire. La majorité des conflits se déroulent au sein même des États et les actes terroristes se multiplient.

Lorsque les États ne sont pas en mesure de protéger les populations, la communauté internationale, regroupée au sein de l'ONU, intervient.

Des interventions en territoire souverain pour protéger les populations

La sécurité humaine porte sur la protection des **droits humains**. La multiplication des conflits internes incite la communauté internationale à instaurer un droit d'**ingérence**.

Seul le Conseil de sécurité de l'ONU peut décider d'intervenir en territoire souverain. Les missions de l'ONU visent à rétablir l'ordre et à stabiliser les zones de conflits par l'entremise des Casques bleus.

Quelles sont les principales revendications à la base des tensions et des conflits dans le monde ?

Plusieurs raisons expliquent les tensions et les conflits dans le monde : le partage des territoires, le contrôle des ressources, l'autonomie politique et les **revendications** liées aux différences culturelles, **idéologiques** et identitaires.

Quelles sont les raisons invoquées pour justifier l'ingérence ?

Les **interventions** en territoire souverain sont surtout justifiées par des raisons économiques, politiques ou humanitaires.

Pourquoi l'ingérence se fait-elle presque toujours du Nord vers le Sud ?

Les États du Nord disposent de moyens supérieurs à ceux du Sud et ils sont mieux représentés au sein des organisations internationales.

Les pays du Sud sont souvent situés dans des zones vulnérables.

La majorité des États non démocratiques sont situés dans le Sud.

Quel est le rôle des ONG dans les interventions en territoire souverain ?

Les ONG ont un grand **pouvoir** d'influence et peuvent donc exercer des pressions auprès des États. Elles collaborent avec les OI lors d'interventions humanitaires. Par contre, leur aide n'est pas toujours adaptée aux besoins des populations.

Comment les États souverains réagissent-ils à l'ingérence extérieure ?

En général, les États s'opposent à l'ingérence : ils défendent leur souveraineté et estiment que l'ingérence nuit à leur développement.

Certains États coupent les liens **diplomatiques** avec les pays intervenants, censurent l'information ou organisent des alliances dans le but de contrer l'hégémonie de certaines puissances.

> **Les interventions en territoire souverain sont surtout justifiées par des raisons politiques ou humanitaires.**

Quelles sont les limites de l'ONU dans l'organisation d'interventions ?

L'ONU a de la difficulté à imposer ses décisions.

Plusieurs s'interrogent sur sa légitimité et sa représentativité.

D'autres critiquent la lenteur de son processus de décision, son financement et le manque de formation de ses troupes.

Pourquoi les interventions ne sont-elles pas toujours réussies ?

Les chances de réussite des interventions de l'ONU sont minces si les acteurs locaux ne sont pas impliqués dans le processus de reconstruction et s'il n'y a pas de solutions durables aux conflits.

De plus, l'aide doit correspondre aux besoins et aux attentes des populations touchées, ce qui n'est pas toujours le cas.

LES ENJEUX

ENJEU 1 L'APPLICATION DU PRINCIPE D'ASSISTANCE HUMANITAIRE

Le droit international humanitaire est-il légitime?

En vertu du droit international humanitaire (DIH), des missions d'assistance humanitaire en territoire souverain peuvent être mises sur pied.

Certains estiment que le DIH n'est pas assez contraignant.

La Cour pénale internationale (CPI) tente de faire respecter le DIH, mais son autorité est remise en question.

Quels sont les principes qui encadrent les missions d'assistance humanitaire?

Les intervenants humanitaires doivent respecter des principes de base. La neutralité consiste à ne pas prendre part aux hostilités. L'impartialité consiste à traiter chaque cas selon son niveau d'urgence et non selon les intérêts des intervenants. L'indépendance des ONG leur assure une autonomie d'action par rapport aux orientations de ceux qui les financent. Ces principes ne sont toutefois pas interprétés de la même façon par tous.

Pour mieux encadrer l'assistance humanitaire, plusieurs proposent une meilleure coordination des efforts de même qu'une plus grande transparence dans le financement des ONG.

L'assistance humanitaire constitue-t-elle de l'ingérence?

Le droit de regard que se donnent les intervenants lors des missions humanitaires en territoire souverain est perçu comme de l'ingérence.

Le droit d'ingérence humanitaire ne s'appuie pas sur des fondements juridiques solides.

Beaucoup d'ONG jugent qu'une intervention armée met en danger la réussite de leurs missions.

ENJEU 2 L'INTÉRÊT DES INTERVENANTS VERSUS L'INTÉRÊT DES POPULATIONS

Quels sont les intérêts des intervenants?

Les intervenants humanitaires ont parfois des intérêts autres qu'humanitaires.

Certains cherchent à contrôler les ressources d'un territoire.

D'autres veulent étendre leur zone d'influence sur les plans politique, économique et culturel.

D'autres encore cherchent une meilleure position stratégique et tentent d'exercer plus de contrôle sur le plan international.

Les interventions vont-elles toujours dans le sens de l'intérêt des populations?

Les interventions peuvent entraîner des pertes de vies humaines.

Les retombées économiques ne sont pas toujours profitables aux populations.

Les interventions peuvent provoquer des bouleversements politiques et culturels.

Afin que les interventions soient plus profitables aux populations, une meilleure concertation entre les intervenants serait souhaitable, de même qu'une meilleure connaissance des besoins des populations touchées.

Quelles sanctions sont prévues pour ceux qui ne respectent pas les droits des populations?

En vertu du DIH et du DI, ceux qui ne respectent pas les populations civiles sont passibles de sanctions.

Certaines sanctions s'appliquent aux États (sanctions économiques, etc.) et d'autres aux individus (accusations de génocide ou de crimes de guerre). Malgré ces sanctions, des crimes graves sont encore commis.

ACTIVITÉS de synthèse

1 Une menace à la sécurité internationale CD 1

Qu'est-ce qui constitue une menace à la sécurité internationale ?

a) Dans votre manuel ou dans les médias, trouvez deux exemples d'événements ou de situations qui illustrent une menace à la sécurité internationale.

b) Pour chaque exemple :
- expliquez en quoi il constitue une menace à la sécurité internationale ;
- précisez qui subit la menace ;
- expliquez la façon dont la communauté internationale a réagi.

2 Les motifs des conflits CD 1

Il existe de nombreuses causes aux conflits qui ont cours dans le monde. En voici quatre :
- les revendications territoriales et maritimes ;
- le contrôle des ressources ;
- l'autonomie politique ;
- les revendications identitaires.

Pour chacune des causes énumérées plus haut :

a) trouvez, dans votre manuel ou dans les médias, un exemple de conflit (actuel ou passé) ;

b) précisez les conséquences humanitaires, politiques et économiques du conflit ;

c) indiquez si le conflit a donné lieu à une intervention ;

d) si une intervention a eu lieu, dites comment elle a été justifiée. Si non, expliquez comment le conflit a été résolu.

Des possibilités d'intervention pour la communauté internationale

« Il incombe [...] à la communauté internationale, dans le cadre de l'Organisation des Nations Unies, de mettre en œuvre les moyens diplomatiques, humanitaires et autres moyens pacifiques appropriés [...] afin d'aider à protéger les populations du génocide, des crimes de guerre, du nettoyage ethnique et des crimes contre l'humanité.

Dans ce contexte, nous sommes prêts à mener en temps voulu une action collective résolue, par l'entremise du Conseil de sécurité, conformément à la Charte, [...], au cas par cas et en coopération, le cas échéant, avec les organisations régionales compétentes, lorsque ces moyens pacifiques se révèlent inadéquats et que les autorités nationales n'assurent manifestement pas la protection de leurs populations [...]. »

Assemblée générale des Nations Unies, *Document final du Sommet mondial de 2005* [en ligne], 24 octobre 2005, réf. du 30 août 2009.

3 Le contexte des interventions CD 1

Prenez connaissance du document ci-contre.

Répondez aux questions qui suivent à l'aide du document et de ce que vous avez appris dans le chapitre.

a) Dans quel cadre la communauté internationale peut-elle intervenir en zone de conflit ?

b) Quels moyens pacifiques la communauté internationale peut-elle prendre en cas de menace à la paix et à la sécurité ?

c) Quel droit prime lors des conflits armés ?

d) Quels crimes peuvent être sanctionnés par ce droit ?

e) Qui peut intervenir en cas de menace à la paix et à la sécurité internationales ?

f) Dans quels cas une intervention est-elle envisageable ?

4   Intervention et ingérence `CD 1`

Quelle est la différence entre le concept d'intervention et celui d'ingérence ?

a) Donnez une définition du concept d'intervention.

b) Dans votre manuel ou dans les médias, relevez des documents qui présentent des arguments justifiant une intervention en territoire souverain.

c) Donnez une définition du concept d'ingérence.

d) Dans votre manuel ou dans les médias, relevez des documents qui présentent des arguments rejetant l'ingérence en territoire souverain.

e) Comparez les arguments trouvés aux points b) et d).

f) Les interventions sont-elles toujours légitimes ? Expliquez votre réponse.

5   Les ONG et l'assistance humanitaire `CD 2 • Enjeu 1`

a) Dans votre manuel, choisissez deux ONG humanitaires qui aident les populations.

b) Faites une recherche dans les médias sur ces deux ONG. Précisez :
- les objectifs visés par ces ONG ;
- leur façon d'intervenir en zone de tensions et de conflits ;
- leur mode de financement.

c) À partir des documents présentés dans ce chapitre et dans différents médias, résumez en quelques lignes les positions et arguments de chacune des ONG sur :
- l'ingérence humanitaire ;
- la neutralité, l'impartialité et l'indépendance ;
- la militarisation de l'assistance humanitaire.

d) Ces ONG œuvrent-elles dans un but strictement humanitaire ? Expliquez votre réponse.

6   Dans quels intérêts faut-il intervenir ? `CD 2 • Enjeu 2`

Observez la caricature ci-contre et répondez aux questions suivantes à l'aide des informations que vous pourrez trouver dans votre manuel ou dans les médias.

a) Quel conflit le caricaturiste a-t-il illustré ?

b) De quel pays sont originaires les deux personnages ?

c) Quelles raisons les intervenants ont-ils invoquées pour intervenir militairement sur ce territoire ?

d) Quelles ont été les conséquences de cette intervention sur la population ?

e) Quels intérêts ont été privilégiés : ceux de la population ou ceux des intervenants ? Expliquez votre réponse.

Sondron, *Le sentiment du devoir accompli*, 2009.

Reportez-vous au contenu du chapitre pour réaliser l'un des projets suivants.

PROJET 1 CD 1 • CD 2 • Enjeu 1

Une requête d'intervention

Vous travaillez pour une ONG humanitaire qui œuvre auprès des populations en difficulté dans les zones de tensions et de conflits. Vous constatez qu'une région connaît une situation critique. Vous devez soumettre une requête à l'État concerné afin d'intervenir auprès de la population de cette région.

Les étapes à suivre

1 Choisissez l'ONG pour laquelle vous travaillez.

2 Sélectionnez une zone de tensions ou de conflits.

3 Dressez le portrait de votre ONG.
   a) Présentez sa mission.
   b) Déterminez ses objectifs.
   c) Fournissez des exemples d'interventions antérieures.

4 Expliquez les raisons qui vous poussent à vouloir œuvrer dans la région choisie.
   a) Pourquoi la population de cette région a-t-elle besoin d'aide humanitaire ?
   b) Quels sont les besoins de la population ?
   c) Quel est le niveau d'urgence de la situation ?
   d) Pourquoi avez-vous choisi cette population plutôt qu'une autre ?
   e) Au nom de quel droit et de quels principes de droit croyez-vous être autorisé à intervenir dans cette région ?
   f) Quels sont les avantages de votre intervention pour la population ou les groupes de population concernés ?

Un travailleur humanitaire de l'ONU, aidant des réfugiés en République démocratique du Congo.

5 Établissez une liste d'arguments qui justifient votre intervention.

6 Dressez la liste de vos besoins de fonctionnement (personnel, locaux, moyens de transport, etc.).

7 Rédigez votre requête et présentez-la aux autorités concernées.

8 Advenant un refus des autorités, quelle sera la position de votre ONG : traverserez-vous quand même la frontière ?
   a) Si oui, comment allez-vous justifier votre geste ?
   b) Si non, quelles solutions pourriez-vous proposer pour venir en aide à la population touchée ?

PROJET 2 `CD 1 • CD 2 • Enjeu 2`

Un reportage choc

Vous êtes journaliste d'enquête. Votre rédactrice en chef vous demande d'aller couvrir une zone de tensions et de conflits où une intervention est en cours. Dans le cadre de votre reportage, vous devez présenter la situation et les intérêts des différents intervenants. Vous devez également dresser un portrait de la population ciblée par l'intervention.

Les étapes à suivre

Un journaliste pakistanais lors d'une attaque à la bombe, en 2004.

1 Choisissez le lieu de votre reportage.

2 Décrivez la situation qui y règne.
   a) Situez le conflit sur une carte.
   b) Identifiez les principaux belligérants.
   c) Précisez les causes du conflit.
   d) Expliquez les retombées du conflit sur le territoire et la population.

3 À l'aide de différents médias, renseignez-vous au sujet des principaux intervenants présents.
   a) Sont-ils envoyés par un État ? une organisation internationale ? une ONG ?
   b) Ont-ils un point de vue sur le conflit ? Si oui, quel est-il ?
   c) Depuis quand sont-ils dans la région ?
   d) Quels sont les motifs de leur intervention ?
   e) Comment sont-ils perçus par la population ?

4 Consultez différents médias afin de préciser si l'intervention répond vraiment aux besoins de la population.
   a) De quoi la population souffre-t-elle le plus ?
   b) L'assistance qui lui est apportée semble-t-elle adéquate ? Pourquoi ?
   c) Quelles sont les conséquences positives et négatives de l'intervention ?

5 Rédigez votre reportage.
   a) Assurez-vous de présenter les points de vue des intervenants et de la population.
   b) Dégagez les avantages et les inconvénients de cette intervention.

6 Présentez votre reportage en utilisant le média de votre choix (Internet, journal, radio, télévision, etc.).

SURVOL DE L'HISTOIRE DU XXᵉ SIÈCLE

1 La Première Guerre mondiale

De 1914 à 1918, le monde a vécu un conflit armé d'une ampleur inégalée en raison de l'importance des troupes, de la durée et de l'acharnement des combats, ainsi que de l'étendue du théâtre des opérations. Le conflit qui, au départ, touche l'Europe, se mondialise avec l'entrée en guerre de nouveaux États et la participation des colonies. De plus, la Première Guerre mondiale marque l'affirmation des États-Unis et du Japon comme puissances internationales ainsi que l'arrivée d'un nouveau régime politique en Russie : le communisme.

Les causes de la Première Guerre mondiale

Depuis la fin du XIXe siècle, les relations entre les pays européens sont marquées par la montée des **nationalismes** et de l'**impérialisme**. Les tensions entre les puissances européennes qui en résultent mènent à une course aux armements. Par ailleurs, des alliances sont aussi conclues pour faire face à l'influence grandissante de l'Allemagne sur le plan politique et militaire. En juin 1914, lorsqu'un étudiant serbe assassine l'archiduc d'Autriche-Hongrie à Sarajevo, tout est en place pour qu'éclate un conflit majeur. Grâce à ce complexe jeu d'alliances – et par solidarité envers leurs alliés respectifs –, presque tous les pays d'Europe entrent en guerre. Les Alliés, c'est-à-dire les pays qui appuient la Triple-Entente (France, Royaume-Uni et Russie), s'opposent aux Puissances centrales (Allemagne, Autriche-Hongrie et Empire ottoman). Les dirigeants de l'époque prédisent un conflit de courte durée. Or, il perdure, et bientôt toutes les ressources des nations sont mobilisées dans l'effort de guerre.

> **Nationalisme** Idéologie politique qui reconnaît en tant que nation un groupe d'individus partageant des caractéristiques communes. Ce terme désigne aussi le sentiment d'appartenance d'un individu à une nation.
>
> **Impérialisme** Politique d'un État qui cherche à amener d'autres États, sociétés ou territoires sous sa dépendance politique ou économique. L'impérialisme désigne souvent la vague de colonialisme européen qui a cours entre 1880 et 1914.

Anonyme, *The Devilfish in Egyptian Water*, 1882.

1 L'impérialisme

Au XIXe siècle, le Royaume-Uni et son empire colonial est la première puissance mondiale. Or, l'Allemagne cherche à lui faire concurrence. En 1888, l'empereur Guillaume II souhaite faire de l'Empire allemand une grande puissance. Il établit des colonies et développe une marine de guerre et un commerce international. Certains historiens voient dans cette course à la puissance une des causes de la guerre.

2 Le jeu des alliances

Alliance	Année d'entrée en guerre	Pays
Triple-Entente et ses alliés	1914	**France**, **Royaume-Uni** et ses dominions et colonies (Afrique du Sud, Australie, Canada, Inde, Nouvelle-Zélande, Terre-Neuve), **Russie**, Belgique, Serbie et Japon
	1915	Italie
	1916	Portugal et Roumanie
	1917	États-Unis, certains États des Antilles et d'Amérique centrale, et Grèce
Puissances centrales et leurs alliés	1914	**Allemagne**, **Autriche-Hongrie** et Empire Ottoman
	1915	Bulgarie

Chronologie

1914

Juin
- Assassinat de l'archiduc d'Autriche-Hongrie (28 juin)

Juillet
- Déclaration de guerre de l'Autriche-Hongrie à la Serbie (28 juillet)
- Entrée en guerre de la Russie (29 juillet)

Août
- Déclaration de guerre de l'Allemagne à la Russie (1er août)
- Déclaration de guerre de l'Allemagne à la France (3 août)
- Entrée en guerre du Royaume-Uni, incluant ses dominions et colonies, dont le Canada (4 août)

1915

Mai
- Entrée en guerre de l'Italie du côté de la Triple-Entente (23 mai)

Septembre
- Bataille de la Marne, au cours de laquelle les Allemands sont arrêtés près de Paris (du 6 au 13 septembre)

1916

Février
- Début de l'offensive sur Verdun par les Allemands (21 février)

1917

Avril
- Entrée en guerre des États-Unis (6 avril)
- Bataille de la crête de Vimy où les soldats canadiens jouent un rôle crucial dans la victoire (du 9 au 14 avril)

Le déroulement de la guerre

Sur le plan technologique, la Première Guerre mondiale marque une rupture avec les conflits précédents. Pour la première fois, les armées utilisent à grande échelle des mitrailleuses, des munitions explosives, de l'artillerie lourde, des avions, des tanks, des gaz asphyxiants, des sous-marins, etc. Les soldats combattent dans un réseau de tranchées, où ils vivent dans des conditions misérables.

3 Des soldats après une attaque au gaz

John Singer Sargent, *Gassed*, 1919.

L'Allemagne doit mener la guerre sur deux fronts : à l'est contre la Russie et à l'ouest contre la France. Elle a un plan d'invasion qui privilégie le mouvement. Après avoir traversé rapidement la Belgique, elle fait d'importantes percées dans le nord de la France où elle est finalement bloquée. Alors que les combats stagnent, la Révolution russe et l'entrée en guerre des États-Unis en 1917 marquent un point tournant dans le conflit.

4 Un extrait de la lettre d'un soldat au front

Un soldat français écrit, le jeudi 17 mars 1917, une lettre à sa fiancée dans laquelle il décrit des moments de sa vie au front.

« Avant-hier soir, dans l'encre bleue de la nuit, je parcourais sur la terre les signes de croix de l'au-delà... C'était l'éparpillement macabre du cimetière sans couverture, sans croix, abandonné des hommes, les gisements épars des cadavres innombrables, sans sépultures [...]. Plus d'un millier de cadavres se tordaient là déchiquetés, charriés les uns sur les autres... Je traînais de la nuit vers les lignes, mon fardeau de pièces sur le dos ; je défaillais ; dans ma bouche, dans mes narines ce goût, cette odeur [...]. L'Allemand et le Français pourrissant l'un dans l'autre, sans espoir d'être ensevelis jamais par des mains fraternelles ou pieuses. »

Cité dans Jean-Pierre Gueno et Yves Laplume, *Parole de Poilus, lettres et carnets du front, 1914-1918*, Livrio, 1998.

1918　　　　　　**1919**　　　　　　**1920**

Octobre-Novembre
- Révolution russe (octobre et novembre)
- Déclaration Balfour par le ministre des Affaires étrangères britannique, Lord Balfour (2 novembre)

Novembre
- Signature de l'armistice par l'Allemagne (11 novembre)

Septembre
- Traité de Saint-Germain-en-Laye (septembre 1919), suivi du traité de Trianon (juin 1920) avec l'Autriche et la Hongrie

Mars
- Traité de Brest-Litovsk entre la Russie et l'Allemagne (3 mars)

Juin
- Signature du traité de Versailles (28 juin)

Août
- Traité de Sèvres avec la Turquie (10 août), revu en 1923

Août
- Adoption de la Loi du service militaire, qui impose la conscription au Canada (29 août)

La Russie est en proie à d'importants bouleversements. Le régime des **tsars** est menacé depuis le début du siècle par des opposants qui désirent des réformes sociales et économiques. Après l'épisode révolutionnaire de 1905, puis la révolution libérale de février 1917 qui mène à l'abdication du tsar Nicolas II, les **bolcheviks** prennent le pouvoir en octobre 1917.

En mars 1918, les bolcheviks signent avec l'Allemagne le traité de Brest-Litovsk. Ce traité signifie la perte, pour la Russie, de la Pologne, de l'Estonie, de la Lettonie et de la Lituanie. Il force la reconnaissance de l'indépendance de l'Ukraine et de la Finlande. Jusqu'en 1921, les bolcheviks sont ensuite aux prises avec une guerre civile.

5 **Lénine et la Révolution russe**

À la tête des bolcheviks, Lénine (1870-1924) met un terme à la participation de la Russie à la Première Guerre mondiale en 1918.

En parallèle, l'Allemagne se lance dans une guerre économique visant à détruire les navires de ravitaillement de leurs ennemis. La plupart de ces navires proviennent des États-Unis, qui sont en théorie un pays neutre dans le conflit. Cependant, plus proches du Royaume-Uni et de la France, les États-Unis vendent des armes et du ravitaillement essentiellement à la Triple-Entente. Devant la menace que représente la guerre économique de l'Allemagne pour leur économie, les États-Unis entrent en guerre aux côtés des Alliés en avril 1917. Forts de l'appui financier et militaire des États-Unis, les Alliés remportent les victoires jusqu'à la capitulation de l'Allemagne, le 11 novembre 1918.

Les conséquences de la guerre

La Première Guerre mondiale a été surnommée la « Grande Guerre » en raison du très grand nombre de victimes et de blessés qu'elle a entraîné.

En 1919, les pays vainqueurs signent le traité de Versailles, par lequel l'Allemagne et ses alliés sont tenus entièrement responsables du déclenchement de la guerre. Les clauses militaires, territoriales et économiques du traité affaiblissent considérablement l'Allemagne. Elle perd environ le septième de son territoire, dont l'Alsace-Lorraine, ainsi que ses colonies d'Afrique, d'Asie et d'Océanie. De plus, certaines régions minières et industrielles allemandes dotées d'un fort potentiel économique seront désormais occupées par les Alliés. Enfin, l'Allemagne se voit contrainte de payer d'importantes réparations financières aux pays vainqueurs.

Pour le peuple allemand, ces mesures suscitent l'incompréhension et font naître un grand sentiment d'injustice. Ce ressentiment va favoriser la montée du **nazisme**, qui est à l'origine de la Seconde Guerre mondiale.

6 **Une estimation du nombre de soldats morts au combat**

Pays	Nombre de morts
Allemagne	1 800 000
Russie	1 700 000
France	1 400 000
Autriche-Hongrie	1 200 000
Royaume-Uni	800 000
États-Unis	116 000
Canada	61 000

W. Hilgemann et H. Kinder, *Atlas historique*, Paris, Perrin, 1997 ; Musée canadien de la guerre [en ligne], réf. du 8 février 2009.

Par ailleurs, le démembrement de l'Empire ottoman modifie la carte du Proche-Orient et entraîne des conséquences qui se répercutent jusqu'à aujourd'hui. En effet, la France et le Royaume-Uni se partagent les anciens territoires arabes de l'Empire ottoman. Ils s'attribuent des « **mandats** administratifs », qui seront confirmés en 1922 par la Société des Nations (SDN), un organisme pour la sécurité et le maintien de la paix dans le monde fondé sous l'influence du président américain Woodrow Wilson.

Alors que la France obtient la Syrie et le Liban, le Royaume-Uni s'empare de l'Irak, de la Transjordanie et de la Palestine. Pendant la guerre, les Britanniques exerçaient déjà une influence en Palestine. C'est dans ce contexte qu'ils se sont prononcés, dans la Déclaration Balfour en 1917, en faveur de l'établissement d'un « foyer national juif » en Palestine.

Mandat En droit international, mission confiée à un État d'assister ou d'administrer un territoire se trouvant en difficulté.

7 **L'Europe et le Proche-Orient après la Première Guerre mondiale, de 1919 à 1923**

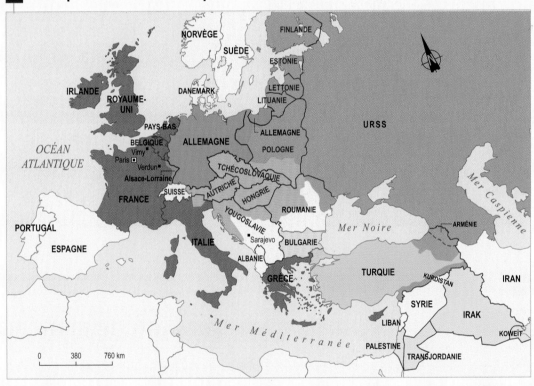

La participation des colonies

Cette guerre a été qualifiée de « mondiale ». En effet, le conflit a touché tous les continents puisque les colonies ont participé à l'effort de guerre de leur métropole. En plus de voir plusieurs batailles se dérouler sur leur territoire – notamment dans le nord et l'est de l'Afrique –, certaines colonies ont subi des pertes humaines. De plus, les combats ont fait de nombreux blessés et mutilés provenant des colonies. Ce sacrifice ne contribuera pourtant pas à l'obtention de plus d'autonomie politique pour ces colonies.

Au Canada, la participation à la guerre faisait l'unanimité au départ. Par la suite, le grand nombre de victimes et l'imposition de la conscription en 1917 divisent profondément la population. Alors que les Canadiens anglais soutiennent l'Empire, les Canadiens français refusent de défendre le Royaume-Uni. En reconnaissance de sa contribution à l'effort de guerre, le Canada sera accueilli à la Société des Nations en 1919.

2 La Crise des années 1930

Dans les années 1930, le monde est secoué par la plus grave crise économique depuis les débuts de l'industrialisation. Déclenchée par le krach boursier de Wall Street à New York en 1929, elle se propage à l'échelle mondiale, touche tous les secteurs de l'économie et se termine avec l'amorce de la Seconde Guerre mondiale, en 1939.

Cette crise est caractérisée par la fragilisation du secteur financier, puis par une hausse spectaculaire du chômage, ainsi que par une diminution de la consommation, de la production et des investissements. Cette « Grande Dépression » met en évidence les failles du système capitaliste et entraîne l'adoption de politiques interventionnistes par les gouvernements qui tentent ainsi de la résorber. Finalement, elle prépare le terrain à la montée du fascisme.

> **Politique interventionniste**
> Politique d'intervention de l'État dans divers domaines (social, culturel et économique, notamment).

Les causes de la Crise

Après la Première Guerre mondiale, les États-Unis entrent dans une période de prospérité. La hausse des salaires de même que l'accès au crédit à la consommation augmentent le pouvoir d'achat et le niveau de vie des Américains. La productivité des entreprises atteint des sommets inégalés. Pourtant, cette prospérité est fragile : certains secteurs parmi les plus dynamiques, dont la construction et l'automobile, montrent des signes de ralentissement. Par ailleurs, le pouvoir d'achat ne progresse pas au même rythme que la production. Il devient alors difficile d'écouler, tant sur le marché intérieur que sur le marché extérieur, certaines marchandises. Les agriculteurs sont ainsi gravement touchés par la baisse des prix de leurs produits. La prospérité ne profite pas non plus à tous : la richesse est concentrée entre les mains d'une minorité de la population, des grandes entreprises et dans quelques secteurs industriels.

1 Les conséquences sociales de la Crise

En mars 1933, un quart de la population active des États-Unis est sans emploi. Des milliers d'agriculteurs américains, comme cette femme, perdent leurs terres. Les familles les plus gravement touchées se réfugient sur des terrains publics ou abandonnés où elles érigent des tentes pour survivre. Ces camps de fortune apparaissent un peu partout à travers les États-Unis.

Chronologie

1929	1930	1931	1932	1933	1934
• Krach boursier à Wall Street (24 octobre)	• Hausse des tarifs douaniers au Canada et aux États-Unis • Mise en place de l'assurance chômage au Royaume-Uni	• Fermeture de banques en Allemagne • Moratoire du président américain Herbert C. Hoover sur les dettes de guerre des pays européens	• Établissement du programme de « secours directs » au Canada pour venir en aide aux chômeurs • Conférence d'Ottawa et retour au protectionnisme pour le Royaume-Uni et ses dominions • Élection de Franklin D. Roosevelt à la présidence des États-Unis	• Implantation aux États-Unis des premières mesures du *New Deal* • Élection d'Adolf Hitler comme chancelier de l'Allemagne	• Dévaluation du dollar américain

À la fin des années 1920, l'économie américaine est donc vulnérable. Le krach boursier, qui met fin à la **spéculation** intense, apparaît comme le déclencheur de la crise économique et non comme sa cause directe. La crise financière conduit rapidement à des faillites bancaires, à des fermetures d'usines et à la crise économique. L'accès restreint au crédit entraîne une baisse de la consommation, puis de la production. Des mises à pied massives s'ensuivent et font grimper rapidement le taux de chômage.

2 Des signes avant-coureurs

Dans une entrevue accordée en 1929, l'homme politique français Paul Reynaud se prononce sur l'éventualité de l'éclatement d'une crise.

« — QUE PENSEZ-VOUS DE LA SITUATION ÉCONOMIQUE ET FINANCIÈRE DES ÉTATS-UNIS ? [...]

— Il ne pourra s'agir d'une crise violente. [...] J'estime toutefois qu'une crise pointe aux États-Unis. Des sources de richesse sont taries. Les agriculteurs se plaignent ; la situation du textile est difficile. Il y a surproduction d'automobiles ; les stocks s'accroissent faute de débouchés, et un ralentissement dans la production automobile atteindra directement les industries métallurgiques, industries de base. [...] Des reculs comme ceux qui se sont produits ces jours derniers à Wall Street ne sauraient être négligés ; ils sont comme des signes avertisseurs. »

Entrevue de Paul Reynaud au journal français *Le Temps*, 15 octobre 1929.

LE MORATOIRE HOOVER

Étant donné ses liens commerciaux étroits avec les États-Unis, l'Allemagne est le pays européen le plus rapidement et le plus gravement touché par la Crise. Elle est incapable d'effectuer les paiements des réparations de la Première Guerre. En 1931, elle se tourne donc vers le président américain, Herbert C. Hoover, pour être soulagée de ce fardeau. Ce dernier propose de suspendre le paiement des réparations et des dettes entre tous les pays alliés pour une durée d'un an.

Les répercussions sur l'économie mondiale

Amorcée aux États-Unis, la Crise se propage rapidement à travers le monde. Seule l'URSS, dont l'économie est planifiée par l'État depuis 1928, n'est pas touchée. Initiées aux États-Unis, la baisse générale des prix et l'imposition de forts tarifs douaniers, qui freinent l'entrée des produits étrangers, affectent brutalement l'économie des pays exportateurs tels le Canada, l'Argentine, le Brésil et le Japon. Parallèlement, les États-Unis, devenus le principal créancier des pays européens, rapatrient les capitaux qu'ils ont investis en Europe, suspendent leurs prêts, ferment leurs frontières aux produits étrangers et exigent le paiement des dettes de guerre. Durement éprouvée par la Première Guerre mondiale, l'Europe sombre alors dans la Crise. Malgré certaines mesures, dont le moratoire Hoover, la Crise s'amplifie et les taux de chômage augmentent considérablement.

3 Le nombre de chômeurs (en millions), de 1930 à 1933

Pays	1929	1930	1931	1932	1933
Allemagne	2,5	3	4,7	6	5,6
États-Unis	1,5	4,2	7,9	11,9	12,6
Royaume-Uni	1	2	2,5	3,4	3

André Gauthier, *L'économie mondiale des années 1880 aux années 2000*, Bréal, 1999.

1935	1936	1937	1938	1939

- Amorce de la seconde phase du *New Deal* aux États-Unis
- Parution du livre *Théorie générale de l'emploi, de l'intérêt et de la monnaie* de John Maynard Keynes
- Réélection de Franklin D. Roosevelt
- Élection du Front populaire en France
- Début de la Seconde Guerre mondiale en Europe

4 **La Crise vue de Londres**

La foule se presse devant la Bourse de Londres en réponse à la chute des cours, en 1929.

Les réponses économiques à la Crise

Les tenants de libéralisme considèrent qu'une crise économique n'est pas toujours néfaste puisqu'elle peut assainir l'économie en consolidant les entreprises qui sont performantes. Partisans du laisser-faire, ils conviennent cependant que l'État doit encourager la reprise, en particulier en équilibrant le budget de l'État. Forts de ces théories, plusieurs pays, dont le Canada, les États-Unis, l'Allemagne et le Royaume-Uni, touchés par la Grande Dépression, adoptent dans un premier temps une politique caractérisée par la baisse des salaires, l'augmentation des impôts et la diminution des dépenses de l'État. Cette politique s'avère un échec complet et ne fait qu'accentuer le chômage.

Diverses politiques de relance sont alors adoptées, dont la plus connue est le *New Deal*, le programme mis en place par le président des États-Unis, Franklin D. Roosevelt. Ce programme interventionniste en vigueur de 1933 à 1938 repose sur une série de mesures et de lois qui visent à restaurer la confiance de la population, à favoriser la reprise économique, à soutenir les populations les plus touchées et à réformer les marchés financiers. Sans parvenir à maîtriser réellement la Crise (elle semble stoppée en 1937, mais une baisse de la production industrielle est rapidement observée, suivie d'une augmentation du chômage), les politiques du *New Deal* ont un effet bénéfique à plus long terme.

5 **Les principales mesures du *New Deal***

Domaine	Année	Mesures	Description
Agriculture	1933	*Agricultural Adjustment Act*	Octroi de prêts et de subventions aux agriculteurs et mesures pour augmenter les prix des denrées agricoles
Travail	1933	*Civil Works Administration*	Création d'une agence d'embauche de chômeurs
		Tennessee Valley Authority	Mise en branle d'un vaste projet de construction de barrages hydroélectriques
	1935	*Wagner Act*	Garantie du droit de faire partie d'un syndicat pour les ouvriers et création d'organismes pour arbitrer les conflits entre patrons et ouvriers
		Works Progress Administration	Création de chantiers de construction pour l'embauche de chômeurs
	1938	*Fair Labor Standards Act*	Introduction de la semaine de travail de 40 heures, salaire horaire minimum à 40 cents et interdiction de travail dans les usines pour les enfants
Finance	1933	*Securities Act*	Création d'un organisme de surveillance des marchés boursiers
		Federal Deposit Insurance Corporation	Assurance des dépôts des épargnants pour une valeur maximale de 5000 $
Industrie	1933	*National Industrial Recovery Act*	Création d'un organisme œuvrant à la création d'emplois
Aide sociale	1935	*Social Security Act*	Mise en place de prestations d'assurance chômage et de retraite pour les plus de 65 ans, d'allocations aux aveugles et aux enfants infirmes et de crédits pour la santé publique

André Kaspi, *Franklin D. Roosevelt*, Fayard, 2007.

6 **Le *New Deal* en action**

L'un des objectifs du *New Deal* est de combattre le chômage élevé. Des chantiers de construction, tel celui du barrage hydroélectrique de la Tennessee Valley, et des programmes de travaux publics font partie des mesures adoptées pour fournir du travail à des millions d'hommes.

Les conséquences de la Crise

Les mesures de relance adoptées dans le monde obtiennent un succès mitigé. La reprise économique est, selon plusieurs analystes, attribuable principalement au réarmement découlant de la Seconde Guerre mondiale. Cette crise économique a par ailleurs entraîné l'instabilité gouvernementale dans de nombreux pays et rendu des idéologies extrémistes, dont le communisme et le **fascisme**, attrayantes pour les populations gravement touchées.

Des partis auparavant marginaux augmentent leur représentation électorale en promettant de mettre fin au chômage. Par exemple, en Allemagne, le Parti national-socialiste, dirigé par Adolf Hitler, gagne en popularité en recrutant des militants parmi ceux qui sont les plus affectés par la Crise, c'est-à-dire les jeunes et les membres des classes moyennes. En France, le **Front populaire**, qui a remporté les élections en 1936, entend relancer l'économie et diminuer le chômage en octroyant des hausses de salaires moyennes de 12 %, deux semaines de congés payés et la semaine de travail de 40 heures.

La Crise oblige les sociétés à revoir les conceptions conventionnelles de l'économie. Pour l'économiste britannique John Maynard Keynes, la Crise n'a rien d'un bienfait et l'État doit intervenir fortement pour en limiter les effets. Selon lui, les pouvoirs publics doivent augmenter leurs dépenses et enregistrer des déficits pour injecter des liquidités dans le système économique, notamment en augmentant le pouvoir d'achat des plus démunis. Ces mesures auraient pour effet de restaurer la demande et de favoriser la reprise économique. Cette nouvelle philosophie économique influencera les gouvernements d'après-guerre, qui seront plus enclins à adopter des politiques sociales et économiques interventionnistes, inaugurant ainsi l'ère de l'**État-providence**.

Fascisme Idéologie et mouvement politique anticommuniste et ultranationaliste ayant conduit à des régimes autoritaires.

Front populaire (FP) Coalition de partis de gauche et d'extrême gauche au pouvoir en France de 1936 à 1938. Né d'abord pour contrer la montée du fascisme et du nazisme, le FP implante des réformes sociales pour tenter de remédier à la Crise.

État-providence État qui intervient sur les plans social et économique dans le but d'assurer un certain bien-être à l'ensemble de la population.

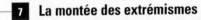

7 **La montée des extrémismes**

Des militants nazis entourent Adolf Hitler au lendemain de son élection comme chancelier de l'Allemagne, en 1933. Gravement touchées par la crise économique, les classes moyennes (paysans, étudiants, commerçants, petits propriétaires) constituent, dans un premier temps, l'essentiel des militants des mouvements fascistes. Devant l'expansion du chômage, les ouvriers, au départ réticents, adhèrent en grand nombre aux mouvements fascistes, tant en Allemagne qu'en Italie.

3 La Seconde Guerre mondiale

La Seconde Guerre mondiale résulte des problèmes mal réglés par le traité de Versailles, de la Crise des années 1930 qui accroît les tensions internationales et de la politique étrangère expansionniste de l'Allemagne, de l'Italie et du Japon. Amorcée en Asie en 1937, la guerre atteint l'Europe en 1939. Les puissances de l'Axe (Allemagne, Italie) et le Japon affrontent les « Alliés » (Royaume-Uni, France, Canada, URSS, États-Unis, etc.). L'expansion rapide des combats fait de la Seconde Guerre mondiale le conflit le plus meurtrier de l'histoire.

> **Remilitarisation**
> Rétablissement progressif du potentiel militaire.

1 « Laissons l'Oncle Sam agir »

Créée en 1919, la Société des Nations (*League of Nations*, en anglais) apparaît, au lendemain de la Première Guerre mondiale, comme le moyen de résoudre les tensions internationales de façon pacifiste. Mais, dès le départ, son action est limitée par la défection des États-Unis. L'absence de réactions et de sanctions contre le Japon, qui envahit la Chine en 1937, ou contre l'Italie, qui s'empare de l'Éthiopie en 1935, discrédite l'organisation.

Winsor McCay, *Let Sam Do It*, 1931.

Les causes de la Seconde Guerre mondiale

Chef du Parti national-socialiste et chancelier d'Allemagne depuis 1933, Adolf Hitler organise, à partir de 1935, la **remilitarisation** de l'Allemagne, enfreignant ainsi les clauses du traité de Versailles, signé au lendemain de la Première Guerre mondiale. L'Allemagne quitte aussi la Société des Nations (SDN), suivie de l'Italie fasciste et du Japon. Les États-Unis, l'URSS, la France, ainsi que le Royaume-Uni restent en retrait, chacun à leur façon, essayant d'éviter une guerre.

Cette passivité relative permettra le rattachement (appelé « Anschluss ») de l'Autriche à l'Allemagne, en 1938. Il s'agit, pour Hitler, du premier pas vers la consolidation future d'un « espace vital » à l'est, considéré par les nazis comme essentiel à l'épanouissement de la nation allemande. Puis, à l'été 1939, l'Allemagne et l'URSS signent un pacte de non-agression. Toutefois, le 1er septembre 1939, l'invasion de la Pologne par l'Allemagne provoque les déclarations de guerre de la France et du Royaume-Uni. En Asie, la guerre a déjà éclaté avec l'invasion de la Chine par le Japon, en 1937.

Chronologie

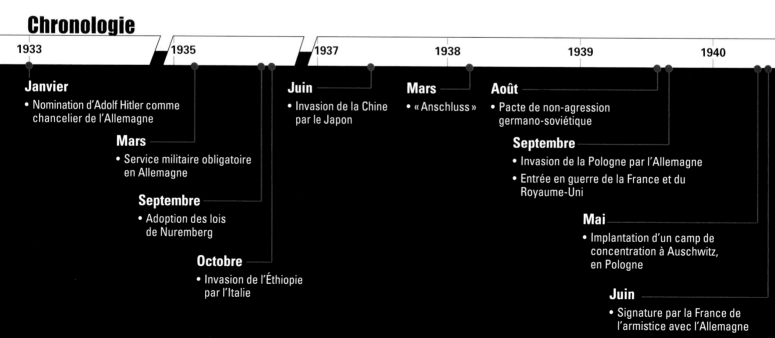

1933 | **1935** | **1937** | **1938** | **1939** | **1940**

Janvier
• Nomination d'Adolf Hitler comme chancelier de l'Allemagne

Mars
• Service militaire obligatoire en Allemagne

Septembre
• Adoption des lois de Nuremberg

Octobre
• Invasion de l'Éthiopie par l'Italie

Juin
• Invasion de la Chine par le Japon

Mars
• « Anschluss »

Août
• Pacte de non-agression germano-soviétique

Septembre
• Invasion de la Pologne par l'Allemagne
• Entrée en guerre de la France et du Royaume-Uni

Mai
• Implantation d'un camp de concentration à Auschwitz, en Pologne

Juin
• Signature par la France de l'armistice avec l'Allemagne

2 L'« espace vital » de l'Allemagne hitlérienne

Pour les nazis, le concept d'« espace vital » postule que le peuple allemand, en raison de sa supériorité raciale et de son territoire trop restreint, doit conquérir, par la force s'il le faut, l'Europe. Adolf Hitler aborde dès 1926 la question de l'expansion de l'Allemagne.

« La politique extérieure de l'État raciste doit assurer les moyens d'existence sur cette planète de la race que regroupe l'État [...]. Seul un espace suffisant sur cette terre assure à un peuple la liberté de l'existence. [...] Aussi, nous autres nationaux-socialistes, [...] arrêtons l'éternelle marche des Germains vers le sud et l'ouest de l'Europe, et nous jetons nos regards sur l'est. [...] Mais si nous parlons aujourd'hui de nouvelles terres en Europe, nous ne saurions penser d'abord qu'à la Russie et aux pays limitrophes qui en dépendent. »

Adolf Hitler, *Mein Kampf*, 1926.

L'aspect militaire du conflit

La supériorité de l'armée allemande permet des victoires rapides d'abord en Pologne, puis dans l'ouest de l'Europe. Après l'invasion du Danemark, de la Norvège, de la Belgique et des Pays-Bas au printemps 1940, c'est au tour de la France de rendre les armes en juin de la même année. Forcée de capituler, elle voit les deux tiers de son territoire occupés par l'armée allemande. La décision de l'Allemagne d'envahir l'URSS en 1941 malgré le pacte de non-agression marque un tournant dans le déroulement de la guerre. Surprise par la résistance soviétique, défaite à Stalingrad en 1943, l'Allemagne se retire de l'URSS. Dans les mois qui suivent, l'URSS « libère » les pays de l'Est de l'occupation nazie, pénètre en Allemagne, occupe Berlin et précipite la chute du régime hitlérien.

L'entrée en guerre des États-Unis marque un autre point tournant. Officiellement neutres, les États-Unis offrent tout de même leur soutien économique aux Alliés. L'attaque-surprise du Japon contre la base américaine de Pearl Harbor à Hawaii, le 7 décembre 1941, force toutefois l'entrée en guerre des Américains. Grâce, entre autres, à la mobilisation de l'importante industrie américaine de l'armement, les troupes alliées réussissent à conquérir graduellement les territoires occupés par l'Axe en Afrique, en Italie et en France. Affaiblie, l'Allemagne capitule en mai 1945. La guerre continue sur le front du Pacifique : les États-Unis mènent une campagne qui aboutit à la reddition du Japon en août 1945. Les puissances de l'Axe sont alors occupées et démilitarisées.

3 La bataille de Stalingrad

De septembre 1942 à la fin janvier 1943, le siège de Stalingrad fait plus d'un million de morts dans les camps soviétique et allemand. Cette bataille, la plus meurtrière du conflit, se solde par la première défaite d'envergure de l'Allemagne.

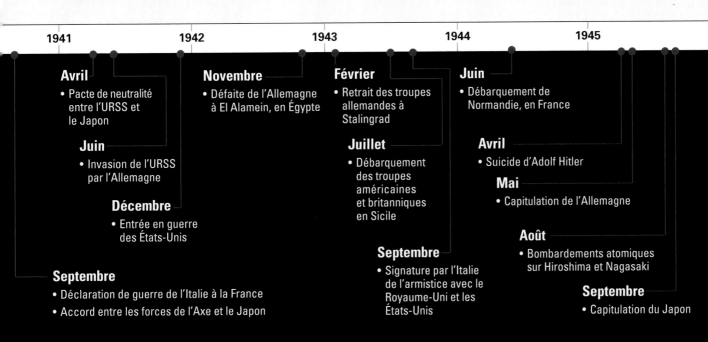

1941

Avril
- Pacte de neutralité entre l'URSS et le Japon

Juin
- Invasion de l'URSS par l'Allemagne

Décembre
- Entrée en guerre des États-Unis

Septembre
- Déclaration de guerre de l'Italie à la France
- Accord entre les forces de l'Axe et le Japon

1942

Novembre
- Défaite de l'Allemagne à El Alamein, en Égypte

1943

Février
- Retrait des troupes allemandes à Stalingrad

Juillet
- Débarquement des troupes américaines et britanniques en Sicile

Septembre
- Signature par l'Italie de l'armistice avec le Royaume-Uni et les États-Unis

1944

Juin
- Débarquement de Normandie, en France

Avril
- Suicide d'Adolf Hitler

Mai
- Capitulation de l'Allemagne

1945

Août
- Bombardements atomiques sur Hiroshima et Nagasaki

Septembre
- Capitulation du Japon

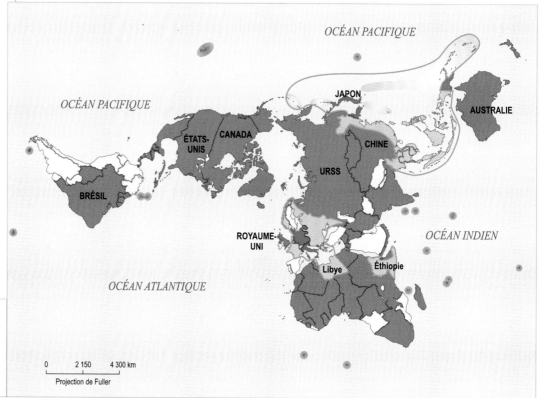

Axe (Allemagne, Italie) et Japon
Territoire dominé par l'Axe
Pays alliés et colonies
État neutre

0   2 150   4 300 km
Projection de Fuller

Prouesses technologiques, pertes humaines et « solution finale »

L'effort de guerre provoque l'éclosion d'une industrie de la défense militaire contribuant à un avancement technologique sans précédent. Les innovations sont multiples : des radars jusqu'aux premières fusées en passant par les porte-avions. L'invention la plus menaçante est la bombe atomique, qui explose à Hiroshima et à Nagasaki, au Japon, où 150 000 personnes sont tuées et des centaines de milliers d'autres subissent les effets de la radiation. Le développement de ces armes puissantes fait de cette guerre la plus meurtrière de l'histoire avec plus de 50 millions de morts, les deux tiers étant des civils.

5 **Le bombardement atomique d'Hiroshima**

La bombe atomique lancée sur Hiroshima, au Japon, le 6 août 1945 par l'armée américaine détruit la ville et fait plus de 130 000 victimes.

Le conflit est aussi marqué par les atrocités que les nazis ont commises dans le but de « purifier » la race allemande. Pour réaliser leur « **solution finale** », les nazis créent un réseau de camps de concentration et d'extermination afin d'éliminer systématiquement les adversaires du régime nazi, dont les communistes, les peuples jugés inférieurs (Juifs, slaves, tziganes) et les autres groupes considérés comme des « sous-hommes » (infirmes, malades mentaux, homosexuels). Cette entreprise meurtrière aurait fait de cinq à six millions de victimes.

Solution finale Plan nazi d'élimination systématique des Juifs par les camps de travail, les chambres à gaz ou les exécutions systématiques.

6   Le camp de Buchenwald

Des survivants du camp de Buchenwald, en Allemagne, dans leur baraquement au moment de la Libération, le 16 avril 1945.

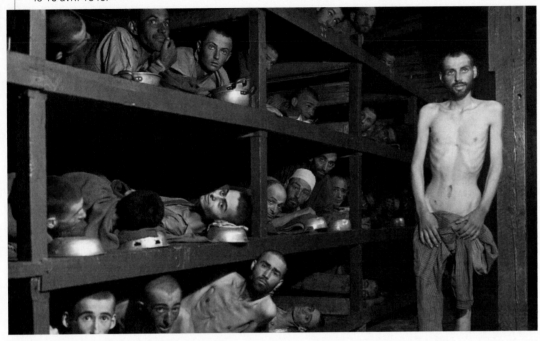

7   Des pertes humaines pendant la Seconde Guerre mondiale

Pays	Nombre de morts
URSS	21 300 000
Allemagne	7 060 000
Pologne	5 400 000
Japon	2 060 000
Yougoslavie	1 600 000
Chine	1 000 000
France	610 000
Italie	420 000
États-Unis	407 000
Royaume-Uni	366 000
Canada	45 000
Inde	36 000
Australie	29 000

Histoire de la Seconde Guerre mondiale : 1939-1945 [en ligne], réf. du 4 mars 2009.

Les conséquences de la guerre

Les conséquences de la Seconde Guerre mondiale sont nombreuses. Sur le plan politique, l'apparition d'un monde divisé en deux blocs, l'un dirigé par les États-Unis (bloc de l'Ouest) et l'autre par l'URSS (bloc de l'Est), relègue les pays d'Europe au deuxième rang, en plus de précipiter le démantèlement des empires coloniaux. La charte de l'ONU est signée le 26 juin 1945 par 51 pays en guerre contre l'Axe. Elle vise à assurer la paix et la sécurité dans le monde et à garantir le respect des droits de l'homme ainsi que l'égalité entre les nations.

Sur le plan économique, de nouvelles organisations, tels le Fonds monétaire international (FMI) et la Banque mondiale, organisent le système financier et monétaire international autour de l'économie et du dollar américains, régularisent les échanges commerciaux internationaux et visent à aider financièrement les pays du Tiers-Monde. Les avancées technologiques amorcent une ère de consommation autrefois réservée aux riches. Finalement, le travail de millions de femmes en usine stimule l'arrivée graduelle de ces dernières sur le marché du travail dans l'après-guerre.

8   La condition des femmes et la participation du Canada

Le Canada participe au conflit en envoyant des troupes, mais aussi en produisant des armes pour les Alliés européens, par exemple. Les femmes, entre autres, travaillent dans les usines comme ici sur cette photo, prise à Montréal en 1941 : des ouvrières conduisent une presse à imprimer des étiquettes qui serviront à identifier les pièces d'obus.

4 La colonisation et la décolonisation

Entre 1945 et 1975, les empires coloniaux, qui se sont surtout développés au XIXe siècle, s'écroulent avec l'accession à l'indépendance de la plupart des colonies européennes d'Asie, puis d'Afrique. Ce mouvement de décolonisation provoque de nombreux conflits entretenus par l'une ou l'autre des superpuissances, les États-Unis et l'URSS. L'accession à l'indépendance de certaines colonies entraîne l'apparition d'une nouvelle réalité : le Tiers-Monde.

La course aux colonies

Darwinisme social Adaptation de la théorie de l'évolution des espèces de Charles Darwin, prônant la supériorité de la civilisation européenne et qui justifie les inégalités raciales et sociales.

L'expansion territoriale européenne s'ouvre, aux XVe et XVIe siècles, par les conquêtes espagnoles et portugaises en Afrique et en Amérique. À la fin du XIXe siècle, la colonisation entre dans sa phase impérialiste : elle se tourne principalement vers l'Afrique et l'Asie. Plusieurs pays européens, à forte croissance démographique, cherchent alors à s'approprier de nouvelles terres. Mais c'est surtout l'industrialisation intense qui, en conférant à ces pays une grande supériorité technique et militaire, les incite à exercer une emprise politique sur de nouveaux territoires afin de trouver des débouchés pour leurs produits manufacturiers ainsi qu'un lieu d'approvisionnement en matières premières. Ces visées politiques et économiques sont soutenues par une idéologie inspirée directement du **darwinisme social**.

1 La conférence de Berlin (1884-1885)

En 1884, le chancelier allemand Bismarck, représenté ici avec un couteau, réunit 14 pays européens pour fixer les modalités de la colonisation en Afrique. C'est durant cette conférence que les principales puissances coloniales européennes se sont partagé le territoire africain.

Anonyme, « L'Afrique découpée en morceaux », 1885.

Chronologie

1925	1930	1935	1940	1945	1950	1955	1960

1922
• Autonomie interne accordée à l'Égypte (Royaume-Uni)

1931
• Signature du traité de Westminster par les dominions britanniques

1932
• Indépendance de l'Irak (Royaume-Uni)

1936
• Indépendance de l'Égypte (Royaume-Uni)

1941
• Inscription dans la charte de l'Atlantique du droit des peuples à se gouverner eux-mêmes

1943
• Indépendance du Liban (France)

1946
• Indépendance de la Jordanie (Royaume-Uni)
• Indépendance de la Syrie (France)

1947
• Adoption de l'*Indian Independance Bill* par le Parlement britannique

1948
• Fin du mandat britannique en Palestine et création de l'État d'Israël

1949
• Indépendance des Indes néerlandaises (Pays-Bas)

1954
• Défaite de la France au Viêtnam et fin de la guerre d'Indochine

1955
• Conférence de Bandung

1956
• Indépendance de la Tunisie (France)
• Indépendance du Maroc (France)
• Indépendance du Soudan (France)

Le Royaume-Uni et la France dominent la course aux colonies entre 1880 et la Première Guerre mondiale. Le Royaume-Uni répartit les colonies en trois classes: les dominions, les **protectorats** et les colonies de la Couronne, administrées par le Colonial Office (secrétariat d'État aux colonies). La France choisit, selon le contexte, l'assimilation ou l'association. Dans le premier cas, la colonie est gouvernée à partir de la métropole et les colonisés n'y disposent pas des mêmes droits que les colonisateurs. L'association, quant à elle, prend l'une ou l'autre des deux formes suivantes: le protectorat ou l'administration directe avec un gouverneur.

Outre ces puissances, d'autres acteurs se lancent dans la « course impériale »: l'Allemagne (Cameroun, une partie du Congo, Togo, Sud-Ouest africain, etc.), l'Italie (îles du Dodécanèse, Tripolitaine), le Portugal (Angola), la Belgique (Congo), les Pays-Bas (Indes néerlandaises), en plus de deux nouveaux acteurs, les États-Unis (Philippines) et le Japon (Chine, Corée, Taiwan).

2 **Les empires coloniaux, au début du XXᵉ siècle**

D'après Encyclopædia Universalis, *Les empires coloniaux au début du XXᵉ siècle*, 2005.

Légende:
- Royaume-Uni / empire britannique
- France / empire colonial français
- Italie / empire colonial italien
- Allemagne / empire colonial allemand
- Espagne / empire colonial espagnol
- Portugal / empire colonial portugais
- Belgique / empire colonial belge
- Pays-Bas / empire colonial néerlandais
- États-Unis / sphère d'influence américaine
- Japon / empire colonial japonais
- Empire russe
- Empire ottoman
- Royaume danois

1965   1970   1975   1980   1985   1990   1995

1960
- Indépendance de toutes les républiques de l'Afrique occidentale française et de l'Afrique équatoriale française
- Indépendance de Madagascar (France)
- Indépendance du Congo (Belgique)
- Indépendance du Nigeria (Royaume-Uni)

1957
- Indépendance de la Fédération de Malaisie (France)
- Indépendance du Ghana (Royaume-Uni)

1961
- Indépendance de la Sierra Leone (Royaume-Uni)
- Indépendance du Koweït (Royaume-Uni)

1962
- Déclaration d'indépendance de l'Algérie (France)
- Indépendance de Trinité-et-Tobago (Royaume-Uni)
- Indépendance du Rwanda et du Burundi sous le contrôle de l'ONU (Belgique)
- Indépendance de l'Ouganda (Royaume-Uni)

1963
- Indépendance du Kenya (Royaume-Uni)

1965
- Indépendance de la Gambie (Royaume-Uni)
- Indépendance de Singapour (Royaume-Uni)

1975
- Indépendance du Mozambique (Portugal)
- Indépendance des îles du Cap-Vert (Portugal)
- Indépendance de l'Angola (Portugal)

1997
- Rétrocession de Hong Kong du Royaume-Uni à la Chine

L'impact de la Première Guerre mondiale sur les empires

La Première Guerre mondiale fragilise grandement les puissances européennes et ouvre des brèches dans le système colonial. Des mouvements nationalistes se développent dans certaines colonies entre les deux guerres mondiales. Le Royaume-Uni reconnaît l'indépendance des « colonies blanches » (Canada, Australie, Nouvelle-Zélande, Afrique du Sud, Terre-Neuve) par la déclaration Balfour (1926) et le traité de Westminster (1931). Il accorde aussi une autonomie interne à l'Égypte en 1922, et reconnaît l'indépendance de l'Irak en 1932. La Société des Nations confie des mandats à certaines puissances victorieuses sur les anciennes possessions turques afin de les « guider » vers l'indépendance.

3 Les dominions

Plusieurs premiers ministres des dominions, dont celui du Canada, William Lyon Mackenzie King, sont réunis à la Conférence impériale de 1926. Le terme « dominion » désigne un État autonome pour ce qui est de sa politique intérieure, de son commerce et de ses finances, mais dont la politique extérieure dépend du Royaume-Uni. Le Canada, dominion depuis 1867, acquiert peu à peu son autonomie, surtout après sa participation à la Première Guerre mondiale. En 1931, il devient un dominion souverain membre du Commonwealth. Mais c'est en 1982 que le Canada devient véritablement indépendant avec le rapatriement au pays de sa Constitution.

Après 1945 : deux sphères d'influence

La Seconde Guerre mondiale précipite la chute du système colonial. Dès 1941, le président des États-Unis contraint le premier ministre du Royaume-Uni à signer la charte de l'Atlantique qui jette les bases d'une nouvelle politique internationale proclamant le droit des peuples à disposer d'eux-mêmes.

Épuisées économiquement, militairement fragilisées par plusieurs années de guerre, les puissances coloniales n'arrivent plus à maintenir leur domination sur les colonies. Par ailleurs, la participation active de ces dernières aux conflits leur permet d'exiger des colonisateurs une « compensation ». Soutenus par les deux superpuissances de l'après-guerre, les États-Unis et l'URSS, qui s'érigent en champions de la liberté des peuples opprimés, les colonisés souhaitent désormais acquérir leur indépendance.

4 Un extrait de la charte de l'Atlantique

Déclaration de principe diffusée par le président des États-Unis, Franklin Delano Roosevelt, et le premier ministre du Royaume-Uni, Winston Churchill, le 14 août 1941.

« Le Président des États-Unis et le Premier ministre [...] du Royaume-Uni [...] ont estimé devoir énoncer certains principes communs qui sous-tendent les politiques nationales de leurs pays et sur lesquels ils fondent leurs espoirs d'un avenir meilleur pour le monde entier.

1. Leurs pays ne recherchent pas d'expansion territoriale ou autre.
2. Ils ne veulent pas de modifications territoriales qui ne répondraient pas aux vœux populaires librement exprimés.
3. Ils respectent le droit de chaque peuple à choisir la forme de son gouvernement et espèrent que les droits souverains et l'autonomie de gouverner seront restitués à ceux qui en ont été privés par la force. »

OTAN, *Déclaration de principe diffusée par le Président des États-Unis et le Premier Ministre du Royaume-Uni (« Charte de l'Atlantique »)* [en ligne], réf. du 9 avril 2009.

L'affirmation du Tiers-Monde et la décolonisation

Dès la fin de la Seconde Guerre mondiale, les colonisés revendiquent leur indépendance. Le Royaume-Uni est le premier à se résigner à la décolonisation. Il met au point un mécanisme d'accession à l'indépendance de ses colonies dont l'Inde est l'une des premières à bénéficier. La perte des colonies sera plus brutale pour la France, qui sera forcée, parfois au terme de conflits sanglants, de reconnaître l'indépendance de ses anciennes possessions.

En 1955, 29 pays d'Asie et d'Afrique, pour la plupart récemment décolonisés, se réunissent en Indonésie, à Bandung, pour demander, entre autres, la libération des peuples colonisés et l'égalité de toutes les races, marquant ainsi une première prise de conscience de l'existence du Tiers-Monde.

5 L'indépendance de l'Inde et ses conséquences

Les négociations entreprises par le Royaume-Uni avec les nationalistes indiens après la Seconde Guerre mondiale mènent finalement à la partition de l'Empire britannique indien en deux territoires, l'Inde (hindoue) et le Pakistan (musulman), en 1947. La délimitation des frontières déclenche une guerre civile marquée par des déplacements de population, des massacres et des assassinats, dont celui du leader politique indien, Gandhi, en 1948.

6 La décolonisation

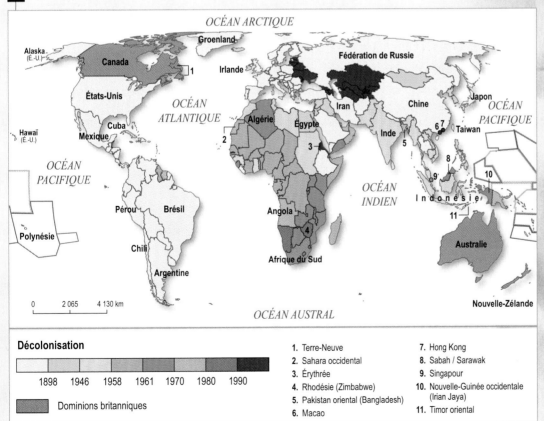

Décolonisation

1898 1946 1958 1961 1970 1980 1990

Dominions britanniques

1. Terre-Neuve
2. Sahara occidental
3. Érythrée
4. Rhodésie (Zimbabwe)
5. Pakistan oriental (Bangladesh)
6. Macao
7. Hong Kong
8. Sabah / Sarawak
9. Singapour
10. Nouvelle-Guinée occidentale (Irian Jaya)
11. Timor oriental

D'après Guillaume Balavoine, *Atlas historique.net* [en ligne], 2002, réf. du 9 avril 2009.

5 Le monde communiste

Le communisme prône la prise du pouvoir par la violence et le contrôle des moyens de production par la classe ouvrière. C'est en Russie, qui devient en 1922 l'Union des républiques socialistes soviétiques (URSS), que sera d'abord implanté un régime politique s'inspirant de l'idéal communiste. Après la Seconde Guerre mondiale, le communisme gagne des appuis dans le monde et se pose comme un choix autre que la démocratie libérale des pays occidentaux : le monde se divise alors en deux camps. Le régime communiste soviétique est fondé, entre autres, sur la répression de ses opposants et sur le contrôle de l'État sur l'économie. Cependant, il ne survit pas à la volonté de démocratisation des populations du bloc de l'Est : il se fragilise et s'écroule dans les années 1990.

La Révolution russe

Fortement contesté depuis le début du XXᵉ siècle, le régime des tsars est ébranlé en 1905, puis renversé en 1917. Les bolcheviks prennent le pouvoir lors de la révolution d'Octobre 1917. La Russie devient ainsi le premier pays où s'accomplit la révolution communiste. Les bouleversements politiques ainsi que la nationalisation forcée de la terre et de l'industrie entraînent, jusqu'en 1921, une guerre civile qui contraint Lénine, leader du parti bolchevik, devenu le Parti communiste, à retourner au début des années 20, à une certaine forme d'économie de libre marché. Il consolide parallèlement la structure du Parti communiste et crée, en 1922, le poste de secrétaire général, occupé par Staline.

1 La révolution d'Octobre 1917

Anonyme, *Affiche soviétique commémorant le 60ᵉ anniversaire de la révolution d'Octobre*, 1977.

2 Un extrait de *L'État et la révolution*, de Lénine

Dans *L'État et la révolution*, écrit en 1917, Lénine décrit la manière dont les prolétaires – les travailleurs – doivent renverser la classe dominante, capitaliste, pour s'emparer du pouvoir.

« La marche en avant, c'est-à-dire vers le communisme, se fait en passant par la dictature du prolétariat. Et elle ne peut se faire autrement, car il n'y a pas d'autre classe, ni d'autres moyens, qui puissent briser la résistance des capitalistes exploiteurs. En même temps qu'un élargissement considérable de la démocratie, [...] la dictature du prolétariat apporte une série de restrictions à la liberté pour les oppresseurs, les exploiteurs, les capitalistes. Ceux-là, nous devons les mater afin de libérer l'humanité de l'esclavage salarié ; et il est évident que, là où il y a répression, il y a violence, il n'y a pas de liberté, il n'y a pas de démocratie. »

Vladimir Ilitch Lénine, *L'État et la révolution : la doctrine marxiste de l'État et les tâches du prolétariat dans la révolution*, 2ᵉ éd., Éditions sociales, 1976.

Chronologie

1920	1925	1930	1935	1940	1945	1950	1955

1917
- Révolution russe

1921
- Adoption de la Nouvelle politique économique (NEP) en Russie

1922
- Création de l'Union des républiques socialistes soviétiques (URSS)

1918
- Début de la guerre civile en Russie
- Naissance du Parti communiste russe

1924
- Mort de Lénine

1927
- Accession au pouvoir de Staline

1928
- Début du premier plan quinquennal en URSS

1933
- Début du deuxième plan quinquennal en URSS

1938
- Début du troisième plan quinquennal en URSS

1943
- Instauration d'un État communiste en Yougoslavie

1948
- Instauration d'un régime communiste en Tchécoslovaquie suite à un coup d'État (Coup de Prague)

1949
- Création de la République démocratique allemande (RDA)
- Prise de pouvoir des communistes en Chine

1953
- Mort de Staline

Le stalinisme

Après la mort de Lénine, en 1924, Joseph Staline écarte ses adversaires politiques et prend la tête du Parti communiste. Il le dirige jusqu'à sa mort, en 1953. Le **stalinisme** vise à amener l'URSS à rattraper son retard industriel sur les pays capitalistes.

Des réformes sont mises en œuvre : les activités industrielles sont désormais planifiées par l'État et les objectifs de production sont fixés par des plans quinquennaux, c'est-à-dire qui s'étalent sur cinq ans. L'enthousiasme des travailleurs pour ces plans, stimulé par la propagande, permet une croissance forte, partiellement surévaluée par le régime. L'URSS devient donc l'une des trois premières puissances industrielles mondiales dès la fin des années 1930. Le secteur agricole est également touché par la planification quinquennale. Staline puise dans les campagnes les ressources nécessaires à la modernisation de la société : c'est l'appropriation collective, ou collectivisation, des terres.

Malgré une croissance de la production industrielle, les inégalités sociales persistent. Alors que les ouvriers jouissent de certains avantages (sécurité d'emploi, éducation gratuite, logements à prix modique), les paysans font les frais d'une politique agricole défaillante et sont fortement touchés par les famines et la pauvreté. Par ailleurs, l'investissement massif dans l'industrie lourde engendre une pénurie de biens essentiels (vêtements, chauffage) et provoque une détérioration du niveau de vie de la population. Seuls les membres du parti et de l'**intelligentsia** semblent profiter du régime communiste en bénéficiant de salaires supérieurs à la moyenne et d'autres privilèges.

> **Stalinisme** Régime politique, mis en place par Joseph Staline entre 1929 et 1953, caractérisé par la centralisation du pouvoir, la répression et le culte de la personnalité.
>
> **Intelligentsia** Classe sociale désignant les artistes, les intellectuels ou les écrivains au service du régime et du Parti communiste.

3 **Les résultats des deux premiers plans quinquennaux (d'après les sources soviétiques)**

	1928	1932	1937
Population (en millions)	150,5	163,0	163,6
Céréales (en millions de tonnes)	73,3	69,8	95,9
Ovins et bovins (en millions de têtes)	± 190,0	92,7	± 150,0
Tracteurs	1 800,0	50 800,0	± 60 000,0
Charbon (en millions de tonnes)	36,4	64,4	127,3
Pétrole (en millions de tonnes)	11,6	21,4	27,8
Électricité (en milliards de kWh)	5,0	13,5	35,0
Acier (en millions de tonnes)	4,3	5,9	17,5
Camions	700,0	23 700,0	± 100 000,0
Coton (en millions de m²)	2 698,0	2 694,0	3 448,0

Georges Langlois, *Histoire du temps présent, de 1900 à nos jours*, Groupe Beauchemin, 2008.

1960	1965	1970	1975	1980	1985	1990

1959
- Révolution cubaine Instauration d'un régime communiste par Fidel Castro

1968
- Printemps de Prague en Tchécoslovaquie

1985
- Arrivée de Mikhaïl Gorbatchev à la tête du Parti communiste

1989
- Élections libres en Pologne
- Chute du mur de Berlin
- Massacre de la place Tiananmen à Beijing en Chine
- Manifestations pacifistes en Tchécoslovaquie qui aboutiront à des élections démocratiques

1956
- Insurrections en Hongrie et en Pologne contre le despotisme de l'URSS, réprimées violemment par les troupes soviétiques

1991
- Élection de Boris Eltsine à la présidence de la Fédération de Russie (Juin)
- Démission de Mikhaïl Gorbatchev de son poste de président de l'URSS (Décembre)
- Dissolution de l'URSS (Décembre)

Sous Staline, les Soviétiques sont soumis à un régime de terreur qui fait des millions de victimes. S'appuyant sur une police secrète efficace, le régime s'assure du contrôle de la population par la répression. Dissidents et opposants sont déportés vers les goulags ou exécutés. L'élimination systématique de ses adversaires donne à Staline un pouvoir absolu.

4 La famine de 1932-1933, en Ukraine (URSS)

Affaiblissant la résistance paysanne, la collectivisation des terres en Ukraine en 1932 et 1933 visait aussi l'anéantissement du sentiment nationaliste dans la région. Cette « famine organisée » qui fait environ 6 millions de morts en quelques mois est largement ignorée à l'époque, même en URSS, et ne sera vraiment révélée que dans les années 1990.

5 Les goulags

Les opposants au régime communiste sont envoyés dans des camps de travail forcé. Créés en 1918, ces camps prennent une ampleur considérable dans les années 1930 alors qu'y affluent les paysans déportés et les victimes des purges staliniennes. 15 à 18 millions de Soviétiques auraient fait l'expérience du goulag et environ 1,5 million d'entre eux y ont péri.

La réforme du régime communiste et l'éclatement de l'URSS

Après la mort de Staline, le Parti communiste, sans perdre son caractère autoritaire, critique le stalinisme et entreprend des réformes économiques et sociales. Mal coordonnées, les réformes initiées sous Khrouchtchev (1953-1964) comme sous Brejnev (1964-1982) s'avèrent toutes des échecs. La sous-production céréalière et la pénurie des biens de consommation demeurent constantes jusque dans les années 1980. Ces difficultés alimentent le mécontentement de la population.

Après son élection au poste de secrétaire général du Parti communiste en 1985, Mikhaïl Gorbatchev cherche à réorganiser le système en lançant de nouvelles réformes dans deux directions : l'une politique et culturelle (la *glasnost*), qui met un terme à la censure et entraîne une libéralisation progressive de la société ; l'autre, économique (la *perestroïka*), qui diminue la planification centrale et privatise certains secteurs. L'ouverture et la démocratisation qu'introduisent ces réformes provoquent finalement l'éclatement de l'URSS au début des années 1990. Plusieurs républiques anciennement réunies dans l'URSS, dont la Russie dirigée par Boris Eltsine, proclament leur souveraineté.

6 Les espoirs d'un peuple

Brandissant un exemplaire du livre de Mikhaïl Gorbatchev, *Perestroïka* (« reconstruction », en russe), cette femme participe, en décembre 1991, à une manifestation pro-Eltsine à Moscou. Dénonçant la lenteur des réformes entreprises par Gorbatchev, Boris Eltsine est élu président de la Fédération de Russie en juin 1991. Ne pouvant éviter l'éclatement de l'URSS, Gorbatchev démissionne le 25 décembre 1991. Le lendemain, l'URSS est dissoute.

Le communisme dans le monde

Hors de l'URSS, la révolution communiste a touché plusieurs pays. Dans la période entre les deux guerres mondiales, l'URSS soutient des partis communistes étrangers (au Royaume-Uni ou en France, par exemple). En libérant les pays de l'est européen pendant la Seconde Guerre mondiale, l'URSS y accroît son influence et instaure des régimes communistes soutenus par Moscou (Bulgarie, Roumanie, Hongrie, Pologne, Tchécoslovaquie). Ces pays, appelés « États satellites », ont un système économique calqué sur le système soviétique et doivent planifier leur production en fonction des besoins de l'URSS.

Devenue communiste en 1949, la Chine, d'abord un **pays aligné** sur l'URSS, rompt avec celle-ci en 1957. Le président chinois, Mao Zedong, implante alors ses propres réformes économiques et culturelles qui mènent tantôt à la famine tantôt à un accroissement de la répression. Après la mort de Mao Zedong en 1976, la Chine s'ouvre progressivement sur le plan économique, mais elle réprime toute tentative de libéralisation du régime, comme lors du massacre de la place Tiananmen, en 1989.

À Cuba, Fidel Castro, animé entre autres par un fort sentiment antiaméricain suscité par la domination économique des États-Unis, s'empare du pouvoir en 1959. Le régime communiste qu'il instaure permet une certaine amélioration des conditions de vie des Cubains, tout en étant caractérisé par la répression, la propagande et la censure.

Entre les années 1950 et les années 1990, les forces armées soviétiques répriment plusieurs mouvements de libéralisation dans les États satellites (Hongrie, Pologne, Tchécoslovaquie). La tenue d'élections libres en Pologne en 1989 influence les autres pays du bloc de l'Est qui se décompose rapidement par la suite. La fin du communisme dans les pays de l'Est n'a pas entraîné la chute des régimes communistes de Chine et de Cuba.

> **Pays aligné** Terme désignant le rapprochement idéologique entre un pays et une super-puissance, en l'occurrence les États-Unis ou l'URSS pendant la Guerre froide.

7 **L'éclatement de l'URSS, en 1991**

LITUANIE LETTONIE
ESTONIE
MOLDAVIE BIÉLORUSSIE
UKRAINE
GÉORGIE
ARMÉNIE
AZERBAÏDJAN
FÉDÉRATION DE RUSSIE
KAZAKHSTAN
OUZBÉKISTAN
TURKMÉNISTAN
KIRGHIZISTAN
TADJIKISTAN

Républiques devenues indépendantes
Fédération de Russie

Georges Langlois, *Histoire du temps présent, de 1900 à nos jours*, Groupe Beauchemin, 2008, p. 301.

8 **Le Printemps de Prague**

En janvier 1968, est implanté en Tchécoslovaquie un « socialisme à visage humain ». Cette période de libéralisation est appelée « Printemps de Prague ». Craignant l'impact de ces transformations sur les autres États satellites, Moscou envoie des troupes à Prague en août : le soulèvement populaire est réprimé.

6 La Guerre froide

L'expression « Guerre froide » désigne la période de 1947 à 1991 au cours de laquelle les deux superpuissances qui émergent au lendemain de la Seconde Guerre mondiale, les États-Unis et l'Union des républiques socialistes soviétiques (URSS), s'engagent dans un affrontement politico-idéologique. Cette période de relations tendues traduit la confrontation entre deux systèmes politiques, la démocratie libérale (États-Unis) et le communisme (URSS), qui rivalisent sur les plans militaire et technologique, tout en évitant un conflit armé. Caractérisée par la méfiance, la propagande, l'espionnage et la menace nucléaire, la Guerre froide marque fortement la seconde moitié du xxe siècle.

1 Deux conférences marquantes

En février 1945, les chefs d'État Churchill (Royaume-Uni), Roosevelt (États-Unis) et Staline (URSS) se rencontrent à Yalta en Ukraine pour régler la fin de la guerre. Le partage de l'Allemagne et de Berlin est décidé, de même que la création d'un État polonais soumis à l'influence de l'URSS.

La conférence de Potsdam, en Allemagne, inaugurée en juillet 1945, réunit de nouveau les leaders des trois pays (Truman au centre a toutefois remplacé Roosevelt à la tête des États-Unis). Les communistes confirment alors leur emprise sur l'Europe centrale : les Américains et les Britanniques commencent à s'inquiéter.

Chronologie

1945	1950	1955	1960	1965

- Conférence de Yalta
- Capitulation de l'Allemagne
- Conférence de Potsdam

- Création de l'Organisation du traité de l'Atlantique Nord (OTAN)
- Guerre de Corée (1950-1953)

1953
- Mort de Staline

- Création du Pacte militaire de Varsovie

1961
- Construction du mur de Berlin par l'Allemagne de l'Est

1947
- Élaboration de la « doctrine Truman »
- Dévoilement du « plan Marshall » : programme d'aide à la reconstruction de l'Europe

1948
- Blocus soviétique sur Berlin ; organisation par les Alliés d'un « pont aérien » afin d'alimenter Berlin-Ouest en vivres et en médicaments

1949
- Constitution par l'URSS du Conseil d'assistance économique mutuelle (Comecon) : plan d'aide économique aux pays du bloc communiste
- Création de la RFA (République fédérale allemande)
- Création de la RDA (République démocratique allemande)

1956
- Intervention militaire soviétique en Hongrie dans le but d'écraser la résistance anticommuniste

1962
- Crise des missiles à Cuba

1968
- Printemps de Prague : l'URSS écrase la révolution en Tchécoslovaquie

Un «rideau de fer» partage l'Europe (1945-1949)

Alliés pendant la Seconde Guerre mondiale, les États-Unis et l'URSS se brouillent au cours des négociations d'après-guerre. Les relations diplomatiques se dégradent à cause de désaccords sur la reconstruction de l'Europe et sur la division de Berlin et de l'Allemagne en quatre zones d'occupation (France, Grande-Bretagne, États-Unis, URSS) qui surgissent lors des conférences de Yalta et de Potsdam, en 1945.

Alors que l'URSS veut élargir son influence sur les pays d'Europe nouvellement libérés et notamment sur l'est de l'Allemagne, les États-Unis et leurs alliés occidentaux désirent plutôt organiser des élections libres dans ces pays une fois l'ordre rétabli. Les tensions s'aggravent en 1946 et 1947 lorsque l'Albanie et la Pologne deviennent communistes. Winston Churchill parle alors du célèbre «rideau de fer» qui sépare l'Europe en deux.

Ce sont cependant les visées expansionnistes de l'URSS en Grèce et en Turquie qui incitent les États-Unis à adopter la «**doctrine Truman**», en 1947 dans le but de freiner l'expansion du communisme. Celle-ci soulève la colère des Soviétiques qui soumettent Berlin à un blocus. En 1949, les États-Unis, alors le seul pays à détenir l'arme nucléaire, perdent leur avantage stratégique lorsque l'URSS annonce l'explosion d'une bombe atomique. La méfiance s'installe entre les deux puissances. De part et d'autre, des alliances stratégiques se créent: l'Organisation du traité de l'Atlantique Nord (OTAN) qui regroupe, entre autres, les États-Unis, le Canada, la France, le Royaume-Uni, les Pays-Bas et l'Italie, ainsi que le Pacte de Varsovie, qui, au départ, compte huit signataires: URSS, Bulgarie, Albanie, RDA, Hongrie, Pologne, Tchécoslovaquie, Roumanie. Des agences d'espionnage (CIA et KGB) voient également le jour.

> **Doctrine Truman** Politique qui vise à freiner l'expansion communiste en offrant une aide militaire et financière aux pays désirant résister aux pressions communistes.

2 Le «rideau de fer» de Winston Churchill

« De Stettin dans la Baltique jusqu'à Trieste dans l'Adriatique, un rideau de fer est descendu à travers le continent. Derrière cette ligne se trouvent toutes les capitales des anciens États de l'Europe centrale et orientale. [...] Toutes ces villes célèbres [...] se trouvent dans ce que je dois appeler la sphère soviétique, et toutes sont soumises, sous une forme ou sous une autre, non seulement à l'influence soviétique, mais aussi à un degré très élevé et, dans beaucoup de cas, à un degré croissant, au contrôle de Moscou. [...] Les partis communistes, qui étaient très faibles dans tous ces États de l'Est européen, se sont vu élevés à une prédominance et un pouvoir bien au-delà de leur importance numérique et cherchent partout à accéder à un contrôle totalitaire. Des gouvernements policiers dominent dans presque tous les cas et, jusqu'à présent, à l'exception de la Tchécoslovaquie, il n'y a pas de vraie démocratie. »

Discours prononcé par Winston Churchill, au Westminster College de Fulton, dans le Missouri, le 5 mars 1946.

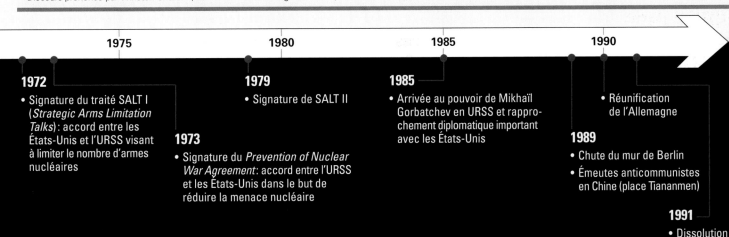

1972
- Signature du traité SALT I (*Strategic Arms Limitation Talks*): accord entre les États-Unis et l'URSS visant à limiter le nombre d'armes nucléaires

1973
- Signature du *Prevention of Nuclear War Agreement*: accord entre l'URSS et les États-Unis dans le but de réduire la menace nucléaire

1979
- Signature de SALT II

1985
- Arrivée au pouvoir de Mikhaïl Gorbatchev en URSS et rapprochement diplomatique important avec les États-Unis

1989
- Chute du mur de Berlin
- Émeutes anticommunistes en Chine (place Tiananmen)

- Réunification de l'Allemagne

1991
- Dissolution de l'URSS

3 Le partage du monde, en 1962

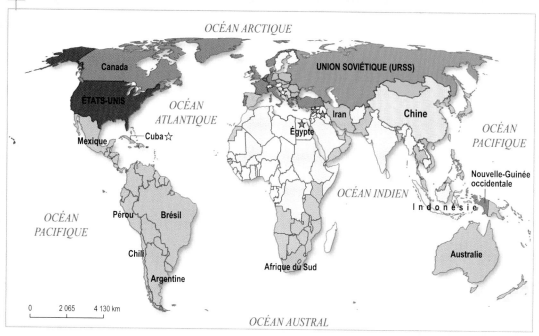

Bloc de l'Ouest dominé par les États-Unis
- États-Unis
- Alliés membres de l'OTAN
- Autres alliés des États-Unis

Camp communiste
- URSS
- Alliés de l'URSS
- Autres pays communistes
- ☆ Autres pays alliés de l'URSS

- Pays non-alignés
- Territoires colonisés ou sous mandats
- ☆ Autres pays non-alignés
- Territoire sous tutelle de l'ONU

Un affrontement idéologique et militaire (1949-1962)

Sur le plan idéologique, chaque camp accuse l'autre de tous les maux, ce qui provoque des excès des deux côtés. Les Soviétiques n'hésitent pas à réprimer sévèrement les soulèvements populaires dans les États satellites afin d'assurer le respect de la ligne du Parti communiste.

Aux États-Unis, le sénateur Joseph McCarthy sème l'émoi en annonçant en 1950 la présence de nombreux sympathisants communistes au sein du gouvernement, ce qui se révélera faux. Pendant quatre ans, le pays sera secoué par une période d'hystérie collective, appelée la « chasse aux sorcières ».

Dans les années 1950 et 1960, la multiplicité des crises traduit une forme de « guerre par procuration », où des opérations militaires (parfois secrètes) provoquent d'énormes tensions. Les exemples les plus connus sont la guerre de Corée (1950-1953), le coup d'État en Iran (1953) et la construction du mur de Berlin (1961). La course aux armements de plus en plus destructeurs, dont la bombe à hydrogène, s'accélère. Si, au cours de la guerre de Corée, l'idée d'une attaque nucléaire est envisagée, elle n'est jamais aussi menaçante que lors de la crise des missiles cubains, en octobre 1962.

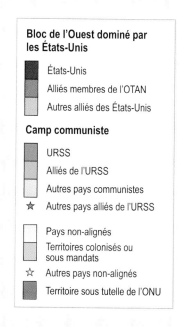

4 Un mur inhumain

Érigé en 1961, le mur de Berlin divise la ville en deux : l'Est communiste et l'Ouest démocratique. Cette photo montre un père et une mère ouest-allemands présentant leurs enfants à leurs grands-parents, restés à Berlin-Est.

5 **Un avion de guerre américain survole un cargo soviétique**

En 1962, un avion espion américain découvre la présence de missiles nucléaires d'origine soviétique à Cuba, à moins de 200 kilomètres des États-Unis. Le président John Kennedy décide alors d'affronter son vis-à-vis soviétique Nikita Khrouchtchev en créant un blocus maritime pour forcer Cuba et l'URSS à retirer leurs missiles. Pendant près de deux semaines, en octobre 1962, les États-Unis et l'URSS vont menacer d'utiliser l'arme nucléaire. La crise se résorbera quand les Soviétiques accepteront de se soumettre aux exigences américaines.

La « détente » (1963-1979)

Dans les années 1960 et 1970, l'idée d'un « équilibre de la terreur nucléaire » pousse à la détente et à la reprise des relations diplomatiques. C'est en 1963 qu'apparaît le fameux « téléphone rouge », ligne directe entre les dirigeants américain et soviétique. Cet assouplissement favorise un rapprochement économique et la signature d'accords successifs sur le désarmement. Les deux blocs continuent cependant de se critiquer, notamment lors de la guerre du Viêtnam (1964-1975), au sujet de la répression exercée par l'URSS dans ses États satellites et des crises politiques en Amérique latine (Chili, 1973).

De la « seconde Guerre froide » à la dissolution de l'URSS (1979-1991)

À la fin des années 1970, l'invasion de l'Afghanistan par l'URSS et la crise politique en Iran inaugurent une nouvelle ère de tensions. L'arrivée de Ronald Reagan à la présidence des États-Unis se traduit par une politique de défense stratégique plus musclée. Dès 1985 cependant, avec l'arrivée de Mikhaïl Gorbatchev au pouvoir en URSS, plusieurs réformes alimentent la démocratisation croissante du bloc de l'Est. Ce vent de liberté gagne la RDA, mène à la chute du mur de Berlin en 1989, puis à la réunification de l'Allemagne l'année suivante. La dissolution de l'URSS, en 1991, marque véritablement la fin de la Guerre froide.

6 **L'accord sur les armes nucléaires**

Lors d'une rencontre tenue en décembre 1987, le président américain, Ronald Reagan, et son homologue soviétique, Mikhaïl Gorbatchev, s'entendent pour éliminer les missiles nucléaires de moyenne et courte portée.

7 **La chute du mur de Berlin**

La chute du mur de Berlin, en octobre 1989, mène à la réunification de l'Allemagne, en 1990, après 40 ans de Guerre froide. Elle ouvre la voie à la démocratisation du bloc de l'Est et entraîne la dissolution de l'URSS, en 1991.

7 Le monde depuis 1990

Au début des années 1990, au moment de la dissolution de l'URSS et du bloc de l'Est, le président des États-Unis, George H.W. Bush, annonce le début d'un « nouvel ordre mondial ». La fin de la Guerre froide confirme la domination américaine et laisse espérer un partenariat international pour défendre les droits de l'homme. Cependant, de vieux désaccords perdurent (Palestine, Cachemire) et d'autres problèmes voient le jour, comme une nouvelle menace nucléaire (Iran, Pakistan, Corée du Nord), ainsi que la montée de l'**islamisme** dans le monde musulman. La multiplication des conflits régionaux amène l'Organisation des Nations Unies (ONU) à revoir son rôle sur la scène internationale. Par ailleurs, la libéralisation des échanges au niveau mondial encourage l'apparition de nouvelles puissances économiques.

> **Islamisme** Idéologie et mouvement politique ayant pour but l'instauration d'un État régi par les règles du Coran et dirigé par les chefs religieux.

1 Un extrait du discours de George H.W. Bush au Congrès américain, en 1990

En 1990, le président George H.W. Bush évoque la possibilité d'une nouvelle ère de coopération mondiale entre les nations, malgré les crises encore présentes.

« Il est clair qu'aucun dictateur ne peut plus compter sur l'affrontement Est-Ouest pour bloquer l'action de l'ONU contre toute agression. Un nouveau partenariat des nations a vu le jour. [...] La crise dans le golfe Persique, malgré sa gravité, offre une occasion rare pour s'orienter vers une période historique de coopération. De cette période difficile [...] un nouvel ordre mondial peut voir le jour : une nouvelle ère, moins menacée par la terreur, plus forte dans la recherche de la justice et plus sûre dans la quête de la paix. [...] Un monde où les États reconnaissent la responsabilité commune de garantir la liberté et la justice. Un monde où les forts respectent les droits des plus faibles. »

« Discours du président américain George Bush au Congrès », *Le Monde diplomatique* [en ligne], 11 septembre 1990, réf. du 5 mai 2009.

La mondialisation

La fin de la Guerre froide accélère l'unification économique entreprise par le Fonds monétaire international (FMI, en 1945) et l'Accord général sur les tarifs douaniers et le commerce (GATT, en 1948). En même temps, la déréglementation des marchés financiers durant les années 1980 facilite la circulation des marchandises et des capitaux. En 1995, la transformation du GATT en Organisation mondiale du commerce (OMC) contribue à l'intégration des pays émergents à l'économie mondiale. La mondialisation économique est renforcée par des accords régionaux tels l'Accord de libre-échange nord-américain (ALENA), la Coopération économique pour l'Asie-Pacifique (APEC) ou l'Union européenne (UE).

Chronologie

| 1990 | 1992 | 1994 | 1996 | 1998 |

1990
• Invasion du Koweït par l'Irak

1991
• Éclatement de la Yougoslavie
• Guerre du Golfe

1992
• Début de la guerre de Bosnie
• Signature du traité de Maastricht, amenant la création de l'Union européenne

1993
• Reconnaissance mutuelle d'Israël et de l'Organisation de libération de la Palestine (OLP)
• Création du Tribunal

1994
• Guerre en Tchétchénie
• Création du Tribunal pénal international pour le Rwanda

1995
• Transformation du GATT en Organisation mondiale du commerce
• Fin de la guerre de Bosnie
• Assassinat du premier ministre israélien, Yitzhak

1996
• Premières élections en Palestine, qui portent au pouvoir Yasser Arafat, chef du Fatah
• Prise du pouvoir des talibans en Afghanistan

Bien que certains pays émergents, notamment la Chine et l'Inde, profitent de l'ouverture des marchés, l'Afrique bénéficie peu des effets positifs de la mondialisation. Par ailleurs, l'inquiétude que suscitent les conséquences sociales et environnementales de la libéralisation des marchés contribue à l'apparition d'un vaste mouvement altermondialiste. Ce mouvement se manifeste parfois avec violence au moment de grandes réunions économiques internationales.

2 Une protestation contre le Forum économique mondial de Davos, en Suisse

Depuis 1971, le Forum économique mondial (FEM) rassemble une fois par année, à Davos, les dirigeants d'entreprises, les chefs politiques ainsi que l'élite intellectuelle mondiale pour discuter des problèmes économiques et sociaux touchant la planète. À partir de la fin des années 1990, le Forum s'attire les critiques des altermondialistes. Des manifestations violentes ont lieu au moment de la réunion de janvier 2000. L'année suivante, le Forum social mondial est créé pour contrebalancer le FEM.

Le monde depuis la fin de la Guerre froide

Après la dissolution de l'URSS en 1991, la démocratisation pacifique de l'Europe de l'Est permet d'envisager l'union de l'Europe. Grâce à l'adoption du traité de Maastricht en 1992, l'union économique et monétaire devient une réalité. Une citoyenneté européenne commune est alors créée. Depuis, une certaine harmonisation économique, sociale et institutionnelle s'est faite. Toutefois, les négociations en vue de l'adhésion de nouveaux pays membres et le projet de Constitution européenne provoquent des désaccords entre les membres de l'UE.

2000   **2002**   **2004**   **2006**

2000
- Début de la deuxième Intifada

2002
- Implantation de l'euro comme monnaie unique dans 11 pays de l'Union européenne

2003
- Invasion de l'Irak par les États-Unis
- Feuille de route : projet

2006
- Victoire du Hamas, mouvement islamiste palestinien, aux élections législatives en Palestine

2007
- Nouvel élargissement de l'Union européenne (27 membres)

3 L'Union européenne, de 1990 à 2007

Constituée de six pays à sa fondation en 1957, la Communauté économique européenne (CEE), qui devient l'Union européenne (UE) en 1993, ne cesse d'élargir ses rangs après la chute du mur de Berlin. En 2007, elle compte 27 membres.

L'Union européenne, 1990-2007

- Europe des Douze, en 1990
- Adhésion, en 1995
- Adhésion, en 2004
- Adhésion, en 2007
- En négociation

1. Bosnie-Herzégovine	5. Monténégro
2. Croatie	6. Serbie
3. Macédoine	7. Slovaquie
4. Moldavie	8. Slovénie

Au début des années 1990, la coopération entre les membres de l'ONU suscite beaucoup d'espoirs pour le maintien de la paix mondiale. Mais en réalité, l'ONU est souvent tiraillée entre le respect de la souveraineté politique et de l'intégrité territoriale des États, et la nécessité d'empêcher les violations des droits de l'homme. Elle tarde ainsi à réagir pendant les conflits graves (ex-Yougoslavie, Tchétchénie, Rwanda, Somalie et Sierra Leone). Le maintien de la paix et l'action humanitaire s'avèrent même insuffisants dans l'ex-Yougoslavie et au Rwanda. Ces deux conflits amènent l'ONU à mettre sur pied des tribunaux pénaux internationaux pour poursuivre les responsables de crimes de guerre et de crimes contre l'humanité.

Par ailleurs, des essais nucléaires sont effectués en 1998 par l'Inde et le Pakistan, qui se disputent le Cachemire, et en 2006 par la Corée du Nord, traditionnellement opposée à la Corée du Sud. La menace d'utilisation de l'arme nucléaire rend ces vieux conflits régionaux potentiellement plus dangereux.

4 Le génocide rwandais, en 1994

L'affrontement entre les Hutus et la minorité tutsie au Rwanda donne lieu à un génocide. Le nombre de personnes tuées en trois mois, essentiellement des Tutsis, est évalué entre 500 000 et 1 000 000.

Le Moyen-Orient

Depuis la création de l'État d'Israël en 1948, le Moyen-Orient est qualifié de « poudrière du monde ». En 1993, un certain rapprochement a mené à la reconnaissance mutuelle d'Israël et de l'Organisation de libération de la Palestine. Toutefois, à partir de 1995, les actions des extrémistes des deux camps provoquent une radicalisation des positions et l'éclosion de nouveaux épisodes de violence.

Toujours dans le monde musulman, la montée de l'islamisme représente une menace pour la stabilité du Moyen-Orient, et du reste du monde. Au pouvoir en Iran depuis 1979, un régime islamiste entretient dans la région un fort sentiment antiaméricain et accélère un programme nucléaire qui semble lourd de menaces. De plus, la prise du pouvoir en 1996 par les talibans en Afghanistan contribue à une intensification des attentats terroristes contre les intérêts américains. Les talibans sont renversés en 2001, lorsque les États-Unis, accompagnés entre autres par le Canada, entrent en guerre en Afghanistan.

Par ailleurs, le golfe Persique, qui possède les deux tiers des réserves de pétrole mondial, devient le lieu de conflits majeurs. Appuyé d'abord par l'Occident dans sa guerre contre l'Iran (1980-1988), l'Irak envahit le Koweït en 1990. Au moment de la première guerre du Golfe, l'Irak est rapidement écrasé par une coalition internationale, dont font partie les États-Unis et le Canada. Au début des années 2000, le renversement du régime dictatorial de Saddam Hussein devient l'une des priorités des États-Unis, qui envahissent l'Irak en 2003 sans l'accord de l'ONU.

La guerre au terrorisme

La fin de la Guerre froide fait des États-Unis l'unique superpuissance de la planète. Dans les années 1990, ils n'entendent plus nécessairement arbitrer seuls l'ordre mondial et souhaitent partager leurs responsabilités. Cependant, les attentats terroristes du 11 septembre 2001 aux États-Unis et la surprise générale qu'ils provoquent remettent en question leur retrait relatif.

Au nom de la lutte contre un nouvel « axe du Mal » (Iran, Irak et Corée du Nord), les États-Unis entreprennent au début du XXIe siècle une « guerre au terrorisme ». Celle-ci défend d'abord les intérêts américains, et va parfois à l'encontre des partenaires des États-Unis ou de certains accords internationaux.

5 **Les Intifadas, en Palestine**

La frustration des Palestiniens quant à l'occupation israélienne et à la colonisation dans la bande de Gaza et en Cisjordanie déclenche deux Intifadas, ou « guerres des pierres » : la première, de 1988 à 1993 ; la deuxième, à partir de septembre 2000. Ces mouvements, violemment réprimés par la force militaire israélienne, ont causé plusieurs milliers de morts, surtout des Palestiniens.

6 **Les attentats contre le World Trade Center, en 2001**

Le 11 septembre 2001, des avions détournés s'écrasent sur les tours du World Trade Center à New York, qui s'écroulent, ainsi que sur le Pentagone, à Washington. Ces attentats, attribués au groupe terroriste islamiste al-Qaida, font plus de 3000 morts.

VENEZUELA
GUYANA
Georgetown
SURINAME
Paramaribo
Guyane
(Fr.)
COLOMBIE
Bogotá

PÉROU

BRÉSIL

La Paz
BOLIVIE
Brasília

PARAGUAY
Asunción

HONGRIE
Chișinău
SLOVÉNIE
Ljubljana
Zagreb
ROUMANIE
CROATIE
SAINT-
MARIN
MONACO
BOSNIE-
HERZÉGOVINE
Belgrade
Bucarest
Corse
(Fr.)
Sarajevo
SERBIE
VATICAN
MONTÉNÉGRO
KOSOVO
Rome
Podgorica
BULGARIE
ITALIE
Tirana
Skopje
Sofia
rdaigne
(It.)
MACÉDOINE
Danube
Mer
Tyrrhénienne
ALBANIE
GRÈCE
Mer
Égée
Mer
Ionienne
Mer Méditerranée
Sicile (It.)
Athènes

canadien
Lac
Albanel
Riv. Broadback
Réservoir
Gouin
Lac
Saint-Jean
Riv. Saguenay
Rivière Saint-Maurice
Mont
Raoul-Blanchard
(1166 m)
Laurentides

OCÉAN ARCTIQUE

ASIE

AMÉRIQUE
DU
NORD

EUROPE

OCÉAN
ATLANTIQUE

AFRIQUE

OCÉAN
PACIFIQUE

OCÉAN
INDIEN

AMÉRIQUE
DU SUD

OCÉAN AUSTRAL

ANTARCTIQU

390

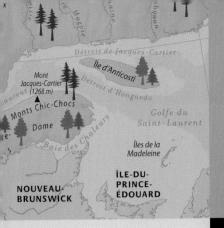

ATLAS

1 Le produit intérieur brut (PIB) par habitant dans le monde

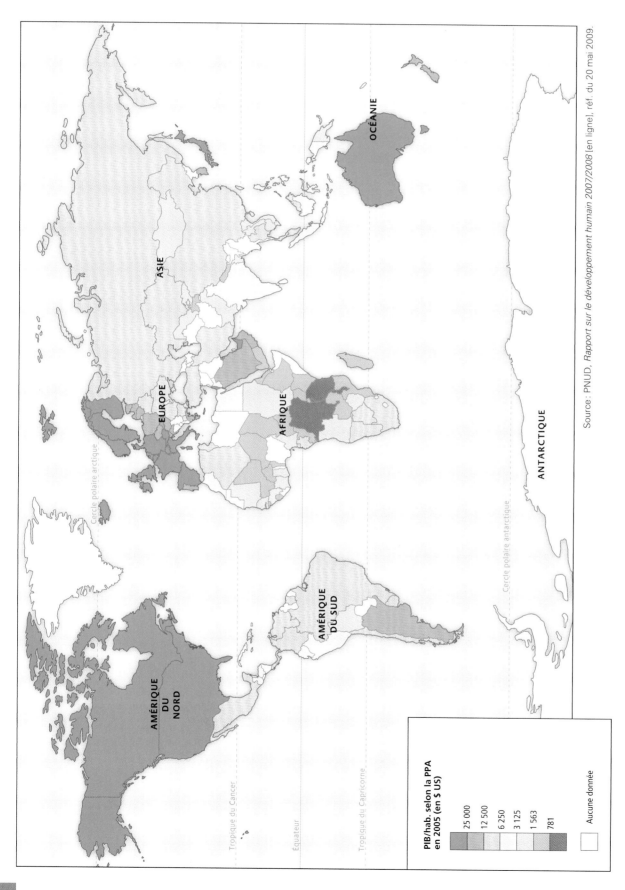

PIB/hab. selon la PPA en 2005 (en $ US)

- 25 000
- 12 500
- 6 250
- 3 125
- 1 563
- 781

Aucune donnée

Source : PNUD, *Rapport sur le développement humain 2007/2008* [en ligne], réf. du 20 mai 2009.

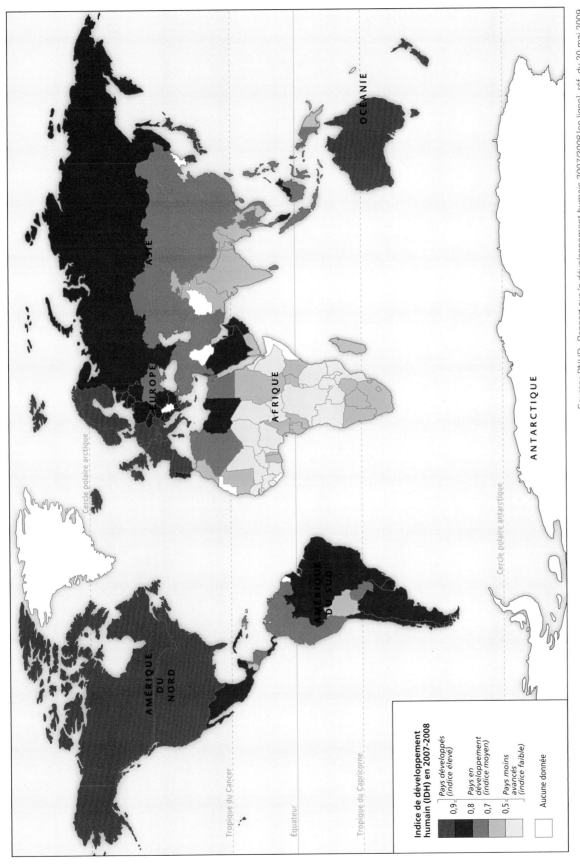

Source : PNUD, *Rapport sur le développement humain 2007/2008* [en ligne], réf. du 20 mai 2009.

Indice de développement humain (IDH) en 2007-2008

- 0,9 — *Pays développés (indice élevé)*
- 0,8
- 0,7 — *Pays en développement (indice moyen)*
- 0,5 — *Pays moins avancés (indice faible)*
- *Aucune donnée*

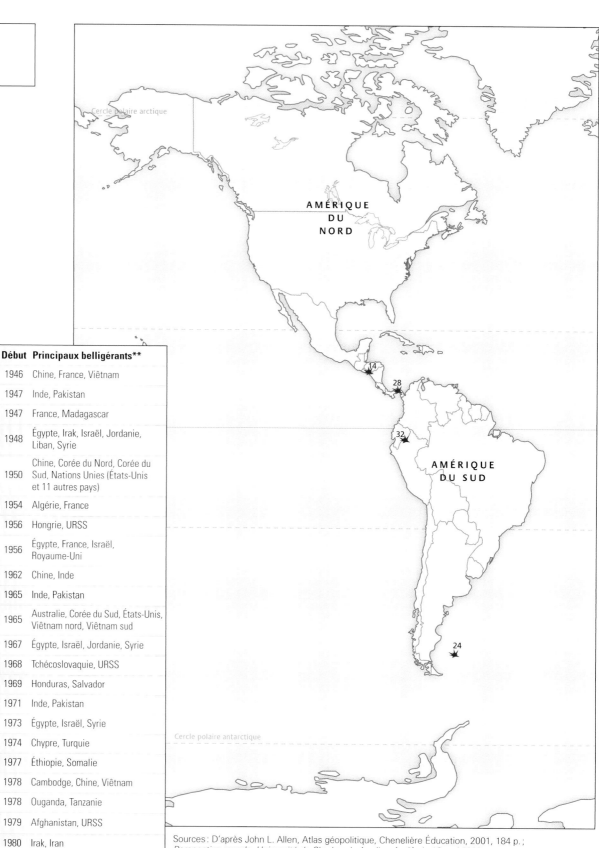

	Conflit*	Début	Principaux belligérants**
1	Indochine	1946	Chine, France, Viêtnam
2	Indo-pakistanais	1947	Inde, Pakistan
3	Madagascar	1947	France, Madagascar
4	Palestine	1948	Égypte, Irak, Israël, Jordanie, Liban, Syrie
5	Guerre de Corée	1950	Chine, Corée du Nord, Corée du Sud, Nations Unies (États-Unis et 11 autres pays)
6	Guerre d'Algérie	1954	Algérie, France
7	Soviéto-hongrois	1956	Hongrie, URSS
8	Crise de Suez	1956	Égypte, France, Israël, Royaume-Uni
9	Sino-indien	1962	Chine, Inde
10	Cachemire	1965	Inde, Pakistan
11	Viêtnam	1965	Australie, Corée du Sud, États-Unis, Viêtnam nord, Viêtnam sud
12	Guerre des Six Jours	1967	Égypte, Israël, Jordanie, Syrie
13	Soviétique-tchèque	1968	Tchécoslovaquie, URSS
14	Guerre du Football	1969	Honduras, Salvador
15	Indo-pakistanais	1971	Inde, Pakistan
16	Yom Kippour	1973	Égypte, Israël, Syrie
17	Chypre	1974	Chypre, Turquie
18	Ogaden	1977	Éthiopie, Somalie
19	Viêtnamo-cambodgien	1978	Cambodge, Chine, Viêtnam
20	Ougando-tanzanien	1978	Ouganda, Tanzanie
21	Afghanistan	1979	Afghanistan, URSS
22	Golfe Persique	1980	Irak, Iran
23	Angola	1981	Afrique du Sud, Angola, Cuba

Sources : D'après John L. Allen, *Atlas géopolitique*, Chenelière Éducation, 2001, 184 p. ; *Perspective monde, Université de Sherbrooke* [en ligne], réf. du 19 mai 2009.

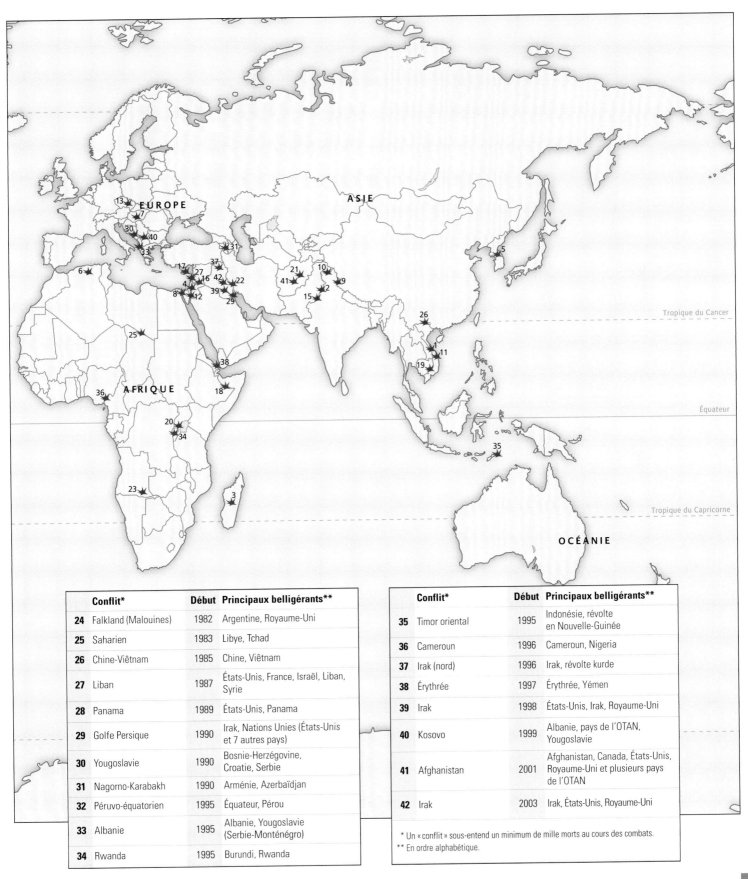

	Conflit*	Début	Principaux belligérants**
24	Falkland (Malouines)	1982	Argentine, Royaume-Uni
25	Saharien	1983	Libye, Tchad
26	Chine-Viêtnam	1985	Chine, Viêtnam
27	Liban	1987	États-Unis, France, Israël, Liban, Syrie
28	Panama	1989	États-Unis, Panama
29	Golfe Persique	1990	Irak, Nations Unies (États-Unis et 7 autres pays)
30	Yougoslavie	1990	Bosnie-Herzégovine, Croatie, Serbie
31	Nagorno-Karabakh	1990	Arménie, Azerbaïdjan
32	Péruvo-équatorien	1995	Équateur, Pérou
33	Albanie	1995	Albanie, Yougoslavie (Serbie-Monténégro)
34	Rwanda	1995	Burundi, Rwanda

	Conflit*	Début	Principaux belligérants**
35	Timor oriental	1995	Indonésie, révolte en Nouvelle-Guinée
36	Cameroun	1996	Cameroun, Nigeria
37	Irak (nord)	1996	Irak, révolte kurde
38	Érythrée	1997	Érythrée, Yémen
39	Irak	1998	États-Unis, Irak, Royaume-Uni
40	Kosovo	1999	Albanie, pays de l'OTAN, Yougoslavie
41	Afghanistan	2001	Afghanistan, Canada, États-Unis, Royaume-Uni et plusieurs pays de l'OTAN
42	Irak	2003	Irak, États-Unis, Royaume-Uni

* Un « conflit » sous-entend un minimum de mille morts au cours des combats.

** En ordre alphabétique.

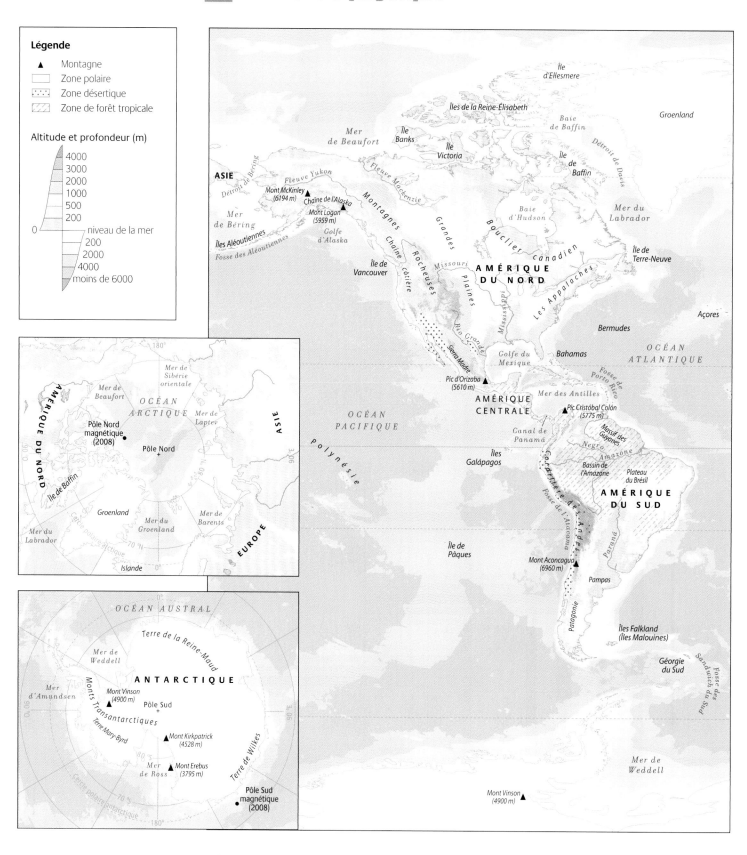

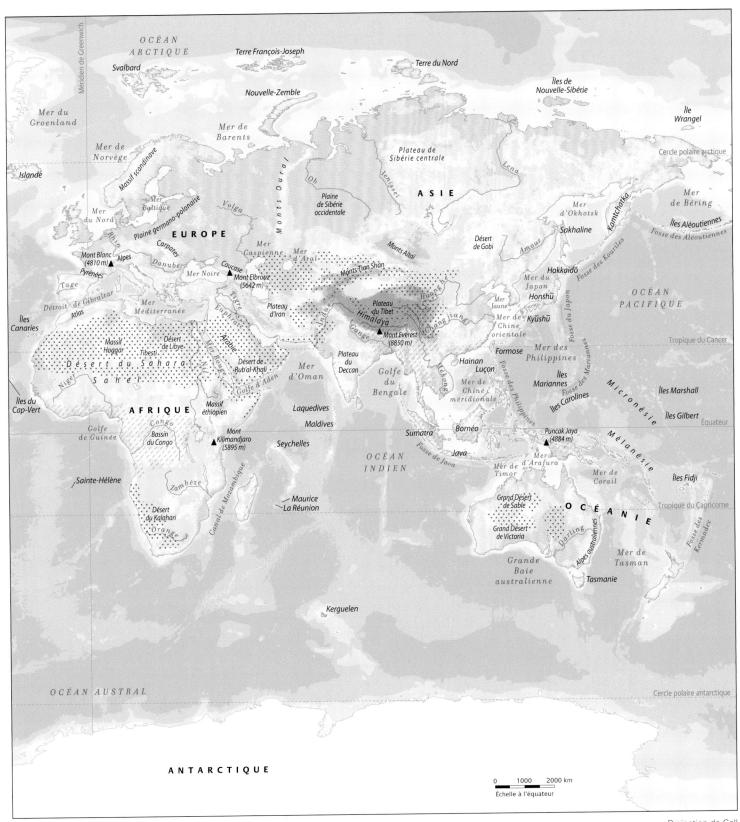

OCÉAN
ARCTIQUE

Terre François-Joseph

Terre du Nord

Svalbard

Îles de
Nouvelle-Sibérie

Nouvelle-Zemble

Île
Wrangel

Mer du
Groenland

Mer de
Barents

Cercle polaire arctique

Mer de
Norvège

Plateau de
Sibérie centrale

Lena

Islande

Mer de
Bering

ASIE

Massif scandinave

Mer
du Nord

Mer
Baltique

Plaine germano-polonaise

Plaine
de Sibérie
occidentale

Kamtchatka

Îles Aléoutiennes

Fosse des Aléoutiennes

EUROPE

Volga

Mer d'Okhotsk

Sakhaline

Désert
de Gobi

Monts Oural

Amour

Carpates

Mer
Caspienne

Mer
d'Aral

Monts Altaï

Hokkaidō

Fosse des Kouriles

Rhin

Danube

Mont Blanc
(4810 m)

Alpes

Caucase

Monts Tian Shàn

Mer du
Japon

Honshū

OCÉAN
PACIFIQUE

Pyrénées

Mont Elbrouz
(5642 m)

Tage

Mer Noire

Huáng hé

Tigre

Plateau
d'Iran

Plateau
du Tibet

Mer
Jaune

Kyūshū

Détroit de Gibraltar

Mer Méditerranée

Euphrate

Indus

Himalaya

Mont Everest
(8850 m)

Chang jiang

Mer de
Chine
orientale

Tropique du Cancer

Îles
Canaries

Atlas

Arabie

Formose

Mer des
Philippines

Massif
Hoggar

Désert
de Libye

Désert de
Rub'al-Khali

Plateau
du
Deccan

Ganges

Hainan
Luçon

Fosse du Japon

Îles
Marianne

Micronésie

Îles Marshall

Tibesti

Mer
Rouge

Mélong

Désert du Sahara

Sahel

Niger

Mer
d'Oman

Golfe
du
Bengale

Mer de
Chine
méridionale

Fosse des Mariannes

Îles Carolines

Îles Gilbert

Nil

Golfe d'Aden

Équateur

Îles du
Cap-Vert

AFRIQUE

Massif
éthiopien

Laquedives

Maldives

Sumatra

Borneo

Fosse des Philippines

Puncak Jaya
(4884 m)

Mélanésie

Congo

Golfe
de Guinée

Bassin
du Congo

Mont
Kilimandjaro
(5895 m)

Seychelles

OCÉAN
INDIEN

Java

Fosse de Java

Mer de
Timor

Mer
d'Arafura

Mer de
Corail

Îles Fidji

Sainte-Hélène

Zambèze

Maurice
La Réunion

Grand Désert
de Sable

OCÉANIE

Tropique du Capricorne

Désert
du Kalahari

Canal de Mozambique

Orange

Grand Désert
de Victoria

Darling

Alpes australiennes

Mer de
Tasman

Fosse des Kermadec

Grande
Baie
australienne

Tasmanie

Kerguelen

OCÉAN AUSTRAL

Cercle polaire antarctique

ANTARCTIQUE

0   1000   2000 km

Échelle à l'équateur

Projection de Gall

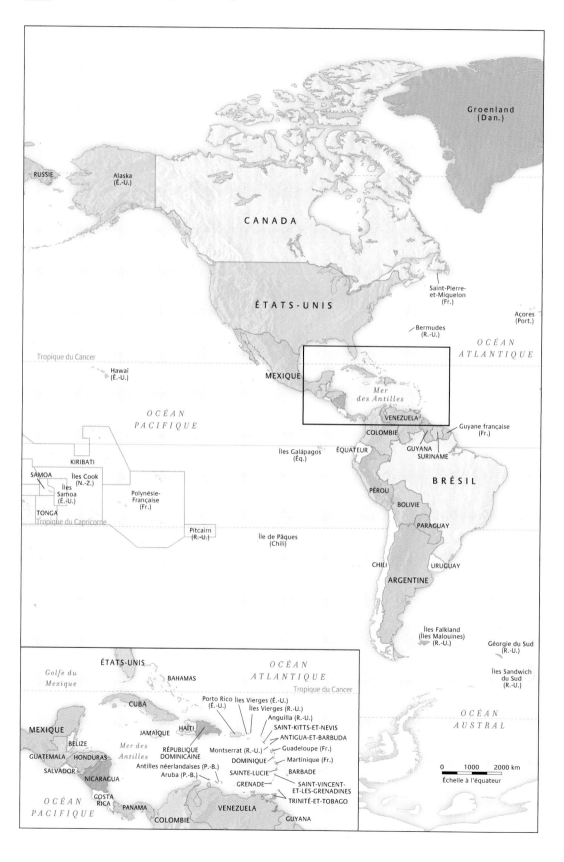

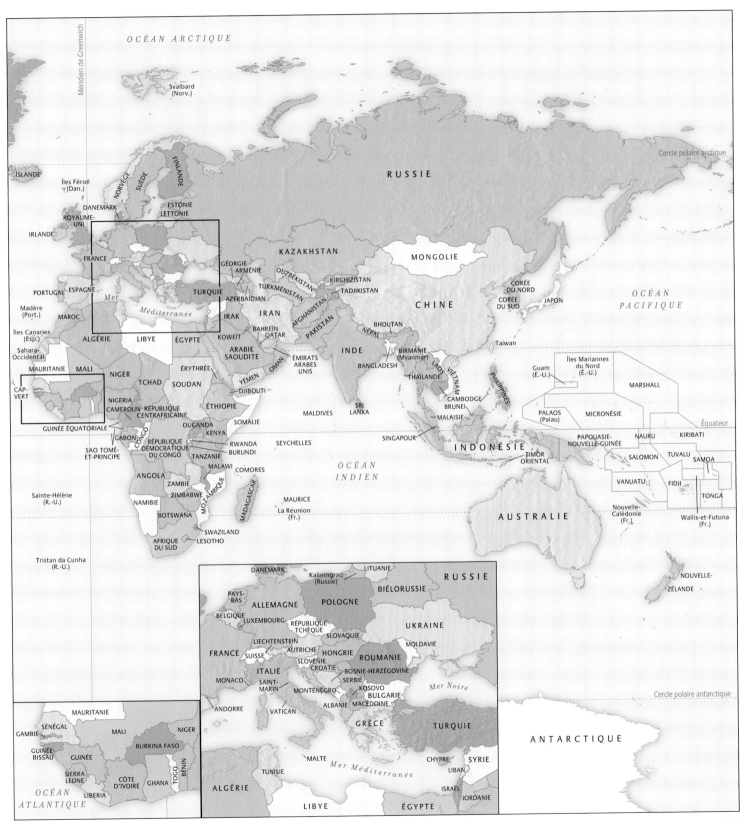

OCÉAN ARCTIQUE

Méridien de Greenwich

Cercle polaire arctique

Svalbard
(Norv.)

ISLANDE

Îles Féroé
(Dan.)

NORVÈGE
SUÈDE
FINLANDE

DANEMARK

ESTONIE
LETTONIE

ROYAUME-
UNI

IRLANDE

RUSSIE

FRANCE

KAZAKHSTAN

MONGOLIE

GÉORGIE
ARMÉNIE

OUZBÉKISTAN

KIRGHIZISTAN

PORTUGAL ESPAGNE

Mer

TURQUIE

TURKMÉNISTAN

TADJIKISTAN

CORÉE
DU NORD

OCÉAN
PACIFIQUE

Madère
(Port.)

Méditerranée

AZERBAÏDJAN

IRAK

IRAN

AFGHANISTAN

CHINE

CORÉE
DU SUD

JAPON

MAROC

PAKISTAN

Taiwan

Îles Canaries
(Esp.)

ALGÉRIE

LIBYE

ÉGYPTE

KOWEÏT

BAHREÏN
QATAR

BHOUTAN

Sahara-
Occidental

ARABIE
SAOUDITE

NÉPAL

BIRMANIE
(Myanmar)

MAURITANIE

MALI

NIGER

ÉRYTHRÉE

OMAN

ÉMIRATS
ARABES
UNIS

INDE

BANGLADESH

LAOS VIÊTNAM

Îles Mariannes
du Nord
(É.-U.)

CAP-
VERT

TCHAD

SOUDAN

YÉMEN

THAÏLANDE

Guam
(É.-U.)

MARSHALL

DJIBOUTI

NIGERIA

CAMEROUN

RÉPUBLIQUE
CENTRAFRICAINE

ÉTHIOPIE

SRI
LANKA

MALDIVES

CAMBODGE

BRUNEI

PHILIPPINES

PALAOS
(Palau)

MICRONÉSIE

GUINÉE ÉQUATORIALE

OUGANDA

KENYA

SOMALIE

MALAISIE

Équateur

GABON

CONGO

RÉPUBLIQUE
DÉMOCRATIQUE
DU CONGO

RWANDA
BURUNDI

SEYCHELLES

SINGAPOUR

NAURU

KIRIBATI

SAO TOMÉ-
ET-PRINCIPE

TANZANIE

PAPOUASIE-
NOUVELLE-GUINÉE

SALOMON

TUVALU

MALAWI

COMORES

INDONÉSIE

SAMOA

OCÉAN
INDIEN

TIMOR
ORIENTAL

VANUATU

FIDJI

Sainte-Hélène
(R.-U.)

ANGOLA

ZAMBIE

MOZAMBIQUE

MADAGASCAR

MAURICE

TONGA

ZIMBABWE

NAMIBIE

La Réunion
(Fr.)

Nouvelle-
Calédonie
(Fr.)

Wallis-et-Futuna
(Fr.)

BOTSWANA

AUSTRALIE

Tristan da Cunha
(R.-U.)

SWAZILAND

AFRIQUE
DU SUD

LESOTHO

NOUVELLE-
ZÉLANDE

DANEMARK

Kaliningrad
(Russie)

LITUANIE

RUSSIE

BIÉLORUSSIE

PAYS-
BAS

ALLEMAGNE

POLOGNE

BELGIQUE

LUXEMBOURG

RÉPUBLIQUE
TCHÈQUE

UKRAINE

FRANCE

LIECHTENSTEIN

SLOVAQUIE

SUISSE

AUTRICHE

HONGRIE

MOLDAVIE

SLOVÉNIE

ROUMANIE

Cercle polaire antarctique

ITALIE

CROATIE

MONACO

SAINT-
MARIN

BOSNIE-HERZÉGOVINE

SERBIE

MONTÉNÉGRO

KOSOVO

BULGARIE

Mer Noire

ANDORRE

VATICAN

ALBANIE

MACÉDOINE

GRÈCE

TURQUIE

ANTARCTIQUE

MAURITANIE

MALTE

Mer Méditerranée

CHYPRE

SYRIE

SÉNÉGAL

GAMBIE

MALI

NIGER

TUNISIE

LIBAN

GUINÉE-
BISSAU

GUINÉE

BURKINA FASO

ALGÉRIE

ISRAËL

JORDANIE

SIERRA
LEONE

CÔTE
D'IVOIRE

GHANA

TOGO

BÉNIN

LIBERIA

OCÉAN
ATLANTIQUE

LIBYE

ÉGYPTE

Projection de Gall

Le monde politique **ATLAS**

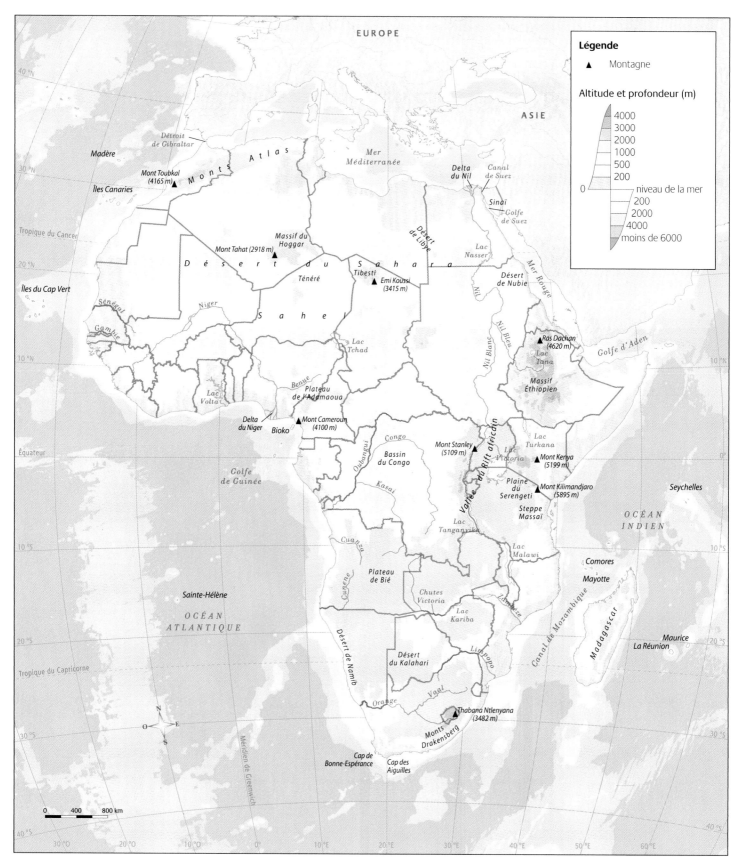

EUROPE

ASIE

Légende

▲ Montagne

Altitude et profondeur (m)

4000
3000
2000
1000
500
200
0 — niveau de la mer
200
2000
4000
moins de 6000

Détroit de Gibraltar

Madère

Mont Toubkal (4165 m) ▲

Îles Canaries

Monts Atlas

Mer Méditerranée

Delta du Nil

Canal de Suez

Sinaï

Golfe de Suez

Tropique du Cancer

Massif du Hoggar

Mont Tahat (2918 m) ▲

Désert du Sahara

Lac Nasser

Désert de Libye

Désert de Nubie

Mer Rouge

Îles du Cap Vert

Ténéré

Tibesti

Emi Koussi (3415 m) ▲

Sahel

Niger

Sénégal

Gambie

Lac Tchad

Nil

Nil Blanc

Nil Bleu

Ras Dachan (4620 m) ▲

Lac Tana

Golfe d'Aden

Benue

Lac Volta

Plateau de l'Adamaoua

Massif Éthiopien

Delta du Niger

Mont Cameroun (4100 m) ▲

Bioko

Congo

Oubangui

Bassin du Congo

Mont Stanley (5109 m) ▲

Vallée du Rift africain

Lac Victoria

Lac Turkana

Mont Kenya (5199 m) ▲

Équateur

Golfe de Guinée

Kasaï

Mont Kilimandjaro (5895 m) ▲

Plaine du Serengeti

Steppe Massaï

Seychelles

Cuanza

Lac Tanganyika

OCÉAN INDIEN

Sainte-Hélène

Cunene

Plateau de Bié

Chutes Victoria

Lac Malawi

Comores

Mayotte

OCÉAN ATLANTIQUE

Lac Kariba

Zambèze

Canal de Mozambique

Madagascar

Maurice
La Réunion

Tropique du Capricorne

Désert de Namib

Désert du Kalahari

Limpopo

Vaal

Orange

Thabana Ntlenyana (3482 m) ▲

Monts Drakensberg

N O E S

Cap de Bonne-Espérance

Cap des Aiguilles

Méridien de Greenwich

0 400 800 km

Projection azimutale équivalente de Lambert

EUROPE

Légende

★ Capitale nationale
— Frontière internationale

ASIE

Mer Méditerranée

Détroit de Gibraltar

★ Alger
★ Tunis
TUNISIE ★ Tripoli

Madère (Por.)

★ Rabat
MAROC

Îles Canaries (Esp.)

Tropique du Cancer

★ El Aïun
Sahara-Occidental

LIBYE

Le Caire ★
ÉGYPTE

ALGÉRIE

MAURITANIE
★ Nouakchott

MALI

NIGER

TCHAD

Niger

Lac Tchad

Khartoum ★
SOUDAN

Nil

Mer Rouge

ÉRYTHRÉE
Asmara ★

DJIBOUTI
Golfe d'Aden
Djibouti ★

CAP-VERT
★ Praia

Dakar ★
GAMBIE ★ SÉNÉGAL
Banjul ★
Bissau ★
GUINÉE-BISSAU

Sénégal

★ Bamako

Niamey ★

Ouagadougou ★
BURKINA FASO

N'Djamena ★

RÉPUBLIQUE CENTRAFRICAINE

Nil Bleu
Nil Blanc

ÉTHIOPIE
★ Addis-Abeba

GUINÉE
Conakry ★
Freetown ★
SIERRA LEONE

CÔTE D'IVOIRE

GHANA
TOGO
BÉNIN

NIGERIA
★ Abuja

Monrovia ★
LIBERIA

Yamoussoukro ★

Accra ★
Lomé ★
Porto-Novo ★

SOMALIE

Mogadiscio ★

Malabo ★
CAMEROUN
★ Yaoundé

Bangui ★

Golfe de Guinée

GUINÉE ÉQUATORIALE

Sao Tomé ★
SAO TOMÉ-ET-PRINCIPE

Libreville ★
GABON
CONGO

Congo

OUGANDA
Kampala ★

KENYA
Nairobi ★

Équateur

Brazzaville ★

Kinshasa ★

RÉPUBLIQUE DÉMOCRATIQUE DU CONGO

RWANDA
★ Kigali
BURUNDI
★ Bujumbura

Lac Victoria

SEYCHELLES
★ Victoria

Cabinda (Angola)

Luanda ★

Dodoma ★
TANZANIE

Lac Tanganyika

OCÉAN INDIEN

ANGOLA

Lac Malawi

COMORES
Moroni ★

OCÉAN ATLANTIQUE

ZAMBIE

MALAWI
★ Lilongwe
MOZAMBIQUE

Lusaka ★

Zambèze

Sainte-Hélène (R.-U.)

Harare ★
ZIMBABWE

NAMIBIE

Windhoek ★

BOTSWANA
Gaborone ★

Limpopo

Canal de Mozambique

MADAGASCAR
★ Antananarivo

MAURICE
★ Port-Louis

La Réunion (Fr.)

Tropique du Capricorne

Pretoria ★
Maputo ★
Mbabane ★
SWAZILAND

Orange
Maseru ★

AFRIQUE DU SUD
LESOTHO

Le Cap ★

N
O E
S

0 400 800 km

Méridien de Greenwich

Projection azimutale équivalente de Lambert

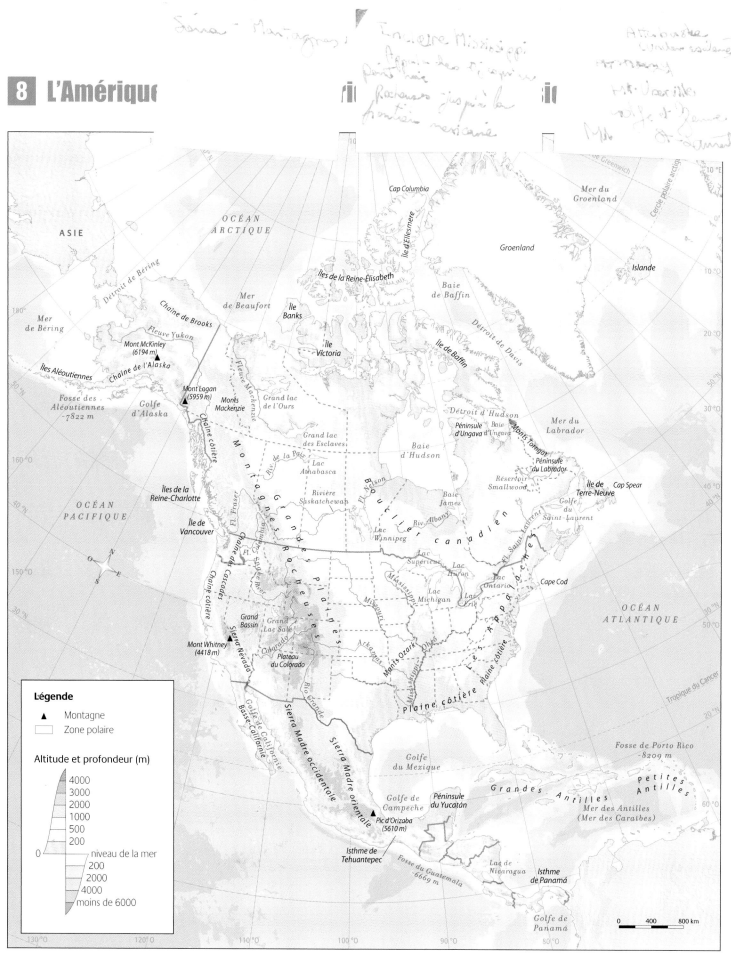

Légende

▲ Montagne

☐ Zone polaire

Altitude et profondeur (m)

4000
3000
2000
1000
500
200
0   niveau de la mer
200
2000
4000
moins de 6000

Projection conique conforme de Lambert

Washington D.C.
état de Maryland à formé
un district
autour de
Washington

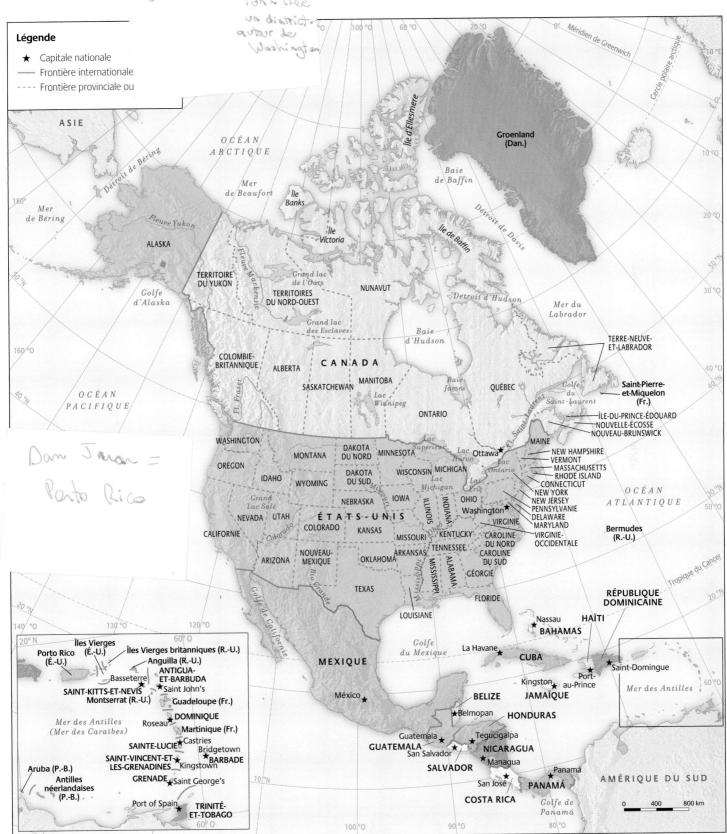

Légende

★ Capitale nationale
— Frontière internationale
--- Frontière provinciale ou

Dan Javan =
Porto Rico

ASIE

OCÉAN ARCTIQUE

Détroit de Béring

Mer de Béring

Mer de Beaufort

Île Banks

Île Victoria

Île d'Ellesmere

Groenland (Dan.)

Baie de Baffin

Détroit de Davis

Fleuve Yukon

ALASKA

Golfe d'Alaska

OCÉAN PACIFIQUE

TERRITOIRE DU YUKON

Fleuve Mackenzie

Grand lac de l'Ours

TERRITOIRES DU NORD-OUEST

NUNAVUT

Détroit d'Hudson

Mer du Labrador

Grand lac des Esclaves

Baie d'Hudson

COLOMBIE-BRITANNIQUE

ALBERTA

CANADA

SASKATCHEWAN

MANITOBA

Baie James

QUÉBEC

TERRE-NEUVE-ET-LABRADOR

Lac Winnipeg

ONTARIO

Golfe du Saint-Laurent

Saint-Pierre-et-Miquelon (Fr.)

ÎLE-DU-PRINCE-ÉDOUARD
NOUVELLE-ÉCOSSE
NOUVEAU-BRUNSWICK

Fl. Fraser

WASHINGTON

OREGON

IDAHO

MONTANA

WYOMING

DAKOTA DU NORD

DAKOTA DU SUD

MINNESOTA

WISCONSIN

Lac Supérieur

Lac Huron

MICHIGAN

Lac Michigan

Ottawa ★

MAINE

Lac Ontario

Lac Érié

NEW HAMPSHIRE
VERMONT
MASSACHUSETTS
RHODE ISLAND
CONNECTICUT
NEW YORK
NEW JERSEY
PENNSYLVANIE
DELAWARE
MARYLAND

OCÉAN ATLANTIQUE

Grand Lac Salé

NEVADA

UTAH

CALIFORNIE

COLORADO

NEBRASKA

IOWA

ILLINOIS

INDIANA

OHIO

Washington ★

VIRGINIE

VIRGINIE-OCCIDENTALE

Bermudes (R.-U.)

Colorado

KANSAS

MISSOURI

KENTUCKY

TENNESSEE

CAROLINE DU NORD

CAROLINE DU SUD

ARIZONA

NOUVEAU-MEXIQUE

OKLAHOMA

ARKANSAS

MISSISSIPPI

ALABAMA

GÉORGIE

Tropique du Cancer

ÉTATS-UNIS

Rio Grande

TEXAS

LOUISIANE

FLORIDE

RÉPUBLIQUE DOMINICAINE

Golfe de Californie

Nassau

BAHAMAS

HAÏTI

Golfe du Mexique

La Havane ★

CUBA

Port-au-Prince ★

Saint-Domingue ★

MEXIQUE

México ★

Kingston

JAMAÏQUE

Mer des Antilles

★ Belmopan

BELIZE

HONDURAS

Guatemala ★

Tegucigalpa ★

GUATEMALA

San Salvador ★

NICARAGUA

Managua ★

SALVADOR

Panamá ★

AMÉRIQUE DU SUD

San José ★

COSTA RICA

PANAMÁ

Golfe de Panamá

0   400   800 km

Encart Antilles

20° N

140° O

130° O

120° O

60° O

Îles Vierges (É.-U.)

Porto Rico (É.-U.)

Îles Vierges britanniques (R.-U.)

Anguilla (R.-U.)

ANTIGUA-ET-BARBUDA

Basseterre

SAINT-KITTS-ET-NEVIS

Saint John's

Montserrat (R.-U.)

Guadeloupe (Fr.)

Mer des Antilles (Mer des Caraïbes)

Roseau ★

DOMINIQUE

Martinique (Fr.)

SAINTE-LUCIE

Castries ★

Bridgetown

Aruba (P.-B.)

Antilles néerlandaises (P.-B.)

SAINT-VINCENT-ET-LES-GRENADINES

BARBADE

Kingstown

GRENADE

Saint George's ★

Port of Spain ★

TRINITÉ-ET-TOBAGO

60° O

100° O   90° O   80° O

10° N

Projection conique conforme de Lambert

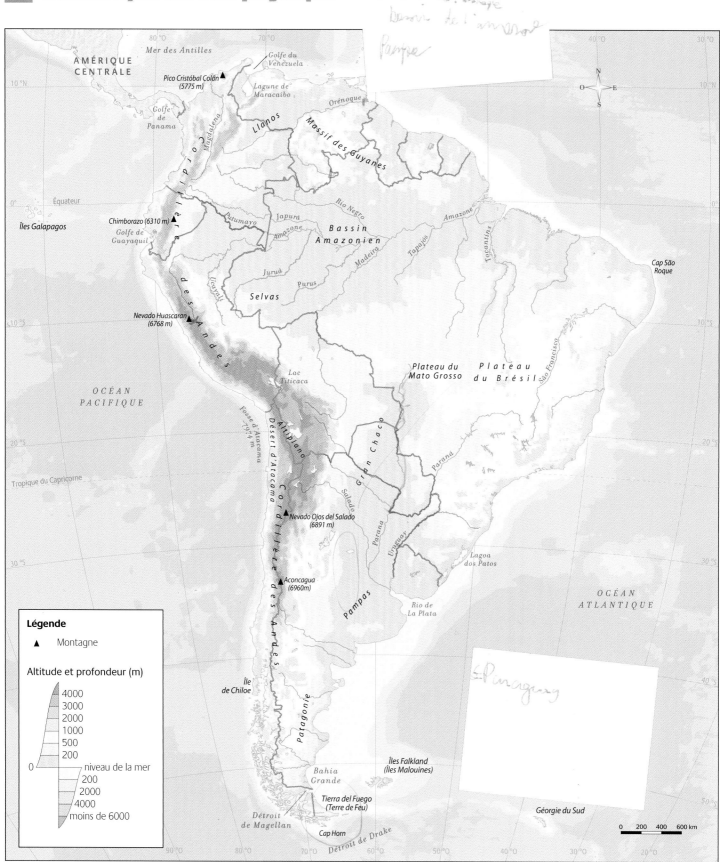

Légende

▲ Montagne

Altitude et profondeur (m)

4000
3000
2000
1000
500
200
0 — niveau de la mer
200
2000
4000
moins de 6000

AMÉRIQUE CENTRALE

Mer des Antilles

Pico Cristóbal Colón (5775 m) ▲

Golfe du Venezuela

Lagune de Maracaibo

Golfe de Panama

Llanos

Orénoque

Massif des Guyanes

Magdalena

Cordillera

Équateur

Îles Galapagos

Chimborazo (6310 m) ▲

Golfe de Guayaquil

Putumayo

Japurá

Rio Negro

Amazone

Bassin Amazonien

Amazone

Cap São Roque

des Andes

Ucayali

Juruá

Purus

Madeira

Tapajós

Tocantins

Selvas

Nevado Huascaran (6768 m) ▲

Lac Titicaca

Plateau du Mato Grosso

Plateau du Brésil

São Francisco

OCÉAN PACIFIQUE

Altiplano

Fosse d'Atacama 7974 m

Désert d'Atacama

Cordillère des Andes

Gran Chaco

Paraná

Tropique du Capricorne

Nevado Ojos del Salado (6891 m) ▲

Salado

Paraná

Uruguay

Aconcagua (6960m) ▲

Pampas

Lagoa dos Patos

Rio de La Plata

OCÉAN ATLANTIQUE

Île de Chiloé

Patagonie

Îles Falkland (Îles Malouines)

Bahia Grande

Tierra del Fuego (Terre de Feu)

Géorgie du Sud

Détroit de Magellan

Cap Horn

Détroit de Drake

0 200 400 600 km

Projection conique équivalente de Lambert

AMÉRIQUE CENTRALE

Aruba (P.-B.)

Antilles néerlandaises (P.-B.)

Caracas

VENEZUELA

Orénoque

Georgetown

GUYANA

Paramaribo

Guyane française (Fr.)

SURINAME

Bogotá

COLOMBIE

Magdalena

Équateur

Quito

ÉQUATEUR

Îles Galápagos (Équateur)

Putumayo

Japurá

Amazone

Negro

Amazone

BRÉSIL

Juruá

Madeira

Tapajós

Tocantins

Ucayali

Lima

PÉROU

Lac Titicaca

La Paz

BOLIVIE

Brasília

São Francisco

OCÉAN PACIFIQUE

PARAGUAY

Asunción

Tropique du Capricorne

Paraná

Îles Juan Fernández (Chili)

ARGENTINE

URUGUAY

OCÉAN ATLANTIQUE

Santiago

Buenos Aires

Montevideo

CHILI

Îles Falkland (Îles Malouines) (R.-U.)

Légende

★ Capitale nationale

— Frontière internationale

Géorgie du Sud (R.-U.)

0   200   400   600 km

Détroit de Drake

Projection conique équivalente de Lambert

Guyane fr. Cayenne
Bolivie Sucre; La Paz.

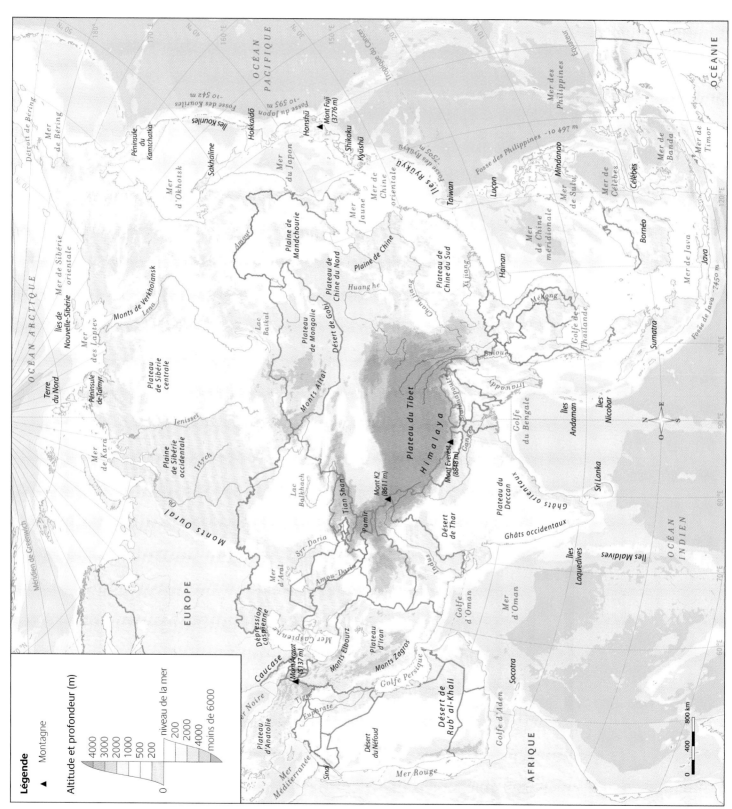

Projection de Bonne

Légende

▲ Montagne

Altitude et profondeur (m)

4000
3000
2000
1000
500
200
niveau de la mer
200
2000
4000
moins de 6000

OCÉAN PACIFIQUE

OCÉANIE

OCÉAN ARCTIQUE

EUROPE

AFRIQUE

OCÉAN INDIEN

Détroit de Béring
Mer de Béring
Péninsule du Kamtchatka
Îles Kouriles
Fosse des Kouriles −10 542 m
Fosse du Japon −10 595 m
Hokkaidō
Honshū
Mont Fuji (3776 m)
Shikoku
Kyūshū
Tropique du Cancer
Mer des Philippines
Fosse des Philippines −10 497 m
Mindanao
Mer de Banda
Mer de Timor
Mer de Sibérie orientale
Îles de Nouvelle-Sibérie
Mer des Laptev
Monts de Verkhoïansk
Lena
Amour
Sakhaline
Mer d'Okhotsk
Mer du Japon
Mer Jaune
Mer de Chine orientale
Îles Ryūkyū
Fosse des Ryūkyū −7505 m
Taiwan
Luçon
Mer de Sulu
Mer de Célèbes
Célèbes
Plaine de Mandchourie
Plateau de Chine du Nord
Plaine de Chine
Huang he
Plateau de Chine du Sud
Xi jiang
Chang jiang
Hainan
Mer de Chine méridionale
Bornéo
Mer de Java
Java
Terre du Nord
Péninsule de Taïmyr
Plateau de Sibérie centrale
Ienisseï
Lac Baïkal
Plateau de Mongolie
Désert de Gobi
Monts Altaï
Mékong
Golfe de Thaïlande
Fosse de Java −7450 m
Sumatra
Mer de Kara
Plaine de Sibérie occidentale
Irtych
Plateau du Tibet
Himalaya
Mont Everest (8848 m)
Salouen
Irrawaddy
Brahmapoutre
Golfe du Bengale
Îles Andaman
Îles Nicobar
Monts Oural
Lac Balkhach
Tian Shan
Mont K2 (8611 m)
Pamir
Gange
Plateau du Deccan
Ghâts orientaux
Ghâts occidentaux
Sri Lanka
Syr-Daria
Amou-Daria
Mer d'Aral
Désert de Thar
Indus
Îles Maldives
Îles Laquedives
Dépression caspienne
Mer Caspienne
Monts Elbourz
Plateau d'Iran
Monts Zagros
Golfe d'Oman
Mer d'Oman
Caucase
Mont Ararat (5137 m)
Plateau d'Anatolie
Tigre
Euphrate
Golfe Persique
Désert du Néfoud
Désert de Rub' al-Khali
Golfe d'Aden
Socotra
Mer Noire
Mer Méditerranée
Sinaï
Mer Rouge
Méridien de Greenwich

800 km
0   400

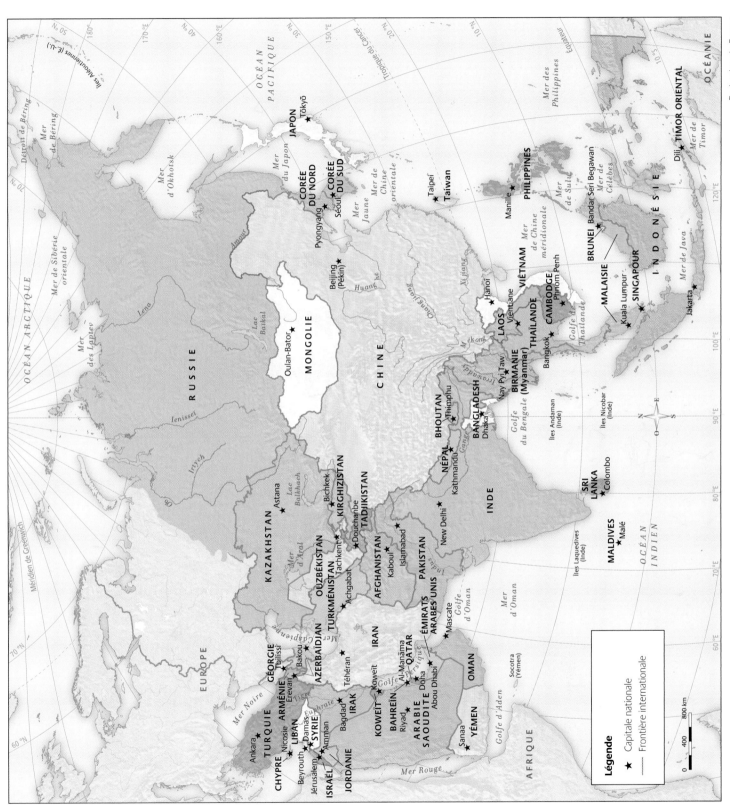

Projection de Bonne

Légende

★ Capitale nationale

— Frontière internationale

0   400   800 km

Projection azimutale équivalente de Lambert

Légende

▲ Montagne

Altitude et profondeur (m)

4000
3000
2000
1000
500
200

niveau de la mer

200
2000
4000

moins de 6000

Monts Oural

Petchora

Plateau de la Volga

Plaine Russe

Volga

Don

Mer d'Azov

Péninsule de Crimée

Mer Noire

Mont Elbrouz (5642 m) ▲ Caucase

ASIE

Mer de Barents

Péninsule de Kola

Mer Blanche

Onega

Lac Onega

Lac Ladoga

Dniepr

Plateau central russe

Rhodes

Laponie

OCÉAN ARCTIQUE

Plateau lacustre de Finlande

Golfe de Finlande

Plaine d'Ukraine

Dniestr

Carpates

Alpes de Transylvanie

Danube

Balkans

Mer Égée

Crète

Mont Olympe (2917 m) ▲

Scandinavie

Golfe de Botnie

Plaine Polono

Vistule

Gerlachovka (2655 m) ▲

Plaine Hongroise

Alpes dinariques

30°E

20°E

10°E

Massif scandinave

Mer Baltique

Plaine Germano

Oder

Elbe

Mer Adriatique

Apennins

Mont Etna (3323 m) ▲ Sicile

Méridien de Greenwich

Mer de Norvège

Lac Vänern

Rhin

Alpes

Po

Mer Tyrrhénienne

Mer Ionienne

Vésuve (1277 m) ▲

Mer Méditerranée

Cercle polaire arctique

Mer du Nord

Meuse

Saône

Mont Blanc (4810 m) ▲

Rhône

Corse

Sardaigne

Îles Féroé

Îles Shetland

Îles Orcades

Seine

Loire

Massif central

Îles Baléares

Îles Hébrides

Grande-Bretagne

Tamise

La Manche

Dordogne

Pyrénées

Mer d'Irlande

Garonne

Ebre

Islande

Irlande

Golfe de Gascogne

Monts Cantabriques

Douro

Péninsule Ibérique

Sierra Morena

Sierra Nevada ▲ Mulhacén (3482 m)

Tage

OCÉAN ATLANTIQUE

Détroit de Gibraltar

AFRIQUE

0   200   400 km

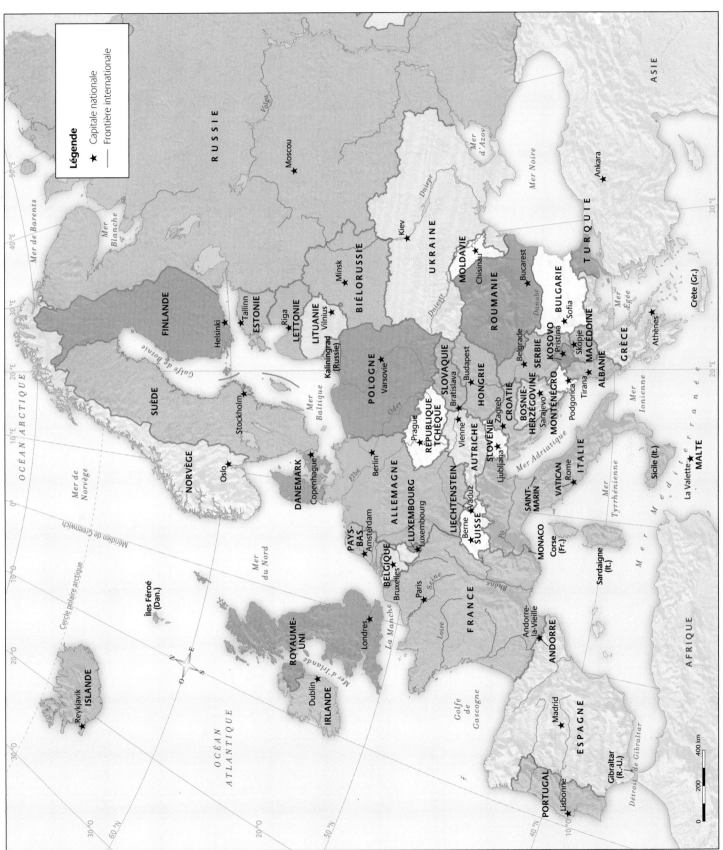

Légende
★ Capitale nationale
— Frontière internationale

Projection azimutale équivalente de Lambert

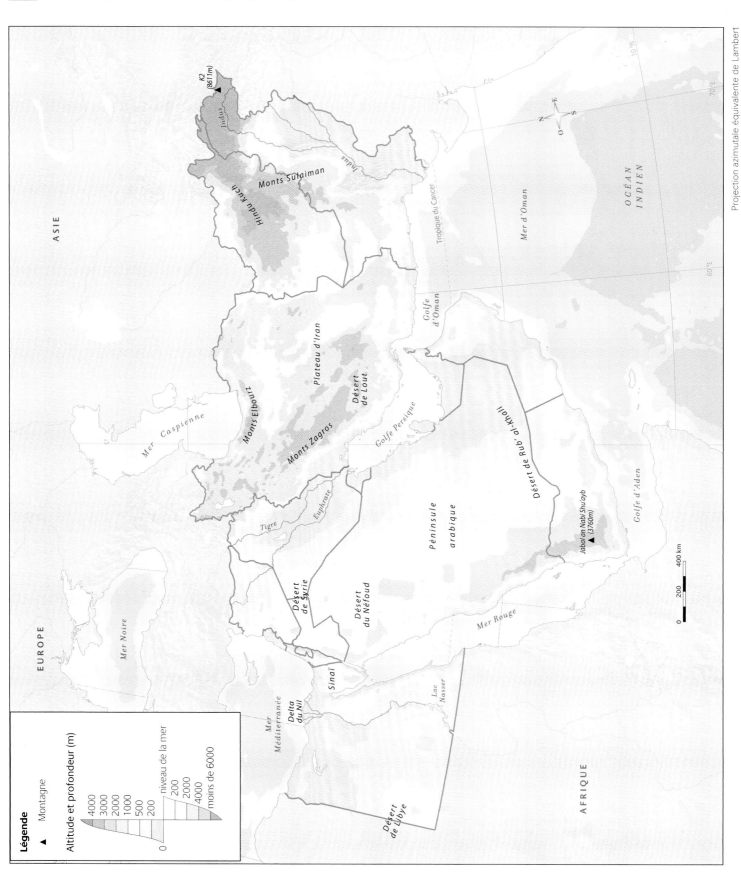

Projection azimutale équivalente de Lambert

Légende

▲ Montagne

Altitude et profondeur (m)

4000
3000
2000
1000
500
200
niveau de la mer
200
2000
4000
moins de 6000
0

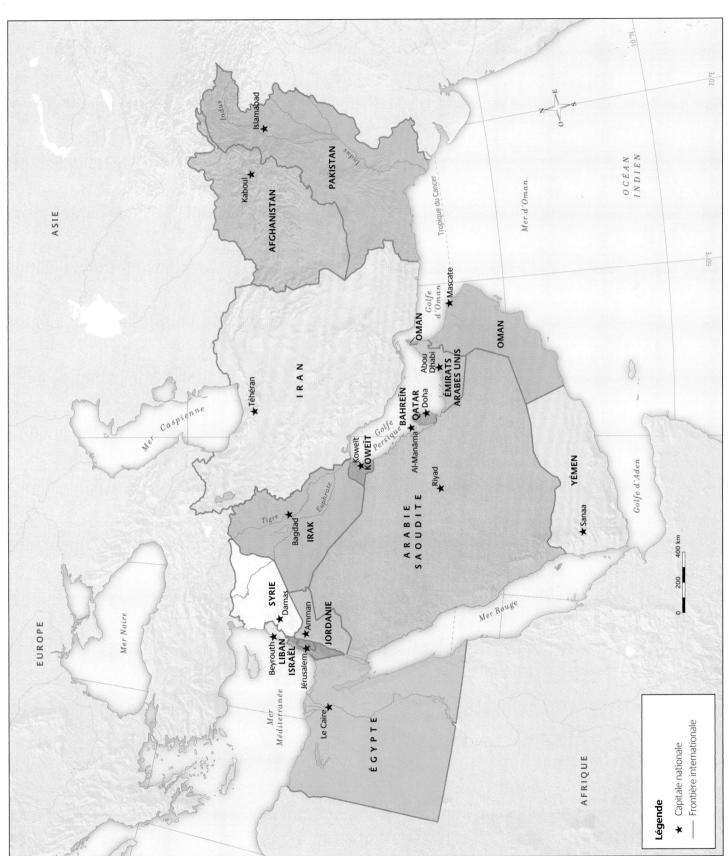

Projection azimutale équivalente de Lambert

ASIE

EUROPE

AFRIQUE

OCÉAN INDIEN

Mer d'Oman

Tropique du Cancer

Mer Caspienne

Mer Noire

Mer Méditerranée

Mer Rouge

Golfe d'Aden

Golfe d'Oman

Golfe Persique

Indus

Tigre

Euphrate

AFGHANISTAN

Kaboul ★

Islamabad ★

PAKISTAN

IRAN

Téhéran ★

IRAK

Bagdad ★

KOWEÏT

Koweït ★

BAHREÏN

Al-Manâma ★

QATAR

Doha ★

ÉMIRATS ARABES UNIS

Abou Dhabi ★

OMAN

OMAN

Mascate ★

ARABIE SAOUDITE

Riyad ★

YÉMEN

Sanaa ★

SYRIE

Damas ★

LIBAN

Beyrouth ★

ISRAËL

Jérusalem ★

JORDANIE

Amman ★

ÉGYPTE

Le Caire ★

0 200 400 km

Légende

★ Capitale nationale

— Frontière internationale

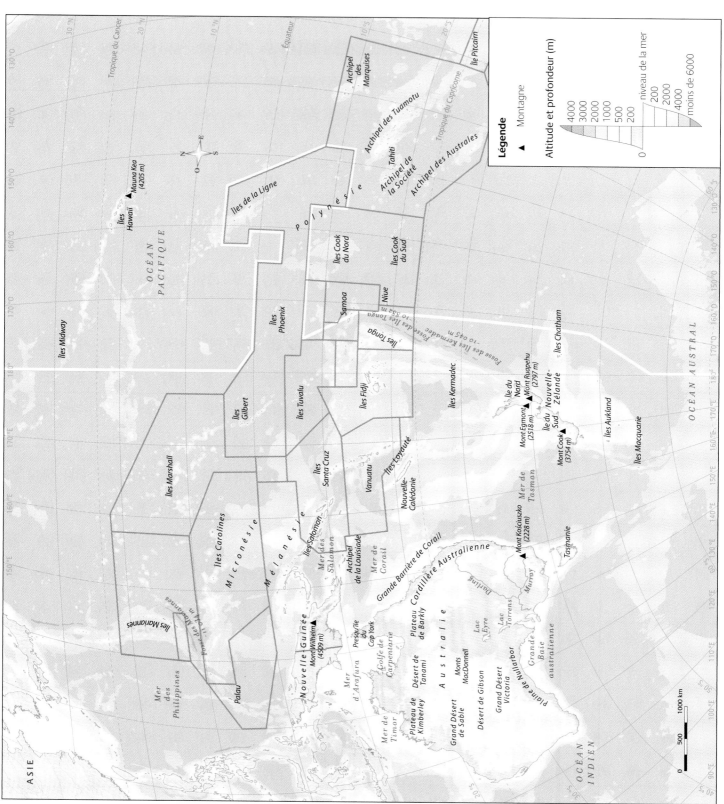

Projection azimutale équivalente de Lambert

Légende

▲ Montagne

Altitude et profondeur (m)

4000
3000
2000
1000
500
200
0 — niveau de la mer
200
2000
4000
moins de 6000

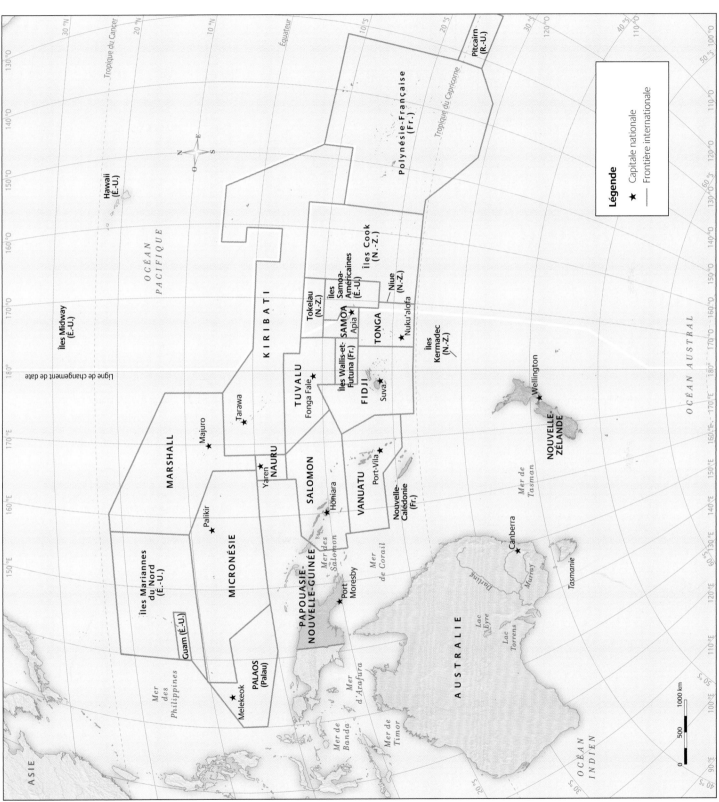

Projection azimutale équivalente de Lambert

Légende

★ Capitale nationale
— Frontière internationale

Pitcairn (R.-U.)

Polynésie-Française (Fr.)

Hawaii (É.-U.)

Îles Midway (É.-U.)

OCÉAN PACIFIQUE

Îles Cook (N.-Z.)

KIRIBATI

Samoa-Américaines (É.-U.)

Tokelau (N.-Z.)

Niue (N.-Z.)

Îles Wallis-et-Futuna (Fr.)

SAMOA ★ Apia

TONGA

Nuku'alofa ★

Îles Kermadec (N.-Z.)

TUVALU
Fonga Fale ★

FIDJI
Suva ★

Tarawa ★

Majuro ★

MARSHALL

NAURU
Yaren ★

SALOMON
Honiara ★

VANUATU
Port-Vila ★

Nouvelle-Calédonie (Fr.)

Wellington ★

NOUVELLE-ZÉLANDE

OCÉAN AUSTRAL

Mer de Tasman

Palikir ★

MICRONÉSIE

Îles Mariannes du Nord (É.-U.)

Guam (É.-U.)

PALAOS (Palau)

Melekeok ★

PAPOUASIE-NOUVELLE-GUINÉE

Port Moresby ★

Mer des Salomon

Mer de Corail

Canberra ★

AUSTRALIE

Murray
Darling

Lac Eyre

Lac Torrens

Tasmanie

ASIE

Mer des Philippines

Mer de Banda

Mer d'Arafura

Mer de Timor

OCÉAN INDIEN

Ligne de changement de date

Équateur
Tropique du Cancer
Tropique du Capricorne

0 500 1000 km

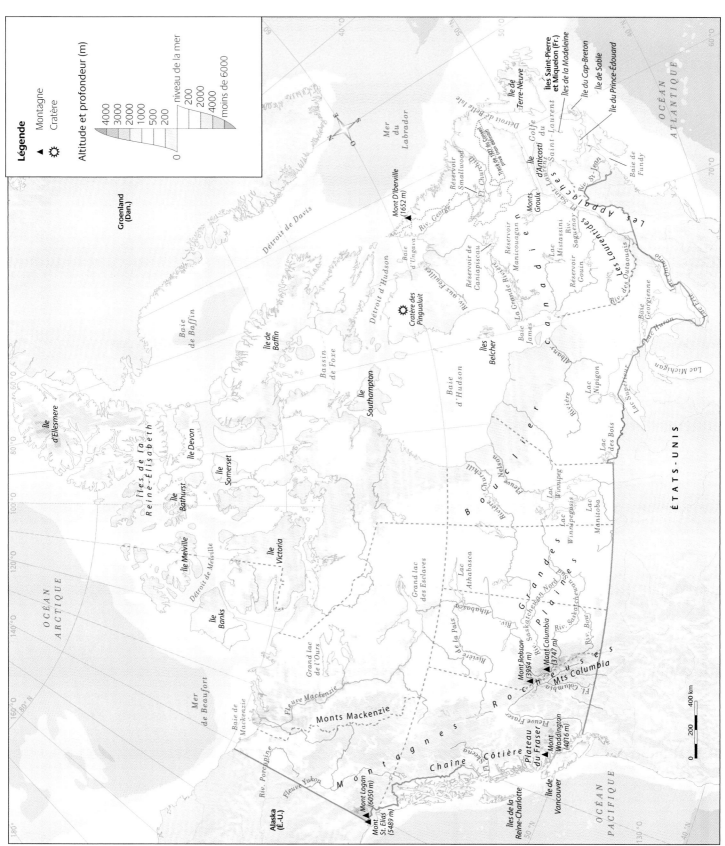

Projection azimutale équivalente de Lambert

Légende

▲ Montagne
☼ Cratère

Altitude et profondeur (m)

4000
3000
2000
1000
500
200
niveau de la mer
200
2000
4000
moins de 6000

Groenland (Dan.)

OCÉAN ARCTIQUE

OCÉAN PACIFIQUE

OCÉAN ATLANTIQUE

Mer du Labrador

Détroit de Davis

Baie de Baffin

Île de Baffin

Île d'Ellesmere

Îles de la Reine-Élisabeth

Île Devon

Île Bathurst

Île Melville

Île Somerset

Île Victoria

Île Banks

Détroit de Melville

Bassin de Foxe

Île Southampton

Détroit d'Hudson

Baie d'Ungava

Baie d'Hudson

Îles Belcher

Baie James

Mont D'Iberville (1652 m) ▲

Cratère des Pingualuit ☼

Riv. George

Riv. aux Feuilles

Réservoir Caniapiscau

Réservoir Smallwood

Fl. Churchill

Mont Groulx

Réservoir Manicouagan

La Grande Rivière

Réservoir Gouin

Lac Mistassini

Riv. Saguenay

Les Laurentides

Les Appalaches

Golfe du Saint-Laurent

Fl. Saint-Laurent

Île d'Anticosti

Île de Terre-Neuve

Détroit de Belle Isle

Îles Saint-Pierre et Miquelon (Fr.)

Îles de la Madeleine

Île du Cap-Breton

Île de Sable

Île du Prince-Édouard

Baie de Fundy

Riv. St-Jean

Baie Georgienne

Lac Huron

Lac Nipigon

Lac Supérieur

Lac Michigan

Lac des Bois

Lac Winnipeg

Lac Winnipegosis

Lac Manitoba

Fleuve Nelson

Rivière Churchill

B o u c l i e r   C a n a d i e n

Riv. des Outaouais

Mer de Beaufort

Baie de Mackenzie

Fleuve Mackenzie

Grand lac de l'Ours

Grand lac des Esclaves

Lac Athabasca

Riv. Athabasca

Rivière de la Paix

Monts Mackenzie

M o n t a g n e s   R o c h e u s e s

Plateau du Fraser

Fleuve Fraser

Chaîne Côtière

Chaîne Côtière

Mont Robson (3954 m) ▲

Mont Columbia (3747 m) ▲

Mts Columbia

Fl. Columbia

Mont Waddington (4016 m) ▲

G r a n d e s   P l a i n e s

Riv. Saskatchewan Nord

Riv. Saskatchewan Sud

Riv. Bow

Riv. Porcupine

Fleuve Yukon

Riv. Yukon

Alaska (É.-U.)

Mont Logan (6050 m) ▲

Mont St. Elias (5489 m) ▲

Île de la Reine-Charlotte

Île de Vancouver

ÉTATS-UNIS

0   200   400 km

Projection azimutale équivalente de Lambert

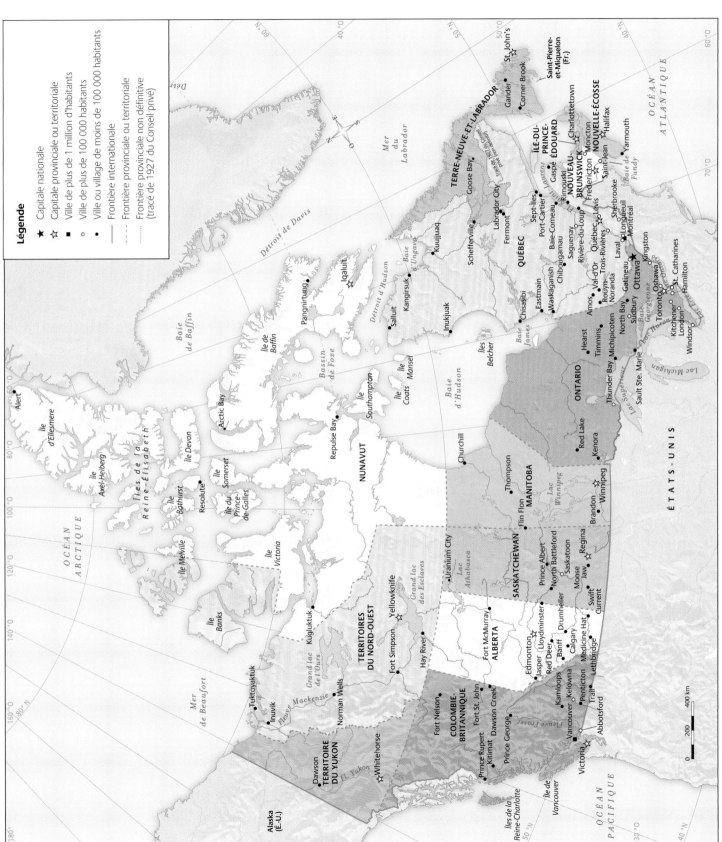

Légende

- ★ Capitale nationale
- ☆ Capitale provinciale ou territoriale
- ■ Ville de plus de 1 million d'habitants
- □ Ville de plus de 100 000 habitants
- ○ Ville ou village de moins de 100 000 habitants
- — Frontière internationale
- –·– Frontière provinciale ou territoriale
- ······· Frontière provinciale non définitive (tracé de 1927 du Conseil privé)

LES CLÉS DE L'INFO

Média Moyen de communication qui sert à transmettre un contenu à une personne ou à un groupe. Les principaux médias sont : Internet, la presse écrite, les livres, les affiches, la télévision, la radio, le cinéma et le téléphone cellulaire.

Médias électroniques Radio et télévision. Les termes « nouveaux médias électroniques » ou « nouveaux médias » s'appliquent au réseau Internet et aux appareils portables qui véhiculent de l'information, tel le téléphone cellulaire.

Agence de presse Organisation qui vend de l'information (nouvelles, reportages, images, etc.) à des médias. Les agences les plus connues sont : La Presse canadienne, l'Agence France-Presse, Reuters et l'Associated Press.

■ Qu'est-ce que l'information ?

Les médias diffusent divers types de contenus : divertissement, publicité, information journalistique, etc. Le rôle de l'information journalistique est de faire connaître au public les enjeux du monde contemporain. C'est en bonne partie grâce à ce type d'information que les citoyens peuvent se forger une opinion sur le monde dans lequel ils vivent. Il importe donc de comprendre comment est produite cette information et quelles en sont les limites.

Les médias électroniques et écrits communiquent de grandes quantités d'informations de toutes sortes : les faits divers, tels les accidents et les incendies ; l'actualité politique locale, nationale ou internationale ; les nouvelles sportives, culturelles, économiques, etc. Malgré leur diversité, tous ces sujets répondent à la même définition du terme « information ».

Une information est un fait, généralement récent, que des journalistes et des médias jugent important de porter à la connaissance du public.

L'information peut provenir d'origines diverses : une recherche entreprise par des journalistes, un renseignement rapporté par des citoyens, une dépêche ou un reportage produit par une agence de presse située à l'étranger, une conférence de presse donnée par une personnalité politique ou une entreprise, etc. Mais quelle que soit son origine, l'information que transmettent les journalistes doit se rapporter à un fait ou à un événement réel. Le travail journalistique consiste principalement à recueillir les faits essentiels pour comprendre un événement, à les vérifier et à choisir les aspects les plus importants à communiquer aux lecteurs ou aux spectateurs.

Le traitement de l'information

Comme le travail journalistique consiste essentiellement à rapporter des faits d'intérêt public, cette contrainte oblige les professionnels des médias à faire de nombreux choix. Ils doivent d'abord décider quels événements couvrir. Une fois sur place, ils ont à déterminer quels faits méritent d'être vérifiés, afin de bien saisir la portée de l'événement. Enfin, il leur appartient de décider quels faits seront communiqués au public. À chacune de ces étapes, l'interprétation et le jugement personnel entrent en jeu. Ainsi, il se peut qu'un même événement soit décrit de manière différente par les journalistes qui le couvrent.

1 Le pour et le contre

Les journalistes s'efforcent de montrer différents points de vue, ce qui peut parfois semer la confusion. Par exemple, un reportage sur les changements climatiques propose deux points de vue : celui de scientifiques qui croient que l'activité humaine est responsable des changements climatiques, et celui d'autres scientifiques qui soutiennent le contraire. Le public peut penser que la communauté scientifique est divisée à ce sujet. Pourtant, dans les faits, la plupart des scientifiques s'entendent pour dire que les humains en sont les principaux responsables. Prise en 2006, la photographie ci-contre montre une zone très polluée située près d'une usine au Yutian, à 100 km de Beijing, en Chine.

Par ailleurs, les médias qui diffusent les nouvelles ont chacun une approche différente. Par exemple, certains s'intéressent davantage à l'aspect humain des événements, alors que d'autres mettent plutôt l'accent sur leurs conséquences sociales ou politiques.

Les médias se basent également sur des critères de sélection généraux afin de déterminer si un fait ou un événement fera l'objet d'une couverture médiatique. Les éléments suivants sont généralement pris en compte.

- La **nouveauté** : un fait ou un événement récent.
- L'**impact** : un événement qui touche un grand nombre de personnes ou la société.
- La **notoriété** : les actions d'une personne ou d'une institution connue.
- La **proximité** : elle est géographique, lorsqu'un événement se déroule près du public du média ; elle est émotionnelle, s'il touche une personne à laquelle on peut s'identifier.
- Le **conflit** : les guerres, les grèves, les débats politiques, etc.
- Le **caractère inusité** : un événement insolite, inhabituel.
- L'« **air du temps** » : certains sujets se retrouvent soudainement dans l'actualité pour diverses raisons (changements dans les mentalités, lien avec des événements récents, etc.).
- L'**injustice**, l'**illégalité** et les **actes antisociaux** : des événements qui passent inaperçus jusqu'au moment où des journalistes se mettent à enquêter à leur sujet.

> **Acte antisocial** Acte qui peut causer du tort à la société, tout en étant légal.

L'information, l'analyse et l'opinion

L'information journalistique doit se limiter à rapporter les événements et les faits, sans les juger ni les commenter. Cependant, certains journalistes ont pour mandat d'analyser les événements ou de se montrer plus subjectifs. C'est pourquoi il est important de faire la distinction entre ce qui constitue l'information, ce qui relève de l'analyse et ce qui est du domaine de l'opinion.

Le *reportage* d'information présente les faits essentiels d'un événement afin que le public puisse le comprendre et se forger sa propre opinion. Même si la perception des journalistes joue un rôle dans la façon de rapporter l'événement, l'objectif d'un reportage consiste à relater les faits sans porter de jugement.

L'*analyse* vise à approfondir l'information communiquée à la population. Par exemple, dans le cas d'un conflit armé, les médias diffusent quantité d'informations sur le nombre de morts dans la journée, les villes attaquées, les déclarations des combattants, etc. Une analyse permet de replacer les événements dans leur contexte pour mieux en saisir le sens. Encore une fois, le but n'est pas de déterminer qui a raison ou qui a tort, mais de comprendre des faits qui peuvent sembler incohérents. Les articles et les reportages qui intègrent des analyses sont souvent qualifiés de « document » ou d'« analyse ».

2 **Les images, ce sont aussi de l'information**

En 2008, un fort tremblement de terre a touché la région du Sichuan en Chine. La secousse de 7,8 sur l'échelle Richter a fait plusieurs dizaines de milliers de victimes et détruit d'innombrables constructions.

Enfin, un *texte d'opinion* (ou un commentaire) suggère au public ce qu'il faut penser d'un événement: qui a raison, qui a tort, quelles mesures devraient être prises dans l'avenir, etc. Même si les commentateurs peuvent avancer des arguments solides, il reste que leur but n'est pas d'informer mais de convaincre. Par exemple, lorsque d'anciens politiciens commentent des événements d'actualité, le public doit tenir compte du fait que leur opinion est partisane. Les textes qui contiennent des opinions sont souvent désignés dans les médias par des termes tels que « billet », « critique » ou « commentaire ».

Les éditoriaux font également partie de la catégorie des textes d'opinion. Ces textes reflètent la ligne éditoriale d'un journal ou d'un média électronique. Chantal Hébert, chroniqueure-analyste politique au *Devoir*, au *Toronto Star*, à Radio-Canada et à CBC, utilise l'exemple de l'éditorial pour souligner la confusion qui règne entre information et opinion. Selon elle, la différence entre les « columnistes » [chroniqueurs-analystes] et les éditorialistes est la chose la plus mal comprise au monde. Les chroniqueurs-analystes ne sont pas payés pour refléter la ligne éditoriale d'un journal. Sinon, comment pourrait-elle travailler à la fois pour un journal fédéraliste et un journal souverainiste ? La ligne éditoriale d'un média peut également transparaître dans le choix de ses chroniqueurs ou commentateurs.

3 Chantal Hébert, chroniqueure-analyste politique

« Ce n'est pas parce que je dis que ça va mal pour un parti que je suis contre ce parti. De la même façon, ce n'est pas parce qu'un docteur diagnostique un cancer qu'il aime le cancer. C'est parce qu'il est payé pour comprendre ce qui va ou ce qui ne va pas. C'est ça mon travail. »

Brève culturelle

L'information, le divertissement et le monde du spectacle

Au Canada et ailleurs dans le monde, les médias ont tendance à mélanger de plus en plus l'information et le divertissement. Des reportages « légers » ou spectaculaires sont intégrés à des émissions d'information sérieuses. Inversement, des politiciens participent – parfois au détriment de leur crédibilité – à des émissions d'info-variétés ou d'humour. Plusieurs médias font aussi la promotion de leurs chroniqueurs vedettes, une pratique empruntée au monde du spectacle. Certaines de ces vedettes des médias sont reconnues pour leurs interventions provocantes, qui souvent choquent davantage qu'elles n'informent.

Quelques exemples d'émissions d'infovariétés

Une marionnette (à gauche) des Guignols de l'info (France, Canal +) et Rick Mercer (à droite), animateur de Rick Mercer Report (CBC). Très populaires, ces deux émissions télévisées présentent des parodies de bulletins de nouvelles et de publicités, ainsi que des rencontres avec des personnalités connues.

Les limites de l'information

Les nouvelles que communiquent les médias sont généralement fiables. Toutefois, certains facteurs limitent la qualité de l'information transmise et sa quantité.

Les journalistes et leur environnement de travail

- Les **erreurs** : les journalistes peuvent commettre des erreurs, qui viennent parfois de leurs sources d'information.
- Le **temps de production** : il s'agit d'une des principales contraintes à la qualité de l'information. Obligés de travailler rapidement, les journalistes n'ont pas toujours le temps de vérifier tous les faits qui se rapportent à leur sujet. Cela est particulièrement vrai depuis l'avènement des chaînes d'**information continue** et de la prolifération de l'information dans Internet. Le rythme de diffusion rapide de l'information empêche parfois les journalistes d'approfondir leur sujet.
- L'**espace disponible** : la durée d'un bulletin de nouvelles est limitée, tout comme le nombre de pages d'un journal.
- Les **ressources financières** : des contraintes financières obligent tous les médias à choisir les sujets qu'ils couvriront. La couverture internationale et le journalisme d'enquête souffrent particulièrement de ce manque de ressources.

> **Information continue**
> Information offerte 24 heures sur 24 par les chaînes d'information continue dans la presse électronique.

PERSPECTIVE

L'information continue dans le monde

En 1980, la chaîne américaine CNN (Cable News Network) devient la première chaîne à diffuser des nouvelles 24 heures sur 24. Le modèle est ensuite adopté par de nombreux pays. Au Canada, Newsworld (affilié à CBC) est en ondes depuis 1989, suivi en 1995 par le Réseau de l'information (RDI, affilié à Radio-Canada), et par Le Canal Nouvelles (LCN, affilié à TVA), créé en 1997. Voici d'autres exemples : Al Jazeera, présent depuis 1996 dans le monde arabe et au Maghreb ; France 24, qui couvre l'actualité depuis 2006 ; Sky News (Royaume-Uni), en ondes depuis 1989.

Les contraintes à la libre circulation de l'information

La censure est pratiquée dans de nombreux pays non démocratiques. En 2008, selon l'organisation Reporters sans frontières, qui défend la liberté de presse dans le monde, au moins 60 journalistes ont été tués, 673 ont été arrêtés, 929 ont été agressés ou menacés, et 353 médias ont été censurés.

5 **Internet censuré en Chine**

Reporters sans frontières s'inquiète de la censure pratiquée en Chine sur Internet.

« La Toile chinoise est l'une des plus contrôlées au monde. Depuis le mois d'août 2007, une "cyberpolice" a été instaurée pour surveiller les connexions des internautes. Une vingtaine d'entreprises, notamment américaines, ont été contraintes de signer un "Pacte d'autodiscipline" qui les oblige à censurer le contenu des blogues qu'elles hébergent en Chine et à demander aux blogueurs de communiquer leur vraie identité. [...] Au moins 51 cyberdissidents sont actuellement enfermés en Chine pour avoir usé de leur droit à la liberté d'expression sur le Web. »

Reporters sans frontières, *Chine : Rapport annuel 2008* [en ligne], réf. du 13 février 2009.

4 **De retour après une captivité en Biélorussie, en 2006**

Les journalistes canadiens qui travaillent dans les pays où la censure sévit ne sont pas à l'abri de certains dangers. En avril 2006, Frédérick Lavoie, journaliste pigiste, a été emprisonné en Biélorussie pendant deux semaines parce qu'il couvrait une manifestation antigouvernementale.

La protection de la liberté de presse

Le lien étroit qui unit la liberté de presse, la liberté individuelle et la démocratie est reconnu dans certaines constitutions et autres textes fondateurs.

La Charte canadienne des droits et libertés définit la « liberté de pensée, de croyance, d'opinion et d'expression, y compris la liberté de la presse et des autres moyens de communication » comme une liberté fondamentale (article 2.b).

D'après CanLII, Institut canadien d'information juridique, « Loi constitutionnelle de 1982 » [en ligne], 1982, réf. du 2 mai 2009.

Aux États-Unis, les 10 premiers amendements à la Constitution forment le *Bill of Rights*, ou « déclaration des droits ». Le premier amendement affirme que « Le Congrès ne fera aucune loi qui interdit l'établissement ou le libre exercice d'une religion, ou qui restreint la liberté de parole ou de presse, ou le droit du peuple de se rassembler paisiblement et d'adresser des pétitions au gouvernement pour lui réclamer réparation. » (Traduction libre.)

D'après gouvernement des États-Unis, *Archives nationales*, *The Charters of Freedom* [en ligne], réf. du 2 mai 2009.

- Selon vous, pourquoi la liberté de presse est-elle protégée par des lois ?

Il arrive aussi que des groupes empêchent la libre circulation de l'information. Par exemple, les narcotrafiquants ou les meneurs de guérillas armées peuvent souhaiter que leurs activités demeurent inconnues du public. Ils peuvent harceler (et même tuer) les journalistes qui tentent de rapporter leurs faits et gestes.

La censure est généralement absente des pays démocratiques, sauf en temps de guerre. Cependant, la libre circulation de l'information a aussi des limites. Par exemple, le public peut avoir accès à la plupart des documents détenus par le gouvernement, à l'exception de ceux qui renferment des renseignements personnels ou commerciaux, ou encore ceux qui concernent la sécurité publique. Toutefois, l'accès public aux documents de l'État n'est pas gratuit. Les petits médias et les journalistes pigistes n'ont pas toujours les moyens d'assumer les frais exigés pour pouvoir consulter ces documents, ce qui peut nuire à leur travail.

Le rôle de la libre circulation de l'information

L'information a des effets sur la vie privée et sur la vie collective. La libre production et la libre circulation de l'information sont essentielles à la démocratie. Celle-ci s'appuie sur le principe selon lequel les citoyens sont capables de prendre des décisions quant à leur avenir collectif. Or, pour prendre des décisions éclairées, les citoyens ont besoin d'être informés.

La démocratie repose aussi sur l'idée que le pouvoir de l'État doit être surveillé afin d'empêcher les abus de toutes sortes. En effet, dans une démocratie saine, les trois pouvoirs de l'État, soit l'exécutif (le gouvernement), le législatif (l'Assemblée législative) et le judiciaire (les tribunaux), doivent être autonomes et s'équilibrer les uns les autres. Dans cette dynamique, les médias jouent le rôle d'un « quatrième pouvoir », celui qui surveille les trois autres.

Brève culturelle

Le Watergate, un scandale politique aux États-Unis

En 1972, cinq hommes sont arrêtés pour avoir pénétré illégalement dans les locaux du Comité national du Parti démocrate, situés dans l'hôtel Watergate, à Washington (États-Unis). Ils sont accusés de vol et d'écoute électronique. Le président républicain en place, Richard Nixon, nie tout lien avec les accusés. Les journalistes Bob Woodward et Carl Bernstein réussissent à prouver le contraire, grâce à une source haut placée dans la police fédérale (FBI). Leurs dénonciations entraînent la mise sur pied d'une commission d'enquête qui mènera, en juin 1974, à la démission du président Nixon.

Des journalistes au travail

Bob Woodward (à gauche) et Carl Bernstein (à droite) travaillent dans les locaux du *Washington Post*. Ils ont relaté leur enquête dans un livre, *Les hommes du président*, qui a fait l'objet d'une adaptation au cinéma.

Que sont les médias?

Les médias jouent plusieurs rôles dans la société: divertir, vendre des produits, informer, faire réfléchir, etc. Dans cette section sera abordé le rôle d'information des médias.

Les médias ont subi des transformations importantes au cours des dernières décennies, en particulier depuis l'arrivée d'Internet, dans les années 1990. Qu'il s'agisse du mode de diffusion des informations, de leur quantité ou de leur qualité, le public peut constater jour après jour les effets de cette évolution dans les principaux médias.

Internet

De tous les médias, Internet est certainement celui qui connaît la plus forte hausse de popularité. Les quantités phénoménales d'informations auxquelles ce réseau donne accès proviennent de partout dans le monde, et sont en général offertes gratuitement. Les médias traditionnels, comme les journaux, sont aussi présents dans Internet. Par ailleurs, certains journaux et magazines n'ont pas d'équivalent papier.

Internet exerce une forte pression sur les médias traditionnels, qui se voient de plus en plus contraints d'offrir une information gratuite. Il contribue également à faire disparaître les frontières entre les différents médias. Ainsi, des journaux présentent des vidéos sur leur site Web, ou encore des chaînes de télévision mettent en ligne des dossiers étoffés sur des sujets d'actualité. De plus, le mode de fonctionnement interactif propre à Internet permet aux utilisateurs de personnaliser leur rapport à l'information. Ils peuvent, par exemple, écrire un commentaire qui sera affiché sur le site Web du média.

Comme les médias traditionnels, Internet offre différents types de contenus: sites d'organismes publics ou privés, sites d'entreprises, sites personnels, banques de données, publicité, divertissement, petites annonces, etc. Accessible principalement sur les sites Web des grands médias, l'information journalistique professionnelle ne représente qu'une infime partie des contenus offerts dans Internet.

De nombreux blogues, la plupart indépendants, laissent une grande liberté à leurs créateurs et servent surtout à diffuser des opinions. Il arrive qu'ils fournissent des sources d'information utiles aux internautes ou qu'ils débusquent certaines histoires que les médias traditionnels reprennent par la suite. Contrairement à la plupart des blogueurs indépendants, les journalistes disposent normalement de plus de ressources (temps, argent, habiletés professionnelles, etc.) pour vérifier les faits qu'ils communiquent au public.

> • Pourquoi les médias présents dans Internet retirent-ils de plus en plus de revenus publicitaires?

---

1 **Quelques médias d'information présents dans Internet seulement**

Québec
Branchez-vous.com
Ailleurs dans le monde
Slate.com (États-Unis)
Christian Science Monitor (États-Unis)
Rue 89 (France)

2 **L'évolution des revenus publicitaires d'Internet au Québec, en 2005 et en 2006**

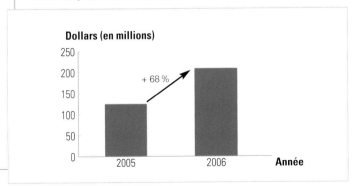

Infopresse, *Guide des médias 2008*, p. 160.

Brève culturelle

Barack Obama et Internet

Au cours de sa campagne électorale, Barack Obama (président des États-Unis élu en 2008) a habilement exploité les possibilités offertes par Internet. Il a, entre autres, mis à contribution les réseaux sociaux, comme Facebook, pour mobiliser ses partisans et obtenir du financement. Plusieurs de ses partisans ont aussi enregistré des vidéos qu'ils ont diffusées sur YouTube, ce qui a généré un apport important de publicité gratuite. Sa campagne a démontré qu'Internet permet non seulement de diffuser de l'information, mais qu'il peut aussi être mis au service des causes politiques ou sociales.

Le site Web de Barack Obama

De nombreuses personnes ont consulté le site d'Obama au cours de la campagne électorale de 2008 aux États-Unis.

Tirage Nombre d'exemplaires d'une publication (livre, journal, magazine, etc.).

Les journaux

Les journaux ont pour mission de faire connaître et d'analyser l'actualité quotidienne dans tous les domaines (politique, économie, arts, sports, etc.). Ce sont également des tribunes où s'échangent des idées et des opinions. En plus de distribuer des journaux québécois et canadiens, certains points de vente spécialisés offrent de nombreux journaux étrangers.

Les quotidiens du monde entier font face actuellement à de graves difficultés financières, notamment en raison de l'abondance de l'information accessible dans Internet et de la prolifération des quotidiens gratuits. Ces derniers puisent la plus grande partie de leurs informations auprès des agences de presse, ce qui est beaucoup moins coûteux que de faire appel directement à des journalistes pour couvrir les événements.

En plus des quotidiens, de nombreux journaux hebdomadaires ou mensuels distribués dans des quartiers, des régions et des agglomérations de faible densité offrent une information locale. La plupart de ces journaux sont gratuits au Québec, mais ce n'est pas le cas ailleurs au Canada. Selon le Centre d'études sur les médias de l'Université Laval, les **tirages** de ces journaux ont augmenté de façon significative depuis les années 1990. Les revenus publicitaires qu'ils génèrent dépassent ceux d'Internet, des magazines et de la radio.

3 **Les baisses de tirages des quotidiens payants**

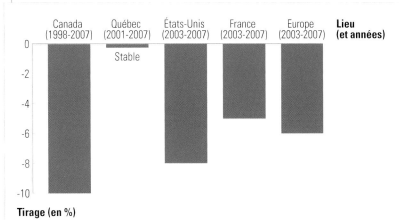

D'après Centre d'étude sur les médias, *Portraits sectoriels : Presse quotidienne* [en ligne], réf. du 13 février 2009.

Les magazines

Qu'il s'agisse de magazines grand public ou spécialisés, le contenu principal de ce type de publication est soit plus ludique soit plus approfondi que celui des journaux. Les magazines sont surtout des publications hebdomadaires, bimensuelles ou mensuelles.

De façon générale, le **lectorat** des magazines est en recul dans le monde. Au Québec, entre 1994 et 2004, la proportion de gens qui lisaient un magazine au moins une fois par mois est passée de 63 % à 53 %. De plus, le lectorat des magazines a diminué de 2003 à 2007, malgré l'arrivée sur le marché de nouvelles publications adaptées au goût du jour. Ailleurs au Canada et dans le monde, le lectorat de nombreux magazines importants est aussi en baisse.

La télévision

Dans les pays développés, des **chaînes généralistes** et des **chaînes spécialisées** se partagent la production télévisuelle. Leur propriété est soit publique soit privée. Les chaînes publiques, propriété de l'État, remplissent une mission essentielle : elles consacrent plus de temps et de ressources que les chaînes privées à l'information, aux émissions d'affaires publiques (approfondissement de l'actualité), à la culture et à l'éducation.

4 Quelques magazines importants dans le monde

Afrique
Jeune Afrique – L'intelligent
Canada
L'actualité
Maclean's
États-Unis
The Atlantic Monthly
The New Yorker
France
L'Express
Le Nouvel Observateur
Le Point
Royaume-Uni
The Economist

5 Quelques chaînes de télévision publiques dans le monde

Australie	France	Japon
ABC (Australian Broadcasting Corporation [ne pas confondre avec la chaîne privée américaine ABC])	France Télévisions, qui regroupe notamment : France 2, France 3, France 4, France 5	NHK (Nihon Hōsō Kyōkai)
Canada	**Francophonie**	**Royaume-Uni**
SRC (Société Radio-Canada) / CBC (Canadian Broadcasting Corporation) Télé-Québec TV Ontario TFO (Télévision franco-ontarienne)	TV5, une collaboration entre France 2, France 3, France 5, ARTE France, RTBF (Radio-Télévision belge de la Communauté française), TSR (Télévision suisse romande), Radio-Canada, Télé-Québec, RFO (Réseau France outre-mer)	BBC (British Broadcasting Corporation)
États-Unis		
PBS (Public Broadcasting Service)		

Lectorat Ensemble des lecteurs d'une publication.

Chaîne généraliste Chaîne de télévision qui offre une programmation diversifiée (émissions d'information, dramatiques, émissions pour enfants, etc.). Au Québec, les chaînes généralistes sont Radio-Canada, Télé-Québec, V, TVA, CTV et Global.

Chaîne spécialisée Chaîne de télévision dont la programmation est consacrée à un domaine précis (sports, musique, météo, etc.).

6 La télévision : un média populaire

En 2007, malgré la croissance d'Internet, les Québécois francophones écoutent près de 32 heures de télévision par semaine, soit presque 5 heures de plus que les autres Canadiens. Dans l'ensemble du Canada, la télévision demeure la source d'information la plus consultée.

8 **Le cinéma documentaire, une autre source d'information**

En 2006, l'Office national du film du Canada produit le documentaire *Les réfugiés de la planète bleue*. Ce film nous fait découvrir la situation de réfugiés environnementaux, des personnes qui, chaque année, sont forcées de se déplacer à cause de la détérioration de leur milieu.

Dans l'ensemble, les revenus publicitaires de la télévision sont en progression, mais la hausse est beaucoup plus marquée parmi les chaînes spécialisées. Au Québec, cette tendance menace les services d'information. À l'exception de RDI et de LCN, qui produisent de l'information en continu, seules les chaînes généralistes offrent des services de nouvelles. Cependant, produire de l'information coûte cher. Si les chaînes spécialisées continuent d'attirer les contrats publicitaires au détriment des chaînes généralistes, celles-ci pourront, selon certains, se voir obligées de restreindre les ressources consacrées à l'information.

La radio

Comme la télévision, la radio est partagée entre les chaînes publiques et les chaînes privées. Les chaînes de radio et de télévision publiques sont souvent liées : par exemple, Radio-Canada offre une programmation à la radio et une autre à la télévision. Le mandat des chaînes de radio publiques est axé sur l'information et la culture. Quant aux chaînes de radio privées, la plupart diffusent de la musique. D'autres, qu'on nomme les chaînes de radio « parlée », mettent l'accent sur l'information et le commentaire. Au Québec et au Canada, le nombre d'heures d'écoute diminue depuis l'an 2000.

7 **Le pourcentage d'heures d'écoute par type de chaîne, en 2007**

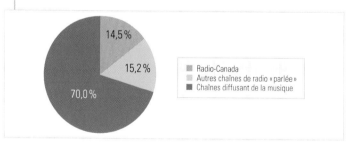

Statistique Canada, cité dans Centre d'étude sur les médias, *Portraits sectoriels : Radio* [en ligne], réf. du 13 février 2009.

Le cinéma documentaire

Le cinéma documentaire offre un regard en profondeur sur des sujets diversifiés. Certaines productions ressemblent à des reportages journalistiques fouillés. Les réalisateurs de films documentaires présentent la plupart du temps un point de vue particulier sur un sujet donné. De manière générale, ils cherchent avant tout à sensibiliser les spectateurs à des situations inacceptables (injustices, atteintes à l'environnement, etc.).

La concentration des médias

À l'exception des chaînes publiques, la majorité des médias appartiennent à des entreprises. Par exemple, une entreprise peut posséder des journaux, des magazines et des chaînes de télévision. C'est ce qu'on appelle la concentration des médias. Souvent, ces entreprises tentaculaires sont également présentes dans d'autres domaines d'affaires (câblodistribution, téléphonie, finances, etc.).

La concentration des médias provoque des inquiétudes chez certaines personnes à propos de la qualité et de l'objectivité de l'information. Selon elles, cette concentration pourrait faire en sorte que l'information rapportée par un média se retrouve au service des autres intérêts commerciaux de l'entreprise. Par exemple, un journal présente un article portant sur une émission produite par une chaîne qui appartient à la même entreprise. Les lecteurs de cet article pourraient se demander si le contenu du journal n'est pas, dans ce cas-ci, au service de l'entreprise qui est propriétaire.

Dans le même ordre d'idées, des journalistes pourraient en arriver à s'autocensurer, par crainte de représailles, s'ils produisent un reportage qui critique les façons de faire de l'entreprise. Dans un contexte de concentration des médias, les journalistes pigistes ou contractuels, qui ne peuvent compter sur la protection qu'ont leurs collègues permanents, deviennent particulièrement vulnérables à l'autocensure.

Enfin, la concentration des médias pourrait avoir des conséquences sur les services d'information. En effet, comme l'information exige un important budget de production, une entreprise pourrait choisir de miser plutôt sur les émissions de divertissement, qui génèrent plus de revenus publicitaires.

Au Québec, le journal *Le Devoir* et Radio-Canada sont les seuls médias indépendants. Au Canada, tous les grands médias, à l'exception de CBC, font partie d'entreprises de communication plus vastes.

9 **La concentration des médias, une tendance mondiale**

Silvio Berlusconi, président du Conseil (l'équivalent du premier ministre) de l'Italie (1994, 2001-2006, 2008-). Il a créé, depuis le début des années 1980, plusieurs chaînes de télévision privées qui dominent le paysage télévisuel italien. Il est aussi propriétaire de nombreux magazines, en plus d'investir dans le cinéma, la finance et le sport (il possède l'équipe de soccer A.C. Milan).

10 **Les plus importants groupes médiatiques au Canada, en 2009**

Groupe médiatique	Internet	Journaux	Magazines	Télévision	Radio	Cinéma	Autres intérêts commerciaux
Astral Média				•	•		•
BCE	•			•	•		•
Canwest	•	•		•			
Cogeco	•				•		•
Corus Entertainment				•	•		
CTVGlobemédia	•	•		•	•	•	
Groupe Transcontinental	•	•	•				
Power Corporation	•	•	•				
Quebecor	•	•	•	•		•	
Remstar				•		•	•
RNC media				•	•		
Rogers Communications	•		•	•	•		•
Shaw Communications	•						•
Torstar	•	•		•			•

D'après Centre d'études sur les médias, « Propriété des médias » [en ligne], réf. du 13 février 2009.

Qui sont les professionnels de l'information ?

Derrière les bulletins télévisés et les articles de journaux se trouvent des professionnels de l'information qui rapportent l'actualité locale, nationale et internationale. Les plus connus sont les journalistes, mais bon nombre de professionnels exercent d'autres métiers essentiels à la production de l'information.

Les journalistes

Être journaliste, c'est être le témoin d'événements qu'il faut d'abord bien comprendre, puis rapporter le plus clairement et le plus fidèlement possible. Ce métier exige plusieurs compétences : sens de l'observation, jugement, esprit de synthèse et d'analyse, facilité à communiquer et à vulgariser l'information et, enfin, capacité à travailler rapidement. La polyvalence est un autre critère de plus en plus considéré. Ainsi, un reporter qui travaille dans un média écrit peut aussi être appelé à produire des vidéos destinés au site Internet de ce média.

Le métier est très diversifié. Certains journalistes couvrent des événements dans différentes sphères d'activité, alors que d'autres se spécialisent : politique, sport, culture, affaires criminelles, économie, etc.

Le contexte dans lequel s'exerce la profession varie : il peut s'agir de suivre un groupe de réfugiés en zone de guerre, de couvrir un conseil municipal, de faire des enquêtes approfondies à partir d'entrevues ou encore d'aller puiser des informations dans les dépêches des agences de presse internationales.

Les principaux supports du journalisme incluent le texte, le reportage vidéo et la photo. Certains journalistes choisissent en effet de rapporter l'information au moyen d'une caméra. Ces photojournalistes ont aussi le mandat de communiquer une information véridique et pertinente, qu'ils doivent « raconter » en images.

Les autres professionnels des médias

D'autres professionnels des médias contribuent au débat public. Les éditorialistes écrivent des textes d'opinion qui reflètent la position du journal. Les chroniqueurs forment un groupe disparate : certains se concentrent sur la collecte de faits et leur analyse, tandis que d'autres accordent une plus grande place à leurs opinions personnelles. Les animateurs d'émissions d'information (parfois eux-mêmes anciens journalistes) font des entrevues, stimulent les échanges entre participants, etc. Enfin, les critiques d'art émettent des opinions sur la valeur des œuvres qu'ils commentent. Ils doivent fournir des arguments, mais la subjectivité et les goûts personnels jouent un plus grand rôle dans leur travail.

1 La proportion d'hommes et de femmes journalistes au Canada

En 2006, le Canada comptait 13 320 journalistes, dont 55 % d'hommes et 45 % de femmes. Par ailleurs, la Fédération internationale des journalistes regroupe 600 000 membres.

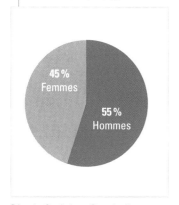

D'après Statistique Canada, Recensement 2006, *Classification nationale des professions* [en ligne], 2006.

2 Les blogues

Les blogueurs ne sont généralement pas des professionnels de l'information. Certains laissent une large place à l'opinion. Toutefois, ils mettent souvent en lumière des réalités qui autrement resteraient inconnues. Par exemple, à Cuba, un pays où la liberté de presse n'existe pas, le blogue *Generación Y*, de Yoani Sanchez, permet de découvrir la vie quotidienne sur l'île.

Quelles sont les relations entre les médias et leur public ?

Le rôle des médias est de rapporter des faits véridiques et dignes d'intérêt. Cette information permet aux citoyens de faire des choix éclairés, tant sur le plan individuel comme les choix de consommation que sur le plan collectif (les opinions politiques, par exemple). Le lien entre l'information et la démocratie est bien réel : il semble que les personnes qui suivent l'actualité ont tendance à participer plus activement à la vie politique.

> « Les gens souhaiteraient recevoir davantage d'information brute, objective et non teintée par des interprétations... »
>
> **Conseil de presse du Québec, 2008**

Le public des médias

Les Canadiens sont friands d'information : dans une vaste enquête menée en 2003 par Statistique Canada, 89 % des personnes âgées de 19 ans et plus affirmaient suivre l'actualité tous les jours ou plusieurs fois par semaine.

Une confiance brisée ?

Pour que les médias puissent jouer leur rôle démocratique, il faut qu'ils aient la confiance du public. Cette confiance a été mise à l'épreuve ces dernières années. D'après une enquête menée par l'entreprise de sondages Léger Marketing en 2008, 41 % des gens font confiance aux journalistes. Il s'agit d'une baisse importante par rapport à 2002 (53 %). En France, un sondage publié en 2005 concluait que seulement 41 % des Français se fiaient à la presse écrite. La même année, aux États-Unis, l'opinion publique accordait sa confiance aux médias dans une proportion de 50 %.

Plusieurs facteurs contribuent à cette tendance, à commencer par les transformations survenues au cours des dernières années dans le monde des médias, dont une plus grande concentration de la presse. La pression liée à la quête de profits incite les propriétaires de médias à « vendre » l'information comme d'autres produits. Cette pression pousse notamment les médias vers l'information-divertissement, ce qui réduit leur crédibilité. Un autre facteur à considérer est le fait que les médias commettent parfois des erreurs importantes, aggravées par un traitement sensationnaliste. La question de l'éthique professionnelle de certains journalistes est alors soulevée.

Il reste que les gens souhaitent être informés. Afin de maintenir l'accès à une information de qualité qui permet de vraiment comprendre les enjeux de société, il importe que le public conserve un œil critique et qu'il se montre exigeant envers les médias, sans toutefois devenir cynique.

1 Les sources d'information consultées au Canada

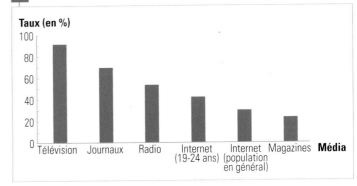

D'après Statistique Canada, *Enquête sociale générale*, 2003.

2 Faute grave ou méprise tragique ?

En 2006, à la suite d'une explosion, 13 mineurs se retrouvent prisonniers d'une mine aux États-Unis. Les premières informations confirment la mort d'un mineur. Puis, se basant sur les dires de certains responsables, des familles annoncent le sauvetage de tous les autres. Les médias diffusent cette nouvelle à des millions d'exemplaires. Mais en vérité, un seul mineur a survécu. Les journalistes, accusés d'avoir mal fait leur travail, rétorquent que leurs informations provenaient de sources crédibles.

Clé 1 Utiliser une démarche de recherche

Que ce soit pour approfondir un sujet, répondre à des questionnements ou vérifier des hypothèses en univers social, une démarche de recherche s'avère indispensable. Même si les étapes de cette démarche sont présentées ici dans un ordre précis, il faut souvent revenir sur ses pas pour revoir une hypothèse, ajuster son plan, introduire d'autres mots clés ou suivre la piste de nouveaux documents.

Utilité

Cette technique est utile pour :

- trouver des réponses à ses questions ;
- utiliser des stratégies d'apprentissage efficaces ;
- appuyer une interprétation ou une hypothèse ;
- présenter un travail de recherche bien planifié.

1. Prendre connaissance d'un thème ou d'un problème

- Déterminez le thème à explorer ou le problème à résoudre et expliquez-le dans vos mots.
- Faites appel à vos connaissances antérieures sur le sujet.
- Informez-vous sur le thème ou le problème (consultez votre manuel ou d'autres sources d'information, ou questionnez votre entourage).

2. S'interroger

- Choisissez des aspects précis du thème à explorer ou formulez des hypothèses, c'est-à-dire suggérez des explications possibles de ce problème.
- Formulez des questions. (Quoi ? Qui ? Quand ? Pourquoi ? Où ? Depuis quand ? Comment ?)
- Organisez vos questions à l'aide de catégories (sous-thèmes).

7. Revenir sur la démarche

- En vous basant sur les commentaires de vos pairs et de votre enseignante ou enseignant, faites un retour sur votre travail.
- Les résultats de votre recherche vous satisfont-ils ? Quels en sont les points forts ? Les points faibles ?
- Vous posez-vous de nouvelles questions ?
- Si vous aviez à refaire votre démarche de recherche, que feriez-vous différemment ?

6. Communiquer les résultats de la démarche

- Prévoyez le matériel nécessaire à la présentation. Assurez-vous de maîtriser le fonctionnement de votre appareil (ordinateur, projecteur, etc.).
- Dans le cas d'un travail écrit, créez une page de titre et une table des matières.
- Dans le cas d'un exposé oral, maîtrisez votre sujet. N'ayez pas l'air de lire votre texte. Prévoyez une période de questions pour vos pairs.

3. Planifier la recherche

- Établissez un plan de recherche en organisant vos idées principales et secondaires.
- Dressez une liste de mots clés.
- Repérez des sources d'information pertinentes (manuel, atlas, encyclopédies, ouvrages d'histoire, sites Internet, journaux, magazines, etc.).
- Préparez des outils pour recueillir l'information (feuilles de notes, fiches, tableaux, tableur électronique, etc.).

4. Recueillir et traiter l'information

- Consultez les sources d'information repérées et sélectionnez les documents utiles à votre recherche.
- Vérifiez la fiabilité des documents sélectionnés.
- Recueillez les données qui vous permettent de répondre à vos questions ou de mieux comprendre votre sujet de recherche.
- Exercez votre jugement critique au moment de faire vos choix.
- Distinguez les faits des opinions.
- Transcrivez les documents et les données sélectionnés sur un support approprié (fiches, tableaux, etc.).
- Classez vos données en fonction de votre plan de recherche. Regroupez-les par mots clés, par exemple.

5. Organiser l'information

- Ajustez votre plan de recherche en fonction de l'information recueillie. Veillez à ce que l'organisation de vos données vous permette de répondre à vos questions de manière à confirmer ou à infirmer votre hypothèse.
- Choisissez un moyen de transmettre les résultats de votre collecte d'information.
- Rédigez soigneusement votre travail. Exposez clairement vos idées principales et secondaires. Utilisez le vocabulaire approprié. Évitez les répétitions. Préparez une introduction, rédigez votre développement et formulez votre conclusion.
- Prévoyez des documents visuels appropriés pour rendre votre travail dynamique (diagrammes, extraits de documents audiovisuels, repère temporel, etc.).
- Rédigez votre médiagraphie (voir la clé 9).
- Choisissez une forme de présentation : exposé oral, travail écrit, affiche, site Internet, diaporama numérique, reportage vidéo, etc.

Clé 2 Interpréter des documents écrits

Qu'il soit imprimé ou numérique, un texte nous renseigne non seulement sur un événement ou une idée, mais aussi sur la personne qui l'a produit et la société à laquelle elle appartient. Les caractéristiques des documents écrits influencent l'interprétation qu'on en fait. Ainsi, le caractère officiel ou personnel d'un texte, ou encore sa nature (texte de loi, article de presse, etc.) déterminent sa portée et sa signification. Dans le cadre d'un travail en univers social, il faut sélectionner, analyser et interpréter divers types de documents écrits.

Méthode d'interprétation

1. **Préciser son intention**

   Quels buts visez-vous en interprétant le document ?

2. **Identifier le document écrit**

   a) Quelle est la source du document (nom des auteurs, titre, date) ?

   b) Quelle est la nature du document (texte de loi, rapport d'enquête, discours, article de journal, etc.) ?

   c) À qui ce document s'adresse-t-il ?

3. **Analyser le document écrit**

   a) Lisez le document avec attention. Y a-t-il des mots ou des expressions que vous ne comprenez pas ? Cherchez-en la définition.

   b) Quelle est l'idée principale du document ? Repérez les passages qui permettent de faire ressortir cette idée principale.

   c) Le document présente-t-il un fait ou une opinion ?

   d) Dans quel contexte le document a-t-il été rédigé ?

4. **Interpréter le document écrit**

   a) Selon vous, quel est le message du document ? Quel regard la personne qui l'a produit porte-t-elle sur son sujet ?

   b) Quels renseignements ou précisions relevés dans le document vous aident à atteindre le but de votre recherche ?

5. **Comparer des documents**

   a) Quelles similitudes ou différences constatez-vous entre les documents ? Quels éléments de continuité ou de changement pouvez-vous noter ?

   b) Quelles précisions sur le thème à l'étude avez-vous trouvées ? Cette comparaison vous permet-elle de modifier votre interprétation du thème ?

Exemples d'interprétation

Document 1

1. Le but est de s'informer sur les effets des changements climatiques dans l'Arctique.

2. a) Claude Villeneuve et François Richard, *Vivre les changements climatiques : quoi de neuf ?*, Sainte-Foy, Éditions MultiMondes, 2005, p. 345-346.

   b) Il s'agit d'un extrait de livre.

   c) Le document s'adresse à tous ceux qui sont intéressés à en apprendre davantage sur les effets des changements climatiques.

3. a) Le pergélisol est une couche de sol ou de roche dont la température est toujours inférieure à 0 °C pendant plusieurs années consécutives.

   b) Les changements climatiques entraînent la fonte du pergélisol, ce qui peut avoir des effets considérables sur les infrastructures et, par conséquent, sur les populations.

   c) Ce document présente essentiellement des faits. Toutefois, la dernière phrase du texte laisse transparaître l'opinion des auteurs.

   d) Ce document a été rédigé à un moment où la population est plus consciente que jamais des conséquences des changements climatiques sur les populations humaines.

4. a) La fonte du pergélisol aura des conséquences importantes sur le territoire et la population de l'Arctique.

   b) Le document nous apprend que les changements climatiques causeront la fonte du pergélisol dans l'Arctique, ce qui entraînera des glissements de terrain qui risquent de menacer les infrastructures.

1 Les effets des changements climatiques sur les infrastructures dans l'Arctique

« Les installations industrielles, commerciales et résidentielles aménagées dans les zones caractérisées par le pergélisol, comme dans le nord du Canada ou de la Russie, reposent littéralement sur un terrain glissant. La température agissant sur le pergélisol, ce dernier peut en effet se mettre à fondre jusqu'aux profondeurs où s'appuient normalement en toute sécurité les fondations des infrastructures.

La fonte du pergélisol causera alors des glissements de terrain, risquant le déplacement et même l'écroulement des infrastructures de services comme les égouts, les routes et les pipelines, et pourra provoquer la fonte de la couche de sol gelée jadis considérée comme imperméable, des bassins de résidus miniers et des lieux d'enfouissement.

[...] On n'ose imaginer les conséquences de ces événements sur la sécurité des populations. »

Claude Villeneuve et François Richard, *Vivre les changements climatiques : quoi de neuf ?*, Sainte-Foy, Éditions MultiMondes, 2005, p. 345-346.

Theo Allofs/Corbis, *Maisons colorées construites sur le pergélisol rocheux*, 19 juin 2006.
Les maisons du village inuit Ilulissat, au Groenland, sont construites sur le pergélisol.

« La région de l'Arctique figure au premier plan des débats sur la souveraineté canadienne. Elle suscite un regain d'intérêt en raison des effets qu'y exercent les changements climatiques, en particulier la fonte des calottes glaciaires. [...]

D'autres pays, tels que les États-Unis, la Russie, le Danemark, le Japon et la Norvège, de même que l'Union européenne, s'intéressent de plus en plus à la région et font valoir diverses revendications au regard du droit international. Selon nombre d'observateurs, la fonte des glaces entraînera au cours des prochaines décennies une intensification du trafic maritime dans le passage du Nord-Ouest, la voie de navigation qui traverse les eaux arctiques du Canada. La déclaration du Canada selon laquelle le passage fait partie de ses eaux intérieures (territoriales) est contestée par d'autres pays, dont les États-Unis, qui y voient un détroit international (c.-à-d. des eaux internationales). [...]

Si le passage était international, le Canada serait moins en mesure d'en contrôler les eaux et à plus forte raison d'y établir les règles environnementales et les pratiques en matière de transport maritime, car elles relèveraient alors vraisemblablement de l'Organisation maritime internationale. De l'avis de la plupart, pour s'assurer [le] contrôle du passage, le gouvernement du Canada devra maintenir une présence permanente dans la région afin de surveiller les allées et venues dans le passage et d'obliger ceux qui l'emprunteraient à y respecter la souveraineté qu'il revendique. »

Matthew Carnaghan et Allison Goody, « La souveraineté du Canada dans l'Arctique », *Service d'information et de recherche parlementaires, Bibliothèque du Parlement* [en ligne], 26 janvier 2006, réf. du 29 mars 2009.

Note : Les employés du Service d'information et de recherche parlementaires de la Bibliothèque du Parlement effectuent des recherches et fournissent des analyses et des conseils en matière politique aux sénateurs, aux députés et aux membres des comités de la Chambre des communes et du Sénat.

Document **2**

1. Le but est de s'informer sur les effets des changements climatiques dans l'Arctique.

2. a) Matthew Carnaghan et Allison Goody, « La souveraineté du Canada dans l'Arctique », *Service d'information et de recherche parlementaires, Bibliothèque du Parlement* [en ligne], 26 janvier 2006, réf. du 29 mars 2009.

   b) Il s'agit d'un document d'information.

   c) Ce document s'adresse aux parlementaires canadiens (sénateurs, députés et membres des comités de la Chambre des communes et du Sénat).

3. a) Les calottes glaciaires sont d'immenses glaciers. Les eaux internationales sont des zones maritimes sur lesquelles aucun État côtier n'a juridiction.

   b) Ce document traite de la souveraineté canadienne dans l'Arctique, dans le contexte où la fonte des glaces entraînera une intensification du trafic maritime international dans le passage du Nord-Ouest.

   c) Ce document présente essentiellement des faits.

   d) Ce document a été rédigé pour permettre aux parlementaires canadiens de bien comprendre les enjeux de la souveraineté du Canada dans l'Arctique.

4. a) Si le gouvernement du Canada veut contrôler le passage du Nord-Ouest, il devra assurer une surveillance continue du territoire.

   b) Dans le contexte actuel des changements climatiques, ce document précise les enjeux liés à la souveraineté canadienne dans l'Arctique.

Comparer les documents **1** et **2**

5. a) Le document 1 présente des conséquences des changements climatiques sur le territoire et les populations, alors que le document 2 nous informe sur les conséquences politiques de ces changements.

   b) Les changements climatiques dans l'Arctique engendrent des conséquences sociales et politiques. Ainsi, il est essentiel de gérer les problèmes environnementaux dans une perspective de développement durable, car ils peuvent affecter les sociétés sur plusieurs plans.

Les documents iconographiques se présentent sous forme d'images. Ces types de documents varient selon les sociétés et les époques : peintures, affiches, photographies, caricatures, etc. Bien qu'on puisse percevoir l'ensemble d'une image au premier coup d'œil, les messages que communique le document iconographique sont souvent complexes ou symboliques.

Méthode d'interprétation

1. Préciser son intention

Quels buts visez-vous en interprétant le document ?

2. Identifier le document iconographique

a) De quel type de document s'agit-il (photographie, peinture, affiche, caricature, etc.) ?

b) Quelle est la source du document (nom des auteurs, titre, date, provenance) ?

3. Analyser le document iconographique

a) Décrivez ce que vous observez.
  - Que remarquez-vous au plan rapproché ? au plan moyen ? à l'arrière-plan ?
  - Quel lieu observez-vous ? Quels personnages sont représentés ? Que font-ils ?
  - Quels liens pouvez-vous établir entre les éléments que vous observez ?

b) Y a-t-il des aspects du document que vous ne comprenez pas ? Effectuez une recherche afin de trouver une explication.

c) Quel est le contexte associé au document ?

4. Interpréter le document iconographique

a) Selon vous, quel est le message du document ? Quel regard la personne qui l'a produit porte-t-elle sur son sujet ?

b) Quels renseignements ou précisions relevés dans le document vous aident à comprendre le thème que vous étudiez ?

5. Comparer des documents

a) Quelles similitudes ou différences constatez-vous entre les documents ? Quels éléments de continuité ou de changement pouvez-vous noter ?

b) Quelles précisions sur le thème avez-vous trouvées ? Cette comparaison vous permet-elle de modifier votre interprétation du thème ?

Utilité

Cette technique est utile pour :

- visualiser une réalité ;
- dégager la portée symbolique d'un événement ;
- connaître le thème représenté et la société dans lequel il s'inscrit.

Exemples d'interprétation

Document 1

1. Le but est d'analyser les tensions politiques entre le Pakistan et l'Inde, deux puissances qui possèdent des armes nucléaires.

2. a) Le document est une photographie.

b) AFP/Getty, *Soldat indien des forces de sécurité frontalière*, 23 novembre 2008.

1 Les élections au Cachemire (Inde), en 2008

AFP/Getty, *Soldat indien des forces de sécurité frontalière*, 23 novembre 2008.

3. a) b) Au plan rapproché, un policier armé monte la garde. Au plan moyen, des femmes et des hommes font la file pour aller voter dans cette partie du territoire du Cachemire administrée par l'Inde. Les policiers indiens surveillent les bureaux de vote pour protéger la population et empêcher des militants séparatistes musulmans de protester contre la tenue des élections.

c) Le territoire du Cachemire est administré par l'Inde depuis 1947, soit depuis que l'Inde et le Pakistan ont obtenu leur indépendance de l'Empire britannique. La majorité de la population indienne pratique la religion hindoue, alors que celle du Pakistan est surtout musulmane. Or, la population du Cachemire est principalement musulmane, comme celle du Pakistan. Depuis l'indépendance, l'Inde et le Pakistan se disputent le territoire du Cachemire. Des groupes de séparatistes musulmans militent contre les autorités indiennes au Cachemire. Lors des élections de l'automne 2008, le gouvernement indien a craint que de nouvelles tensions surviennent entre les communautés et, surtout, que des militants séparatistes musulmans se mobilisent contre les élections.

4. a) Le photographe a voulu témoigner du déroulement des élections dans une région du Cachemire maintenue sous haute surveillance armée par des policiers indiens. La population s'est rendue dans les bureaux de vote.

b) Les tensions entre l'Inde et le Pakistan sont toujours présentes dans la région du Cachemire. Il s'agit d'un conflit très dangereux pour les deux pays et pour le monde, car les deux pays possèdent des armes nucléaires.

2 Les élections au Cachemire (Inde), en 2008

Arrière-plan

Plan moyen

Plan rapproché

Tauseef Mustafa/Getty, *Des manifestants scandent des slogans*, 7 décembre 2008.

Document 2

1. Le but est d'analyser les tensions politiques entre le Pakistan et l'Inde, deux puissances qui possèdent des armes nucléaires.

2. a) Le document est une photographie.

b) Tauseef Mustafa/Getty, *Des manifestants scandent des slogans*, 7 décembre 2008.

3. a) b) Au plan rapproché, des policiers indiens armés surveillent des manifestants. Au plan moyen, un groupe d'hommes et des enfants manifestent dans les rues. À l'arrière-plan se trouvent des boutiques fermées.

c) Voir Document 1, 3 c.

4. a) Le photographe a voulu témoigner du déroulement des élections dans une région du Cachemire maintenue sous haute surveillance armée par des policiers indiens. Certains groupes de musulmans s'opposent aux élections.

b) Les tensions entre l'Inde et le Pakistan sont toujours présentes dans la région du Cachemire. Il s'agit d'un conflit très dangereux pour les deux pays et pour le monde, car les deux pays possèdent des armes nucléaires.

Comparer les documents 1 et 2

5. a) Les documents montrent deux aspects des élections qui ont eu lieu au Cachemire en décembre 2008 : le vote et certaines réactions au déroulement des élections.

b) Les élections ont eu lieu, mais les rapports entre la communauté musulmane et les autorités indiennes demeurent conflictuels. Les tensions qui existent entre l'Inde et le Pakistan, deux puissances nucléaires, sont toujours d'actualité.

Document 3

1. Le but consiste à réfléchir aux types d'actions à adopter dans le cadre d'une gestion durable de l'environnement.

2. a) Il s'agit d'une caricature.

b) Pascal Elie, « Utiliser les sacs de plastique, c'est nocif pour l'environnement », *L'Express d'Outremont et de Mont-Royal*, 5 mars 2008.

3. a) b) Deux femmes sortent d'une épicerie avec leurs achats. L'une transporte des sacs de plastique dans un chariot. L'autre, des sacs en papier, qu'elle dépose dans un véhicule utilitaire sport dont le moteur est en marche. Cette dernière dit à la première que l'usage de sacs en plastique est nocif pour l'environnement.

c) La population se préoccupe de plus en plus des actions qui sont nuisibles à l'environnement.

4. a) Il importe de modifier plusieurs comportements pour agir de façon responsable envers l'environnement.

b) Les citoyens doivent envisager plusieurs possibilités d'action pour contribuer à la réduction de la pollution environnementale.

3 L'environnement, une question de point de vue

Pascal Elie, « Utiliser les sacs de plastique, c'est nocif pour l'environnement », *L'Express d'Outremont et de Mont-Royal*, 5 mars 2008.

Clé 4 — Interpréter et réaliser des cartes

La carte est une représentation spatiale d'une réalité du présent ou du passé. Elle fournit de l'information géographique, mais peut aussi donner des renseignements sur l'économie, la population, la culture ou la situation politique dans un territoire donné, à une époque donnée.

Le cartogramme présente un autre regard sur la réalité. C'est une carte dans laquelle des territoires ont été représentés en prenant en compte une donnée particulière. Dans un cartogramme, les pays du monde occupent la même position que dans une carte thématique, cependant, leur forme est différente. Les déformations, plus ou moins importantes, représentent de façon proportionnelle la variation d'une donnée entre les pays et les régions du monde. Dans certains cartogrammes, le contour des pays peut même être ramené à des formes géométriques. Le cartogramme se situe donc à mi-chemin entre la carte et le diagramme. Il permet de saisir en un coup d'œil l'information (la population, l'empreinte écologique, etc.).

Il est à noter que le cartogramme ne comporte pas d'échelle parce que les territoires sont dessinés proportionnellement à la variable dont il est question et non selon leur superficie.

Le cartogramme se distingue donc de la carte thématique dans laquelle on tente de préserver les relations spatiales entre les pays ou les territoires. Ce type de carte n'est plus un modèle réduit du monde ou d'un territoire, mais une représentation des proportionnalités d'une donnée selon les pays ou les régions du monde.

Méthode d'interprétation

Utilité

Cette technique est utile pour :

- situer dans l'espace et dans le temps des événements ou de l'information ;

- traduire l'évolution d'un phénomène dans l'espace et le temps.

1. **Préciser son intention**

   Quels buts visez-vous en interprétant la carte ?

2. **Connaître et analyser la carte**

   a) Quel est le titre et, s'il y a lieu, quelle est la source de la carte ?

   b) De quel type de carte (carte thématique, carte historique, cartogramme) s'agit-il ?

   c) Que vous apprend la légende ?

   d) Quel est l'espace géographique représenté ? À quelle date ?

   e) Le territoire est-il représenté à petite ou à grande échelle ?

3. **Interpréter la carte**

   a) Quelle information la carte vous donne-t-elle ? Au besoin, vous référez à une carte politique (par exemple, la carte 6, *Le monde politique*, de l'Atlas, p. 498 et 499) pour repérer les différents pays ou territoires qui se trouvent sur votre carte.

   b) En quoi cette information vous aide-t-elle à comprendre le thème que vous étudiez ?

Méthode de réalisation

1. Précisez votre intention. Quels buts visez-vous en réalisant la carte ?

2. a) Déterminez le sujet de votre carte.

   b) Sélectionnez l'information qui doit y apparaître.

   c) Trouvez un fond de carte (une carte modèle).

   d) Intégrez-y l'information en choisissant le moyen le plus adéquat (des symboles, des couleurs, etc.).

   e) Rédigez le titre de la carte et la légende.

   f) Indiquez la source de l'information qui a servi à réaliser la carte.

Exemples d'interprétation

1 La population dans le monde, en 2007

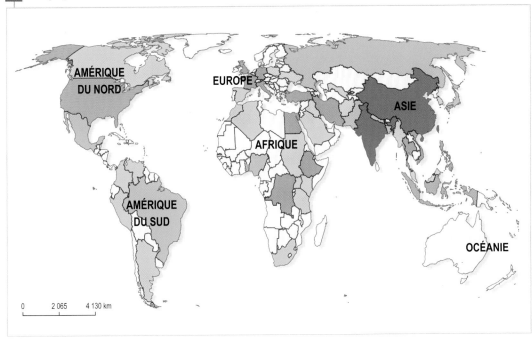

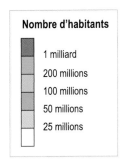

Nombre d'habitants

	1 milliard
	200 millions
	100 millions
	50 millions
	25 millions

0   2 065   4 130 km

D'après Banque mondiale, *Key Development Data & Statistics* [en ligne], réf. du 5 mai 2009.

Document 1

1. Le but est d'interpréter la répartition de la population dans le monde.

2. a) La population dans le monde, en 2007. D'après Banque mondiale, *Key Development Data & Statistics* [en ligne], réf. du 5 mai 2009.

b) Il s'agit d'une carte thématique.

c) La légende indique le nombre d'habitants dans chaque pays.

d) L'espace géographique représenté est le monde en 2007.

e) Le territoire est représenté à petite échelle.

3. a) L'Asie est la région du monde la plus peuplée. La Chine et l'Inde sont les pays les plus peuplés sur la planète. En Amérique du Nord, les États-Unis et le Mexique sont les pays les plus populeux. En Amérique du Sud, c'est le Brésil qui est le pays le plus peuplé. L'Europe est relativement peu peuplée. En Afrique, le Nigeria compte le plus grand nombre d'habitants. L'Océanie est la région du monde la moins peuplée.

b) Les pays les plus peuplés du monde se situent en Asie.

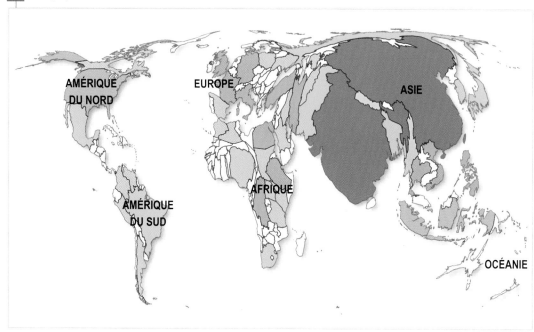

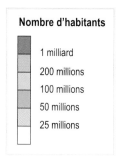

D'après Banque mondiale, *Key Development Data & Statistics* [en ligne], réf. du 5 mai 2009.

Document **2**

1. Le but est d'interpréter la répartition de la population dans le monde.

2. a) La population dans le monde, en 2007. D'après Banque mondiale, *Key Development Data & Statistics* [en ligne], réf. du 5 mai 2009.

b) Il s'agit d'un cartogramme.

c) La légende indique le nombre d'habitants dans chaque pays.

d) L'espace géographique représenté est le monde en 2007.

e) Il n'y a pas d'échelle car il s'agit d'un cartogramme.

3. a) Les territoires des pays du monde sont représentés de façon proportionnelle à leur population. La Chine et l'Inde sont, de loin, les pays les plus peuplés sur la planète. L'Asie est nettement la région du monde la plus peuplée. En Amérique du Nord, les États-Unis et le Mexique sont les pays les plus populeux. La forme du Canada, peu peuplé, est très réduite sur le cartogramme. En Amérique du Sud, c'est le Brésil qui est le pays le plus peuplé. De toutes les régions du monde, c'est l'Amérique du Sud qui conserve le mieux ses proportions. En Afrique, le Soudan, le plus grand pays de cette région du monde, a une population moins nombreuse que le Nigeria, un pays dont la superficie est plus petite. L'Australie, qui possède le plus grand territoire dans la région du Pacifique, est très peu peuplée, contrairement à sa voisine l'Indonésie.

b) Les pays les plus peuplés ne possèdent pas la plus grande superficie terrestre.

Clé 5 Interpréter et réaliser des tableaux et des diagrammes

Les tableaux et les diagrammes sont des outils qui servent à organiser et à présenter de façon cohérente et dynamique des informations ou des données semblables ou comparables.

Les tableaux présentent des informations classées et organisées en lignes et en colonnes. Les titres des lignes et des colonnes définissent le sujet du tableau. Les autres lignes et colonnes détaillent des catégories d'information. Quant aux diagrammes, ils se présentent sous l'une ou l'autre des formes suivantes.

a) Le diagramme à bandes représente des données quantitatives à l'aide de bandes verticales ou horizontales. Ces bandes illustrent des catégories de données. Leurs différentes valeurs peuvent être comparées en un seul coup d'œil.

b) Le diagramme circulaire représente les proportions de chacune des parties d'un ensemble. Chaque secteur illustre la valeur d'une partie. Généralement, les données y sont exprimées en pourcentages.

c) Le diagramme linéaire met en évidence les fluctuations, à la hausse ou à la baisse, d'un phénomène. La courbe relie une suite de points qui représentent une valeur à un moment donné.

Utilité

Cette technique est utile pour :

- classer et représenter des informations et des données ;

- établir rapidement des relations entre des informations et des données ;

- constater au premier coup d'œil l'évolution d'un facteur dans le temps.

Méthode d'interprétation

1. **Préciser son intention**

   Quels buts visez-vous en interprétant le diagramme ?

2. **Connaître et analyser le diagramme**

   a) De quel type de diagramme s'agit-il ?

   b) Déterminez le sujet du diagramme à l'aide du titre et de la légende, s'il y a lieu.

   c) Quelle est la source du diagramme ?

   d) Quelles sont les données présentées ? Repérez les axes (x et y) et les unités de mesure.

3. **Interpréter le diagramme**

   a) Quelles données le diagramme met-il en relation ?

   b) Que vous apprend le diagramme ? En quoi ces données vous aident-elles à comprendre le sujet de votre recherche ?

Méthode de réalisation

1. Précisez votre intention. Quels buts visez-vous en réalisant le diagramme ?

2. a) Déterminez le sujet du diagramme.

   b) Sélectionnez les données qui doivent apparaître dans le diagramme.

   c) Déterminez le type de diagramme qui convient le mieux pour représenter vos données.

   d) Établissez le rapport de proportion entre vos données ou déterminez les unités de mesure qui les représenteront.

   e) Dessinez le diagramme choisi en répartissant les données sur les axes des x et des y.

   f) Utilisez différents moyens (couleurs ou symboles) pour faciliter la compréhension de votre diagramme.

   g) Titrez votre diagramme, indiquez la ou les sources de vos données et créez une légende, s'il y a lieu.

Exemples d'interprétation

1 **La composition de la population mondiale, en 2005**

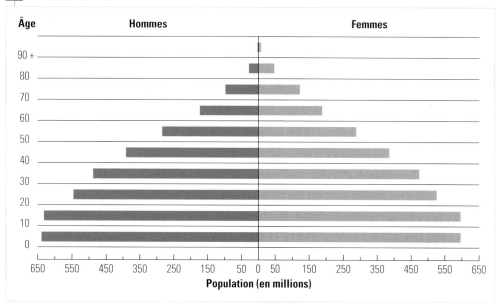

D'après ONU, *World Population Prospects: The 2008 Revision* et *World Urbanization Prospects: The 2007 Revision* [en ligne], réf. du 14 mars 2009.

Document **1**

1. Le but est de mieux comprendre la composition de la population mondiale au début du XXIᵉ siècle.

2. a) Il s'agit d'une pyramide des âges composée de deux diagrammes à bandes inversés et accolés.

  b) Le diagramme illustre la composition de la population mondiale, en 2005.

  c) ONU, *World Population Prospects: The 2008 Revision* et *World Urbanization Prospects: The 2007 Revision* [en ligne], réf. du 14 mars 2009.

  d) L'axe des *x* présente le nombre de personnes, en millions, et l'axe des *y*, l'âge des personnes par tranches de 10 ans.

3. a) Ce diagramme met en relation le nombre d'hommes et de femmes sur la Terre en 2005 et leur répartition selon leur âge.

  b) Ces données nous apprennent qu'en 2005, les hommes étaient plus nombreux que les femmes entre 0 et 50 ans, mais que les femmes étaient plus nombreuses que les hommes à partir de 50 ans. Ceci démontre que les femmes vivent en moyenne plus longtemps que les hommes.

Document 2

1. Le but est de mieux comprendre l'origine des réfugiés aux États-Unis, en 2007.

2. a) Il s'agit d'un diagramme circulaire.

   b) Il traite de la répartition des réfugiés aux États-Unis en 2007 par pays d'origine.

   c) J. Kelly Jefferys et Daniel C. Martin, « Refugees and Asylees : 2007 », *Annual Flow Report*, U.S. Department of Homeland Security, Office of Immigration Statistics [en ligne], juillet 2008, réf. du 5 avril 2009.

   d) Les pourcentages représentent la proportion de réfugiés par pays d'origine.

3. a) Ce diagramme circulaire met en relation la proportion d'immigrants arrivés aux États-Unis en 2007 et leur pays d'origine.

   b) Ces données nous apprennent que les trois plus grands contingents d'immigrants aux États-Unis, en 2007, proviennent de la Birmanie (Myanmar), de la Somalie et de l'Iran. Ce sont tous des pays qui connaissaient alors des tensions et des conflits politiques.

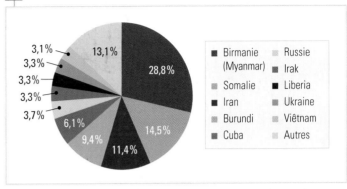

2 **L'origine des réfugiés aux États-Unis, en 2007**

D'après J. Kelly Jefferys et Daniel C. Martin, « Refugees and Asylees : 2007 », *Annual Flow Report*, U.S. Department of Homeland Security, Office of Immigration Statistics [en ligne], juillet 2008, réf. du 5 avril 2009.

Document 3

1. Le but est de comprendre les composantes de l'évolution de la croissance démographique au Canada, au XXᵉ siècle.

2. a) Il s'agit d'un diagramme linéaire.

   b) Le diagramme illustre les composantes de l'évolution de la croissance démographique au Canada entre 1901 et 2001, par période de recensement. Il montre l'évolution du solde naturel et du solde migratoire.

   c) Statistique Canada, *Population et composantes de la croissance démographique (Recensements de 1851 à 2001)* [en ligne], 2005, réf. du 3 mai 2009.

   d) L'axe des *x* indique les années par période de recensement, et l'axe des *y*, le solde migratoire ou naturel, exprimé en millions de personnes.

3. a) Ce diagramme linéaire met en relation le solde naturel et le solde migratoire au Canada entre 1901 et 2001, par période de recensement.

   b) Ces données nous apprennent que le solde naturel a été toujours été positif et que le solde migratoire a été négatif seulement durant la période allant de 1931 à 1941. Elles nous apprennent également que la croissance de la population était essentiellement due à l'accroissement des naissances jusqu'en 1991. Pour la première fois, entre 1991 et 2001, c'est l'apport de l'immigration qui a permis à la population de croître.

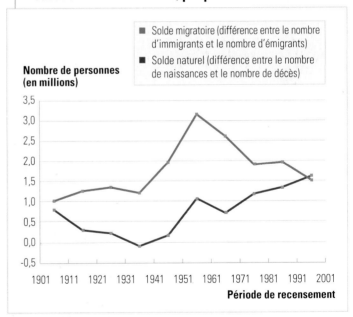

3 **Les composantes de la croissance démographique au Canada entre 1901 et 2001, par périodes de recensement**

D'après Statistique Canada, *Population et composantes de la croissance démographique (Recensements de 1851 à 2001)* [en ligne], 2005, réf. du 3 mai 2009.

Clé 6 — Interpréter et réaliser des repères temporels

Les repères temporels servent à ordonner une suite d'événements afin de situer une réalité historique dans le temps. Il existe différentes représentations graphiques du temps :

a) La ligne du temps est un simple trait qui permet de situer des événements de façon chronologique dans la durée.

b) Le ruban du temps est représenté par une bande sur laquelle on peut facilement délimiter des périodes historiques, à l'aide de couleurs ou de hachures.

c) La frise du temps consiste en une superposition de rubans du temps qui permet de situer, dans une même durée, des faits survenus dans des contextes (politique, culturel, économique, etc.) ou des lieux différents.

Méthode d'interprétation

1. **Préciser son intention**

   Quels buts visez-vous en interprétant le repère temporel ?

2. **Interpréter un repère temporel**

   a) Déterminez le thème général du repère temporel à l'aide de son titre ou de sa légende.

   b) Relevez la ou les périodes représentées sur le repère temporel.

   c) Situez les périodes ou les événements les uns par rapport aux autres et par rapport au temps présent.

Méthode de réalisation

1. Choisissez un thème. Sélectionnez les aspects que vous jugez essentiels pour représenter le thème (événements, personnages, durée d'un événement) et datez chacun des aspects.

2. Tracez et orientez de façon chronologique une ligne, un ruban ou une frise.

3. Calculez la durée à représenter. Pour vous aider, posez-vous ces questions :

   a) Quel est l'élément le plus éloigné dans le temps ?

   b) Quel est l'élément le plus récent ?

4. Déterminez une unité de mesure ou d'intervalle adéquate (par exemple, 10 ans, 50 ans, un siècle, un millénaire, etc.) et divisez votre repère selon l'unité de temps ou l'intervalle choisi.

5. Inscrivez, dans l'ordre chronologique, les renseignements que vous avez sélectionnés.

6. Donnez un titre à votre repère temporel.

Exemples d'interprétation

Document 1

1 Des dates marquantes de l'histoire occidentale

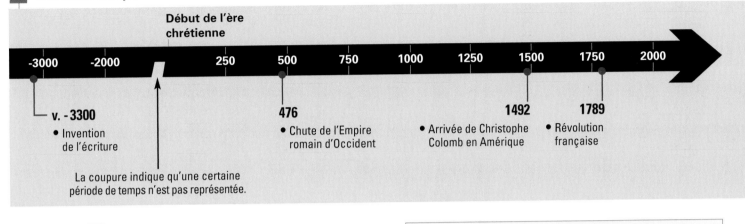

Début de l'ère chrétienne

-3000 -2000 250 500 750 1000 1250 1500 1750 2000

v. - 3300
● Invention de l'écriture

La coupure indique qu'une certaine période de temps n'est pas représentée.

476
● Chute de l'Empire romain d'Occident

1492
● Arrivée de Christophe Colomb en Amérique

1789
● Révolution française

Document 2

2 Les grandes périodes de l'histoire du Québec

■ Les premiers occupants
□ Le régime français
■ Le régime britannique
□ La période contemporaine

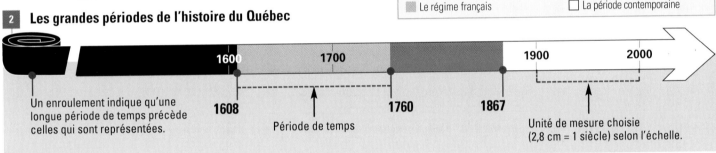

1600 1700 1900 2000

Un enroulement indique qu'une longue période de temps précède celles qui sont représentées.

1608

Période de temps

1760

1867

Unité de mesure choisie (2,8 cm = 1 siècle) selon l'échelle.

Document 3

3 L'entrée en vigueur des accords de libre-échange du Canada et de la Communauté européenne, de 1988 à 2008

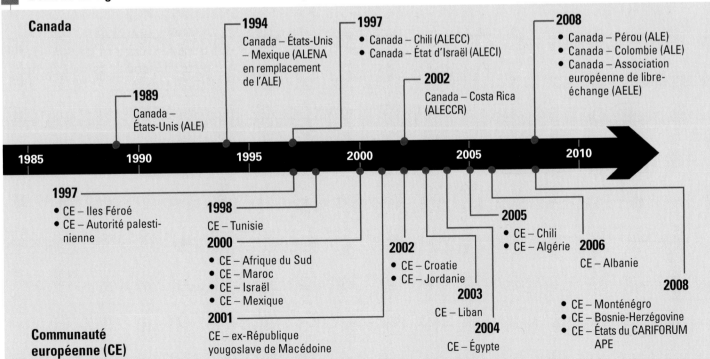

Canada

1994
Canada – États-Unis – Mexique (ALENA en remplacement de l'ALE)

1997
● Canada – Chili (ALECC)
● Canada – État d'Israël (ALECI)

2008
● Canada – Pérou (ALE)
● Canada – Colombie (ALE)
● Canada – Association européenne de libre-échange (AELE)

1989
Canada – États-Unis (ALE)

2002
Canada – Costa Rica (ALECCR)

1985 1990 1995 2000 2005 2010

1997
● CE – Îles Féroé
● CE – Autorité palestinienne

1998
CE – Tunisie

2000
● CE – Afrique du Sud
● CE – Maroc
● CE – Israël
● CE – Mexique

2001
CE – ex-République yougoslave de Macédoine

Communauté européenne (CE)

2002
● CE – Croatie
● CE – Jordanie

2003
CE – Liban

2004
CE – Égypte

2005
● CE – Chili
● CE – Algérie

2006
CE – Albanie

2008
● CE – Monténégro
● CE – Bosnie-Herzégovine
● CE – États du CARIFORUM APE

Clé 7 Actualiser des données

Certains problèmes et enjeux du monde contemporain évoluent très rapidement. Les données qui s'y rapportent peuvent donc en peu de temps devenir désuètes, sans compter que de nouvelles publications rapportent régulièrement de nouvelles données. Dans une démarche de recherche, il importe donc de s'assurer d'avoir en main les données les plus récentes.

Méthode d'actualisation

1. **Préciser son intention**

   Quelles sont les données que vous voulez actualiser ?

2. **Chercher les données pertinentes et récentes**

   Faites une recherche dans Internet ou à la bibliothèque pour trouver des organismes qui pourraient vous fournir des données pertinentes ou encore vous permettre d'actualiser celles que vous avez déjà en main. Consultez des rapports annuels, des données de recensement, des bases de données d'organismes internationaux (ONU, OCDE, UNESCO, etc.), des statistiques publiées par les gouvernements, etc.

3. **Déterminer la provenance des données**

   a) Quel organisme a produit les données ?

   b) En quelle année les données ont-elles été produites ?

   c) Cet organisme produit-il des données fiables ? Utilisez les données d'organismes reconnus (organisme international, site gouvernemental, musée, centre de recherche, etc.). Les organismes peuvent varier selon le thème à l'étude.

   d) Précisez s'il s'agit de données provenant d'une source primaire ou secondaire.

   - Si les données proviennent d'une source primaire, vérifiez si l'organisme a produit les données les plus récentes. Certains organismes publient de nouvelles données annuellement, d'autres tous les cinq ans et d'autres encore effectuent des mises à jour ponctuelles.

   - Si les données proviennent d'une source secondaire, vérifiez si elles ont fait l'objet d'une mise à jour par l'organisme qui les a produites initialement.

   e) Vérifiez si d'autres organismes ont produit des données similaires qui seraient plus récentes.

Clé 8 — Exercer son jugement critique en lien avec les médias

Les médias diffusent divers types de contenus, entre autres du divertissement, de la publicité et de l'information. L'information peut être produite par des professionnels des médias (par exemple, des journalistes), par des organismes (par exemple, l'ONU), ou encore par des citoyens (par exemple, des blogueurs). Il importe de connaître la provenance de l'information consultée et de reconnaître les choix qui ont été faits par les auteurs qui ont produit cette information. Il faut également consulter plusieurs sources d'information afin de pouvoir juger de leur pertinence et de leur véracité.

Méthode pour exercer son jugement critique

Afin de s'informer correctement, il est nécessaire de consulter plusieurs types de médias (presse écrite, radio, télévision, Internet, etc.) et de repérer des documents pertinents.

1. **Déterminer la provenance de chaque document consulté**

   a) De quel type de média provient le document?

   b) Quel organisme diffuse le document? Qui a produit le document?

   c) Quelle est l'intention de la personne qui a produit le document?

2. **Déterminer le traitement de l'information**

   a) Déterminez le type de document consulté (nouvelle, reportage, éditorial, caricature, texte d'opinion, etc.).

   b) S'il y a lieu, allez aux sources de l'information (par exemple, en consultant les nouvelles diffusées par les agences de presse) pour découvrir comment celle-ci est traitée dans les différents médias.

3. **Déterminer, pour chaque document consulté, si le contenu présente des faits ou des opinions**

   a) L'information produite vise-t-elle à informer le public ou à diffuser un point de vue sur un sujet en particulier?

   b) Le document présente-t-il de l'information haineuse ou des préjugés?

4. **Comparer des documents**

   a) Quelles similitudes ou différences constatez-vous entre les documents? Quels éléments de continuité ou de changement pouvez-vous noter?

   b) Quelles précisions sur le thème avez-vous trouvées? Cette comparaison vous permet-elle de modifier votre interprétation du thème?

5. **Compléter la documentation en diversifiant les sources d'information**

Exemples d'exercice de son jugement critique

1 **« Les insurgés afghans sont là pour rester, croit Harper »**

« Le premier ministre Stephen Harper affirme que les forces occidentales ne parviendront pas à vaincre seules les talibans en Afghanistan. Lors d'une entrevue diffusée par CNN, dimanche, M. Harper a indiqué que l'Afghanistan avait été affligé par des insurrections d'une forme ou d'une autre pendant la majeure partie de son histoire.

L'objectif visé doit maintenant être de mettre en place un gouvernement afghan en mesure de "gérer" la présente situation.

M. Harper a également affirmé que si le président américain Barack Obama souhaitait que les autres pays en fassent davantage au niveau militaire, il lui faudrait répondre à des "questions difficiles".

Selon le premier ministre, les alliés de l'Organisation du Traité de l'Atlantique-Nord (OTAN) voudront savoir de quelle façon le succès de la mission sera mesuré et quelle sorte de stratégie de sortie sera en place.

Jusqu'à présent, M. Harper s'est en tenu à son engagement de retirer d'Afghanistan les forces combattantes canadiennes d'ici à la fin de 2011. »

La Presse canadienne, « Les insurgés afghans sont là pour rester, croit Harper », *Cyberpresse* [en ligne], 1er mars 2009, réf. du 9 avril 2009.

Document **1**

1. a) Le document provient de la presse écrite, mais il a été diffusé dans Internet.

b) Le document provenant de l'agence de presse La Presse canadienne est diffusé par le site Internet *Cyberpresse*.

c) L'intention de l'agence de presse qui a produit le document est de fournir de l'information objective aux lecteurs.

2. a) Le document est une nouvelle.

b) L'information provient de l'agence de presse La Presse canadienne. Elle a été reprise par plusieurs médias, dont Cyberpresse et Radio-Canada. Elle a aussi été commentée sur plusieurs blogues.

3. a) Le document présente des faits. L'information produite vise à informer le public des propos tenus par le premier ministre du Canada sur la mission canadienne en Afghanistan, dans une entrevue diffusée sur la chaîne de télévision américaine CNN.

b) Le document ne présente pas d'information haineuse ou de préjugés.

Cyberpresse, *Les insurgés afghans sont là pour rester, croit Harper*, 1er mars 2009.

Document 2

1. a) Le document provient de la presse écrite.

   b) Le document est diffusé par le journal Le Devoir. La personne qui a produit le document est le chroniqueur politique Norman Spector.

   c) L'intention de la personne qui a produit le document est d'analyser une nouvelle politique et de diffuser son point de vue.

2. a) Le document est un texte d'opinion.

   b) L'auteur de ce texte d'opinion s'est servi d'une entrevue donnée par le premier ministre du Canada, Stephen Harper, sur la chaîne de télévision américaine CNN. Il fait une interprétation du contenu de cette entrevue.

3. a) Le document présente une opinion. L'information produite vise à diffuser le point de vue de l'auteur concernant les propos tenus par Stephen Harper sur la mission canadienne en Afghanistan dans une entrevue diffusée sur la chaîne de télévision américaine CNN.

   b) Le document ne présente pas d'information haineuse ou de préjugés.

2 « Harper, le pragmatique »

« Après avoir regardé l'entrevue du premier ministre à la télé américaine pour une deuxième fois, je me demande à quoi rimait toute cette agitation. Après tout, M. Harper n'a dit rien de nouveau à Fareed Zakaria de la chaîne CNN au sujet de notre mission en Afghanistan. Depuis longtemps, il soutient que le rôle du Canada est de former des forces afghanes puis de leur remettre la responsabilité de la sécurité de leur pays. [...]

En vérité, la seule chose que nous avons apprise, c'est que M. Harper avait lu des livres sur l'histoire afghane. Il nous dit maintenant que le pays a toujours connu et connaîtra probablement toujours une insurrection.

[...] N'empêche, les partis de l'opposition et certains journalistes ont insisté sur le fait que le premier ministre a franchi un nouveau pas. Je diffère d'opinion. À Bucarest l'année dernière, où il a informé nos alliés de la décision du Parlement canadien de quitter l'Afghanistan, le premier ministre a clairement dit: "Nous ne croyons pas que le succès final du côté militaire viendra de l'augmentation par l'OTAN des niveaux de troupes jusqu'au point où nous étouffions la résistance. Ce n'est pas réaliste." Il a également déclaré que l'OTAN devrait former les soldats afghans "de sorte qu'ils puissent finalement contrôler l'environnement de sécurité dans l'avenir - contrôler et pas nécessairement éliminer l'insurrection". »

Norman Spector, « Harper, le pragmatique », *Le Devoir* [en ligne], 12 mars 2009, réf. du 9 avril 2009. Il est à noter que Norman Spector est aussi chroniqueur politique pour le quotidien *The Globe and Mail*.

Comparer les documents 1 et 2

4. a) Les deux documents traitent du même sujet, soit des propos tenus par le premier ministre du Canada sur la mission canadienne en Afghanistan, dans une entrevue diffusée sur la chaîne de télévision américaine CNN en mars 2009.

   Le document 1 est une nouvelle provenant d'une agence de presse qui présente les propos tenus par le premier ministre canadien. Le document 2 est un texte d'opinion où l'auteur, un chroniqueur politique, commente les propos tenus par le premier ministre canadien. Il nous apprend que Stephen Harper aurait tenu des propos similaires lors d'une rencontre à Bucarest l'année précédente.

   b) Le Canada maintient sa décision de se retirer de la présente intervention en Afghanistan.

Clé 9 Présenter une médiagraphie

Un travail de recherche doit être accompagné d'une médiagraphie, c'est-à-dire de la liste complète des ouvrages qui ont servi à faire le travail. Ceux-ci peuvent provenir de diverses sources (documents imprimés, Internet, cédérom, etc.). Lorsque la liste des références comprend uniquement des documents imprimés, il s'agit plutôt d'une bibliographie.

Méthode de présentation

1. Faites une fiche bibliographique pour chacun des documents que vous consultez durant votre travail de recherche (voir la clé 1).

2. Dressez la liste des différents types de documents que vous avez consultés : ouvrages de référence, articles de revue, sites Internet et autres (voir la clé 1).

3. Citez les documents en suivant le modèle approprié parmi les exemples ci-dessous.

Exemples de présentation

Dans le cas d'un ouvrage de référence (dictionnaire, encyclopédie, atlas) :

NOM, Prénom de chaque auteur. « Titre de l'article », *Titre de l'ouvrage*, Ville d'édition, Nom de la maison d'édition, année de publication, tome ou volume, page(s) où l'article a été consulté.

BAUD, Pascal, Serge BOURGEAT et Catherine BRAS. « Migration », *Dictionnaire de géographie*, Paris, Hatier, 2003, p. 256-269.

Dans le cas d'un livre :

NOM, Prénom de chaque auteur. *Titre : sous-titre*, Ville d'édition, Nom de la maison d'édition, année de publication.

SACQUET, Anne-Marie. *Atlas mondial du développement durable*, Nouvelle édition, Paris, Éditions Autrement, 2002.

Dans le cas d'un article de presse :

NOM, Prénom de chaque auteur. « Titre de l'article », *Titre du journal*, date de publication, Nom du cahier (s'il y a lieu), pages du journal où l'article a été consulté.

BELLAVANCE, Joël-Denis. « Nombre record de demandeurs d'asile mexicains », *La Presse*, 26 mars 2009, p. A14.

Dans le cas d'un article de revue ou de magazine :

NOM, Prénom de chaque auteur. « Titre de l'article », *Titre du périodique*, volume ou numéro (s'il y a lieu), date ou numéro de parution, pages de la revue où l'article a été consulté.

PESANT, François. « Les réfugiés du climat », *L'actualité*, 1er décembre 2008, p. 53-55.

Dans le cas d'un site Internet :

NOM, Prénom de chaque auteur. *Titre du site* [en ligne], adresse URL, date à laquelle le site a été consulté.

UNION EUROPÉENNE, *Europa : le portail de l'Union européenne* [en ligne], http://europea.eu/index_fr.htm, réf. du 14 mars 2009.

Dans le cas d'un article dans un site Internet :

NOM, Prénom de chaque auteur. « Titre de l'article », *Titre du site* [en ligne], adresse URL, date à laquelle l'article a été consulté.

CLAESSENS RIVEST, Maxime-Rock. « Signature d'un accord entre le Mexique et Cuba : Le problème de l'immigration clandestine », *Perspective Monde, Université de Sherbrooke* [en ligne], http://perspective.usherbrooke.ca/bilan/servlet/BMAnalyse?codeAnalyse= 846, réf. du 14 mars 2009.

Clé 10 — Préparer un débat et y participer

Le débat est une occasion de faire ressortir différents points de vue sur des enjeux de société. Pour être vraisemblable, une opinion ou un point de vue doit reposer sur des arguments solides et être appuyé par des documents ou des témoignages.

Méthode de préparation et de participation

1. **Organiser et préparer le débat**

   a) Choisissez le sujet du débat et énoncez-le clairement.

   b) Quelle est votre position par rapport à l'enjeu du débat ?

   c) Quels sont les arguments qui justifient votre point de vue ? Dressez une liste de tous les arguments possibles, en pensant aux avantages et aux inconvénients de chacun.

   d) Résumez vos arguments en des phrases simples et courtes que vous pourrez noter sur une fiche.

   e) Appuyez vos arguments sur des faits, des documents ou des témoignages.

2. **Participer au débat**

   a) Organisez les équipes selon le point de vue des participantes et des participants (pour ou contre) sur le sujet du débat ou selon les solutions envisagées.

   b) Choisissez une médiatrice ou un médiateur qui animera le débat (par exemple, en posant des questions) et qui veillera à ce que le temps accordé à chacune des équipes soit respecté.

   c) Expliquez et appuyez clairement votre position au moyen de vos arguments.

   d) Prévoyez, si possible, un temps de réplique pour chacune des équipes.

3. **Conclure le débat**

   a) Dressez un bilan des forces et des faiblesses des arguments exposés.

   b) Quels ont été les arguments les plus convaincants ? Résumez-les.

   c) À la suite du débat, votre point de vue a-t-il changé ?

Thierry Zoccolan/AFP/Getty, *People form the OGM (French for GMO) log*, 29 mars 2008.

Exemple de préparation et de participation à un débat

1. Sujet à débattre : Êtes-vous en faveur de l'utilisation des organismes génétiquement modifiés (OGM) en agriculture ?

2.

Arguments pour :

- Les OGM permettent d'améliorer la productivité agricole (les cultures sont plus résistantes aux infestations de ravageurs et aux intempéries, ce qui limite les pertes). Les récoltes plus abondantes contribuent à l'éradication de la faim dans le monde.
- Les OGM aident à réduire la pollution de l'environnement. Les agriculteurs utilisent moins de pesticides et d'engrais chimiques lorsque les cultures sont plus résistantes aux insectes nuisibles et aux maladies.
- Grâce aux OGM, il est possible de cultiver des terres moins fertiles ou endommagées, augmentant ainsi les superficies cultivables, en particulier dans les pays en développement.
- Les modifications génétiques des fruits et des légumes permettent d'augmenter leur durée d'entreposage, ce qui peut fournir plus de possibilités pour le commerce, tout en empêchant le gaspillage durant le transport.
- Les OGM réduisent la durée du cycle de croissance des végétaux et des animaux, ce qui diminue le temps nécessaire à l'obtention d'une récolte ou d'une portée.

Arguments contre :

- Les OGM présentent des dangers de contamination accidentelle de l'environnement. Les gènes modifiés pourraient être transmis à d'autres organismes. Les organismes transgéniques pourraient constituer un danger pour la biodiversité et faire disparaître des espèces indigènes. Les gènes pourraient muter et engendrer des effets nocifs sur l'environnement.
- L'état actuel des connaissances scientifiques ne permet pas de dire si oui ou non les OGM sont nocifs pour la santé.
- Certains OGM contiennent des gènes susceptibles de leur permettre de résister aux antibiotiques, ce qui pourrait avoir des incidences sur la santé humaine.
- Les semences d'OGM coûtent plus cher que les semences traditionnelles et sont donc peu accessibles pour les paysans des pays en développement.
- Les semences d'OGM sont créées par des multinationales qui en conservent la propriété. Seules quelques multinationales contrôlent le marché. Les agriculteurs doivent donc racheter de nouvelles semences chaque année, ce qui coûte cher et les rend dépendants.

3. Conclusion du débat

a) b) L'utilisation des OGM, si elle est bien encadrée, peut être bénéfique pour l'humanité.

Elle permet de lutter contre la faim et la pauvreté. Par contre, des mesures devraient être prises afin que les agriculteurs des pays en développement puissent avoir accès à des semences à des prix abordables.

L'utilisation des OGM permet également de réduire la pollution causée par les pesticides et les engrais. D'un autre côté, elle peut présenter des risques pour la biodiversité.

c) Compte tenu des risques potentiels sur la santé et l'environnement, l'utilisation des OGM devrait être encadrée par une réglementation rigoureuse. Avant d'autoriser une entreprise à vendre des semences d'OGM, il faudrait pouvoir s'appuyer sur une étude scientifique qui tienne compte des conséquences de l'utilisation des OGM sur la santé et l'environnement. De plus, des mécanismes devraient être mis en œuvre pour assurer, s'il le faut, un suivi à long terme des impacts des gènes modifiés sur la biodiversité et la santé.

STATISTIQUES
des pays du monde

La plupart des données présentées dans les chapitres du manuel sont tirées des sites de divers organismes de l'ONU. En effet, l'ONU et ses organismes établissent souvent des projections de données (par exemple, jusqu'en 2050), ce qui permet de faire des analyses à long terme et de s'assurer que les données soient valides le plus longtemps possible.

Toutefois, comme l'ONU se concentre sur l'analyse de statistiques, elle produit moins de nouvelles données annuellement. L'ONU met à jour périodiquement les données qu'elle utilise : ces intervalles varient de 2 à 5 ans, selon le type de données. Par ailleurs, les statistiques qu'elle compile lui sont transmises par les États membres de l'ONU. Il arrive donc que des données ne soient pas disponibles ou fiables en ce qui regarde certains États, en particulier ceux qui vivent des conflits (par exemple, l'Afghanistan) ou qui sont dirigés par un régime fermé (par exemple, la Birmanie [Myanmar]).

Nous présentons donc dans ce tableau des données de l'ONU, afin d'assurer une cohérence avec celles qui apparaissent dans le manuel. Dans le cas de pays pour lesquels les statistiques de l'ONU ne sont pas disponibles, nous avons inséré les données provenant de CIA – *The World Factbook*, qui sont mises à jour régulièrement.

* Toutes les données ou catégories de données marquées d'un astérisque sont tirées de CIA – *The World Factbook*.

Drapeau	Pays (capitale)	Population*	Superficie (en km²)*	Taux d'urbanisation (en %)	Langue(s) principale(s)	Espérance de vie (en années)	PIB/hab. selon la PPA (en $US)	Empreinte écologique (en ha globaux/ personne)
	Afghanistan (Kaboul)	33 609 937	647 500	22,9	pashto, dari	44	800*	0,5
	Afrique du Sud (Pretoria, Le Cap)	49 052 489	1 219 912	59,3	afrikaans, anglais, langues africaines	52	11 110	2,1
	Albanie (Tirana)	3 639 453	28 748	44,8	albanais	77	5 316	2,2
	Algérie (Alger)	34 178 188	2 381 740	63,3	arabe	72	7 062	1,7
	Allemagne (Berlin)	82 329 758	357 021	73,4	allemand	80	29 461	4,2
	Andorre (Andorre-la-Vieille)	83 888	468	90,3	catalan, français	83*	42 500*	n/d
	Angola (Luanda)	12 799 293	1 246 700	54,0	portugais	47	2 335	0,9
	Antigua-et-Barbuda (Saint John's)	85 632	443	30,7	anglais	75*	12 500	n/d
	Arabie saoudite (Riyad)	28 686 633	2 149 690	81,0	arabe	73	15 711	2,6
	Argentine (Buenos Aires)	40 913 584	2 766 890	91,4	espagnol	75	14 280	2,5
	Arménie (Erevan)	2 967 004	29 800	64,1	arménien	74	4 945	1,4
	Australie (Canberra)	21 262 641	7 686 850	88,2	anglais	82	31 794	7,8
	Autriche (Vienne)	8 210 281	83 870	66,5	allemand	80	33 700	5,0

Sources : The World Flag Database [en ligne]; CIA – *The World Factbook*, 2008 [en ligne]; ONU, *World Urbanization Prospects*: The 2007 Revision [en ligne]; ONU, *World Population Prospects*: The 2008 Revision [en ligne]; UNDP, *Human Development Report*, 2007/2008 [en ligne]; WWF, *Rapport Planète Vivante*, 2008 [en ligne].

Drapeau	Pays (capitale)	Population*	Superficie (en km²)*	Taux d'urbanisation (en %)	Langue(s) principale(s)	Espérance de vie (en années)	PIB/hab. selon la PPA (en $US)	Empreinte écologique (en ha globaux/ personne)
	Azerbaïdjan (Bakou)	8 238 672	86 600	51,5	azéri	70	5 016	2,2
	Bahamas (Nassau)	309 156	13 940	83,1	anglais	73	18 380	n/d
	Bahreïn (Al-Manāma)	727 785	665	88,4	arabe	76	21 482	n/d
	Bangladesh (Dhaka)	156 050 883	144 000	25,7	bengali	66	2 053	0,6
	Barbade (Bridgetown)	284 589	431	38,4	anglais	77	19 300*	n/d
	Belgique (Bruxelles)	10 414 336	30 528	97,3	néerlandais, français, allemand	80	32 119	5,1
	Belize (Belmopan)	307 899	22 966	50,2	anglais	76	7 109	n/d
	Bénin (Porto-Novo)	8 791 832	112 620	40,0	français	61	1 141	1,0
	Bhoutan (Thimphu)	691 141	47 000	31,0	dzonkha	66	5 600*	1,0
	Biélorussie (Minsk)	9 648 533	207 600	72,2	biélorusse, russe	69	7 918	3,9
	Birmanie [Myanmar] (Nay Pyi Taw)	48 137 741	678 500	30,6	birman	61	1 200*	1,1
	Bolivie (La Paz)	9 775 246	1 098 580	64,2	espagnol, quechua, aymara	66	2 819	2,1
	Bosnie-Herzégovine (Sarajevo)	4 613 414	51 129	45,7	serbo-croate	75	6 500*	2,9
	Botswana (Gaborone)	1 990 876	600 370	57,3	anglais, tswana	55	12 387	3,6
	Brésil (Brasília)	198 739 269	8 511 965	84,2	portugais	72	8 402	2,4
	Brunei (Bandar Seri Begawan)	388 190	5 770	73,5	malais	77	53 100*	n/d
	Bulgarie (Sofia)	7 204 687	110 910	70,2	bulgare, turc	73	9 032	2,7
	Burkina Faso (Ouagadougou)	15 746 232	274 200	18,3	français	53	1 213	2,0
	Burundi (Bujumbura)	8 988 091	27 830	9,5	kirundi, français	50	699	0,8
	Cambodge (Phnom Penh)	14 494 293	181 040	19,7	khmer	60	2 727	0,9
	Cameroun (Yaoundé)	18 879 301	475 440	54,3	anglais, français	51	2 299	1,3
	Canada (Ottawa)	33 487 208	9 984 670	80,1	anglais, français	81	33 375	7,1
	Cap-Vert (Praia)	429 474	4 033	57,4	portugais, créole	71	5 803	n/d
	Chili (Santiago)	16 601 707	756 950	87,6	espagnol	79	12 027	3,0
	Chine (Beijing [Pékin])	1 338 612 968	9 596 960	40,4[1]	chinois (mandarin)	73	6 757	2,1
	Chypre (Nicosie)	796 740	9 250	69,3	grec, turc, anglais	80	22 699	n/d

[1] Excluant Hong Kong et Macao.

Drapeau	Pays (capitale)	Population*	Superficie (en km²)*	Taux d'urbanisation (en %)	Langue(s) principale(s)	Espérance de vie (en années)	PIB/hab. selon la PPA (en $US)	Empreinte écologique (en ha globaux/personne)
	Colombie (Bogotá)	45 644 023	1 138 910	73,6	espagnol	73	7 304	1,8
	Comores (Moroni)	752 438	2 170	27,9	arabe, français	65	1 993	n/d
	Congo (Brazzaville)	4 012 809	342 000	60,2	français	54	1 262	0,5
	Corée du Nord (Pyongyang)	22 665 345	120 540	61,6	coréen	67	1 700*	1,6
	Corée du Sud (Séoul)	48 508 972	98 480	80,8	coréen	79	22 029	3,7
	Costa Rica (San José)	4 253 877	51 100	61,7	espagnol	79	10 180	2,3
	Côte d'Ivoire (Yamoussoukro)	20 617 068	322 460	46,8	français	57	1 648	0,9
	Croatie (Zagreb)	4 489 409	56 542	56,5	croate	76	13 042	3,2
	Cuba (La Havane)	11 451 652	110 860	75,6	espagnol	79	9 500*	1,8
	Danemark (Copenhague)	5 500 510	43 094	85,9	danois	78	33 973	8,0
	Djibouti (Djibouti)	516 055	23 000	86,1	français, arabe	55	2 178	n/d
	Dominique (Roseau)	72 660	754	72,9	anglais	76*	6 393	n/d
	Égypte (Le Caire)	83 082 869	1 001 450	42,6	arabe	70	4 337	1,7
	Émirats arabes unis (Abou Dhabi)	4 798 491	83 600	77,7	arabe	77	25 514	9,5
	Équateur (Quito)	14 573 101	283 560	63,6	espagnol	75	4 341	2,2
	Érythrée (Asmara)	5 647 168	121 320	19,4	tigrina, arabe	59	1 109	1,1
	Espagne (Madrid)	40 525 002	504 782	76,7	espagnol, galicien, basque, catalan	81	27 169	5,7
	Estonie (Tallinn)	1 299 371	45 226	69,4	estonien	73	15 478	6,4
	États-Unis (Washington)	307 212 123	9 826 630	80,8	anglais	79	41 890	9,4
	Éthiopie (Addis-Abeba)	85 237 338	1 127 127	16,1	amharique	55	1 055	1,4
	Fidji (Suva)	944 720	18 270	50,8	anglais, fidjien	69	6 049	n/d
	Finlande (Helsinki)	5 250 275	338 145	62,4	finnois, suédois	80	32 153	5,2
	France (Paris)	64 057 792	547 030	76,7	français	81	30 386	4,9
	Gabon (Libreville)	1 514 993	267 667	83,6	français	60	6 954	1,3
	Gambie (Banjul)	1 782 893	11 300	53,9	anglais	56	1 921	1,2
	Géorgie (Tbilissi)	4 615 807	69 700	52,5	géorgien	72	3 365	1,1

Drapeau	Pays (capitale)	Population*	Superficie (en km²)*	Taux d'urbanisation (en %)	Langue(s) principale(s)	Espérance de vie (en années)	PIB/hab. selon la PPA (en $US)	Empreinte écologique (en ha globaux/personne)
	Ghana (Accra)	23 832 495	239 460	47,8	anglais	57	2 480	1,5
	Grèce (Athènes)	10 737 428	131 940	60,4	grec	79	23 381	5,9
	Grenade (Saint George's)	90 739	344	30,6	anglais	75	7 843	n/d
	Guatemala (Guatemala)	13 276 517	108 890	47,2	espagnol	70	4 568	1,5
	Guinée (Conakry)	10 057 975	245 857	33,0	français	58	2 316	1,3
	Guinée-Bissau (Bissau)	1 533 964	36 120	29,6	portugais	48	827	0,9
	Guinée équatoriale (Malabo)	633 441	28 051	38,9	espagnol, français	50	7 874	n/d
	Guyana (Georgetown)	772 298	214 970	28,2	anglais	67	4 508	n/d
	Haïti (Port-au-Prince)	9 035 536	27 750	42,7	créole, français	61	1 663	0,5
	Honduras (Tegucigalpa)	7 792 854	112 090	46,5	espagnol	72	3 430	1,8
	Hongrie (Budapest)	9 905 596	93 030	66,3	hongrois	73	17 887	3,5
	Inde (New Delhi)	1 166 079 217	3 287 590	28,7	hindi, anglais	64	3 452	0,9
	Indonésie (Jakarta)	240 271 522	1 919 440	48,1	indonésien	71	3 843	0,9
	Iran (Téhéran)	66 429 284	1 648 000	66,9	persan	71	7 968	2,7
	Irak (Bagdad)	28 945 657	437 072	66,9	arabe	67	4 000*	1,3
	Irlande (Dublin)	4 203 200	70 280	60,5	irlandais, anglais,	80	38 505	6,3
	Islande (Reykjavik)	306 694	103 000	92,2	islandais	82	36 510	n/d
	Israël (Jérusalem)	7 233 701	20 770	91,6	hébreu, arabe	81	25 864	4,8
	Italie (Rome)	58 126 212	301 230	67,6	italien	81	28 529	4,8
	Jamaïque (Kingston)	2 825 928	10 991	52,7	anglais	72	4 291	1,1
	Japon (Tōkyō)	127 078 679	377 835	66,0	japonais	83	31 267	4,9
	Jordanie (Amman)	6 342 948	92 300	78,3	arabe	73	5 530	1,7
	Kazakhstan (Astana)	15 399 437	2 717 300	57,1	kazakh, russe	65	7 857	3,4
	Kenya (Nairobi)	39 002 772	582 650	20,7	swahili, anglais	54	1 240	1,1
	Kirghizistan (Bichkek)	5 431 747	198 500	35,8	kirghiz, russe	68	1 927	1,1
	Kiribati (Tarawa)	112 850	811	43,6	anglais	63*	3 200*	n/d

Drapeau	Pays (capitale)	Population*	Superficie (en km²)*	Taux d'urbanisation (en %)	Langue(s) principale(s)	Espérance de vie (en années)	PIB/hab. selon la PPA (en $US)	Empreinte écologique (en ha globaux/ personne)
	Kosovo (Pristina)	1 804 838	10 887*	n/d	albanais, serbo-croate, turc	n/d	2 300*	n/d
	Koweït (Koweït)	2 691 158	17 820	98,3	arabe	78	26 321	8,9
	Laos (Vientiane)	6 834 942	236 800	27,4	lao	65	2 039	1,1
	Lesotho (Maseru)	2 130 819	30 355	23,3	anglais, sotho	45	3 335	1,1
	Lettonie (Riga)	2 231 503	64 589	68,0	letton, russe	73	13 646	3,5
	Liban (Beyrouth)	4 017 095	10 400	86,6	arabe	72	5 584	3,1
	Liberia (Monrovia)	3 441 790	111 370	58,1	anglais	58	500*	0,9
	Libye (Tripoli)	6 310 434	1 759 540	77,0	arabe	74	14 400*	4,3
	Liechtenstein (Vaduz)	34 761	160	14,5	allemand	80*	118 000*	n/d
	Lituanie (Vilnius)	3 555 179	65 200	66,6	lituanien	72	14 494	3,2
	Luxembourg (Luxembourg)	491 775	2 586	82,8	luxembourgeois, allemand, français	80	60 228	n/d
	Macédoine (Skopje)	2 066 718	25 333	65,4	macédonien	74	7 200	4,6
	Madagascar (Antananarivo)	20 653 556	587 040	28,5	français, malgache	60	923	1,1
	Malaisie (Kuala Lumpur)	25 715 819	329 750	67,6	malais	74	10 882	2,4
	Malawi (Lilongwe)	14 268 711	118 480	17,3	chichewa, anglais	53	667	0,5
	Maldives (Malé)	396 334	300	33,9	divehi	71	5 000*	n/d
	Mali (Bamako)	12 666 987	1 240 000	30,5	français	48	1 033	1,6
	Malte (La Valette)	405 165	316	93,6	maltais, anglais	80	19 189	n/d
	Maroc (Rabat)	34 859 364	446 550	55,0	arabe	71	4 555	1,1
	Marshall (Majuro)	64 522	11 854	70,0	anglais, marshallien	71*	2 500*	n/d
	Maurice (Port-Louis)	1 284 264	2 040	42,3	anglais	72	12 715	2,3
	Mauritanie (Nouakchott)	3 129 486	1 030 700	40,4	arabe, français	57	2 234	1,9
	Mexique (México)	111 211 789	1 972 550	76,3	espagnol	76	10 751	3,4
	Micronésie (Palikir)	107 434	702	22,3	anglais	69	2 200*	n/d
	Moldavie (Chisinau)	4 320 748	33 843	42,6	moldave	68	2 100	1,2
	Monaco (Monaco)	32 965	2	100,0	français	80*	30 000*	n/d

Drapeau	Pays (capitale)	Population*	Superficie (en km²)*	Taux d'urbanisation (en %)	Langue(s) principale(s)	Espérance de vie (en années)	PIB/hab. selon la PPA (en $US)	Empreinte écologique (en ha globaux/ personne)
	Mongolie (Oulan-Bator)	3 041 142	1 564 116	56,7	khalkha	66	2 107	3,5
	Monténégro (Podgorica)	672 180	14 026	61,2	serbo-croate	74	9 700*	n/d
	Mozambique (Maputo)	21 669 278	801 590	34,5	portugais	48	1 242	0,9
	Namibie (Windhoek)	2 108 665	825 418	35,1	anglais, afrikaans	61	7 586	3,7
	Nauru (Yaren)	14 019	21	100,0	nauruan	64*	5 000*	n/d
	Népal (Kathmandu)	28 563 377	147 181	15,8	népalais	67	1 550	0,8
	Nicaragua (Managua)	5 891 199	129 494	55,9	espagnol	73	3 674	2,0
	Niger (Niamey)	15 306 252	1 267 000	16,3	français	51	781	1,6
	Nigeria (Abuja)	149 229 090	923 768	46,2	anglais	48	1 128	1,3
	Norvège (Oslo)	4 660 539	323 802	77,3	norvégien	81	41 420	6,9
	Nouvelle-Zélande (Wellington)	4 213 418	268 680	86,2	anglais, maori	80	24 996	7,7
	Oman (Mascate)	3 418 085	212 460	71,5	arabe	76	15 602	4,7
	Ouganda (Kampala)	32 369 558	236 040	12,5	anglais, swahili	52	1 454	1,4
	Ouzbékistan (Tachkent)	27 606 007	447 400	36,7	ouzbek	68	2 063	1,8
	Pakistan (Islamabad)	176 242 949	803 940	34,9	ourdou, anglais	66	2 370	0,8
	Palaos [Palau] (Melekeok)	20 796	458	77,1	palauen, anglais	71*	8 100*	n/d
	Panamá (Panamá)	3 360 474	78 200	70,8	espagnol	76	7 605	3,2
	Papouasie-Nouvelle-Guinée (Port Moresby)	6 057 263	462 840	12,6	anglais, pidjin, motu	61	2 563	1,7
	Paraguay (Asunción)	6 995 655	406 750	58,5	espagnol, guarani	72	4 642	3,2
	Pays-Bas (Amsterdam)	16 715 999	41 526	80,2	néerlandais, frison	80	32 684	4,0
	Pérou (Lima)	29 546 963	1 285 220	71,1	espagnol, quechua	73	6 039	1,6
	Philippines (Manille)	97 976 603	300 000	62,7	philippin, anglais	72	5 137	0,9
	Pologne (Varsovie)	38 482 919	312 685	61,5	polonais	76	13 847	4,0
	Portugal (Lisbonne)	10 707 924	92 391	57,6	portugais	79	20 410	4,4
	Qatar (Doha)	833 285	11 437	95,4	arabe	76	103 500*	n/d
	République centrafricaine (Bangui)	4 511 488	622 984	38,1	français, sangho	47	1 224	1,6

Drapeau	Pays (capitale)	Population*	Superficie (en km²)*	Taux d'urbanisation (en %)	Langue(s) principale(s)	Espérance de vie (en années)	PIB/hab. selon la PPA (en $US)	Empreinte écologique (en ha globaux/ personne)
	République démocratique du Congo (Kinshasa)	68 692 542	2 345 410	32,1	français, anglais	48	714	0,6
	République dominicaine (Saint-Domingue)	9 650 054	48 730	66,8	espagnol	72	8 217	1,5
	République tchèque (Prague)	10 211 904	78 866	73,5	tchèque	77	20 538	5,3
	Roumanie (Bucarest)	22 215 421	237 500	53,7	roumain	73	9 060	2,9
	Royaume-Uni (Londres)	61 113 205	244 820	89,7	anglais	79	33 238	5,3
	Russie (Moscou)	140 041 247	17 075 200	72,9	russe	67	10 845	3,7
	Rwanda (Kigali)	10 473 282	26 338	17,5	kinyarwanda, français	50	1 206	0,8
	Saint-Kitts-et-Nevis (Basseterre)	40 131	261	32,2	anglais	73*	13 307	n/d
	Saint-Marin (Saint-Marin)	30 324	61	94,1	italien	82*	41 900*	n/d
	Saint-Vincent-et-les-Grenadines (Kingstown)	104 574	389	45,9	anglais	72	6 568	n/d
	Sainte-Lucie (Castries)	160 267	616	27,6	anglais	76*	6 707	n/d
	Salomon (Honiara)	595 613	28 450	17,0	anglais	66	2 031	n/d
	Salvador (San Salvador)	7 185 218	21 040	59,8	espagnol	71	5 255	1,6
	Samoa (Apia)	219 998	2 944	22,4	samoan, anglais	72	6 170	n/d
	Sao Tomé-et-Principe (Sao Tomé)	212 679	1 001	58,1	portugais	66	2 178	n/d
	Sénégal (Dakar)	13 711 597	196 190	41,6	français	55	1 792	1,4
	Serbie (Belgrade)	7 379 339	88 361	51,5	serbo-croate	74	10 900*	n/d
	Seychelles (Victoria)	87 476	455	52,9	créole	73*	16 106	n/d
	Sierra Leone (Freetown)	6 440 053	71 740	36,8	anglais	47	806	0,8
	Singapour (Singapour)	4 657 542	693	100,0	malais, mandarin, anglais, tamoul	80	29 663	4,2
	Slovaquie (Bratislava)	5 463 046	48 845	56,2	slovaque	75	15 871	3,3
	Slovénie (Ljubljana)	2 005 692	20 273	49,5	slovène	78	22 273	4,5
	Somalie (Mogadiscio)	9 832 017	637 657	35,2	somali, arabe	50	600*	1,4
	Soudan (Khartoum)	41 087 825	2 505 810	40,8	arabe	58	2 083	2,4
	Sri Lanka (Colombo)	21 324 791	65 610	15,1	cinghalais	74	4 595	1,0
	Suède (Stockholm)	9 059 651	449 964	84,3	suédois	81	32 525	5,1

Drapeau	Pays (capitale)	Population*	Superficie (en km²)*	Taux d'urbanisation (en %)	Langue(s) principale(s)	Espérance de vie (en années)	PIB/hab. selon la PPA (en $US)	Empreinte écologique (en ha globaux/ personne)
	Suisse (Berne)	7 604 467	41 290	73,3	allemand, français, italien, romanche	82	35 633	5,0
	Suriname (Paramaribo)	481 267	163 270	73,9	néerlandais	69	7 722	n/d
	Swaziland (Mbabane)	1 123 913	17 363	24,1	siswati, anglais	46	4 824	0,7
	Syrie (Damas)	20 178 485	185 180	53,2	arabe	74	3 808	2,1
	Tadjikistan (Douchanbe)	7 349 145	143 100	26,4	tadjik	67	1 356	0,7
	Taiwan (Taipei)	22 974 347	35 980	n/d	chinois (mandarin)	78*	31 900*	n/d
	Tanzanie (Dodoma)	41 048 532	945 087	24,2	swahili, anglais	55	744	1,1
	Tchad (N'Djamena)	10 329 208	1 284 000	25,3	français, arabe	49	1 427	1,7
	Thaïlande (Bangkok)	65 905 410	514 000	32,3	thaï	69	8 677	2,1
	Timor oriental (Dili)	1 131 612	15 007	26,1	tétum, portugais	61	2 400*	n/d
	Togo (Lomé)	6 019 877	56 785	39,9	français, éwé, kabyé	62	1 506	0,8
	Tonga (Nuku'alofa)	120 898	748	24,0	tonguien, anglais	72	8 177	n/d
	Trinité-et-Tobago (Port of Spain)	1 229 953	5 128	12,2	anglais	70	14 603	2,1
	Tunisie (Tunis)	10 486 339	163 610	65,3	arabe	74	8 371	1,8
	Turkménistan (Achgabat)	4 884 887	488 100	47,3	turkmène	65	3 838	3,9
	Turquie (Ankara)	76 805 524	780 580	67,3	turc	72	8 407	2,7
	Tuvalu (Fonga Fale)	12 373	26	48,1	anglais, tuvaluan	69*	1 600*	n/d
	Ukraine (Kiev)	45 700 395	603 700	67,8	ukrainien	68	6 848	2,7
	Uruguay (Montevideo)	3 494 382	176 220	92,0	espagnol	76	9 962	5,5
	Vanuatu (Port-Vila)	218 519	12 200	23,5	bislarna, français, anglais	70	3 225	n/d
	Vatican (Cité du Vatican)	826	0,44	100,0	latin, italien	n/d	n/d	n/d
	Venezuela (Caracas)	26 814 843	912 050	92,3	espagnol	74	6 632	2,8
	Viêtnam (Hanoï)	86 967 524	329 560	26,4	vietnamien	74	3 071	1,3
	Yémen (Sanaa)	23 822 783	527 970	28,9	arabe	63	930	0,9
	Zambie (Lusaka)	11 862 740	752 614	35,0	anglais	45	1 023	0,8
	Zimbabwe (Harare)	11 392 629	390 580	35,9	anglais	44	2 038	1,1

A

Accord international (p. 8) Accord conclu entre plusieurs États.

Accord multilatéral (p. 54) Accord négocié et conclu entre plusieurs États.

Accréditation (p. 55) Acte attestant que les exigences et les normes établies par une autorité reconnue sont respectées.

Accroissement naturel (p. 79) Augmentation de la population par les naissances.

Acte antisocial (p. 419) Acte qui peut causer du tort à la société, tout en étant légal.

Actif financier (p. 156) Titre ou contrat, négociable sur les marchés financiers et susceptible de rapporter des revenus et des profits à son détenteur.

Affaires externes (p. 220) Affaires qui concernent ce qui vient de l'extérieur des frontières d'un État (par exemple les relations internationales) et qui ont des effets sur les affaires internes.

Affaires internes (p. 220) Affaires qui se passent à l'intérieur des frontières d'un État (par exemple les programmes sociaux).

Agence de presse (p. 418) Organisation qui vend de l'information (nouvelles, reportages, images, etc.) à des médias. Les agences les plus connues sont: La Presse Canadienne, l'Agence France-Presse, Reuters et l'Associated Press.

Altermondialiste (p. 174) Personne qui adhère à un mouvement social, politique et culturel visant à créer des liens à l'échelle mondiale afin de proposer des solutions alternatives aux effets négatifs de la mondialisation.

B

Banlieue (p. 104) Quartier résidentiel en périphérie des grands centres.

Barrières non tarifaires (p. 243) Mesures protectionnistes dont le but est de restreindre les échanges internationaux par d'autres moyens que des augmentations de tarifs et de prix.

Barrières tarifaires (p. 243) Mesures protectionnistes dont le but est de limiter les importations par des augmentations de tarifs et de prix.

Belligérant (p. 302) Qui participe à une guerre.

Bilatéral (p. 244) Se dit d'un contrat par lequel deux personnes ou deux États s'engagent réciproquement.

Bolchevik (p. 364) Nom de l'aile du Parti ouvrier social-démocrate russe qui s'empare du pouvoir et qui ouvre la voie à la révolution communiste.

C

Capital naturel (p. 40) Ensemble des ressources naturelles essentielles au développement des activités économiques.

Casque bleu (p. 301) Militaire envoyé par un État membre de l'ONU afin d'intervenir au nom de l'Organisation.

Caucase (p. 338) Région montagneuse située au sud de la Russie, entre la mer Noire, la mer Caspienne, la Turquie et l'Iran.

Cessez-le-feu (p. 321) Cessation temporaire des combats.

Chaîne généraliste (p. 425) Chaîne de télévision qui offre une programmation diversifiée (émissions d'information, dramatiques, émissions pour enfants, etc.). Au Québec, les chaînes généralistes sont Radio-Canada, Télé-Québec, V, TVA, CTV et Global.

Chaîne spécialisée (p. 425) Chaîne de télévision dont la programmation est consacrée à un domaine précis (sports, musique, météo, etc.).

Coefficient de Gini (p. 185) Mesure de l'inégalité de revenu dans un pays, élaborée par le statisticien italien Corrado Gini.

Communauté internationale (p. 220) Ensemble d'acteurs qui prennent part aux discussions internationales.

Communisme (p. 378) Idéologie et action politique proposant la prise du pouvoir par des moyens révolutionnaires et la dictature du prolétariat. Son but est d'instaurer une société sans classe et sans État, fondée sur la propriété collective des moyens de production.

Constitution (p. 223) Document légal qui dicte l'organisation d'un État. La Constitution décrit les règles et les coutumes sur lesquelles s'appuie l'État ainsi que les rapports entre les gouvernants et les gouvernés.

Créance (p. 179) Droit du créancier (prêteur) d'exiger le remboursement d'une somme prêtée.

Darwinisme social (p. 374) Adaptation de la théorie de l'évolution des espèces de Charles Darwin, prônant la supériorité de la civilisation européenne et qui justifie les inégalités raciales et sociales.

Débiteur (p. 179) Personne, organisation ou État qui doit une somme à une autre personne, organisation ou État.

Démocratie libérale (p. 378) Système politique fondé sur les concepts de liberté et d'égalité, dans lequel les citoyens disposent du droit de vote.

Discrimination positive (p. 131) Mesure favorisant les membres de certains groupes sociaux afin de contrer la discrimination fondée sur le sexe, un handicap ou l'appartenance ethnique.

Dissidence (p. 92) Différence profonde d'opinion par rapport à l'autorité politique ou religieuse en place.

Doctrine Truman (p. 383) Politique qui vise à freiner l'expansion communiste en offrant une aide militaire et financière aux pays désirant résister aux pressions communistes.

Dommage collatéral (p. 345) Expression employée pour désigner les victimes civiles ou alliées ainsi que les dommages causés de façon accidentelle aux équipements et aux infrastructures.

Droit de l'environnement (p. 64) Droit qui a pour objet d'élaborer des règles juridiques concernant la protection, la gestion et la préservation de l'environnement. Ce droit s'exprime par des lois environnementales créées par certains États. Les jugements mènent la plupart du temps à des recommandations publiques.

Embargo (p. 348) Mesure prise à l'encontre d'un pays, par laquelle il est interdit d'exporter un ou plusieurs types de marchandises vers ce pays.

Empreinte écologique (p. 4) Indicateur qui mesure la surface productive terrestre nécessaire pour répondre aux besoins d'une population.

Épuration ethnique (p. 92) Ensemble de politiques hostiles (émigration forcée, déportation, etc.) à l'égard d'un groupe ethnique pour des motifs religieux ou idéologiques.

État-providence (p. 369) État qui intervient sur les plans social et économique dans le but d'assurer un certain bien-être à l'ensemble de la population.

Exclusion sociale (p. 120) Ségrégation, mise à l'écart de personnes dont le statut économique ou social (chômeurs, sans-abri, homosexuels, etc.) ne correspond pas aux valeurs dominantes de la société dans laquelle elles vivent.

Exode rural (p. 85) Déplacement de population de la campagne vers la ville.

Fascisme (p. 369) Idéologie et mouvement politique anticommuniste et ultranationaliste ayant conduit à des régimes autoritaires.

Fiscalité (p. 136) Ensemble des lois, des mesures relatives à l'impôt.

Fluctuation (p. 159) En économie, variations successives de la valeur de biens ou d'actifs. Les fluctuations économiques caractérisent aussi les phases de croissance et de ralentissement économiques attribuables à plusieurs phénomènes conjoncturels.

Flux migratoire (p. 82) Mouvement, déplacement de personnes d'un point d'origine à un point d'arrivée, selon un trajet donné.

Front populaire (FP) (p. 369) Coalition de partis de gauche et d'extrême gauche au pouvoir en France de 1936 à 1938. Né d'abord pour contrer la montée du fascisme et du nazisme, le FP implante des réformes sociales pour tenter de remédier à la Crise.

Génocide (p. 92) Extermination systématique d'un groupe ethnique, religieux ou social.

Géopolitique (p. 292) Étude des rapports entre la géographie et la politique des États.

Ghettoïsation (p. 130) Processus par lequel une communauté culturelle est exclue ou s'isole volontairement du reste de la société.

Guerre civile (p. 91) Conflit armé entre des groupes militaires ou civils d'un même État.

Haute valeur ajoutée (p. 153) Se dit d'un produit ayant subi des modifications et qui vaut donc plus que sa valeur de base.

Hégémonie (p. 316) Domination d'un État sur d'autres États.

Impérialisme (p. 362) Politique d'un État qui cherche à amener d'autres États, sociétés ou territoires sous sa dépendance politique ou économique. L'impérialisme désigne souvent la vague de colonialisme européen qui a cours entre 1880 et 1914.

Impérialisme culturel (p. 250) Imposition d'une culture dominante sur le territoire d'autres États.

Indice de développement humain (IDH) (p. 154) Indicateur socioéconomique qui tient compte de l'espérance de vie, du taux d'alphabétisation et du PIB par habitant pour mesurer la qualité de vie moyenne d'une population.

Information continue (p. 421) Information offerte 24 heures sur 24 par les chaînes d'information continue dans la presse électronique.

Intelligentsia (p. 379) Classe sociale désignant les artistes, les intellectuels ou les écrivains au service du régime et du Parti communiste.

Islamisme (p. 386) Idéologie et mouvement politique ayant pour but l'instauration d'un État régi par les règles du Coran et dirigé par les chefs religieux.

Junte militaire (p. 307) Gouvernement de type dictatorial qui, à la suite de la prise du pouvoir par la force, est dirigé directement par l'armée.

Label (p. 55) Marque distinctive apposée sur un produit pour en certifier l'origine, en garantir la qualité ou la conformité avec des normes déterminées.

Lectorat (p. 425) Ensemble des lecteurs d'une publication.

Ligne éditoriale (p. 420) Position des propriétaires d'un journal sur les grands enjeux sociaux, par exemple le débat sur la souveraineté au Québec. Selon la tradition nord-américaine, la ligne éditoriale s'exprime dans la page éditoriale.

Lobbying (p. 240) Action d'une personne ou d'un groupe de personnes qui défend les intérêts d'une entreprise ou d'un groupe en tentant d'influencer les décideurs.

Management environnemental (p. 56) Ensemble des méthodes de gestion servant d'abord à mesurer les effets des activités de production sur l'environnement, puis à éliminer ou à réduire leur impact sur celui-ci.

Mandat (p. 365) En droit international, mission confiée à un État d'assister ou d'administrer un territoire se trouvant en difficulté.

Média (p. 418) Moyen de communication qui sert à transmettre un contenu à une personne ou à un groupe. Les principaux médias sont : Internet, la presse écrite, les livres, les affiches, la télévision, la radio, le cinéma et le téléphone cellulaire.

Médias électroniques (p. 418) Radio et télévision. Les termes « nouveaux médias électroniques » ou « nouveaux médias » s'appliquent au réseau Internet et aux appareils portables qui véhiculent de l'information, tel le téléphone cellulaire.

Médiation (p. 228) Processus de résolution de conflit dans lequel l'intervention d'un tiers facilite les négociations. L'Organisation des Nations Unies (ONU) joue souvent le rôle de médiateur dans les conflits internationaux.

Microcrédit (p. 180) Système qui favorise l'attribution de petits prêts à des entrepreneurs qui ne parviennent pas à obtenir de prêts bancaires classiques.

Mine antipersonnel (p. 234) Engin explosif conçu pour se déclencher au contact ou au passage d'une personne ou d'un véhicule.

Multinationale (p. 19) Entreprise ou groupe industriel, commercial ou financier qui investit des capitaux dans plusieurs pays et y exerce ses activités par l'intermédiaire de filiales.

Multipolaire (p. 292) Qui est constitué de plusieurs pôles (ou régions) importants.

Nationalisation (p. 205) Transfert à la collectivité de la propriété ou du contrôle de certains biens, ressources ou moyens de production appartenant à des entreprises privées.

Nationalisme (p. 362) Idéologie politique qui reconnaît en tant que nation un groupe d'individus partageant des caractéristiques communes. Ce terme désigne aussi le sentiment d'appartenance d'un individu à une nation.

Nazisme (p. 364) Idéologie et mouvement politique du parti d'Adolf Hitler, au pouvoir de 1933 à 1945 en Allemagne.

Nettoyage ethnique (p. 344) Politique hostile ou défavorable allant à l'encontre d'un groupe ethnique en particulier. Ces politiques peuvent prendre la forme d'une émigration forcée, d'une déportation ou même d'un génocide.

Norme environnementale (p. 8) Règle, principe, mesure spécifique, directive ou standard destiné à uniformiser des méthodes ou des moyens d'action dans un souci de protection de l'environnement.

Objectifs du Millénaire pour le développement (OMD) (p. 179) Objectifs de développement sur lesquels se sont entendus les membres de l'ONU et dont l'atteinte a été fixée à 2015. Ces huit objectifs sont : éliminer la pauvreté et la faim, assurer l'éducation primaire pour tous, promouvoir l'égalité et l'autonomisation des femmes, réduire la mortalité infantile, améliorer la santé maternelle, combattre les maladies, assurer un environnement durable et mettre en place un partenariat mondial pour le développement.

OCDE (p. 25) Acronyme pour Organisation de coopération et de développement économiques. L'organisme regroupe les gouvernements de 30 pays attachés aux principes de la démocratie et de l'économie de marché.

Organisation internationale (OI) (p. 8) Organisation fondée en vertu d'un traité ou d'un accord intergouvernemental, et qui rassemble des représentants des gouvernements nationaux.

Organisation non gouvernementale (ONG) (p. 9) Organisation à but non lucratif, généralement présente sur la scène internationale, et qui ne relève ni d'un État ni d'une organisation internationale.

OTAN (p. 91) Acronyme pour Organisation du traité de l'Atlantique Nord. Il s'agit d'une alliance de 26 pays d'Amérique du Nord et d'Europe qui a pour rôle de préserver les valeurs communes (liberté, démocratie, etc.) des pays membres et d'assurer leur sécurité.

Pandémie (p. 155) Épidémie ou propagation d'une maladie touchant une part importante de la population et s'étendant sur une zone géographique très vaste.

Pavillonnaire (p. 104) Qui regroupe des pavillons d'habitation, c'est-à-dire des maisons unifamiliales.

Pays aligné (p. 381) Terme désignant le rapprochement idéologique entre un pays et une superpuissance, en l'occurrence les États-Unis ou l'URSS pendant la Guerre froide.

Pays émergent (p. 25) Pays dont le PIB par habitant est inférieur à celui des pays développés, mais qui connaît une importante croissance économique. Il en résulte une amélioration du niveau de vie de sa population et de ses infrastructures, qui se rapprochent de ceux des pays développés.

Périurbain (p. 104) Relatif à ce qui est aux abords, en périphérie d'une ville.

PIB par habitant (PIB/hab.) (p. 152) Ensemble de la valeur des biens et services produits en une année dans un pays ou un territoire, divisé par le nombre d'habitants.

Politique d'ajustement structurel (p. 175) Programme de restrictions budgétaires imposant des mesures économiques libérales (privatisation, ouverture à la concurrence internationale, etc.) visant à rétablir l'équilibre des finances publiques.

Politique interventionniste (p. 366) Politique d'intervention de l'État dans divers domaines (social, culturel et économique, notamment).

Population active (p. 81) Partie de la population en âge de travailler et disponible à l'emploi.

Pouvoir de force (p. 232) Pouvoir d'obtenir un comportement désiré par la force, c'est-à-dire par la contrainte.

Pouvoir d'influence (p. 232) Pouvoir d'exercer une influence ou de persuader par la négociation afin d'obtenir un comportement désiré.

PPA (p. 152) La PPA, ou « parité du pouvoir d'achat », désigne un taux de conversion monétaire qui permet d'exprimer, dans une unité commune, les pouvoirs d'achat des différentes monnaies.

Précaire (p. 184) Se dit notamment d'un emploi dont la durée n'est pas assurée.

Production intensive (p. 172) Système de production caractérisé par un usage important des technologies et des techniques agricoles (engrais chimiques, machinerie, etc.) permettant de maximiser la production. L'agriculture intensive cherche à réduire la main-d'œuvre en recourant à la mécanisation, de manière à cultiver de plus grandes surfaces et à augmenter la production.

Protectorat (p. 375) Régime juridique selon lequel un État puisant contrôle un autre État. L'État contrôlé abandonne partiellement sa souveraineté à l'autre État pour ce qui est des relations extérieures ou de l'administration intérieure, mais bénéficie en revanche de sa protection.

Quota (p. 98) Limite, pourcentage déterminé.

Ratifier (p. 10) Consentir à être lié par les termes et obligations d'un accord. En ratifiant un accord, l'État a la responsabilité internationale de l'appliquer sur son territoire.

Remilitarisation (p. 370) Rétablissement progressif du potentiel militaire.

Résident permanent (p. 98) Personne qui a obtenu le droit de résider dans un pays sans en avoir la citoyenneté.

Résistance (p. 304) Groupe qui s'oppose ou résiste à l'occupation de son pays.

Ressortissant (p. 122) Personne protégée par les autorités diplomatiques d'un pays donné et qui réside à l'étranger.

Sanction (p. 58) Peine infligée à ceux qui désobéissent aux lois, commettent une infraction ou ont un comportement répréhensible.

Services écologiques fournis par les écosystèmes (p. 22) Bienfaits que les êtres humains obtiennent des écosystèmes.

Société civile (p. 194) Ensemble des citoyens ou groupes organisés en dehors du gouvernement (syndicats, ONG, etc.) qui participent à la vie collective et aux affaires publiques dans le but de défendre leurs valeurs et leurs principes.

Solution finale (p. 373) Plan nazi d'élimination systématique des Juifs par les camps de travail, les chambres à gaz ou les exécutions systématiques.

Souveraineté alimentaire (p. 272) Droit des populations et des États à définir leurs politiques agricole et alimentaire, dans la mesure où elles sont sans impacts négatifs sur les autres pays.

Spéculation (p. 367) Opération financière qui consiste à acheter des biens ou des titres dans le but de les revendre pour en tirer profit.

Stalinisme (p. 379) Régime politique, mis en place par Joseph Staline entre 1929 et 1953, caractérisé par la centralisation du pouvoir, la répression et le culte de la personnalité.

Subsaharien (p. 78) Relatif à la partie de l'Afrique située au sud du Sahara.

Taux de change (P. XXVII) Valeur d'une monnaie par rapport à une autre. Par exemple, la valeur du dollar canadien exprimée en dollars américains.

Territoire souverain (p. 296) Territoire qui dispose d'une autonomie politique et dont le pouvoir ne dépend pas d'un autre État ou territoire.

Terrorisme (p. 294) Usage de la violence comme moyen de pression dans le but de faire valoir des revendications ou d'exprimer une opposition, ou encore d'attirer l'attention de l'opinion publique sur une situation critique.

Tirage (p. 424) Nombre d'exemplaires d'une publication (livre, journal, magazine, etc.).

Traite des humains (p. 101) Commerce illégal de personnes à des fins d'exploitation (prostitution, travail forcé, etc.).

Transnational (p. 110) Qui dépasse le cadre national et concerne plusieurs nations.

Tsar (p. 364) Titre porté par l'empereur de Russie, qui est à la tête d'un régime autocratique.

UNESCO (p. 86) Acronyme pour Organisation des Nations Unies pour l'éducation, la science et la culture.

Urbanisme (p. 118) Étude de l'aménagement des villes.

Ville centre (p. 104) Noyau urbain autour duquel se développent les banlieues.

Visa (p. 98) Autorisation de séjour temporaire ou permanent délivrée par un pays d'accueil.

Xénophobe (p. 121) Hostile aux étrangers.

Yougoslavie (p. 92) Ancien État du sud-est de l'Europe qui correspond aujourd'hui à la Slovénie, à la Croatie, à la Serbie, à la Bosnie-Herzégovine, au Monténégro et à la Macédoine.

SOURCES

Photographies

Couverture

Première de couverture (hg): Scott E Barbour /Getty Images; (hd): Getty Images; (dc): Grzegorz Michalowski/epa/Corbis; (bd): Getty Images; (bg): AP Photo/Rafiq Maqbool.

Introduction

P. XII (g): Bruno Barbier/Getty Images; (d): AFP/Getty Images; **P. XIII** (g): AFP/Getty Images; (d): ERICO SUGITA/Reuters/Corbis; **P. XIV**: Getty Images; **P. XV** (h): AFP/Getty Images; (b): James Marshall/CORBIS; **P. XVI** (bg): Getty Images; (bd): REUTERS/ChipEast (CHAD); **P. XVIII**: AFP/Getty Images; **P. XIX**: AFP/Getty Images; **P. XX**: The Art Archive / Bibliothèque des Arts Décoratifs Paris/Gianni Dagli Orti; **P. XXII**: REUTERS/Benoit Tessier; **P. XXIII** (h): AFP/Getty Images; (b): AFP/Getty Images; **P. XXV**: Thierry Orban/CORBIS SYGMA; **P. XXVI**: AFP/Getty Images; **P. XXVII**: Peter Foley/epa/Corbis; **P. XXVIII**: AFP/Getty Images; **P. XXIX**: John Van Hasselt/Sygma/Corbis; **P. XXX**: Bettmann/CORBIS; **P. XXXI** (hg): Hulton-Deutsch ollection/CORBIS; (hd): dpa/Corbis; (b): Bettman/CORBIS; **P. XXXII** (hg): Bettmann/CORBIS; (hd): Corbis; **P. XXXIII**: Reuters/CORBIS.

Chapitre 1

Ouverture: **P. 2**: CHRISTINNE MUSCHI/Reuters/Corbis; **P. 3** (hg): Tyrone Turner/National Geographic Image Collection; (hd): Getty Images; **P. 4**: Ashley Cooper/Corbis; **P. 6** (g): Getty Images; (bd): Club of Rome; **P. 7**: Éditions du Fleuve; **P. 8**: NASA/Goddard Space Flight Center Scientific Visualization Studio; **P. 9**: 2008 UNEP Children's Conference; **P. 10**: AP Photo/MaxVision; **P. 12** (d): Greenpeace Canada; (bd): Gracieuseté du Réseau québécois des groupes écologistes (logo); **P. 13**: AFP/Getty Images; **P. 14**: Image courtesy Jacques Descloitres, MODIS Land Rapid Response Team at NASA GSFC; **P. 17** (d): NASA; (bd): NASA/Corbis; **P. 18**: Atlantide Phototravel/Corbis; **P. 20**: Ville de Baie-Saint-Paul, Agenda 21; **P. 22**: JUAN CARLOS ULATE/Reuters/Corbis; **P. 23**: AP Photo/Alastair Grant; **P. 24** (g): Credit: U.S. Geological Survey; (d): Credit: U.S. Geological Survey; **P. 25**: Peter Essick/Aurora Photos/Corbis; **P. 26**: George Steinmetz/Corbis; **P. 27**: (h): © Greenpeace; (b) AP Photo/Steven Senne; **P. 29**: CP PHOTO/Montreal La Presse-Brault Bernard; **P. 30**: CP PHOTO/Jacques Boissinot; **P. 31**: CHRISTINNE MUSCHI/Reuters/Corbis; **P. 32**: AP Photo/Dita Alangkara; **P. 33**: Getty Images; **P. 34** (g): JIM RICHARDSON/National Geographic Stock; (d): JIM RICHARDSON/National Geographic Stock; **P. 35**: (hg): JIM RICHARDSON/National Geographic Stock; (hc): JIM RICHARDSON/National Geographic Stock; (hd): Getty Images; (b): Getty Images; **P. 36** (hg): JIM RICHARDSON/National Geographic Stock; (bd): Motoring picture library; **P. 38**: AFP/Getty Images; **P. 39**: AFP/Getty Images; **P. 40** (c): NASA/Corbis; **P. 42**: Tyrone Turner/National Geographic Image Collection; **P. 43** (hd): Hydro-Québec; **P. 44**: Didier Bergounhoux; **P. 45**: Ryan Pyle/Corbis; **P. 46** (hg): © FSC (Forest Stewardship Council) logo; (bg): National Geographic/Getty Images; **P. 48**: avec l'autorisation de Kim Conway/

NRC; **P. 49**: Ville de Montréal (édifice de la TOHU); **P. 50**: Richard T. Nowitz/Corbis; **P. 53**: Getty Images; **P.55** (g): MICHAEL NICHOLS/National Geographic Stock; logo BIO (reproduit avec l'autorisation de CARTV); logo ECO CERT (reproduit avec l'autorisation de Ecocert Canada); logo COSMÉTIQUE BIO - CHARTE COSMÉBIO; **P. 56**: gracieuseté de Rio Tinto Alcan; **P. 57**: Philip Harvey/CORBIS; **P. 59** (g): Getty Images; (d): Stefan Wermuth / Reuters; **P. 61**: Globo /Getty Images; **P. 62**: AFP/Getty Images; **P. 63**: SuperStock/maXx images; **P. 64**: Getty Images; **P. 65** (hg): China Photos/Stringer/Getty Images; (hd): les Amis de la Terre/Carl Pezin; **P. 66 et 67**: Getty Images; **P. 68**: Publiphoto; **P. 69** (g): reproduit avec l'autorisation du PEFC; **P. 71** (g): Getty Images; (c): Getty Images; (d): AFP/Getty Images; **P. 72**: Megapress /Pharand; **P. 73**: Toru Yamanaka/Pool/epa/Corbis.

Chapitre 2

Ouverture: **P. 76**: Frédéric Soltan/Sygma/Corbis; **P. 77** (hg): CLOPET/SIPA; (hc): AFP/Getty Images; (hd): Atlantide Phototravel/Corbis; **P. 78**: Frédéric Soltan/Sygma/Corbis; **P. 80**: NIR ELIAS / Reuters; **P. 81**: NIR ELIAS/Reuters; **P. 82** (bg): AP Photo/Kirsty Wigglesworth; (bd): Reuters/Corbis; **P. 83**: Bettmann/CORBIS; **P. 84**: LEVINE HEIDI/SIPA; **P. 85**: Daniel Berehulak/Getty Images; **P. 86**: NABIL MOUNZER/epa/Corbis; **P. 87**: Getty Images; **P. 88**: Rémi Larivée / La Presse; **P. 89**: Susan Meiselas / Magnum; **P. 90** (g): Michael Macor/San Francisco Chronicle/Corbis; (d): Arshad Arbab/epa/Corbis; **P. 92**: AFP/Getty Images; **P. 93** (g): Guy Delisle, Pyongyang, Paris, L'Association, 2003, p. 47; (d): AFP/Getty Images; **P. 95** (c): REUTERS/JENNIFER SZYMASZEK; (b): Getty Images; **P. 98**: Plantú, Le Monde, 15 mars 2007; **P. 99** (c): AP Photo/Rick Rycroft; (b) SETH WENIG/Reuters/Corbis; **P. 100**: Bibliothèque et Archives Canada: PA-034014; **P. 101**: Christopher Morris/Corbis; **P. 102**: Jack Kurtz/ZUMA/Corbis; (b): AFP/Getty Images; **P. 103**: GEORGE ESIRI/Reuters/Corbis; **P. 104**: JACKY NAEGELEN/Reuters/Corbis; **P. 105**: Getty Images; **P. 106**: REVELLI/SIPA; **P. 107** (h): Getty Images; (b): CP PHOTO/Andrew Vaughan; **P. 108** (h): CP PHOTO/Peter Mccabe; (b): Gobierno de Aragon; **P. 109**: Toan Vu-Huu; **P. 112**: Piyal Adhikary/epa/Corbis; **P. 113** (bg): Christopher Morris/Corbis; (bd): AFP/Getty Images; **P. 114**: CP PHOTO/Chuck Stoody; **P. 115**: Karen Kasmauski/Corbis; **P. 116**: AFP/Getty Images; **P. 117**: © Abahlali baseMjondolo; **P. 118**: Getty Images; **P. 120**: REUTERS/Supri Supri; **P. 121**: John Hrusa/epa/Corbis; **P. 123**: Kim Ludbrook/epa/Corbis; **P. 124**: Guy Dubé; **P. 125**: Getty Images; **P. 126**: Martin Harvey/Corbis; **P. 127**: REVELLI/SIPA; **P. 128**: Basurama (Pablo Rey Mazón). Creative Commons 3.0" Madrid. 2005; **P. 129** (cg): Minimum Cost Housing Group, École d'architecture, Université McGill; (cd): © Conseil Jeunesse de Montréal, 2007; (b): Gracieuseté de Mano a Mano; **P. 131**: Gideon Mendel/Corbis; **P. 132**: THE AGE picture by Michael Clayton-Jones; **P. 134**: Camille Ratia, e-migrinter; **P. 135**: Tim Pannell /Corbis/Jupiter images; **P. 137**: Fayolle/Sipa; **P. 138**: Jo Tuckman/Guardian News & Media Ltd 2007; **P. 139**: © Chapatte - www.globecartoon.com; **P. 140**: AFP/Getty Images; **P. 141**: AFP/Getty Images; **P. 142**: SW Productions / maXx images; **P. 143**: Emmaus International; **P.146**: AFP/Getty Images; **P. 147**: Piyal Adhikary/epa/Corbis; **P. 148**: Antoine Grondeau; **P. 149**: Reproduit avec la permission du CARI. Photo: Stéphanie Colvey.

Chapitre 3

Ouverture : **P. 150** (g) : Steve Raymer/CORBIS ; (d) : Getty Images ; **P. 151** (g) : AFP/Getty Images ; (d) : HALEY/SIPA ; **P. 153** : Randy Olson/Getty Images ; **P. 154** : Gideon Mendel for Action Aid/Corbis ; **P. 155** (g) : Gideon Mendel/ Corbis ; (d) : Getty Images ; **P. 156** : Corbis ; **P. 157** : NASA ; **P. 161** : Steve Raymer/ CORBIS ; **P. 162** : The Art Archive/Biblioteca Nacional Madrid/Gianni Dagli Orti ; **P.163** (h) : Bettmann/CORBIS ; (b) : AFP/Getty Images ; **P. 164** : AFP/Getty Images ; **P. 165** (h) : Alison Wright/CORBIS ; (b) : SHAMIL ZHUMATOV/Reuters/ Corbis ; **P. 166** : © Jiri Rezac/Polaris ; **P. 167** : Getty Images ; **P. 168** (hg) : Getty Images ; (hd) : AFP/Getty Images ; (b) : Getty Images ; **P. 169** (g) : Ron Watts/ CORBIS ; (d) : Paul Hardy/Corbis ; **P. 170** : Ricardo Azoury/CORBIS ; **P. 172** : Getty Images ; **P. 173** : TransFair Canada ; **P. 174** : Reuters/Corbis ; **P. 176** : AFP/Getty Images ; **P. 178** (h) : PHILIPPE WOJAZER/POOL/epa/Corbis ; (b) : Bettmann/CORBIS ; **P. 180** : AFP/Getty Images ; **P. 181** : Megapress ; **P. 182** : Davison Lampert ; **P. 183** : © Brouck/Iconovox ; **P. 184** : Clean Clothes Campaign ; **P. 185** : Jacques Nadeau ; **P. 186** : REUTERS/Albert Gea ; **P. 187** : Sandy Huffaker /Corbis ; **P. 189** : REUTERS/Enny Nuraheni ; **P. 190** : © International Labour Organization/Maillard J. ; **P. 191** : Andy Aitchison/Corbis ; **P. 192** : Gero Breloer/dpa/Corbis ; **P. 193** (h) Clean Clothes Campaign ; (b) : HALEY/SIPA ; **P. 194** : MARIANA BAZO/Reuters/Corbis ; **P. 195** : Gracieuseté de Développement et Paix ; **P. 196** : Belousov Vitaly/ITAR-TASS/Corbis ; **P. 198** : L'Organisation des Nations Unies pour l'alimentation et l'agriculture ; **P. 199** (g) : Global Call to Action Against Poverty ; (d) : Radio-Canada ; **P. 201** : PAULO WHITAKER/Reuters/Corbis ; **P. 202** : Jan Sochor, photographer ; **P. 203** : Motoring Picture Library ; **P. 204** : AFP/Getty Images ; **P. 205** : AFP/Getty Images ; **P. 206** : Global Witness ; **P. 207** (h) : © Journal Alternatives ; (b) : Honey Care Africa and the World Resources Institute ; **P. 208** : Gideon Mendel/CORBIS ; **P. 211** : © IKEA of Sweden, A.B., 2002 ; **P. 215** : Ron Watts/CORBIS ; **P. 216** : AP Photo Joerg Sarbach ; **P. 217** : Hans Neleman/Getty Images.

Chapitre 4

Ouverture : **P. 218** : UN Photo/Eskinder Debebe ; **P. 219** (g) : Natacha Connan/ For Picture/Corbis ; (d) : Christof Weber – Photographie ; **P. 220** : AFP/Getty Images ; **P. 221** (h) : AFP/Getty Images ; (b) : © Marc Riboud ; **P. 223** : John Stillwell/ Poll/Reuters/Corbis ; **P. 224** : Reuters/Claro Cortes ; **P. 225** : AFP/Getty Images ; **P. 226** : SERGIO MORAES/Reuters/Corbis ; **P. 227** : LUCAS DOLEGA/epa/Corbis ; **P. 228** : UN Photo/P Klee ; **P. 232** : UN Photo/Paulo Filgueiras ; **P. 233** (h) : AFP/Getty Images ; (b) : REUTERS/Jerry Lampen ; **P. 236** (h) : FINBARR O'REILLY/Reuters/Corbis ; (b) : Luis Liwanag/XinHua/Xinhua Press/Corbis ; **P. 237** : REUTERS/Jonathan Ernst ; **P. 238** : Getty Images ; **P. 241** : Jess Hurd/ reporterdigital.co.uk ; **P. 242** : Hu Ming /Xinhua/Xinhua Press/Corbis ; **P. 244** : AP Photo/Leslie Mazoch ; **P. 250** : © Hugo Billard ; **P. 251** : Mario Armas/epa/ Corbis ; **P. 252** : Attac France ; **P. 253** : Gracieuseté de Hapag Lloyd ; **P. 254** : AP Photo/Elizabeth Dalziel ; **P. 255** : Getty Images ; **P. 257** : Crédit © Communautés européennes, 2009 ; **P. 259** : Natacha Connan/For Picture/Corbis ; **P. 260** (g) : Reporters sans Frontières ; (d) : Gracieuseté de l'ICANN ; **P. 261** : Bibliothèque numérique mondiale ; **P. 263** (h) : WARNER BROS./THE KOBAL COLLECTION/ BUITENDIJK, JAAP ; (b) : Nicolas Chauveau/Greenpeace ; **P. 264** : CP PHOTO/ Aaron Harris ; **P. 265** : Sergei Ilnitsky/epa/Corbis ; **P. 266** : AFP/Getty Images ; **P. 268** : REUTERS/B Mathur ; **P. 269** (g) : Getty Images ; (d) : Mouvement d'éducation et de défense des actionnaires ; **P. 270** : akg-images ; **P. 272** : © PLACIDE ; **P. 274** : © Matt Rainey/Star Ledger/Corbis ; **P. 275** : Time & Life Pictures/Getty Images ; **P. 276** : Christof Weber – Photographie ; **P. 277** : Andrew Winning/ Reuters ; **P. 280** : AFP/Getty Images ; **P. 282** : AP Photo/Fernando Llano ; **P. 283** (g) : AFP/Getty Images ; (d) : © Kavashkin Boris/ITAR-TASS/Corbis ; **P. 286** : Bob Krist/CORBIS ; **P. 287** : Fritz Hoffmann/Corbis ; **P. 288** : UN Photo/Eskinder Debebe ; **P. 289** : AP Photo/Christian Lutz.

Chapitre 5

Ouverture : **P. 290** : Gideon Mendel/Corbis ; **P. 291** (g) : AFP/Getty Images ; (d) : Getty Images ; **P. 293** : REUTERS/Mukesh Gupta ; **P. 294** : Getty Images ; **P. 296** : Gideon Mendel/Corbis ; **P. 297** : UN Photo/Evan Schneider ; **P. 298** : UN Photo ; **P. 299** : REUTERS/STR New ; **P. 300** : AFP/Getty Images ; **P. 301** (g) : ONUCI Photo ; (d) : AFP/Getty Images ; **P. 303** (h) : Khvorostov Sergei/ITAR-TASS/ Corbis ; (b) : AFP/Getty Images ; **P. 305** : Michel Philippot/Sygma/Corbis ; **P. 306** : AP Photo/ISNA, Arash Khamoushi ; **P. 307** (h) : Alain Nogues/Corbis ; (b) : REUTERS/Saliou Samb ; **P. 308** : Getty Images ; **P. 310** : AFP/Getty Images ; **P. 311** : Photo UNICEF / Julien Harneis ; **P. 312** : Reporters sans frontières ; **P. 313** : AFP/Getty Images ; **P. 314** : Taurai Maduna /epa/Corbis ; **P. 315** : AFP/Getty Images ; **P. 319** (g) : AFP/Getty Images ; (d) : © Chappatte dans "Le Temps" (Genève) - globecartoon.com ; **P. 320** : REUTERS/Baz Ratner ; **P. 321** : AFP/Getty Images ; **P. 322** : Reuters/CORBIS ; **P. 323** : AFP/Getty Images ; **P. 324** : Getty Images ; **P. 325** : AFP/Getty Images ; **P. 326** : AFP/Getty Images ; **P. 327** : AFP/Getty Images ; **P. 328** : Getty Images ; **P. 329** : AFP/Getty Images ; **P. 331** : epa/Corbis ; **P. 332** : AFP/Getty Images ; **P. 333** : Caporal-Chef Paul MacGregor, caméra de combat des Forces canadiennes ; **P. 334** : AFP/Getty Images ; **P. 336** : Altermondes ; **P. 337** : Défense Nationale du Canada ; **P. 338** : AFP/Getty Images ; **P. 339** : AFP/Getty Images ; **P. 341** (h) : AFP/Getty Images ; (b) : Getty Images ; **P. 344** : Getty Images ; **P. 346** : Getty Images ; **P. 347** : AFP/Getty Images ; **P. 349** : AFP/Getty Images ; **P. 350** : AFP/Getty Images ; **P. 352** : AFP/ Getty Images ; **P. 353** : AFP/Getty Images ; **P. 357** : Jacques Sondron ; **P. 358** : Howard Davies/CORBIS ; **P. 359** : AFP/Getty Images.

Survol de l'histoire du XXᵉ siècle

Ouverture : **P. 360 et 361** : AP Photo ; **P. 360** (hg) : AP Photo ; (hc) : Finbarr O'Reilly/Reuters/Corbis ; **P. 361** (hg) : AP Photo/Max Desfor ; **P. 362** : The Granger Collection, New York ; **P. 363** : Private Collection / Photo © Christie's Images / The Bridgeman Art Library ; **P. 364** : Photos.com ; **P. 366** : CORBIS ; **P. 368** (h) : Bettmann/CORBIS ; (b) : NARA (SPB) ; **P. 369** : Bettmann/CORBIS ; **P. 370** : Bettmann/CORBIS ; **P. 371** : Nicholas Morant / Office national du film du Canada. Photothèque / Bibliothèque et Archives Canada / PA-116064 ; **P. 372** : AP Photo ; **P. 373** (h) : CORBIS ; (b) : Bibliothèque et Archives Canada : PA-116064 ; **P. 374** : akg-images ; **P. 376** : Hulton-Deutsch Collection/CORBIS ; **P. 377** : AP Photo/Max Desfor ; **P. 378 et 379** : Michael Nicholson/Corbis ; **P. 380** (hg) : Getty Images ; (hd) : Image ID : 52112 New York Public Library ; (b) : Peter Turnley/CORBIS ; **P. 381** : Libor Hajsky/epa/Corbis ; **P. 382** (g) : Bettmann/CORBIS ; (d) : Hulton-Deutsch Collection/CORBIS ; **P. 384** : Bettmann/ CORBIS ; **P. 385** (h) : Getty Images ; (bg) : Bettmann/CORBIS ; (bd) : AP Photo ; **P. 387** : MARTIAL TREZZINI/epa/Corbis ; **P. 388** : Getty Images ; **P. 389** (h) : Peter Turnley/CORBIS ; (b) : Sean Adair/Reuters/CORBIS.

Les clés de l'info

Ouverture : **P. 416 et 417** : AFP/Getty Images ; **P. 416** (hg) : AFP/Getty Images ; (hc) : AFP/Getty Images ; **P. 417** (hg) : REUTERS/Ezequiel Scagnetti ; **P. 418** : AFP/Getty Images ; **P. 419** : Mads Nissen /Getty Images ; **P. 420** (h) : Par John W. MacDonald /johnwmacdonald.com ; (bg) : MANUELLE TOUSSAINT/Gamma/ Eyedea/Ponopresse ; (bd) : CP PHOTO/Andrew Vaughan ; **P. 421** : CP PHOTO/ David Boily ; **P. 422** : AP Photo/Files ; **P. 424** : AFP/Getty Images ; **P. 425** : Marc Romanelli /Jupiter Images ; **P. 426** : ONF, Productions Virage et Point du jour, 2006 ; **P. 427** : AFP/Getty Images ; **P. 429** : epa/Corbis ; **P. 433** : Theo Allofs/ Corbis ; **P. 436** (h) **et P. 437** (h) : AFP/Getty Images ; **P. 436** (b) et 437 (c) : AFP/ Getty Images ; **P. 437** (b) : © Pascal Élie ; **P. 448** : La Presse ; **P. 452** : AFP/Getty.

Textes

Introduction

P. XVIII : FOUCHER, Michel, géographe, *Introduction à l'exposition Frontières*, Lyon, 2007 [En ligne] ; **P. XXVI** : FMI, « La mondialisation : faut-il s'en réjouir ou la redouter ? », avril 2001. [En ligne]

Chapitre 1

P. 7 : COMMISSION MONDIALE SUR L'ENVIRONNEMENT ET LE DÉVELOP-PEMENT, *Notre avenir à tous*, Éditions du Fleuve, Les Publications du Québec, 1988, p. 2. **P. 9** : AGORA 21, *Les 27 principes de la Déclaration de Rio*, 2009. [En ligne] **P. 12** : DEARDEN, Philip, « Greenpeace », *L'Encyclopédie canadienne*, 2009. [En ligne] **P. 14** : IELEMIA, Apisai, « Le point de vue du Tuvalu sur le changement climatique », *Chronique de l'ONU*, 2007. [En ligne] **P. 16** : ONU, Conférence de presse des ONG et leur contribution aux débats sur le développement durable, dans le cadre du Sommet mondial pour le développement durable de Johannesburg, 26 août 2002. [En ligne] ; LE PRESTRE, Philippe, « La Convention sur la diversité biologique à un tournant », *Le Devoir*, 6 septembre 2005. [En ligne] **P. 19** : ONU, *Le Pacte mondial*, 2009. [En ligne] ; NESTLÉ, « Nestlé et l'environnement : une culture d'entreprise », 2009. [En ligne] **P. 25** : LEPELTIER, Serge, « Mondialisation : une chance pour l'environnement ? », *Rapport d'information n° 233 (2003-2004) fait au nom de la délégation du Sénat pour la planification*, 3 mars 2004. [En ligne] **P. 26** : CHUDNOVSKY, Daniel, « Investir dans l'environnement », *Our planet*, 2003. [En ligne] **P. 29** : EUROPA, « Stratégie sur le changement climatique : mesures de lutte jusqu'en 2020 et au-delà », 2007. [En ligne] ; RADIO-CANADA, « Un scénario catastrophe, selon John Baird », 19 avril 2007. [En ligne] **P. 30** : GOUVERNEMENT DU QUÉBEC, ministère du Développement durable, de l'Environnement et des Parcs, « Motion sur les changements climatiques », 28 novembre 2007. [En ligne] **P. 32** : BARNÉOUD, Lise, « Poznan : quel plan de route pour la planète ? », *Science Actualités*, 19 décembre 2008. [En ligne] **P. 33** : TRIOMPHE, Catherine, « Les dirigeants de l'UE s'entendent sur le plan climat », *Cyberpresse*, 12 décembre 2008. [En ligne] ; CANOË, « 100 dirigeants de multinationales réclament un accord post-Kyoto », 20 juin 2008. [En ligne] **P. 37** : *Atlas du Monde diplomatique*, Armand Colin, Paris, 2008 ; SACQUET, Anne-Marie, *Atlas mondial du développement durable*, 2002. **P. 39** : ACDI, *La politique environnementale de l'ACDI en matière de développement durable*, 2006. [En ligne] ; BANQUE MONDIALE, *Actualités Médias*, « Développement durable », 2009. [En ligne] ; AGENCE INTERNATIONALE DE L'ÉNERGIE, *World Energy Outlook 2007*, 2009. [En ligne] **P. 41** : BANQUE MONDIALE, *La foire aux questions*, 2007. [En ligne] ; SUKHDEV, Pavan, *L'économie des biosystèmes et la biodiversité*, 2008. [En ligne] **P. 43** : PROGLIO, Henri (dir.), *Les 100 mots de l'environnement*, PUF, 2007. **P. 44** : LENGLET, Roger et TOULY, Jean-Luc, *L'eau des multinationales : les vérités inavouables*, Fayard, Paris, 2006. **P. 46** : GREENPEACE, *Journée nationale de mobilisation des groupes locaux de Greenpeace : Citoyens et consommateurs ne doivent pas cautionner le pillage des forêts africaines*, 11 mai 2007. [En ligne] ; CHOPRA, Mickey, GALBRAITH, Sarah et DARNTON-HILL, Ian, *À problème mondial, réponse mondiale : l'épidémie de suralimentation*, 2002. [En ligne] **P. 47** : ORGANISATION DES NATIONS UNIES POUR L'ALIMENTATION ET L'AGRICULTURE, *Conférence internationale sur l'agriculture biologique et la sécurité alimentaire 2007*. [En ligne] **P. 49** : CNW TELBEC, *Recyclage des matières résiduelles : l'avenir du centre de tri de Montréal reste incertain*, janvier 2009. [En ligne] **P. 51** : LARSSON, Jörgen, « La simplicité volontaire, mode d'emploi », *Courrier International*, 3 janvier 2008. [En ligne] ; ROBBINS, Richard, *Global Problem and the Culture of Capitalism*, Prentice Hall, 1999 ; CHAUVIN, Louis et GRENIER, Pascal, « La crise financière et la simplicité volontaire », *Le Devoir*, 8 janvier 2009 [En ligne] ; KEMPF, Hervé, « Comment les riches détruisent le monde », *Le Monde Diplomatique*, juin-juillet 2008. [En ligne] **P. 53** : MERCURE, Philippe, « Du bois équitable chez Rona », *Cyberpresse*, 22 novembre 2008. [En ligne] ; AGENCE FRANCE-PRESSE, « Énergies renouvelables : l'avenir est en mer », *Cyberpresse*, 3 décembre 2008. [En ligne] **P. 55** : PNUE, IIDD, *Guide de l'environnement et du commerce*, 2001, p. 5. [En ligne] **P. 57** : MINISTÈRE DES AFFAIRES MUNICIPALES ET DES RÉGIONS, *Pouvoirs réglementaires des municipalités locales et régionales en regard de la problématique de la prolifération des cyanobactéries*, septembre 2007. [En ligne] **P. 58** : MCCANN, Pierre, « François Cardinal questionne le rôle des médias relativement aux problématiques environnementales », Colloque sur la gouvernance en environnement : l'impact des décideurs, *Université de Sherbrooke*, 2009. [En ligne] ; GUEYE, Mohamed, « Pollution – Conformité aux normes légales : l'industrie sénégalaise à l'épreuve du Code de l'environnement », *Le Quotidien*, 27 mars 2009. [En ligne] **P. 59** : ENVIRONNEMENT CANADA, *La société J.D.Irving Limited plaide coupable à des accusations portées en vertu de la Loi sur la convention concernant les oiseaux migrateurs du gouvernement fédéral et est condamnée à payer une amende de 60 000 $*, 2008. [En ligne] **P. 61** : *Atlas du Monde diplomatique : l'atlas de l'environnement*, Armand Colin, Paris, 2008, p. 16 ; FÉRONE ET AUTRES, *Ce que le développement durable veut dire*, Éditions d'Organisation et ENSAM, 2004, p. 188. **P. 62** : LEPELTIER, Serge, « Rapport d'information n° 233 (2003-2004) », *Délégation du Sénat pour la planification*, 2004. [En ligne] **P. 63** : APE, *Créons l'Organisation mondiale de l'environnement*, 2009. [En ligne] ; TUBIANA ET AUTRES, « Gouvernance internationale de l'environnement : les prochaines étapes », *IDDRI*, 2005. [En ligne] **P. 64** : PROGLIO, Henri (dir.), *Les 100 mots de l'environnement*, PUF, 2007, p. 70. **P. 65** : *Atlas du Monde diplomatique : l'atlas de l'environnement*, Armand Colin, Paris, 2008, p. 16. **P. 67** : Ambassade des États-Unis d'Amérique en France, *La protection de l'environnement aux États-Unis*, 2009. [En ligne] ; KI-MOON, Ban, PNUE, *Géo 4, L'environnement pour le développement*, 2007, p. XVI. [En ligne] ; ARMANET, François et ANQUETIL, Gilles, « Vers une gouvernance mondiale ? », *Les débats de l'Obs.*, Le Nouvel Observateur, février 2007. [En ligne] ; SAMSON, Jennifer, « Création d'un organisme mondial sur l'environnement », Colloque sur la gouvernance en environnement : l'impact des décideurs, *Université de Sherbrooke*, 2008. [En ligne] **P. 69** : MOTEUR NATURE, *Des normes anti-pollution mondiales ?*, 2009. [En ligne]

Chapitre 2

P. 85 : BANQUE MONDIALE, News and Broadcast, « Selon un rapport de l'ONU, plus de la moitié de la population mondiale vit désormais à la ville », 11 juillet 2007. [En ligne] **P. 86** : CONVENTION DE GENÈVE RELATIVE AU STATUT DE RÉFUGIÉS, Article premier, 1951. **P. 92** : FARKONDEH, Sepideh, « Sangatte mai 2002, témoignages de migrants », *Confluences Méditerranée*, n° 42, été 2002, p. 50. **P. 94** : UNFPA, *Grandir en milieu urbain*, État de la population mondiale 2007 (supplément jeunesse), p. 11-13. [En ligne] **P. 98** : LCI, « Immigration – Quotas or not quotas ? », 21 septembre 2007. [En ligne] **P. 101** : UNFPA, *Vers l'espoir. Les femmes et la migration internationale*, État de la population mondiale 2006, p. 44. **P. 105** : OTCHET, Amy, « Lagos, la métropole du « système D » », *Le Courrier de l'Unesco*, juin 1999. [En ligne] **P. 106** : UNFPA, *Libérer le potentiel de la croissance urbaine*, État de la population mondiale 2007, p. 18. [En ligne] **P. 108** : NAMAZIE, Maryam, citée dans « Launch of One Law for All- Campaign against Sharia law in Britain », *Womensgrid*, 2 décembre 2008. [En ligne] **P. 109** : ELKOURI, Rima, « Gaspillage de capital humain », *La Presse*, 14 février 2009. [En ligne] **P. 111** : DURAND, Monique, « Une seconde à Haïti », *Le Devoir*, 27-28 décembre 2008. [En ligne] **P. 116** : UNFPA, *Libérer le potentiel de la croissance urbaine*, État de la population mondiale 2007, p. 17. [En ligne] **P. 117** : BANQUE MONDIALE, *Urbanisation rapide de la Chine : avantages, défis et stratégies*, 18 juin 2008. [En ligne] ; PARSONS, Robert James, « Quand les bidonvilles reculent », *Le Courrier*, 30 novembre 2004. [En ligne] **P. 119** : RNCREQ, « Étalement urbain : Quand allons-nous afin stopper l'hémorragie ? », 28 mai 2007, Communiqué [en ligne] ; BERGERON, Richard, cité par Antoine Robitaille, « l'étalement urbain, c'est les autres », *Le Devoir*, 22 janvier 2005. [En ligne] **P. 120** : ONU-HABITAT, « La criminalité et la violence en hausse partout dans le monde : ONU-Habitat lance un cri d'alarme », 1er octobre 2007. [En ligne] **P. 121** : SUD ÉDUCATION 86, « Violences urbaines : les vrais casseurs sont au gouvernement ! », 8 novembre 2005. [En ligne] ;

BOULEY, Barbara, « Violences urbaines : Qui est responsable ? La famille, l'école ou l'État ? », Construire un monde solidaire, 9 novembre 2005. [En ligne] **P. 122** : « Xenophonic Violence : Western Cape Emergency Civil Society Task Team Established ; WC Security Forum established », 21 mai 2008. [En ligne] **P. 123** : GAS, Valérie, « Violences urbaines : comment gérer la crise », *RFI*, 2 novembre 2005. [En ligne] **P. 124** : CHAMBRE DE COMMERCE DU CANADA, *L'immigration : Nouveau visage du Canada*, 2009, p. 5. [En ligne] ; THE BRITISH COUNCIL, Living Together Programme : Migrant Cities, *Intercultural Dialogue in South-East Europe and the UK*, 2008, p. 15. [En ligne] **P. 125** : ROSENCZVEIG, Jean-Pierre, « L'école sans voile », *Les droits des enfants vus par un juge des enfants*, 6 décembre 2008. [En ligne] **P. 127** : RNCREQ, « Étalement urbain : Quand allons-nous enfin stopper l'hémorragie ? », 28 mai 2007. [En ligne] ; BRUEG-MANN, Robert, « In Defense of Sprawl », *Forbes*, 11 juin 2007. [En ligne] ; DEPARTMENT OF ENVIRONMENTAL AFFAIRS AND TOURISM, Republic of South Africa, 2005. [En ligne] ; MINISTÈRE DE L'ÉCOLOGIE, DU DÉVELOPPEMENT ET DE L'AMÉNAGEMENT DU TERRITOIRE, « Quelques exemples de maîtrise de l'étalement urbain en France », 2009. [En ligne] **P. 130** : BOUCHARD, Gérard et TAYLOR, Charles, *Fonder l'avenir. Le temps de la conciliation, Rapport*, Gouvernement du Québec, 2008, p. 225. [En ligne] **P. 131** : OCDE, *Les immigrés et l'emploi (vol. 2) : L'intégration sur le marché du travail en Belgique, en France, aux Pays-Bas et au Portugal. Synthèse et recommandations : France*, 2008, p. 4. [En ligne] **P. 133** : MORIN, Marie-Claude Élie, « Exode des cerveaux : Vue de l'esprit », *Art de vivre – Canoe.com*, 22 septembre 2008. [En ligne] ; EMEAGWALI, Philip, dans Arno Tanner, « Brain drain and beyond : returns and remittances of highly skilled migrants », *Global Migration Perspectives*, n° 24, janvier 2005, p. 4. [En ligne] **P. 134** : MÉNARD, Sébastien, « Il faut les obliger à rester », *Le Journal de Montréal*, 18 mars 2009. [En ligne] **P. 135** : ATTARAN, Amir et WALKER, Roderick B., « Pharmaprix ou Pharmabraconnage ? », *Journal de l'Association médicale canadienne*, vol. 178, n° 3, 29 janvier 2008. [En ligne] **P. 136** : « Vidéo-tron répond à ses clients depuis l'Égypte », *La Presse Affaires*, 25 octobre 2007. [En ligne] **P. 137** : BEAUCLAIRE, Jordan, « Des bienfaits des délocalisations », *Le Journal du Net*, 26 juillet 2006. [En ligne] **P. 138** : THIERRY, Jazz, « L'immigration en Irlande : une arme contre les délocalisations ? », *Equinox*, 19 juin 2007. [En ligne] **P. 139** : « Legislation to stop outsourcing receives bipartisan and labor support », Catalyst, cite dans BNet, 1er mai 2004. [En ligne] **P. 141** : NEW ZEALAND VISA BUREAU, « INZ to lower New Zealand immigration requirements », 19 mars 2009. [En ligne] ; BAKER, Luke, « Nuclear workers strike over foreign labour », *Reuters UK*, 2 février 2009. [En ligne] ; OHANIAN, Lee E., « Good policies can save the economy », *The Wall Street Journal*, 8 octobre 2008. [En ligne] **P. 143** : EMPLOI-QUÉBEC, *Programme d'aide à l'intégration des immigrants et des minorités visibles en emploi*, 2009. [En ligne]

Chapitre 3

P. 157 : CENTRE NATIONAL DE COOPÉRATION AU DÉVELOPPEMENT, *Pour des politiques environnementales au service du développement durable*, 2009. [En ligne] **P. 158** : OCDE, *Les essentiels de l'OCDE : Le capital humain. La valeur des gens*, 2007. [En ligne] **P. 169** : HARSCH, Ernest, « Conflits et ressources naturelles : Comment faire d'un risque de guerre un atout pour la paix », *Afrique Renouveau*, ONU, vol. 20, n° 4, janvier 2007, p. 17. [En ligne] **P. 175** : STIGLITZ, Joseph, *La Grande Désillusion*, Paris, Fayard, 2002, p. 22-23. **P. 180** : MICHEL, Anne, « Muhammad Yunus, un Nobel "prêteur d'espoir" », *Le Monde*, 14 octobre 2006. [En ligne] **P. 185** : ALET-RINGENACH, Claire, « Les grandes marques loin du but », *Alternatives économiques*, n° 270, juin 2008, p. 48. [En ligne] **P. 186** : PAUWELS, Louis ; GEORGE, Susan, *Le Rapport Lugano*, Paris, Fayard, 2000, p. 320 ; MARTY, Christiane, « Pour une répartition démocratique des richesses », *ATTAC-France*, 23 octobre 2002. [En ligne] **P. 187** : OCDE, « Les inégalités de revenus et la pauvreté s'accroissent dans la plupart des pays de l'OCDE », *Croissance et inégalités*, 21 octobre 2008. [En ligne] **P. 188** : OCDE, « L'évolution de la pauvreté et des revenus ces 20 dernières années : nouvelles données », *Croissance et inégalités*, octobre 2008. [En ligne] **P. 189** : K. BROU, Jean-Claude et autres, *Privatisation en*

Côte d'Ivoire : défis et pratiques, Éditons de l'Harmattan, 2008, p. 67 [En ligne] ; AGENCE FRANCE-PRESSE, « La Norvège se retire de Rio Tinto pour ses mauvaises pratiques environnementales », *Le Monde*, 11 septembre 2008. [En ligne] **P. 190** : CENTRE EUROPE – TIERS MONDE, *Droit au développement et attitude des Nations Unies envers les sociétés transnationales*, 1999. [En ligne] **P. 191** : DANIEL, James et autres, « L'ajustement budgétaire comme instrument de stabilité et de croissance », FMI, Washington, n°55-F, 2006, p. 1 ; BUREAU INTERNATIONAL DU TRAVAIL, « Une mondialisation juste : Créer des opportunités pour tous », *Rapport de la Commission mondiale sur la dimension sociale de la mondialisation*, Genève, Suisse, février 2004, p. 18. [En ligne] **P. 192** : LAFONT, Viviane, « Turquie : la silicose tue les travailleurs du textile », *Lutte Ouvrière*, n° 2131, 5 juin 2009. [En ligne] **P. 193** : COCA-COLA, « Le système Coca-Cola promeut de nouvelles solutions de développement économique », Communiqué de presse, 14 mai 2009. [En ligne] **P. 194** : CHARTE DE PRINCIPES DU FORUM SOCIAL MONDIAL, Article quatrième, 8 juin 2002. [En ligne] **P. 195** : CENTRE TRICONTINENTAL, « La fonction des Programmes d'ajustement structurel », *Alternatives Sud*, vol. 1, 1994 [En ligne] ; SOMAVIA, Juan, directeur général du BIT, « Allocution à l'occasion de la 97e Conférence internationale du travail à Genève », OIT, Communiqué de presse, 9 juin 2008. [En ligne] **P. 197** : LIVANOS CATTAUI, Maria, secrétaire générale de la Chambre de commerce internationale, « Standing up for the Global Economy : Key facts, figures and arguments, in support of Globalization », Préface, juin 2004 [En ligne] ; INSTITUT DU NOU-VEAU MONDE, « La Déclaration Jeunesse de Québec », 12 août 2008. [En ligne] ; BANQUE MONDIALE, « Défis », 2009. [En ligne] ; CONFÉDÉRATION SYNDICALE INTERNATIONALE, « Nouveau rapport de la CSI : aggravation de la crise alimentaire mondiale à prévoir », mars 2009. [En ligne] **P. 199** : COLLECTIF DE L'ÉTHIQUE SUR L'ÉTIQUETTE, Dossier « Entreprises et qualité sociale », 2004 [En ligne] ; GENDRON, Corinne, « Wal-Mart : une responsabilité sociale à bas prix », *Le Devoir*, 14 décembre 2005. [En ligne] **P. 202** : PARLEMENT EUROPÉEN, « Résolution du Parlement européen sur l'exploitation illégale des richesses de la République démocratique du Congo », *Procès-verbal du 30 janvier 2003*, Édition définitive. [En ligne] **P. 203** : COPPINI, Corina, « Entreprises multina-tionales et intégration en Amérique latine », WordPress, *El Correo*, 28 août 2008. [En ligne] ; BEAUCHAMP, Alexis, « Une coalition de multinationales examine les émissions de GES de leurs fournisseurs », *Vision durable*, 9 octobre 2007. [En ligne] **P. 204** : HAYMAN, Gavin, « Les entreprises doivent dire ce qu'elles versent aux gouvernements du Sud », *La Revue durable*, n° 4, mars-avril 2003. [En ligne] **P. 205** : HARSCH, Ernest, « Conflits et ressources naturelles. Comment faire d'un risque de guerre un atout pour la paix », *Afrique Renouveau*, vol. 20, n° 4, janvier 2007, p. 17. [En ligne] **P. 206** : SHARMA, Anju et autres, traduit par Gildas La Bihan, « Pauvreté économique à cause de la pauvreté écologique », *DPH*, tiré de la revue *Notre Terre*, n° 8, mars 2002. [En ligne] **P. 207** : BANQUE MONDIALE, « L'agriculture au service du développement (abrégé) », *Rapport sur le développement dans le monde 2008*, Washington, 19 octobre 2007, p. 15. [En ligne] **P. 209** : MINISTÈRE DES RESSOURCES NATURELLES ET DE LA FAUNE, *Rapport annuel de gestion 2007-2008*, p. 15. [En ligne] ; KONÉ, Solange et autres, « Les ressources naturelles, biens communs de l'Humanité », Comité pour l'Annulation de la Dette du Tiers Monde, 28 décembre 2008. [En ligne] ; WORLD RESOURCES INSTITUTE, « Un important rapport souligne le rôle des ressources naturelles comme moyen de s'affranchir de la pauvreté », Communiqué de presse, Londres et Washington, D.C., 31 août 2005. [En ligne] ; IBM, « Devenir écolo en rivalisant d'ingéniosité », Canada. [En ligne] **P. 211** : IKEA, « L'approche IKEA : Produits et matériaux : Conception durable » [En ligne] ; SHIVA, Vandana, « Les femmes du Kerala contre Coca-Cola », *Le Monde diplomatique*, mars 2005, p. 20. [En ligne] ; FAYE, Cherif, « Sénégal : Gestion des ressources naturelles, les nouvelles compétences des collectivités locales », Médiaterre, *Sud Quotidien*, Dakar, 5 septembre 2008. [En ligne] **P. 215** : SHERAM, Katherine et SOUBBOTINA, Tatyana P., « Au-delà de la croissance économique », Chapitre 1, Publications de la Banque mondiale, Programme d'éducation sur le développement (PED), octobre 2000. [En ligne]

Chapitre 4

P. 226: GOUVERNEMENT DU CANADA, Groupe d'experts indépendants sur le rôle futur du Canada en Afghanistan, *Rapport officiel Manley*, partie III, janvier 2008, p. 24. [En ligne] **P. 231**: ONU, *Charte des Nations Unies*, Chapitre 1, Article 1, 1946. [En ligne] **P. 234**: COUR PÉNALE INTERNATIONALE, *Statut de Rome de la Cour pénale internationale*, 2002, p. 3-4. [En ligne]; GRAZ, Jean-Christophe, *La gouvernance de la mondialisation*, Éditions La Découverte, Paris, 2008, p. 83. **P. 235**: REUTERS, LIBÉRATION, « En échange d'une aide de 300 millions Pyongyang accepte des mesures de désarmement », *Le Devoir*, 14 février 2007. [En ligne] **P. 237**: FRANCOEUR, Louis-Gilles, « Kyoto : la France taxera les récalcitrants », *Le Devoir*, 30 octobre 2007. [En ligne sur Vigile] **P. 241**: MAGHRI, Aniss, « Lobbying : comment les multinationales défendent leurs intérêts au Maroc », *La vie éco*, 8 décembre 2006. [En ligne] **P. 242**: ORGANISATION INTERNATIONALE DU TRAVAIL, *Application et promotion des normes*, 1996-2009. [En ligne] **P. 247**: ORGANISATIONS NON GOUVERNEMENTALES INTERNA- TIONALES, *Charte sur l'obligation de rendre des comptes*, Les Éditions Francophones d'Amnesty International, 19 juin 2006 [En ligne]; LA PRESSE CANADIENNE, ASSOCIATED PRESS et BBC, « Birmanie : catastrophe humanitaire », *Le Devoir*, 12 mai 2008. [En ligne] **P. 249**: MÜLLER, Kerstin, « L'effet CNN, les médias et la gouvernance globale », 20 février 2003. [En ligne sur *Voltaire*] **P. 255**: EFENDI, Méhemet Emin, cité par Theodor DE WYZEWA, « L'agonie de Venise », *Revue des deux mondes*, 15 août 1897, p. 936 ; INSTITUT DE RECHERCHE SUR LE QUÉBEC, *Mondialisation et diversité culturelle : enjeux pour l'identité québécoise*, 2004. [En ligne] **P. 256**: UNESCO, *Convention sur la protection et la promotion de la diversité des expressions culturelles*, 20 octobre 2005. [En ligne] **P. 257**: CASTONGUAY, Alec, « Ottawa et Québec rallient 127 pays », *Le Devoir*, 4 juin 2005 [En ligne]; RIDING, Alan, « Entr'acte : Next lone U.S. dissent : Cultural diversity pact », *New York Times*, 12 octobre 2005. [Traduction libre] [En ligne] **P. 258**: DROUIN, Solange, coprésidente de la Coalition canadienne pour la diversité culturelle, « La Francophonie : au cœur du combat pour la diversité culturelle », *Journal de Montréal*, 22 octobre 2008 [En ligne]; CENTRE D'ACTUALITÉS DE L'ONU, *Cinéma : Nollywood rivalise avec Bollywood, selon une enquête de l'UNESCO*, 5 mai 2009. [En ligne] **P. 259**: ADDA, Serge, « TV5 : Diversité culturelle, Francophonie et mondialisation », *Hermès*, nº 40, novembre 2004. [En ligne] **P. 261**: BENHAMOU, Bernard, « Les Nouveaux Enjeux de la Gouvernance de l'Internet », *Regards sur l'Actualité, La Documentation française*, nº 327, janvier 2007 [En ligne]; OBSERVATOIRE FRANÇAIS DES MÉDIAS, *Les médias et la culture populaire*, juin 2005. [En ligne] [Ce texte s'appuie sur un document de FAIR (www.fair.org)] **P. 262**: AGENCE CANADIENNE DE DÉVELOPPEMENT INTERNATIONAL (ACDI), *ACDI : Le nouveau gouvernement du Canada finance d'importants projets visant à améliorer le sort des femmes*, Communiqué de presse, 8 février 2007. [En ligne] **P. 263**: MUGNIER, David, « Les diamants et les relations internationales illicites », *Revue interna- tionale et stratégique*, nº 43, 2001/3. [En ligne] **P. 264**: RIOUX, Michèle, « Les firmes transnationales », dans Jean-Jacques ROCHE, *Instruments et méthodes des relations internationales*, Éditions Palgrave, 2008. [En ligne] **P. 265**: RICIPUTI, Marco, *Le lobbying en Europe, éclairage sur les groupes de pression*, traduction de Laurent Laget, EUdebate2009, 20 août 2008. [En ligne sur Café Babel – Le Magazine européen] **P. 267**: BERNARD, Louis, « La résurgence du politique », *La Presse*, 19 mai 2009 [En ligne]; FRIEDEN, Jeffrey A., « Avoiding the worst : International economic cooperation and domestic politics », *VoxEU.org*, 2 février 2009 [En ligne] [Traduction libre de Telos]; MOONEY, Bernard, « Chronique : laissez l'économie tranquille », *Les Affaires*, 25 juillet 2009 [En ligne]; KELLY-GAGNON, Michel, « Pour qui sonne le glas », *La Presse*, 3 octobre 2008 [En ligne] **P. 269**: FRIEDMAN, Thomas L., cité par Nicolas BÉRUBÉ, « Les politiciens pourront-ils sauver la planète ? », *La Presse*, 2 novembre 2008 [En ligne]; AMNISTIE INTERNATIONALE, *AI, ça marche !, Rehab Abdel Bagi Mohamed Ali du Soudan*, 2009. [En ligne] **P. 273**: CARDONA, François, « Les subventions agricoles au banc des accusés », *Radio France Internationale*, 21 avril 2008. [En ligne] **P. 274**: LAMY, Pascal, secrétaire général de l'OMC, extrait d'un discours prononcé le 10 mai 2009 intitulé

« Politique en matière d'alimentation et de commerce des produits agricoles : le monde a besoin d'une vision commune », OMC, *Nouvelles*. [En ligne] **P. 276**: DREVET, Jean-François, « Une Europe en crise ? », *La Documentation française*, nº 8052, 2006. [En ligne] **P. 277**: EUROPA, Commission européenne, *Traité de Lisbonne : second référendum en vue en Irlande*, 19 juin 2009 [En ligne]; GOULARD, Sylvie, résumé de *L'Europe pour les nuls*, Éditions First, 2009. [En ligne] **P. 278**: EMERSON, David, « Free trade at 20 : Truly a cause for celebration », lettre d'opinion publiée dans *The Chronicle Herald*, Halifax, Nouvelle-Écosse, 5 octobre 2007. [Traduction par Affaires étrangères et Commerce international Canada] **P. 279**: DESROSIERS, Éric, « Le retour du chapitre 11 », *Le Devoir*, 18 juin 2007 [En ligne]; PARTI VERT DU CANADA, *Le chapitre 11 de l'ALENA menace la santé et la sécurité des Canadiennes et des Canadiens*, 14 avril 2009. [En ligne] **P. 281**: ST-MARTIN, Denis, « Partenariat économique Canada – Union européenne : Une chance à saisir », *Le Devoir*, 6 mai 2009 ; RIOUX, Bernard, « Dans le contexte de la globalisation capitaliste : que signifie la souveraineté politique et en quoi est-elle nécessaire », *Presse-toi à gauche*, 25 juin 2009 [En ligne]; GEORGE, Susan, « Une autre organisation du commerce international était possible... », *Le Monde diplomatique*, 17 janvier 2007 ; VIALE, Frédéric, « Bradage de nos emplois : Comment le libre-échange menace l'emploi à travers le monde », *Attac France*, 5 mai 2009. [En ligne] **P. 283**: DESCÔTEAUX, Bernard, « L'excès en information est-il nocif ? », conférence prononcée lors du déjeuner-causerie *Communications et société*, 26 octobre 1999. [En ligne]

Chapitre 5

P. 296: COMMISSION INTERNATIONALE DE L'INTERVENTION ET DE LA SOUVERAINETÉ DES ÉTATS (CIISE), « La responsabilité de protéger », *Rapport de la commission internationale de l'intervention et de la souveraineté des États*, Éditions du CRDI (Centre de recherches pour le développement international), décembre 2001, p. 7. [En ligne] **P. 297**: ONU, Commission sur la sécurité humaine, « La sécurité humaine – maintenant », *Rapport de la Commission sur la sécurité humaine*, 2003. [En ligne] **P. 299**: ONU, « Document final du Sommet mondial de 2005 », Résolution adoptée par l'Assemblée générale, 24 octobre 2005. [En ligne] **P. 300**: ONU, « Action en cas de menace contre la paix, de rupture de la paix et d'acte d'agression », *Charte des Nations Unies*, chapitre VII, 26 juin 1945. [En ligne] **P. 303**: LAFARGUE, François, « Chine/États-Unis : La course aux hydrocarbures ! », *Sciences humaines*, Grands Dossiers Nº 8, septembre-octobre- novembre 2007. [En ligne] **P. 306**: PANTULIANO, Sara, « La diplomatie protégera mieux que les fusils », *Alternatives internationales*, septembre 2008, p. 55. **P. 308**: ASSEMBLÉE GÉNÉRALE DE L'ONU, « Résolution 43/131 : Assistance humani- taire aux victimes de catastrophes naturelles et situations d'urgence du même ordre », Quarante-troisième session, 8 décembre 1988. [En ligne] **P. 310**: ONU, « Sommet du Sud et mondialisation : La Conférence de La Havane dénonce la "marginalisation" des pays en développement », *Afrique Relance*, vol. 14, nº 2. [En ligne] **P. 312**: NDONG, Brice, « Les organisations non gouvernementales (ONG) dans les relations internationales contemporaines », *Coopération internationale*, article 676, 2 novembre 2008. [En ligne] **P. 314**: GUILBERT, François, « Aider la population ou punir la junte », *Alternatives internationales*, Trimestriel, septembre 2008, nº 40, p. 53. **P. 315**: JAYATILLEKA, Dayan, ancien ministre et ambassadeur du Sri Lanka à l'ONU, « Abattre les Tigres jusqu'au dernier », *Courrier international*, nº 966, mai 2009, p. 26. **P. 316**: MICHAUD, Philippe, « Les Syriens n'ont plus accès à Facebook », *Branchez-Vous*, 10 décembre 2007 [En ligne]; C.J. et M. Sz. avec AFP et AP, « L'Iran accuse les États-Unis d'ingérence "intolérable" », *Le Figaro International*, 17 juin 2009. [En ligne] **P. 319**: PANTULIANO, Sara, « La diplomatie protégera mieux que les fusils », *Alternatives internationales*, septembre 2008, p. 55. **P. 324**: « Le président libanais averti contre l'ingérence étrangère dans l'élection de son successeur », *Radioactif / Nouvelles*, 28 septembre 2007. [En ligne] **P. 325**: CONSEIL DE L'EUROPE, *Les implications pour les États membres du Conseil de l'Europe de la ratification du Statut*

de Rome de la Cour Pénale Internationale, 2006. [En ligne] **P. 327** : THÜRER, Daniel, « La pyramide de Dunant : réflexion sur l'espace humanitaire », *Revue internationale de la Croix-Rouge*, Sélection française, Vol. 89, 2007, p. 63. [En ligne]
P. 328 : MEZZALAMA, Francesco, *Étude de la relation entre l'assistance humanitaire et les opérations de maintien de la paix*, Nations Unies, Corps commun d'inspection, Genève, 1995 [En ligne] ; ALLIOT, Patricia, « Médias et humanitaire : les liaisons dangereuses », *MétaMédias*, 22 octobre 2000. [En ligne] **P. 329** : OMCT, *Le réseau OMCT*. [En ligne] **P. 330** : VAN DER VAEREN, Charles J., « Pour un droit international de la paix », dans *Promouvoir la paix*, Université de paix, Éditions de Boeck, coll. Les intelligences citoyennes, 2004, p. 54-55. [En ligne] **P. 331** : BOUCHER-SAULNIER, Françoise, *Dictionnaire pratique du droit humanitaire*, Édition La Découverte, Paris, 2006, p. 309. **P. 332** : JOCHEMS, Maurits R., Interview, *Revue internationale de la Croix-Rouge*, Vol. 89, Sélection française 2007. [En ligne] **P. 333** : LE PROJET SPHÈRE, « La Charte humanitaire », *Manuel Sphère*, 2004. [En ligne] ; CENTRE DE RECHERCHES POUR LE DÉVELOPPEMENT INTERNATIONAL, *La responsabilité de protéger – Rapport de la commission internationale de l'intervention et de la souveraineté des États*, 2001. [En ligne] **P. 335** : GIROD, Christophe et GNAEDINGER, Angelo, « La galaxie humanitaire : " le politique, le militaire, l'humanitaire : un difficile mariage à trois " », *Comité international de la Croix-Rouge (CICR)* [En ligne] ; PIEL, Jean, « Questions internationales – La difficile application du droit d'ingérence », *Radio France Internationale (RFI)*, 2008 [En ligne] ; « Nicolas Sarkozy défend l'ingérence humanitaire », *France-Soir*, 4 mai 2009 [En ligne] ; RUBIO, François, *Le droit d'ingérence est-il légitime ?*, Les Éditions de l'Hèbe, 2007, p. 65-66. **P. 337** : CENTRE DES NOUVELLES DE L'ONU, *Plus qu'un fonds humanitaire, le CERF est une déclaration de principe, affirme Kofi Annan*, 2006. [En ligne] **P. 340** : JOSEPH, Yav Katshung, « Ressources naturelles et conflits en Afrique, la série continue : La RDC et l'Ouganda de nouveau dans la danse ? », *Chaire UNESCO des Droits de l'Homme, résolution des conflits, démocratie, bonne gouvernance et paix*, p. 2-3 [En ligne] ; CONGO PANORAMA, *La guerre, l'occupation et le pillage n'ont pas cessé à l'est de la RDC [...]*. [En ligne]
P. 341 : TSIKLAOURI, Elza, « Abkhazie et Ossétie du Sud : Moscou met les pieds dans le plat », *Courrier International*, nº 967, du 14 au 19 mai 2009, p. 20.
P. 342 : SAAVEDRA, Luis Angel, « Des activistes s'unissent pour réclamer la fermeture des bases militaires étrangères de la région », *Alterinfos Americana Latina – Diffusion de l'information sur l'Amérique latine*, 1ᵉʳ mai 2007 [En ligne] ; OFFICE D'INFORMATION DU CONSEIL DES AFFAIRES D'ÉTAT DE LA RÉPUBLIQUE POPULAIRE DE CHINE, *L'édification de la défense nationale*, Beijing, septembre 2000. [En ligne] **P. 345** : BRODY, Reed, propos recueillis par Yann MENS, « Qu'est-ce qui justifie l'usage des armes ? », *Alternatives internationales*, nº 40, septembre 2008, p. 57 ; MSF, « MSF dénonce l'absence d'intervention de l'ONU en RD Congo », *Tribune des droits humains*, 4 février 2009. [En ligne]
P. 346 : SCFP, *Le SCFP s'oppose à la guerre contre l'Irak*, 7 janvier 2003. [En ligne]
P. 347 : DROITS ET DÉMOCRATIE, *Démocratie, droits humains et Islam au Moyen-Orient et en Afrique du Nord*, 22 mars 2004. [En ligne] **P. 348** : KOSMA- LACROZE, Catherine, « La sanction en droit international », *Net Iris*, 2004. [En ligne]
P. 349 : RNW, *La CPI fait l'objet de vives critiques*, juillet 2008. [En ligne] **P. 351** : INTERGRATED REGIONAL INFORMATION NETWORKS (IRIN), « Afghanistan : une trop grande influence militaire sur l'aide humanitaire – ONG », avril 2009. [En ligne] ; PLANÈTE NON VIOLENCE, *Quai d'Orsay, Kouchner : le droit d'ingérence s'installe*, mai 2007. [En ligne] ; GUEVARA, Jean-Paul, « Amérique Latine : l'agenda caché des interventions humanitaires », *Alternatives Sud*, vol. XI, 2004. [En ligne] ; RICE, Condoleezza, « Promoting the national interest », *Council of Foreign Relations (CFR)*, février 2000. [En ligne] [Traduction libre]
P. 353 : ÎLES DE PAIX, *Nos objectifs* [En ligne] ; ONU, *L'ONU et la société civile*. [En ligne] **P. 356** : ASSEMBLÉE GÉNÉRALE DES NATIONS UNIES, *Document final du Sommet mondial de 2005*, 24 octobre 2005. [En ligne]

Survol de l'histoire du XXᵉ siècle

P. 363 : GUENO, Jean-Pierre et LAPLUME, Yves, *Parole de Poilus, lettres et carnets du front, 1914-1918*, Livrio, Paris, 1998. **P. 367** : REYNAUD, Paul, interview pour *Le Temps*, 15 octobre 1929, cité dans *Histoire Première*, Bordas, Paris, 1997, p. 32. **P. 376** : OTAN, *Déclaration de principe diffusée par le Président des États-Unis et le Premier Ministre du Royaume-Uni* (« Charte de l'Atlantique »), 2009. [En ligne] **P. 378** : LÉNINE, Vladimir Ilitch, *L'état et la révolution : la doctrine marxiste de l'État et les tâches du prolétariat dans la révolution*, 2ᵉ éd., Éditions sociales, 1976. **P. 383** : CHURCHILL, Winston, discours prononcé au Westminster College de Fulton (Missouri), 5 mars 1946. [En ligne] **P. 386** : « Discours du président américain George Bush au Congrès », *Le Monde diplomatique*, 11 septembre 1990. [En ligne]

Les clés de l'info

P. 421 : REPORTERS SANS FRONTIÈRES, *Chine – Rapport annuel 2008*, 2008. [En ligne] **P. 422** : INSTITUT CANADIEN D'INFORMATION JURIDIQUE, CANLII, « Loi constitutionnelle de 1982 », 1982. [En ligne] ; THE CHARTERS OF FREEDOM, Constitution des États-Unis, 2009. [En ligne] **P. 433** : VILLENEUVE, Claude et RICHARD, François, *Vivre les changements climatiques : quoi de neuf ?*, Sainte-Foy, *Éditions MultiMondes*, 2005, p. 345-346. **P. 434** : CARNAGHAN, Matthew et GOODY, Allison, « La souveraineté du Canada dans l'Arctique », *Service d'information et de recherche parlementaires*, Bibliothèque du Parlement, 26 janvier 2006. [En ligne] **P. 448** : LA PRESSE CANADIENNE, « Les insurgés afghans sont là pour rester, croit Harper », *Cyberpresse*, 1ᵉʳ mars 2009. [En ligne] **P. 449** : SPECTOR, Norman, « Harper, le pragmatique », *Le Devoir*, 12 mars 2009. [En ligne]